도덕·윤리교과 예비교사를 위한
동양윤리사상(상)
- 제자백가철학 편 -

도덕·윤리교과 예비교사를 위한
동양윤리사상

상

제 자 백 가 철 학 편

강봉수 지음

제주대학교출판부
JEJU NATIONAL UNIVERSITY PRESS

머리글

    이 책은 사범대학 윤리교육과에서 수학하는 예비교사들을 위해 출간한다. 물론 학교 현장의 선생님들에게도 약간의 도움은 될 것이다. 이 책이 다루는 내용을 감안하면 책명을 '중국 제자백가철학'이라 해야 옳다. 그러나 윤리교육과의 교육과정을 고려해 동양윤리사상이라 짓고, 대신 부제로 제자백가철학이라 했다. 윤리교육과에서 동양윤리사상 분야는 반드시 수강해야 하는 영역의 하나이다. 관련 주제와 범위가 넓어 한 학기에 이 분야를 모두 다루기는 어렵다. 그래서 3개 과목으로 나누어 수강토록 하고 있다. 사실 이 책에서 다루는 제자백가철학 만해도 분량이 많아 한 학기에 다루기 힘들다. 그렇지만 같은 시대 철학자들의 사상을 쪼개 따로 책을 엮어내는 것이 타당하지 않아 보여 한데 묶어낸다.

사범대학은 예비교사를 길러내는 것을 목적으로 삼고 설립된 목적대학이다. 교사로서의 사명과 자질을 함양하는 것은 물론 자기 전공 교과에 대한 높은 식견도 갖추도록 해야 한다. 특히 후자와 관련해서는 중·고등학교 교육과정의 범주에 충실하여 전공지식을 배워야 한다. 중국 춘추전국시대를 배경으로 생겨난 제자백가의 철학사상은 훨씬 범위가 넓지만, 이 책에서 주요 철학자들의 사상만을 제한적으로 다룬 것도 중·고등학교 도덕·윤리교과 교육과정에 충실하고자 했기 때문이다. 시중에 제자백가 철학 관련 전공서적이 많지만, 별도로 이 책을 출간하는 것도 비슷한 사정에 기인한다.

이 책이 중·고등학교 도덕·윤리교과 교육과정의 범주에 충실했다고 해서, 내용적으로도 견해를 같이한다는 뜻은 아니다. 중·고등학교에서 사용되는 여러 유형의 도덕·윤리 교과서에서 서술된 내용들과 나의 관점은 다를 수도 있다. 그러나 이러한 점이 오히려 해당 철학자의 사상을 폭넓게 이해하고 학생들을 지도하는 데에 도움을 줄 수 있을 것이라 생각한다. 가급적 해당 철학자들의 원전 인용을 많이 한 것도 중·고등 교과서의 내용서술이 여러 방면에서 제한적일 수밖에 없다는 점을 고려하여 교사들에게 풍부한 원전 자료를 제공하고자 한 것이다.

이 책의 저본은 그동안 축적해온 나의 강의노트이지만, 사실 일반시민 대상의 인문학 강좌 덕택이 크다. 나는 지난 2012년부터 기회 있을 때마다 일반시민을 대상으로 동양철학자들의 사상을 강의해온 바 있다. 제자백가철학자 중에서는 공자(孔子), 노자(老子), 묵자(墨子), 맹자(孟子)를 강의했다. 강의를 위해 교재를 집필했고, 강좌가 끝나면 교재를 보완하여 단행본으로 출간해왔다.[1] 이 책에서 네 철학자의 사상에 관한 내용서술은 아래 주에서 밝힌 책들에서 가져와 편집의도에 맞게 분량을 줄이고 깁고 보탠 것이다. 양자(楊子)의 철학사상도 같은 책들에 산재해 있는 것을 가져와 정리해서 실었다. 장자(莊子), 순자(荀子)의 철학사상에 대한 서술은 논문으로 발표했던 글을 가져와 깁고 보탰다.[2] 다만 법가와 한비자(韓非子)의 철학사상은 강의노트를 바탕으로 집필했다.

그렇다면 이 책은 새로운 저술이기보다는 기존 글의 편집에 가깝다. 정확히는 편집 본을 가지고 학생들을 위한 강의 자료로 써왔는데, 이를 정리하고 보완하여 책을 내는 셈이다. 다행히 우리 대학교 출판부에서 이 책의 출간을 허락하여 주었다. 대학본부 측에 감사드린다. 아울러 맵시 있게 책을 꾸며준 ㈜디자

---

1) 『주제별 키워드로 읽는 論語와 세상보기의 道』(서울: 원미사, 2012);『노자에게 길을 묻다 – 무위적 세상보기의 道』(제주: 누리, 2014);『묵자의 철학사상 – 밥을 나눈 사랑』(서울: 강현출판사, 2016);『맹자의 철학사상 – 인간의 품격과 제왕의 길』(서울: 강현출판사, 2018).

2) 「공자학에서 장자학으로 철학적 사유의 계승과 발전:『논어』의 공자와『장자』의 공자 비교」,『윤리교육연구』제51집(한국윤리교육학회, 2019);「순자의 禮義의 윤리학과 도덕적 사회화론」,『교육과학연구』제16권 제1호(제주대학교 교육과학연구소, 2014).

인 신우 편집진에게 고마움을 전한다. 기회가 주어진다면 이번의 동양윤리사상(상)에 이어 동양윤리사상(하), 한국윤리사상(상)·(하)의 교재도 집필해 나갈 예정이다. 부디 이 책이 중·고등학교현장에서 도덕·윤리교과를 담당하는 선생님들과 사범대학 윤리교육과 예비교사들에게 약간의 도움이라도 되기를 바란다. 끝으로, 93세 노모를 모신다고 홀로 고향에 둥지를 튼 이유로 가족의 시간을 빼앗겨버린 안해 정숙님과 성훈·성빈에게 미안함을 전한다.

2022년 12월

어멍(문경장)과 더불어 사는
어름비 일리철학연구실에서
강 봉 수

차례

■머리글 / 4

제1장 제자백가철학사상 서설 • 10
1. 당우 및 삼대의 문화와 사상 / 14
2. 춘추전국시대 제자백가의 출현 / 27

제2장 공자의 철학사상: 미제적 세상보기의 도 • 37
1. 공자의 세계관과 인성론 / 44
2. 공자의 윤리사상 / 62
3. 공자의 정치사회사상 / 83
4. 통합적 인격교육론 / 95

제3장 묵자의 철학사상: 밥을 나눈 사랑 • 130
1. 묵자의 세계관과 인성론 / 139
2. 묵자의 윤리사상 / 154
3. 묵자의 정치사회사상 / 177
4. 겸사를 길러내는 인격교육론 / 200

제4장 양자의 철학사상: 생명사랑과 불간섭주의 • 223
1. 『논어』속의 은자들 / 225
2. 양자의 철학사상 / 229

제5장 맹자의 철학사상: 인간의 품격과 제왕의 길 • 234
1. 맹자의 세계관과 인성론 / 238
2. 맹자의 윤리사상 / 266
3. 맹자의 정치사회사상 / 291
4. 정기물정(正己物正)의 교육학 / 321

제6장 노자의 철학사상: 도의 깨달음과 덕의 실현 • 341
   1. 노자의 세계관과 인성론 / 348
   2. 노자의 윤리사상 /378
   3. 노자의 정치사회사상 /399
   4. 말없는 가르침(不言之敎)의 교육학 /420

제7장 장자의 철학사상: 무대의 자유로 소요유하라 • 442
   1. 장자의 철학사상 / 448
   2. 『장자』의 공자, 그는 누구인가? / 468

제8장 순자의 철학사상: 유위유학과 문화의 나라 • 494
   1. 순자의 세계관과 인성론 / 499
   2. 순자의 윤리사상 / 506
   3. 순자의 정치사회사상 / 510
   4. 화성기위(化性起爲)의 교육학 / 513

제9장 한비자의 철학사상: 예치에서 법치로 • 521
   1. 법가의 선구자들 / 524
   2. 한비자의 철학사상 / 530

제10장 제자백가철학의 현대적 의의 • 547
   1. 제자철학의 논점비교 / 549
   2. 현대적 의의와 한계 / 565

■ 참고문헌 / 586

제1장
제자백가철학사상 서설

서론: 철학은 시대적 아픔의 산물

　철학의 개론적 수준에서 많은 학자들이 '철학함'의 계기로 "놀라움", "경이로움", "의심", "한계상황" 등을 말하지만, 나는 모든 사상이나 철학적 사유를 시공적(時空的) 아픔의 산물이라 여긴다. 현실사회를 짓누르는 악(惡)을 아픔으로 느끼는 순간부터 사상가의 철학적 고민은 시작된다. 악 그 자체만으로도 철학적 사유의 주제이긴 하지만, 그보다는 현실적 악이 어디로부터 왔는지를 분석하고 그 악이 없는 이상사회를 구상한다. 그리고 이상사회로 가기 위한 방책이 무엇인지를 사유한다. 이러한 사유의 체계가 시공을 넘어 보편성을 획득할 때 사상은 하나의 독립된 철학으로 등록된다. 물론 시대마다 철학적 사유의 주제가 변해왔다고 하지만 그 바탕에는 늘 이러한 현실적 문제의식이 깔려 있었다.
　철학사상사를 돌아볼 때, 철학적 사유의 길은 두 가지인 것 같다. 하나는 기국리통(氣局理通)의 길이고, 다른 하나는 리통기국(理通氣局)의 길이다. '리통'과 '기국'의 용어는 율곡(栗谷)에서 빌려온 것이지만, 여기서는 그의 철학적 개념과 무관하다. '기국'이 시공간적 특수성을 의미한다면, '리통'은 시공을 뛰어넘은 보편성이라 생각하면 된다. 그러니까 '기국리통'의 철학은 실존적 삶을 살아가는 시공간적 맥락에서 탐구한 특정 사상가의 사유체계가 시공을 넘어 보편성을 획득한 철학을 말한다. 반면, '리통기국'의 철학은 이미 보편성을 획득한 사상을 철학적 사유의 질료로 삼고 자기 삶의 시공적 맥락 속에서 당면한 악을 해결하고 병을 치유하기 위해 사유하는 철학을 말한다.

'기국리통'의 철학과 '리통기국'의 철학 중 어느 철학이 더 우월하다고 여겨서는 안 된다. '리통기국'의 철학은 '기국리통'의 철학을 사유의 질료로 삼기에 혹시 수준이 낮은 철학이 아닌가 하고 생각할지 모르지만 전혀 그렇지 않다. 철학은 철학자가 세상을 보는 사유의 깊이와 높이와 너비로 평가되어야 한다. 또한 시공마다 철학자가 당면하는 악과 병은 다를 수밖에 없다. 이러한 점에서 '리통기국'의 철학도 사유의 수준에 따라 얼마든지 보편성을 획득하는 철학으로 등록될 수 있다. 다만, '기국리통'의 철학은 철학의 기축(基軸)시대를 이끌었던 위대한 사상가들에 의해 거의 구축이 된 것 같다.[1] 말하자면, 나올 수 있는 철학적 사유체계의 유형과 질료들이 그 시기에 대부분 제시되었다는 것이다. 플라톤(소크라테스), 아리스토텔레스, 노자, 공자, 예수, 붓다 등의 철학이 그것이다. 그렇다면 기축시대 이후의 철학은 대체로 '리통기국'적 철학의 길을 걸어왔다고 볼 수 있다. 철학적 사유의 큰 틀에서 서양철학사가 플라톤과 아리스토텔레스 철학의 재생반복이었고, 동양철학사가 노자, 공자, 붓다 철학의 재생반복이었다고 보는 관점은 이러한 뜻에서이다.

거듭 말하지만, 기축시대 이후의 '리통기국'의 철학이 '기국리통'의 철학을 질료로 삼는 사유의 재생반복이라 하더라도 결코 그것은 수준이 낮은 철학이 아니다. 우리는 기축시대 이후의 철학사에서도 수많은 위대한 사상가와 철학

---

1) 김형효는 말한다. "철학이란 단적으로 말해, 독일의 실존철학자 야스퍼스(Karl Jaspers)가 '새벽과 같은 인류의 기축(基軸)시대'라고 불렀던 기원전 7~5세기경의 성현들이 인류에게 남긴 지혜의 말들을 각 시대에 알맞게 해설하는 것이 아니겠는가? 그러면 과연 누가 그 기축시대의 스승에 해당할까? 바로 노자, 붓다, 공자, 헤라클레이토스, 파르메니데스, 소크라테스 등이 해당된다." 김형효, 『사유하는 도덕경』(서울: 소나무, 2004), 17쪽. 김형효는 나에게 철학함의 스승이다. 여기서 해설하는 철학에 내民 난상도 그로부터 배운 것이다.

적 사유체계를 만날 수 있다. 그들은 모두 자신들의 실존적 삶을 살아내야 했던 당시대의 악을 해결하고 병을 치유하기 위해 치열하게 철학적 사유를 전개한 사람들이었다. 여하튼 우리가 철학적 고전(古典)을 읽고 지난 시기 철학자들의 사상을 연구한다는 것도 '리통기국'의 철학을 사유하고자 하는 길과 다르지 않다. 물론 고전이나 철학자들의 사상을 통하여 삶의 처세술을 배우거나 학문적 지식을 습득할 수도 있다. 그러나 고전을 읽고 철학사상을 연구하는 목적이 여기에 그친다면 그것은 너무나 이기적인 발상이고 죽은 지식에 나의 사고를 가두는 처사에 불과하다. 공자가 말하듯이, 배움(學)과 생각(思)을 병진(竝進)해야 한다. 고전이나 철학사상은 나의 사유를 위한 질료에 불과하다. 그것들은 어디까지나 오늘날 나의 삶의 문제와 병리를 치유하기 위한 사유의 수단이고 보조일 뿐이다.

　우리가 철학을 공부하고 철학을 한다는 것은 마치 수도승이 깨달음의 도(道)를 터득하기 위한 구도(求道)의 과정과 다르지 않다고 생각한다. 철학하는 자의 사유하는 깊이와 높이와 너비에 따라 깨달음의 정도는 다를 수밖에 없고, 그 깨달음의 정도에 따라 세상을 보는 견분(見分; 세상을 보는 눈)도 한정되기 마련이다. 단순한 학문적 호기심을 넘어 진정한 철학적 사유를 해야 하는 이유가 바로 여기에 있다. 이러한 점에서, 철학을 마치 과학의 학문분과처럼 전공으로 구분하는 것도 합당한 처사가 아니다. 철학의 영역인 인식론, 형이상학(존재론), 윤리학, 사회철학 등을 전공처럼 여겨서는 안 된다. 또한 칸트철학 전공, 율곡철학 전공, 혹은 한국철학 전공, 서양철학 전공 식으로 구분하는 것도 맞지 않다. 이처럼 철학을 전공으로 구분하는 처사는 학문을 한다고는 말할 수 있을지언정 진정한 의미의 철학적 사유를 한다고 보기는 어렵기 때문이다.

　우리는 칸트철학을 통하여 세상을 볼 수 있고, 또한 궁극적으로 길은 하나로 통한다고 볼 수도 있다. 그러나 이러한 공부는 아무래도 세상보기의 견분을 특정한 시각으로 제한할 수 있다. 가능하면 다양한 사유체계를 배우고 그것을 질료로 삼아서 나의 삶을 살찌우고 사회악을 교정하는 통찰적 지혜를 터득해야 한다. 철학하는 자의 내적인 성찰과 깨달음을 추구하는 철학적 사유는 본질적으로 구도적(求道的)이다. 이점에서, 철학은 학문적으로 철학을 연구하는 전공자들만의 전유물이 결코 아니다. 철학적 문제의식을 가지고 공부하고 사유하는 모든 사람이 그 자체로 철학자이기 때문이다.

  춘추전국시대 제자백가의 철학사상을 공부하는 데에도 바로 저러한 관점이 요구된다. 거듭 말하지만, 철학은 시대적 아픔의 산물이다. 이처럼 어떠한 철학사상도 시공간적·사상사적 맥락과 무관한 백지상태에서 솟아나는 것이 아니라면, 철학자가 살았던 시공간적 맥락에 유의할 때 특정 사상가의 문제의식과 철학을 더 잘 이해할 수 있을 것이다. 본격적으로 제자백가의 철학을 보기에 앞서 사상적·시대적 배경을 살피려는 것도 이러한 이유이다.

1. 당우 및 삼대의 문화와 사상

　제자백가철학의 사상적 연원은 당우(唐虞)와 삼대(三代)의 문화라 할 것이다. 제자백가철학자들의 문헌에는 이 시대의 이상적 문화를 거론하는 대목이 자주 등장하기 때문이다. 당우시대란 전설적 임금인 요(堯)와 순(舜)이 다스리던 요순지치(堯舜至治)시대를 일컫고, 삼대란 하(夏)·은殷(혹은 상商)·주(周)의 세 나라에서 특히 우(禹; 하), 탕(湯; 은), 문(文)·무(武)·주공(周公)(이상, 주나라) 등이 다스리던 시대를 말한다. 엄밀히 검증할 수는 없지만, 전자의 시대가 『예기禮記』「예운禮運」편에 나오는 이른바 대동(大同)의 문화를 구현하였던 시대라면, 후자의 시대는 소강(小康)의 문화를 실현하였던 사회로 상정할 수 있지 않을까 한다. 여기서는 주로 공자의 어록인 『논어論語』에 언급된 근거들을 중심으로 당우 및 삼대시대의 문화와 사상을 돌아보기로 한다.

1) 당우(唐虞)시대의 문화와 사상

　중국의 역사가들은 중국역사의 시원을 삼황오제(三皇五帝)시대로부터 시작한다. 이른바 전설적 성왕들이 다스리던 시대이다. 여러 설이 있어 일정하지 않지만, 삼황은 수인씨(燧人氏)·복희씨(伏羲氏)·신농씨(神農氏)를 말하고, 오제란 황제(皇帝)·전욱(顓頊)·곡(嚳)·요(堯)·순(舜) 임금이 다스리던 시대이다. 삼황에 앞서 전설적 성왕인 유소씨(有巢氏)가 나무위에 집짓고 사는 법을, 수인씨(燧人氏)는 처음으로 끓여먹는 법을 가르쳤다. 복희씨는 고기 잡는 법을, 신농씨는 농사짓는 법을, 황제헌원씨는 문자·음악·도량형 등을 가르쳤다고 전한다.

삼황과 오제시대의 구분은 아마도 씨족공동체사회와 부족공동체사회 정도가 아닐까 한다. 중국초기 고대인들에게 삶은 그리 녹녹하지 않았겠지만, 그래도 광활한 땅에서 먹을거리가 풍부했을 것이고 특별한 사회윤리가 필요하지 않았을 것이다. 그러나 씨족연합체인 부족사회가 되면서 최소한의 지배체제와 사회윤리가 필요하게 되었다고 할 수 있다. 이러한 필요에 처음으로 부응한 이들이 요와 순임금이었던 것으로 보인다. 그들이 다스리던 시대를 당우(唐虞)시대 혹은 요순지치(堯舜至治)시대라 부른다. 당우시대라 하는 이유는 요임금을 제요도당씨(帝堯陶唐氏)라 하고, 순임금을 제순유우씨(帝舜有虞氏)라 하기 때문이다. 그리고 요순지치라 하는 이유는 그야말로 지극히 이상적인 정치가 구현되었던 것으로 보기 때문이다. 중국인들에게 있어, 특히 사상가들에게 있어, 요순지치 시대는 인류사에서 가장 황금기적(유토피아적) 문화가 꽃피었던 시대로 인식되고 있다. 이 점에서 공자도 예외가 아니다.

> 공자가 말했다: 크도다! 요(堯)의 임금노릇 함이여! 높고 크도다! 오직 하늘이 크거늘, 요가 그것을 본받았다. 넓구나! 백성들이 그의 이름을 모른다. 높고 크도다! 그가 공을 이룸이여! 빛나도다, 그가 남긴 문장이여! 子曰: 大哉! 堯之爲君也! 巍巍乎! 唯天爲大, 唯堯則之。蕩蕩乎! 民無能名焉。巍巍乎, 其有成功也! 煥乎, 其有文章!. (『論語』「泰伯: 19」)

요임금이 어떻게 정치를 했기에 백성들은 그가 임금으로 있는지 조차 모를까? 과연 그들이 했던 지치(至治)는 어떤 정치일까? 이 공자의 언표에 대하여, 송나라 사상가였던 윤순(尹焞, 1071~1142)은 "하늘의 도는 커서, 무위(無爲)한데도 이루어진다. 오직 요임금이 그것을 본받아서 천하를 다스렸다. 그러므로 백성들이 그의 이름을 얻어 들을 수가 없었던 것"[2]이라 주해

---

2) 『論語集註』「泰伯: 19」. 尹氏曰, 天道之大, 無爲而成, 唯堯則之, 以治天下. 故民無得而名焉. *尹氏: 송나라 사람으로 성명은 尹焞(윤순; 1071~1142, 자는 尹彦明). 정이(정이천)에게 배웠고, 왕안석의 신법에 반대함.

(註解)하고 있다. 이에 따르면, 지치란 무위(無爲)의 정치이다. 사실 이에 대해 공자도 말한다.

> 공자가 말했다: 무위(無爲)한데도 다스려진 것은 순(舜) 임금인저! 어떡했던가? 자신을 낮추고 남쪽을 향하여 바로 앉아계셨을 뿐이었다. 子曰: 無爲而治者, 其舜也與? 夫何爲哉? 恭己正南面而已矣. (『論語』「衛靈公: 4」)

무위이치(無爲而治), 즉 무위의 정치란 인위적으로 하지 않는데도 저절로 다스려지는 것이다. 요와 순임금은 그냥 자신을 낮추고 남면(南面)하여 앉아 있을 뿐이었다. 그러면 신하들이 각자 자신의 맡은 바의 일을 알아서 처리한다. 그것은 마치 북극성이 제자리에 위치하고 있으면 뭇별들이 저절로 그를 중심으로 돌아가는 것과 같다.

> 공자가 말했다: 정치를 덕으로 함은 마치 북극성이 제자리에 있으면 뭇별들이 팔짱을 끼고도는 것과 같다. 子曰: 爲政以德, 譬如北辰, 居其所而衆星共【作供】之. (『論語』「爲政: 1」)

> 순임금은 신하 다섯을 두었는데 천하가 (무위하게) 다스려졌다. 舜有臣五人而天下治. (『論語』「泰伯: 2」)[3]

> 요임금이 말했다: "아아! 너 순이여! 하늘의 역수(曆數)가 너의 몸에 있으니 진실로 그 중(中)을 잡으라. 사해(四海)가 곤궁하면 천록(天祿)이 영원히 끊어질 것이다." 순임금이 또한 이것으로 우에게 명령했다. 堯曰: "咨! 爾舜! 天之曆數在爾躬, 允執其中。四海困窮, 天祿永終。" 舜亦以命禹. (『論語』「堯曰: 1」)

---

3) 五人: 우(禹: 치수담당), 직(稷: 농업담당), 설(契: 내치담당), 고요(皐陶: 법담당), 백익(伯益: 수렵담당).

무위의 정치는 임금이 덕(德)으로 정치를 하는 것이다. 그 덕이란 자신을 낮추는 것[공기恭己]이고, 자연(自然)의 순리에 따르는 중용(中庸)과 시중(時中)의 정치이다. 무위란 아무것도 안 한다는 뜻이 아니라, 인위적으로 조작하지 않는다는 것이다. 자연이 그것이다. 자연은 말뜻 그대로 '스스로 그러함'이다. 밤이 가면 새벽이 오고 봄이 가면 여름이 오는 것처럼, 자연의 순리는 누가 시키지 않아도 저절로 돌아간다. "봄 오면 씨앗 뿌려, 여름이면 꽃이 피고, 가을이면 풍년 들어, 겨울이면 행복하네."라는 유행가 가사처럼, 임금은 자신을 드러내지 않고 적재적소의 자리에 걸맞은 신하들을 배치하기만 하면, 신하들이 자연의 순리를 놓치지 않고 백성들의 삶에 대처해 나간다. 이러한 임금의 덕이 중요하기에 요임금은 순에게, 순임금은 우에게 중용과 시중의 사상을 전하였다.

순임금이 우에게 전한 중용(中庸)과 시중(時中)의 사상은 『서경書經』「대우모」편에 나온다. "사람의 마음은 오로지 위태로운 뿐이고, 도(道)의 마음은 오로지 미미할 뿐이니, 오로지 마음을 한 가지로 하여, 진실로 그 중(中)을 잡으라."(人心惟危, 道心惟微, 惟精惟一, 允執厥中). 인심(人心)은 인간 중심적이고 사사로운 마음이다. 그러나 도심(道心)은 자연의 순리를 따르는 마음이다. 사사로운 마음이란 필요와 요구를 넘어서는 욕심이다. 자연은 사사로운 마음을 갖지 아니한다. 그러나 필요와 요구 수준의 욕심마저 없다면 자연의 순환은 정지된다. 밀림의 왕자 사자를 보라. 그는 배고프면 토끼를 잡아먹는다. 그러나 배부르면 토끼와 같이 노닌다. 나아가 아무리 밀림의 왕자인 사자라도 언젠가는 그 또한 자연에게 먹이로 제공된다. 이게 자연의 순리이고, 상선(上善)의 세계이며, 도심(道心)의 마음이다. 그래서 상선(上善)의 세계는 나의 욕구추구가 곧 남에게 선(善)이 되는 세계이다. 생명가진 존재라면 누구라도 생명유지(생명사랑)를 위해 필요한 욕심을 부려야 한다. 그러나 필요와 요구를 넘어서는 욕심은 사사로운 욕망일 뿐이다. 사사로운 욕망을 부릴 때 상선의 질서는 깨지고 도심은 숨는다. 사사로운 욕망을 추구하는 유일한 존재가 인간이다. 그들은 배고파도 잡아먹고 배가 불러도 내일을 위해 저장한다. 이게 인간의 가지는 인심이다. 그래서 인심은 위태롭다. 인간은 도심을 회복해야 한다. 그것이 윤집기중(允執其中) 혹은 윤집궐중(允執厥中)의 뜻이다. 요와 순임금은 바로 이러한 도심으로 세상을 무위하게 다스렸다.

  도심은 생명사랑이고 사사로운 마음이 없는 것이다. 앞으로 보겠지만, 훗날 공자가 주장하는 인(仁)사상의 근원도 여기에 있다고 여긴다. 도심은 생명사랑이기에, 세상을 무위하게 다스리면 모두가 화목하고 서로 돕게 되어 있다. 『서경書經』 「요전堯典」 편이 이를 증거 한다. "아주 밝고 뛰어난 덕으로 구족을 사랑하니, 구족은 서로 화목하고 백성들은 평화를 사랑하고 성품이 깨끗하여 온 세상이 서로 돕고 화합하여 변란이 일어나도 서로 화목하였다."(克明俊德, 以親九族, 九族旣睦, 平章百姓, 百姓昭明, 協和萬邦, 黎民於變時雍). 또한 도심은 사사로운 마음이 없기에, 모든 것이 공공(公共)의 것으로 돌아가고 나의 것이 존재하지 않는다.

  『예기禮記』 「예운禮運」 편에 나오는 이른바 '대동'(大同)은 바로 이러한 무위이치(無爲而治)가 구현된 이상(理想)사회가 아닐까 생각한다.

> 큰 도가 행해지니, 천하가 공공을 위한 것으로 되었다. 어질고 능력 있는 신하를 등용하고, 신뢰와 화목으로 가르치고 수양하였다. 그러므로 사람들이 자기 부모만을 부모로 여기지 아니하고, 자기 자식만을 자식으로 여기지 아니하였다. 늙은이는 자연스러운 임종을 맞이하였고, 어른은 쓰일 곳이 있었고, 어린아이는 길러지는 바가 있었다. 홀아비, 과부, 고아, 독자, 질병 걸린 자 모두가 부양되었다. 남자는 직분이 있고, 여자는 시집갈 곳이 있었다. 재화가 땅에 버려지는 것을 싫어했지만 그렇다고 자기의 것으로 저장하지도 않았다. 힘이 자신에게서 나오지 않은 것을 싫어했지만 그 힘을 자기만을 위해 사용하지 않았다. 그러므로 배반이 가려져 일어나지 않았고, 도적들이 생겨나지 않았다. 그래서 대문을 닫지 않았다. 이를 대동이라 한다. 大道之行也, 天下爲公, 選賢與能, 講信脩睦. 故人, 不獨親其親, 不獨子其子, 使老有所終, 壯有所用, 幼有所長, 矜寡孤獨廢疾者, 皆有所養. 男有分, 女有歸. 貨惡其棄於地也, 不必

藏於己. 力惡其不出於身也, 不必爲己. 是故 謀閉而不興, 盜竊亂賊而不作. 故外戶而不閉. 是謂大同. (『禮記』「禮運」)

2) 삼대(三代)시대의 문화와 사상

삼대(三代)란 하(夏)·은(殷, 혹은 상商)·주(周)의 세 나라의 시대를 말한다. 하나라는 우(禹)에서 걸왕(桀王)까지 17대의 431년 동안(BC 2205~BC 1766)이고, 은나라는 탕(湯)에서 주왕(紂王)까지 31대의 628년 동안(BC 1766~BC 1122)이다. 주나라는 무(武)에서 난왕(赧王)까지 37대의 867년 동안(BC 1122~BC 256)인데, 무왕(武王)에서 12대 유왕(幽王)까지(BC 1122~BC 771)를 서주(西周)시대라 하고, 13대 평왕(平王)에서 26대 난왕(赧王)까지(BC 770~BC 256)를 동주(東周)시대라 부른다. 그리고 동주시대의 평왕(平王)에서 경왕(敬王)까지(BC 722~BC 476)를 춘추(春秋)시대라 하고, 원왕(元王)에서 난왕(赧王)을 거쳐 진시황(秦始皇)의 천하통일까지(BC 475~BC 221)를 전국(戰國)시대라 부른다.[4] 여기서 춘추전국시대가 제자백가철학의 시대적 배경이 되는 시기이다. 이에 대해서는 뒤에서 다룬다.

제자백가철학의 사상적 연원이 되는 삼대의 문화란 하(夏)·은(殷, 혹은 상商)·주(周)의 세 나라에서 특히 우(禹; 하), 탕(湯; 은), 문(文)·무(武)·주공(周公)(이상, 주나라) 등이 다스리던 시대를 지칭한다. 『예기禮記』에 의할 때, 이 시기는 예(禮)에 의한 정치가 이루어진 '소강'(小康)사회로 인식되고 있다.

---

[4] 공자가 노나라의 역사(은공隱公원년, BC722~애공哀公14년, BC. 481)인 『춘추春秋』를 편찬한 것을 기점으로 이전을 춘추시대, 이후를 전국시대로 구분한 것이다. 그러나 역사가들은 춘추시대를 동주 제1대 평왕에서 제21대 위열왕(BC. 771~403년)까지로, 전국시대를 제22대 안왕에서 마지막 26대 난왕이 무너지고 진나라로 천하가 통일되는 시기(BC. 403~221년)까지로 보고 있기도 하다. 춘추시대가 명목상이나마 주왕실이 존재한 시기라면, 전국시대는 주왕실의 존재의미가 사라지고 전국 7웅이 천하통일을 위해 패권을 다투는 시기이나.

오늘날 큰 도가 이미 숨으니, 천하가 사적인 가문을 위한 것으로 되었다. 각자는 자기 부모만을 부모로 여기고, 각자는 자기 자식만을 자식으로 여긴다. 재화와 힘도 자기를 위해서 사용된다. 대인이 대를 이어 일어나 예를 만들었고, 성곽과 구렁을 파서 견고하게 하였다. 예의로 기강을 삼음으로써 군신간을 바르게 하고, 부자간을 돈독하게 하고, 형제간을 화목하게 하고, 부부간을 화합하게 하였다. 제도를 설치하고, 밭과 마을을 구획하였다. 어질고 용감하고 지혜로운 자가 공을 세워도 자기 것으로 삼았다. 그러므로 이로부터 모의가 세워지고 군사가 일어났다. 우(禹; 하), 탕(湯; 은), 문(文)·무(武)·주공(周公)등의 성왕들이 이로 말미암아 선택되었다. 여섯 군자들은 예(禮)에 삼가지 아니함이 없었다. 그 의로움을 드러내고, 신뢰를 고구하였다. 만약 허물이 있으면 형벌과 사랑[仁]으로 설득하고 양보를 강해서 백성들에게 항상된 규율이 있음을 보였다. 이 규율로 말미암지 않는 이가 있으면 세력을 가진 자라도 제거하여 대중들이 재앙의 본보기로 삼도록 하였다. 이를 일러 소강이라 한다. 今大道旣隱, 天下爲家. 各親其親, 各子其子, 貨力爲己. 大人世及以爲禮, 城郭溝池以爲固, 禮義以爲紀, 以正君臣, 以篤父子, 以睦兄弟, 以和夫婦, 以設制度, 以立田里, 以賢勇知, 以功爲己. 故謀由是作, 以兵由此起. 禹·湯·文·武·成王·周公, 由此其選也. 此六君子者, 未有不謹於禮者也. 以著其義, 以考其信, 若有過, 刑仁講讓, 示民有常. 如有不由此者, 在勢者去, 衆以爲殃, 是謂小康. (『禮記』「禮運」)

가. 하(夏)·은(殷)대의 종교적 성격의 문화

요와 순임금은 도심에 의한 무위의 정치를 했기에 왕위계승도 동생이나 아들에게 잇게 하는, 즉 사적인 것으로 돌리지 않고 선양(禪讓)에 의했다. 요임금은 아들인 단주(丹朱)가 있었지만, 백성들 중에 순(舜)을 골라 두 딸을 시집보내고 중요한 정사를 담당케 하였고, 후에 그에게 왕위를 선양했다고 한다.

순임금도 아들 상균(商均)이 있었지만, 신하들 중에서 가장 현명하고 덕이 있다고 소문난 우(禹)를 선택하여 왕위를 선양했다고 전한다. 그래서 우임금까지는 요순지치(堯舜至治)의 이념이 그대로 계승되었던 것이 아닌가 한다. 이 점에 대해 공자도 인정한다.

> 공자가 말했다: 높고 크도다! 순과 우임금이 천하를 가지고도 간섭하지 않음이여! 子曰: 巍巍乎, 舜·禹之有天下也而不與焉! (『論語』「泰伯: 18」)

> 공자가 말했다: 우임금에 대해 나는 비판할 것이 없다. 자신은 거친 음식을 먹으면서 귀신에게는 지극히 효도했고, 평소에 해진 옷을 입으면서 제복과 관모는 지극히 아름답게 하였고, 궁실은 비루하게 하면서 전답사이 물길을 내는 일에는 진력을 다하였다. 우임금에 대해서 나는 비난할 것이 없다. 子曰: 禹, 吾無間然矣。菲飮食, 而致孝乎鬼神, 惡衣服, 而致美乎黻冕, 卑宮室, 而盡力乎溝洫。禹, 吾無間然矣. (『論語』「泰伯: 20」)

우임금도 요순처럼 천하를 가졌음에도 간섭하지 않는 무위의 정치를 행했다. 원래 우는 요임금의 신하였고, 그때 치수사업에 공이 있었다. 중국고대에서 황하를 비롯한 강의 범람을 막을 수 있느냐 하는 것은 생활터전을 보전하는 관건이었다고 할 수 있다. 요임금은 먼저 곤(鯀)이라는 신하에게 강의 범람을 다스리는 일을 맡겨 9년 동안 노력을 기울였음에도 실패했다고 전한다. 그러다가 순임금이 즉위하자 그 일을 곤의 아들인 우(禹)에게 맡겼다. 우는 3년 동안 온갖 노력 끝에 성공할 수 있었다. 이때 집 앞을 지나면서도 한 번도 집에 들어가질 않았다고 전한다. 이것이 우로 하여금 순을 이어 왕위에 오르는 계기가 되었던 것이 아닌가 한다. 여하튼 치수사업의 성공과 본격적인 농경사회로의 진입은 이전의 부족공동체에서 부족연합인 원시국가로의 발전을 의미한다. 그에 걸맞은 지배체제와 사회윤리가 요구될 수밖에 없었을 것이다. 그래서 이 시대가 되면 초보적인 수준에서 종교적 권위에 입각한 계급제도와 예(禮)규범이 생겨나기 시작한 것이다.

우임금의 하나라는 어쩌면 한 지역에 정착하여 공동체를 구성했던 최초의 정착국가라 하겠다. 이제 나와 너, 우리와 적이라는 국가의식과 경계선이 생겨날 수밖에 없다. 그리고 지배계급과 피지배계급이 구분되고, 지배를 정당화하는 이데올로기가 만들어질 수밖에 없는바 그것이 곧 종교이다. 그래서 어느 원시국가처럼, 이때부터 왕은 상제(上帝)를 비롯한 모든 신에 대한 제사권과 통치권을 장악하는 제사장(무당, 점사)인 동시에 통치권자였다. 왕위계승을 선양이 아니라 형제 혹은 아들에게 잇게 하는 것도 우임금 때부터 생겨났다. 우임금은 선왕을 이어 후계자를 익(益)이라는 신하에게 선양하고자 하였으나, 백성들의 여론이 아들인 계(啓)에게 쏠렸다고 한다. 그래서 우는 왕위를 아들에게 물려주었다는 것이다. 하나라 때에 왕위계승은 부자상속이 17회, 형제상속은 13회에 이른다고 한다.

우리와 적이라는 국가의식은 서로를 침략하는 전쟁까지 일어나게 만든다. 하나라는 걸왕(桀王)대에 와서 상(商, 혹은 은殷)나라를 건국한 탕(湯)에 의해 정복당한다. 명분은 당연히 걸왕이 무도(無道)해서 백성들에게 신임을 잃었기 때문이다.[5] 은나라의 탕임금도 하의 우임금에 버금하는 성왕(聖王)이었다. 그리고 은왕조는 실재했던 역사로 밝혀지고 있다. 은허(殷墟)에서 발굴된 갑골문(甲骨文)이나 상나라의 넓은 지역에서 발굴되는 청동기 제기들이 그것을 뒷받침하고 있다. 어쩌면 하나라의 문화는 은나라를 유추하여 해석된 문화일지 모른다. 물론 아직도 상제천(上帝天) 개념에 바탕을 둔 종교적 성격이 강했지만 상제례(喪祭禮) 중심의 예제문화가 발달된 것도 이때일 것이다.

그러나 은나라도 주왕(紂王)대에 와서 주(周)나라 무왕(武王)에 의해 정복당한다. 주왕 역시 무도(無道)했다. 그는 세 현인의 간언을 경청하지 않았다.

---

5) 『論語』「堯曰: 1」. "曰【日上當有湯字】: "予小子履敢用玄牡, 敢昭告于皇皇后帝, 有罪不敢赦。帝臣不蔽, 簡在帝心。朕躬有罪, 無以萬方, 萬方有罪, 罪在朕躬。"

은말 삼인(殷末三仁)이라 부르는 세 현인은 미자(微子), 기자(箕子), 비간(比干)을 말한다.[6] 미자(微子)와 기자(箕子)는 주왕(紂王)의 서형(庶兄)들이고, 비간(比干)은 숙부(叔父)였다. 비간은 무도함을 간(諫)하다가 주왕에게 죽임을 당했다. 미자는 간함이 수용되지 않자 나라를 떠나버렸고, 기자는 듣지 않자 머리를 풀어헤치고 미친 체하면서 다른 사람의 노예가 되어버렸다고 한다. 결국 주왕(紂王)의 은나라는 주무왕(周武王)에게 정복되고 말았다. 이후 주무왕은 미자를 주나라의 제후국인 송(宋)에 봉했고, 기자는 조선(朝鮮)의 제후로 봉해졌다.

나. 주(周)나라의 인문적 성격의 문화

주나라의 건국을 전후해서 현인이 있었다. 주태왕(周太王)의 큰 아들인 태백(泰伯)이 그이다.[7] 주나라 태왕에게는 태백(泰伯), 중옹(仲雍), 계력(季歷)이라는 세 아들이 있었다. 바야흐로 주나라는 부흥하고 상(商, 은殷)나라는 쇠약해지고 있었는데, 태왕이 상나라를 치려고 했다. 이에 태백은 따르려하지 않았고, 둘째인 중옹과 함께 형만(荊蠻)으로 도망쳤다. 그러자 태왕은 왕위를 셋째 아들인 계력의 아들이자 덕 있는 창(昌)에게 물려줄 의도에서 우선 계력에게 왕위를 넘겼다. 이것이 태백이 천하를 한 번 양보한 일이다. 계력을 거쳐 왕위는 창(昌; 文王)에게 넘겨졌다. 이것이 태백이 천하를 두 번째 양보한 일이다. 문왕 창(昌)에 이르러 주나라는 천하의 2/3을 차지할 정도로 강성해졌다. 문왕은 다시 왕위를 아들인 발(發; 武王)에게 넘겼는데, 이것이 태백이 천하를 세 번째 양보한 일이다. 무왕은 상(은)나라를 치고 드디어 천하를 통일하여 주나라의 시대를 열었다.

---

6) 『論語』「微子: 1」. 微子去之, 箕子爲之奴, 比干諫而死。孔子曰: "殷有三仁焉。"
7) 『論語』「泰伯: 1」. 子曰: 泰伯, 其可謂至德也已矣。三以天下讓, 民無得而稱焉。

황하유역에서 발생한 주(周)는 본시 원시적 공동체인 희(姬)씨족으로부터 발전하였다. 동족혼을 해오던 희 씨족은 다른 동족혼을 해오던 강(姜)씨족과 함께 외족혼인을 하는 동맹관계에 있었다고 한다. 황하의 서쪽 협곡(峽谷)[8]에서 출발하여 이전의 상(商)왕조와 여러 조그만 종족들을 정복함으로써 황하유역의 지배자가 된 것이다. 주나라가 이전의 나라와 다른 것은 본격적인 예(禮)에 토대한 인문적 문화를 건설했다는 점이다. 이른바 종법(宗法)이데올로기에 기초한 예악형정(禮樂刑政)의 정립이 그것이다.

종법제도는 백세불천(百世不遷)의 대종(大宗)과 오세천(五世遷)의 소종(小宗)의 형식을 통한 씨족제도이다.(『예기禮記』「대전大傳」편). 백세불천이란 영원토록 제사를 이어가는 조상을 말하고, 오세천은 5세가 지나면 제사를 파지하는 조상을 말한다. 백세불천은 큰 아들 중심으로 대대손손 이어가며, 대대손손으로 이어지는 큰 아들 집안은 대종(大宗), 즉 종가(宗家)집이 되는 것이다. 둘째 아들부터는 독립된 가문이 되어 소종(小宗)을 이룬다. 이러한 종법제도를 국가 지배체제에 그대로 적용한 것이 주나라 특유의 봉건제도이다. 주나라의 신분과 봉건제도는 아래의 <표 1>과 같다.

주의 무왕(武王)은 그의 시대에 이미 15형제와 그의 씨족인 희(姬)의 인척들 중 40명을 제후로 봉했고, 71개의 제후국 중 55개가 무왕의 인척에 의해 통치되었다. 여기서 천자국에서 왕은 제후와 경대부들에게 대종(大宗)의 장(長)이었으며, 반면에 제후와 경대부들은 천자에 대해서 소종(小宗)의 장(長)이 되었다. 다른 한편, 제후국에서 제후들은 경대부에게는 대종의 장이 되고, 경대부들은 소종의 장이 되었다. 결국 이러한 종법제도에 의해, 모든 지배계급들은 천자를 전체 조상의 장으로 숭배하는 사상을 낳게 된다. 이를테면 왕과 제후 간의 관계는 사적으로 보면 부자(父子) 관계이고, 공적으로 보면 군신(君臣) 관계가 된다. 이로부터 자연스러운 효치(孝治)가 이루어지고(충효일치忠孝一致 사회!!), 여기서 예(禮)사상도 나올 수 있었다고 하겠다.

---

8) 주의 발생지역은 유(幽)라 불리는 곳으로 현재는 협서성 순읍현임.

<표 1> 주나라 봉건제도 작위와 관직 및 봉토

	작위명	봉토명	봉토 크기	예하 관직과 봉토				비고
				관직명	봉토명		관직수	
천자 (天子)	왕 (王)	왕기 (王畿)	사방 1000리	공(公)	국(國)		3공 9경 27대부 81원사	*왕·후·경·대부직은 상속됨
				상대부경(卿)	채(采)			
				하대부(大夫)	가(家)			
				원사 (士)	상사	(없음)		
					중사			
					하사			
제후 (諸侯)	공 (公)	국(國)	사방 100리	상대부경(卿)	채(采)	대국	3경 5대부 27원사	*각 봉토의 아래에는 邑, 鄕, 里 등으로 나누어 邑宰, 鄕長, 里長을 두었음
	후 (侯)							
	백 (伯)		사방 70리	하대부(大夫)	가(家)	차국	3경 5대부 27원사	*대국과 차국의 2경은 천자가 임명하고, 1경은 국군이 임명. 소국의 2경은 국군이 임명
	자 (子)		사방 50리	원사 (士)	상사	(없음)		
	남 (南)				중사		소국	2경 5대부 27원사
	부용 (附庸)		사방 50리 미만		하사			

　예(禮)는 본래 원시적 씨족공동체의 시대부터 습속과 관례로써 전승되어온 행위규범이라 할 것이다. 그러나 예가 본격적인 사회윤리로 등장하기 시작한 것은 국가적 수준의 지배체제가 수립된 하(夏)나라 때부터일 것이다. 은(상)나라 때까지 예는 여전히 종교적이고 의례적인 성격이 강한 것이었다. 그러나 주나라에 와서 예는 상제례 중심의 의례적 성격을 넘어 보다 보편적인 규범으로 정립된다. 주나라의 예악형정을 정립하는 데 주도적인 역할을 한 이가 바로 주공(周公)이라는 사람이다. 주공은 무왕의 동생으로 원래 노(魯)나라의 제후로 봉해졌지만, 이제 막 건국된 주나라의 기틀을 놓기 위해, 노나라는 자신

의 아들에게 넘기고, 그는 무왕과 그의 아들인 성왕(成王)을 도우며 주나라의 예악형정을 정립하였던 것이다. 주공에 의해 정립된 예가 이른바 주례(周禮)라고 하는 것이다. 크게 다섯 가지 유형의 예(오례五禮)로 구성되었다. 길례(吉禮), 가례(嘉禮), 빈례(賓禮), 군례(軍禮), 흉례(凶禮)가 그것이다.

① 길례(吉禮): 나라의 제신(諸神; 천신天神, 지신地神, 인신人神)들에 대한 의례로써 국가의 안녕을 기원하는 의례(원구사圓丘祀, 방택제方澤祭, 사직제社稷祭, 종묘제宗廟祭 등)
② 가례(嘉禮): 왕실에서 서민에 이르기까지 광범위한 사회계층을 포함하는 만민의 지키도록 하는 의례(통과 의례적 성격의 의례들)
③ 빈례(賓禮): 나라와 나라사이, 왕과 지방관 사이의 친화(親和)를 위한 의례
④ 군례(軍禮): 국가를 유지하고 안전하게 하는 군대의례
⑤ 흉례(凶禮): 국가의 재화(災禍), 기근(饑饉), 질병(疾病), 사망(死亡) 등의 슬픔을 위로하고 극복하는 의례

주공에 의해 예악형정이 정비됨으로써, 이때부터 예(禮)는 계급과 계층 간, 귀천과 상하 간의 차등화된 신분적 의례와 제도를 의미하는 것이 되었다.[9] 천자와 제후에 걸맞은 예가 있고, 경대부에 걸맞은 예가 있었다. 이들 외에 계급으로 사(士)와 서인(庶人)이 있었다. 앞의 계급들은 신분이 변동되지 않고 계속 자자손손 이어진다. 그러나 사(士)와 서인(庶人)은 명확하지 않다. 그냥 사서인(士庶人)을 붙여 호칭하는 경우도 많기 때문이다. 분명한 것은 서인이 피지배계급이라면, 사(士) 계급은 천자와 제후 또는 경대부의 밑에 등용되어 관리의 역할을 하는 사람들이라는 점이다. 그런 점에서 사(士) 계급은 예(禮)의 전문가들이라 할 것이다. 제자백가철학의 시대적 배경이 되는 춘추전국시대도 바로 이러한 주나라의 예제문화가 무너지면서 왔다.

---

9) "禮, 國之幹也." "禮, 王之大經也.", "禮, 政之輿也."(『좌전』)

2. 춘추전국시대 제자백가의 출현

역사가들은 기원전 770년을 기점으로 이전을 서주(西周, BC 1046?~BC 770년), 이후를 동주(東周, BC 771~BC 221)라 부른다. 동주시대는 다시 춘추시대(BC 771~BC 403)와 전국시대(BC 403~BC 221)로 나뉜다. 서주시대는 인문적 문화가 꽃핀 시대였다. 앞서 본 주나라의 봉건제도와 예제문화가 그것이다. 동주의 춘추전국시대는 서주의 봉건제도와 예제문화가 무너지면서 왔다. 천자국인 주나라 왕실에 대한 제후들의 충성이 시간의 흐름에 따라 점차 약화되기 시작했고, 12대 유왕(幽王)을 끝으로 그 태평성대가 막을 내린다. 13대 평왕(平王, BC 771) 때에 제후국의 반란과 견융(犬戎)의 침략 등으로 주나라는 호경(鎬京)에서 낙양(洛陽)으로 밀려났다. 이때부터를 동주라 부르며, 그것은 춘추전국시대의 개막이었다.

춘추(春秋)시대(BC. 770~BC.403; 367년간)가 주나라 왕실이 약화된 틈을 타 세력을 확장한 제후들이 서로 존왕양이(尊王攘夷; 천자국을 보호하고 오랑캐를 무찌름)의 명분아래 천하를 호령하는 시기였다면, 전국(戰國)시대(BC. 403~BC. 221; 182년간)는 주왕실의 권위는 땅에 떨어지고 약육강식이 점차 심해져, 유력한 제후국인 7웅(七雄; 진秦·초楚·연燕·제齊·한韓·위魏·조趙)이 서로 왕을 참칭(僭稱)하며 천하를 통일하려고 이전투구를 벌이는 시기였다.

춘추시대에 접어들어 주왕실을 정점으로 하는 봉건질서가 붕괴하게 되면서, 왕권의 약화와 제후 간 혈연적 연대의 쇠퇴, 그리고 사회 경제적 토대의 변화에 따른 제후국 간의 멸국겸병(滅國兼兵)으로 예(禮)가 붕괴되는 상황에 직면하게 된다. 공자(孔子, BC 552~BC 479, 노魯나라 출신)가 "천하에 도가 사라지고[天下無道] 예악이 붕괴되었다[禮壞樂崩]"고 진단한 것은 바로 주나라의 예악형정이 무너졌다는 뜻이다. 공실(公室; 왕과 제후)은 쇠퇴하고 사가(私家; 경대부)가 대두하였으며, 신하가 군주를 시해하고 세자가 권력을 찬탈하는 무도한 행위가 일어났다. 춘추시기 동안 36명의 군주가 신하에게 피살되었으며, 이러한 혼란을 틈타 수많은 국인(國人)의 폭동과 역인(役人)의 반란이 일어났다.

이러한 시대를 맞아 당면한 악을 힘으로 제압하며 부국강병을 추구했던 관자(管子, BC ?~BC 645)적 사유도 있었지만,[10] 이전의 사상을 종합하며 다양한 철학적 사유를 실험함으로써 중국철학의 비조(鼻祖)가 되는 공자가 비로소 등장하였다. 공자가 중국철학의 비조가 될 수 있었던 것은 다양한 철학적 사유의 질료들을 내놓았기 때문이다. 그는 당우시대의 무위정치, 삼대시대의 왕도정치, 춘추오패의 패도정치에 모두 주목하고 그것의 유용성과 실현가능성을 철학적으로 사유했다. 이를 바탕으로 패도보다는 왕도를 선호했고, 궁극적으로 왕도를 거쳐 무위이치에 이르는 길을 모색했던 것으로 볼 수 있다. 그래서 우선, 그는 당면한 현실정치의 마당에서 주나라의 예제문화를 복원하고 도덕정치의 실현을 위하여 동분서주하였다. 이러한 실천적 삶으로 인해, 공자철학은 대체로 인본적 휴머니즘에 바탕을 두고 당위윤리와 왕도정치를 주장했던 사상가로만 알려져 왔다.

춘추시대에서 전국시대로 넘어가는 사이에 잠시 오월(吳越)시대가 있었다. 춘추시대 말기를 화려하게 수놓은 오왕 합려(闔閭) 및 부차(夫差) 부자와 월왕 구천(句踐)이 천하의 패권을 놓고 치열한 각축전을 벌인 시기이다. 이 '오월시대'는 앞선 시대와 뚜렷한 차이를 보인다. 춘추시대 중기에 활약한 제환공(齊桓公)과 진문공(晉文公), 진목공(秦穆公), 송양공(宋襄公), 초장왕(楚莊王) 등은 이른바 존왕양이(尊王攘夷)를 기치로 내걸고 왕도에 가까운 패도를 추구했다.[11] 그러나 '오월시대'는 월왕 구천의 와신상담(臥薪嘗膽) 일화가 보

---

10) 관자는 제나라 환공(桓公)을 도와 패제후(覇諸侯)로 만들었던 관중(管仲)을 말한다. 이외에 법술의 패도와 부국강병을 주장했던 사상가로 제경공을 도왔던 안영(晏嬰), 정간공을 도운 자산(子産) 등을 들 수 있다.

11) 이 제후들을 춘추오패(春秋五覇)라 부른다. 훗날 맹자는 이들 오패(五覇)의 정치를 '힘에 의한 정치' 혹은 '가짜로 인(仁)을 빌린 정치'라 혹평하면서 삼대시대의 왕도정치와 대비시킨다.

여주듯이 수단방법을 가리지 않고 패업을 추구했다. 이 시기에 활약했던 대표적인 사상가로 묵자(墨子, BC 479?~381?)를 들 수 있다. 그는 오히려 주나라의 예제문화가 세상의 혼란을 가져온 주범이라 여겼고, 공자의 인(仁)을 차별적 사랑이라 폄하하면서 '차별 없이 이익을 나누는 사랑'[겸애교리兼愛交利]을 주장했다. 백성의 여론과 능력위주의 인사를 주장하는 상동(尙同)과 상현(尙賢)의 정치를 주장하기도 하였다.

'공석묵돌'(孔席墨突)이란 사자성어가 있다. 공자의 자리는 따뜻해질 틈이 없고, 묵자의 집 굴뚝에는 그을음이 낄 새가 없다는 뜻으로, '정신없이 여기저기 몹시 바쁘게 돌아다닌다.'는 것을 비유해 한 말이다.[12] 공자나 묵자는 철학적 사유를 달리했지만, 세상의 악을 치유하기 위해 적극적 참여의 길을 걸었고 한시도 가만있지 못했던 사상가들이었다. 공자와 묵자는 서로 만난 적이 없지만 당시대에 쌍벽을 이루는 철학자이자 실천적 사상가였다. 이들과는 달리, 인위적 문화와 문명을 거부하고 자연을 노래하며 비참여의 길을 걸었던 사상가들도 있었다. 대표적으로 귀생(貴生)주의를 주장하는 양자(楊子, BC ?~ ?, 초나라 출신?)가 있고, 『논어』에서 공자의 무리를 비웃는 자들이 그들이다. 이들은 전국시대 노자와 장자의 사상적 선배들이라 여긴다.

전국시대는 오월시대의 연장선상에 있었다. 전국시대에 이르면 '천하무도'적 양상은 더욱 심화된다. 전국시대는 농업혁명이 일어난 시기였다. 철제 농기구와 소가 끄는 쟁기가 등장하고, 대규모의 관개(灌漑)와 여러 종류의 치수(治水)사업, 운하의 건설 등이 추진되었다. 대규모의 황무지 개간과 단위면적당 생산력이 급격히 증가하였을 뿐만 아니라, 토지 사유제가 촉진되고 상업의 발달과 화폐가 유통되기 시작했다. 이로 인해 경제적 부에 토대한 신흥귀

---

[12] 그 기원을 돌아보면, 전한(前漢)시대 회남(淮南) 땅의 왕이었던 유안(劉安, BC 2경, 한고조인 유방劉邦의 손자)이 그의 책인 『회남자』에서 "공자는 굴뚝이 검어질 짬이 없었고, 묵자는 앉은 자리가 따뜻해질 틈이 없었다."(孔子無黔突, 墨子無暖席)고 평하였는데, 이것이 반고(班固, 후한시대 학자)와 한유(韓愈; 768~824, 당나라 유학자)를 거치면서 "공자의 자리는 따뜻해질 틈이 없고, 묵자 집의 굴뚝에는 그을음이 낄 새가 없다."(孔席不暇暖, 墨突不得黔)는 표현으로 바뀌었다고 전한다. 신동준, 『묵자』(서울: 인간사랑, 2014), 25쪽.

족계급이 등장하였고 빈부격차가 심화되어 이농민의 발생을 가져오기도 하였다. 이러한 생산양식의 변화와 더불어 사회구성체도 재편성되는 바, 원시공동체적 '읍제국가'에서 중앙집권적인 '영토국가'가 등장하였다.

전국시대는 이러한 사회경제적 변동과 무관하지 않다. 제후국 간의 패권다툼과 맞물려 '전국(戰國)'이라는 미증유의 혼란 상태를 야기하게 되었다. 이 점은 제후국의 숫자 변화로도 알 수 있다. 서주 초기 71개국이었고, 춘추 초기에는 170여 개 국으로 늘었던 제후국이, 전국 초기에 오면 20개 국, 전국 중기 이후에는 7개국(七雄)으로 압축되었다. 이후로는 그야말로 7웅이 천하를 차지하기 위해 먹고 먹히는 난타전이 시작된다. 교전의 횟수와 전술 측면에서도 춘추시대보다 더욱 격화되는 양상을 보인다. 전술 측면에서 전차전(춘추)에서 보병전으로 바뀌고, 군사력은 10배 내지 30배까지 증가하였다. 참전 병사의 수와 사상자의 수도 비례하여 늘어날 수밖에 없는데, 예컨대 기원전 293년에 진나라는 한·위 연합군을 대파하여 24만 명을 참수하였고, 기원전 260년에는 진나라가 조나라의 항졸 40만 명을 갱살(坑殺: 땅에 파묻음)하였다고 전한다.

이러한 전국시대적 정황을 두고 맹자는 "땅을 쟁탈하느라 전쟁을 하여 죽은 백성이 들에 가득하고, 성을 쟁탈하느라 전쟁을 하여 죽은 자가 성에 가득하다."(爭地以戰, 殺人盈野, 爭城以戰, 殺人盈城)고 진단한다. 풍몽룡이 쓴 역사소설『동주 열국지』에 나타난 춘추와 전국시대의 전쟁 상황을 비교한 언표도 참고하자.[13]

> 옛날에는 날짜를 정하고 진영을 펼쳤으며 모두 진영을 펼친 다음 전투를 벌였습니다. 정벌을 할 때도 일정한 법도가 있었고, 무기를 쓸 때도 중상을 입히려 하지 않았으며 죄를 성토한 후에 땅을 병합하지도 않았

---

13) 훗날 진시황제(秦始皇帝)가 된 진왕 정(政)이 노장군인 왕전에게 초나라 정벌을 요구하자 60만 대군이 아니면 정벌할 수 없다고 하면서 왕전이 아뢴 말이다. 풍몽룡 지음, 채원방 정리, 김영문 옮김,『동주 열국지』권5 (서울: 글항아리, 2015), 573쪽.

습니다. 비록 무기를 들고 싸울 때라도 예법에 맞게 양보하는 마음을 보였습니다. 이 때문에 제왕이 군사를 쓸 때는 절대로 많은 군사를 동원하지 않았습니다. 제 환공이 국내에서 정치를 행할 때는 군사가 불과 3만에 불과했고, 그것도 번갈아가면서 군사를 동원했습니다. 그러나 지금은 열국 모두 군사를 동원해 전쟁을 하고 있는 상황입니다. 강한 나라가 약한 나라를 능멸하고, 많은 군사로 적은 군사를 짓밟고 있습니다. 적을 만나면 바로 죽이고, 땅을 만나면 바로 공격에 나서는 형편입니다 적의 수급(首級)을 보고할 때면 한 번에 수만 명을 헤아리는 것이 예사이고, 적의 성을 포위할 때도 몇 년씩 지속하는 것이 흔한 일이 되었습니다. 이러한 까닭에 농부도 모두 창칼을 들고 싸움터에 나서게 되었고, 어린아이들까지 모두 병적(兵籍)에 올라 있는 형편입니다. 지금 천하의 대세가 이렇게 되었으니 비록 군사를 동원하려고 해도 그렇게 할 수 없는 시대가 되었습니다.

전쟁으로 인한 참상과 사회혼란, 그리고 민중의 고통은 말할 필요가 없다. 전야(田野)와 성(城)은 황폐화되고 피로 물들었으며, 전쟁터와 피정복국의 민중은 학살되거나 노예로 전락했으며, 그나마 살아남은 민중들도 빈번한 징발과 과다한 부세로 파탄지경에 이를 수밖에 없었다. 국제정세가 이러하니 국내정치 또한 안정될 리가 없는 노릇이다. 전국시대는 그야말로 중국사, 동양사 아니 세계사적으로도 악(惡)이 가장 횡행했던 시기라 할 수 있다. 전쟁, 질병, 죽음, 가난, 고통, 증오, 질투, 중상모략 등이 이 시대를 일컫는 대명사가 아닐까 한다. 한마디로, '지옥'(Hell)이 따로 없는 시대라 할 수 있다.

춘추시대가 그랬듯, 악의 시대에는 그것을 아픔으로 느끼고 인식하는 철학자들의 등장을 요구한다. 전국시대의 대표적인 사상가로는 노자(老子; BC ? ~ ?, 초(楚)나라 출신), 장자(莊子; BC. 399? ~ ?, 宋蒙나라 출신), 맹자(孟子; BC. 372?~BC. 289?, 추鄒나라 출신), 순자(荀子; BC. 298?~BC. 235?, 조趙나라 출신) 등이 활약하였고, 이외에 법가(法家), 명가(名家) 등 제자백가의 사상들이 출현하여 전국시대의 무도(無道)함을 광정하고자 하였다.

이 중 노자는 공자보다 앞서고 같은 시대(춘추)를 살았던 사상가로 알려져 왔지만[14] 그렇지 않다. 오늘날 노자의 생존시기와 『도덕경道德經』이 쓰여진 시기는 전국시대 중기로 보는 것이 통설이다. 오히려 사상사적 논리상의 선결문제를 들며 공자와 맹자보다도 뒤의 사람으로 보는 학자도 있다.[15] 그러나 노자가 장자의 선배인 것은 분명하다. 『장자』에는 공자, 묵자, 노자와 그들의 주장이 모두 등장한다. 대체로 공자와 묵자는 비판의 대상으로, 노자는 자기철학의 스승으로 나온다. 아이러니한 것은 공자가 비판의 대상이기도 하지만, 자기사상의 대변인처럼 나오기도 한다는 점이다. 여하튼 노자와 장자는, 공자와 묵자와는 달리, 양자를 이어 무위적 자연철학을 주장하고 비참여의 길을 걸었던 사상가들이다. 노자가 현실문명을 개선하여 무위정치가 가능할 것으로 보았다면, 장자는 그것이 실현불가능하다고 여기며 정치현실을 초탈하여 자유인(自遊人)으로 살아가는 길을 사유했다.

장자가 맹자보다 앞선 사람으로 알려지고 있지만 누가 먼저인지 모르겠다. 『장자』에는 맹자가 나오지 않고, 『맹자』에도 장자는 거론되지 않는다. 같은 시대를 살았지만 서로 만날 기회가 없었던 것이라 여긴다. 맹자는 공자를 계승하여 유학의 정통사상을 수립한 철학자이다. 그는 제가와의 사상적 논쟁과 대결을 벌이면서 자기철학을 구축하였다. 고자(告子)와의 철학적 논쟁을 벌이면서 성선론을 입론하고, 자기수양과 교육학의 이론을 정립하였다. 또한 양자와 묵자의 학설과 대결하면서 인의(仁義)의 윤리학을 구축하였다. 그리고 허행(許行)의 신농(神農)주의와 논쟁하면서 사회적 분업과 역할윤리를 정립하고자 하였고, 관중(管仲)의 패도정치에 맞서 인정(仁政)에 토대한 왕도정치의 이상을 실현하고자 하였다. 백성을 위하지 않은 정치를 뒤엎어도 된다는 역명혁명을 주장한 사상가이기도 하다.

맹자는 제가의 학설과 대결을 벌이면서 유학의 정통사상을 수립하고자 했

---

14) 사마천(司馬遷, BC 145~BC 86)의『史記』중의「孔子世家」와「老子列傳」에 토대한 관점이다.
15) 풍우란(馮友蘭)이 대표적이다. 풍우란(박성규 옮김),『중국철학사(상)』(서울: 까치, 2003), 273쪽.

지만, 정작 맹자철학은 유학의 동지였던 순자로부터 혹독한 비판을 받아야 했다. 물론 맹자와 순자가 서로 만나 토론을 벌인 적은 없다. 순자가 50~60년 후배였기 때문이다. 맹자가 그러했듯, 순자도 앞선 제가의 학설을 비판하면서 자기철학을 구축한 사상가였다. 그는 묵자를 따라 인간을 이기적 존재로 인정한다. 법가를 따라 문화와 규범의 필요성을 인식하였다. 그러나 그는 법가의 외적인 강제규범에 반대하여 내적인 자율규범이 바람직하다고 여겼다. 묵자의 '무차별적 사랑'(兼愛)의 비현실성에 반대하여 공자와 맹자의 '차서(次序)적 사랑'(仁義)을 따랐다. 위정자의 덕치의 효용성에 대해서도 인식하였다. 이러한 점에서 순자는 공자와 유교의 사상적 후계자이다. 그러나 인간본성의 선함에 토대한 맹자적인 당위윤리와 왕도정치는 너무 이상적(理想的)이라 여겼다. 인간의 현실적 이기심을 인정하면서 그 이기심을 자율적으로 규제할 수 있는 문화의 건설이 바람직한 처방이다. 이것이 순자가 겨냥한 철학이었다.

춘추전국시대를 통틀어 가장 신임을 받았던 철학자들은 실용적 기술정치와 패도적(覇道的) 법술과 병법을 소중히 여기는 사상가들이었다. 당시의 제후와 위정자들에게 초미의 관심사는 천하를 쟁취하고 나라와 집안을 다스리고 살찌우는데 있었기 때문이다. 그리하여 등용된 자들이 춘추시대에는 제환공(齊桓公)의 관중(管仲), 제경공(齊景公)의 안영(晏嬰), 정간공(鄭簡公)의 자산(子産), 오왕합려의 오자서(伍子胥), 월왕구천의 문종(文種)과 범리(范蠡) 등이었고, 전국시대에는 위문후(魏文候)의 이리(李悝), 진효공(秦孝公)의 상앙(商鞅), 한소후(韓昭候)의 신불해(申不害), 초도왕(楚悼王)의 오기(吳起) 등이 대표적인 패도의 기술정치로 부국강병을 추구하고 실현하였던 자들이라 하겠다. 맹자는 왕도정치를 구현하는 제후가 천하의 패권을 차지할 것이라 예언한 바 있지만, 춘추전국시대를 종결시키며 천하통일의 과업을 달성한 이는 진시황제와 그를 도왔던 이사(李斯)였다. 법가적 사유를 종합하여 체계적인 사유로 정립한 사상가는 한비자(韓非子)이다. 이사의 농간으로 그는 자결했지만 진시황은 못내 아쉬워했었다.

맺음말

철학이란 진리에 대해 사유(思惟)하는 학문이다. 사유를 통해 진리가 구성된다. 따라서 사유하는 방식에 따라 철학의 사상과 이론이 다양하게 구성된다고 할 수 있다. 그러나 철학은 동서고금을 통해 무한히 다양하게 펼쳐지는 것이 아니라, 일정한 범주소(範疇素)들이 구조적으로 재생 반복되어 나오는 주기율과 유사하다. 겉으로 보면 철학의 사상이나 이론이 엄청나게 다양해서 공동묘지의 무덤처럼 무질서해 보이나, 구조적으로 통찰하면 몇 개의 범주로 모인다고 할 수 있다.[16]

김형효에 의하면, 동서양의 철학사는 세 가지 진리와 그 사유로 얽혀왔다.[17] 유위적 사유(有爲的 思惟)와 현실성(現實性)의 진리, 당위적 사유(當爲的 思惟)와 이상성(理想性)의 진리, 그리고 무위적 사유(無爲的 思惟)와 사실성(事實性)의 진리가 그것이다. 그는 이 세 가지 진리와 사유를 각각 유위철학(有爲哲學), 당위철학(當爲哲學), 무위철학(無爲哲學)이라 부르며, 동서철학사에서 재생 반복되어 온 철학의 유형이라고 여긴다. 나는 춘추전국시대에 다양한 백가의 학설이 대두하였지만, 철학적 사유구조의 유형에 따라 요약하면 김형효의 고찰처럼 세 가지 패러다임이 주류를 이루었던 것이 아닌가 한다. 그 시원에 공자철학이 있다.

공자철학과 『논어』에 대한 기존의 해석은 대체로 당위철학(當爲哲學)적 관점이었다. 인본주의적 휴머니즘에 바탕을 두고 당위윤리와 도덕정치를 주장한 것이 공자사상의 핵심이라는 것이다. 이러한 기존의 관점은 틀리지 않다. 실제 공자는 현실정치의 마당에서 도덕정치가 구현되는 사회를 건설하고자 분투했던 실천적 사상가로 평가되기 때문이다. 그러나 공자철학을 기존의 상식처럼 당위철학으로만 규정해서는 안 된다. 『논어』를 주의 깊게 읽다보면

---

16) 김형효, 『철학적 사유와 진리에 대하여, 1』(서울: 청계, 2004), 11쪽.
17) 김형효, 위의 책, 12~15쪽 참조.

어록(語錄)의 사례에서 혹은 어록의 행간에서 얼마든지 당위철학과는 결이 다른 사유의 흔적들을 만날 수 있기 때문이다. 그것은 다름 아닌 유위철학(有爲哲學)과 무위철학(無爲哲學)적 사유들이다.

당위철학이 이타심의 도덕이성에 바탕을 두고 구축된 반이기적 도덕철학이라면, 유위철학은 인간의 이기적 본능에 토대하는 현실적 기술철학이다. 유위철학이 이기적 자아의 본능에 축을 두는 경제과학적·실용적 사유라면, 당위철학은 보편적 자아의 이성에 바탕을 두는 형이상학적·도덕적 사유이다. 그러나 무위철학은, 당위철학과 유위철학처럼, 인간중심의 사회철학이 아니라 자연철학이다. 자연철학인 무위철학은 인간의 자의식(自意識)을 버리고 우주적 자연과의 일체적 공감에 이르는 친자연적이고 현실적 해탈과 초탈의 철학이다. 공자의 철학에는 바로 이러한 당위철학, 유위철학, 무위철학의 측면이 모두 들어있다고 여긴다. 따라서 공자철학의 본질은 그중 어느 하나를 진리로 단정하지 않는 '시중적'(時中的)이고 '미제적'(未濟的)인 세상보기의 도(道)로 요약할 수 있다.[18]

물론 공자이전에 철학적 사유의 흔적이 없었던 것은 아니다. 공자가 기존의 철학적 사유의 흔적들을 종합하여 처음으로 체계적인 철학적 사유를 형성하였던 것으로 볼 수 있다. 철학적 사유의 계보를 대략 정리하면, 무위철학의 패러다임은 당우(요·순)시대의 무위이치(無爲而治) 사상 → 공자 → 증석, 안연→ 양자 → 노자 → 장자로 이어졌다. 당위철학의 패러다임은 삼대(하·은·주)시대의 예치(禮治) 사상 → 공자→ 안연, 증자 → 자사 → 맹자로 흘러왔다고 여긴다. 유위철학의 패러다임은 관중, 자산 → 공자 → 자하, 자유, 자장 → 묵자 → 순자 → 한비자 등으로 이어져왔다고 볼 수 있다. 이들 계보 상에 있는 사상가들이 반드시 서로 사제관계로 맺어졌던 것은 아니다. 사제 관계에 있었던 자들도 있지만, 이 보다는 철학적 사유구조의 유형에 따른 개략적인

---

18) 김형효, 위의 책, 49~79쪽. 이러한 관점에서 공자철학과『논어』를 연구한 대표적인 것으로 강봉수, 『논어와 세상보기의 도』(서울: 원미사, 2012) 참고.

계보일 뿐이다. 중요한 사실은 모든 철학적 패러다임이 공자에서 종합된 다음에 다시 도통(道統)이 분화되고 발전하게 되었다는 점이다.

　물론 이것이 철학적 사유구조의 유형에 따른 개략적인 계보이기에 제자백가의 철학자들이 주장한 세부적인 사상은 모두 다르다. 서두에서 논의했듯, 공자이후의 철학이 '기국리통'의 철학을 질료로 삼는 사유의 재생반복이라 하더라도 결코 그것은 수준이 낮은 철학이 아니다. 제자백가의 사상가들은 모두 자신들의 실존적 삶을 살아내야 했던 당시대의 악을 해결하고 병을 치유하기 위해 치열하게 철학적 사유를 전개한 사람들이었다. 앞으로 제자백가의 철학을 공부하면서 우리 또한 오늘날의 아픔과 악을 치유하는 '리통기국'의 철학적 사유를 전개해야 한다. 거듭 말하지만, 고전이나 철학사상은 나의 사유를 위한 질료에 불과하기 때문이다. 그것들은 어디까지나 오늘날 나의 삶의 문제와 병리를 치유하기 위한 사유의 수단이고 보조이다.

제2장
공자의 철학사상
- 미제적(未濟的) 세상보기의 도(道) -

서론: 성인(聖人)인가, 집 잃은 개인가?

　공자(孔子, BC 552~BC 479)는 노(魯)나라 출신으로 이름은 구(丘)이고, 자는 중니(仲尼)이다. 아버지는 무신출신인 숙량흘(叔梁紇)이다. 그는 부인을 셋 두어 첫째 부인에서 딸 아홉을 얻었고, 둘째 부인은 아들을 낳았지만 절음발이 장애여서 이름이 맹피(孟皮)였다. 늘그막에 비천한 집안출신의 셋째 부인인 안징재(顏徵在)와 정식 혼인이 아니라 야합(野合)하여 공자를 낳았다고 전한다. 공자 나이 세 살 때에 아버지 숙량흘이 죽었고, 공자는 아버지의 얼굴도 무덤도 모른 체 어머니에게 길러졌다. 공자는 비천한 집안출신으로 자라났지만, 당대부터 성인(聖人)으로 추앙될 만큼 입신행도양명(立身行道揚名)의 표본이 된 사람이었다.
　공자는 매우 키가 컸다. 『사기史記』의 기록에 의하면, 키가 무려 9척하고도 6촌이라 한다. 주나라의 척도로 1척이 약 22.5cm이므로, 계산해보면 그의 키는 대략 2m 10cm가 넘는 거구였다. 이러한 공자의 체구는 아버지인 숙량흘을 이어받은 것이라 한다. 그래서인지 그는 그야말로 정열적으로 세상을 살아낼 수 있었던 것으로 보인다. 공자의 삶은 세상에 대한 참여와 구세의 열정으로 가득 찬 것이이다. 끝없이 호학(好學)하는 자세아 후학 교육에 대하 열정, 구세를 위한 결의에 찬 결단과 난관의 극복, 기나긴 방황과 고독, 생의 마지막 즈음에 보여준 출세간적 승화의 삶까지 치열한 생애를 살아냈다. 그는 예악의 전문가였고, 시와 음악의 달인이기도 하였다. 공적인 마당에서는 추상같은 원칙을 지키는 도덕적인 사람이었지만, 사적인 자리에서는 너무나 인간적이고 따듯한 사람이었다.

그래서 공자에게 배운 바 있는 맹손씨(孟孫氏)의 후손인 맹이자(孟釐子)는 공자를 '성인의 후예'[聖人之後]라 하고(『史記』「孔子世家」), 제자인 자공(子貢)은 '하늘이 낳은 성인'[天縱之將聖]이라 한 적이 있지만(子罕: 6), 정작 공자 스스로는 성인(聖人)임을 자처한 적이 한 번도 없다. 오히려 그는 "성인(聖人)과 인자(仁者)라면 내가 어찌 감당하리오?"(述而: 33)라고 하였다. 이처럼, 당대에도 공자를 성인으로 여기는 사람이 있었지만, 그가 성인으로 추앙된 데에는 후학을 잘 둔 탓이고 정치적 필요에 의한 것이었다고 여긴다. 일개 포의(布衣)에 지나지 않았던 그가 제후의 반열에 오르고 문선왕이라는 칭호까지 얻었기 때문이다.

사마천(司馬遷, BC 145~BC 86)이 쓴 『사기史記』속의 「공자세가孔子世家」는 지금까지 알려진 공자의 삶을 전달하는 가장 권위 있고 보편적으로 수용되고 있는 정보의 집약체계다.[1] 『사기史記』는 고대에서 한무제(漢武帝)까지 기전체(紀傳體; 本紀, 表, 書, 世家, 列傳) 형식의 역사서이다. 본기는 제왕(帝王)의 역사이고, 세가는 제후(諸侯)의 역사이다. 그런데 공자는 제후가 아니었다. 물론 그가 노나라에서 중도의 재(宰)와 대사구(大司寇)의 벼슬까지 한 적은 있지만, 국군(國君)의 위치는커녕 대부(大夫)의 지위에도 올라본 적이 없는 일개 포의(布衣)에 지나지 않는다. 그런데 사마천은 공자를 제후의 대열인 세가에 포함시켰다. 이는 한(漢)나라가 유교를 국교로 삼은 것과 무관하지 않아 보인다. 한고조(漢高祖) 유방(劉邦)이 공자묘소를 참배한 이래 제왕들은 자기 정치의 정당화를 위한 이데올로기적 근거로 공자를 존숭했다.

---

1) 김용옥, 『논어 한글역주 1』(서울: 통나무, 2008), 85쪽 참조.

그리고 한무제(漢武帝)는 동중서(董仲舒)의 건의를 수용하여 유교를 처음으로 국교로 삼았다. 이러한 분위기 속에서 사마천도 공자를 제후의 반열로 존숭했던 것이 아닌가 한다. 이것이 근거가 되어 훗날 당현종(唐玄宗)은 공자를 문선왕(文宣王)으로까지 추존했다.

그러나 사마천이「공자세가孔子世家」를 쓴 것은 공자가 죽고 난 후 400년 후의 일이다. 따라서 공자세가의 기록은 사실이기보다는 사마천에 의해 해석된 것이라 보아야 한다. 여하튼 사마천의 평가이후 공자는 유교철학사와 유교적 국가에서 늘 성인으로 존숭되어왔다. 오늘날 한국사회의 유림들은 여전히 그를 성인으로 추앙하지만, 21C이후 공자를 바라보는 관점도 변하고 있다.『공자가 죽어야 나라가 산다』(2005)라는 책[2]이 우리사회에서 이슈가 된 적도 있고, 중국의 한 학자는 공자를『집 잃은 개』(2007)라는 제목으로『논어』를 재해석한 책[3]을 출간하기도 하였다. 전자의 책은 우리사회에 남아있는 유교문화의 병폐를 지적하기 위한 것이었지만, 후자는 그동안 '인조되어 온 공자'가 아니라 '진정한 공자, 살아있는 공자'를 읽어내는 데 연구목적이 있었다고 이 책의 저자는 말한다. 그렇다고 공자를 "집 잃은 개"에 비유하는 것은 지나친 처사가 아닌가? 저자에 의하면, 공자 자신이 그렇게 인정했다는 것이다. 사연을 들어보자.

> 기원전 492년 그해, 60세의 공자는 이쪽저쪽으로 흔들리는 마차를 타고 정나라로 가는 길에 자신의 제자들을 놓쳐 혼자 떨어졌다. 그는 홀로 외성(外城)의 동문 밖에 서서 기다리고 있었다. 정나라의 어떤 사람이 자공에게 말했다. 동문 밖에 서 있는 사람은 머리는 요임금을 닮았고, 목덜미는 고요(皐陶)를 닮았고, 어깨는 자산(子産)을 닮았고, 허리아래는 우임금보다 3촌 짧으며, 상반신은 그런대로 성인의 기상이 조금 느껴지지

---

[2] 김경일,『공자가 죽어야 나라가 산다』(서울: 바다출판사, 2005).
[3] 李零,『喪家狗: 我讀論語』(山西人民出版社, 2007); 김갑수 옮김,『집 잃은 개, 논어 읽기, 새로운 시선의 출현』(파주: 글항아리, 2012).

만, 하반신은 집 잃은 개처럼 풀죽은 듯 기가 꺾여 있었다는 것이다. 자공은 그가 한 말을 낱낱이 공자에게 말했고, 공자는 부정하지 않고 오히려 겉모습은 결코 중요하지 않지만, 내가 집 잃은 개 같다는 말은 매우 정확하다고 담담하게 말했다.[4]

인용은 공자가 구세의 열정으로 13년 동안 주유천하다가 실패와 좌절 속에서 유랑하는 신세가 되어 마치 돌아갈 집이 없는 떠돌이 개와 같음을 비유한 것이다. 저자는 여기에서 책의 제목을 뽑은 것 같다. 공자가 인정했으니, 이 책의 저자가 제목으로 삼은 것을 탓할 수 없더라도 그가 주장했던 연구목적에서 벗어나는 제목으로 보여 아쉽다. 집 잃은 개 신세의 모습은 '진정한 공자, 살아있는 공자'의 일부분일 수밖에 없기 때문이다. 비슷한 시기에 우리학계에서도 인조된 공자와 주해(註解)된 『논어』가 아니라 진정한 공자와 원본 『논어』읽기의 시도가 있어왔다. 김용옥의 『논어 한글역주(1~2)』(2008)는 대표적인 예일 것이다. 나도 미력하나마 이 대열에 참여하여 『주제별 키워드로 읽은 논어와 세상보기의 도』(2012)를 출간한 바 있다.

공자는 성인이 아니라 그냥 사람이었다. 그러나 특별한 사람이긴 했다. 누구보다 배움을 갈망했던 사람이고, 이를 바탕으로 다양한 철학적 사유를 전개했던 철학자이자 훌륭한 교사였으며, 구세의 열정으로 권력자들을 비판하고 설득하며 세상의 악을 광정하고자 했던 실천적 지식인이었다. 인간적으로 너무 따뜻하고 다른 생명까지도 사랑하고자 했던 휴머니스트이자 생명주의자이기도 했다. 이 중에 내가 주목하고자 했던 것은 그의 철학적 사유의 측면이다. 왜냐하면 그동안 공자는 대체로 당위철학적 사유로 무장했던 사상가로만 해석해 왔기 때문이다.

그러나 공자철학을 기존의 상식처럼 당위철학 내지 당위유학으로만 규정해서는 안 된다. 『논어』를 주의 깊게 읽다보면 많지는 않지만 어록(語錄)의 사례에서 혹은 어록의 행간에서 얼마든지 당위적 사유와는 결이 다른 사유의

---

4) 리링 지금(김갑수 옮김), 위의 책, 13쪽.

흔적들을 발견할 수 있기 때문이다. 그것은 다름 아닌 유위철학적 사유와 무위철학적 사유들이다.[5] 공자는 인간에 대한 신뢰를 바탕으로 도덕정치가 구현되는 사회를 건설하고자 분투했던 사상가였다. 현실정치의 마당에서 혹은 교육의 장에서 그러한 이상을 실현하는데 생애의 전 과정을 바친 실천적 사상가로 평가된다. 그러나『논어論語』에서 우리는 당위적(當爲的) 도덕정치가 아니라 유위적(有爲的) 기술정치의 능력을 가지고 있는 관중(管仲)과 자산(子産) 같은 선대의 정치가나 자로(子路), 자공(子貢) 등의 제자들에 대해서도 공자가 긍정적으로 평가하고 있는 대목들을 만날 수 있다. 다른 한편으로, 공자는 현실사회의 개혁을 위해 적극적 참여의 길을 택하면서도 과연 그러한 개혁이 인간사회에서 가능한 것인지 근본적 의문을 가지고 있었다. 그랬기에 그는 안연(顏淵)의 안빈낙도하는 삶을 칭찬했고, 증석(曾晳)의 현실 초탈적 삶의 소망에 적극 찬동하였고, 노장(老莊)사상가적 은둔자들의 비아냥거림에 대해서도 정면으로 반박하지 않았던 것이다.

공자의 철학적 사유에는 당위철학, 유위철학, 무위철학의 측면이 모두 들어있다. 따라서 공자철학의 본질은 그중 어느 하나를 진리로 단정하고 고집하지 않는 '시중적(時中的)이고 미제적(未濟的)인 세상보기의 도(道)'로 요약할 수 있다. '미제적'이란 '완결되지 않은'의 뜻으로 특정 가치나 신념만을 진리로 고집하지 않는다는 것이다. '시중적'이란 시공간적 맥락에 따라 등장하는 악에 대한 처방과 바람직한 미래의 설계는 여러 가능한 대안 중 최적의 진리를 선택해야 한다는 뜻이다. 내가 아는 특정 가치나 진리를 자기 신념으로 고착화해서는 안 된다. 어떠한 신념을 확고한 것으로 고착화할 경우, 반드시 교조화된 행태를 보이게 마련이다. 아무리 좋은 사상이라도 그 뜻을 취할 뿐, 그것을 절대 숭배의 대상으로 삼아서는 안 된다. 절대화된 가치는 다른 무수

---

[5] 당위철학적 사유가 이타심의 도덕본성에 바탕을 두고 구축된 반이기적 도덕철학이라면, 유위철학적 사유는 인간의 이기적 본능에 토대하는 현실적 기술철학이고 실용주의철학이다. 무위철학적 사유는 앞의 인간중심적 사유를 버리고 우주적 자연과 일체적 공감에 이르려는 현실적 해탈과 초탈의 철학이다. 뒤에서 자세히 다룬다.

한 여타의 가치를 무시하거나 종속시킨다. 그럴 경우 뜻은 사라지고 지적 권력과 권위만 남게 될 뿐이다. 다음의 세 기록은 바로 이러한 공자의 사유를 보여주는 것이라 생각한다.

>공자가 말했다: 군자는 특정 신념만을 진리로 여기는 그릇이 아니어야 한다. 子曰: 君子不器. (爲政: 12)

>공자가 말했다: 군자는 널리 두루 보기에 편협하지 않는다. 그러나 소인은 편협하여 널리 보지 못한다. 子曰: "君子周而不比, 小人比而不周. (爲政: 14)

>공자가 말했다: 이단을 전공하는 것은 해로울 뿐이다.[해석1]; 이단을 공격하는 것은 해로울 뿐이다.[해석2] 子曰: "攻乎異端, 斯害也已. (爲政: 16)

군자는 불기(不器)해야 하고 주이불비(周而不比)해야 한다. 군자는 신념을 갖되, 닫힌 신념이 아니라 열린 신념을 가져야 한다. "공호이단攻乎異端, 사해야이斯害也已"에 대한 기존의 해석은 [해석1]이었다. 그러나 기존의 해석은 정통적 유학을 자처하는 자들에 의해 해석된 관점일 뿐이다. 공자 시대에는 공문의 학단에 대립할 정도로 이단이라 할만한 사상도 없었던 것으로 보아야 한다. 공자 자신부터 당위와 유위와 무위의 사유를 포함하는 열린 사유와 그런 신념을 소유했던 사상가였다. 이 점에서 나는 [해석2]가 타당하다고 여긴다.

특정 가치와 진리만을 자기신념으로 삼는 교조화된 신념은 교리에 기댈 뿐 자신의 주체적 역량을 상실시킨다. 세상을 이분법적으로 해석하여 적과 동지로 구분한다. 이분법적 사유는 혁명적 열광주의를 낳고 광기의 폭력만을 낳을 뿐이다. 악을 광정한다는 명분으로 또 다른 악을 낳으면 안 된다. 시중적(時中的) 도에 따르는 삶의 자세가 중요하다. 시중적 삶의 태도는 세상 눈치

보기와 거리가 멀다. 악을 광정하기 위해 싸워야 할 상황에는 싸울 줄 알고, 화내야 할 상황에서 화낼 줄 알고, 말해야 할 상황에는 말을 할 줄 아는 태도다. 정치에 나서야 할 상황에서는 참여의 길을 과감히 택할 수 있고, 물러나야 할 상황에서는 미련 없이 버릴 줄도 아는 삶의 자세이다.

　공자는 춘추라는 악의 시대에 그 악을 광정하기 위해 고군분투했다. 도가적 은자들의 비아냥거림에도 불구하고, 혹 그들의 주장대로 세상을 바꾸는 것이 실현불가능한 일일지 몰라도, 나설 수밖에 없고 시도해 볼 수밖에 없는 상황이 바로 그의 시대였다. 공자는 바로 그 시대적 상황에 의해 주어진 과제에 최선을 다해 부응하는 삶을 살았던 것이다. 장저(長沮)와 걸익(桀溺)의 비아냥거림에 "새나 짐승들과 더불어 무리를 이룰 수가 없는 법인데, 내가 이 사람들과 더불어 하지 않는다면 누구와 같이 하겠는가? 천하에 도가 있었다면 내가 세상을 바꾸려 돌아다니겠는가?"(夫子憮然曰, 鳥獸不可與同群, 吾非斯人之徒與而誰與? 天下有道, 丘不與易也.「微子: 6」)라는 공자의 탄식은 그의 시중적(時中的) 도에 따르는 삶의 자세를 여실히 보여주는 것이라 하겠다.

1. 공자의 세계관과 인성론

세계와 인간을 바라보는 관점은 철학적 사유의 근본토대를 이룬다. 세계는 어떻게 탄생하였고 만물의 생성소멸을 이끄는 법칙 혹은 원리는 무엇인가? 세계와 인간의 관계는 어떻고, 세계 속에서 인간이란 존재의 본질은 무엇인가? 이러한 물음은 대체로 모든 철학자들이 자기철학을 사유할 때 처음으로 던지는 주제들이다.

과연 공자는 세계를 어떻게 이해했을까? 이 물음에 대한 직접적 답변을 『논어論語』에서 찾기란 쉽지 않다. 그러나 천(天)·명(命)·역(易) 등의 용어의 쓰임새를 통해 그의 세계관을 추론해 볼 수 있다고 생각한다. 이들 용어들은 고대 중국철학사에서 우주자연의 존재원리와 운동법칙을 설명하는 중요한 철학적 용어로 사용되어왔기 때문이다. 천(天)과 명(命) 혹은 천명(天命)은 '우주자연과 인간 간의 관계'(천인지제天人之際)라는 측면에서 주목되어온 주요 개념이라면, 역(易)은 우주자연의 기원과 운동법칙 그리고 인간의 삶과의 관계를 포괄적으로 설명하는 패러다임으로 발전하였다. 그러나 아쉽게도 『논어論語』에서는 주역의 용례와 문구의 인용은 겨우 세 번 정도 나오는데 세계관을 설명하는 것과는 거리가 멀다.[6] 따라서 여기서는 '천(天)' 혹은 '천명'(天命)의 용례에 주목하여 공자의 세계관을 읽어보고자 한다.

세계관에 대한 가정은 인간의 본질을 설명하는 관점으로 이어지게 마련이다. 이 세계 속에 인간이란 무엇인가? 인간과 다른 존재를 가르는 기준

---

6) 「공자세가孔子世家」의 기록에 의할 때, 그는 주역(周易)을 위편삼절(韋編三絶; 죽간을 묶은 끈이 세 번이나 끊어짐)할 정도로 읽었다고 한다. 이게 맞다면, 『논어論語』에도 주역의 경문을 인용하거나 아니면 이를 간접적으로 활용하여 세계관을 피력하는 대목들이 등장할만하다. 그러나 아무리 뒤쳐도 『논어論語』에는 주역을 인용한 구절을 찾기도 어렵거니와, 있더라도 세계관을 함의하는 것과는 무관한 내용이 인용되고 있을 뿐이다. 『논어論語』에서 주역의 용례와 문구의 인용은 겨우 세 번 등장한다. 子曰: "加【作假】我數年, 五十【五十作"卒"】以學〈易〉, 可以無大過矣."(述而: 16); 子曰: "南人有言曰: '人而無恒, 不可以作巫醫.' 善夫!" "不恒其德, 或承之羞." 子曰: "不占而已矣."(子路: 22, 恒卦九三의 爻辭); 曾子曰: "君子思不出其位."(憲問: 28, 艮卦의 象辭)

은 무엇인가? 동서철학을 떠나 인간이 여타 존재와 다른 것은 '마음'을 가진 존재라는 것이었다. 세계에서 차지하는 인간의 위상이 반드시 존재론적·가치론적 우월을 의미하는 것이 아닐지라도, 인간은 그 '마음'을 가졌다는 자체만으로 여타 존재와 다르다고 여겨왔다. 물론 이러한 인간의 믿음은 현대 첨단과학(생물학, 유전학, 뇌과학 등)의 발전으로 상당부분 깨지고 있지만, 여전히 인간본질의 규명은 마음에 대한 탐구를 떠나서 설명할 수 없다.

도대체 마음이란 무엇인가? 우리는 '마음이 아프다'. '마음가짐이 틀렸다'는 식의 말을 흔히 사용한다. 이는 마음이 아픔을 느끼고 욕구하는 감정작용, 판단하는 생각작용 등 여러 가지 기능을 한다는 것으로 볼 수 있다. 그런데 유교철학적 전통에서는 이러한 제반 마음작용의 근저에 본체가 있다고 여긴다. 이른바 본성(性)이 그것이다. 그러니까 모든 마음의 표현은 마음속의 본성이 외부의 자극에 따라 몸을 통하여 밖으로 표출되는 작용이라는 관점이다. 물론 본성의 표출을 주재하는 것 또한 마음이다. 이러한 관점은 근세 성리학에서 본격화되어 심통성정론(心統性情論)으로 정립된 것이지만, 이미 그 단초는 고대 유교철학에서부터 마련되었다고 할 수 있다. 그렇다면『논어論語』에서도 이러한 관점을 찾을 수 있을까?

마음의 본체와 작용에 관한 공자의 체계적 관점을『논어』에서 찾아내긴 어렵다. 상식적인 수준에서 공자는 인간의 본성과 관련하여 성선(性善)을 주장한 것으로 이해되고 있지만,[7] 이러한 이해는 그의 것이기보다는 맹자유학과 주자학에 의해 해석된 관점일 뿐이다. 한마디로 공자의 인성론은 애매하다. 인성론 자체가 애매하기에 본성으로부터 감정이 표출되는 마음작용의 기능에 대한 관점 역시 체계적일 수 없다.

---

7) 미우라 도우사꾸 지음(강봉수 외 옮김),『중국윤리사상사』(서울: 원미사, 2007), 56쪽; 유학과교재편찬위,『유학개론』(성균관대학교출판부, 1982), 85쪽; 도올 김용옥,『논어 한글역주 2』(서울: 통나무, 2010), 467쪽.

1) 세계관: 천(天)·명(命)의 용례에 주목하여

일찍부터 자연·세계·우주 등의 의미를 포괄하는 개념인 '천'(天)은 중국철학의 중심 주제 중 하나였다. 그리고 이 '천' 개념은 인간의 삶과 연관되어 그 의미가 부여되었기 때문에 인간과 천의 관계를 지칭하는 '천인지제'(天人之際)에 대한 논의는 인간과 자연, 인간과 우주라는 포괄적 주제로 그 범위가 확대되어 왔다. 천인관계의 유형은 크게 천인합일론(天人合一論)과 천인분리론(天人分離論)으로 대별할 수 있다. 천인합일론은 천도(天道)와 인도(人道), 물리(物理)와 도리(道理)가 연속적이며, 천도는 인도의 존재론적 근거이다. 천인합일론에서의 천(天)은 그 성격에 있어서 단순한 물리적 자연현상 이상의 형이상학적 의미를 진하게 지닌다. 이에 비해서, 천인분리론(天人分離論)에서 천은 무목적(無目的)·무의지적(無意志的)인 자연으로써 인간사회의 치란(治亂)과는 관계없이 일정한 법칙에 의해서 운행되는 것이며 인간의 이용 대상으로 인식된다.

결국 천인관계의 본질은 '천' 개념을 어떻게 볼 것이냐에 달렸다. 중국철학사에서 '천'의 의미는 다양한 함의를 가져왔는데, 대략 8가지 정도로 요약할 수 있다.[8]

첫째, 푸른창공을 뜻하는 창창유형(蒼蒼有形)의 천(天)이다. 이 천은 단순히 자연 현상의 하나인 하늘을 뜻하는 것이다. 예컨대, 주역의 기본 괘를 상징하는 하늘(天), 땅(地), 물(水), 불(火), 산(山), 못(澤), 우레(雷), 바람(風)의 여덟 가지는 고대 중국인들이 가장 주목했던 자연 현상들이었다.

둘째, 의지를 지닌 인격신을 뜻하는 상제천(上帝天)이다. 위의 여덟 가지 자연현상만이 아니라 모든 사물에는 신성(神聖)이 깃들어 있다. 애니미즘과 다신론적 사유가 그것이다. 그러나 점차 이들 중에서 하늘의 역할이 특별히

---

8) 장승구, 「퇴계의 향내적 철학과 다산의 향외적 철학 비교」(한국정신문화연구원 한국학대학원 박사학위 논문, 1995), 11쪽.

주목되었다. 그것은 더 이상 자연현상이고 여러 신성 중의 하나가 아니라, 그들 위에서 존재들의 생사고락을 주관하는 유일의 '절대적 신'(天帝)의 개념으로 관념화된다. 이것이 상제천(上帝天)이고 주재천(主宰天)으로서의 천 개념이다. 이러한 천 개념은 주로 고대(古代)의 시가(詩歌)나 은주(殷周)의 종교적 문화에서 자주 발견된다.

셋째, 인간의 힘으로 어쩔 수 없는 불가항력적 힘이 있다. 명(命) 혹은 천명(天命)이 그것이다. 상제천은 인간의 길흉화복을 주재하지만, 천명은 객관적 필연성으로 인간에게 다가온다. 인간은 상제천에게 화를 줄이고 복을 달라고 빌 수도 있지만, 이 불가항력적인 운명은 빌었다고 바뀔 수가 있는 것이 아니다. 천명은 상제도 어쩔 수 없는 힘이다. 천명은 인간에게 사명(使命)을 내리기도 하지만, 그것은 바꿀 수 없는 명령이기에 준명(俊命: 명령을 기다림)하거나 지명(知命; 명령을 인식함)하여 순명(順命; 명령을 따름)하거나 입명(立命: 명령에 순응하여 안정을 얻음)할 수 있을 뿐이다.

천명으로서의 천 개념에는 종교적 의미도 담겨있지만, 한편으로 합리적인 사유도 깃들어 있다. 인간의 지적, 도덕적 자각에 따라서 미신적, 종교적 색채는 더욱 탈각되고 합리적이고 형이상학적 사유로 발전한다. 자연천(自然天)과 의리천(義理天) 개념이 그것이다.

넷째, 무위무불위(無爲無不爲)의 포괄적 자연계를 뜻하는 자연천(自然天)이다. 자연의 존재원리와 운행법칙은 상제와 상관없다. 자연(自然)은 말 뜻 그대로 '스스로 그러함'이다. 인위적 개입이 없어도 자연은 자기 스스로 존재하고 운동 변화한다. 자연에는 그 안에 존재와 운동변화의 법칙을 함장하고 있다. 인간도 자연의 일부이기에, 그러한 자연법칙을 따라야 한다. 이른바 노장(老莊)이나 도가철학에서 보는 천 개념이 이것이다.

다섯째, 도덕법칙의 근거로서의 의리천(義理天)이다. 인간은 단순히 자연의 일부이기만 한 존재가 아니다. 그들은 도덕적 존재이다. 자연은 도덕성이 없기에 물리적으로 주어진 자연법칙에 따라 살아갈 뿐이다. 그러나 인간은 도덕적 존재이기에 따라야 할 도덕법칙이 따로 있다. 자연과 달리 인간에게 특별성을 부여한 것은 하늘이다(천명지위성天命之謂性;『중용中庸』). 하늘은 인간이 따라야 할 도덕법칙의 근거이다. 맹자(孟子)의 천(天) 개념이 여기에 있다.

여섯째, 궁극적인 형이상학적 법칙을 뜻하는 이법천(理法天)이다. 천(天)은 존재의 법칙(所以然)인 동시에 당위의 법칙(所當然)이다. 자연법칙(天道)과 도덕법칙(人道)이 별개의 것이 아니다. 따라서 도덕법칙은 자연법칙으로부터 추론될 수 있다. 이것은 성리학이 정립한 천 개념으로, 성리학자들은 천(天)이라는 용어를 리(理)와 태극(太極)이라는 용어로 대체하기도 하였다. 그들의 관점은 자연학과 인간학을 포괄적으로 설명하려는 거대 패러다임이다.

일곱째, 자연과학적 대상으로서의 천이다. 천은 종교적 의미와 형이상학적 의미로부터 탈각되었다. 자연은 물리적 대상일 뿐이고 인간에 의해 이용되어야 할 수단에 불과하다. 청대(淸代) 이후의 실학적(實學的) 관점의 천 개념이다.

여덟째, 서양의 기독교 문명이 들어오면서 천은 다시 종교적 유일신의 의미로 재해석되기도 하였다.

이상에서 여섯째 이법천(理法天) 이후의 관점은 송대 이후의 근세철학적 사유이기에 공자의 관점과는 무관해 보인다. 그의 관점은 창창유형의 천, 상제천, 자연천, 의리천 개념 중에 있을 것이다. 이러한 천(天) 개념들 중에『논어論語』에서 보이는 공자의 관점은 어떤 것이었을까?『논어』에 나타나는 천(天) 개념을 정리해 보기로 하자. 우선, 제자인 자공(子貢)은 공자로부터 천도(天道)에 대해 얻어들은 바가 없다고 실토하고 있다. 그리고 공자는 천명(天命)에 대해서도 말을 드물게 했다.

> 자공이 말했다: 선생님의 문장에 대해서는 얻어 들을 수 있었다. 그러나 선생님께서 인성과 천도에 대해 말하는 것을 얻어 들어보질 못했다. 子貢曰: 夫子之文章, 可得而聞也, 夫子之言性與天道, 不可得而聞也. (公冶長: 12)

> 공자께서는 이익과 운명과 인에 대해서는 말을 드물게 했다. 子罕言利
> 與命與仁。(子罕: 1)

저러한 자공과 또 다른 제자의 실토가 어떤 뜻인지는 분명치 않다. 실제 공자는 세계관에 대해 아무런 관점이 없었다는 것인지, 아니면 관점을 가지고 있으면서도 공자가 일부러 형이상학적이고 추상적인 논구를 제자들에게 하지 않은 것인지 모르겠다. 그것도 아니면 가르쳐줘도 이해력이 모자란 자공 등의 제자와는 이에 대해 논란하지 않고, 안연과 같은 영리한 제자와만 대화를 나누었는지도 모를 일이다. 여하튼 자공의 실토처럼 실제로 『논어』에서 세계관을 세밀하게 설명하는 공자의 어록을 찾기 어려운 것이 사실이다. 그러나 '천'의 용례는 적지 않게 발견된다. 그 용례를 통해 공자의 천론(天論)을 추론해 볼 수 있다.

먼저, 『논어』에 나오는 천 개념의 하나는 의지를 가진 인격신으로서의 상제천(上帝天)이다. 4번 정도의 용례가 나온다.[9] 둘째는, 『논어』에서 가장 많이 발견되는 천 개념은 상제천(上帝天)과 함께 천명(天命)으로서의 천이다.[10] 천명은 인간의 힘으로 어쩔 수 없는 불가항력적 운명의 힘을 의미한다. 『논어』에서 두 가지 의미의 천 개념은 사실 엄격하게 구분되지 않고 섞여있는 것으로 보인다. 이러한 점에서, 공자는 고대 은주(殷周)대의 종교적 천 개념을 계승하고 있으면서도, 한편으로 합리적인 방향으로 사유의 전환이 이루어지고 있다.

---

9) 子見南子, 子路不說。夫子矢之曰: "予所否者, 天厭之, 天厭之!"(雍也: 26); 王孫賈問曰: "與其媚於奧, 寧媚於竈, 何謂也?" 子曰: "不然, 獲罪於天, 無所禱也。"(八佾: 13); 顏淵死。子曰: "噫! 天喪予! 天喪予!"(先進: 8); 子疾病, 子路使門人爲臣。病間, 曰: "久矣哉, 由之行詐也! 無臣而爲有臣。吾誰欺? 欺天乎! 且予與其死於臣之手也, 無寧死於二三子之手乎! 且予縱不得大葬, 予死於道路乎?"(子罕: 11)

10) 伯牛有疾, 子問之, 自牖執其手, 曰: "亡之, 命矣夫。斯人也而有斯疾也! 斯人也而有斯疾也!"(雍也: 8); 子曰: "回也, 其庶乎, 屢空。賜, 不受命, 而貨殖焉, 億則屢中。"(先進: 18); 司馬牛憂曰: "人皆有兄弟, 我獨亡。"子夏曰: "商聞之矣, 死生有命, 富貴在天。君子敬而無失, 與人恭而有禮。四海之內, 皆兄弟也, 君子何患乎無兄弟也?"(顏淵: 5); 公伯寮愬子路於季孫。子服景伯以告, 曰: "夫子固有惑志於公伯寮, 吾力猶能肆諸市朝。" 子曰: "道之將行也與, 命也, 道之將廢也與, 命也。公伯寮其如命何!"(憲問: 38)

사람은 누구나 태어나고 죽는다. 모든 생명이 그렇다. 그것은 불가항력적인 객관적 필연이다. 내가 왜 다른 곳이 아니라 여기에 태어났고, 나의 부모와 형제가 누구일지도 내가 결정한 것이 아니다. 어쩌면 구체적인 개인의 명운과 부귀도 모두 하늘에 달린 문제일지 모른다. 나아가 나라에 도가 행해지고 행해지지 아니하는 국운(國運)도 그렇다. 이처럼, 인간의 자유의지에 따라 마음대로 되지 않는 일들이 있다. 그것을 천명(天命)이라 부른다. 천명을 근본적으로 거스를 수는 없다. 천명을 거스르려 할 때, 그것은 운명(運命)이나 숙명(宿命)으로 다가온다. 그러나 천명을 알고(知命) 그에 순응할 때(順命)할 때 안심입명(安心立命)할 수 있다. 이것이 공자의 천명에 대한 하나의 관점인 것 같다.[11]

　천명을 두려워하긴 해야 하지만, 공부를 통해서 알아낼 수 있다고 보는 점에서 공자의 천 개념은 합리적인 사유로의 진전이다. 말하자면, 공자는 신비하고 불가해(不可解)한 종교적 성격에서 대단히 합리적인 방향으로 천관의 변화를 보여주고 있는 것이다. 천(天) 혹은 명(命)의 용례는 아니지만 아래의 두 인용도 이러한 점을 반영하는 증거다.

　　공자가 병에 걸리자 자로가 기도하기를 청하였다. 공자가 말했다: "유래가 있는가?" 자로가 대답했다: "있습니다. 뢰(誄)에 말하기를, '위로 천신(天神)과 아래로 지신(地神)에게 기도한다.' 하였습니다." 공자가 말했다: "그렇다면 나는 이미 기도드린 지가 오래다." 子疾病, 子路請禱. 子曰: "有諸?" 子路對曰: "有之, 〈誄〉曰: '禱爾于上下神祇.'" 子曰: "丘之禱久矣." (述而: 34)

　　계로가 귀신 섬기는 법에 대해 물었다. 공자가 대답했다: "아직 사람을

---

11) 子曰: "吾十有五而志于學, 三十而立, 四十而不惑, 五十而知天命, 六十而耳順, 七十而從心所欲, 不踰矩." (爲政: 4); 孔子曰: "君子有三畏, 畏天命, 畏大人, 畏聖人之言. 小人不知天命而不畏也, 狎大人, 侮聖人之言." (季氏: 8); 子曰: "不知命, 無以爲君子也, 不知禮, 無以立也, 不知言, 無以知人也." (堯曰: 3)

섬길 수도 없는데 어찌 귀신을 섬길 수 있겠는가?" "감히 죽음에 대해 묻습니다." 대답했다: "아직 삶에 대해서도 모르거늘 어찌 죽음을 알 수 있겠는가?" 季路問事鬼神。子曰: "未能事人, 焉能事鬼?" "敢問死。" 曰: "未知生, 焉知死?" (先進: 11)

공자에게 합리성이란 무엇을 의미하는가? 하나는 자연세계에서의 운동변화의 법칙이고, 다른 하나는 역사현실에서의 섭리가 그것인 것 같다. 먼저, 무위적 자연법칙으로서의 천 개념의 용례를 보자.

공자가 말했다: "나는 말없음을 실천하고 싶다." 자공이 말했다: "선생님께서 말을 안 하시면 소자들이 어떻게 기술합니까?" 공자가 대답했다: "하늘이 무슨 말을 하는가? 사시(四時)가 움직이고 만물이 생겨남에 하늘이 무슨 말을 한단 말인가?" 子曰: "予欲無言。" 子貢曰: "子如不言, 則小子何述焉?" 子曰: "天何言哉? 四時行焉, 百物生焉, 天何言哉?" (陽貨: 19)

공자께서 물가 상류에 계시다가 말했다: "흐르는 것이 이와 같구나! 밤낮을 쉬지 않는다." 子在川上曰: "逝者如斯夫! 不舍晝夜。" (子罕: 16)

하늘은 말이 없다. 그것은 인위적 개입 없이 운행한다. 봄이 가면 여름이 오고, 밤이 지나면 아침이 온다. 사시가 변하듯 만물도 태어나고 죽는다. 물이 흐르듯 세상은 변한다. 세상에 불변하는 것은 없다. 우주도 역사도 인생도 변화의 지속일 뿐이다. 이것이 자연의 세계이다. 자연은 '스스로'(自) '그러함'(然)이다. 자연만물은 항상 변화와 대립과 투쟁과 조화 속에 내재하는 것이다. 여기서 발견되는 공자의 세계관은 철저히 시간적이고, 생성론적이고 과정론적인 사유이다. 저 서양의 고대철학자인 헤라클레이토스(Heraclitus)적 사유가 그랬고, 노자와 장자의 사유가 이것이다. 공자는 역사현실도 이러한 무위적 자연법칙에 따를 때 가장 이상적이라고 여겼다. 이른바 요순지치(堯舜至治)와 무위이치(無爲而治)는 공자가 역사현실에서 이루고 싶은 궁극

적 목표였고 이념이었다.[12]

그러나 공자는 무위이치(無爲而治)가 말 그대로 이념형에 불과한 것임을 간파한 것 같다. 자연세계와는 달리 역사현실에 부여된 천명은 다른 것이라 직관했다고 볼 수밖에 없다. 그랬기에 그는 달성해야 할 이상을 역사현실에 맞추어 조정하였던 바, 그것이 바로 합리적인 도덕의 나라, 예악(禮樂)의 나라를 만드는 것이었다. 공자가 보기에 천(天)은 역사과정과 개인의 실존적 삶에서 일정한 섭리(攝理)를 주재하고 있다. 그는 스스로가 하늘로부터 일정한 사명(使命)을 부여받았다고 확신하고 그것의 실현에 일생을 몸 바친 것이다.

> 공자께서 광 땅에서 위기에 처했을 때 말했다: "문왕께서는 이미 죽었지만 그가 남긴 문화가 나에게 있지 않은가? 하늘이 이 문화를 버리려 했다면 나중에 죽을 자가 그 문화에 참여할 수 없었을 것이다. 하늘이 이 문화를 아직 버리지 않았거늘, 광인이 나를 어쩔 수 있겠는가?" 子畏於匡, 曰: "文王旣沒, 文不在玆乎? 天之將喪斯文也, 後死者不得與於斯文也, 天之未喪斯文也, 匡人其如予何?" (子罕: 5)

> 공자가 말했다: "하늘이 나에게 덕을 주셨거늘, 환퇴가 나를 어쩔 수 있겠는가?" 子曰: "天生德於予, 桓魋其如予何?" (述而: 22)

공자의 천에 대한 믿음은 역사현실이 우연성에 의해서가 아니라 천의 섭리에 의해 주재되고 있다는 믿음과 연결되고, 이러한 믿음은 역사현실에 일정한 합리성이 있다는 것을 가정한다. 공자에게 역사현실의 합리성이란 무엇을 의미하는가? 그것은 보다 이성적으로 계명되고 도덕적으로 성숙되어서 진정한 의미의 질서와 평화가 정착된 인간적 사회의 실현일 것이다. 도덕의 나라, 예악(禮樂)의 나라가 그것이다. 이러한 공자의 이상은 그가 천을 믿는 한에 있어서 확고한 불변적 믿음일 것이다. 많은 사례는 아니지만 도덕법칙의 근

---

12) 子曰: "大哉! 堯之爲君也! 巍巍乎! 唯天爲大, 唯堯則之。蕩蕩乎! 民無能名焉。巍巍乎, 其有成功也! 煥乎其有文章!" (泰伯: 19)

거로서의 의리천(義理天) 개념의 등장도 이와 무관하지 않다고 여긴다.

> 공자가 말했다: "나를 알아주는 이가 없구나!" 자공이 말했다: "어찌 선생님을 알아주지 않는다고 하십니까?" 공자가 말했다: "하늘을 원망하지 않고 사람을 탓하지 않는다. 아래로 일상의 도를 배우고 위로 천리에 통달하니, 나를 알아주는 이는 저 하늘인저!" 子曰: "莫我知也夫! 子貢曰: "何爲其莫知子也?" 子曰: "不怨天, 不尤人, 下學而上達。知我者其天乎!" (憲問: 37)

하학(下學)은 '역사현실에서 인간 삶의 제반 일'[人事]을 배우는 것이고, 상달(上達)은 인사의 저변에 변치 않고 존재하는 섭리에 통달하는 것이다. 하늘은 말이 없기에 하늘을 탓할 이유도 없다. 그러나 하늘에 자연법칙이 있듯이 인사에는 섭리로서의 도덕법칙이 있다. 그것을 따라 배우고 나에게 주어진 사명을 다할 뿐이다.

그러나 공자는 자기의 사명을 자각하고 부단한 노력을 했음에도 불구하고 그것이 실현되지 못하자 현실 역사의 과정이 합리적이지만은 않을 뿐만 아니라, 설사 장기적 안목에서는 합리적이라고 하더라도 단기적으로는 불합리하고 불가해(不可解)한 측면이 있고, 또한 그러한 이상의 실현이 대단히 어렵다는 것을 자각하게 된다. 그러나 공자는 역사현실 속에서 예악의 나라를 만드는 자기의 이상이 실현 불가능한 것을 알면서도 최후까지 그 이상을 포기하지 않고 자기의 능력이 닿는 한에서 최선을 다했을 뿐만 아니라, 보다 장기적 안목에서 교육을 통한 이상의 실현을 추구함으로써 '진인사대천명'(盡人事待天命)을 몸소 실천하였다. 우리는 이것이 공자라는 실천적 사상가의 진면목이었다고 평가해야 마땅할 것이다.

이상에서, 우리는 『논어』에 나타나는 천 개념을 네 가지로 요약할 수 있다. 의지를 가진 인격신으로서의 상제천(上帝天), 인간의 힘으로 어쩔 수 없는 불가항력적 운명의 힘을 뜻하는 천명(天命), 무위적 자연법칙을 뜻하는 자연천(自然天), 도덕법칙의 근거로서의 의리천(義理天) 등이 그것이다.

한편, 『논어』에서 공자의 우주론을 추론해 볼 수 있는 또 하나의 용어가 '역(易)'자이다. 빌헤름(Hellmut Wilhelm)이 주장했듯이, 『주역周易』은 고대 중국인들의 '총체적 우주관', 또는 '삶과 세상에 대한 상징체계'라 할 수 있기 때문이다.[13] 「공자세가孔子世家」의 기록에 의할 때, 그는 『주역』을 위편삼절(韋編三絶; 죽간을 묶은 끈이 세 번이나 끊어짐)할 정도로 읽었다고 한다. 이것이 맞다면, 『논어』에도 『주역』의 경문을 인용하거나 아니면 이를 간접적으로 활용하여 세계관을 피력하는 대목들이 등장할만하다. 그러나 아무리 뒤져도 『논어』에서 『주역』을 인용한 구절을 찾기도 어렵거니와, 있더라도 세계관을 함의하는 것과는 무관한 내용이 인용되고 있을 뿐이다.[14]

후대의 유교 사상가들은 『주역』의 「계사전(繫辭傳)」을 공자의 저술로 여기고, 여기에 토대하여 공자의 세계관을 해석해 내었지만, 청대(淸代)의 고증학을 거치면서 「계사전」은 공자의 작품이 아니라고 밝혀지고 있다. 공자가 「계사전」을 실제로 썼든 안 썼든 간에 그것이 함장하고 있는 세계관에 대해 아무런 관점도 없었던 것일까?[15] 『논어』속의 천(天)의 용례에 의할 때, 공자는 분명히 천명(天命)에 대해 인식했고, 노장류의 무위적 세계관(自然天)과 유가류의 당위적 세계관(義理天)을 동시에 가졌던 것으로 볼 수 있다. 그렇다면

---

13) Hellmut Wilhelm, Heaven, Earth, and Man in the Book of Changes (University of Washington Press, 1980).

14) 子曰: "加【作假】我數年, 五十【五十作"卒"】以學〈易〉, 可以無大過矣."(述而: 16); 子曰: "南人有言曰: '人而無恒, 不可以作巫醫.'善夫!" "不恒其德, 或承之羞." 子曰: "不占而已矣."(子路: 22); 曾子曰: "君子思不出其位."(憲問: 28)

15) 「계사전」에 의하면, "우주에는 '커다란 극'(太極)이 있었다. 이 태극이 양의를 낳았고, 양의는 사상을 낳았고, 사상은 팔괘를 낳았다."(易有太極, 是生兩儀, 兩儀生四象, 四象生八卦. 「계사상전繫辭上傳:11」). 이렇게 하여, 우선 가장 기본 괘인 팔괘가 탄생하였고, 이 팔괘가 서로 거듭(8X8)하여 64괘가 이루어진다. 「계사전」의 언표는 마치 세계 탄생의 기원과도 같다. 그러나 여기에 나타난 우주론은 다음의 한계를 갖는다. 첫째, 만물의 생성과정을 모두 설명하지 못하고 있다. 즉, 사물 이전의 음양, 사상, 팔괘 등의 생성까지만 언급하고 있을 뿐 아직 구체적인 사물의 탄생에 대한 언급이 없다. 둘째, 태극과 음양 간의 관계가 애매하다. 즉, 태극이 음양을 낳았다고 하는데, 태극은 무엇이고 어떻게 낳게 되었는지에 대한 구체적인 설명이 없다. 셋째, 태극 이전에는 무엇이 있었는가? 아무것도 없었다면 태극은 어떻게 생겨나게 되었는지도 알 수 없다. 이러한 한계들이 오히려 우주론에 관한 다양한 해석의 가능성을 열어놓고 있다고 할 수 있다. 윤사순, "동양본체론의 의의," 한국동양철학회 편, 『동양철학의 본체론과 인성론』(연세대학교 출판부, 1982년 초판, 여기서는 1996년 7판), 152~153쪽.

공자는 분명 『주역』을 읽으면서 나름대로 세계관에 대한 관점을 가졌을 것으로 짐작할만하다. 그러나 아쉽게도 우리는 그것을 자세히 알 수가 없다. 다만, 지금까지 천(天) 개념을 중심으로 공자의 세계관을 추론할 때, 그는 네 가지 관점을 모두 가지면서 어느 하나만을 특정의 진리로 규정하지 않았던 미제(未濟)의 사상가가 아닌가 한다. 주역의 마지막 괘가 바로 미제괘(未濟卦)였음을 우리는 주목할 필요가 있다. 이러한 관점이 인성론에서도 이어지는지 보자.

2) 마음의 본체로서 인성론

모든 마음의 표현은 마음속의 본성이 몸을 통하여 밖으로 표출되는 작용이라는 관점을 가졌기 때문에, 중국의 사상가들은 마음의 작용보다는 본성을 탐구하는 데에 더 심혈을 기울였다. 특히, 중국철학에서 인간의 본성을 어떻게 볼 것이냐 하는 것은 이후의 사상적 체계를 세우는 데 있어서 중요한 철학적 전제이고 가정이었다. 그러나 공자는 심성론적 체계를 명료하게 세우지 않았기에, 『논어』의 단편적인 기록들을 통하여 추론해 볼 수밖에 없다. 여하튼 중국유학철학사에서 인간본성을 보는 관점은 대략 7가지로 볼 수 있다.[16]

첫째, 성선설(性善說)이다. 인간의 본성은 선하다는 맹자의 관점이 대표적이다. 그는 네 가지 도덕적 감정(측은지심惻隱之心, 사양지심辭讓之心, 수오지심羞惡之心, 시비지심是非之心)의 뿌리인 인의예지(仁義禮智)의 덕을 선천적으로 가지고 태어난다고 주장한다.

둘째, 성악설(性惡說)이다. 인간의 본성은 악하다고 여기는 순자(荀子)의 관점이 대표적이다. 그는 인간이 태어나면서부터 이익을 좋아하게 되어 있

---

16) 배종호, "농앙 인성론의 의의," 『동양철학의 본체론과 인성론』(연세대학교 출판부, 1996), 343~367쪽 참조.

다고 말한다. 그래서 쟁탈이 일어나고 서로 사양할 줄을 모른다고 한다. 악한 본성이 선해지는 것은 어디까지나 후천적인 인위(人爲)적 노력의 결과라고 주장한다. 상앙, 한비자 등 법가류의 사상가들도 여기에 속한다.

셋째, 성유선유악설(性有善有惡說)이다. 이것은 인간 일반의 본성을 선하다(맹자; 성선설) 혹은 악하다(순자; 성악설)고 보는 것이 아니라, 사람마다 타고나는 본성이 달라 선한 본성의 소유자가 있고, 악한 본성의 소유자가 있다는 관점이다. 후한(後漢)시대 왕충(王充, 27~96?)의 관점이 대표적이다.

넷째, 성선악혼설(性善惡混說) 혹은 성유탐인설(性有貪仁說)이다. 이것은 사람마다 타고나는 본성이 다른 것이 아니라, 원래 선과 악을 동시에 가지고 태어났다고 보는 관점이다. 『맹자孟子』 「고자告子」 편에도 '혹자(或者)'가 이러한 주장(성유선유불선性有善有不善)을 했다는 기록이 나오는데, 이 '혹자'가 주나라의 세석(世碩)인지는 모르겠지만, 이 관점의 선구라고 하겠다. 이 관점의 대표자는 한(漢)나라 양웅(揚雄, BC 88~18)이다. 이보다 앞서 동중서(董仲舒, BC 179~104)는 성유탐인설을 주장했다. 즉, 그는 성(性)을 벼에, 선(善)을 쌀에 비유하여 '쌀은 벼에서 나오지만 벼가 모두 쌀이 될 수 없다. 이처럼 선은 성에서 나오지만 성이 모두 선이 될 수 없다.'하고, '사람의 성에 탐(貪; 탐욕, 이기심)이 있고 인(仁; 도덕성)이 있다.'고 하였다.

다섯째, 성삼품설(性三品說)이다. 이것은 성유선유악설과 성선악혼설을 합하여 주장한 관점으로, 사람마다 타고나는 본성이 다른데 세 가지 유형이 있다는 것이다. 본성이 선한자(생지자生知者), 선악혼합자(학지자學知者), 악한자(곤지자困知者)가 그것이다. 유향(劉向, BC. 80~9), 순열(荀悅, 148~209)이 선구를 이루고, 당(唐)나라 유학자인 한유(韓愈, 768~824)가 대표적이다. 생지(生知), 학지(學知), 곤지(困知)라는 표현은 『논어論語』 「계씨季氏」 편에 나오는데, 이를 성삼품설로 해석한 것이다.

여섯째, 본연기질성설(本然氣質性說)이다. 이것은 성(性)에는 본연지성(本然之性)과 기질지성(氣質之性)이 있다고 보는 관점으로, 근세 성리학에 와서 정립된 관점이다. 본연지성은 선(善) 그 자체로 인간일반의 본성이다. 맹자의 관점을 이은 것이다. 그러나 사람마다 타고나는 기질의 차이에 따라 본연지성의 자각과 실현정도는 다를 수 있다. 그것이 기질지성이다. 그래서 기질지성은 선할 수도 악할 수도 있다. 장횡거(張橫渠, 1020~1077), 정이천(程伊川, 1033~1107)을 이어 주자(朱子, 1130~1200)의 관점이 대표적이다. 그러나 이 관점은 주자학자들에 따라 조금씩 편차가 있다.

일곱째, 성무선무악설(性無善無惡說) 혹은 심무선무악설(心無善無惡說)이다. 이것은 '본성은 선도 아니고 악도 아니다' 혹은 '마음은 선도 아니고 악도 아니다'라는 관점이다. 맹자와 인성론 논쟁을 벌인 고자(告子)가 성무선무악설을 주장했다. 그러나 그의 관점은 인간의 본성은 백지이고 도덕성은 후천적으로 터득된다는 것이다. 노자나 장자는 인성론을 명확히 언급하지 않았지만 성무선무악설에 가깝다. 그들의 관점에서 도덕적으로 선이니 악이니 하는 것은 모두 후천적이고 인간중심적 관점이다. 원래 인간의 마음이나 본성은 도덕적으로 백지이지만, 그렇다고 본성이 이기심이고 욕망이라는 것도 아니다. 그것은 생명보전을 위해 필요를 넘어서지 않은 자리심(自利心)으로, 나의 욕구추구가 곧 타자에게도 선이 되는 것이다(自利卽利他). 자연생명의 세계가 그렇다. 심무선무악설을 주장한 왕양명(王陽明, 1472~1528)의 관점도 여기에 가깝다.

이러한 7가지 관점 중에 『논어』에 함의된 공자의 인성론은 무엇일까? 공자의 인성론에 대한 전통적 해석은 성선설을 주장했다는 것이다. 그러나 이는 어디까지나 공맹유학을 정통유학으로 보는 유학자들의 해석일 뿐이다. 특히, 정이천과 주희의 해석이 크게 영향을 미쳤다. 일단 공자는 인성론 자체를 언급한 일이 거의 없다. 제자인 자공(子貢)이 그렇게 실토하고 있다.[17] 『논어』에서 인성과 관련한 구체적인 언급은 딱 한 번이다.

공자가 말했다: "본성은 서로 가까운데, 학습으로 서로 멀어졌다." 子曰:

---

17) 子貢曰: "夫子之文章, 可得而聞也, 夫子之言性與天道, 不可得而聞也." (公冶長: 12)

"性相近也, 習相遠也。" (陽貨: 2)

이 구절에 대해 『논어집주』의 해석을 보면, 정자는 "이것은 기질지성을 말한 것이지 본연지성을 말한 것이 아니다. 만약 그 본연지성을 말한다면 '성은 곧 리'(性卽理)이니, 리는 불선함이 없고, 맹자가 성선을 말한 것이 이것이다. 본연지성이라면 어찌 서로 가까움이 있다고 하겠는가?"[18]라고 말한다. 그리고 주자는 "여기서 이른바 성(性)이란 기질(氣質)을 겸하여 말한 것이다. 기질지성은 실로 사람마다 선하고 악함이 같지 아니하다. 그러나 그 처음으로 말한다면 모두 멂(선악의 갈림)이 심하지 않다. 단지 선에 학습이 되면 선해지고, 악에 학습이 되면 악해진다. 이로부터 비로소 서로 멀어지는 것이다."[19]라고 주석하고 있다.

이러한 정자와 주자의 해석은 본연기질성론의 관점이다. 이 관점에 따를 때, 본연지성은 선 그 자체임으로 기질에 상관없이 인간일반의 본성은 선하다[性善]고 보는 것이다. 여하튼 이 구절에 대한 두 사람의 해석은 이후 주자학자들에게 공자의 정설처럼 믿게 만드는 계기가 되었다. 이러한 그들의 관점이 반드시 틀렸다고 단정할 수는 없지만, 우선 우리는 이 구절을 글자 그대로 해석할 필요가 있다고 여긴다. "성(性)은 서로 가깝고, 습(習)은 서로 멀다."는 말을 글자 그대로 해석하면, 인성은 원래 선악의 차별이 없고, 습성으로 말미암아 서로 다르게 된다는 뜻이라 하겠다. 그렇다면 이는 본성의 선악을 어느 한쪽으로 규정한 것이라기보다는 성무선무악설(性無善無惡說)을 주장한 것이라 볼 수 있다.[20]

이 구절에 대한 해석과 상관없이, 공자의 인성론을 성선설로 읽을 만한 기

---

18) 『論語集註』「陽貨: 2」. 程子曰, 此言氣質之性, 非言性之本也. 若言其本, 則性卽是理, 理無不善, 孟子之言性善, 是也, 何相近之有哉.

19) 『論語集註』「陽貨: 2」. 此所謂性, 兼氣質而言者也, 氣質之性, 固有美惡之不同矣. 然以其初而言, 則皆不甚相遠也, 但習於善則善, 習於惡則惡, 於是, 始相遠耳.

20) 배종호, 앞의 글, 앞의 책, 357쪽.

록이『논어』에 전혀 없는 것은 아니다. 이를테면 다음의 인용은 대표적인 구절이다.

> 子曰: "人之生也直, 罔之生也幸而免。"(雍也: 17) ([해석1] 공자가 말했다; "사람은 태어나면서 곧은 것이니, 곧지 않게 사는 삶은 요행으로 면하는 삶일 뿐이다." [해석2] 공자가 말했다: "사람의 삶은 곧아야 하는데, 곧지 않게 사는 삶은 요행으로 면하는 삶일 뿐이다.")

전통적으로 위 구절의 '인지생야직'(人之生也直)을 "인간은 태어나면서 정직한 것"이라 번역[해석1]하여 마치 인간의 본성을 선한 것으로 보는 주장으로 읽어왔다. 예컨대, 도올도 직(直)을 '정직'이라 보진 않지만, 이 구절을 맹자에 앞서 성선론을 주장한 공자의 생각으로 보고 있다.[21] 여기서 관건은 '생'(生)자를 어떻게 읽을 것인가 인데, 그것은 두 가지로 읽을 수 있다. 전통적인 관점처럼 하나[해석1]는 '낳다, 태어나다'는 것이고, 다른 하나[해석2]는 '살다, 삶'이다. [해석1]의 문제는 앞의 '생'[人之生]자와 뒤의 '생'[罔之生]자를 서로 다른 의미로 해석하고 있다는 점이다. 그러나 [해석2]는 '생'(生)자를 모두 '살다, 삶'으로 해석하는 관점이다. 한 문장에서 같은 글자를 서로 다른 뜻으로 사용한다는 것은 아무래도 어색하다. 그래서 나는 전통적 해석에 동의하지 않는다. 이 구절은 공자가 그냥 단순하게 사람은 삶을 곧게 살아가야 한다고 주장한 단편적 기록으로 보는 것이 더 타당하다고 여긴다.

그러나 이 구절을 [해석1]처럼 전통적 관점으로 읽는다 해도 우리는 공자의 인성론이 무엇인지 명쾌하게 규정할 수 없게 된다. 성무선무악설과 성선설 중 어느 것이 맞는가? 다음의 기록들을 만나면 우리는 더욱 난처해진다.

> 공자가 말했다: 태어나면서 아는 자는 최상이고, 배워서 아는 자는 그 다음이며, 괴롭게 배워서 아는 자는 또 그다음이다. 곤요롭게 태어났는

---

21) 김용옥,『논어 한글역주 2』(서울: 통나무, 2010), 467쪽.

데도 배우지 않은 자들은 최하의 사람이 된다. 孔子曰: 生而知之者上也, 學而知之者次也, 困而學之, 又其次也, 困而不學, 民斯爲下矣。(季氏: 9)

공자가 말했다: 오직 상지(上知)와 하우(下愚)는 변화시키지 못한다. 子曰: 唯上知與下愚不移。(陽貨: 3)

공자가 말했다: 중인 이상은 상지의 사람과 대화가 가능하지만, 중인이 하는 상지의 사람과 대화가 불가능하다. 子曰: 中人以上, 可以語上也, 中人以下, 不可以語上也。(雍也: 19)

　위 세 단편적 기록은 인간이 태어나면서부터 마치 결정론적으로 생지자(生知者 혹은 上知者; 선천적으로 아는 자, 즉 聖人), 학지자(學知者, 배워서 아는 자, 즉 君子), 곤지자(困知者 혹은 下愚; 괴롭게 배워야만 아는 자, 즉 民)로 나뉘는 것처럼 읽어온 것들이다. 이것은 훗날 성유선유악설, 성유선악혼설, 성삼품설을 주장하는 논거가 되기도 한 것이었다. 그리고 주자학자들은 기질지성의 다양성을 설명하는 논거로 읽었다.
　공자는 그 무엇보다 배움과 교육을 강조했던 사상가였다. 그런 점에서 그가 인성을 결정론적으로 보았을 리는 만무하다. 그래서 나는 적어도 위 세 단편에 관한한 모두 배움과 교육의 관점에서 읽는다. 특히, 이것들이 도덕적인 의미에서 본성이 선하거나 악하게 태어나는 자가 있다고 보는 관점과는 거리가 멀다고 여긴다. 생지자나 상지자는 성인이다. 그는 인간중심적인 상대적 진리를 넘어 무위적 진리를 깨달은 자일 것이다. 무위적 진리를 터득한 성인은 세상을 있는 사실 그대로 여여(如如)하게 바라볼 것이기 때문이다. 태어나면서부터 그런 사실성의 진리를 터득한 사람이 있을 수도 있을 것이다. 그러나 그것은 배움과 교육의 관점에서 보면 어디까지나 이상이고 도달해야 할 궁극적 목표일 뿐이다.
　그렇다면 공자의 인성에 대한 관점은 무엇인가? 다시 돌아가서, 성무선무악설과 성선설 중 어느 것이 맞는 가가 관건이다. 솔직히 어느 하나로 단정 짓기는 어려운 것 같다. 다만 우리의 가설은 공자가 처음에 성무선무악설을 입론했다가 나중에 성선설의 관점을 요청했던 것이 아닌가 생각해볼 수 있다. 인간은 사회를 이루면서 생리적 욕구 수준의 필요와 요구의 충족에 머무를 수 없었다. 그들은 생명보존 수준의 생리와 안전의 욕구를 넘어 사회적 욕구, 자아실현의 욕구 등이 발생하였다. 인간세계에서 이러한 욕구는 이제 자연스러운 욕구가 되었다. 아마도 공자는 이러한 인간적 욕구가 자연스럽게 충족되며, 인간 상호 간에 '욕구와 선의 일치'가 이루어지도록 하는 사회윤리가 작동되고 그러한 정치가 가능했던 시대를 상정했던 것 같다. 이를테면, 당우(唐虞)시대의 무위윤리(無爲倫理)와 무위이치(無爲而治)가 그것이다.

그러나 불행히도 이러한 시대는 오래가지 못했다. 인간들은 서로를 비교하기 시작하였다. 이른바 지성과 이성에 눈뜨게 된 것이다. 그래서 '욕구와 선의 일치'를 넘어 인간은 욕망하는 존재가 되어 버렸다. 바야흐로 공자가 살아야 했던 시대는 이익의 이전투구를 벌이는 춘추라는 악의 시대였다. 그래서 그는 더 이상 성무선무악설에 토대한 무위적 마음의 작용이 불가능하게 되었다고 진단했고, 새로운 인성론의 필요를 고민할 수밖에 없었다. 인간은 이기적이라는 현실적 측면도 인정했다. 그럼에도 그는 인간에 대한 신뢰를 저버릴 수 없었고, 성선설을 요청했다. 그것은 사람이라면 마땅히 정직하고 착하게 살아야 한다는 것을 정당화하는 가장 좋은 존재론적 토대가 될 수 있기 때문이다. 공자가 70세에 "내 마음대로 해도 법도를 넘어서지 않았다"(종심소욕불유구從心所慾不踰矩)고 했던 '욕구와 선의 일치'하는 무위적 경지는 긴 자기수양의 과정 거친 이후에나 도달할 수 있다.

2. 공자의 윤리사상

　공자철학은 당위철학, 유위철학, 무위철학의 측면이 모두 들어있다. 따라서 공자철학의 본질은 그중 어느 하나를 진리로 단정하지 않은 '시중적(時中的)이고 미제적(未濟的)인 세상보기의 도(道)'로 요약된다. 이러한 점을 앞의 1절에서 세계관과 인성론의 탐색을 통해서 입증한 바 있다. 세계와 인간을 바라보는 관점은 철학적 사유의 근본토대를 이룬다. 그렇다면, 이러한 미제적 세상보기의 관점은 윤리학을 정초하는 사유체계에도 그대로 반영됨직 하다.
　도덕 개념은 '특정질서 혹은 제도로서의 도덕'과, '기본정신 혹은 궁극적 원리로써의 도덕' 개념으로 요약할 수 있다. 전자의 도덕은 일정한 시대와 장소에서 구체적 질서나 규범으로 표출되는 특정사회 도덕(group moral)을 의미하고, 후자의 도덕은 다양한 특정사회 도덕들의 밑바탕에 놓여 있는 어떤 공통된 정신, 즉 도덕의 궁극적 원리를 의미한다. 우리는 이러한 도덕 개념의 이해방식에 따라 『논어』에 함의된 공자의 윤리사상을 고찰할 수 있다고 여긴다. 이를 위해 우선 예(禮)·악(樂)·인(仁)이라는 용어들에 주목하고자 한다.
　결론부터 말하면, 공자는 특정질서 혹은 규범으로서의 도덕 개념을 예악(禮樂)이라 규정하였고, 모든 규범과 덕목의 바탕이 되는 기본정신 혹은 도덕의 궁극적 원리로 인(仁)을 제시하여 그것을 전덕(全德)으로 삼았다. 전덕으로서의 인(仁)을 터득할 때 덕 있는 사람이라 할 수 있는바, 그는 도덕적 상황에서 인(仁)의 원리를 바탕으로 규범을 입법하고 집행하고 심판할 수 있다. 이미 나는 이러한 공자의 윤리사상을 다른 글에서 주장해왔다.[22] 이 절에서는 이러한 관점을 재확인하는 가운데, 특히 공자의 인(仁)사상을 재조명하고자 한다. 지금까지 공자의 인(仁) 개념은 당위윤리적 관점에서만 읽어왔다. 그러나 인(仁)은 일의적인 개념이 아니다. 당위윤리뿐만 아니라 유위윤리와

---

22) 강봉수, 『유교도덕교육론』(서울: 원미사, 2001), 42~46쪽; 『한국전통도덕교육론』(파주: 한국학술정보, 2006), 28~30쪽.

무위윤리적 관점도 함께 함의하고 있는 것이 인의 사상이다.

1) 예악(禮樂): 특정질서로서의 도덕

공자가 살았던 춘추시대는 종법과 혈연관계를 토대로 하는 주대의 봉건제도가 무너지는 가운데 중앙집권화가 가속화되고 이욕의 추구가 보편화되는 추세에 있었다. 이러한 상황에 대해, 공자는 '천하에 도가 사라진'(天下無道) 혹은 '예가 무너지고 악이 붕괴된'(禮壞樂崩) 시대로 진단한 바 있다. 이러한 시대적 상황을 맞아 공자가 해야 할 일차적인 과업을 예악의 문화를 다시 복원하는 일이었다.

공자가 복원하고자 했던 예악의 문화는 가장 가까이는 주례(周禮)였다. 그러나 그것이 전부는 아니었다. 그는 할 수만 있다면, 주나라보다 더 앞선 선진(先進)의 예악을 따르겠다고 했기 때문이다.[23] 주례는 오례(五禮: 길례吉禮, 가례嘉禮, 빈례賓禮, 군례軍禮, 흉례凶禮)로 정리되듯이, 규범이고 제도의 뜻이 담겨있다. 그러나 예의 시원은 의례의 절차였다. 여기에서부터 출발하여 예는 예절이고 도덕규범이고 법이고 제도를 의미하는 포괄적인 개념으로 발전하였다. 『논어』에서 공자는 이 모든 규범들을 뜻하는 용어로 예(禮)를 채택하고 있다. 그러니까 『논어』에서 예(禮)의 용례는 크게 세 가지로 쓰인다.

먼저, 의례와 예절로써 예(禮)이다.[24] 둘째, 도덕규범으로써 예(禮)의 용례

---

23) 子曰: "先進於禮樂, 野人也, 後進於禮樂, 君子也. 如用之, 則吾從先進." (先進: 1)

24) 孟懿子問孝. 子曰: "無違." 樊遲御, 子告之曰: "孟孫問孝於我, 我對曰: 無違." 樊遲曰: "何謂也?" 子曰: "生事之以禮, 死葬之以禮, 祭之以禮." (爲政: 5); 子入太廟, 每事問. 或曰: "孰謂鄹人之子, 知禮乎? 入太廟, 每事問." 子聞之曰: "是禮也." (八佾: 15); 子貢欲去告朔之餼羊. 子曰: "賜也! 爾愛其羊, 我愛其禮." (八佾: 17); 宰我問, "三年之喪, 期已久矣. 君子三年不爲禮, 禮必壞, 三年不爲樂, 樂必崩. 舊穀旣沒, 新穀旣升, 鑽燧改火, 期可已矣." 子曰: "食夫稻, 衣夫錦, 於女安乎?" 曰: "安." "女安則爲之! 夫君子之居喪, 食旨不甘, 聞樂不樂, 居處不安, 故不爲也. 今女安則爲之!" 宰我出. 子曰: "予之不仁也! 子生三年, 然後免於父母之懷. 夫三年之喪, 天下之通喪也, 予也有三年之愛於其父母乎!" (陽貨: 21)

이다.²⁵⁾ 도덕규범이란 마땅히 옳은 바를 규정하는 행위의 규칙이다. 그리고 웃어야 할 상황에서 웃고, 슬퍼해야 할 상황에서 슬퍼하고, 공경해야 할 상황에서 공경하고, 관용해야 할 상황에 관용해야 하는 것이 옳음의 도덕이다. 셋째는, 정치 혹은 치도(治道)로서의 예(禮)이다.²⁶⁾ 도덕규범으로서의 예가 개인이 타인에게 혹은 개인이 사회에 대한 의무를 규정하는 개인윤리라면, 치도로서의 예는 제도이고 법이라는 점에서 그것은 사회의 정의로운 구조를 규정하는 것이며 사회윤리라 할 수 있다. 예나 지금이나 사회가 정의로우려면 위정자가 먼저 솔선하여 예를 지켜야 하고, 백성들에게도 예외 없이 공정하게 예로서 다스려야 한다.

　예는 의례이고 예절이고 도덕이고 법이고 제도이다. 그런데 공자는 이러한 모든 규범을 예라고만 칭하지 않고, '예악'(禮樂)이라 불렀다. 이렇게 부른 공자의 의도는 예가 단순히 형식적이고 외면적인 행위만을 규정하는 규칙이나 절차만을 의미하는 것이 아니라는 뜻이 담겨 있다. 예의 시원인 의례적 절차에서는 반드시 음악[樂]이 연주되었다. 절차의 마디마다 리듬을 주고 하모니를 넣고자 했던 것이다. 음악이 무엇인가? 사람의 감정을 담는 그릇이다. 슬

---

25) 有子曰: "信近於義, 言可復也。恭近於禮, 遠恥辱也。因不失其親, 亦可宗也。"(學而: 13); 子貢曰: "貧而無諂, 富而無驕, 何如?" 子曰: "可也, 未若貧而樂, 富而好禮者也。" 子貢曰: "〈詩〉云: '如切如磋, 如琢如磨', 其斯之謂與!" 子曰: "賜也, 始可與言詩已矣, 告諸往而知來者。"(學而: 15); 林放問禮之本。子曰: "大哉問! 禮與其奢也寧儉, 喪與其易也寧戚。"(八佾: 4); 子曰: "居上不寬, 爲禮不敬, 臨喪不哀, 吾何以觀之哉?"(八佾: 26); 子游曰: "喪致乎哀而止。"(子張: 14); 孔子曰: "益者三樂, 損者三樂。樂節禮樂, 樂道人之善, 樂多賢友, 益矣。樂驕樂, 樂佚遊, 樂宴樂, 損矣。"(季氏: 5)

26) 子曰: "能以禮讓爲國乎, 何有? 不能以禮讓爲國, 如禮何?"(里仁: 13); 子曰: "恭而無禮則勞, 愼而無禮則葸, 勇而無禮則亂, 直而無禮則絞。君子篤於親, 則民興於仁, 故舊不遺, 則民不偸。"(泰伯: 2); 子路曰: "衛君待子而爲政, 子將奚先?" 子曰: "必也正名乎!" 子路曰: "有是哉, 子之迂也! 奚其正?" 子曰: "野哉, 由也! 君子於其所不知, 蓋闕如也。名不正, 則言不順, 言不順, 則事不成, 事不成, 則禮樂不興, 禮樂不興, 則刑罰不中, 刑罰不中, 則民無所措手足。故君子名之必可言也, 言之必可行也。君子於其言, 無所苟而已矣。"(子路: 3); 樊遲請學稼。子曰: "吾不如老農。" 請學爲圃。曰: "吾不如老圃。" 樊遲出。子曰: "小人哉, 樊須也! 上好禮, 則民莫敢不敬, 上好義, 則民莫敢不服, 上好信, 則民莫敢不用情。夫如是, 則四方之民襁負其子而至矣, 焉用稼?"(子路: 4); 子曰: "知及之, 仁不能守之, 雖得之, 必失之。知及之, 仁能守之, 不莊以涖之, 則民不敬。知及之, 仁能守之, 莊以涖之, 動之不以禮, 未善也。"(衛靈公: 32); 子曰: "道之以政, 齊之以刑, 民免而無恥; 道之以德, 齊之以禮, 有恥且格。"(爲政: 3)

플 때 슬픔을 노래하고, 기쁠 때 기쁨을 노래한다. 의례적 행사에도 그에 걸맞은 음악이 곁들여질 때 행사는 더욱 장중해지고 의미를 더하게 된다. 그래서 공자는 시와 음악을 매우 중시하였다. 그는 제나라에서 음악을 연구하였고, 말년에는 각국의 시를 모아 정리하기도 하였다.

공자에게 있어 시와 음악 그 자체도 중요한 테마였지만, 더 중요한 것은 예악의 규범문화이다. 그가 궁극적으로 시와 음악을 연구하고 정리한 것도 사실은 예악의 문화를 되살리려 했던 데 있었기 때문이다.

> 공자가 말했다: "예다, 예다 말하는데, 옥과 비단을 말하는 것이겠는가? 악이다, 악이다 말하는데 징과 북을 말하는 것이겠는가?" 子曰: "禮云禮云: 玉帛云乎哉? 樂云樂云: 鐘鼓云乎哉?" (陽貨: 11)

예란 단순히 옥이나 비단을 의미하는 것이 아니고, 악이란 징이나 북을 의미하는 것이 아니다. 예는 형식이고 절차이고 구분이고 규칙이다. 악은 의미이고 조화이고 화합이고 하모니이다. 그래서 예악은 단순히 규범적인 것만이 아니라 심미적인 뜻이 담겨 있는 것이다. 다음의 기록들을 보자.

> 공자가 말했다: "시에 흥기하고, 예에 서고, 악에 이루어진다. 子曰: "興於詩, 立於禮, 成於樂." (泰伯: 8)

> 유자가 말했다: "예의 실천은 조화가 중요하다. 선왕의 도는 이것을 아름답게 여겼다. 크고 작은 일이 이로부터 말미암았다. 행해지지 않은 것이 있으면 조화를 알고 조화롭게 해야 한다. 또한 예절로서 하지 않으면 행해지지 않을 것이다." 有子曰: "禮之用, 和爲貴。先王之道, 斯爲美, 小大由之。有所不行, 知和而和, 不以禮節之, 亦不可行也." (學而: 12)

시와 예와 음악은 같이 간다. 사실 공자시대에는 시가 음악이고 음악이 곧 시였다. 무릇 예는 음악에서 시작하여 음악으로 끝난다. 이처럼 예는 형식적

절차나 외면적 행위에 그쳐서는 안 된다. 내면적 감정과의 조화, 사람과 사람 간의 조화가 무엇보다 중요하다. 이러한 예악의 의미를 잘 정리하여 보여주는 기록이 저 『예기(禮記)』라는 경전이다. 말할 것도 없이 공자의 사상을 이은 것이다. 두 기록만 보자.

> 악이란 천지의 조화이고, 예란 천지의 질서이다. 조화하기에 만물이 모두 화합하고, 질서가 있기에 만물이 모두 구별이 있다. 악은 하늘로부터 일어나고 예는 땅으로부터 제작된다. 질서의 구획이 지나치면 어지럽고, 조화가 지나치면 난폭해진다. 천지에 밝은 이후에야 예악이 흥기할 수 있다. 樂者, 天地之和也, 禮者, 天地之序也, 和故百物皆化, 序故群物皆別, 樂由天作, 禮以地制, 過制則亂, 過作則暴, 明於天地, 然後能興禮樂也. (『禮記』「樂記篇」)

> 악이란 같음이고, 예란 다름이다. 같으니 서로 친애하고, 다르니 서로 공경한다. 악이 지나치면 난장판이 되고, 예가 지나치면 소원해진다. 내면적 감정과 외적인 꾸밈이 서로 합해야 예악의 일이라 할 수 있다. 예의가 서면 귀천의 서열이 생기고, 악문을 같이하면 상하가 서로 화합한다. 호오를 드러내면 현불초가 구별된다. 형정으로 폭력을 금지시키고, 작위로 현명한 이를 등용하면 정치가 균등해진다. 인으로 사랑하고 의로 바르게 하면 백성의 다스림이 이루어진다. 樂者爲同, 禮者爲異, 同則相親, 異則相敬, 樂勝則流, 禮勝則離, 合情飾貌者, 禮樂之事也, 禮義立則貴賤等矣, 樂文同則上下和矣, 好惡著則賢不肖別矣, 刑禁暴, 爵擧賢, 則政均矣, 仁以愛之, 義以正之, 如此, 則民治行矣. (『禮記』「樂記篇」)

예는 질서이고 다름이다. 악은 조화이고 같음이다. 그런데 예가 지나치면 인간관계가 소원해지고, 악이 지나치면 인간관계에 구분이 사라지고 난장판이 된다. 그래서 예와 악의 기가 막힌 중용이 중요하다. 내면적 감정과 외면적 꾸밈이 서로 부합해야 한다. 『예기』의 기록은 예와 악을 모두 갖추었을 때

덕 있는 자가 되는 것이라 하고 있다(禮樂皆得, 謂之有德). 통기타라는 악기도 하나의 악기로서 역할하려면 기타 줄이 각기 음을 내며 자기 역할을 해주어야 한다. 사물놀이 연주도 네 가지 연장(쇠, 장고, 북, 징)을 치는 치배들이 각기 자기 역할을 해줄 때 화합의 음악이 된다. 오케스트라도 그렇고 모든 음악이 그렇다. 이처럼 인간 사회의 삶도 모든 구성원들이 예에 따라 주어진 자기 역할을 다해줄 때 전체적으로는 화합의 장이 될 수 있는 것이다(君君臣臣父父子子). 공자가 구상했던 예악의 문화는 바로 음악적 하모니의 세계와 다르지 않다.

그런데 문제는 음악적 하모니의 세계를 지향하는 예악의 문화가 보수적일 수 있고, 문화상대적일 수 있다는 점이다. 예악이란 시공을 점하는 특정사회의 규범이고 심미적 가치일 수밖에 없기 때문이다. 공자에게 있어 예가 어떻게 습득되는가를 보면 이 점은 더욱 뚜렷해진다. 박문약례(博文約禮)가 그것이다.[27] 예는 어디로부터 오는가? 문(文)에 대해 널리 배움으로부터 온다. 문(文)이란 앞선 세대가 일구어온 사상이고 문화이다. 이러한 사상과 문화에 대해 널리 배운 것을 바탕으로 오늘날에 걸맞게 규범으로 입법하고 제도로 구체화한 것이 바로 예이다. 나는 이것이 박문약례(博文約禮)의 뜻이라고 여긴다. 오늘날에 걸맞게 재 입법하는 것이기에, 예가 묵수적(墨守的)이고 맹목적인 보수성을 갖는 것만은 아닐 것이다. 다음의 기록은 그러한 사례이다.

> 공자가 말했다: "검정 베로 만든 면류관이 예인데, 오늘날에는 생사로 만드니 검소하다. 나는 대중을 따르겠다. 단상 아래에서 절하는 것이 예인데, 오늘날에는 단상 위에서 절하니 교만하다. 비록 대중을 어기지만 나는 아래에서 절하는 예를 따르겠다." 子曰: "麻冕, 禮也, 今也純, 儉, 吾從衆。拜下, 禮也, 今拜乎上, 泰也。雖違衆, 吾從下。" (子罕: 3)

---

27) 子曰: "君子博學於文, 約之以禮, 亦可以弗畔矣夫!" (雍也: 25)

그럼에도 불구하고, 예의 내원이 앞선 세대의 사상과 문화에 근거하는 한 보수성을 띨 가능성이 높고, 더욱이나 문화상대적일 수밖에 없다. 예가 기존 사회질서의 유지만이 아니라 발전과 진보를 위해 기여하는 방향으로 입법되기 위해서는 입법의 근거가 되는 보다 보편적 기준이 필요하다. 어쩌면 그 출발은 기존의 사상과 문화를 괄호 속에 넣고 시작해야 하는 것인지도 모르겠다.

> 자하가 물었다: "'예쁜 웃음에 보조개여! 아름다운 눈에 선명한 눈동자여! 흰 바탕에 문채 냄이로다!'라 했는데 무슨 뜻입니까?" 공자가 대답했다: "그림 그리는 일은 흰 비단보다 나중의 일이다." 다시 물었다: "예는 나중의 일입니까?" 공자가 말했다: "나를 일으켜 세우는 자는 상이로구나! 비로소 더불어 시를 말할 수 있겠다." 子夏問曰: "'巧笑倩兮, 美目盼兮, 素以爲絢兮.' 何謂也?" 子曰: "繪事後素." 曰: "禮後乎?" 子曰: "起予者商也! 始可與言〈詩〉已矣." (八佾: 8)

검은 눈동자를 더욱 선명하게 드러나게 하는 것은 흰 바탕이고, 그림을 부각시키는 것도 흰 도화지이고 흰 비단이 전제되어야 한다. 마찬가지로, 새로운 시대를 여는 진보적인 예를 입법해 내기 위해서는 지난 사상과 문화를 일단 괄호 속에 넣는데서 출발해야 한다. 공자는 이전시대에 풍미했던 예악의 문화를 되살리고자 고군분투하였다. 그것은 단순히 주례(周禮) 자체를 회복하는 것이라기보다는 지난 시대에 풍미했던 예악의 문화였다. 새로운 시대에는 새로운 예악의 문화가 필요했다. 이를 위해서는 오히려 지난시기의 예악도 반성적 검토를 거쳐야 할 대상이었다. 그 반성적 검토와 새로운 예악의 입법을 위한 준거가 필요했다. 공자는 바로 이를 위한 새로운 보편적 규준으로 인(仁)의 원리를 제시했다.

> 공자가 말했다: "사람이면서 인하지 않으면 예는 무엇 하리오? 사람이면

서 인하지 않으면 악을 무엇 하리오?" 子曰: "人而不仁, 如禮何? 人而不仁, 如樂何?" (八佾: 3)

예는 의례이고 예절이고 도덕이고 법이고 제도이다. 그러나 예는 단순히 형식적이고 외면적인 행위만을 규정하는 규칙인 것은 아니다. 예는 세상의 다름을 구분하고 질서를 위한 것이지만, 그것의 궁극적 존재이유는 존재들 간의 화합과 하모니를 위한 것이다. 음악적 하모니의 세계를 지향하는 것이 예악의 문화이다. 그러나 예악은 내원은 특정사회의 사상과 문화적 전통에 토대하는 것이기에 보수성과 문화상대성을 갖는다. 따라서 그것은 늘 보편성의 각도에서 반성적 검토를 거쳐야 할 대상이다. 반성적 검토를 위한 보편적 규준이 바로 인(仁)의 원리이다. 이것이 공자 윤리학의 체계이다. 그렇다면 인이란 무엇인가?

2) 전덕(全德)으로서 인(仁) 개념의 다층성

가. 알 수 없는 인(仁)의 실체

공자는 인(仁)에 대해 일의적으로 개념을 정의한 적이 없다. 제자들의 질문에 따라 혹은 상황에 따라 인이 무엇인지에 대해 단편적으로 답변할 뿐이었다. 그래서 『논어』에서 인은 마치 알 수 없는 실체로 등장한다.

> 공자께서는 이익과 운명과 인에 대해서는 말을 드물게 했다. 子罕言利與命與仁。 (子罕: 1)

위의 기록을 어떻게 이해해야 할까? 공자는 인(仁)에 대해 드물게 말했다고 한다. 사실 따져보면 공자는 이익과 운명에 대해서는 물론이고, 특히 인에 대해서는 많은 언급과 기록을 남겼다. 그렇다면 이 기록은 단순히 말년의 공자만을 경험한 나이어린 특정제자의 개인적 소회를 피력한 것일 뿐인가? 나는 그렇지 않다고 여긴다. 이 구절에 대해, 나는 공자가 인에 대해 일의적으로 개념정의를 명쾌히 하지 않았다는 기록으로 이해해야 한다고 여긴다.

인(仁)이란 용어 자체는 『시경詩經』에서는 육체적 아름다움을 묘사하는 데 쓰였고,[28] 『주례周禮』에서는 인(仁)을 포함한 지(知), 성(聖), 의(義), 충(忠), 화(和)와 더불어 여러 가지 덕목 중의 하나로 나온다.[29] 그런데 공자는 이 인(仁)이라는 단어에 새로운 의미를 부여하여 덕(德)의 절정, 즉 인간성의 완성을 표시하는 전문용어로 만들었다. 그래서 『논어』속에서 인(仁)의 의미는 두 가지라 생각한다. 하나가 여러 덕목 중의 하나인 협의(狹義)의 인(仁)이라면, 다른 하나는 공자가 새롭게 정립한 광의(廣義)의 인(仁)이다. 전자를 실천적(實踐的) 인덕(仁德)이라 부를 수 있다면, 후자는 궁극적 도덕원리로써의 전덕(全德)이라 할 수 있다. 실천적 인덕은 인의 전통적 의미인 사랑[仁愛] 혹은 사랑의 두터움[仁厚]이다. 그러나 전덕으로서의 인은 도덕의 제일원리이고 도덕실천의 내적 근거라 할 것이다.[30] 이 덕을 터득한 사람은 도덕의 주체자가 되어 규범을 입법하고 집행할 수 있는 능력의 소유자가 될 것이다. 이상(以上)이, 인의 다층적 의미에 대한 큰 그림이다.[31]

---

28) 『詩經』, 「鄭風篇」. "洵美且仁."

29) 미우라 도우사꾸 지음, 『중국윤리사상사』, 강봉수 외 옮김 (서울: 원미사, 1997), 81쪽.

30) 牟宗三에 의하면, "仁은 일체의 덕목을 초월하면서 일체의 덕목을 포괄하는 것이며, 모든 덕성의 근원이요 도덕 창조의 궁극적 근원이다. 그러므로 仁은 全德(완전한 이상적 덕성)이다"라고 하여 필자의 견해를 뒷받침하고 있다. 牟宗三, 『心體與性體(二)』(臺北: 學生書局, 1969), 223쪽; 陣立夫도 仁을 모든 덕(全德)의 명칭이라 보고 있다. 陣立夫, 『中國哲學의 人間學的 理解』, 鄭仁在 옮김 (서울: 民知社,1980), 77~78쪽; 蒙培元은 이 仁을 '道德理性'이라 부르고 있다. 蒙培元, 『中國心性論』, 李尙鮮譯 (서울: 法仁文化社, 1996), 61쪽.

31) 이상의 논의는 졸저, 『유교도덕교육론』, 앞의 책, 44쪽.

그런데 여기서 문제는 전덕이고 도덕의 제일원리이며 도덕실천의 내적 근거가 되는 인의 본질이 무엇인가 하는 점이다. 인의 실체를 알 수 없게 만드는 지점이 바로 여기이다. 지금까지 공자의 인(仁)사상은 당위윤리적 관점에서만 읽어왔다. 그러나 인은 일의적인 개념이 아니다. 당위윤리뿐만 아니라 유위윤리와 무위윤리적 관점도 함께 함의하고 있는 것이 인의 사상이다. 그렇기 때문에 공자의 인사상은 어느 한 가지 개념으로 규정할 수 없는 다의적 무개념(無槪念)이라 여길 수밖에 없다. 용례를 가지고 분석해보기로 하자.

나. 유위(有爲)윤리로서 인(仁)

공자가 인자라고 평가하는 인물로는 세 부류가 있다. 요(堯)·순(舜)이 첫째 부류이고, 백이(伯夷)·숙제(叔齊)·미자(微子)·기자(箕子)·비간(比干)·태백(泰伯) 등이 둘째 부류이고, 관중(管仲)·자산(子産) 등이 셋째 부류이다. 시기적으로 첫째 부류는 당우시대, 둘째 부류는 은나라 시대의 인물이고, 셋째 부류는 주나라 춘추시대 인물인데 공자보다는 앞선 세대를 산 사람들이다. 우선 셋째의 경우부터 보자.

> 자로가 말했다: "환공이 공자 규를 죽일 때 소홀은 따라 죽었지만 관중은 따라 죽지 않았습니다."[32] 이어 물었다: "관중은 인자가 아니지요?"
> 공자가 대답했다: "환공이 제후들을 규합할 때 무력을 쓰지 않은 것은

---

32) 제(齊)나라 양공(襄公)이 무도(無道)하자. 포숙아는 공자 소백(小白)을 받들고 거(莒)나라로, 관중과 소홀은 공자 규(糾)를 모시고 노나라로 망명하였다. 공손무지라는 자가 양공을 시해하자, 소백과 규는 서로 먼저 제나라로 들어가 제후가 되고자 하였다. 이 싸움에서 소백이 이겨 즉위하니, 그가 환공이다. 환공은 노나라로 군대를 보내 공자 규를 죽이고 관중과 소홀을 체포해 오려했다. 공자 규가 죽자 소홀은 따라 죽였는데, 관중은 포로가 되어 제나라로 왔다. 여기에는 관중의 죽마고우였던 포숙아의 역할이 컸다. 포숙아의 천거로 관중은 환공의 재상이 되었고, 그를 일약 천하의 패제후로 만들었다.

관중의 힘이었다. 그로보아 인한 것 같다. 인자 같아." 子路曰: "桓公殺
公子糾, 召忽死之, 管仲不死." 曰: "未仁乎?" 子曰: "桓公九【作糾】合諸
侯, 不以兵車, 管仲之力也。如其仁, 如其仁." (憲問: 17)

자공이 물었다: "관중은 인자가 아니지요? 환공이 공자 규를 죽일 때 따
라 죽지 않고 오히려 환공을 도왔으니까요." 공자가 대답했다: "관중이
환공을 도와 패제후가 되게 하고, 천하를 한 번 광정하였다. 이로 인해
백성들은 지금까지도 그 선물을 받고 있다. 관중이 아니었다면 우리는
머리를 풀고 옷깃을 왼쪽으로 하는 풍습을 따르고 있을 것이다. 어찌 필
부들이 알량한 소신을 지키기 위해 도랑에서 스스로 목매죽어도 아무
도 알아주지 않은 것과 같겠는가?" 子貢曰: "管仲非仁者與? 桓公殺公
子糾, 不能死, 又相之." 子曰: "管仲相桓公霸諸侯, 一匡天下, 民到于今,
受其賜。微管仲, 吾其被髮左衽矣。豈若匹夫匹婦之爲諒也, 自經於溝瀆
而【《後漢書》有人字】莫之知也?" (憲問: 18)

공자가 자산을 평하여 말했다: "군자의 도에는 네 가지가 있다. 자기를
실천함에 공손하고, 윗사람을 섬김에 공경하고, 백성을 보양함에 은혜
롭고, 백성을 부림에 의로워야 한다." 子謂子産, "有君子之道四焉, 其行
己也恭, 其事上也敬, 其養民也惠, 其使民也義." (公冶長: 15)

앞의 두 사례에서 보듯이, 군신 간 의리를 배반했고 패도정치를 통하여 제
환공을 패제후의 반열에 올려놓은 관중에 대해 공자는 인자라고 평가하고 있
다. 그 근거는 주변 제후국을 규합할 때 무력을 사용하지 않았다는 점과, 오
랑캐로부터 중국의 문화를 지켜냈다는 점이다. 한마디로, 관중이 인자인 이
유는 백성들을 위한 정치를 했다는 것이다. 각국이 천하를 다투는 시기였기
에 무력적 전쟁은 국가적으로나 백성들에게 엄청난 피해와 아픔을 낳게 마련
이다. 이 전쟁에서 질 경우 자국의 문화를 고수하는 것도 어려울 것이다. 가
능할 수만 있다면 무력적 전쟁을 하지 않는 것 자체가 백성을 사랑하는 길이
다. 그리고 그는 비록 방법적으로 패도라는 수단을 통한 것이지만, 제환공을

도와 부국강병을 이루고 백성들의 복리증진을 힘썼다. 한편, 자산은 공자보다는 1세대 앞서 활약했던 덕 있는 정치가였고, 법가사상의 선구자로 거론된다. 자산에 대해서 공자는 직접 인자라고 표현하지 않고 군자라고 평하지만, 그 근거 또한 백성의 복리증진에 있었다.

이처럼, 공자가 패도정치의 전형인 관중과 자산에 대해 인자라고 평하는 점은 그동안의 공자사상에 대한 상식에서 벗어나는 것이다. 기존의 관점은 대체로 공자의 인사상을 당위윤리적 관점에서 해석해왔다. 그러나 여기서 보여주는 인사상은 당위윤리라기보다는 유위윤리이고 실용윤리라 하겠다. 부국강병을 이루고 백성을 사랑하는 길이라면 그 수단과 방법은 패도적이든 법가적이든 상관없다는 것이다. 유위윤리 혹은 실용윤리란 행위의 결과가 선과 유용성을 낳는다면 그것이 도덕적으로도 옳다고 여기는 관점이다. 특히, 그 선(善)과 유용성이 백성일반의 복리라면 유위윤리는 현대적 의미의 공리주의적 사고에 가깝다고 하겠다. 이러한 관점에 가장 밀접해 있는 고대 중국의 사상가가 묵자(墨子, 성명은 墨翟)이다. 그는 겸애교리(兼愛交利)를 주장했다. 그에게 있어 인(仁)이란 곧 이익이었고, 그 이익은 모든 구성원이 공유되어야 한다는 사유를 전개했다. 공자의 인사상이야말로 묵자적 사유의 선구라고 할 것이다. 이상에서 보듯이, 유위윤리로서의 인은 유용성이고 실용성이며 공리성을 갖기 때문이다.

다. 당위(當爲)윤리로서 인(仁)

공자가 인자라고 평했던 두 번째 부류의 인물인 백이(伯夷)·숙제(叔齊)·미자(微子)·기자(箕子)·비간(比干) 등에 대한 기록을 보자.

염유가 물었다: "선생님께서는 위나라 임금을 위해 일하실까?" 자공이 대답했다: "글쎄, 내가 물어보겠다." 들어가 물었다: "백이와 숙제는 어떤

사람입니까?"³³⁾ 대답했다: "옛 현인이다." 다시 물었다: "원망했습니까?"
대답했다: "인을 구하여 인을 얻었는데 무엇을 원망하겠는가?" 나와서 말
했다: "선생님께서는 하지 않을 것이다." 冉有曰: "夫子爲衛君乎?" 子貢
曰: "諾, 吾將問之." 入曰: "伯夷、叔齊何人也?" 曰: "古之賢人也." 曰:
"怨乎?" 曰: "求仁而得仁, 又何怨? 出曰: "夫子不爲也." (述而: 14)

미자는 떠나고, 기자는 노예가 되고, 비간은 간하다가 죽임을 당했다. 공
자가 말했다: "은나라에는 세 인자가 있었다." 微子去之, 箕子爲之奴,
比干諫而死. 孔子曰: "殷有三仁焉." (微子: 1)

    두 사례의 경우, 공자가 관련 인물들을 인자라고 평가한 근거는 부자간의 효(孝), 형제간의 우애, 군신간의 충(忠) 혹은 의리 문제와 관련이 있음을 알 수 있다. 백이와 숙제의 경우에 처음의 도덕적 갈등은 왕위계승을 둘러싸고 아버지의 유언을 존중할 것인지, 아니면 형제간의 서열(큰 아들 계승)을 존중할 것인지가 문제가 되고 있다. 어쩌면 이는 효와 충간의 갈등으로 볼 수도 있고, 형제간의 우애와 의리의 문제이기도 하다. 이러한 가치갈등 상황에서 백이와 숙제는 갈등과 문제를 최소화시키는 방향을 선택, 제3자인 동생에게 왕위가 계승되도록 나라를 떠나는 것으로 해결하고 있다. 백이와 숙제가 맞닥뜨린 두 번째 갈등은 군신 간의 의리 문제이다. 당시 은나라의 주왕이 무도하여 나라가 쇠하고 있었지만, 여전히 은나라는 천자의 나라이고 주나라는 제후국이었다. 제후국이 천자국을 치려는 것은 일종의 정치적 모반이다. 그래서 백이와 숙제는 주무왕에게 그것이 충성과 의리에 반하는 부당한 처사라고 간언하지 않을 수 없었

---

33) 백이와 숙제는 은(혹은 상)나라 고죽군의 두 아들이다. 아버지는 자신이 죽으면 동생 숙제를 세우라고 유언했다. 아버지가 죽자, 숙제는 형인 백이에게 왕위를 양보하려 하고, 백이는 아버지의 유언을 따를 것을 주장했다. 결국 두 사람은 모두 왕위를 버리고 은의 제후국인 주나라로 도망쳤다. 이에 나라사람들이 그다음 아들을 세웠다. 두 사람은 주나라의 서백(문왕)에게 몸을 의탁하기 위해 찾아갔으나, 서백은 이미 죽고 그 아들 무왕이 다스리고 있었다. 그 뒤에 무왕이 은나라 주(紂)왕를 정벌하려하자, 백이와 숙제는 무왕의 말고삐를 잡고 토벌하지 말 것을 간하였으나, 무왕은 듣지 않고 은나라를 멸망시키고 주나라를 건국하였다. 이에 백이와 숙제는 주나라의 녹을 먹는 것을 부끄럽게 여기고 주나라를 떠나 수양산에 숨어서 고사리를 캐먹으며 살다가 끝내 굶어 죽었다.

다. 그럼에도 불구하고, 주무왕은 은주왕을 토벌하여 스스로 천자의 나라가 되고자 하였다. 이에 백이와 숙제는 두 나라 임금을 섬기는 것이 군신 간의 의리에 반하는 것이라 여기고, 주나라를 떠나 수양산에 숨어 지냈던 것이다. 한편, 무도한 은나라 주왕에 대해 미자가 나라를 떠나고, 기자가 노예가 되고, 비간이 간언을 하다가 죽은 것도 전형적인 군신 간의 의리문제라 하겠다.

나는 이 두 사례의 경우 공자가 관련 인물들을 인자라 평한 것은 전형적인 당위윤리적 관점에서 판단한 것이라 여긴다. 부자간의 효, 형제간의 우애, 군신간의 충성과 의리 등은 행위의 결과(유용성, 실용성, 공리성)와 무관하게 단지 그 가치규범이 옳다는 이유로 지켜지기를 주장하는 것이기 때문이다. 공자가 효제(孝悌)를 인을 실현하는 근본이라 여긴 것도 이러한 맥락이다.

> 유자가 말했다: "그 사람됨이 효제자이면서 윗사람을 범하기를 좋아하는 자는 드물다. 윗사람을 범하기를 좋아하지 않으면서 난을 일으키는 자는 있지 아니하다. 군자는 근본에 힘쓴다. 근본이 서면 도가 생겨난다. 효제는 그 인을 실천하는 근본인저!" 有子曰: "其爲人也孝弟, 而好犯上者, 鮮矣, 不好犯上, 而好作亂者, 未之有也. 君子務本, 本立而道生。孝弟也者, 其爲仁之本與!" (學而: 2)

> 재아가 물었다: "삼년상은 기간이 너무 깁니다. 군자가 삼년동안 예를 행하지 않으면 예가 반드시 무너질 것이고, 삼년동안 음악을 연주하지 않으면 음악이 붕괴될 것입니다. 옛 곡식이 다하고 새 곡식이 자라나며, 불을 내는 나무도 불을 바꿉니다. 이와 같이 상례도 1년이면 좋습니다." 공자가 말했다: "쌀밥을 먹고 비단옷을 입으면 너는 안락하냐?" 대답했다: "안락합니다." "네가 안락하면 그렇게 하라? 군자는 상을 당함에 맛있는 것을 먹어도 달지 아니하고, 음악을 들어도 즐겁지 아니하며, 좋은 곳에 거처해도 안락하지 않기 때문에 하지 않는 것이다. 지금 네가 안락하다면 그렇게 하라!" 재아가 나가자 공자가 말했다: "재여는 인하지 않구나! 자식은 삼년동안 길러진 연후에야 부모의 품에서 벗어날 수 있고, 삼년상은 천하에 통용되는 상례이거늘, 재여는 삼년동안 자기 부모에게

사랑받지 않았단 말인가?" 宰我問, "三年之喪, 期已久矣。君子三年不爲禮, 禮必壞, 三年不爲樂, 樂必崩。舊穀旣沒, 新穀旣升, 鑽燧改火, 期可已矣。" 子曰: "食夫稻, 衣夫錦, 於女安乎?" 曰: "安。" "女安則爲之! 夫君子之居喪, 食旨不甘, 聞樂不樂, 居處不安, 故不爲也。今女安則爲之!" 宰我出。子曰: "予之不仁也! 子生三年, 然後免於父母之懷。夫三年之喪, 天下之通喪也, 予也有三年之愛於其父母乎!" (陽貨: 21)

부모가 자식을 낳아 삼년동안 품에서 키워내듯 자식이 돌아가신 부모를 위해 삼년상을 치르는 것은 천하에 통용되는 보편적 규범이다. 그것이 효이고, 인을 실현하는 근본이고 출발이다. 형제간의 우애도 효의 확장이고, 군신간의 충과 의리도 효의 국가·사회적 확대에 다름 아니다. 훗날 맹자는 이것을 오륜(五倫)으로 정식화하였다. 이러한 가치규범을 지키는 것은 단지 그것이 옳기 때문이지 다른 이유가 있는 것이 아니다. 내가 도덕적이어야 할 이유는 단지 인간이 그런 존재이기 때문이다. 이러한 당위윤리를 주장하는 현대의 도덕철학자는 칸트라 할 것이다. 그는 도덕실천을 위한 입법의 형식을 정언명법으로 정식화하였다. 정언명법의 하나는 '나의 행위의 격률이 항상 동시에 보편적 입법의 원리로써 타당하도록 행위하라'는 것이었다. 내가 실천하고자 하는 도덕규범이 옳은 것인가는 보편화의 원리에 의해 검증되는 것이어야만 한다. 이러한 보편화의 원리를 공자에게서도 찾아볼 수 있다. '내가 하고 싶지 않은 것을 남에게 베풀지 말라'(己所不欲, 勿施於人)는 충서(忠恕)의 원리가 그것이다.

중궁이 인(仁)에 대해 물었다. 공자가 대답했다: "문을 나서면 중요한 손님을 모시듯 하고, 백성을 부림에 큰 제사를 올리듯 하라. 내가 하고 싶지 않은 것을 남에게 베풀지 말라. 그러면 나라에 원망이 없고 가문에도 원망이 없을 것이다." 중궁이 말했다: "내가 민첩하지 못하오나 이 말씀을 섬기고자 청하나이다." 仲弓問仁。子曰: "出門如見大賓, 使民如承大祭。己所不欲, 勿施於人。在邦無怨, 在家無怨。" 仲弓曰: "雍雖不敏, 請事斯語矣。" (顔淵: 2)

자공이 물었다: "한 마디 말로 종신토록 행동의 지침으로 삼을 만한 것이 있습니까?" 공자가 대답했다: "서(恕)인저! 내가 하고 싶지 않은 것을 남에게 베풀지 말라." 子貢問曰: "有一言而可以終身行之者乎?" 子曰: "其恕乎! 己所不欲, 勿施於人." (衛靈公: 23)

공자가 말했다: "삼아! 나의 도는 하나로 꿰뚫었다." 증자가 대답했다: "예." 공자가 나가자 문인이 물었다: "무슨 말입니까?" 증자가 대답했다: "선생님의 도는 충서(忠恕)일 뿐이다." 子曰: "參乎! 吾道一以貫之." 曾子曰: "唯." 子出, 門人問曰: "何謂也?" 曾子曰: "夫子之道, 忠恕而已矣." (里仁: 15)

'내가 하고 싶지 않은 것을 남에게 베풀지 말라'(己所不欲, 勿施於人)는 충서(忠恕)의 원리는 바로 나의 행위의 격률이 보편화 가능성을 묻는 것이다. 충서란 추기급인(推己及人), 즉 나를 중심으로 타인을 생각하는 역지사지(易地思之)의 원리이기 때문이다. 이것이 바로 당위윤리서의 인(仁) 개념이라 여긴다. 당위윤리로서 인은 단지 인간이기 때문에 따라야 할 보편적 규범과 의무를 규정하는 원리라 하겠다. 이러한 인의 전덕(全德)을 터득한 이가 백이, 숙제, 그리고 태백 같은 사람이었던 것이다.[34]

라. 무위(無爲)윤리로서 인(仁)

공자가 인자라고 평가했던 마지막 부류로써 요(堯)·순(舜)의 경우를 보자.

자공이 말했다: "만일 백성들에게 널리 베풀고 나아가 다른 무리까지도 구제할 수 있다면 어떠한가요? 인자라 할 수 있는지요?" 공자가 대답했다: "어찌 인에만 종사한다고 하겠는가!! 필시 성인의 일이라 할만하다.

---

34) 齊景公有馬千駟, 死之日, 民無德而稱焉. 伯夷·叔齊餓丁首陽之下, 民到于今稱之. 其斯之謂與? (季氏: 12); 子曰: "泰伯, 其可謂至德也已矣. 三以天下讓, 民無得而稱焉." (泰伯: 1)

그 일은 요와 순임금도 힘들어했다. 무릇 인이라는 것은 자기를 세우고 싶으면 남을 먼저 세우고, 자기가 도달하고 싶으면 남을 먼저 도달케 하는 것이다. 가까이서 비유를 들어보면 인의 방도를 알 수 있다고 말할 수 있다." 子貢曰: "如有博施於民而能濟衆, 何如? 可謂仁乎?" 子曰: "何事於仁! 必也聖乎! 堯·舜其猶病諸! 夫仁者, 己欲立而立人, 己欲達而達人。能近取譬, 可謂仁之方也已。" (雍也: 28)

위의 사례에서 우선, '박시어민이능제중(博施於民而能濟衆)'의 해석을 어떻게 할 것인지를 검토할 필요가 있다. 관건은 '무리 중'(衆)자를 무엇으로 볼 것이냐에 달렸다. 앞의 민(民)이 자기나라의 백성이라면, 중(衆)은 다른 나라의 백성을 뜻하는 것으로 읽는 것이 기존의 관점이었다. 그러나 이는 적어도 천자국과 제후국으로 이루어진 삼대(夏·殷·周)이후의 정치적 상황이나 제도를 전제하여 읽은 관점이라 여긴다. 당우(唐虞; 堯舜)시대는 아직 국가체제라기보다는 씨족연합체인 부족국가 수준의 정치가 이루어지던 시기이다. 이러한 사정을 염두에 두고 읽는다면 해석은 달라질 수 있다. 즉, 민(民)은 부족국가의 구성원인 백성이지만, 중(衆)은 인간의 무리를 넘어선 동물이나 자연을 의미하는 넓은 뜻으로 읽을 수 있다. 이렇게 읽을 수 있는 근거는 뒤따르는 공자의 대답에서도 짐작할 수 있다. 민(民)에게 베푸는 것을 넘어 중(衆)까지 구제하는 이가 있다면 그는 단지 인(仁)을 넘어 성(聖)이라 할 수 있다는 것이다. 그리고 이러한 일은 요순조차도 어려워했다고 덧붙이고 있다. 그래서 나는 이 구절에 대한 해석을 위와 같이 했다.

이러한 관점에 설 때, 이제 인의 원리는 단순히 인간중심적이고 당위윤리를 넘어 비인간중심주의(자연주의, 환경주의)와 무위윤리로 등록될 수 있다. 인이란 '내가 하고 싶지 않은 것을 남에게 베풀지 말라'(己所不欲, 勿施於人)는 충서(忠恕)의 원리가 아니다. 무릇 인이란 '자기를 세우고 싶으면 남을 먼저 세우고, 자기가 도달하고 싶으면 남을 먼저 도달케 하는 것이다'(己欲立而立人, 己欲達而達人). 전자가 나 중심주의이고 인간중심주의라면, 후자는 타자중심이고 비인간중심주의이다. 위 기록에 대한 정자(程子; *도올에 의하면 정명도)의 주석(註釋)은 이러한 나의 관점을 뒷받침해 준다.

위 기록의 끝에 나오는 '가까이서 비유를 들어보면 인의 방도를 알 수 있다'(能近取譬, 可謂仁之方也已)는 구절의 해석과 관련하여 정자의 해석은 이렇다. "정자가 말했다: 의서(醫書)에서 손발이 마비(痲痺)된 것을 불인(不仁)이라 하니, 이 말이 인(仁)을 가장 잘 형용한 것이다. 인자(仁者)는 천지(天地)와 만물(萬物)을 한 몸으로 여기니 자기(自己) 아닌 것이 없다. 천지만물이 모두 자기와 일체(一體)임을 인식한다면 어느 것인들 이르지 못하겠는가? 만약 자신에게 소속시키지 않으면 저절로 모두 자신에게 소속되지 않는 것과 같다. 마치 손발이 불인(不仁), 즉 마비(痲痺)가 오면 기(氣)가 이미 관통하지 않아 모두 자신에게 소속되지 않는 것과 같다."³⁵⁾ 이러한 정자의 비유처럼, 손발의 사지와 오장육부가 모두 나의 몸을 구성하는 유기체이고 일체이다. 어느 한 곳이라도 피가 돌지 않고 기(氣)가 소통하지 않으면 그곳에 마비가 오고 죽어간다. 타인들도 인간을 구성하는 유기체이고, 나도 타인도 천지만물도 우주를 구성하는 유기체이다. 그래서 천지만물과 내가 기(氣)를 나눈 형제이고, 우주와 내가 일체이다. 나의 몸 어딘가에 피가 돌지 않으면 마비가 오듯, 우주의 어느 곳이라도 기(氣)가 소통하지 않으면 역시 마비가 오게 되어 있다. 그래서 기는 우주의 생명을 살리는 피와 같은 것이다. 마비가 불인(不仁)이라면 생명을 살리는 것은 인(仁)이다. 이렇듯, 인(仁)은 인간들만이 따라야 할 당위의 의무가 아니라, 우주를 구성하는 모든 천지만물이 공유해야 할 생명사랑이다. 도덕적 의무는 당위성지만, 생명사랑은 무위적 자연성이다. 다음의 기록을 보자.

> 자공이 말했다: "나는 사람들이 나에게 무엇인가 강요하는 것을 바라지 않습니다. 나 또한 사람들에게 강요하는 것이 없도록 하고 싶습니다." 공자가 말했다: "사야! 네가 미칠 수 있는 것이 아니다." 子貢曰: "我不欲人之加諸我也, 吾亦欲無加諸人." 子曰: "賜也, 非爾所及也." (公冶長: 11)

---

35) 程子曰, 醫書, 以手足痿痺, 爲不仁. 此言, 最善名狀. 仁者, 以天地萬物爲一體, 莫非己也. 認得爲己, 何所不至. 若不屬己, 自與己不相干, 如手足之不仁, 氣已不貫, 皆不屬己

제자인 자공이 "나는 사람들이 나에게 무엇인가 강요하는 것을 바라지 않습니다. 나 또한 사람들에게 강요하는 것이 없도록 하고 싶습니다."고 하자, 공자는 네가 미칠 수 있는 바가 아니라고 잘라 말하고 있다. 정이천과 주자는 당위윤리학자로 등록되지만 이에 대한 그들의 주석은 무위적 관점을 보여주고 있어 주목된다. 여하튼 이에 대한 그들의 주석을 보자. "정자(*도올에 의하면 정이천)가 말했다: <나는 남이 나에게 무엇인가 강요하는 것을 바라지 않고, 나 또한 남에게 강요하는 것이 없도록 하는 것>은 인(仁)이다. <나에게 베풀어지기를 원치 않는 것을, 남에게 베풀지 말라>은 서(恕)이다. 서(恕)라면 자공이 혹 힘쓸 수 있는 바이지만, 인(仁)이라면 그가 미칠 수가 없는 것이다." "내(朱子)가 생각건대, <무(無)>자는 스스로 그렇게 되는 것을 뜻하고, <물(勿)>자는 억지로 금지시키는 뜻이다. 이처럼 인(仁)과 서(恕)는 구별이 되는 것이다."[36] 이러한 정자와 주자의 논의를 표로 구성해 보자.

<표 2> 무위적 인(仁)과 당위적 인(仁) 개념의 특징 비교

	무위윤리로서의 인(仁)	당위윤리로서의 인(仁)
황금율의 법칙	· 나는 남이 나에게 무엇인가 강요하는 것을 바라지 않고, 나 또한 남에게 강요하는 것이 없도록 하는 것 (我不欲人之加諸我, 吾亦欲無加諸人) · 자기를 세우고 싶으면 남을 먼저 세우고, 자기가 도달하고 싶으면 남을 먼저 도달케 하는 것이다'(己欲立而立人, 己欲達而達人).	· 나에게 베풀어지기를 원치 않는 것을, 남에게 베풀지 말라(施諸己而不願, 亦勿施於人) · 내가 하고 싶지 않은 것을 남에게 베풀지 말라(己所不欲, 勿施於人)
仁의 의미	· 생명사랑	· 충서(忠恕): 사람사랑
성 격	· 無字의 의미: 자연성(無者自然而然)	· 勿字의 의미: 당위성(勿者禁止之謂)
의미와 해석	· 타자 혹은 비인간중심주의적 도덕	· 나 혹은 인간중심주의적 도덕

---

36) 程子曰, 我不欲人之加諸我, 吾亦欲無加諸人, 仁也. 施諸己而不願, 亦勿施於人, 恕也. 恕則子貢或能勉之, 仁則非所及矣. 愚謂, 無者自然而然, 勿者禁止之謂, 此所以爲仁恕之別.

그렇다!! 정자는 바로 <무위윤리로서의 인>과 <당위윤리로서의 인>의 차이가 무엇인지를 밝혀주고 있는 것이다. 인자와 성인은 세상을 한 몸으로 인식한다. 만물은 형제다. 형과 아우는 '같음'과 동시에 '다름'의 존재이다. 같은 부모와 같은 핏줄을 가지고 태어났기에 '같음'이고, 그러나 형제끼리도 생김새도 성격도 다를 수 있기에 '다름'이다. 자연은 만물의 부모다. 그러기에 만물은 같다. 그러나 만물은 각자 생김새도 특성도 다르다. 만물은 같기에 서로 사랑해야 하고, 동시 다르기에 그 다름을 인정하고 존중하고 배려해 주어야 한다. 그렇게 자연은 공생공영의 세계이다. 자기를 세우고 싶으면 남을 먼저 세우고, 자기가 도달하고 싶으면 남을 먼저 도달케 해야 한다. 그것이 바로 공생공영의 형제애이고 무위윤리적 인인 것이다. 나를 중심으로 혹은 인간을 중심으로 접근하는 한 공생공영의 형제애는 실현될 수 없다. 나를 버려야만 한다(無我). 무위윤리는 자아의식을 방기해야 가능하다. 필요와 요구 수준을 넘어서는 모든 욕망을 버려야만 한다.[37] 나의 자의식을 버릴 때 세상은 사실 그대로 여여(如如)하게 보이게 되어있다. 진실로 무위적 인에 뜻을 두면 '사악함이 없다'(無惡).[38] 주자가 말했듯이, 무악(無惡)이기에 그것은 물악(勿惡)과 다르다. 물악은 의도적으로 악을 저지르지 않으려는 의무의식이지만, 무악은 자의식을 버린 데서 나오는 자연성이고 무의식에 가깝다.

3) 맺음말

공자는 특정질서 혹은 규범으로서의 도덕 개념을 예악(禮樂)이라 규정하였고, 모든 규범과 덕목의 바탕이 되는 기본정신 혹은 도덕의 궁극적 원리로 인

---

37) 子曰: "志士仁人, 無求生以害仁, 有殺身以成仁." (衛靈公: 8)
38) 子曰: "苟志於仁矣, 無惡也." (里仁: 4)

(仁)을 제시하여 그것을 전덕(全德)으로 삼았다. 예악은 내원은 특정사회의 사상과 문화적 전통에 토대하는 것이기에 보수성과 문화상대성을 갖는다. 따라서 그것은 늘 보편성의 각도에서 반성적 검토를 거쳐야 할 대상이다. 반성적 검토를 위한 보편적 규준이 바로 인의 원리이다. 전덕으로서의 인을 터득할 때 덕 있는 사람이라 할 수 있는바, 그는 도덕적 상황에서 인의 원리를 바탕으로 규범을 입법하고 집행하고 심판할 수 있다. 이것이 공자 윤리학의 체계이다.

그런데 정작 인이란 무엇인가? 전덕으로서의 인은 도덕의 제일원리이고 도덕실천의 근거이다. 그러나 인은 일의적 개념이 아니다. 인은 세 가지의 뜻을 가진 다의적 개념이다. 유위윤리적 인, 당위윤리적 인, 무위윤리적 인 개념이 그것이다. 공자는 상황에 따라 서로 다른 인 개념을 제시했고, 어느 하나를 진리의 왕국으로 등극시키지 않았다. 이처럼, 인의 원리는 다의적 뜻인 가진 것이었기에 그동안 좀처럼 파악하기가 어려웠던 것이다. 물론 그가 춘추시대라는 악의 상황에서 실천해보고자 고군분투했던 인 개념은 당위윤리였다. 이 점에서 공자의 인 사상을 당위적 측면에서 파악했던 기존의 관점이 틀린 것만은 아니라 하겠다. 그러나 공자는 실용적 윤리도 인정했고, 특히 말년에는 당위적 이상실현이 어렵다는 것을 직감하고 무위적 삶을 살고자 하였다.

이 시점에서 우리는 공자가 왜 인의 개념을 일의적으로 규정하고 진리로 등극시키지 않았는지를 생각해 보아야 한다. 어느 하나를 진리로 등극시키면 나머지는 비진리의 나락으로 떨어지게 마련이다. 인간의 욕망을 인정하는 유위적이고 실용적 인 개념은 자칫 인간을 맹목적 존재로 추락시키고 물신의 노예로 이끌 수가 있다. 당위윤리는 보편적 이성으로 욕망의 제거를 목표로 삼는다. 그래서 당위적 인 개념은 너무 이상적이다. 그것이 너무 이상적이기에 당위윤리는 오히려 도덕군자를 가장한 위선을 조장할 수 있다. 공자가 그랬듯, 욕망추구의 물신주의도 욕망극복의 이성주의도 다 부질없는 삶임을 느끼는 순간 인간들은 무위적 삶으로 돌아가고자 하는 것이 아닌가 한다. 그러나 무위윤리는 욕망으로 들끓는 현실세계를 살아가는 보통사람들이 깨치기가 어렵다는 한계가 있다. 공자도 70세를 넘어 그것이 가능했다고 실토했다(七十, 從心所欲, 不踰矩).

3. 공자의 정치사회사상

　인간이 모여 사는 공동체가 정의로운 사회가 되려면 사회를 구성하는 개인들이 도덕적 자질과 성품을 갖추어야 하는 동시에 사회구조 자체도 도덕적 정당성을 확보해야 한다. 인간은 누구나 도덕적인 삶을 살아갈 것이라는 보장이 없기에 윤리교육이나 도덕적 계몽도 필요하고, 비도덕적인 사람들을 통제할 제도적 수단도 필요하다. 또한 도덕적인 개인들이 모여 사회를 구성하였다고 하더라도 그 공동체가 반드시 정의로운 사회가 될 것이라는 보장이 없다. 사회란 공동체를 구성하는 개개인의 단순한 합이라기보다는 그 이상의 독자성을 갖는 도덕행위의 주체이기 때문이다. 그래서 한편으로, 사회구조 자체가 도덕적 정당성을 확보하지 못할 경우 개인들의 도덕적이고자 하는 의지도 꺾여버린다. 뿐만 아니라 사회구조는 개인들의 삶에 여러 측면에서 지대한 영향을 미친다. 동서고금을 막론하고 많은 철학자들이 규범윤리학과 동시에 정치사회철학을 운위한 것은 바로 이러한 사정 때문이었다.

　공자가 살았던 춘추시대는 주나라의 종법적 봉건왕조체제와 예제문화가 무너진 시기였다. 그래서 그는 주나라의 예제문화를 복원하고자 하였고, 바람직한 정치공동체의 건설을 위해 사회철학적 방안을 고민하고 실현하고자 하였다. 그의 시대에는 사회지도층과 지배계급이 따로 존재했다. 정의로운 공동체의 실현 여부는 거의 전적으로 그들에게 달려있었다. 그랬기에 당시에는 지배층(후보)에게 도덕적 품성과 지도자적 자질을 갖추기를 촉구하고 기대할 수밖에 없었다. 공자가 수기(修己)를 바탕으로 안인(安人)의 정치철학을 주장한 것도 이러한 맥락에서이다.

　　자로가 군자에 대해 물었다. 공자가 대답했다: "경으로 자기를 닦는다." 자로가 물었다: "그렇게만 하면 됩니까?" 공자가 대답했다: "자기를 수양하고 사람들을 편안하게 한다." 자로가 물었다: "그렇게만 하면 됩니까?" 공자가 내답했나: "자기를 수양하고 백성을 편안하게 한다. 자기를 수양하고 백성

> 을 편안하게 하는 것은 요와 순임금도 힘들어했을 것이다." 子路問君子.
> 子曰: "修己以敬." 曰: "如斯而已乎?" 曰: "修己以安人." 曰: "如斯而已
> 乎?" 曰: "修己以安百姓. 修己以安百姓, 堯、舜其猶病諸?"(憲問: 45)

바람직한 사회지도층의 될 군자라면 수기(修己), 즉 자기수양의 공부를 해야 한다. '경(敬)으로 자기를 닦으라'는 것은 경건한 마음으로 최선을 다해 도덕적 품성과 지도자적 자질을 함양하라는 것이겠다. 이를 바탕으로 그다음에 해야 할 일은 사람들을 편안하게 하고(安人), 백성을 편안하게 하는 것이다(安百姓). 그런데 '안백성'하는 것은 요나 순임금조차 어려워했다고 하는데 다른 사연이 있는 듯하다. 뒤에서 따져보기로 하고, 여기서는 일단 백성도 사람이기에 공자의 주장을 요약하면 '수기안인'(修己安人)이다. 도덕적 품성과 지도자적 자질을 갖추는 자기수양 공부를 바탕으로 사회(정치)에 나아가 백성을 편안케 하는 일을 하라는 것이다. 수기는 공부이고 안인은 세상을 경영함, 즉 경세(經世)이다. 안인을 위한 경세의 두 축은 정치와 교육이다. 정치는 백성들의 먹고 사는 문제를 해결하며 정의로운 공동체를 건설하는 것이고, 교육은 백성들의 지적, 기능적, 도덕적 성장을 도모하는 일이다.

> 공자가 위나라로 갈 때 염유가 모셨다. 공자가 말했다: "많구나, 백성들이!" 염유가 물었다: "백성들이 많으면 다음에는 무엇을 합니까?" 대답했다: "부유하게 해줘야 한다." 다시 물었다: "부유하면 다음은 무엇을 합니까?" 대답했다: "교육해야 한다." 子適衛, 冉有僕. 子曰: "庶矣哉!" 冉有曰: "旣庶矣, 又何加焉?" 曰: "富之." 曰: "旣富矣, 又何加焉?" 曰: "敎之."(子路: 9)

이 3절에서는 공자의 정치론을 보기로 한다. 그의 정치론에 대한 기존의 이해는 내성외왕(內聖外王)의 도덕정치만을 주장했다는 것이다.[39] 그러나 그는

---

39) 미우라 도우사꾸 지음, 강봉수 외 옮김, 『중국윤리사상사』(서울: 원미사, 2007), 73~76쪽; 성균관대 유학과 교재편찬위, 『유학원론』(성균관대출판부, 1982), 236~276쪽 등 참조.

왕도적 도덕정치만이 아니라 패도적 기술정치도 용인했고, 궁극적 이상으로서 무위이치의 꿈도 간직했었다고 여긴다. 먼저, 안인의 정치이념을 살펴보면서 그것이 가지는 사회구조적 함의를 고찰하고, 다음으로, 공자가 건설하고자 했던 이상사회를 실현하기 위한 정치의 방법을 살핀다.

1) 안인(安人)의 이념: 소강사회를 거쳐서 대동사회로

공자가 생각하는 이상사회와 정치의 이상은 무엇인가? 그가 보는 이상적 (理想的) 정치공동체는 무위이치(無爲而治)가 이루어지는 국가였다.

> 공자가 말했다: "무위(無爲)한데도 다스려진 것은 순임금인저! 어떠했던가? 자신을 낮추고 남쪽을 향하여 바로 앉아계셨을 뿐이로다!" 子曰: "無爲而治者, 其舜也與? 夫何爲哉? 恭己正南面而已矣。"(衛靈公: 4)

무위이치, 즉 무위의 정치란 지도자가 인위적으로 정치를 하지 않는데도 저절로 다스려지는 정치이다. 무위라 해서 지도자가 아무것도 안 한다는 뜻이 아니라, 인위적으로 조작하지 않는다는 것이다. 인위적으로 조작하지 않는다는 것은 능력 있는 신하들을 적재적소에 배치한 다음에는 자신을 낮추고 임금 자리(남면南面)에 앉아 있을 뿐 신하들의 일에 일일이 간섭하지 않는다는 뜻이다. 모든 정사는 신하들이 각자 자신의 맡은 바의 일을 알아서 처리한다. 그것은 마치 북극성이 제자리에 위치하고 있으면 뭇별들이 저절로 그를 중심으로 돌아가는 것과 같다. 이처럼, 신하들이 알아서 정사를 처리하고 임금은 남면하여 앉아있을 뿐 간섭하지 않기에, 백성들은 임금이 권좌에 앉아 있는지 조차도 모른다.

무위이치는 무위윤리적 인(仁)의 원리가 정치공동체에 자연스럽게 실현되는 정치이다. 따라서 무위이치가 실현되려면 지도자인 임금이 먼저 무위윤리적 인의 사상으로 무장되어 있어야 한다. 무위윤리가 무엇인가? 무위윤리는 타자중심, 생명중심의 윤리이다. 자연은 원래 공생공영의 세계이다. 무위윤리적 인이란 생명사랑의 마음이고 세상의 모든 존재들을 공생공영의 일체로 여기는 형제애의 마음이다. 자기를 세우고 싶으면 남을 먼저 세우고, 자기가 도달하고 싶으면 남을 먼저 도달케 해야 한다. 그것이 바로 공생공영의 형제애이고 무위윤리적 인이다. 나 중심의 자아의식과 인간 중심주의적 사고를 버릴 때에만 가능한 생명존중의 마음이고, 필요와 요구 수준을 넘어서는 모든 욕망을 방기해야 가능한 '자리심'(自利卽利他)의 마음이다.

이것이 무위이치를 하고자 하는 지도자가 갖추어야 할 수기(修己)의 내용이다. 물론 이때 수기는 인위적·의식적·의지적 노력으로 터득되는 공부가 아니다. 그냥 '나를 버리면'(무아無我) 되는 무의식적·자연적·자발적인 직관과 각성의 공부이다. 이러한 수기의 성취자를 성인(聖人)이라 부르고, 무위이치적 안인(安人)의 정치를 실현하는 지도자를 성왕(聖王)이라 부른다. 앞서 공자가 '안백성'(安百姓)은 요와 순임금도 어려워했다고 했는데, 안백성은 사람을 넘어 다른 생명까지 포함하는 무위의 정치를 뜻하는 것이라 하겠다. 즉 무위이치는 요나 순임금과 같은 성왕조차도 어려워했던 것이다.

무위적 인의 원리에 바탕을 두고 백성을 다스리는 무위의 정치는 『예기禮記』에서 말하는 '대동사회'(大同社會)의 이상적 공동체와 다르지 않다. 그러나 무위이치라는 지치(至治)이념이 실현되는 '대동'의 사회가 요순과 같은 성왕의 시대에는 가능했을지 모르지만, 이미 나와 너, 우리와 적이라는 자아의식과 국가의식이 생겨난 시대에는 현실적으로 실현되기 어려운 유토피아(utopia)에 지나지 않는다. 유토피아란 말 그대로 '어디에도 없는 장소'를 뜻한다. 개인으로서 성인은 얼마든지 존재할 수 있을 것이다. 공자, 예수, 석가처럼 말이다. 그러나 정치의 마당에서 성왕은 현실적으로 존재하기 어렵다. 개인적으로 성인이라 하더라고, 그가 정치의 마당에서도 성왕이 되고 무위이치를 실현할 수 있을지는 의심스럽다. 정치의 마당인 사회구조 자체가 무위이치를 실현할 수 있는 배경을 가지고 있기 어렵기 때문이다. 공자가 무위이치의 이상향을 거론하면서도 현실적으로 삼대(三代: 하夏·은殷·주周), 특히 주나라의 정치에 더 주목하고 예치와 덕치의 왕도정치를 주장하고, 때로는 형정(刑政)에 의한 패도와 실용의 정치까지도 허용할 수밖에 없었던 이유가 여기에 있다.

요순이 무위이치를 실현할 수 있었던 당우시대의 사회는 아직 자아의식과 국가의식이 뚜렷하지 않았던 씨족에 기반을 둔 부족공동체사회였다. 그러나 삼대 이후의 사회는 사회구조가 지배와 피지배, 적과 동지로 분화된 정치사회이고 고대국가가 형성되었던 시대로 보아야 한다. 정치라는 말 자체가 나와 너, 우리와 적이라는 자아의식과 국가의식이 생겨난 이후에 생겨난 용어일 것이다. 공자가 보는 정치의 개념에서도 이를 확인할 수 있다. 그는 "정치란 바르게 하는 것"[政者, 正也]이라 규정한다. 무엇을 바르게 한다는 말인가? '명칭을 바로 세우는 것'(正名)이다. '임금은 임금답고 신하는 신하답고 부모는 부모답고 자식은 자식답게'(군군신신부부자자君君臣臣父父子子)하는 것이 바로 정명(正名)이고 정치이다. 이러한 정명의 정치가 이루어지려면 그 누구보다 지도자가 솔선해야 한다. 이러한 공자의 정명론적 정치관은 『예기禮記』에서 삼대의 정치를 묘사한 '소강사회'(小康社會)의 이념과 그 이념을 실천적으로 제도화한 주나라 봉건제도를 배경에 두고 정립된 것이라 하겠다.

삼대의 소강사회는 한마디로 '예에 의한 정치'(禮治)가 이루어지던 시대였다. 예(禮)는 본래 원시적 씨족공동체의 시대부터 습속과 관례로써 전승되어 온 행위규범이다. 그러나 예가 본격적인 사회윤리로 등장하기 시작한 것은 국가적 수준의 지배체제가 수립된 하(夏)나라 때부터일 것이다. 은(상)나라 때까지 예는 여전히 종교적이고 의례적인 성격이 강한 것이었다. 그러나 주나라에 와서 예는 상제례 중심의 의례적 성격을 넘어 보다 보편적인 규범으로 정립되게 된다. 아마도 소강사회의 이념을 전형적으로 현실정치에 구현한 제도가 주나라의 봉건제도가 아닌가 한다. 그런데 주나라의 봉건제도는 시대가 흐르면서 무너지기 시작했다. 그것은 원래 혈연적 유대를 바탕으로 하는 종법제도를 국가지배체제에 응용한 것이기에, 세월이 흐르면 핏줄의식이 약해지고 혈연적 유대에 금이 갈 수밖에 없게 되어있다. 국가체제가 무너지면 그것을 뒷받침하던 각종 예악형정도 문란해질 수밖에 없다. 춘추시대야말로 '천하에 도가 사라지고'(천하무도天下無道), '예가 무너지고 악이 붕괴된'(예괴악붕禮壞樂崩) 시대였던 것이다.

이러한 상황에서, 공자가 현실의 치유책으로 주나라의 예악을 주장한 것은 아이러니컬하게 보일지도 모른다. 그러나 그의 주장의 본질은 이미 현실화되어 버린 국가구조나 제도를 이전시대로 돌이켜야 한다는 것이 아니라, 이전시대에 풍미했던 예제의 문화를 현실에 맞게 되살리자는 데 있었다. 현실에 걸맞은 예제를 되살리기 위한 보편적 규준이 바로 공자의 핵심 사상인 인(仁)의 원리였다. 사실 그가 다시 일으키고자 했던 사회는 주나라보다 더 높은 이상국가(理想國家)를 꿈꾸고 있었다. 그는 할 수만 있다면, 후진(後進)보다 선진(先進)의 예를 더 따르겠다고 고백하고 있기 때문이다.

> 공자가 말했다: "선진은 예악에 대해 촌스러운 사람들이다. 후진은 예악에 대해 군자이다. 만약 사용한다면 나는 선진을 따르겠다." 子曰: "先進於禮樂, 野人也, 後進於禮樂, 君子也。如用之, 則吾從先進。" (先進: 1)

여기서 선진(先進)의 예악(禮樂)은 요순시대의 문화라면, 후진(後進)의 예악은 하·은·주 삼대의 문화라 볼 수 있다. 선진과 요순은 '다스리지 않아도 저절로 다스려지는' 무위이치(無爲而治)의 시대이고, 후진과 삼대는 '예악(禮樂)과 형정(刑政)으로 다스리는' 인위이치(人爲而治)[40]의 시대였다. 전자가 대동(大同)의 이념이라면, 후자는 소강(小康)의 이념이었다. 공자가 궁극적으로 꿈꿨던 이상사회는 전자이다. 그러나 그것은 현실적으로 달성하기가 요원하다. 일단 후자의 사회라도 건설할 수 있다면 좋은 것이었다. 인위이치를

---

40) 무위이치(無爲而治)와 대비시키면 유위이치(有爲而治)라 해야 하겠지만, 나는 인위이치(人爲而治)라 명칭한다. 무위이치가 인간의 자연화를 향한 기획이라면, 인위이치는 인간중심주의적 문명정치이다. 그리고 인위이치에는 예악으로 다스리는 내성외왕의 왕도정치(도덕정치)와 형정으로 다스리는 실용과 공리의 패도정치(기술정치)가 포함된 개념이다.

통하여 소강을 건설하고, 궁극적으로 무위이치의 대동사회로 가는 기획이다.[41] 이것이 공자의 꿈이었다.

2) 민본(民本)·패도(覇道)·왕도(王道)

소강사회의 이념을 달성하는 정치의 원리와 방법은 무엇인가? 이에 대해 우리가 알고 있는 기존의 관점은 말할 것도 없이 내성외왕의 왕도정치론이었다. 이러한 우리의 상식이 틀린 것은 아닐지라도 또한 반드시 그렇지만은 않다고 여긴다. 앞서 소강사회가 실현되었던 삼대, 특히 주나라의 정치는 '예악(禮樂)과 형정(刑政)으로 다스리는' 인위이치(人爲而治)의 시대라 하였다. 그러니까 소강사회의 실현은 예악을 통한 왕도정치의 길과 형정을 통한 패도정치의 길이 있을 수 있다. 전자가 내성외왕의 도덕정치의 길이라면, 후자는 실용과 공리의 기술정치의 길이라 규정할 수 있다. 이 중 공자가 선택할 길은 어느 노선인가? 일단 공자는 원칙적으로 수기안인(修己安人)을 강조했기에 전자의 길이 그의 노선이다.

가. 형정(刑政)을 통한 패도정치의 인정

훌륭한 도덕적 인격자가 반드시 사회적으로 유능한 정치가가 된다는 보

---

41) 모든 이념은 불만족스러운 현실에서 벗어나 바람직스러운 현실로 이행 가능한 전망을 제시하는 기능을 갖는다. 이러한 점에서 그것은 안토니 왈라스(Anntony Wallace)가 말하는 '목표문화'와 '전이문화'로 구성되는 특수한 관념체계라 말할 수 있다. 여기에서 '목표문화'가 도달하고자 하는 궁극적인 목표로서 유토피아의 영상을 나타내는 이상사회의 청사진을 지칭하는 것이라면, '전이문화'는 목표문화에 근접하기 위한 행동강령으로서 '무엇을 할 것인가'하는 실천적 프로그램의 기능을 갖는다고 할 수 있다. Antony F. C. Wallace, Culture and Personality (NewYork: Random House, 1970), 192쪽.

장이 없고, 비도덕적 인물이 사회적으로 유능한 인물인 경우도 없는 것이 아니다. 이 점이 규범윤리학과 정치사회철학의 다른 지점이기도 하다. 정치사회철학의 일차적인 과제는 구성원 개인의 도덕성보다는 사회전체의 정의(正義)를 더 우선시한다. 이러한 관점에서 공자도 자신의 원칙과는 달리 유위적 패도정치의 길을 인정한 바 있다. 그 대표적인 사례가 그보다 앞선 시대의 유능한 정치가인 관중(管仲)과 자산(子産)에 대한 평가이다. 두 사람에 대해, 공자가 인자(仁者)였다고 평가했던 사실을 우리는 앞에서 본 적이 있다.

관중은 자신이 모셨던 주군을 배반하고 제환공을 도와 패제후의 반열에 올려놓은 사람이었다. 그런데 이러한 그에 대해 공자는 인자라 평가했다. 그 근거는 주변 제후국을 규합할 때 무력을 사용하지 않았다는 점과, 오랑캐로부터 중국의 문화를 지켜냈다는 점이다. 한마디로, 관중이 인자인 이유는 백성들을 위한 정치를 했다는 것이다. 각국이 천하를 다투는 시기였기에 무력적 전쟁은 국가적으로나 백성들에게 엄청난 피해와 아픔을 낳게 마련이다. 이 전쟁에서 질 경우 자국의 문화를 고수하는 것도 어려울 것이다. 가능할 수만 있다면 무력적 전쟁을 하지 않는 것 자체가 백성을 사랑하는 길이다. 그리고 그는 비록 방법적으로 패도라는 수단을 통한 것이지만, 제환공을 도와 부국강병을 이루고 백성들의 복리증진을 힘썼다. 한편, 자산은 공자보다는 1세대 앞서 활약했던 덕 있는 정치가였고, 법가사상의 선구자로 거론된다. 자산에 대해서는 직접 인자라고 표현하지 않고 군자라고 평하지만, 그 근거 또한 백성의 복리증진에 있었다.

이처럼, 공자가 패도정치의 전형인 관중과 자산에 대해 인자라고 평하는 점은 그동안의 공자사상에 대한 상식에서 벗어나는 것이다. 기존의 관점은 대체로 공자의 인(仁)사상을 당위윤리적 관점에서 해석해왔다. 그러나 여기서 보여주는 인사상은 당위윤리라기보다는 유위윤리이고 실용윤리라 하겠다. 부국강병을 이루고 백성을 사랑하는 길이라면 그 수단과 방법은 패도이든 법가이든 상관없다는 것이다. 사실 공자 자신도 당시 노(魯)나라의 정치를 농단하던 계손씨(季孫氏) 밑에서 가신으로 일하던 양호(陽虎)의 부름에, 그리고 정치적 반역을 저지른 공산불요(公山弗擾)나 불힐(佛肹)의 부름에도 나아가고자 한 바 있다. 또한 제(齊)나라 대부인 진성자(陳成子)가 제간공(齊簡公)을 시해하자 무력적 토벌을 주장하기도 하였다. 물론 이러한 공자의 태도들이 반드시 유위윤리적 관점에서 접근한 것인지는 장담할 수 없지만, 백성의 복리를 위해서는 패도정치도 용인될 수 있다고 보는 점은 분명하다.

그러나 공자에게 있어 유위윤리와 패도정치적 접근은 어디까지나 차선책이었다. 공자는 정치적 측면에서 관중을 높게 평가하지만 개인적 인물됨에 대해서는 비판적이었다. 반면, 자산에 대해서는 은혜로운 사람이라 평하면서도 형정에 의한 정치를 한 점에 대해서는 아쉬워했다. 자산은 개인적 덕성을 가지고 있었기에 충분히 내성외왕의 당위적 왕도정치를 실현할 수 있는 자질과 능력이 있는데도 패도의 길을 걸었기 때문일 것이다. 우리가 이미 알듯이, 소강사회의 실현을 위한 공자의 정치적 접근은 내성외왕의 왕도정치였다. 민본주의(民本主義)에 바탕을 둔 덕치(德治)·예치(禮治)·효치(孝治)가 그것이다.

나. 덕치(德治)·예치(禮治)·효치(孝治)를 통한 왕도정치의 길

덕치란 지도자가 도덕적 인격을 함양하고 그러한 인격을 바탕으로 정치를 하는 것이다. 예치는 백성을 다스림에 있어 정령이나 법이 아니라 예악으로 정치를 하는 것이다. 효치란 가정의 운영원리를 가지고 국가를 다스리는 데에 확대 적용하는 화가위국(化家爲國)의 정치를 말한다. 한마디로, 이러한 정치를 왕도(王道)정치라 부를 수 있다.

민본에 바탕을 둔 덕치·예치·효치는 군주부터 신하까지 모든 정치가들이 공통으로 가져야 할 정치의 원리이다. 이러한 정치의 원리를 현실의 마당에서 구현하는 방법은 무엇인가? 왕도의 정치가 실현되려면 바로 이들 정치가들이 각자 자신의 위치에서 맡은 바의 역할을 잘 수행해 줄 때 가능하다. 예컨대, 군주(혹은 실권을 가진 대부)의 역할은 능력을 갖춘 신하를 가려 뽑아 적재적소에 배치하는 것이고, 군주가 먼저 솔선하여 도에 따라 정치하고 신하와 백성들을 예로 대하는 것이다. 신하의 역할은 출처를 분명히 하는 것이고, 군주의 잘못된 정치에 간언하는 것이며, 군주를 도와 덕치를 실현하는 것 등이다.

덕치·예치·효치의 왕도정치라 해서 물질적 이익보다 도덕성만을 더 우선으로 하는 도덕주의적 정치는 아니다. 그러나 물질적 이익과 도덕성이 첨예하게 대립할 경우에는 도덕성이 우선이다. 그래서 바람직한 해결책은 물질적 이익과 도덕성의 일치를 확보하는 길이다. 그 방법은 물질적 이익이 모든 백성에게 균등하게 분배될 수 있도록 하는 데에 있다.

> 자공이 정치에 대해 물었다. 공자가 대답했다: "식량과 병력을 만족하게 하고 백성들의 신뢰를 얻는 것이다." 자공이 물었다: "필히 부득이해서 하나를 버려야 한다면 셋 중에 무엇을 먼저합니까?" 공자가 대답했다: "병력이다." 자공이 물었다: "또 부득이 하나를 버려야 한다면 둘 중에 무엇을 먼저 합니까?" 공자가 대답했다: "식량이다. 예로부터 사람은 다 죽게 마련이지만 백성이 신뢰하지 않으면 나라가 존립할 수가 없다." 子貢問政。子曰: "足食, 足兵, 民信之矣。" 子貢曰: "必不得已而去, 於斯三者何先?" 曰: "去兵。" 子貢曰: "必不得已而去, 於斯二者何先?" 曰: "去食。自古皆有死, 民無信不立。" (顔淵: 7)

> 공자가 말했다: "구야! 군자는 솔직하게 그것을 하고 싶다고 말하지 아니하면서 굳지 변명을 늘어놓는 말을 미워한다. 내가 들음에 나라와 가문을 다스리는 자는 땅과 재물이 적음을 걱정하지 않고 균등하지 않음을 걱정한다. 가난을 걱정하지 않고 평안하지 않은 것을 걱정한다. 대개 균등하면 가난이 없고 화합하면 적음이 없다. 평안하면 나라가 기울지 않는 법이다. 무릇 이와 같이 하여도 옛 백성과 멀리 있는 백성들이 복종

하지 않으면 학문과 덕성을 수양하여 돌아오도록 하는 것이다." 孔子曰: "求! 君子疾夫舍曰欲之而必爲之辭。丘也聞有國有家者, 不患寡而患不均, 不患貧而患不安。蓋均無貧, 和無寡, 安無傾。夫如是, 故遠人不服, 則修文德以來之。" (季氏: 1)

'물질적 이익'(足食)과 '안보적 이익'(足兵)과 '백성의 신뢰'(民信)가 대립하여 이 중 뭔가를 포기해야 한다면 그 순서는 '안보적 이익', '물질적 이익'의 순서이다. 그리고 '물질적 이익'과 '백성들의 신뢰'(도덕성)가 첨예하게 대립할 경우에는 도덕성을 더 우선으로 해야 한다. '백성들의 신뢰'를 잃으면 나라 자체가 존립하기 어렵기 때문이다. 그러나 이 보다 더 좋은 해결책은 '물질적 이익'과 '도덕성'의 일치를 확보하는 길이다. 구체적으로 그 방법이 무엇인가? 두 번째 인용처럼 "내가 들음에 국가를 다스리는 자는 땅과 재물이 적음을 걱정하지 않고 균등하지 않음을 걱정한다. 가난을 걱정하지 않고 평안하지 않은 것을 걱정한다. 대개 균등하면 가난이 없고 화합하면 적음이 없다. 평안하면 나라가 기울지 않는 법이다."라고 하고 있는데, 이것이 바로 '물질적 이익'과 '도덕성'의 일치를 확보하는 방법이다. 물질적 이익이 모든 백성에게 균등하게 분배된다면 백성들은 가난해도 걱정하지 않고 차라리 가난이 없다. 그래서 백성들은 서로 화합하고 나라는 평안하다.

이상의 민본에 바탕을 둔 덕치·예치·효치가 이루어지는 사회를 공자는 '리인'(里仁)이라 불렀다. 천하나 국가 수준에서 '리인'의 정치공동체가 실현될 수 있다면 더 바랄 것이 없겠지만, 그것은 조금만 지역이나 마을의 수준에서도 이루어질 수 있을 것이다. 여하튼 공자는 '리인'의 사회가 아름답고 그런 마을을 택하여 살지 않는다면 지혜롭지 못한 삶이라 말하고 있다.

공자가 말했다: "인(仁)한 마을은 아름답다. 그런 마을을 택하여 인(仁)에 거처하지 않는다면 어찌 지혜롭다 하겠는가?" 子曰: "里仁爲美。擇不處仁, 焉得知?" (里仁: 1)

3) 맺음말

　공자의 정치론에 대한 기존의 이해는 내성외왕의 도덕정치만을 주장했다는 것이었다. 그러나 공자는 왕도적 도덕정치만이 아니라 패도적 기술정치도 용인했고, 궁극적 이상으로서 무위이치의 꿈도 간직했었다. 물론 그가 생애동안 분투했던 정치활동은 왕도적 도덕정치의 구현에 있었던 것이 사실이다. 그러나 그는 결국 그것의 실현에 실패했고, 도덕적 당위에 호소하는 정치조차도 너무나 높은 이상임을 직감했다. 실용과 공리만을 중시하는 패도정치에 대해서도 우려했다. 자칫 그것은 인간을 맹목적 존재로 추락시키고 물신의 노예로 이끌 수가 있다고 보았기 때문이 아닌가 한다. 패도정치에 대한 공자의 우려는 현대적 패도에 바탕을 둔 자본주의 정치가 여실히 증명하고 있는 바이다. 그렇다면 제3의 길은 없을까? 무위이치의 길은 영원한 유토피아일 뿐인가?

4. 통합적 인격교육론

공자의 수기안인(修己安人)의 사회철학에서, 세상을 경영하여 백성을 편안하게 다스리는 또 하나의 제도적 수단이 교육이다. 인류의 역사상 공부와 교육 현상이 없었던 시대는 없다. 자의적인 뜻에서 공부는 '배움'이고, 교육이란 '가르침'이다. 전자는 학생의 일이고, 후자는 스승의 일이다. 구체적인 공부와 교육의 내용은 달랐더라도, 예나 지금이나 학생의 입장에서 공부의 목적은 자아실현과 인격발달에 있고, 스승의 입장에서 교육의 목적은 사회적 충원과 인간된 삶으로의 입문에 있다.

그러나 이 두 가지는 별개의 목적이 아니다. 학생 없이 스승이 있을 수 없듯이 스승이 없으면 학생도 없다. 가르침에 배움이 있고, 배움에 가르침이 있다. 여기서 스승을 반드시 교사라는 사람으로 좁혀 생각할 필요도 없다. 더불어 공부하는 동료 학생은 물론 주변의 모든 자연만물도 스승일 수 있기 때문이다. 따라서 '배움'과 '가르침'은 늘 동시적인 현상이라 보아야 한다. 이 '가르침'과 '배움'의 동시적 활동을 여기서는 '교학'이라 부르고자 한다. 이제 보겠지만, 오늘의 시점에서도 공자의 교학론은 더 깁거나 뺄 것이 없는 통합적 인격교육론을 정초했다고 여긴다.

1) 생지자(生知者)는 실재하는가?

공부와 교육의 관점에서 『논어』를 읽으려 할 때 우리를 당황하게 하는 것은 이른바 '배우지 않아도 아는 자'(生知者)가 실재하느냐는 것이다. 그런 자가 실재한다면 적어도 그들의 경우에는 공부나 교육 자체가 필요 없을 것이기 때문이다.

공자가 말했다: "태어나면서부터 아는 자는 최상이고, 배워서 아는 자는 그다음이며, 괴롭게 배워서 아는 자는 또 그다음이다. 곤한데도 배우지 않는 자, 그들은 최하의 인간이 된다." 孔子曰: "生而知之者上也, 學而知之者次也, 困而學之, 又其次也, 困而不學, 民斯爲下矣。" (季氏: 9)

위 기록은 인간이 태어나면서부터 마치 결정론적으로 생지자(生知者; 선천적으로 아는 자), 학지자(學知者; 배워서 아는 자), 곤지자(困知者; 괴롭게 배워야만 아는 자)로 나뉘는 것처럼 읽어온 것이다. 훗날 인성론을 주장하는 이들은 이 공자의 기록을 근거로 성유선유악설(性有善有惡說; 왕충), 성유선악혼설(性有善惡混說; 동중서, 양웅), 성삼품설(性三品說; 한유)을 주장하기도 하였다. 주자학도 이 기록을 기질지성의 다양성을 논거하는 것으로 읽었다. 그러나 정작 공자의 인성론은 성무선무악설(性無善無惡說)에 가깝기도 하거니와, 사실 이 사례를 인성론의 관점에서 읽는 것 자체가 적절하지 않다고 여긴다. 여하튼 공자는 사람의 인성이든 지적 능력이든 선천적으로 결정되는 것으로 보았을까? 다음의 사례를 보자.

공자가 말했다: "중인 이상은 상위의 사람과 말을 할 수 있지만, 중인 이하는 상위의 사람과 말을 할 수 없다." 子曰: "中人以上, 可以語上也, 中人以下, 不可以語上也。" (雍也: 19)

공자가 말했다: "오직 최상의 지혜로운 자와 최하의 어리석은 자는 옮길 수 없다." 子曰: "唯上知與下愚不移。" (陽貨: 3)

두 사례를 앞의 사례와 연관시켜 표로 정리하여 보자.

계씨: 9	생지(生知)	학지(學知)	곤지(困知)
옹야: 19	중인이상(中人以上)		중인이하(中人以下)
양화: 3	상지(上知)		하우(下愚)

생지-(중인이상)-상지가 같은 계열이고, 학지-중인이 또 같은 계열이고, 곤지-(중인이하)-하우가 또 같은 계열의 사람임을 알 수 있다. 그런데 <옹야: 19>에서 "중인이상은 상지와 대화가 가능하나, 중인이하는 상지와 대화가 불가능하다."고 한다. <양화: 3>은 "상지와 하우는 변화시키기가 어렵다."고 한다. 대체 이게 무슨 뜻일까? 서로 대화할 수 없고 변화시킬 수 없을 정도로 선천적으로 결정되어 태어났기 때문이란 말인가? 정말 '태어나면서부터 모든 것은 아는 사람'(生知者)이 실재할 수 있을까? 이 말을 현대적인 뜻에서 번역하여 이해해 볼 수는 있을 것이다. 지(知)의 의미를 지적능력(지능지수 IQ) 혹은 공감능력(감성지수 EQ)으로 생각하는 것이다.

생지자는 IQ 혹은 EQ가 매우 높은 자라면, 학지자는 중간이고, 곤지자는 낮은 자일 수 있겠다. 생지자는 세상을 공평무사하게 바라보는 예민한 공감능력과 함께, 세상의 진리를 사실 그대로 직관해내는 지적능력이 뛰어나다. 그래서 그는 특별한 가르침이나 교사의 직접적인 가르침 없이도 세상의 진리를 자득해 낼 수 있다. 아마도 그가 공감하고 직관해내는 진리는 인간중심적인 상대적 진리(당위적 진리와 유위적 진리)를 넘어 무위적 진리일 것이다. 그가 곧 상지이고 성인(聖人)이다. 무위적 진리를 터득한 성인은 세상의 진리를 사실 그대로 여여(如如)하게 바라볼 수 있기 때문이다.

그러나 교학의 관점에서 보면, 태어나면서 아무리 예민한 EQ와 높은 IQ를 가졌더라도 자기수양의 과정 없이 그것이 발현될 수는 없는 법이다. 인간은 누구나 어린 시절의 천진난만함이 어른의 세계에 들어오면서 상처입기 마련이기 때문이다. 어린아이는 무장되어 있지 않고, 자기 자신을 주위에 있는 그대로 노출시킨다. 어린아이는 순진성과 자발성의 원본이다. 어린아이는 아직 세상의 부정과 저항을 잘 모른다. 그러나 어린아이는 그의 자발성의 신화가 깨어지는 순간에 어른의 세계에로 진입하게 되고, 그와 동시에 역사와 사회현실의 복잡함과 어려움 앞에서 그의 의식이 안으로 분열한다. 그 분열은 주객분리를 가져오고, 주객분리는 판단을 잉태하며, 판단과 함께 천진한 자발성은 숨어버리고 간접적 표현과 수식이 그 자리를 대신한다. 누구든시 어른이 되면 운명적으로 천진난만한 자발성을 상실하고 이욕의 때가 묻기 마련이고, 하늘로부터 부여받은 생지의 공감과 직관능력이 가려지고 잊혀져 버린다.[42] 따라서 이를 다시 회복해야 한다. 잊혀지고 가려진 생지의 공감과 직관능력을 회복함!! 이것이 생지자가 해야 할 자기수양의 과제가 아닐까 한다.

아무리 생지자라도 자기수양의 과정을 거쳐야만 세상의 진리를 사실 그대로 보는 안목을 터득할 수 있다. 그렇다면 '태어나면서부터 세상의 진리를 아는 자'(生知者)는 결국 실재하는 것이 아니다. 다만 IQ나 EQ의 능력에서 다르게 태어나기에 '가르침'과 '배움'에 임하는 수고와 노력에서 개인마다 달리 요구될 뿐이다. 그렇다면 <옹야: 19>와 <양화: 3>의 사례도 해석이 쉬워진다. 중인이상과 중인이하는 IQ나 EQ의 능력에서 별로 차이가 없지만, 공부와 가르침에 임하는 자세와 노력에서 차이가 있다. 중인이상은 선천적 능력은 조금 모자라도 열심히 공부해서 상지와 대화를 할 수 있을 정도가 된 사람이다. 중인이하는 그 반대이겠다. 상지와 하우는 변화시키기가 어렵다. 상지는 선천적 자기능력을 믿는 경향이 강하여 후천적 노력을 게을리할 수도 있고, 이미 많은 것을 알고 있어 자신의 달성한 지적체계를 잘 수정하려 하지 않을 가능성도 높기 때문이다. 반대로 하우의 경우는 선천적 지능이 너무 모자라 교육을 통해서 변화시키기가 쉽지 않은 게 사실이다. 그러나 선천적 생지자는 흔치 않은 것도 사실이다. 세상을 아는 것은 선천적 능력보다 후천적 노력의 결과라는 것이 현실에 더욱 가깝다. 공자조차도 태어나면서 아는 자가 아니라 공부를 통하여 알게 된 자라고 하지 않았던가.[43]

또한, 공자가 세상의 진리를 사실 그대로 보게 된 것도 70세를 넘어서라고 고백하고 있다(七十而從心所欲, 不踰矩). 그렇다면 상지의 경지란 공부와 교육의 관점에서 도달해야 할 이상이고 궁극적 목표라 하겠다. 한편, 학지자나

---

42) 이상의 어린아이의 심성에 대한 고찰과 표현은 김형효, 『맹자와 순자의 철학사상』(서울: 삼지원, 1990), 117~122쪽.

43) 子曰: "我非生而知之者, 好古敏以求之者也." (述而: 19); 子曰: "十室之邑, 必有忠信如丘者焉, 不如丘之好學也." (公冶長: 27)

곤지자도 어린 시절의 천진난만함을 경험한다. 그러나 어른의 세계로 진입한 후에 어린 시절의 천진난만함을 회복하는 데는 생지자와 같을 수 없다. 세상의 진리를 직관하는 감수성이 뛰어나지 못하기 때문이다. 그래서 그들은 지적(知的)인 공부를 통하여 점진적으로 세상을 알아갈 수밖에 없는 처지에 있는 자들이다. 세상의 진리를 먼저 터득한 스승과 교사의 가르침도 매우 중요하다. 생지자가 실재하는 것이 아니라면, 이후의 공부나 교육에 관한 공자의 관점은 대체로 학지자나 곤지자를 대상으로 한 것이겠다.

우리 모두가 학지자나 곤지자의 입장에 서고 보면, 공부나 교육이란 끝이 없는 과정의 연속이다. 일생 동안 교육을 받고 공부를 해도 세상의 진리를 온전히 터득하기는 쉽지 않다. 이를테면 우리가 무위적 진리를 지적인 수준에서 운위할 수 있더라도 실제 그것을 온몸으로 터득하여 실천하기는 지난한 일이다. 예수, 석가, 공자와 같은 성인이 아니라면 말이다. 그렇다면 우리는 훨씬 더 앎에 대하여 겸손해질 필요가 있다. 여기에서 "아는 것이란 아는 것을 안다하고 모르는 것을 모른다고 하는 것"[44]이라는 공자의 언표를 되새길 필요가 있다.

2) 발달과업

공부나 교육이 끝이 없는 자기수양의 과정이라면 생의 마디마다 혹은 단계마다 달성해야 할 발달과업(development task)이 있을 수 있다. 발달과업이란 교육심리학자인 해빙허스트(Robert Havinghurst)가 주장한 것으로, 그에 의하면 인간은 누구나 발달과정에서 달성해야만 하는 과업이 있다.[45] 이를테면 유아기 때에는 배설행위를 배우고, 걷기를 배우고, 말을 배워야 한다.

---

44) 子曰: "由! 誨女知之乎! 知之爲知之, 不知爲不知, 是知也." (爲政: 17)
45) Robert Havinghurst, Human Developement and Education(NewYork: MacKay), 1953, 2쪽.

아동기와 학동기에는 학교에서 공부하고, 청소년기에는 자기정체성을 정립하고, 청년이 되면 배우자를 만나고 직업을 가져야 한다. 이처럼 삶의 마디마다 인간은 달성해야 할 과업이 있고, 그것을 잘 수행해 내야만 한다. 이를 테면, 다음과 같은 사례는 공자가 발달과업이라 함직한 기록의 흔적이라 볼 수 있을 것이다.

> 공자가 말했다: "군자는 세 가지를 경계해야 한다. 어렸을 때는 혈기가 정해지지 않았기에 경계할 것이 여색에 있고, 장성해서는 혈기가 강하기에 경계할 것이 다툼에 있고, 늙어서는 혈기가 쇠약해지기에 경계할 것이 재물에 있다." 孔子曰: "君子有三戒, 少之時, 血氣未定, 戒之在色, 及其壯也, 血氣方剛, 戒之在鬪, 及其老也, 血氣旣衰, 戒之在得." (季氏: 7)

> 원양이 걸터앉아 기다리고 있었다. 공자가 말했다: "어려서 불손하고, 장성해서 조술할 것이 없고, 늙어서 죽지도 않으면, 그는 인생을 도적질한 자이다." 몽둥이로 정강이를 두드렸다. 原壤夷俟。子曰: "幼而不孫弟, 長而無述焉, 老而不死, 是爲賊." 以杖叩其脛。(憲問: 46)

어려서는 혈기가 정해지지 않아 외면적인 모습이나 여색에 빠질 수가 있다. 따라서 이를 경계하고 공손함을 배워야 한다. 장성하면 혈기가 넘쳐 남과 자칫 다툴 수가 있다. 따라서 이를 경계하고 사람됨에 대한 좋은 평판을 얻도록 해야 한다. 그리고 늙으면 혈기가 약해지는 대신 재물에 눈멀 수 있다. 이를 경계하지 않으면 인생을 도적질 하는 것과 다르지 않다. 따라서 훌륭한 인생을 마감할 수 있도록 자신의 삶을 잘 관리해야 한다. 그러나 모든 사람이 이러한 발달과업을 성공적으로 수행해내는 것은 아니다. 현대 베일런트(George E. Vaillant)라는 심리학자의 성인발달에 관한 연구는 공자의 발달과업을 이해하는 데 도움을 준다.[46] 사실은 베일런트가 공자로부터 영감을

---

46) George E. Vaillant(이덕남 옮김), 『행복의 조건』(서울: 프런티어, 2010).

얻었다고 한다.

> 공자가 말했다: "나는 15세에 배움에 뜻을 두었고, 30세에 자립했고, 40세에 유혹에 이끌리지 않았고, 50세에 천명을 알았고, 60세에 귀에 거슬리는 것이 없었고, 70세에 마음 내키는 대로 해도 법도를 넘어서지 않았다." 子曰: "吾十有五而志于學, 三十而立, 四十而不惑, 五十而知天命, 六十而耳順, 七十而從心所欲, 不踰矩。"(爲政: 4)

위 기록에서 보듯이, 공자부터도 삶의 과정과 마디마다 달성해야 할 발달과업을 단계적으로 수행해낸 사람인 것 같다. 공자는 열다섯에 배움에 뜻을 두었다고 한다. 이 시대에 있어, 배우는 '학'(學)이란 6예(六藝; 禮·樂·射·御·書·數)를 의미한다. 예(禮)는 각종 의례와 도덕규범이고, 악(樂)은 시(詩)와 음악이다. 사(射)는 활쏘기이고, 어(御)는 말이 끄는 수레를 모는 것이다. 예와 악이 문(文)적인 과목이라면, 사와 어는 무(武)적인 과목이다. 그러니까 문무(文武)를 모두 공부했다는 것이 된다. 서(書)는 글 읽기와 쓰기이고, 수(數)는 셈하기이다. 그러나 여기서 '배움에 뜻을 둠'(志于學)을 이러한 과목들을 배우는 것으로 단순하게 이해해선 안 된다. 물론 이러한 뜻이 포함된 것은 맞다. 그러나 '지우학'의 의미는 그 이상이다. 열다섯은 사춘기이다. 비로소 본격적으로 내가 누구인가에 대한 물음을 던지며 자아정체성을 모색하는 시기이다. 정체성은 청년이 혹은 성인이 달성해야 할 중요한 발달과업이다. 정체성(identity)이란 부모로부터 독립된 자기만의 생각, 즉 자기만의 가치, 정치적 견해, 열정, 취향 등을 가지는 것이다. '지우학'은 바로 이러한 자아정체성을 탐색하기 시작했다는 뜻이고, 세상에 대해 탐구하기 시작했다는 뜻으로 읽어야 할 것이다.

에릭슨(E. H. Erikson)과 베일런트에 따르면, 성인이 달성해야 할 발달과업의 하나는 친밀성(intimacy)에 있다고 한다. '친밀성'이란 자기중심주의를 극복하고 상호관계를 통해 동료들과 어울릴 수 있는 것이다. 이것은 동성 간의 관계에서 형성할 수도 있지만, 특히 이성 간(배우자)의 관계형성을 통해 형성되는 것이다. 공자는 19세에 결혼했고, 친밀성의 과업을 달성했다. 이 시대에도, 그리고 유교사상에서도 성인남녀의 결혼 문제는 '인륜의 큰 일'(人倫之大事)로 규정할 만큼 매우 중요한 발달과업으로 여겼다. 그러나 결혼은 오늘날처럼 배우자 당사자들 간의 문제라기보다는 집안끼리의 문제로 여겼기 때문에, '친밀성'의 과업에 대해 주목하지 않은 것 같다.

'친밀성'과 함께 성인이 달성해야 할 발달과업의 또 하나는 '이력(履歷) 터닦기'(career consolidation)이다. '이력 터닦기'란 개인적 정체성의 확립을 넘어 일의 세계에서 사회적 정체성을 확립하는 것을 말한다. 이력 터닦기는 나만의 스펙을 쌓는 것이고 일종의 전문가가 되는 것이고 나의 직업을 찾는 것이다. 공자는 30세에 자립했다고 한다. 30세라 해서 정확히 서른 살이라기보다는 30대 기간으로 보아야 할 것이다. 공자는 어려서 가난하고 비천하게 자랐다고 한다. 그런 그가 15세에 배움에 뜻을 두었고, 20~30대 기간 동안에 일의 세계에 대한 이력을 갖추었고, 자립할 수 있는 삶의 기반을 달성했다는 것이 된다. 실제 공자는 이 기간 동안에 계손씨의 밑에서 위리(委吏; 창고지기), 사직리(司職吏; 목장관리)라는 벼슬을 경험했고, 주(周)나라에 가서 예제(禮制)를 배웠고, 제(齊)나라에 가서는 시(詩)와 음악(樂)을 배우기도 하였다.

'정체성', '친밀성', '이력 터닦기'라는 발달과업의 수행을 바탕으로 다음에 성인이 달성해야 할 발달과업은 '생산성'(generativity)이다. 공자는 40대에 불혹(不惑)했다고 한다. 어쩌면 공자가 불혹을 주장한 이면에는 오히려 정반대로 이 시기에 유혹(誘惑)이 많고, 따라서 이것을 이겨내야 한다는 뜻이 함의되어 있는지 모르겠다. 현대 심리학자인 레빈슨(Daniel J. Levinson)에 의하면, 40~45세는 이른바 '중년 변화기'(mid-life transition)에 해당하는 시기로써, 자신의 삶을 재평가하는 어려운 과제를 제기하게 된다고 한다.[47] 이를

---

[47] Daniel J. Levinson, et. al., The Seasons of a Man's Life (NewYork: Knopf, 1978); 존 마틴 리치와 조셉 드비티스 지음(추병완 옮김), 『도덕발달이론』(서울: 백의, 1999), 150쪽.

테면, 이 시기에 제기하는 어려운 질문들은 "나는 지금까지 무엇을 해왔나?", "나의 가장 기본적인 가치들은 무엇인가?", "나의 재능은 무엇이고, 나는 그것을 활용하고 있는가, 아니면 소모하고 있는가?", "나의 목표들은 무엇인가?" 등과 같은 것들이다. 그래서 어떤 사람들은 이 기간 동안에 이혼, 재혼, 직업변경과 같은 주요한 변화를 꾀하기도 한다는 것이다. 이러한 점에서, 이 시기는 인생에 있어 '제2의 사춘기'일 수도 있다. 이 '중년변화기'를 제대로 극복하지 못하면 인생을 망칠 수도 있는 것이다. 다음의 두 사례를 통해서도 이러한 공자의 관점을 확인할 수 있다.

> 공자가 말했다: "나중에 태어난 자를 두려워해야 한다. 어찌 나중 오는 자가 지금만 같지 못할 것을 알 수 있는가? 그러나 40~50세가 되어도 들리는 바가 없으면 또한 두려워할 것도 없다." 子曰: "後生可畏, 焉知來者之不如今也? 四十五十而無聞焉, 斯亦不足畏也已." (子罕: 22)

> 공자가 말했다: "나이 40이 되어 악명을 드러내면 끝이다." 子曰: "年四十而見惡焉, 其終也已." (陽貨: 26)

그러나 '중년변화기'를 거치게 되면, 이제 본격적으로 에릭슨과 베일런트가 주장하는 생산성의 과업을 과감하게 추진해 나가게 된다. 공자가 불혹했다는 것도 바로 이러한 제2의 사춘기를 극복한 이후에 획득한 발달과업이 아닌가 한다. 생산성은 자기보다 나이 어린 사람들을 보살피는 동시에 다른 사람의 자율성을 존중하면서 상호관계를 형성할 수 있는 능력을 기반으로 성취된다. 직업적 성취, 학문적·예술적 업적을 통해 생산성이 향상되고, 후세양육과 교육에 관심이 많아진다. 공자가 40대에 한 업적은 후학들을 교육하기 시작했다는 기록 외에 별로 알려진 것이 없다. 공자가 정치의 마당에 등용되어 자기 뜻을 펼치는 생산성의 과업을 달성한 것은 50세가 된 이후의 일이다. 그는 계손씨(季桓子) 밑에서 중도(中都)의 재(宰)를 역임했고, 정공(定公) 밑에서 대사구(大司寇)라는 높은 벼슬을 하면서 정치적 농간을 부리던 대부 소정묘를 주살했고, 협곡의 회담에서 제경공(齊景公)을 대상으로 외교적 수환을 발휘하기도 하였다. 그리고 제자인 자로(子路)와 함께 삼환씨(三桓氏)의 식읍(食邑)을 허무는 개혁정책을 추진하기도 하였다. 이러한 생산성의 과업을 수행하다가 공산불요의 반란 등으로 실패하고 공자는 56세부터 주유천하에 나서게 된다. 그러니까 이 시기에 공자는 짧지만 정치적 성공과 실패를 동시에 경험한다. 이러한 경험을 통해서 그는 천명(天命)을 알게 된 것이 아닌가 한다. 천명이란, 세상 돌아가는 이치와 인간 삶의 원리를 말한다.

　13년 동안의 주유천하하는 동안 공자는 많은 나라의 실정을 경험했고, 여러 권력자들과 만나 정치적 자문에 응하기도 하였다. 그러나 한편으로 삶의 위기에 처하기도 하였다. 광 땅에서는 양호로 몰려 죽을 고비를 넘겼고, 진나라와 채나라 경계지역에선 식량이 떨어지고 제자들이 질병에 시달리는 액운을 만나기도 했고, 환퇴의 난을 경험하기도 하였다. 이러한 온갖 경험을 하면서 세상을 바꾸고 악을 광정하는 일이 만만치 않다는 것과 마음대로 되는 것이 아님을 깨우치게 되었을 것이다. 60세에 이순(耳順)했다는 것은 이러한 점에서 이해할 수 있다. 즉, 이순이란 나와 다른 삶의 원리에 따라 살아가는 것도, 모순되는 이치들에 대해서도 공감할 수 있는 능력이 아닐까 한다. 그래서 그는 주유천하를 끝내고 노나라로 돌아와서는 정치에 뜻을 접고, 오로지 시서예악(詩書禮樂)을 정리하는 일과 후진양성에 매진하게 된다. 베일런트는 이러한 과업을 '의미의 수호자'(keeper of meaning)라 부르고 있다. 즉, 의미의 수호자는 과거의 문화적 성과를 대변하고, 과거의 전통을 보존하는 방향으로 단체나 조직을 이끄는 자라고 한다.

　공자는 70세에 마음 내키는 대로 해도 법도를 넘어서지 않았다(從心所欲, 不踰矩)고 했다. 이는 그야말로 인생을 달관한 경지라고 하겠다. 이에 대해 에릭슨과 베일런트는 '통합'(integrity)의 과업이라 불렀다. 에릭슨은 통합을 "세상의 이치와 영적 통찰에 도달하는 경험"이라 하였고, 베일런트는 "아무리 값비싼 대가를 지불하더라도 이 세상에 '나'라는 존재는 오직 하나뿐이며, 한 번 태어나 한 번 죽는 존재라는 사실을 겸허하게 있는 그대로 받아들이는 것"이라 하였다.

이상에서, 공자의 사례를 바탕으로 발달과업을 보았지만, 누구나 공자처럼 단계적으로 주어지는 발달과업을 수행하기는 어렵다. 베일런트가 주장했듯, 인생의 특정시기에 반드시 특정 과업을 수행해야 하는 것도 아니다. 말하자면 제시된 발달과업들은 누구에게나 보편적인 과제일 수 있지만, 그것의 수행은 개인마다 시기와 나이에 상관없이 주어진 여건에서 달성할 수 있으면 되는 것이다. 하나하나 발달과업을 달성해 가는 과정 자체가 크게 보면 공부와 교육의 과정이다. 그러나 상식적 수준에서 혹은 좁은 뜻에서 공부나 교육은 특정시기(아동~청년기 혹은 공자로 말하면 15~30세)에 달성해야 할 과업이다. 그러나 이 과업조차도 나이와 상관없이 수행할 수 있으면 그만이다. 이러한 점은 오늘날 평생교육의 개념과도 부합한다.

3) 교학의 대상 및 교학의 목표

공자의 인성론은 성무선무악설(性無善無惡說)에 가깝다.『논어』에서 인성론과 관련한 유일한 언표는 "본성은 서로 가까우나 습관으로 멀어진다."(性相近, 習相遠)는 것이었다. 이에 대해 훗날 주희는 성(性)을 리(理)로 읽어 마치 성선설의 근거처럼 해석하였지만, 도덕적 본성으로 말한다면 이 언표는 성무선무악설로 읽는 것이 더 합당하다. 그러나 반드시 성(性)을 도덕적 본성으로 읽어야 할 필연성이나 근거도 없는 게 사실이다. 차라리 그것은 태어날 때 타고난 소박한 소질(素質)이고 가능태로 읽는 것도 더 합당하다. 타고난 소질은 사람마다 다를 수 있다. 그러나 그것은 후천적 교육과 학습에 비한다면 작은 것이다. 그렇다면 사람마다의 소질은 차이는 매우 작은 것이고 비슷하다. 사실 소질조차도 그것의 계발 여부는 전적으로 후천적 교육과 학습에 달린 깃이리고 보아야 한다. 도덕성의 발달 또한 그러하다. 도덕성의 발달이든 소질의 계발이든 후천적 교육과 학습이 더 중요하다. 이것이 공자의 관점이라 여긴다.

한마디로, "가르침을 주는 데는 사람을 가리지 않는다."(有敎無類)[48]는 것이 공자의 생각이었다. 춘추시대는 신분사회였다. 크게 보아 지배층과 피지배층으로 구분된다. 천자와 제후로부터 경대부까지가 지배층이었다면, 서인(庶人)이나 백성(百姓) 혹은 민(民)은 피지배층이었다. 사(士)는 어디에 속하는가? '사'는 사대부(士大夫)로써 '대부' 쪽에 가까운 신분이기보다는 사서인(士庶人)으로써 '서인' 쪽에 가까웠던 신분으로 이해된다. 즉, '사'는 처음부터 독립된 신분이었기보다는 사서인으로부터 점차적으로 독립된 신분을 확보하여 지배층으로 된 자들이다. 이러한 맥락에서, 공자의 유교무류(有敎無類)의 교학관은 말 그대로 모든 이를 대상으로 하는 교육이다.

> 공자가 말했다: "스스로 속수이상을 행한 자에게 나는 가르치지 않은 적이 없다." 子曰: "自行束脩以上, 吾未嘗無誨焉." (述而: 7)

> 호향 사람과는 더불어 말하기가 어려운데, 공자가 그 출신의 동자를 만나자, 문인들이 의심하였다. 공자가 말했다: "나아가고자 하는 이와 더불어 한 것이지, 물러나고자 하는 이와 더불어 한 것이 아닌데, 무엇이 문제인가? 사람이 자신을 깨끗이 하고자 나아가면 그 깨끗이 하려는 것과 더불어 하지, 옛 날 행적을 문제 삼지 않는다." 互鄕難與言, 童子見, 門人惑. 子曰: "與其進也, 不與其退也, 唯何甚? 人絜己以進, 與其絜也, 不保其往也." (述而: 28)

배움에 충실하고자 하는 자는 누구든지 유교무류의 교학대상이다. 최소한의 스승과 배움에 대한 예절을 지킨다면 그가 오랑캐 출신 사람이라도 상관없다. 그런데 곤요롭게 태어났는데도 배우려 하지 않는 자들이 바로 피지배

---

48) 子曰: "有敎無類." (衛靈公: 38)

층인 백성이 되었다(困而不學, 民斯爲下矣." <季氏: 9>)고 하였다. 사서인(士庶人)에서 '사'와 '서인'으로 구별되어, '사'는 지배계층으로 되고 '서인'은 일반백성으로 남게 된 것이 여기에 기원한다. 또한 여기서부터 공자의 교학관이 유교무류의 관점을 견지하면서도 지배층을 위한 교학과 피지배층을 위한 교학으로 구분되기 시작한 것이 아닌가 한다. 그래서 아무래도 교학의 목적과 목표는 신분이나 계급적 이해가 반영될 수밖에 없었을 것이다.『논어』에서도 이러한 점이 보인다.

먼저, 지배층을 대상으로 한 교학의 경우는 수기안인(修己安人), 즉 도덕적 품성과 지도자적 자질을 함양함으로써 이를 바탕으로 사회에 나아가 봉사할 수 있는 능력을 기르는 것이 목표이다. 그러나 이러한 지배층을 대상으로 한 교학은 도덕적 품성과 지도자적 자질의 함양보다 자칫 안인과 정치의 기술을 배우는 데 더 치중하고, 교학이 벼슬을 얻기 위한 수단으로 전락하는 폐단도 있었다.[49] 여하튼 교학의 출발은 어디까지나 자기수양과 도덕적 품성의 함양에 있다. 위기지학(爲己之學)은 자기수양을 우선시하는 교학이다. 그러나 위인지학(爲人之學)은 남에게 보여주기 위한 것이고 안인의 기술을 더 중시하는 교학이다. 자기수양과 지도자적 자질이 갖추어지지 않은 자를 정치에 쓰는 것은 사람의 자식을 도적질하는 것과 다름이 없다. 또한 그 폐해는 고스란히 자신뿐만 아니라 타인과 백성과 국가에까지 미칠 수밖에 없다.[50]

지배층을 위한 교학이 도덕적 품성과 지도자적 자질을 함양하는 데 있었다면, 피지배층을 위한 교학은 아무래도 도덕적 품성과 함께 생산기술을 습득하는 것을 목표로 한다. 여기서 도덕적 품성의 함양도 차이가 있을 수 있다.

---

49) 子曰: "三年學, 不至於穀, 不易得也." (泰伯: 12); 闕黨童子將命。或問之曰: "益者與?" 子曰: "吾見其居於位也, 見其與先生並行也。非求益者也, 欲速成者也."(憲問: 47); 子路使子羔爲費宰。子曰: "賊夫人之子." 子路曰: "有民人焉, 有社稷焉, 何必讀書, 然後爲學?" 子曰: "是故惡夫佞者."(先進: 24); 子曰: "古之學者爲己, 今之學者爲人."(憲問: 25)

50) 子曰: "由也! 女聞六言、六蔽矣乎?" 對曰: "未也." "居! 吾語女。好仁不好學, 其蔽也愚, 好知不好學, 其蔽也蕩, 好信不好學, 其蔽也賊, 好直不好學, 其蔽也絞, 好勇不好學, 其蔽也亂, 好剛不好學, 其蔽也狂." (陽貨: 8)

지배층을 위한 도덕성은 세상의 진리와 도덕의 원리의 탐구에 바탕을 두는 것이라면, 피지배층을 위한 도덕성은 주로 도덕적 일상에 요구되는 덕목과 규범들이었을 것이다. 또한 백성들은 각자의 분야에서 생산기술을 배워야 한다.[51] 그리고 지배층이나 피지배층이 모두가 배워야 할 영역이 있었다. 국방을 위한 전쟁의 기술이다. 춘추시대 자체가 서로 부국강병을 다투는 전쟁의 시대였기 때문이다. 당시 지배층은 기본적으로 문무(文武)를 겸하여 배우는 사람들이었다. 육예(六藝; 禮樂射御書數)가 그것이다. 피지배층인 백성들도 전쟁의 기술을 배우는 것은 중요한 것이었다. 따라서 피지배층을 대상으로 하는 교학의 목표는 도덕적 품성의 함양과 함께, 생산 및 전쟁의 기술을 습득하는 데 있었다고 하겠다.[52]

4) 교학의 내용과 교학을 이룬 사람

공자가 일반백성의 교육에 큰 관심을 가졌다 하더라도, 아무래도 그가 실제 교학의 현장에서 실천한 것은 제자들을 대상으로 한 것이었다. 그랬기에 『논어』의 기록에는 그들을 대상으로 했던 교학의 이론과 실제에 대해 주로 담겨있을 수밖에 없다. 먼저, 제자들에게 주어졌던 교학의 내용을 보자.

> 공자가 말했다: "질이 문을 이기면 투박하고, 문이 질을 이기면 번지르르하다. 문과 질이 다 갖추어져야 군자다." 子曰: "質勝文則野, 文勝質則史。文質彬彬, 然後君子。"(雍也: 16)

---

51) 子夏曰: "百工居肆以成其事, 君子學以致其道。"(子張: 7); 樊遲請學稼。子曰: "吾不如老農。" 請學爲圃。曰: "吾不如老圃。" 樊遲出。子曰: "小人哉, 樊須也! 上好禮, 則民莫敢不敬, 上好義, 則民莫敢不服, 上好信, 則民莫敢不用情。夫如是, 則四方之民襁負其子而至矣, 焉用稼?"(子路: 4)
52) 子曰: "善人教民七年, 亦可以卽戎矣。"(子路: 29); 子曰: "以不教, 民戰, 是謂棄之。"(子路: 30)

공자께서는 네 가지로 가르쳤다: "문, 행, 충, 신." 子以四敎: 文,行,忠, 信。(述而: 24)

교학의 내용을 선정하는 기준은 문(文)과 질(質)이다. 문과 질이 조화를 이룰 수 있도록 교육과정을 구성해야 한다는 것이다. 문은 무엇이고 질은 무엇인가? 일단 문은 외면적 문화의 총칭이라 본다면, 질은 내면적 자질, 성품, 덕이라 볼 수 있겠다. 그리고 공자는 문(文)·행(行)·충(忠)·신(信)의 네 가지를 교육과정으로 삼았다고 했다. 이때의 문(文)은 문자화된 교과목을 의미하는 것이고, 행(行)은 문자화된 교재가 없고 행동실천을 통해서 교학하는 교과목이다. 그리고 충(忠)은 개인윤리적 덕목의 총칭이라면, 신(信)은 사회윤리적 덕목의 총칭이 아닐까 한다. 물론 충신으로 대표되는 덕성의 함양은 학생들 스스로의 자각과 자득이 중요한 교과들이다. 이상에 유의하여 교육과정의 체계를 표로 정리해 보면 다음과 같다.

<표 3> 교학내용의 선정기준과 교육과정의 구성체계

교학내용의 선정기준	문(文): 외면적 문화		질(質): 내면적 덕성	
교육과정의 구성: 4과	문(文)	행(行)	충(忠)	신(信)
교과목의 조직	『시(詩)』『서(書)』	육예(六藝): 예(禮)·악(樂)·사(射)·어(御)·서(書)·수(數)	개인윤리적 덕목의 총칭	사회윤리적 덕목의 총칭
의의	문화, 규범, 제도, 일상의 생활양식들에 대해 교학하는 것을 목표로 함. 총칭하여 예악(禮樂)의 습득임.		내면적 덕성의 함양, 궁극적으로 전덕(全德)인 인(仁)의 터득을 목표로 함.	

육예(六藝)는 공자학단과 상관없이 일찍부터 교과목으로 존재해왔던 것이다. 그리고 육예에 대한 교학은 아직 인지적 능력이 발달하지 않은 어린 시

절부터 이루어졌을 것이다. 그렇다고 이것의 교학을 어린 시절에 모두 마친 다는 뜻은 아니다. 특히, 문무(文武)의 교과에 해당하는 예악(禮樂)이나 사어(射御)는 어른이 되어서도 계속하여 교학에 임해야 했던 과목들일 것이다. 그러나 육예의 교과는 문자화된 교재가 따로 있었던 것이 아닌 것 같다. 행동실천을 통해서 교학이 이루어진다고 보겠다. 내면적 덕성을 함양하는 충신(忠信)의 교학도 따로 교재가 있던 것이 아니겠다. 다양한 도덕적 실천의 상황에서 그때그때 관련되는 덕목에 대하여 교학이 이루어졌을 것이다. 그리고 이 교학의 궁극적 목표는 전덕(全德)이요, 도덕의 제일원리요, 모든 도덕실천의 근거인 인(仁)의 원리를 터득하는 데 있었다고 하겠다.[53]

한편, 오늘처럼 종이가 아니라 죽간(竹竿)에 새겨진 것이겠지만 문자화된 교재가 『시(詩)』·『서(書)』·『역(易)』 등이었다. 이 중 주역(周易)의 경우는 실제 교재로 활용되었는지 의문이지만,[54] 『시』와 『서』는 매우 중요한 교과였다. 먼저, 공자는 『시』에 대하여 "시 삼백을 한마디로 말하면 생각에 사악함이 없다."(爲政: 2)고 하였고, "시 삼백을 외우고도 정치에 통달하지 못하고 사신 가서도 써먹지 못한다면 무엇하겠는가."(子路: 5)하였다. 시는 사람의 감정을 글과 노래로 표현하는 것이다. 슬플 때 슬픔을 노래하고, 기쁠 때 기쁨을 노래한다. 그래서 시는 사람의 정서순화와 덕성의 함양에 중요한 기여를 한다. 공자도 바로 이 점 때문에 시를 중시했던 것이다. 아울러 시는 지도자적 자질과 안인(安人)의 기술을 교학하기 위해서도 중시되고 있다. 다음으로, 『서』는 당우(唐虞)시대부터 삼대(夏·殷·周)시대에 이르기까지 성왕과 제왕들의 모범적 정치에 대한 기록이고 언행록이다. 말할 것도 없이 여기서 성왕과 제왕이란 요(堯)·순(舜)·우(禹)·탕(湯)·무(武) 등이겠다. 『서』

---

53) 강봉수, 『유교도덕교육론』, 앞의 책, 44쪽.
54) 『孔子世家』의 기록은 공자가 주역을 위편삼절(韋編三絶; 죽간을 묶은 끈이 세 번이나 끊어짐)할 정도로 읽었다고 한다. 그러나 정작 『논어』에는 역자의 용례는 3번인데, 이 중 주역의 내용을 인용하는 구절은 2번이고, 1번은 공자가 '시간이 허락한다면 주역을 공부하고 싶다'는 소망을 피력한 언표이다.

가 이처럼 성왕과 제왕의 언행록이고 정치철학적 교재이기 때문에, 지도자적 자질과 안인의 기술 등을 교학하기 위해 중요한 교과일 수밖에 없었을 것이겠다.

결국, 공자학단에서 가장 중요시되었던 교과목은 "『시』·『서』·예·악"이던 것으로 보인다.[55] 여기서 『 』가 있고 없고는 문자화된 교재인가 아닌가를 구분하는 것이다. 나아가 공자학단에서 『시』·『서』·예·악을 가장 중요한 교과로 삼았다는 것은 분명하지만, 이에 못지않게 우리가 주목해야 할 점이 한 가지 있다. 그것은 다름이 아니라 이른바 이단(異端)의 사상에 대해서도 열린 자세를 가졌었다는 점이다. 다음의 기록을 보자.

> 子曰: "攻乎異端, 斯害也已." (爲政: 16) ([해석1] 공자가 말했다: "이단을 전공하는 것은 해로울 뿐이다." [해석2] 공자가 말했다: "이단을 공격하는 것은 해로울 뿐이다.")

공자는 '군자는 불기(不器)해야 하고 주이불비(周而不比)해야 한다.'고 했다. 즉, 군자는 신념을 갖되, 닫힌 신념이 아니라 열린 신념을 가져야 한다는 것이다. "공호이단 사해야이(攻乎異端, 斯害也已)"에 대한 기존의 해석은 [해석1]이었다. 그러나 기존의 해석은 정통적 유학을 자처하는 자들에 의해 해석된 관점일 뿐이다. 공자 시대에는 공문의 학단에 대립할 정도로 이단이라 할 만한 사상도 없었던 것으로 보아야 한다. 따라서 [해석2]가 맞다고 생각한다. 공자 자신부터가 당위와 유위와 무위의 사유를 포함하는 열린 사유와 그런 신념을 소유했던 사상가였다.

---

55) 子所雅言, 〈詩〉·〈書〉, 執禮, 皆雅言也.(述而: 17); 子曰: "小子何莫學夫詩? 詩, 可以興, 可以觀, 可以群, 可以怨. 邇之事父, 遠之事君, 多識於鳥獸草木之名."(陽貨: 9); 子謂伯魚曰: "女爲《周南》·《召南》矣乎? 人而不爲《周南》·《召南》, 其猶正牆面而立也與?"(陽貨: 10); 陳亢問於伯魚曰: "子亦有異聞乎?" 對曰: "未也. 嘗獨立, 鯉趨而過庭. 曰: '學詩乎?' 對曰: '未也.' '不學詩, 無以言.' 鯉退而學詩. 他日, 又獨立, 鯉趨而過庭. 曰: '學禮乎?' 對曰: '未也.' '不學禮, 無以立.' 鯉退而學禮. 聞斯二者." 陳亢退而喜曰: "問一得三, 聞詩聞禮, 又聞君子之遠其子也."(李氏: 13)

『시』·『서』·예·악 등이 중요한 교과였지만, 이들은 어디까지나 문(文), 즉 외면적 문화, 규범, 제도 등의 교학을 위한 교육과정을 구성하는 교과목들일 뿐이다. 공자의 교학체계가 완성되려면 질(質), 즉 충신(忠信)으로 대표되는 덕성의 함양을 위한 교육과정과 교과가 교학되어야 한다. 덕성함양의 궁극적 목표는 전덕(全德)이요, 도덕의 제일원리요, 모든 도덕실천의 근거인 인(仁)의 원리를 터득하는 데 있다고 하였다. 그런데 전덕으로서의 인은 유위와 당위와 무위의 사유를 포함하는 원리였다. 즉, 유위적 인은 행위의 결과가 선(善)과 유용성을 낳는다면 그것이 도덕적으로 옳다고 여기는 관점이고, 당위적 인은 행위의 결과(유용성, 실용성, 공리성)와 무관하게 단지 그 가치규범이 옳다는 이유 때문에 지켜지기를 주장하는 관점이며, 무위적 인은 나 중심 혹은 인간 중심의 자아의식을 방기함으로써 세상만물과 공생공영의 자리심을 갖는 것으로 보는 관점이다.

공자의 교학체계가 완성되려면 문(文)과 질(質)이 조화되는 교육과정을 이수해야 하는 것이고, 그 모든 것을 교학한 사람이 곧 성인(聖人)이고 군자(君子)일 것이다. 무위적 인의 원리에 바탕을 두고 덕과 규범을 입법하고 집행하고 심판할 수 있는 자라면 성인일 것이다. 그러나 성인은 역사 현실에서 만나보기가 쉽지 않다. 아성(亞聖)까지 포함하더라도 요·순·우·탕·문·무·주공 등과 같은 이들을 현실에서는 만나기도 쉽지 않은 것이 사실이다. 공자조차도 "만약 성인과 인자라면 내 어찌 감당하리오."(述而: 33)라고 하지 않았던가. 더구나 당시는 춘추시대요, 병든 악의 시대였다.

그러나 이처럼, 성인됨이 어렵고 누구나 도달할 수 없는 경지라면 보통사람들은 성인되기 자체를 포기해 버릴지도 모른다. 그래서 공자는 이상적 인격 이외에 일반인들이 배워서 도달할 수 있는 제2의 이상적 인격을 정할 수밖에 없었고, 실천적으로 도달할 수 있는 경지를 보여줄 필요가 있었다. 그것이 바로 군자(君子)다. 군자는 성인되려고 항상 노력하는 수양인이다. 공자 자신도 바로 공부하는 수양인으로써 호학(好學)하는 자세를 몸소 제자들에게 보여주었다. "충신으로 말하면 자신과 같은 이가 있을 것이지만, 배우기를 좋아함에서 자기만 같은 자는 없을 것"이라 하면서, 호학(好學)하는 것과 관련해서는 자신 스스로를 지나치게 과찬할 정도였다.

그리고 군자는 '도덕적 판단능력'(知)·'사랑과 배려의 도덕감'(仁)·'도덕적 실천능력'(勇)이라는 통합적 덕성을 갖추어야 한다. 이러한 군자의 덕성을 갖추려 노력하다 보면 언젠가는 전덕으로서의 인(仁)의 모든 것을 체인(體認)한 성인의 경지에도 도달할 수 있을 것이다. 이처럼, 공자는 모든 인을 터득한 성인보다는 그것을 터득하려고 노력하는 사람으로서의 군자상(君子像)을 제시하여 제자들의 분발을 촉구하였던 것이다.

5) 교학의 원리와 방법

교학의 원리와 방법을 본다. 여기서 교학의 원리란 지금까지 고찰한 교육과정을 실제로 교학의 장에서 구현하기 위한 방향을 모색하는 데에 이론적·실천적 지표가 되는 원칙을 말한다. 그리고 교학의 방법은 교수-학습의 방법(instructional method)이나 기법(instructional technique)을 말한다. 먼저, 교학의 원리를 보자.

가. 교학의 원리

① 호학(好學; 자발적 학습동기)의 원리

교학에 있어 자발적 학습동기를 가지는 것보다 중요한 일이 없을 것이다. 기본적으로 학생이라면 '배움'에 뜻을 두고 그것에 정진하고자 하는 마음자세가 중요하다. 교사의 솔선수범은 더 중요할 것이다. 자신 먼저 호학(好學)하는 마음을 가지고 '가르침'에 나서는 자가 스승이어야 한다. 공자야 말로

'배움'을 좋아하고 '가르침'에 나서는 전형이었다.[56]

　학생에게 호학하는 마음과 학습동기를 부여해 주는 것도 스승의 역할이다. 호학의 자세를 누그러뜨리는 학생에게 때로는 따끔한 충고도 필요할 것이다. 그러한 충고에도 불구하고 호학의 학습동기를 갖추지 않은 학생에 대해 공자는 가르침을 행하지 않았다.[57] 호학의 자발적 학습동기가 부여된 학생은 언제나 배울 자세가 되어있다. 이미 내가 알고 있더라도 나의 박식과 능력을 자랑하지 않으며, 아랫사람에게 묻기를 부끄러워하지도 않는다. 그리고 허물이 있으면 자책하며 자신을 돌아보고 성찰하고자 한다.[58]

② 하학이상달(下學而上達)의 원리

　하학이상달(下學而上達)이란 "아래로 인간의 일을 배우고 위로 천리에 통달한다."는 것으로,[59] 이 원리는 교육과정의 투여를 단계적으로 해나가야 한다는 원칙이라 하겠다. 여기서 하학(下學)이 일상적 삶의 생활양식과 관습, 덕목과 규범, 예절과 의례 등에 대해 교학하는 것을 의미한다면, 상달(上達)은 형이하적(形而下的) 삶의 바탕에 놓여있는 형이상적(形而上的) 원리에 대

---

56) 子曰: "學而時習之, 不亦說乎? 有朋自遠方來, 不亦樂乎? 人不知而不慍, 不亦君子乎?" (學而: 1); 子曰: "十室之邑, 必有忠信如丘者焉, 不如丘之好學也." (公冶長: 27); 子在齊聞韶【<史記>有"學之"二字】, 三月不知肉味, 曰: "不圖爲樂之至於斯也." (述而: 13); 子曰: "默而識之, 學而不厭, 誨人不倦, 何有於我哉?" (述而: 2); 子曰: "德之不修, 學之不講, 聞義不能徙, 不善不能改, 是吾憂也." (述而: 3)

57) 子曰: "學如不及, 猶恐失之." (泰伯: 17); 子夏曰: "日知其所亡, 月無忘其所能, 可謂好學也已矣." (子張: 5); 冉求曰: "非不說子之道, 力不足也." 子曰: "力不足者, 中道而廢。今女畫." (雍也: 10); 子曰: "譬如爲山, 未成一簣, 止, 吾止也。譬如平地, 雖覆一簣, 進, 吾往也."(子罕: 18); 子曰: "不憤不啓, 不悱不發。擧一隅, 不以三隅反, 則不復也." (述而: 8)

58) 曾子曰: "以能問於不能, 以多問於寡, 有若無, 實若虛, 犯而不校, 昔者吾友嘗從事於斯矣." (泰伯: 5); 子貢問曰: "孔文子何以謂之文也?" 子曰: "敏而好學, 不恥下問, 是以謂之文也." (公冶長: 14); 子曰: "見賢思齊焉, 見不賢而內自省也." (里仁: 17); ○子曰: "已矣乎, 吾未見能見其過而內自訟者也." (公冶長: 26); 子曰: "古者言之不出, 恥躬之不逮也." (里仁: 22)

59) 子曰: "莫我知也夫!" 子貢曰: "何爲其莫知子也?" 子曰: "不怨天, 不尤人, 下學而上達。知我者其天乎!" (憲問: 37); 子游曰: "子夏之門人小子, 當洒掃應對進退, 則可矣, 抑末也。本之則無如之何?" 子夏聞之, 曰: "噫! 言游過矣! 君子之道, 孰先傳焉? 孰後倦焉? 譬諸草木, 區以別矣。君子之道, 焉可誣也? 有始有卒者, 其惟聖人乎!" (子張: 12)

해 교학하는 것을 말한다. 공자부터가 이러한 단계적 교학의 원리를 따랐고, 제자들에게도 이를 적용했을 것이다. 즉, 어린제자들에게는 육예(六藝; 禮樂射御書數)의 과목으로 일상적 삶의 생활양식, 덕목과 규범, 그리고 예절 등을 교학하는 데 실천적 노력을 기울였고, 나아가 공식적 교육과정을 통하여 『시』·『서』·예·악을 가르쳤다. 그리고 궁극적으로는 전덕으로서 인의 원리를 터득하도록 촉구하는 교학을 실행하였을 것이다.

'하학'을 거쳐 '상달'로 가는 것은 자연스러운 교학의 과정이다. 이 모든 단계적 과정을 거쳐야 성인이 되고 군자가 될 수 있다. 소인배나 일반백성은 하학공부에 머무르고 말았기 때문에 군자나 성인이 될 수 없다. '하학'은 말지이고 '상달'은 근본인 것이 아닌 데도 소인들은 스스로 거기에 머무르고 마는 족속들이다.[60]

공자의 '하학이상달' 원리는 '관습의 도덕을 지나서 원리의 도덕으로 나아간다'는 현대 도덕교육철학자인 피터스(R. S. Peters)적 가정과 다르지 않다고 본다. 피터스는 여러 심리학적, 경험론적 연구결과를 토대로 하여 인간의 도덕발달의 단계상 아동의 시기에는 합리적 혹은 원리적 도덕성을 위한 교육이 부적절하다고 주장하고 있다.[61] 오히려 합리적 도덕성은 전통과 관습적 도덕성의 내면화를 토대로 할 때 이루어질 수 있을 것이라고 주장한다.[62] 그리하여 그는 "습관과 전통(Habit and Tradition)의 마당을 통해 이성의 궁전(the Palace of Reason)에 들어갈 수 있고, 또 들어가야만 한다."

---

60) 子曰: "君子上達, 小人下達." (憲問: 24)

61) "합리적이고 지적이고 상당한 정도의 자발성을 가지고 행위하는 그러한 인간을 계발하는 것이 바람직하다고 말할 때, 그러나 아동 발달의 엄연한 사실은, 아동의 발달이 이루어지는 이 수년간의 대부분의 시기에 그들은 이러한 '형식의 삶을 가지는 것'(합리적 원리적 도덕성을 지칭함: 연구자)이 불가능할 뿐만 아니라 이 같은 삶의 형식을 전달하는 적절한 방식에도 둔감하다는 점이 밝혀지고 있다." R. S. Peters, Moral Development and Moral Education (Gorge Allen & Unwin Ltd., 1981), 이를 우리말로 번역한, 南宮達華 譯, 『道德發達과 道德敎育』(서울: 文音社, 1998 제1판 제2쇄), 73쪽.

62) 그래서 피터스는 "내가 말한 기본 도덕규칙과 관련된 건전한 도덕적 습관의 형성은 합리적 도덕성의 필요조건이라고 말해도 좋을 것이다."라고 한다. R.S.Peters, 남궁달화 역, 위의 책, 74쪽.

고 말한다.[63]

③ 선행후지(先行後知)의 원리

선행후지(先行後知)의 원리는 특히 하학의 교학에 적용되는 원칙인 듯하다. 아직 인지적 능력이 덜 발달된 어린제자들에게는 우선 지적인 교학보다는 정의적·행동적 측면의 함양공부를 시킨다. 그리고 지적 능력이 향상됨에 따라 지식의 이해와 원리를 탐구하는 교학으로 나아간다.

공자는 지적인 교학보다 행적인 교학을 훨씬 중요시한 것 같다. <자장: 12>에서 자유(子游)가 하학공부를 말지로 여기는 것과는 반대로, 공자는 여기에 머물러 버리는 것은 문제지만 오히려 하학공부야 말로 근본에 해당하는 것으로 여길 정도이다. 지적 교학보다 행적 교학을 강조한다고 해서 여기에 지적인 측면이 전혀 무시되는 것도 아니다. 하학의 교학은 "습관에 의해 도야되는 심성이며, 이 습관과 함께 지혜가 자라는 것"(習與智長, 化與心成)이기 때문이다. 다음의 자하(子夏)의 주장을 통해서도 이러한 공자의 관점을 엿볼 수 있다.

> 자하가 말했다: "어진이를 어질게 대하길 여색을 좋아하듯 하고, 부모를 섬기는 데에 힘을 다하고, 임금을 섬기는 데에 몸을 다하고, 벗을 사귐에 말이 신뢰를 얻도록 하라. 그러면 비록 배우지 않았더라도 나는 반드시 배웠다고 말하겠다." 子夏曰: "賢賢易色, 事父母, 能竭其力; 事君, 能致其身; 與朋友交, 言而有信。雖曰未學, 吾必謂之學矣。" (學而: 7).

일상의 덕목과 규범과 예절을 습득하고 실천한다면 배우지 않아도 배운 것과 다르지 않다. 이처럼, 공자는 먼저 행적인 공부와 실천을 습관화하고 그다음에 지적인 공부와 학문에 임하라고 권고한다.[64]

---

63) R. S. Peters, 남궁달화 역, 위의 책, 70쪽.
64) 子曰: "弟子, 入則孝, 出則悌, 謹而信, 汎愛衆, 而親仁。行有餘力, 則以學文。" (學而: 6); 子曰: "蓋有不知而作之者, 我無是也。多聞, 擇其善者而從之, 多見而識之, 知之次也。" (述而: 27)

④ 학사병진(學思竝進)의 원리

학사병진(學思竝進)의 원리는 '배움'이 배움에 그쳐선 안 되고, '배운 바를 성찰'해야 한다는 원칙이다. '배움'만 있고 '생각'이 없으면 나만의 관점이 없고, '생각'만 하고 '배움'이 없으면 나의 관점이 진리인양 착각한다. 교학에는 '배움'과 '생각'을 겸해야 한다. 이것이 학사병진의 원리이다.

> 공자가 말했다: "배우고 생각하지 아니하면 나만의 관점이 없고, 생각만 하고 배우지 아니하면 나의 관점이 진리인양 착각하기 쉽다." 子曰: "學而不思則罔, 思而不學則殆." (爲政: 15)

검증된 진리는 받아들이고, 검증되지 않은 가정은 그 뜻을 헤아려 보는 것이 학사병진(學思竝進)이다. 이러한 '학사병진'을 전제로 할 때, '배움'이 '생각'보다 먼저다. '배움'을 바탕으로 '배움 바에 대해 성찰'하는 것이기 때문이다. 새로운 창작이나 옛 것의 현대화도 먼저 옛 것을 배우고 그것을 토대로 하는 것이다. 그래서 먼저 널리 배워야 한다.[65] 그리고 박문약례(博文約禮)와 박학(博學)·독지(篤志)·절문(切問)·근사(近思)[66]는 학사병진의 절차이거나 방법론이다. ① 이단(異端)을 가리지 말고 일단 널리 배운다. ② 배우는 바의 핵심적 뜻이 무엇인지 집중한다. ③ 의심나는 점을 스승에게 질정한다. ④ 배움과 가르침을 바탕으로 나의 관점을 성찰한다. ⑤ 성찰한 바의 요점을 명료히 한다. ①~④의 과정이 박문(博文)이라면, ⑤는 약례(約禮)일 것이다.

⑤ 개별화의 원리

개별화의 원리는 말 그대로 학생들마다 각기 다른 개성과 소질을 가진 존

---

65) 子曰: "吾嘗終日不食, 終夜不寢, 以思無益, 不如學也." (衛靈公: 30); 子曰: "述而不作, 信而好古, 竊比於我老彭." (述而: 1); 子曰: "溫故而知新, 可以爲師矣." (爲政: 11)

66) 子夏曰: "博學而篤志, 切問而近思, 仁在其中矣." (子張: 6); 子曰: "君子博學於文, 約之以禮, 亦可以弗畔矣夫!" (雍也: 25); 子曰: "博學於文, 約之以禮, 亦可以弗畔矣夫!"【○重出.】(顔淵: 15)

재임을 존중하여 교학에 적용하는 원칙이다.

> 공자가 말했다: "묘라도 꽃피지 않는 것이 있으며, 꽃피워도 열매 맺지 않는 것이 있는 법이다.!" 子曰: "苗而不秀者, 有矣夫! 秀而不實者, 有矣夫!" (子罕: 21)

> 공자가 말했다: "같이 배우더라도 더불어 도에 나아갈 수 없으며, 더불어 도에 나아가더라도 더불어 설 수 없으며, 더불어 서더라도 더불어 권도를 할 수 없을 수 있다."[67] 子曰: "可與共學, 未可與適道, 可與適道, 未可與立, 可與立, 未可與權." (子罕: 29)

이러한 개별화의 원리를 교수-학습의 방법으로 적용한 것이 이른바 인재시교(因材施教) 혹은 수인이교(隨人異教)라는 방법이다. '인재시교'란 재질에 따라 가르침을 베푼다는 것이고, '수인이교'란 사람에 따라 다른 가르침을 행한다는 뜻이다. 이에 대해서는 뒤에서 실례를 보겠다. 여하튼 공자는 제자들을 교학함에 있어 개별화의 원리를 적용하였다. 이를테면, 많은 제자들이 인(仁)의 실체를 묻는다. 그러나 공자는 질문하는 제자마다 달리하여 대답을 한다.

⑥ 일과 배움을 병행하는 원리

일과 배움을 병행하는 원리도 주목할 만한 원칙이다. 『논어』에서는 자하(子夏)의 기록으로 겨우 한 사례가 검토되지만,[68] 공자와 그의 학단에서 매우 중요시되었던 원칙일 것으로 여겨진다.

나. 교학의 방법

공자는 먼저, 아직 인지능력이 덜 발달된 어린제자들에게는 육예(六藝)의

---

67) 子曰: "可與共學, 未可與適道, 可與適道, 未可與立, 可與立, 未可與權." (子罕: 29)
68) 子夏曰: "仕而優則學, 學而優則仕." (子張: 13)

과목으로 일상적 삶의 생활양식, 덕목과 규범, 그리고 예절 등을 정의적·행동적 접근을 통하여 교학하고자 하였다. 사회화 중심의 교학이고 교사 중심의 주입식 수업으로 이러한 방법들에는 다음을 들 수 있다.

① 행동실천해보기

공자는 말보다는 실천을 중시했다. 그래서 그는 남의 환심을 사려고 아첨하는 교묘한 말과 보기 좋게 꾸미는 얼굴빛을 하는 사람을 미워하며(學而: 3), 말보다는 행동이 앞서야 함을 강조하고 있다. 공자가 실천위주의 교육을 실시했음은 예(禮)를 가르칠 때 더욱 잘 나타나고 있다. 이를테면, 예가 아니면 보지 말고, 예가 아니면 듣지 말고, 예가 아니면 말하지 말며, 예가 아니면 움직이지도 말라(顔淵: 1)고 한 것은 바로 예의 실천을 강조하여 말한 것이라 하겠다.

② 모범보이기와 감화설득

공자는 당시의 예악(禮樂)을 대표하는 스승으로서 제자들의 본보기가 되었다. 그는 자기 자신이 행동으로 시범을 보임으로써 제자들이 감화를 받아 스스로 깨닫게 하였다. 이와 같이 수범적으로 가르친다는 것은 교육자의 평소 생활이 항상 가르치고 있다는 자세로 임하며, 먹고 마시고 더불어 사는 삶 뿐만 아니라 보고 듣고 말하고 행함이 모범적일 것을 요구한다. 『논어』의 향당편(鄕黨篇)에는 공자가 얼마나 몸소 실천을 통한 모범을 보이고자 했는지 낱낱이 기록하고 있다.

③ 교육적 환경의 조성

공자는 '후천적인 학습에 의하여 선인(善人)도 악인(惡人)도 될 수 있다'(性相近, 習相遠)고 생각했기 때문에 교육적 환경을 매우 중시하였다. 특히 그는 환경 중에서도 동네와 벗을 중요시하였다. 이를테면, 공자는 "마을의 인심이 인후(仁厚)한 것이 아름다우니, 인심이 좋은 마을을 선택하되 인(仁)에 처하지 않으면 어떻게 지혜롭다 하겠는가"(里仁: 1)라고 말하고 있다. 또 그는 "유익한 벗이 셋이요, 손해 보는 벗이 셋이다. 곧은 이와 벗하고, 믿음직한 이와 벗하고, 박학한 이와 벗하면 유익하다. 편벽스러운 이와 벗하고, 능글능글한 이와 벗하고, 재잘거리는 이와 벗하면 손해본다."(季氏: 4)고 하면서 "나만 못한 이와는 벗하지 말라"(學而: 8)고 하고 있다. 자기보다 더 훌륭한 사람들이 있는 환경을 좋은 것으로 생각하고, 그 환경이 사람을 교화한다고 생각한 것이다.

둘째, 인지능력이 발달함에 따라 공식적 교육과정을 통하여 『시(詩)』·『서(書)』·예(禮)·악(樂)을 교학하였다. 이를 위해서는 자율적 발달을 촉구하는 학생 중심의 탐구식 수업방법으로, 이들에는 다음을 들 수 있다.

① 자발적 학습동기

교학의 원리에서 자발적 학습동기의 중요성과 관련하여 호학(好學)의 마음과 자세를 보았다. 공자 자신도 '15세가 되어 학문에 뜻을 두었다'(吾十有五而志於學)고 한 것처럼, 아직 인지능력이 발달하지 않은 어린제자들의 경우 본격적으로 세상에 대해 탐구하는 학문의 길에 자발적 학습동기를 부여받기는 어려웠을 것이다. 따라서 앞에서 본 호학의 원리도 대체로 인지능력이 발달된 청년이후를 대상으로 한 것일 가능성이 높다고 하겠다. 여하튼 공자는 인간의 본성을 무한한 계발의 대상으로 긍정하면서 자발적 열의를 강조하였다. 교학이란 교사가 일방적으로 주는 일이 아니고 '안으로부터 이끌어 내는 일'이라 생각했기에, 공자는 "달려들지 않으면 깨우쳐 주지 않았고, 애태워하지 않으면 말해주지 않되, 한 귀퉁이를 들어주었는데 이것을 가지고 남은 세 귀퉁이를 깨닫지 못하면 다시 되풀이하지 않았다."[69] '달려듦'[憤]과 '애태워함'[悱]은 일종의 자발적 태도로써, 스스로 힘써 쉬지 않고 향상되기를 지향하는 자세라 할 수 있다.

---

69) 子曰: "不憤不啓, 不悱不發。擧一隅, 不以三隅反, 則不復也." (述而: 8)

② 대화와 토론하기

『논어』 자체가 공자와 제자들 간의 대화록이고 토론을 통한 교학 교재의 표본임은 말할 것도 없다. 플라톤의 대화편에서 보이는 소크라테스의 산파술(産婆術)에 비유되기도 하나, 공자의 토론식 교학은 소크라테스의 그것과 근본적인 차이를 보여주고 있다. 표면적이고 형식적인 차이로, 소크라테스의 산파술에서는 스승이 질문을 하고 제자들이 답변하는 식이라면, 『논어』에서는 제자들의 질문에 스승이 가르쳐 주는 식이다. 그러나 근본적인 차이는, 스승으로서 소크라테스는 아무것도 모르는 척(?)하면서 서투른 대답을 하는 제자들의 답변에 서슬 퍼런 질문을 계속하여 던지나, 스승으로서의 공자는 모든 것을 안다고 과신하지는 않지만 알고 있는 한도 안에서 제자들의 질문에 애정을 가지고 일깨워 주고 있다는 점이다. 어떤 스승이 또 어떤 접근방법이 더 교육적일까?

수업현장에서 교사와 학생 간에 벌어지는 문답의 유형으로 네 가지를 상정할 수 있다. 첫째, 교사가 묻고 교사가 대답하는 경우, 둘째, 교사가 묻고 학생이 대답하는 경우, 셋째, 학생이 묻고 교사가 대답하는 경우, 넷째, 학생이 묻고 동료학생이 대답하는 경우이다. 이 중 첫째는 수업의 환기를 위해 필요할 수 있으나 교육적으로는 별로 의미 없는 대화이다. 둘째는 소크라테스적 방법이고 셋째는 공자적 방법이다. 이 중 나는 그래도 공자적 방법이 소크라테스적 방법보다 교육적으로 의미가 크다고 여긴다. 아무래도 소크라테스의 대화법의 경우, 교사의 질문에 학생들은 질문의도에 맞춰 대답해버릴 가능성도 많다. 또한 질문자와 응답자의 싸움에서 늘 이기는 쪽은 질문자일 수밖에 없기에, 이 방법은 학생들로 하여금 학습에 대한 자신감을 떨어뜨리고 주눅이 들게 만들 가능성이 크다. 그러나 학생이 먼저 질문을 한다는 것은 자발적 학습동기가 부여되어 있다는 뜻이고, 학생의 질문에 응답하는 교사도 질문의 의도에 부응할 수 있고 학생의 개별성을 존중할 수 있다. 이점에서 공자적 방법이 더 교육적으로 의미가 크다고 여긴다. 그러나 둘째의 소크라데스적 방법이나 셋째의 공자적 방법보다 더 의미가 큰 것은 넷째의 학생이 묻고 동료학생이 대답하는 경우이다. 이것이야 말로 진정한 의미의 토론수업이 될 수 있다.

③ 개성의 존중과 개별화: 인재시교(因材施敎), 수인이교(隨人異敎)

공자는 제자들의 개성과 자질이 모두 다름을 인정하고 그것에 맞는 교육을 하였다. 그는 이를 일러 "사람에 따라 가르침을 달리한다."(隨人異敎) 또는 "재질에 따라 가르침을 베푼다."(因材施敎)라 했다. 이러한 대표적인 사례가 선진편(先進篇)에 보인다.[70] 자로(子路)가 "옳은 것을 들으면 실행하여야 합니까?"라고 묻자, 공자는 "부형(父兄)이 계신데, 어찌 들으면 실행할 수 있겠는가?"라고 반문하고, 염유(冉有)의 똑같은 질문에 대해서는 "들으면 실행하여야 한다."고 대답하였다. 그러자 이에 대해 공서화(公西華)가 의혹을 제기하자 공자는 "구(求; 염유)는 굼뜨기에 나아가게 한 것이요, 유(由; 자로)는 급하기에 물러가게 한 것이다."라고 대답하고 있다.

셋째, 공자는 학생과 교사가 따로 없는 무위적 직관의 교학 방법도 생각했던 것 같다. 공부의 궁극적 목표인 전덕으로서의 인을 터득하는 교학방법이 아닐까 한다. 이것은 학생 스스로의 자득과 직관과 돈오가 중심이 되는 무위적 교학이기에 여기서는 교사와 학생이 따로 없고 모두가 교사이고 동시에 학생인 도반(道伴)이다.

① 불설교회(不屑敎誨): 달갑게 여기지 않는 가르침

불설교회(不屑敎誨)란 "달갑게 여기지 않는 가르침"으로『맹자(孟子)』에서 빌려온 것이다. 맹자는 "가르치는 데에도 역시 방법이 많다. 내가 탐탁하게 여기지 않아서 가르쳐 주지 않는다면, 그것 역시 가르쳐 주는 것일 따름이다."[71]이라 하였다. 요컨대, 불설교회는 '가르침 없이 가르치는 것'이다. 이러한 표현을 쓰진 않았지만, 불설교회의 가르침은 공자가 먼저 사용하였다. 다

---

70) 子路問, "聞斯行諸?" 子曰: "有父兄在, 如之何其聞斯行之?" 冉有問, "聞斯行諸?" 子曰: "聞斯行之." 公西華曰: "由也問聞斯行諸, 子曰: '有父兄在', 求也問聞斯行諸, 子曰: '聞斯行之'。赤也惑, 敢問." 子曰: "求也退, 故進之, 由也兼人, 故退之." (先進: 21)

71) 孟子曰, 敎亦多術矣. 予不屑之敎誨也者, 是亦敎誨之而已矣.『孟子』(告子下: 16)

음의 사례를 보자.

> 유비가 공자를 만나고 싶어 했는데 공자가 병을 핑계로 사양했다. 장명(유비의 명령을 받고 심부름 온 사자)이 문을 나서자 거문고를 들어 노래 부르며 사자가 듣게 하였다. 孺悲欲見孔子, 孔子辭以疾。將命者出戶, 取瑟而歌, 使之聞之。(陽貨: 20)

불설교회는 '달갑지 않은 가르침' 혹은 '가르침 없는 가르침'이다. 앞서 본 두 가지 교육방법은 교사 중심인지 학생 중심인지의 차이만 있을 뿐 분명하게 가르치는 교사와 배우는 학생으로 구분된다. 이 경우에 교사는 학생들에게 직접적인 방법이든 간접적이든 진리를 제시할 수밖에 없다. 특히, 그 진리를 제시하는 수단은 말이거나 언어일 수밖에 없다. 교사가 하는 말과 언어가 곧 진리가 된다. 다음의 사례를 보자.

> 공자가 말했다: "해진 솜옷을 입고 여우와 담비가죽으로 만든 옷을 입은 자와 더불어 하면서도 부끄러워하지 않은 자는 자로일진저! 시에 '남을 해치지 아니하고 남의 것을 탐내지도 아니하니 어찌 착하지 아니한가?'"라 했다. 자로가 종신토록 그것을 암송하고자 하였다. 공자가 말했다: "이 정도의 도로 어찌 착하다고 하겠는가?" 子曰: "衣敝縕袍, 與衣狐貉者立, 而不恥者, 其由也與? '不忮不求, 何用不臧?'" 子路終身誦之。子曰: "是道也何足以臧?" (子罕: 26)

자로(子路)는 공자가 한 말(혹은 언표)을 진리로 받아들여 종신토록 받들겠다고 하고 있다. 이처럼, 말과 언어는 선택을 강요하고 긍정과 부정, 옳고 그름, 약과 독을 동시에 열어주지 못한다. 말과 언어에 의한 가르침은 학생들의 자유로운 사고를 오히려 닫아버릴 수 있다. 그래서 공자는 자신의 말을 진리로 긍정하려는 자로에게 "이 정도가 진리라 할 수 있겠는가?"고 반문하고 있다. 아마도 자로는 따끔했을 것이고 충격을 받았을 것이다. 진리가 무엇인지 자신만의 탐구에 진념게 했을 것이다.

이러한 공자의 가르침은 노자가 말하는 '말없는 가르침'(不言之敎)과 크게 다르지 않다. 노자는 "성인은 무위의 일에 처하고, 말없는 가르침을 행한다."[72)]고 말한다. 성인은 자기의 마음에 소유론적 욕심이 전혀 없기에 세상의 사실을 있는 그대로 여여(如如)하게 비출 수 있다. 그는 말과 언어로 세상을 재단하지 않고 특정의 신념을 진리로 규정하지 않는다. 그러기에 그는 말없는 가르침을 행할 뿐이다. 무엇을 진리로 여길 것인지는 전적으로 학생자신의 각성과 자득에 달렸다. 선불교에서도 이러한 가르침을 말한다. '불설교회'나 '불언지교'는 마치 선승과 학승 간의 선문답과도 같고, 수행중인 수도승을 향하여 주창자를 내리치거나 '할'을 외치는 것과도 비슷한 것이 아닌가 한다. 공자는 이것을 교학의 현장에서 적극 활용했던 것으로 볼 수 있다. 전덕으로서의 인을 터득케 하는 교학의 경우가 그렇다.

전덕으로서의 인은 유위와 실용성의 원리도, 의무와 당위성의 원리도, 무위와 자연성의 원리도 아닌 그 모든 것이었다. 공자는 이 중 어느 하나만을 진리로 규정하지 않았고, 시중적(時中的)이고 미제적(未濟的)인 도(道)의 논리에 충실했다. 그랬기에 그는 인(仁)이 무엇인지를 묻는 제자들에게 각기 다른 대답을 할 뿐이었다. 그 대답도 차분히 인의 개념을 일의적으로 규정하는 설명이기보다는 다의적이었고 선문답과도 같은 방식이었다. 그래서 결국 인을 터득하는 것은 학생 개개인의 각성과 자득의 정도에 달린 것이었다.

② 직관: 관(貫)

학생과 교사가 따로 없는 무위적 직관의 교학이라도 교사가 없는 것은 아니다. 다만 교사의 역할이 다를 뿐이다. 여기서 교사는 반드시 학생보다 잘난 사람도 진리를 선점한 사람도 아니다. 진리 자체가 규정되지 않고 열려있다.

공자가 말했다: "내가 지혜로움을 가졌는가? 지혜로움이 없다. 미천한

---

72) 聖人處無爲之事, 行不言之敎.『道德經』(제2장).

사람이라도 나에게 질문하면 막연하다. 나는 그 양단을 들어 알려줄 뿐이다." 子曰: "吾有知乎哉? 無知也。有鄙夫問於我, 空空如也。我叩其兩端而竭焉。"(子罕: 7)

특정신념을 진리로 규정하지 않기에, 교사가 따로 없고 진리탐구에 나선 사람이라면 모두가 교사이고 동시에 학생이다. 모두가 그야말로 불교에서 말하는 바의 도반(道伴)일 뿐이다. 어쩌면 공자와 제자들의 관계도 도반이었지 사제지간이 아닐지 모른다. 적어도 공자 자신은 그렇게 생각했을 가능성이 높다. 진리와 도는 궁극적으로 학생 자신이 터득하는 것이다. 어쩌면 도를 자득하는 데는 많은 경험이나 학식도 오히려 걸림돌이 될 뿐이다. 그동안의 모든 경험적 지식을 무화(無化)시킴으로써 비로소 진리와 도는 새롭게 용솟음치고 자각되는 것일지 모른다. 다음의 사례를 보자.

공자가 말했다: "사야! 너는 내가 많이 배워서 기억하는 자로 생각하는가?" 대답했다: "그렇습니다. 아닙니까?" 말했다: "아니다. 나는 하나로 관통[貫]했다." 子曰: "賜也, 女以予爲多學而識之者與?" 對曰: "然, 非與?" 曰: "非也, 予一以貫之。"(衛靈公: 2)

공자는 경험적 지성이나 보편적 이성의 계발을 통하여 진리를 습득한 자가 아니라, 오히려 그것들을 무화시킴으로써 세상의 여여(如如)한 진리를 '관통'[貫]하게 되었다고 한다. 이는 마치 좌선(坐禪)을 통하여 진리를 각성하는 선불교의 돈오(頓悟)적 공부방법을 연상시킨다. 그러나 '관'(貫)자의 용례가 이것뿐이라 그것이 돈오적 방법과 얼마나 비슷한지 검증할 수 없어 못내 아쉽다.

보론: 도통(道統)의 분화와 전개

공자는 유위(有爲), 당위(當爲), 무위(無爲)의 시중적(時中的)이고 미제적(未濟的)인 사유와 진리를 추구하였다. 그래서 제자들은 이러한 공자사상의 규모를 제대로 파악하고 해석하기가 어려웠다. 각자 자기관점의 범주 내에서 공자를 이해하고 해석할 수밖에 없었다. 따라서 처음부터 제자들 간에는 공자사상의 본질을 놓고 도통의 분화를 예고하고 있었다.

1) 안연학(顔淵學)에서 리즉기(理卽氣)의 패러다임으로

그나마 공자사상의 규모를 가장 본질에 가깝게 이해한 제자가 안연(顔淵)이 아닐까 한다. 그러나 불행히도 그는 단명하고 말았다. 그가 죽자 공자가 유별나게 그의 죽음을 애석해한 것도 이 때문일 것이다. 공자가 제자 중에 유일하게 인자(仁者)임을 인정한 이도 안연이었고 어떤 주제를 가지고도 속 깊은 대화가 가능했던 제자도 그였다. 그런데 그는 단명했을 뿐만 아니라 애시당초 세상에 대한 적극적 참여의지가 약했다. '한 바구니의 밥'(一簞食) '한 바가지 냉수'(一瓢飮)에도 아랑곳하지 않고 세속적 부귀와 영화를 초탈한 삶을 추구하였다. 어쩌면 그는 스승의 세상에 대한 열정을 이해하고 부러워하면서도 한편으론 이미 그것의 불가능함을 알아차리고 무위적 도(道)의 진리구축을 내면 깊이 쌓았던 것이 아닌가 한다.

안연보다 앞서 무위적 사유를 보여준 초기제자로 증석(曾晳)을 들 수 있을 것이다. 그 역시 현실 초탈적 삶의 소망을 피력했기 때문이다. 공자사후의 일이지만 세상을 사직하고 위나라에 은거했던 원사(原思)도 들 수 있고, 『여씨춘추』의 기록을 믿을 수 있다면 선보의 읍재가 되어 무위이치(無爲而治)를 실현했던 복자천(宓子賤)도 주목할 만한 인물이다. 이처럼 무위적 삶을 실천하려고 했던 제자들이 있지만, 학문적으로까지 무위적 도를 구축한 이는 역시 안연이 유일했던 것이 아닌가 한다. 그래서 나는 안연학(顔淵學)을 공자사상을 잇는 하나의 도통으로 등록시킨다.

그러나 안연학은 공자사후에 유교철학 진영 내에서는 도통을 이어가지 못했다. 그것의 도통은 오히려 유교진영 밖에서 노장철학으로 중국불교철학으로 이어져왔다고 볼 수 있다. 안연학의 도통이 다시 유교진영 내에서 이어진 것은 먼 훗날 노장과 불교철학의 일정한 영향 하에 주자학(朱子學)과 대항하면서 나타난 육왕학(陸王學)을 통해서이다. 특히, 왕양명(王陽明)은 리즉기론(理卽氣論)적 관점에서 공자-안연-육상산으로 이어지는 무위유학을 체계적으로 정립한 사상가가 아닐까 한다.[73]

2) 자하학(子夏學)에서 기(氣)중심의 패러다임으로

공자의 사상을 유위적이고 실용적 측면에서 이해하고 해석했던 제자들이 있었다. 정사(政事)의 제자였던 자로(子路)나 염유(冉有)에서도 그러한 사상적 흔적을 찾을 수 있고, 언어(言語)의 제자였던 재아(宰我)와 자공(子貢)에서도 실용적 사유를 엿볼 수 있다. 특히, 재아와 공자 간의 삼년상 논쟁은 규범의 실용성 대 당위성을 놓고 벌린 격돌이었던 것으로 이해된다. 여기서 보여준 재아의 관점은 묵자(墨子)의 선구일 수 있고, 순자(荀子)의 선구일 수도 있다. 그리고 자공은 이재(理財)에 밝았던 인물이다. 이재에 밝았다는 것은 그만큼 실용적 사유를 소중히 여긴 징표가 될 수도 있을 것이다.

공자의 말년제자 중에는 자하(子夏)·자유(子游)·자장(子張) 등이 유위적 사

---

73) 이에 자세한 고찰은 강봉수, "왕양명의 '良知學'과 도덕직관 함양론", 『윤리연구』 제76호 (한국윤리학회, 2010. 3), 219~254쪽 참조.

유를 대변하는 인물들이다. 자장의 경우는 『논어』속에서도 다분히 현세적 출세나 세속적 성공에 쏠려있는 사람으로 그려지고 있는 제자이다. 그리고 자하와 자유는 공히 공자에 의해 문학(文學)의 제자로 선정된 인물인데, 고문헌에 대한 지식을 갖추었고 전례에 밝았던 사람들이다. 그래서 그들은 예의 내면적 측면보다는 외면적이고 형식적인 측면을 강조하는 엄숙주의자들이기도 하였다.

자하계열에서 순자(荀子)가 나왔다는 것은 유위유학(有爲儒學)과 관련하여 시사하는 바가 있겠다. 그만큼 자하학(子夏學)은 순자에 앞서 유위적 사유에 기초한 진리를 구축하고 있었다는 징표일 것이기 때문이다. 그래서 공자의 유위적 사유는 자하학을 거쳐 순자학으로 이어지고, 먼 훗날 송대의 주기론(主氣論)적 사유로 도통이 이어져 온 것이 아닌가 한다. 조선철학의 거두인 율곡(栗谷)의 철학도 이러한 도통의 흐름 속에서 파악할 수 있을 것이다.[74]

3) 증자학(曾子學)에서 리(理)중심의 패러다임으로

공자사상의 도통은 대체로 당위유학적 관점에서 이해되어왔던 것이 사실이다. 여기에는 주희의 영향이 크다. 주희는 신유학을 정초하면서 유학의 도통을 당위적 관점에서 해석하였기 때문이다. 『중용』「장구서」에는 이러한 주희의 관점이 나와 있는데, 그에 의하면 유학의 도통은 요·순·우·탕·문·무·주공(堯舜禹湯文武周公)을 이어 공자가 처음으로 유학사상을 정초하였고, 공자의 사상은 안연(顏淵)과 증자(曾子)를 거쳐 자사(子思)와 맹자(孟子)로 이

---

74) 이에 대한 고찰의 일단은 강봉수, "율곡의 <성학집요>에 함의된 도덕교육론", 『윤리교육연구』 제12집 (한국윤리교육학회, 2007. 4), 39~72쪽; 강봉수, 『한국유교 도덕교육론』(한국학술정보, 2008), 288~333쪽 참조.

어져왔다는 것이다.[75]

그런데 맹자 이후에 성현의 도(道)가 혼미해지고 중국문화는 혼란으로 접어들었다. 제자백가 및 도교를 비롯한 중국적 사유 내부의 이단(異端)과 불교라고 하는 강력한 외래의 이단이 중국문화를 지배하게 되었던 것이다. 도통의 정통이라는 관점에서 훈고학(訓詁學) 및 사장학(詞章學)적 경향의 한당유학(漢唐儒學)도 이단의 범주에 들었다. 이러한 상황에서 맹자 이래 천여 년 동안 끊겨온 도통을 다시 되살린 사상가들이 정자(程子: 정명도와 정이천 형제) 등의 송나라의 유학자들이라는 것이다. 이것이 그동안 공자사상의 도통과 관련한 지배적인 관점이었다.

이상에서 주희는 안연을 당위유학적 도통의 선구로 보고 있지만, 그는 우리가 봤듯이 무위유학의 도통을 구축한 사상가였다. 직전 제자들 중에 당위적 관점에서 공자사상을 이은 도통은 유자(有子)로부터 시작된다고 보지 않을 수 없다. 그는 『논어』에서 효(孝), 예(禮), 신의(信義) 등을 주장하는 대표적인 규범윤리적 당위론자로 규정되기 때문이다. 그리고 증자는 훗날 『효경孝經』의 저자로 인식될 정도로 예의 내면성과 당위적 인(仁)의 개념을 중시했던 사상가로 등록된다. 증자계열에서 자사와 맹자가 나왔다는 점에서도 증자는 당위적 사유를 대변하는 직전제자이고 증자학을 구축한 사상가로 볼 수가 있다. 그래서 공자의 당위적 사유와 진리는 유자에서 시작하여 증자학을 거쳐 자사와 맹자로 이어져왔다고 보는 것이 타당하다고 여긴다. 그리고 이러한 증자학적 사유는 송대에 와서 주희 등이 구축한 주리론(主理論)적 패러다임으로 도통이 전개되었던 것이라 하겠다. 조선 철학의 거두인 퇴계의 철학도 이러한 도통의 흐름 속에서 파악할 수 있을 것이다.[76]

---

75) 『中庸』「中庸章句序」참조.

76) 이에 대한 고찰의 일단은 강봉수, "퇴계의 <성학십도>에 함의된 도덕교육론", 『도덕윤리과교육』 제19호(한국도덕윤리과교육학회, 2004. 12), 25~54쪽; 강봉수, 『한국유교도덕교육론』(한국학술정보, 2008), 249~28/쪽 참조.

제3장
묵자의 철학사상
- 밥을 나눈 사랑 -

서론: 묵자와 『묵자』에 대하여

묵자왈: 봉수야~ (경상도 버전으로) 니 밥 묵읏나? 안묵웃쓰면 같이 묵자!
봉수답: 아이고~ 선생님! 아직 못묵웃쓰예~
묵자왈: 그래~ 잘 되얏다. 같이 묵자! 뭐 묵을래?
봉수답: ㅋㅋ 이 밥집에 고게 있을라나? 선상님~ 저 '묵적'[1] 묵고 싶어예...
묵자왈: 고녀석 식성도 ㅎㅎ 그래 묵적에 밥 묵자.

공자왈: 강군~ 자네 식사했는가?
봉수답: 네~ 뭐 괜찮습니다. 선생님 먼저 드시지요. 저는 나중에...
공자왈: 그래~ 아직 안 먹었으면 같이 먹도록 하시게.
봉수답: 아닙니다. 선생님께서 이르길 '군사부일체'라 하였습니다. 식사에도 차례가 있는 법으로 사료되옵니다.
공자왈: 음~그리하도록 하시게.

---

1) 메밀묵 등의 묵을 도막도막 네모지게 썰어서 만든 적(炙).『제주어사전』(제주특별자치도, 2009), 383쪽.

묵자(墨子, BC. 479?~BC. 381?)와 봉수의 대화에 주목해두자. 나는 묵자철학을 한마디로 "밥을 나눈 사랑"으로 요약한다. 그는 모든 인간적 차이들을 넘어 '밥을 나누는 두루 사랑의 공동체'의 이상(理想)에 대해 철학하였고, 현실정치의 마당에서도 그것을 실현하고자 고군분투했던 실천철학자로 규정한다.

묵자 혹은 묵적(墨翟), 그는 누구인가?『묵자墨子』는 어떤 책인가? 묵자의 철학을 탐색하려면 묵자의 생애와『묵자』라는 책에 대해 간략히 돌아볼 필요가 있다. 먼저, 묵자의 성명, 출생지, 출신성분, 생몰연대 등에 대해 통설은 있어도 정설은 없는 것 같다. 이 중에서도 가장 의견이 엇갈리는 것이 묵자의 성명이다.

묵자의 성명은 통설에 따르면 '묵'(墨)은 성씨이고, 이름은 '적'(翟)이다. 그러니까 성명은 묵적이고, 묵자(墨子)라 하는 것은 공자, 맹자 하듯이 존칭하여 부르는 것이겠다. 많은 중국의 고대문헌에서는 그를 '묵적'이라 칭하는데 이론(異論)이 없었다.[2] 송나라 정초(鄭樵, 1104~1162)라는 학자의 주장을 인용해 둔다.

> 묵자는 성이 묵(墨)이다. 묵씨는 고죽군(孤竹君)의 후손으로 본시 묵태씨(墨台氏)였는데 뒤에 묵씨로 고쳤다. 전국시대에 송나라 사람 묵적(墨翟)이 책을 짓고『묵자』라 책명을 붙였다.[3]

그러나 '묵'은 성씨가 아니라, 공자학파를 유가(儒家)라 부르듯이, 묵자학파를 뜻하고, '적'(翟)이 이름이 아니라 성씨라는 설,[4] '적'이 이름이라 하더라

---

[2] 묵자의 성명을 '묵적'으로 거명하고 있는 고대문헌으로는『莊子』『荀子』『韓非子』『呂氏春秋』『漢書(藝文志)』『史記』를 비롯하여 당나라 임보(林寶)가 지은『元和姓纂』, 이를 인용하여 송나라 정초(鄭樵)가 쓴『通志』등이다. 김학주,『묵자, 그 생애·사상과 묵가(墨家)』(서울: 명문당, 2002), 20쪽.

[3] 김학주, 위의 책, 20쪽에서 재인용.

[4] 남제(南齊)시대의 공치규(孔稚珪, 447~501), 원(元)대의 이세진(伊世珍) 등이 대표적이다.

도 '묵'은 결코 성씨가 아니라는 관점들이 제기되어왔다.[5] 현대 중국철학자인 전목(錢穆)은 '묵'이란 옛 형벌의 칭호인 동시에 노역(奴役)의 뜻으로 묵자의 학문을 가리키는 말이라 하였고, 풍우란(馮友蘭)도 '묵'은 그들의 학문을 뜻하고, '적'은 그의 이름이라는 입장을 취하고 있다.[6] 한편, 한국의 묵자 연구가인 김학주(金學主)는 묵자의 제자들이 그를 '자묵자'(子墨子)라 부르고, 묵자 자신도 스스로를 '적'이라 부르고 있다는 점을 들어 통설처럼 성은 '묵'이고 이름은 '적'으로 보는 것이 순리라고 하였고,[7] 기세춘(奇世春)도 앞에 인용한 송나라 정초의 견해를 따르고 있다.[8] 그런데 기세춘의 관점이 특이한 것은 성명에 있지 않고, 묵자의 선조(先祖)를 주목한다는 점이다.

앞에 정초의 인용에서 묵자의 성씨인 '묵'은 원래 '묵태'씨이고 고죽군의 후손이라 하였다. 여기서 고죽군은 은나라 말기의 백이·숙제(伯夷·叔齊)의 아버지이며, 제후국인 고죽국(孤竹國)의 군주라는 뜻이다. 그러니까 묵자는 백이·숙제의 후손인데, 그들은 고죽국의 군주를 사양하고 수양산에서 굶어 죽었다. 고죽국은 어디인가? 지금의 베이징 근처인데, 『당서唐書』에 의하면 고죽국은 고려(高麗)의 뿌리라는 것이다. 기세춘의 이러한 추정에 따르면 고죽국의 후예인 백이·숙제와 묵자는 모두 고려인이라는 이야기가 된다.[9] 이렇게 그는 묵자가 한족(漢族)이 아니며 동이족(東夷族)이라고 여긴다. 설사 동이족이 아니더라도 외래의 유목 또는 수렵민족의 후예라는 것

---

5) 청(淸)대의 주량공(周亮工, 1612~1672)은 '묵'은 학파를 뜻하지 성씨가 아니라고 주장했으며, 현대에 이르러 강전(江瑔)이란 학자는 「論墨子非姓墨」이란 글에서 '묵'이 묵자의 성씨가 아니라는 논거를 8가지로 제시하고 있기도 하다. 이것의 논거들에 대해서는 김학주, 앞의 책, 21~23쪽 참조.

6) 풍우란(박성규 옮김),『중국철학사(상)』(서울: 까치, 2003), 129~135쪽.

7) 김학주, 위의 책, 25쪽.

8) 기세춘,『묵자』(서울: 바이북스, 2009), 24쪽.

9) 기세춘, 위의 책, 28~29쪽. 여기서 기세춘이 인용하는『唐書』의 글은『熱河日記』「渡江錄」인데 몇 구절만 인용하면 "고려는 본시 고죽국인데, 주나라가 이곳에 기자를 봉했고, 한나라 때에 이르러 사군으로 나뉘었으며, 고죽국의 영지는 지금의 영평부에 있었다고 한다."(高麗本孤竹國, 周以封箕子, 漢分四郡, 所謂孤竹地 在今永平府).

이다.[10]

기세춘의 이러한 추정이 중요한 사실인지 모르겠다. 그는 아마도 묵자의 선조인 백이·숙제가 반전평화 사상의 원조이고, 묵자가 그러한 전통을 이었다는 점에 주목한 것이겠지만, 이 보다 묵자의 출생지가 어디인가 하는 것이 그의 사상적인 성격을 이해하는 데에 도움을 줄 것이다. 한나라 사마천(司馬遷, BC. 145~BC. 86?)의 『사기史記』에서는 묵자가 송(宋)나라 대부라고 기록하고 있다.

> 대체로 묵적은 송(宋)나라 대부(大夫)로서 나라의 방어를 잘하였고 절용(節用)을 주장하였다. 어떤 이는 공자와 같은 때 사람이라 하고, 어떤 이는 그 보다 뒤의 사람이라 한다.[11]

묵자의 출생지를 송나라로 보는 설 외에도 초나라 설, 노나라 설 등이 있다.[12] 그러나 현대의 많은 학자들은 묵자가 송나라에서 대부의 벼슬을 한 적이 있는지 모르지만, 출생지가 송이 아니라 노나라일 가능성이 높다고 추정한다.[13] 혹시 노나라 태생은 아닐지라도 여기서 가장 오랫동안 활동한 것이 틀림없다는 것이다. 그렇다면 노나라는 공자의 출생지이므로 묵자가 공자의 철학을 공부했고 누구보다 잘 이해하고 있었던 것이라 볼 수 있다. 『사기』의 기록처럼 묵자가 공자와 동시대를 살았던 혹은 뒤의 사람이라면 더욱 그 가능성은 높다. 공자의 생몰연대는 BC 551(노양공魯襄公 22년)~BC 479(노애

---

10) 기세춘은 그 근거로 묵자의 하늘(天)에 대한 관점을 든다. 묵자는 어렵문화인 난생신화를 가진 남방의 토착 한족과는 다른 천신하강 신화를 가진 외래의 유목 또는 수렵민족의 후예라는 것이다. 기세춘, 위의 책, 24쪽.

11) 『史記』「孟子荀卿列傳」. 뒤에서 곧 보겠지만 사상적으로 묵자와 쌍벽을 이루었던 공자는 『사기』에서「世家」로 존숭되어 기록하였지만, 묵자는 열전에도 끼도 못하고「맹자순경열전」속에 기록될 뿐이다.

12) 자세한 고찰은 김학주, 앞의 책, 26~31쪽 참조.

13) 손이양(孫詒讓)을 비롯하여 양계초(梁啓超), 전목(錢穆), 호적(胡適) 등 대표적인 묵자 연구가들이 대부분 이 견해를 따르고 있다. 김학수, 위의 책, 26쪽.

공(魯哀公 16년)이다.

 그러나 예나 지금이나 많은 학자들은 묵자의 생몰연대를 공자보다 뒤의 사람으로 여긴다. 예컨대, 유향(劉向, BC. 77~BC. 6)은 묵자가 공자의 제자인 자하(子夏)의 제자이며, 공자의 제자들보다 뒤의 사람으로 여겼다. 반고(班固, 32~92) 또한 그렇게 보았다.[14] 청대의 고증[15]과 오늘날의 고증도 묵자의 생몰연대를 공자보다 뒤의 사람으로 여긴다. 이러한 고증을 종합하여 김학주는 묵자의 생몰연대를 기원전 479 무렵에 나서 기원전 381년 무렵에 죽은 사람으로 본다.[16] 그렇다면 묵자는 공자의 제자들을 통하여 공자와 유가철학을 이해했던 것으로 추정해 볼 수 있겠다.

 묵자의 생애와 관련하여 학자들이 가장 주목하는 대목이 그의 출신성분에 관한 것이다. 그는 천한 계급 출신이며 평생 이렇다 할 벼슬도 한 적이 없는 사람으로 여겨지기 때문이다. 묵자가 천한 계급 출신임을 알려주는 기록은 『묵자』의 여러 곳에서 발견된다. 묵자뿐만 아니라 그의 제자들 또한 천한 계급이고 노동자로 살았던 사람들인 것 같다. 두 기록만 인용해 둔다.

> 묵자가 남쪽 초나라로 가서 초 혜왕을 뵙고 책을 바치려 하였다. 혜왕은 늙음을 이유로 사양하며, 목하(穆賀)로 하여금 묵자를 만나게 하였다. 묵자가 목하에게 자기주장을 얘기하니, 목하는 크게 기뻐하면서 묵자에게 말했다. "선생님의 말씀은 정말 훌륭하십니다. 그러나 임금은 천하의 대왕이시니 '천한 사람'(賤人)이 지은 것이라 하여 쓰지 않으려 하시지 않겠습니까? - 『묵자』 「귀의貴義」

> 금골희(禽滑釐)가 묵자를 섬긴 지 3년이 되자 손발에 못이 박히고 얼굴은 새까맣게 되었다. 자기 몸을 부리어 일해 주면서도 감히 자기가 바라

---

14) 김학주, 앞의 책, 32쪽.

15) 예컨대, 왕중(汪中, 1744~1794)의 고증에 따르면 묵자는 공자가 죽은 해인 기원전 479년 전후해서 출생하여 기원전 386년에 죽었다. 김학주, 앞의 책, 33쪽.

16) 김학주, 위의 책, 35쪽.

는 일은 물어보지도 못하였다. -『묵자』「비제備梯」

인용에서 보듯, 초나라의 목하는 묵자를 '천한 사람'이라 말하고, 금골희는 묵자의 제자 중에서도 두드러진 자인데 3년 동안 묵자를 따라 손발에 못이 박히고 얼굴이 새까맣게 타도록 노동에 종사했다. 묵자가 천한 계급 출신이라면 어떤 일을 전공했던 사람일까? 목공 출신이었던 것 같다.『묵자』「노문魯問」편에 보면, 묵자는 '잠깐 사이에 세 치의 나무를 깎아 수레바퀴 빗장을 만들 만큼의 솜씨'를 보여주고 있다. 또한「공수公輸」편 등을 보면,『사기』의 기록처럼, 묵자는 방어무기를 발명하고 제작한 과학자요 기술자였음을 보여주고 있다. 그리고 그의 제자들도 하나같이 공인(工人)과 장인(匠人) 내지 무사 계급 출신들이었다. 물론 공자의 제자들 중에도 천한 계급 출신일 가능성이 있는 자들이 꽤 있었다. 예컨대, 칠조개(漆雕開; 자개칠 가구를 만드는 출신), 공야장(公冶長; 야금술 직종에 종사했던 장인출신), 자공(子貢: 端木賜; 목재공 출신), 자하(子夏: 卜商; 무속집안 출신) 등이 그들이다.[17] 그런데 묵자와 그의 제자들이 이들과 다른 점은 벼슬을 즐겨하지 않았다는 것이다.

학자들은『사기』에서 묵자가 송나라의 대부 벼슬을 했다는 기록을 믿지 않는다. 양계초는 묵자가 송나라의 어려움을 구해 준 일이 있었기 때문에,[18] 사마천이 그렇게 기록한 것이라고 추정한다.[19] 오히려 묵자는 초나라와 월나라 등 여러 곳에서 봉토를 주겠다며 초빙을 받았으나 귀족의 신분이 되는 것을 거절하고 노동자의 검은 옷을 입고 전쟁 반대 운동에 나섰으며, 차별 없는 사회 건설을 위한 사회운동에 평생을 바쳤다.[20] 그리고 묵자와 그의 제자들은

---

17) 김용옥,『논어 한글역주 1·2·3』(서울: 통나무, 2010) 참조.
18)『묵자』「공수」편에 보면, 묵자는 강대국 초나라가 약소국인 송나라를 공격하려고 하자 황급히 초나라로 달려가 갖은 설득 끝에 마침내 초나라의 침공의도를 좌절시켰다는 기록이 나온다.
19) 양계초,『묵자학안』; 여기서는 김학주, 앞의 책, 40쪽에서 재인용.
20)『莊子』「天下」편의 관련 기록에서도 이러한 점을 시사받을 수 있다. 여기서는 기세춘, 앞의 책, 32쪽.

지도자인 '거자'(鉅子) 중심으로 정치적 결사체를 결성하여,[21] 그들이 꿈꾸는 이상사회의 건설과 세상의 악을 치유하기 위해 고군분투했던 사회운동권 세력이었다. 『회남자』「태족훈泰族訓」의 기록은 그들의 이러한 일면을 보여주고 있다.

> 묵자를 쫓는 자들이 180인에 달했다. 묵자는 그들을 불속에 뛰어 들거나 칼날을 밟게 할 수도 있었다. 그런 식으로 죽을지라도 그들은 발꿈치를 돌려 달아나지 않을 것이다. 모두 감화되고 교화된 결과이다.[22]

묵자와 그의 제자들은 천민출신이고 벼슬하지 않은 집단이었지만 높은 학문적 수련을 거쳤고, 묵자의 철학으로 무장한 실천적 사상가들이기도 하였다. 『묵자』를 읽어보면 묵자는 자기주장의 논거로 『시경詩經』『서경書經』을 여러 곳에서 인용하고, 유가에서 존숭하는 요·순·우·탕·문·무(堯·舜·禹·湯·文·武)를 높이 받들고 있다. 묵자는 공자의 제자들처럼 공자학단의 책들을 공부하였음이 분명하다. 그러나 여기에 머물지 않고 이를 바탕으로 자기만의 새로운 학설을 창시하였다고 할 수 있다. 이를테면, 공자는 『시』『서』『예』『악』을 모두 중시 여겼지만, 묵자는 『시』『서』만을 취하고 『예』『악』은 취하지 않았다. 또한 공자가 술이불작(述而不作: 전통을 조술하되 창작하지 않음)적 태도를 견지했다면, 묵자는 술이가작(述而可作: 전통을 조술하되 새로운 관점에서 재해석함)적 관점을 채택하였다. 단편적이지만 이러한 공자와 묵자 간의 학문적 차이는 결국 세상을 보는 관점의 다름에서 비롯된 것이라 하겠다. 말하자면, 공자가 주나라의 봉건계급제도를 인정하고 그것이 문

---

21) 묵자는 묵가(墨家)라는 집단의 제1대 거자인 셈이다.
22) 신동준, 『묵자』(경기: 인간사랑, 2014), 19쪽에서 재인용. 기세춘은 이러한 묵가들을 협객집단으로 여긴다. 『여씨춘추』에도 비슷한 사례가 나온다. 묵가의 3대 거자인 맹승(孟勝)이 초나라 양성군(陽城君)으로부터 방어임무를 맡았다. 그러나 양성군이 반란에 가담했다가 실패하여 국외로 탈출하자 초나라는 양성군의 소국을 접수해 버렸다.(BC 381). 맹승은 양성군으로부터 구원을 요청받지는 못했으나, 결과적으로 그를 지켜주지 못한 것을 자책하고 자결했다. 그러자 제자 서약을 비롯한 183명의 제자들이 그를 따라 순사했다. 기세춘, 앞의 책, 57쪽.

란해진 춘추시대를 광정하여 예악(禮樂)의 문화를 다시 회복하는 길을 사유했다면, 묵자는 주나라 봉건제도의 모순을 직시하고 그러한 모순적 체제하에서 신음하는 서민들의 이해를 대변하면서 체제변혁의 길을 사유했던 혁명가였다.[23]

세상의 악을 치유하는 철학적 사유의 길을 달리했던 <공자철학과 유가>와 <묵자철학과 묵가>, 두 사상은 춘추말엽에서 전국시대에 이르기까지 서로 쌍벽을 이루며 유행했었다. 『맹자』에서 맹자는 "양·묵(楊墨)의 학설이 세상을 어지럽히고 있다."고 개탄하였는데,[24] 맹자이후에는 유가와 묵가가 가장 성행한 학파였던 것 같다. 천하를 통일한 진시황(秦始皇; BC. 246~BC. 210) 초기의 작품들인 『한비자』와 『여씨춘추』에는 모두 "세상의 두드러진 학문은 유가와 묵가이다." "공자와 묵자의 제자들 무리가 천하에 가득하다."고 기록하고 있기 때문이다.[25] 그런데 진시황의 분서갱유(焚書坑儒)를 거치고 한나라 무제(武帝; BC. 141~BC. 87 재위)시대에 와서 유교가 국교로 공식화되면서 갑자기 묵자철학과 묵가는 종적을 감춰버렸다. 가장 큰 이유는 묵가사상이 통치계급에 반대하고 서민을 대변하는 철학이었기 때문일 것이다.[26] 여하튼 이후 묵자의 글은 중국고대문헌에서 단편적 기록으로만 전할 뿐 2000년이 넘도록 이 세상에서 사라져 버렸다.

묵자가 다시 주목받기 시작한 것은 17세기 초 명나라 때에 와서이고, 본격적으로 연구되기 시작한 것은 청나라 때에 이르러서라 하겠다. 도가(道家)들

---

23) 기세춘은 묵자의 사상적 위상을 이렇게 정리한다. 첫째, 철학적 체계를 가지고 철학했던 중국 최초의 철학자, 둘째, 노동계급의 지도자, 셋째, 인류 최초의 반전 평화운동가, 넷째, 미신을 반대한 동양 최초의 과학자, 다섯째, 실천하고 조직하고 투쟁한 사회혁명가 등이다. 기세춘, 앞의 책, 33~54쪽.

24) "聖王不作, 諸侯放恣, 處士橫議, 楊朱墨翟之言盈天下. 天下之言, 不歸楊, 則歸墨."『맹자』「滕文公下: 9」.

25) 김학주, 앞의 책, 86쪽에서 재인용.

26) 이 점에 대해 묵가 연구가들의 이견이 없는 것 같다. 예컨대, 일본의 묵가 연구가인 와타나베 다카시(渡邊卓)는 2004년에 펴낸 『고대중국사상의 연구』에서 "묵자는 고대에 너무 일찍 근대를 지향했다. 묵가는 그로 인해 절멸했다. 동시에 그 때문에 오늘날 우리에게 다시금 상기되는 특이한 학단이다."고 말한다. 신동준, 앞의 책, 22쪽에서 재인용.

의 경전 속에서 묵가의 글이 발견되었다. 도가들이 자신들의 경전인 줄 알고 『묵자』의 글을 끼워 간행한 것이다.[27] 대표적인 것이 동진(東晉) 때의 도교 이론가인 갈홍(葛洪)의 『신선전神仙傳』이다. 지금까지 가장 오래된 『묵자』는 서한(西漢)시대 유향(劉向; BC. 77~BC. 6)에 의해 정리된 71편이라 한다. 그것이 『한서』예문지에 수록되어 있었다고 전하지만, 오늘날 우리에게 전해지고 있는 『묵자』53편만이 전하고, 또 전하는 53편도 일부가 빠지고 앞뒤가 뒤바뀌어지기도 한 불완전한 것들이다.[28] 거의 모든 제자서(諸子書)들이 그러하듯이, 『묵자』도 묵자 자신이 직접 쓴 것이 아니라 제자들이 스승의 글을 모아서 정리한 것이다. 묵가들은 전국시대 중기에 이르러 3파로 분열되었다고 한다. 『묵자』속의 여러 편들이 편명을 같이 하면서 상편·중편·하편으로 나누어진 것은 이 3파의 글을 모은 것이기 때문이겠다.[29]

---

27) 기세춘, 앞의 책, 12쪽.

28) 김학주, 앞의 책, 83~88쪽 참조.

29) 기세춘은 묵가의 3파를 순수파, 반동파, 절충파로 구분한다. 순수파는 묵자 본연의 가르침을 지키려했고, 반동파는 현실에 영합하려했고, 절충파는 이들을 절충하려했다는 것이다. 상편은 순수파의 것이고, 중편은 반동파,, 하편은 절충파의 글로 본다. 기세춘, 앞의 책, 59쪽.

1. 묵자의 세계관과 인성론

묵자는 공자와 유가들을 비판하는데, 그의 유가비판은 8가지로 요약된다.[30] 첫째, 사람을 두루 사랑하지 않고 차별한다. 둘째, 유가는 하늘과 귀신의 존재를 신명하다고 생각하지 않았다. 셋째, 유가는 운명(運命)을 믿고, 천수(天壽), 치란(治亂)과 안위(安危)가 운명적으로 정해져 있어 덜 수도 더할 수도 없다고 믿는다. 넷째, 유가는 예악을 번다하게 꾸미고 거문고와 북소리에 맞추어 노래하고 춤추며 사치와 음란을 일삼는다. 다섯째, 유가는 후한 장례와 오랜 상례를 행한다. 여섯째, 유가들은 노동에는 게을리하고 고고하게 군자인 체하면서 남의 이익을 빼앗은 자들이다. 일곱째, 유가들은 옛 것을 고집하고 새로운 것을 창작하기를 반대하는 술이불작(述而不作)을 주장한다. 여덟째, 유가들은 말과 행동이 어긋난다. 유가들이 성인이라 모셨던 공자의 행동을 들어보면 군자의 도리와 어긋난다.

1) 삶의 표준으로써 하늘의 뜻과 귀신의 존재이유

묵가의 유가 비판은 근본적으로 세상과 인간 삶을 바라보는 관점의 차이에서 비롯됐다고 할 수 있다.[31] 묵자는 인간 삶의 모든 일에 종사함에는 본받을 표준이 필요하다고 여긴다. 이를테면 곱자, 그림쇠, 먹줄, 추, 수평구 등은 백공들이 자기 일에 종사할 때 필요한 표준들이다. 이와 마찬가지로 인간적 삶에도 본받을 표준이 필요하다. 그러한 표준을 어디에서 찾을 수 있을까?

---

30) 『墨子』「非儒」. 이에 대한 자세한 고찰은 강봉수, "묵자의 유가(儒家) 비판에 관한 논고", 『교육과학연구』 제17권 제1호(제주대학교 교육과학연구소, 2015. 5), 99~129쪽 참조.
31) 묵자의 세계관에 대한 사시친 고찰은 강봉수, "묵자철학에서 필연과 자유의 관계", 『도덕윤리과교육』 제4/호(한국도덕윤리과교육학회, 2015. 5), 21~53쪽 참조.

그러면 무엇을 다스리는 법도로 삼는 것이 좋겠는가? 마땅히 모두 부모를 법도로 삼으면 어떨까? 천하에 부모된 자는 많지만 어진 이는 드물다. 만약 모두가 부모를 법도로 삼으면 이 법은 어질지 못할 것이다. 법도가 어질지 못하면 표준으로 삼는 것이 불가하다. 마땅히 모두가 배우는 학자를 법도로 삼으면 어떨까? 천하에 배우는 학자는 많지만 어진 이는 드물다. 만약 모두 배우는 학자를 법도로 삼으면 이 법도는 어질지 못할 것이다. 법도가 어질지 못하면 표준으로 삼는 것이 불가하다. 마땅히 임금을 법도로 삼으면 어떨까? 천하에 임금된 자는 많지만 어진 이는 드물다. 만약 모두 임금을 법도로 삼으면 이 법은 어질지 못할 것이다. 법도가 어질지 못하면 표준으로 삼는 것이 불가하다. 그러므로 부모와 학자와 임금, 이 세 사람은 다스리는 법도로 삼을 수가 없다. 然則奚以為治法而可, 當皆法其父母奚若, 天下之為父母者衆, 而仁者寡, 若皆法其父母, 此法不仁也。法不仁不可以為法。當皆法其學奚若, 天下之為學者衆, 而仁者寡, 若皆法其學, 此法不仁也。法不仁不可以為法。當皆法其君奚若, 天下之為君者衆, 而仁者寡, 若皆法其君, 此法不仁也。法不仁不可以為法。故父母學君三者, 莫可以為治法。(法儀: 2)

인용에서 보듯, 부모와 학자와 임금은 표준이 될 수 없다. 부모와 학자와 임금은 많아도 부모다운 부모, 학자다운 학자, 임금다운 임금은 세상에 별로 존재하지 않기 때문이다. 그러면 무엇으로 표준을 삼아야 할까? 묵자가 보기에 그것은 '하늘'이다. 왜냐하면 '하늘'은 세상에 존재의 법칙을 부여할 뿐만 아니라 당위의 법칙까지 주관하는 초월적 존재이기 때문이다. 한마디로, 그에게 하늘 개념은 상제천(上帝天)이다.

하늘은 일월성신을 갈마들게 하여 비추어 인도해 주시고, 춘하추동 사계절을 제정하여 질서를 부여하고, 번개와 눈과 서리와 비와 이슬을 내려 오곡과 삼마를 자라게 하여, 백성들이 그것을 얻어 재물을 이룹게 하였다. 산천과 계곡을 정비하고, 백 가지 일을 뿌리고 거두며, 백성들의 착함과 그렇지 못함을 사령하며, 왕공과 후백들이 현명한 이에게 상을 내리고 포악한 이에게 벌을 내리도록 하였다. 쇠와 나무와 조수를 내려서 오곡과 삼마를 기르는 데에 종사케 하여, 백성들이 입고 먹는 재물로 삼도록 하였다. 자고로 이러한 베풂이 없었던 적이 없었다. 吾所以知天之愛民之厚者有矣, 曰以磨爲日月星辰, 以昭道之, 制爲四時春秋冬夏, 以紀綱之, 雷降雪霜雨露, 以長遂五穀麻絲, 使民得而財利之, 列爲山川谿谷, 播賦百事, 以臨司民之善否, 爲王公侯伯, 使之賞賢而罰暴, 賊金木鳥獸, 從事乎五穀麻絲, 以爲民衣食之財, 自古及今, 未嘗不有此也。(天志中: 4)

무릇 하늘과 땅 사이를 운회하고 사해의 안을 포괄함에 하늘과 땅의 본성은 음과 양의 조화가 있지 않은 데가 없다. 비록 지극한 성인이라도 바꿀 수가 없다. 어찌하여 그러함을 하는가? 성인이 전해주었기 때문이다. 하늘과 땅이란 위와 아래라 일컫고, 사시란 음양이라 일컫고, 사람의 본성이란 남과 여를 일컫고, 금수란 암수자웅이라 말한다. 진실로 하늘과 땅의 본성은 비록 선왕이라도 바꿀 수가 없다. 凡回於天地之間, 包於四海之內, 天壤之情, 陰陽之和, 莫不有也, 雖至聖不能更也。何以知其然, 聖人有傳。天地也, 則曰上下。四時也, 則曰陰陽。人情也, 則曰男女。禽獸也, 則曰牡牝雄雌也。眞天壤之情, 雖有先王不能更也。(辭過: 5)

하늘은 우선 세상에 존재의 법칙을 부여하고 그것을 주재한다. 하늘과 땅을 구분하고, 사시(四時)를 정하고 남녀와 금수를 구분하는 세상 존재들의 다양성을 낳았다. 또한 하늘은 일월성신을 갈마들게 하는 법칙을 부여하였고, 춘하추동 사계절을 제정하는 질서를 부여하였고, 번개와 눈과 서리와 비와 이슬을 내려 오곡과 삼마를 자라게 하였다. 산천과 계곡을 정비하여 백 가지 일을 뿌리고 거두는 존재의 법칙을 부여하였다. 그리고 이러한 존재의 탄생과 운동법칙은 아무리 지극한 성인도 바꿀 수 없는 법칙적 필연성이다. 다양한 존재와 생명들이 하늘로부터 부여된 존재와 삶의 법칙에 따라 살아가듯이 인간에게도 인간의 법칙이 주어졌다.

지금 사람은 본래 금수, 사슴, 메뚜기, 새, 곤충 등과는 다르다. 금수, 사슴, 메뚜기, 새, 곤충 등은 날개와 깃털로 옷을 삼고, 발굽과 손톱으로 바지와

신을 삼고, 물과 풀로 음식을 삼는다. 그러므로 수놈에게 밭 갈고 씨 뿌리는 등 농사일을 시키지 않고, 암놈에게 또한 실 뽑고 길쌈하는 일을 시키지 않아도, 입고 먹는 재물이 본래 이미 갖추어져 있다. 그러나 사람은 이와 다르다. 자기 힘에 의지해야 살 수 있다. 자기 힘에 의지하지 않으면 살 수가 없다. 군자가 정사를 돌봄에 다하지 않으면 법과 정치가 혼란해지고, 비천한 자가 농사일 등에 종사를 다하지 않으면 재용이 부족해진다. 今人固與禽獸麋鹿蜚鳥貞蟲異者也。今之禽獸麋鹿蜚鳥貞蟲, 因其羽毛以為衣裘, 因其蹄蚤以為絝屨, 困其水草以為飲食。故唯使雄不耕稼樹藝, 雌亦不紡績織絍, 衣食之財固已具矣。今人與此異者也, 賴其力者生, 不賴其力者不生。君子不強聽治, 即刑政亂, 賤人不強從事, 即財用不足。今天下之士君子, 以吾言不然, 然即姑嘗數天下分事, 而觀樂之害。(非樂上: 6)

인간이 다른 존재와 다른 점은 자기 '힘'[力]에 의지하여 일을 하지 않고는 살아갈 수 없다는 것이다. 그러나 인용의 의미는 인간만이 일을 해야 하고 다른 존재는 일을 하지 않는다는 뜻이 아닐 것이다. 인간 아닌 존재들도 일을 한다. 다만, 그들은 하늘로부터 부여된 존재의 법칙에 따라 무위적으로 일을 하며 살아간다는 뜻으로 읽어야 한다. 그러나 인간은 인위적으로 문화를 일구며 살아갈 수밖에 없는 존재이다. 처음부터 인간 아닌 존재들은 '완성된 존재'로 태어났다면, 어쩌면 인간은 '존재의 결여'를 가지고 태어났다고 할 수 있다. 그래서 인간은 사회를 구성하고 문화를 개발해야만 했다. 인간은 '존재의 결여'로 태어났기에 '선택의 자유'를 가진 존재이기도 하다.

하늘은 존재의 법칙을 부여할 뿐만 아니라 당위의 법칙까지 주관한다. 모든 만물은 하늘의 자식이고 신하이며 모든 땅은 하늘의 읍이고 마을이다. 그래서 하늘은 모든 만물을 차별 없이 사랑하고 이롭게 한다. 이것이 하늘의 '의로움'[義]이다.

그러면 하늘은 또한 무엇을 바라고 무엇을 싫어하는가? 하늘은 의로움을 바라고 불의를 싫어한다. 그런즉 천하의 백성을 이끌어 의로움에 종사한다면 곧 하늘이 바라는 것을 하는 것이다. 내가 하늘이 하고자 하는 것을 하면 하늘도 내가 바라는 바를 해준다. 그러면 나는 무엇을 바라고 무엇을 싫어할까? 나는 복록을 바라고 화와 재앙을 싫어한다. 만약 내가 하늘이 바라는 것을 하지 않고 하늘이 바라지 않을 것을 한다면 나는 천하의 백성을 이끌어 화와 재앙에 종사하도록 하는 것이다. 그러면 무엇으로 하늘이 의로움을 바라고 불의를 싫어하는지를 알 수 있는가? 이르기를 "천하에 의로움이 있으면 살고 의로움이 없으면 죽는다. 의로움이 있으면 부유해지고, 의로움이 없으면 가난해진다. 의로움이 있으면 다스려지고, 의로움이 없으면 혼란해진다. 그런즉 하늘은 삶을 바라고 죽음을 싫어하며, 부유해지기를 바라고 가난해지는 것을 싫어하며, 다스려지는 것을 바라고 혼란해지는 것을 싫어한다. 然則天亦何欲何惡? 天欲義而惡不義。然則率天下之百姓以從事於義, 則我乃為天之所欲也。我為天之所欲, 天亦為我所欲。然則我何欲何惡? 我欲福祿, 而惡禍祟。若我不為天之斯欲, 而為天之所不欲, 然則我率天下之百姓, 以從事於禍祟中也。然則何以知天之欲義而惡不義? 曰:天下有義則生, 無義則死, 有義則富, 無義則貧, 有義則治, 無義則亂。然則天欲其生而惡其死, 欲其富而惡其貧, 欲其治而惡其亂。(天志上: 2)

하늘은 '의로움'을 바라고 불의(不義)를 싫어한다. 천하에 의로움이 있으면 살고 의로움이 없으면 죽는다. 의로움이 있으면 부유해지고, 의로움이 없으면 가난해진다. 의로움이 있으면 다스려지고, 의로움이 없으면 혼란해진다. 그런즉 하늘은 삶을 바라고 죽음을 싫어하며, 부유해지기를 바라고 가난해지는 것을 싫어하며, 다스려지는 것을 바라고 혼란해지는 것을 싫어한다. 하늘이 만물을 차별 없이 사랑하고 이롭게 하듯이, 세상 만물들도 하늘이 부여한 의로움의 당위법칙에 따라 살아가야 한다. 이것이 하늘의 뜻이다. 어쩌면 인간 아닌 존재들은 존재법칙에 따르는 삶이 곧 당위법칙을 실현하는 삶이라 할 수 있다. 그러나 인간은 존재의 결여로 인하여 존재와 당위를 일치시키는 삶을 실현하지 못하고 있다. 그래서 묵자는 인간들을 향하여 특별히 의로움의 당위법칙을 따르기를 종용하고 있는 듯하다.

지금 천하의 사군자들이 의로움을 하고자 한다면 하늘의 뜻을 따르지 않으면 안 된다. 하늘의 뜻을 따르려면 어떻게 해야 하는가? 천하의 사람들을 두루 사랑하라. 무엇으로 천하의 사람들을 두루 사랑하는 것을 알 수 있는가? 두루 먹여준다. 今天下之士君子之欲爲義者, 則不可不順天之意矣。曰順天之意何若？曰兼愛天下之人。何以知兼愛天下之人也？以兼而食之也。(天志下: 2)

하늘이 바라는 의로움이란 "천하의 사람을 두루 사랑하라"(兼愛)는 것이다. 하늘은 두루 먹여준다. 그것은 하늘이 모든 존재를 차별 없이 사랑하기 때문이다. 그러므로 군주를 비롯한 모든 사람들이 하늘의 사랑에 감사의 제사를 드리며, 서로 차별 없이 사랑하고 서로 이익을 나눠야 한다(兼愛交利). 이것이 하늘의 뜻이고 의로움이다. 따라서 강자가 약자를 해치거나 죽여서는 안 된다. 하늘의 뜻을 따르면 상을 내리고 어기면 상서롭지 못한 재앙을 내린다. 이러한 일에 감독자적인 역할을 수행하는 또 하나의 초월적 존재가 귀신(鬼神)이다. 그러니까 '하늘'이 세상에 존재의 법칙과 당위의 법칙을 부여했다면, '귀신'은 하늘을 도와 그러한 법칙이 지켜지도록 세상을 감독하고 주관하는 역할을 수행하는 존재라고 할 수 있다.

일찍이 귀신은 현명한 이에게 상을 내리고 포악한 자에게 벌을 내릴 수 있다. 대개 본래 국가에 그것을 베풀고, 백성들에 베푸는 것은 실로 국가를 다스리고 백성을 이롭게 하는 도리이기 때문이다. 만약 귀신이 그들을 지켜보는 것을 그렇게 하지 않는다면, 벼슬아치들이 관부를 다스림에 청렴하지 않을 것이고, 남녀의 구별이 없을 것이고, 백성들이 음란하고 포악하고 원망하고 난을 일으키고 도적질하며, 병장기와 독약과 물 불을 가지고 도로에서 죄 없는 사람을 물리치고, 다른 사람의 거마와 의복을 포탈하여 자신을 이롭게 할 것이다. 귀신이 있어 그것을 보면, 벼슬아치들이 관부를 다스림에 감히 청렴하지 않을 수 없고, 착한 이를 보아도 상을 내리지 않을 수 없으며, 포악한 자를 보면 죄를 주지 않을 수 없고, 백성들이 음란하고 원망하고 난을 일으키고 도적질하며, 병장기와 독약과 물불을 가지고 도로에서 죄 없는 사람을 물리치고, 다른 사람의 거마와 의복을 포탈하여 자신을 이롭게 하는 것들이 이로부터 그치게 된다. 嘗若鬼神之能賞賢如罰暴也。蓋本施之國家, 施之萬民, 實所以治國家利萬民之道也。若鬼神見之以爲不然, 是以吏治官府之不絜廉, 男女之爲無別者, 民之爲淫暴寇亂盜賊, 以兵刃毒藥水火, 退無罪人乎道路, 奪人車馬衣裘以自利者, 有鬼神見之。是以吏治官府, 不敢不絜廉, 見善不敢不賞, 見暴不敢不罪, 民之爲淫暴寇亂盜賊, 以兵刃毒藥水火, 無罪人乎道路, 車馬衣裘以自利者, 由此止。(明鬼下: 5)

2) 땅(역사현실)에서 진리의 준거: 삼표론(三表論)

'하늘'은 세계의 모든 존재들을 차별 없이 사랑하고 이롭게 하는 무한 보시의 존재이다. 인간도 이러한 '하늘'을 본받아 진리탐색의 표준으로 삼아야 한다. 그러나 하늘 혹은 하느님의 사랑은 아무래도 추상적이고 형이상학적인 원리이다. 이러한 진리탐색의 표본은 구체적인 역사현실에서 증명될 수 있어야 한다. 그래야 누구나 수긍하는 참된 진리로 여겨질 수 있고, 거짓된 사이비 진리와 구별하는 기준이 될 수 있다. 묵자는 참된 진리의 준거로 본(本; 표본)·원(原; 근원)·용(用; 실용)의 삼표론(三表論)을 주장한다.

그러면 이들의 주장을 밝게 분별하기 위해서는 어떻게 해야 하는가? 묵자는 말했다: "반드시 표준을 세워야 한다. 말에 표준이 없는 것은 비유하면 질그릇을 만드는 돌림대 위에 아침과 저녁을 표시하는 것과 같아서, 옳고 그름, 이로움과 해로움의 분별을 명확히 알 수가 없다. 그러므로 말에는 반드시 세 가지 표준이 있어야 한다." 세 가지 표준이 무엇인가? 묵자가 말했다: "표본이 있는 것이요, 근원이 있는 것이요, 실용이 있는 것이다." 무엇에 표본을 두어야 하는가? 위로 옛날 성왕의 일에 표본을 두어야 한다. 무엇에 근원을 두어야 하는가? 아래로 백성들이 듣고 보는 실정에 근원을 두어야 한다. 무엇에 실용을 두어야 하는가? 법과 정치를 하여 그것이 국가와 백성들의 이로움에 적중하는 것인지를 살펴야 한다. 이것을 이른바 말에 세 가지 표준이라 한다. 然則明辨此之說將奈何哉？子墨子言曰：「必立儀。言而毋儀, 譬猶運鈞之上而立朝夕者也, 是非利害之辨, 不可得而明知也。故言必有三表。」何謂三表？子墨子言曰：「有本之者, 有原之者, 有用之者。」於何本之？上本之於古者聖王之事。於何原之？下原察百姓耳目之實。於何用之？發以爲刑政, 觀其中國家百姓人民之利, 此所謂言有三表也。(非命上: 1)

'말'(言)은 진리를 표현하는 수단이고, '담론'은 말을 가지고 진리에 대해 철학적 토론을 벌이는 것이다. 어떤 주장이나 이론이 진리가 되기 위해서는 그것을 증명하는 준거가 있어야 한다. 그것이 없음은 마치 둥근 돌림판 위에 아침과 저녁의 시간을 표시하는 것과 다르지 않다. 묵자는 진리의 준거로 세 가지를 제시하고 있는데, 본(本; 표본)·원(原; 근원)·용(用; 실용)이 그것이다. 그런데 이에 대한 설명이 「비명」상·중·하편에 모두 나오는데 비슷하면서도 다름이 있다. <표 4>로 정리하여 분석적으로 읽어보자.

<표 4> 진리의 세 가지 준거(삼표론)

	삼표		
	표본(本)	근원(原)	실용(用)
비명 상 非命 上	• 옛날 성왕의 일	• 백성들이 듣고 보는 실정	• 법과 정치를 하여 그것이 국가와 백성들의 이로움에 적중하는 지의 여부
비명 중 非命 中	• 하늘과 귀신의 뜻, 그리고 성왕의 사례	• 선대 왕의 책	• 법과 정치를 하여 그것이 국가와 백성들의 이로움에 적중하는 지의 여부
비명 하 非命 下	• 선대 성스러운 대왕들의 사적	• 백성들이 듣고 보는 실정	• 나라에 정치를 베풀어 백성들을 살펴서

『묵자』는 묵자가 직접 쓴 것이 아니라, 제자들이 스승의 말을 기록했던 것을 모아서 편집한 책이다. 기세춘은 묵자의 제자들에 3파가 있었다고 여긴다.[32] 상편은 순수파, 중편은 반동파, 하편은 절충파의 제자들이 각각 정리한 것이라고 한다. 순수파는 묵자 본연의 가르침을 지키려 했고, 반동파는 현실에 영합하려 했고, 절충파는 이들을 절충하려 했다는 것이다. 이러한 기세춘의 관점이 적합한 것인지는 모르겠다. 그러나 <표 1>에서 보듯이, 세 준거 중에 '실용'(用)에 대한 설명은 세 편이 모두 같다. 그러나 다른 두 준거의 설명에서 중편은 아무래도 좀 이상하다.

'표본'(本)에 대해 상·하편은 모두 "선대의 성왕의 사적(사례)"이라고만 하였는데, 중편은 이에 앞서 "하늘과 귀신의 뜻"을 들고 있다. 진리탐색의 표준이었던 '하늘의 뜻'은 추상적 원리이기에 역사현실에서 준거를 찾아야 하는 것이라 하였다. 그렇다면 중편이 "하늘과 귀신의 뜻"을 거명한 것은 별로 의미가 없는 것이다. 그리고 또 다른 준거인 '근원'(原)에 대해 상·하편은 모두 "백성들이 듣고 보는 실정"이라 하였는데, 중편은 "선대왕의 서적(책)"이라 하고 있다. 중편은 앞의 '표본'(本)도 "성왕의 사적"이라 하였고, '근원'(原)은 "선대왕의 서적(책)"에 두라고 한다. "성왕의 사적"도 "선왕의 서적"에 기록되어 있을 것인데, 차이가 무엇인가? '표본'과 '근원'을 모두 선대의 왕의 사적에 두라는 것인가? 착오가 아니라면 이것은 기세춘의 지적처럼 반동파의 주장인 것 같다. 참된 진리의 준거를 백성에 두지 않고 왕에게 두라는 것이기 때문이다. 그래서 중편은 의심이 간다. 상·하편으로 삼표론을 이해해야 마땅하다.

첫째, 참된 진리의 '표본'(本)은 "선대 성왕들의 사적"에 두어야 한다. 왜냐하면 그들은 하늘의 뜻을 본받아 역사현실에서 백성들을 두루 사랑하고 서로 이익을 나누도록 하는 정치를 실행했던 성인들이기 때문이다. 요·순·우·탕·문·무가 그들이다.

---

32) 기세춘, 앞의 책, 59쪽.

둘째, 참된 진리의 '근원'(原)은 "백성들의 보고 들은 실정"에 두어야 한다. 앞으로 묵자의 '상동'(尙同)의 정치론을 보겠지만, 그는 백성들의 민심에 귀 기울여 이른바 '일반의지'(一般意志, volonte generale)에 토대하는 정치를 주장한다. 참된 진리의 '근원'은 백성들의 여론과 민심(民心)에 두어야 한다는 뜻이다.

셋째, 참된 진리의 '실용'(用)은 설명 그대로 "법과 정치를 실행하여 그것이 국가와 백성들의 이로움에 적중하는 지의 여부"에 두어야 한다. 말하자면 모든 국가의 정책은 공리성(公利性)과 실용성(實用性)에 두어야 한다는 것이라 할 수 있다.

이것이 진리의 준거들이고 진리인식의 방법론이다. 한마디로, 묵자에게 철학적 진리란 백성들의 삶과 사회를 개선시키는 실용적인 목적에 기여하는 것이다. 개인적·사회적으로 부닥친 악의 본질을 명료히 하고, 제안된 해결책이 유용성(공리성과 실용성)을 평가하며, 미래의 개선과 발전을 위한 적절한 방향과 방법을 제시해 줄 수 있을 때만이 철학이고 진리라고 할 수 있다. 그래서 묵자의 철학은 인식론적으로 자연주의라 부를 수 있다. 인식론적 자연주의는 사실과 가치 사이의 엄격한 구별을 거부하는 동시에 선과 가치의 근원을 비윤리적인 조건들로부터 도출하고자 하는 것이기 때문이다.

3) 인간본성과 자유의지

묵자는 하늘과 귀신의 존재를 자신만의 진리준거인 삼표론(三表論)에 입각하여 주장한다. 하지만 그에게 이를 과학적으로 입증하라 요구한다면 그것은 불가능한 일이다. 그것은 인과론적 메커니즘에서 벗어난 '우연'(偶然, accident)도 아니다. 단지 그것은 묵자의 철학적 가정이고 형이상학적 '우발성'(偶發性, contingency)일 뿐이다. 그렇지만 묵자에게 하늘과 귀신의 존재, 그들이 부여하고 주재하는 존재의 법칙과 당위의 법칙은 '필연'(必然, necessity)이다. 모든 세상의 존재들은 존재의 법칙에 따라 태어나고 죽으며 운동 변화한다. 그리고 인간은 마땅히 당위의 법칙에 따라 살아가야 한다. 그런데 묵자가 보기에 인간들은 이 필연의 법칙을 어기며 살아갈 수 있다. 인간 존재도 생사의 '운명'(運命, destiny)같은 것을 벗어날 순 없지만 노력에 따라 생명을 연장시킬 수도 있고, 당위의 법칙을 어길 수도 있는 자유의 존재이다. 이러한 점에서 인간은 다른 존재들과 다르다.

앞에서 우리는 만물과 인간의 차이를 '완성된 존재' 대 '존재의 결여'로 대비시킨 바 있다. 여기서 '완성된 존재'라는 것은 '존재의 완성'과는 다른 뜻이다. 오히려 그것은 선험적으로 닫쳐진 존재라는 뜻이고 그래서 존재의 사슬에서 벗어난 삶을 살 수 없다는 뜻이다. 모든 자연생명들은 자기생명의 보존에 충실하다. 그들에게는 본능적 삶이 곧 본성적 삶이다. 생명을 최적의 상태로 보존하고 유지하는 방법은 몸의 필요(necessity)와 요구(demand)에 충실하는 것이다. 필요와 요구가 발생하면 생명보전을 위해 타자의 생명을 공격해야 한다. 나 또한 타자에게 잡아먹힐 수 있다. 필요와 요구가 발생하면 그것을 충족하고 싶은 마음이 생기고 충족되면 쾌감을 느끼고 생기가 돈는다. 여기까지가 생명을 보존하는 유지선이다. 그 이상도 이하도 생명보전에 도움 되지 않는다. 모자라도 생명에 위협이 되고, 넘쳐도 생명에 보탬이 안 된다. 자연생명 세계는 이처럼 필요와 요구에 따라 잡아먹고 잡아먹히는 먹이사슬의 체계로 이루어져 있다. 필요와 요구 수준의 욕구는 도덕적으로 선도 악도 아니다. 묵자도 "부득이 추구하는 욕구는 욕심이 아니"[33]라고 말하고 있다.

자리(自利)가 곧 이타(利他)이다. 그러니까 자연생명 세계는 존재법칙에 따르는 삶이 곧 당위법칙을 실현하는 삶이다. 달리 말하여, 자연생명들은 본능적 삶이 곧 본성적 삶이다. 인간들도 아직 본능과 본성이 분리되지 않았을

---

33) 『墨子』「人取」: 不得已而欲之, 非欲之也.

때에는 본능과 구분되지 않는 본성적 삶을 살았던 것으로 볼 수 있다. 묵자와 묵가들이 그렇게 보았던 것 같다.『묵자』「사과辭過」편에는 이를 논거하는 주장들이 나타난다. 하나의 예를 보자.

> 옛날의 백성들은 아직 음식을 만들 줄 모르는 때였다. 날 음식을 먹고 흩어져 거처했다. 그러므로 성인이 깨우쳐서 남자들이 밭 갈고 씨 뿌리고 경작토록 하여 백성의 음식을 만들었다. 그들이 먹음에는 족히 기운을 돋우고 허기를 채워 몸을 튼튼히 하고 배가 부르게 할 뿐이었다. 그러므로 재물을 사용함에 절약하고 스스로를 부양함에 검소하여 백성들은 부유하고 나라는 다스려졌다. 오늘날은 그렇지 아니하다. 백성들에게 후하게 세금을 걷어 맛있는 음식을 만든다. 꼴을 먹여 가축을 기르고 물고기와 고사리를 굽고 찐다. 대국은 백 개의 그릇에 담고, 소국은 열 개의 그릇에 담아 사방 열 자의 상에 가득 벌여 놓는다. 눈은 두루 쳐다볼 수가 없고, 손은 두루 집을 수가 없고, 입은 두루 맛볼 수가 없다. 겨울이면 얼어버리고 여름이면 쉬어버렸다. 백성들의 임금이 음식을 이처럼 하면, 좌우의 신하들이 그것을 본받는다. 이로써 부귀한 자는 사치하고 고아와 과부들은 얼어 죽고 굶어죽는다. 비록 어지럽지 않기를 바라지만 불가능하다. 임금이 실로 천하가 다스려지기 바라고 어지러워지기를 싫어한다면 마땅히 음식을 절약하지 않으면 안 된다. 古之民未知爲飮食時, 素食而分處, 故聖人作誨, 男耕稼樹藝, 以爲民食. 其爲食也, 足以增氣充虛, 彊體適腹而已矣. 故其用財節, 其自養儉, 民富國治. 今則不然, 厚作斂於百姓, 以爲美食, 芻豢蒸炙魚鼈, 大國累百器, 小國累十器, 前列方丈, 目不能遍視, 手不能遍操, 口不能遍味, 冬則凍冰, 夏則飾饐, 人君爲飮食如此, 故左右象之, 是以富貴者奢侈, 孤寡者凍餒, 雖欲無亂, 不可得也. 君實欲天下治而惡其亂, 當爲食飮不可不節. (辭過: 3)

옛날에 음식을 먹음에는 족히 기운을 돋우고 허기를 채워 몸을 튼튼히 하고 배가 부르게 할 뿐이었다. 집의 바닥 높이는 족히 물기와 습기를 막을 수 있고, 주변의 벽은 족히 바람과 추위를 막을 수 있고, 지붕은 족히 눈과 서리와 비와 이슬에 대비할 수 있으면 그만이었다. 옷도 겨울이면 명주비단을 사용하여 족히 가벼우면서도 따뜻하게 하였고, 여름이면 가는 칡베를 사용하여 족히 가벼우면서도 시원하게 하였다. 삼가 이것으로 그치게 하였다. 의복을 제작하는 것은 신체에 적합하고 살과 피부를 따뜻하게 하면 족한 것이었지, 이목이 영화롭고 백성들에게 보이기 위한 것이 아니었다. 이처럼 옛날에는 의식주 등 모든 물품이 필요와 요구만 채워지면 만족하였다. 그러나 오늘날은 그렇지 않다. 서로 필요이상의 이익과 욕망을 추구하고 사치와 낭비를 일삼고 있다는 게 묵자의 진단이다.[34] 그러니까 인간은 본능과 본성이 분리되기 시작하면서 이익의 노예로 전락하기 시작한 것이다.[35]

그런데 왜 인간들은 오늘날처럼 본능과 본성이 서로 분리된 삶으로 변화되지 않을 수 없는 것일까? 그것은 바로 인간의 존재론적 특성인 '존재의 결여'로 태어났기 때문이 아닐까 한다. 그래서 인간은 사회(정치공동체)를 구성하여 살아가게 되었다. 사회적 존재로서 인간은 지성을 계발하고 문화와 문명을 발명하였다. 그래서 인간은 생명의 유지와 무관하게, 즉 필요와 요구라는 몸의 자연성을 넘어서서 욕구(need)하고 욕망(desire)하는 유일한 존재가 되었다. 그로부터 소유욕, 출세욕, 명예욕, 권력욕 등이 추구된다. 그래서 묵자도 세상이 그렇게 변했다고 말하고 있다.[36]

그러나 인간은 이처럼 '존재의 나락'의 길로도 갈 수 있지만 '존재의 완성'으로도 갈 수 있는 자유의 존재이다. 묵자가 보기에 인간들이 존재의 결여를 보충하여 완성으로 가지 못하고 나락의 길로 빠지는 이유는 '운명'을 믿기 때문이라 여긴다.

---

34) 『墨子』「辭過」참조.

35) 인간들의 본능과 본성이 분리되지 않았던 때가 '원시공동체' 사회라고 한다면, 그것들이 서로 분리되기 시작한 때는 본격적으로 '정치공동체'를 구성하면서부터가 아닐까 가정해 볼 수 있다. 전자가 堯舜之治의 대동사회라면, 후자는 禹湯文武周公의 소강사회로 대비시켜 볼 수도 있을 것이다.

36) 묵자는 「尙同」 편에서도 '아직 법과 정치가 없을 때에는 사람마다 의리(이로움의 분배기준)가 달라서 서로 비난하고 이익의 이전투구를 벌이게 되었다'고 전제하면서 이 때문에 공동체의 우두머리인 천자와 삼공과 제후와 경대부 등을 두게 되었다고 주장하고 있다. 『墨子』「尙同」참조.

묵자가 말했다: "옛날의 왕공대인들은 국가에서 정치를 함에 모두 국가가 부유해지고 백성이 많아지고 법과 정치가 다스려지기를 바랐다. 그러나 부유하지 않고 가난해지면 백성들이 많아지지 않고 적어지며, 정치가 다스려지지 않고 혼란해진다. 곧 이것은 본래 바라는 것은 잃고 싫어하는 것을 얻은 것이다. 이 까닭은 무엇인가?" 묵자가 말했다: "운명이 있다고 고집하는 자들이 백성들 사이에 섞여있음이 많기 때문이다." 운명이 있다고 고집하는 자들을 말한다. "운명적으로 부유할 자는 부유하고, 운명적으로 가난할 자는 가난하고, 운명적으로 많아지게 되어 있으면 많아지고, 운명적으로 적어지게 되어 있으면 적어지며, 운명적으로 다스려지게 되어 있으면 다스려지고, 운명적으로 혼란하게 되어 있으면 혼란해지고, 운명적으로 장수할 자는 장수하고, 운명적으로 요절할 자는 요절한다. 운명이 강하다면 무엇을 더할 것인가?" 이로써 위로 왕공대인을 설득하고, 아래로 백성들의 일에 종사하는 것을 막는다. 그러므로 운명이 있다고 고집하는 자들은 어질지 못하다. 그러므로 마땅히 운명이 있다고 고집하는 자들의 말을 밝게 분별하지 않으면 안 될 것이다. 子墨子言曰:「古者王公大人, 爲政國家者, 皆欲國家之富, 人民之衆, 刑政之治。然而不得富而得貧, 不得衆而得寡, 不得治而得亂, 則是本失其所欲, 得其所惡, 是故何也?」子墨子言曰:「執有命者以雜於民間者衆。」執有命者之言曰:「命富則富, 命貧則貧, 命衆則衆, 命寡則寡, 命治則治, 命亂則亂, 命壽則壽, 命夭則夭。命雖强勁何益哉?」上以說王公大人, 下阻百姓之從事。故執有命者不仁, 故當執有命者之言, 不可不明辨。」(非命上: 1)

운명은 결정론적 인과법칙과도 같은 것이어서 신들조차도 따르지 않을 수 없는 숙명적인 것이다. 운명론자들은 모든 일과 삶의 문제를 운명의 탓으로 돌린다. 삶과 죽음, 빈과 부, 장수와 요절, 나라의 다스려짐과 혼란함 등 개인적 삶이나 나라의 일이나 모두 운명이라 여긴다. 운명론자들은 윗사람이 상을 내려도 벌을 내려도 운명일 뿐이라고 말한다. 그러나 운명론은 틀렸다. 운명론은 포악한 무리들의 도리일 뿐이라는 게 묵자의 진단이다.

안위와 치란은 윗사람의 정치에 달린 것이지 운명이 아니다. 왕공대인들이 다스림에 최선을 다하고 학자들이 학문함에 최선을 다하고, 농부를 비롯한 백성들이 자기 일에 최선을 다하여 종사하는 것도 삶과 세상을 윤택하게 하기 위한 것이지 운명이 아니다. 그래서 그들은 태만하거나 권태롭지 않는다. 그러나 운명론을 신봉하게 되면 태만하고 권태롭게 된다. 어차피 세상은 나와 상관없이 운명에 따라 돌아가는 것이기 때문이다. 그래서 묵자는 "지금 천하의 사군자들이 실로 천하의 이로움을 구하고 해로움을 제거하고자 한다면 운명론을 강력히 거부해야 한다."[37]고 주장한다. 대신 '존재의 결여'를 보충하고 인간에게 부여된 당위의 법칙을 따르는 존재 완성의 길로 자유의지를 발휘할 것을 종용한다.

---

37) 『墨子』「非命下」참조.

2. 묵자의 윤리사상

하늘로부터 인간에게 부여된 의로움의 법칙은 "사람들을 두루 사랑하고 서로 이익을 나누는 것"이다. 그러나 인간은 이러한 의로움의 법칙을 따를 수도 어길 수도 있는 자유의 존재이다. 인간에게만 자유의지가 작동하는 윤리적 생활영역이 있는 것도 이러한 이유이다. 묵자가 정초했던 도덕철학의 체계를 보기로 하자.

결론부터 말하면, 묵자는 기본정신 혹은 원리로써의 도덕, 즉 궁극적 원리로써의 도덕규준을 '사랑'으로 규정하고 있다. 그러나 곧 보겠지만, 그가 보는 '사랑'의 본질은 공자나 유가의 것과는 다르다. 그럼, 묵자가 특정질서 혹은 제도로서의 도덕에 대해서는 어떻게 이해했을까? 춘추전국시대는 주나라의 예악제도가 혼란스러워진 악의 시대였지만, 여전히 그것은 통용되는 도덕률이었다. 종법(宗法)이데올로기에 바탕을 두고, 주공(周公)에 의해 정립된 주례(周禮)가 그것이다. 주례는 계급과 계층 간, 귀천과 상하 간의 차등화된 신분적 의례와 제도를 의미하는 것이었다. 천자와 제후에 걸맞은 예가 있고, 경대부에 걸맞은 예가 있으며, 사(士)와 서인(庶人)에게 걸맞은 예가 있었다. 이것이 당시에 특정질서로서의 도덕이었다. 묵자는 이러한 주나라의 예악제도를 모두 부정하지는 않았지만, 불만이 많았던 것 같다. 특히, 당시 공자와 유가들은 무너져가는 주나라의 예악제도를 회복하기 위하여 고군분투했는데, 묵자는 이들의 태도가 못마땅했다.

물론 공자도 주나라의 예악제도를 묵수적(墨守的)으로 회복하고자 했던 것은 아니었다. 모든 덕들의 덕인 전덕(全德)이면서 도덕의 궁극적 원리인 인(仁)에 입각하여 주나라의 예악을 반성적으로 돌아보고자 하였다. 그러나 묵자는 그가 제시한 도덕규준인 인(仁)의 원리까지도 못마땅하였다. 주나라의 예악이나 공자의 인(仁)은 근본적으로 친친(親親)의 원리에 입각한 '차별적 사랑'을 정당화하는 규범이고 원리라고 보았기 때문이다. 그래서 묵자는 '사랑'의 개념을 재규정하고, 그것에 바탕을 두고 현실의 도덕규범을 다시 입법할 것을 주장하였다. 이제 그의 윤리학을 보자.

1) 인지이성과 자연주의 윤리학

인간이 하늘로부터 인간에게 부여된 의로움의 법칙을 따를 수도 어길 수도 있는 자유의 존재라는 것은 그 당위법칙을 인식할 수 있는 능력을 전제로 한다. 또한 인간은 "자기 '힘'[力]에 의지하지 않으면 살 수가 없다"고 한 점도 인식능력에 대한 긍정을 의미한다고 볼 수 있다. 왜냐하면 '힘'이란 객관세계를 개조하는 실천 활동이고, 이러한 활동은 반드시 인식을 전제로 삼아야 하기 때문이다.[38]

그래서 묵자는 "생명은 육체와 지각이 거처하는 곳이다." "지각은 재능(인식의 본능)이다."[39]라고 말했다. 그리고 인식능력은 이러한 지각을 가지고 사물을 논하고 물리를 밝히는 것이다.[40] 사물을 인식하기 위해서는 우선, 인식주체가 지각능력을 가지고 있어야 하고(인식의 1단계: 인식주관과 인식하고자 하는 욕구), 둘째, 인식주체가 객관적인 인식대상과 '접촉'[接]해야 한다.[41](인식의 2단계: 인식대상에 대한 경험). 인식대상을 경험하는 방식에는 친(親; 직접경험)·문(聞; 전해 듣는 간접경험)·설(說: 경험을 토대로 연역하는 간접경험)이 있다.[42] 셋째, 이 두 단계를 거친 다음에야 비로소 사물을 논

---

38) 몽배원(이상선 역), 『중국심성론』(서울: 법인문화사, 1996), 151쪽.
39) 『墨子』「經上」: 生, 刑與知處也; 知, 材也.
40) 『墨子』「經 및 經說上」: 智, 明也; 智, 知也者, 以其知論物, 而其知之也著, 若明.
41) 『墨子』「經 및 經說上」: 知, 接也; 知, 知也者, 以其知過物而能貌之, 若見.
42) 『墨子』「經 및 經說上」: 知, 聞說親; 知, 傳受之聞也, 方不障說也, 身觀焉親也.

하고 물리를 밝히는 인식이 완성된다(인식의 3단계: 경험을 조작하는 마음의 능력). 사물을 논하고 물리를 밝히는 경험조작의 방식으로는 추지(推之; 미루어 추론함)·유추[類; 범주로 추론함]·변론[辯; 논쟁을 벌임] 등이 있다.[43] 그러니까 인식이 이루어지려면 주관의 인식능력과 인식하고자 하는 욕구, 인식주관과 인식객관의 접촉, 그리고 경험을 조작하는 마음의 능력이 필요한 것이다.[44]

묵자 혹은 묵가가 주장하는 이러한 인식능력은 도덕적 실천이성(實踐理性)이 아니라 객관사물을 인식하는 인지이성(認知理性)이라 할 수 있다.[45] 그것은 대상에 대한 선악(善惡), 호오(好惡), 미추(美醜) 등의 정감체험을 바탕으로 하는 가치판단 능력이 아니라, 대상의 유무(有無)와 사실의 진위(眞僞)를 판단하는 사실판단 능력인 것이다. 묵자가 주장하는 이른바 '삼표론'(三表論)도 인식의 정확성과 진위에 대한 검증방법이라 할 것이다. 특히, 묵자는 도덕판단도 사실판단을 전제로 한다. 그래서 그는 존재로부터 당위를 이끌어내는 자연주의 윤리학을 정초했다고 할 수 있다.

사실 인식론적 자연주의 윤리학에는 두 가지 관점이 있다. 형이상학적 자연주의와 경험적 자연주의가 그것이다. 전자는 형이상학적 사실(실재, reality)로부터 인간된 삶의 이상과 원리, 정의로운 사회의 비전 등의 도덕적 진리를 직관해내고자 하는 것이다. 묵자는 형이상학적 실재를 '하늘'이라 하였다. 하늘은 모든 만물을 두루 사랑하고 이롭게 한다. 이로부터 인간들도 서로 두루 사랑하고 이익을 나눠야 한다는 도덕적 진리를 직관해 낼 수 있는 것으로 가정하고 있다.

한편, 후자의 경험적 자연주의는 경험적 사실, 즉 인간은 심리학적으로 욕

---

43) 『墨子』「經上 및 經下」: 辯, 爭彼也, 辯勝當也; 在諸其所然, 未者然, 說在於是推之; 推類之難 說在之大小.

44) 박문현, 『묵자 읽기』, 앞의 책, 148~149쪽.

45) 몽배원(이상선 역), 위의 책, 147~148쪽.

구의 존재이기에 그것을 충족시켜 주는 것이 곧 옳은 것이라는 관점에서 도덕적 진리를 추론해내고자 한다. 도덕적 진리란 인간의 필요와 욕구, 사회 공동체의 안정과 발전, 그리고 그 속에서의 평화롭고 조화로운 인간 상호작용과 의미 있는 삶의 실현 등에 기여하는 것이어야 한다는 것이다. 인간은 경험적 지성을 통하여 그러한 진리를 인식할 수 있는 존재이다. 묵자는 이러한 관점에서 진리의 3가지 준거를 제시하였다.

인식론적 비자연주의 철학자들은 자연주의적 관점을 존재(사실)로부터 당위(가치)를 이끌어내는 '자연주의적 오류'(naturalistic fallacy)를 범하고 있다고 비난하겠지만,[46] 묵자를 비롯한 동양철학에서 형이상학적 자연주의의 관점은 대체로 보편적인 관점이었다. 천인합일론(天人合一論)을 주장하는 모든 철학들은 여기에 해당하기 때문이다. 그러나 묵자적 인식론의 특징은 여기에 머무르지 않고 경험적 자연주의의 관점을 채택하고 있다는 점이다.

도덕성의 근원은 '하늘'이고 하늘이 부여한 도덕은 '천하의 사람들을 두루

---

[46] '자연주의적 오류'의 개념은 영국의 윤리학자인 무어(George Edward Moore, 1873~1958)가 제시한 것으로, 가치어(value terms)를 비가치어(non-value terms)로써 정의하려는 시도, 또는 가치판단을 사실판단으로 번역하려는 시도 안에 깃든 논리적 난점을 지적한 것이다. 인식론적 자연주의자들은 '좋음'(善; goodness)은 곧 '좋은 것'(good things)이라는 관점이다. 그러나 인식론적 비자연주의자에 따르면, '좋음'(善; goodness)과 '좋은 것'(good things)은 서로 다른 것이다. 이러한 관점에서 전자의 관점이 자연주의적 오류를 범하고 있다고 비난한다. '좋음'은 좋은 사물의 특징의 일부 또는 그 자연적 특성의 하나가 아니라, 그 사물의 모든 다른 특성들의 필연적인 결과로써의 세계에 속하는 실재(實在)로 본다. 그러나 '좋은 것'은 자연현상으로서 시간과 공간 안에 존재하는 것이다. '좋은 것'은 '좋음'을 가지고 있으나 그 자체가 '좋음'은 아니다. '좋음' 그 자체는 시공 안에 있을 수 없는 실재로써(가치실재론價値實在論이라 부른다) 경험적 지각의 대상이 될 수 없는 것이다. 이를테면, 내가 어떤 여인을 사랑하고 있다면 그것은 '좋은 것'이다. 그러나 나와 연인 간의 사랑이 '사랑' 그 자체는 아니며, 시공을 넘어 실재하는 사랑의 이념을 시공 안에서 일부 실현하고 있을 뿐이다. 또한 '좋음'과 '좋은 것'의 구별에서 유의해야 할 것은 좋은 것들이 가지고 있는 자연적 특성을 좋음으로 규정하면 안 된다는 것이다. 자연주의 윤리학자들은 "선은 쾌락이다" 혹은 "선은 유용성을 가져오는 것이다"고 정의하는 데, 이는 좋음을 심리학적 사실로 등치시켜 이해하는 것이다. 인간은 욕구하는 존재라는 심리학적 사실을 전제하고 좋음을 규정하려는 시도이기에, 이는 가치판단을 사실판단으로 번역하는 것이다. 이러한 관점은 형이상학적 사실(실재)을 가정하고 이로부터 좋음과 당위를 이끌어내리는 형이상학적 자연주의자들에게 적용된다. 요컨대, 비자연주의자들에게 <존재와 사실의 영역>과 <당위와 가치의 영역>은 전혀 카테고리를 달리한다. 당위와 가치의 도덕적 진리는 그 자체로 즉각적으로 파악되어야 하는 것이다. 그래서 비자연주의 윤리학을 직관론적 윤리론(intuitional ethics)이라 부르기도 한다. 김태길, 『윤리학』(서울: 박영사, 1984), 170~172쪽.

사랑하라'는 것이었다. 이것을 우리는 어떻게 알 수 있는가? 이에 대한 묵자적 인식방법의 사례를 보자.

> 무엇으로 천하의 사람들을 두루 사랑하는 것을 알 수 있는가? 두루 먹여준다. 무엇으로 그가 두루 먹여주는 지를 알 수 있는가? 자고로 멀리 신령스럽고 독특한 동이족의 나라가 있는데, 이를 포함하여 모든 나라가 소와 양과 개와 돼지를 잡고 젯밥과 단술을 마련하여 공경으로 상제와 산천귀신들에게 제사를 지냈다. 이로써 두루 먹여준다는 것을 알 수 있다. 진실로 두루 먹여준다는 것은 반드시 두루 사랑한다는 것이다. 비유컨대, 초나라와 월나라 임금과 같다. 지금 초나라 왕이 초나라의 사방 경계 내의 백성들을 먹인다. 그러므로 초나라 백성들을 사랑하는 것이다. 월나라 왕은 월에서 먹인다. 그러므로 월나라 백성을 사랑하는 것이다. 지금 하늘이 천하의 백성들을 두루 먹인다. 이로써 나는 천하의 백성들을 두루 사랑한다는 것을 알 수 있다. 今天下之士君子之欲爲義者, 則不可不順天之意矣。曰順天之意何若? 曰兼愛天下之人。何以知兼愛天下之人也? 以兼而食之也。何以知其兼而食之也? 自古及今, 無有遠靈孤夷之國, 皆犓豢其牛羊犬彘, 潔爲粢盛酒醴, 以敬祭祀上帝山川鬼神, 以此知兼而食之也。苟兼而食焉, 必兼而愛之。譬之若楚越之君, 今是楚王食於楚之四境之內, 故愛楚之人, 越王食於越, 故愛越之人。今天兼天下而食焉, 我以此知其兼愛天下之人也。(天志下: 2)

인용에서 보듯이, 묵자는 하늘이 천하의 사람을 두루 사랑한다는 점을 동이족, 초나라와 월나라의 임금들이 각각 자기나라 백성들을 두루 먹여준다는 사실에 비유하고 유추하여 인식할 수 있다고 논증하고 있다. 그리고 하늘이 백성들을 두루 사랑한다는 사실에 따라 인간들도 의로움을 실행하고자 한다면 이러한 하늘의 뜻에 따르지 않으면 안 된다고 당위적 주장을 펼치고 있다. 그래서 정초된 묵자의 규범윤리가 '사람을 두루 사랑하고 서로 이익을 나누라'는 겸애교리(兼愛交利)의 윤리학이다.

2) 겸애교리의 윤리학

가. 차별적 사랑이 아니라 두루 평등한 사랑: 겸애(兼愛)

묵자는 춘추시대적 환난의 이유를 7가지로 진단한다.[47] 대체로 그것은 임금을 비롯한 위정자들이 사치와 낭비에 일삼고 백성들을 위한 정치를 하지 않는 데에 원인이 있었다. 그러나 이러한 칠환(七患)의 원인은 현상적인 것이다. 왜 위정자들이 환난을 가져오는 정책을 일삼는가? 근본적인 원인이 따로 있다. 그것을 알아야 한다. 의사가 환자의 병을 고치기 위해서는 현상적으로 드러난 증상만을 보고 판단해서는 안 된다. 근본적인 병의 원인을 알아내야 한다. 천하를 다스리는 것도 마찬가지이다. 현상적 환난만을 보고 대중요법으로 그것을 치유하려고 해서는 안 된다. 근본적인 환난의 원인을 알아야 한다.[48] 그것이 무엇인가? 사랑이 없기 때문이다.

> 성인은 천하를 다스리는 것을 일로 삼는 자이다. 혼란이 일어나는 원인을

---

47) 『墨子』「七患」편 참조. 7가지 환난은 ① 성곽과 구지는 돌보지 않고, 궁실을 짓고 치장하는 것, ② 주변국이 쳐들어와도 이웃나라가 구원해 주지 않는 것, ③ 백성의 노동력을 실용이 없는 일에 다 써버리고 무능한 사람들에게 상과 선물을 내어주며, 백성의 노동력을 쓸모없는 데에 진력하고 재물과 보화는 빈객을 접대하는 일에 탕진하는 것, ④ 관리들은 자기 녹봉을 지키려 하고, 벼슬하지 않는 자들은 교활하기를 좋아하고, 임금은 법을 앞세워 신하를 포악하게 다스리고, 신하는 임금이 두려워 감히 거스르지 못하는 것, ⑤ 임금이 스스로를 성스럽고 지혜롭다고 여겨 신하들에게 일을 묻지 않고, 스스로를 안전하고 강하다고 여겨 나라를 지킴에 게을리하고, 이웃나라가 음모를 저질러도 경계할 줄 모르는 것, ⑥ 소신 있는 자들은 충성스럽지 않고, 충성스러운 자들은 소신 없는 것, ⑦ 가축과 곡식은 백성을 먹이는 데에 부족하고, 대신들은 일을 처리하는 데에 만족스럽지 않고, 상과 선물에도 기뻐하지 않고 처형과 벌에도 두려워하지 않는 것 등이다.

48) "성인은 천하를 다스리는 것을 일로 삼는 자이다. 반드시 혼란이 일어나는 원인을 알아야만 능히 그것을 다스릴 수 있다. 혼란이 일어나는 원인을 알지 못하면 다스릴 수가 없다. 비유컨대, 의사가 사람의 질병을 고칠 때에 그러한 것과 같다. 반드시 병의 원인을 알아야 능히 그것을 고칠 수 있다. 병의 원인을 모르면 고칠 수가 없다. 혼란을 다스리는 것도 어찌 그렇지 않겠는가? 반드시 혼란의 원인을 알아야 능히 그것을 다스릴 수 있다. 혼란의 원인을 모르면 다스릴 수가 없다." 『墨子』「兼愛上: 1」.

살피지 않으면 안 된다. 혼란의 원인을 살펴보면 그것은 무엇인가? 이유는 서로 사랑하지 않는 것이다. 신하와 자식이 임금과 아버지에게 효도하지 않기 때문에 혼란이 온다. 자식이 자신만을 사랑하고 아버지를 사랑하지 않는다. 그러므로 아버지를 줄이고 자신이 이익을 얻는다. 동생이 자신만을 사랑하고 형을 사랑하지 않는다. 그러므로 형을 줄이고 자신이 이익을 얻는다. 신하가 자신만을 사랑하고 임금을 사랑하지 않는다. 그러므로 임금을 줄이고 자신이 이익을 얻는다. 이것들이 혼란의 원인이다. 비록 아버지가 자식을 사랑하지 않고, 형이 동생을 사랑하지 않고, 임금이 신하를 사랑하지 않으면, 이 또한 천하가 혼란스러워지는 원인이다. 아버지가 자신만을 사랑하여 자식을 사랑하지 않는다. 그러므로 자식을 줄이고 자신이 이익을 얻는다. 형이 자신만을 사랑하고 동생을 사랑하지 않는다. 그러므로 동생을 줄이고 자신이 이익을 얻는다. 임금이 자신만을 사랑하고 신하를 사랑하지 않는다. 그러므로 신하를 줄이고 자신이 이익을 얻는다. 이것이 무엇인가? 모든 원인이 서로 사랑하지 않는 것이다. 聖人以治天下爲事者也, 不可不察亂之所自起, 當察亂何自起? 起不相愛。臣子之不孝君父, 所謂亂也。子自愛不愛父, 故虧父而自利, 弟自愛不愛兄, 故虧兄而自利, 臣自愛不愛君, 故虧君而自利, 此所謂亂也。雖父之不慈子, 兄之不慈弟, 君之不慈臣, 此亦天下之所謂亂也。父自愛也不愛子, 故虧子而自利, 兄自愛也不愛弟, 故虧弟而自利, 君自愛也不愛臣, 故虧臣而自利, 是何也？皆起不相愛。(兼愛上: 2)

모든 환란의 근본원인은 부자간, 형제간, 군신간이 서로 사랑하지 않고 자기 자신만을 사랑하고 이익을 고집하기 때문이다. 도적질을 하는 것도 자기 가문만을 사랑하고 이익을 고집하기 때문이고, 이웃나라를 공격하는 것도 자기 나라만을 사랑하고 이익을 고집하기 때문이다. 환난의 모든 원인은 서로 사랑하지 않기 때문이다. 그러면 어떻게 사랑해야 하는가?

천하가 두루 서로 사랑하여 남을 사랑하기를 자기 몸 사랑하듯이 하면 불효자가 있겠는가? 부모, 형, 임금 보기를 자기 몸처럼 하면 어찌 불효하고 자애롭지 않은 자가 있겠는가? 동생, 자식, 신하 보기를 자기 몸처럼 하면 어찌 자애롭지 않겠는가? 그러면 불효하고 자애롭지 않는 자가 있을 수 없다. 도적과 해치는 자는 어떤가? 남의 집 보기를 자기 집처럼 하면 누가 훔치겠는가? 남의 몸 보기를 자기 몸처럼 하면 누가 해치겠는가? 그러면 도적과 해치는 자가 있을 수 없다. 대부가 서로 가문을 혼란스럽게 하고, 제후들이 서로 나라를 공격하는 것은 어떤가? 남의 가문 보기를 자기 가문처럼 하면 누가 혼란스럽게 하겠는가? 남의 나라 보기를 자기 나라처럼 하면 누가 공격하겠는가? 그러면 대부가 서로 가문을 혼란스럽게 하고, 제후가 서로 나라를 공격하는 자는 있을 수가 없다. 만약 천하가 두루 서로 사랑하면 나라와 나라가 서로 공격하지 않고, 가문과 가문이 서로 혼란스럽게 하지 않고, 도적과 해치는 자가 있을 수 없고, 임금과 신하, 아버지와 자식이 모두 효도하고 자애로울 것이다. 이와 같으면 천하는 다스려진다. 그러므로 성인은 천하 다스리는 것을 일로 삼는 자이기에, 어찌 악을 금지하고 사랑을 권면하지 않겠는가? 그래서 천하가 두루 서로 사랑하면 다스려지고, 서로 악을 다투면 혼란해진다. 若使天下兼相愛, 愛人若愛其身, 猶有不孝者乎? 視父兄與君若其身, 惡施不孝? 猶有不慈者乎? 視弟子與臣若其身, 惡施不慈? 故不孝不慈亡有, 猶有盜賊乎? 故視人之室若其室, 誰竊? 視人身若其身, 誰賊? 故盜賊亡有。猶有大夫之相亂家、諸侯之相攻國者乎? 視人家若其家, 誰亂? 視人國若其國, 誰攻? 故大夫之相亂家、諸侯之相攻國者亡有。若使天下兼相愛, 國與國不相攻, 家與家不相亂, 盜賊無有, 君臣父子皆能孝慈, 若此則天下治。故聖人以治天下為事者, 惡得不禁惡而勸愛? 故天下兼相愛則治, 交相惡則亂。(兼愛上: 3)

'두루 사랑'(兼愛) 해야 한다. 그것은 남을 사랑하기를 자기 몸 사랑하듯이 사랑하는 것이다. 부모간, 형제간, 군신간이 서로 사랑하기를 자기 몸 사랑하듯이 사랑해야 한다. 남의 가문과 남의 나라 사랑하기를 자기 가문과 자기 나라 사랑하듯이 사랑해야 한다. 두루 사랑의 '겸애'는 차별적 사랑인 '별애'(別愛)와 전혀 다르다. '겸애'는 세상의 환란을 없애고 치평(治平)을 가져오는 길이지만, '별애'는 오히려 세상에 환란을 가져오는 사랑법이기 때문이다.

돌아보건대, 이처럼 많은 폐해가 생겨나는 근본 원인은 어디로부터 생겨나는가? 이것은 사람을 사랑하고 사람을 이롭게 한 것으로 생겨나는가? 반드시 그렇지 않다고 말할 수 있다. 반드시 사람을 미워하고 천대하는 것에서 생겨났다고 말할 수 있다. 천하에 사람을 미워하고 천대하는 것을 '겸애'라 명칭 할 수 있는가, '별애'라 명칭 할 수 있는가? 반드시 '별애'라 말할 수 있다. 그런즉 서로 별애하면 결국 천하에 큰 해로움이 생기는 것이다. 그러므로 별애는 그른 것이다. 묵자가 말했다: 사람을 그르다고 하는 자는 반드시 바꾸어야 한다. 만약 사람을 그르다고 하면서 바꿀 수 없다면, 비유컨대 물로써 물을 구하려는 것과 같으니, 그것은 옳은 말일 수가 없다. 그러므로 묵자가 말했다: 겸애로 별애를 바꾸라. 姑嘗本原若眾害之所自生, 此胡自生？此自愛人利人生與？即必曰非然也, 必曰從惡人賊人生。分名乎天下惡人而賊人者, 兼與？別與？即必曰別也。然即之交別者, 果生天下之大害者與？是故別非也。」子墨子曰:「非人者必有以易之, 若非人而無以易之, 譬之猶以水救水也, 其說將必無可焉。」是故子墨子曰:「兼以易別。」(兼愛下: 1)

인용에서 보듯, 묵자는 '별애'(別愛)를 '겸애'(兼愛)로 바꾸라고 한다. 그 까닭이 무엇인가? 만약 남의 나라를 자기 나라처럼 대한다면 누가 자기 나라를 일으켜 남의 나라를 공격하겠는가? 남의 나라를 자기 나라처럼 위하기 때문이다. 나의 도읍을 자기 도읍처럼 위한다면 누가 자기 도읍을 일으켜 남의 도읍을 벌하겠는가? 남의 도읍을 자기 도읍처럼 위하기 때문이다. 남의 가문을 자기 가문처럼 위한다면 누가 자기 가문을 일으켜 남의 가문을 어지럽히겠는가? 남의 가문을 자기 가문처럼 위하기 때문이다. 이처럼 나라, 도읍, 가문이 서로 대하기를 자기 나라, 도읍, 가문을 대하듯이 하면, 나라와 도읍이 서로 공벌하지 않고, 가문들이 서로 해치지 않는다. 이것을 두고 천하의 해로움이라 하겠는가? 반드시 천하의 이로움이라 말할 수 있다.[49]

두루 사랑의 '겸애'는 사람을 사랑하고 사람을 이롭게 하는 것인 반면, 차별

---

49)『墨子』「兼愛下: 2」.

적 '별애'는 사람을 미워하고 천대하는 것이다. 전자의 '겸애'는 남을 사랑하기를 자기 몸을 사랑하듯이 사랑하는 것인 반면, 후자의 '별애'는 자기만을 사랑하고 자기에게 가깝고 자기를 친애하는 사람만을 사랑하는 것이다. 자기를 친애하지 않는 사람을 미워하고 천대한다. 저 유가들의 사랑법이 그것이다. 세상의 혼란은 이러한 차별적 사랑으로부터 비롯되었다. 차별 없는 두루 사랑만이 세상에 이로움을 가져오고 치평(治平)의 길로 인도한다. 그러니까 '겸애'가 옳다.[50] 그럼에도 불구하고 두루 사랑의 '겸애'를 의심하고 실현 가능성을 비난하는 자들이 있다.[51] 그러나 '겸애'를 의심하고 비난하던 자들도 위기에 닥치면 자기 가족을 '별애'가 아니라 '겸애'의 선비에게 의탁하며, 나라의 재난 상황에서 백성들은 필부라도 마땅히 '겸애'의 임금에게 돌아갈 것이다. '겸애'의 두루 사랑이야말로 성왕의 도리요, 만백성의 이로움이기 때문이다.

나. 당위적 의리가 아니라 이익을 나누는 사랑: 교리(交利)

'겸애'는 나라와 백성에게 이로움을 가져오고, '별애'는 나라와 백성에게 해로움을 가져온다. 두루 평등한 사랑이 결과적으로 여러모로 이익을 가져온다는 것이다. 그러나 묵자의 사랑은 여기에 그치지 않는다. 처음부터 사랑이란 서로 이익을 나누는 것이라고 여기기 때문이다. 겸애의 궁극적 실현은 서로 이익을 나누는 것이다.

> 묵자가 말했다: 두루 서로 사랑하고 서로 이익을 나누는 법으로 그것을 바꾸라. 그러면 두루 서로 사랑하고 이익을 나누는 방법은 무엇인가? 묵자가 말했다: 남의 나라 보기를 자기 나라보는 것처럼 하고, 남의 가문 보기를 자기 가문 보는 것처럼 하고, 남의 몸 보기를 자기 몸 보듯이 하

---

50) 『墨子』「兼愛下: 2」.
51) 『墨子』「兼愛下: 4」 및 「兼愛下: 5」.

라. 그러면 제후들이 서로 사랑한 즉 들에서 전쟁하지 않고, 가문의 주인들이 서로 사랑한 즉 서로 찬탈하지 않고, 사람들이 서로 사랑한 즉 서로 해치지 않고, 임금과 신하가 서로 사랑한 즉 은혜롭고 충성하고, 아버지와 자식이 서로 사랑한 즉 자애롭고 효도하며, 형과 아우가 서로 사랑한 즉 화합하고 조화롭다. 천하 사람들이 모두 서로 사랑하면 강자가 약자를 짓누르지 않고, 다수가 소수를 겁탈하지 않고, 부자가 빈자를 업신여기지 않고, 고귀한 자가 천한 자를 모멸하지 않고, 교활한 자가 어리석은 자를 속이지 않는다. 무릇 천하의 재앙과 찬탈과 원한이 일어나지 않는 것은 서로 사랑하는 데서 생겨난다. 이로써 어진 자가 그것을 기리는 것이다. 子墨子言曰:「以兼相愛、交相利之法易之。」然則兼相愛、交相利之法, 將奈何哉? 子墨子言:「視人之國, 若視其國, 視人之家, 若視其家, 視人之身, 若視其身。是故諸侯相愛則不野戰, 家主相愛則不相篡, 人與人相愛則不相賊, 君臣相愛則惠忠, 父子相愛則慈孝, 兄弟相愛, 則和調, 天下之人皆相愛, 强不執弱, 衆不劫寡, 富不侮貧, 貴不敖賤, 詐不欺愚。凡天下禍篡怨恨, 可使毋起者, 以相愛生也, 是以仁者譽之。」(兼愛中: 2)

앞에서 진리의 준거인 삼표론(三表論)을 다룰 때 보았듯이, 진리의 가장 중요한 준거는 실용성이었다. 한마디로 묵자에게 철학적 진리란 백성들의 삶과 사회를 개선시키는 실용적인 목적에 기여하는 것이었다. 개인적·사회적으로 부닥친 악의 본질을 명료히 하고, 제안된 해결책이 유용성(공리성과 실용성)을 평가하며, 미래의 개선과 발전을 위한 적절한 방향과 방법을 제시해 줄 수 있을 때만이 철학이고 진리라고 할 수 있다. 그러나 묵자가 이렇게 공리성과 실용성의 '이익'(利)을 말한다고 하여 '의로움'(義)을 가볍게 여긴 것은 아니었다. 누구보다 그도 "의로움이 목숨보다 귀중하다."(貴義於其身也)[52]할 만큼 의로움을 중시 여겼고 실천하고자 하였다. 문제는 묵자가 생각하는 '의로움'이 무엇이냐는 것이겠다. 그에게 '의로움'(義)은 '이로움'(利)과 다르지 않았다. 이로움을 낳는 일이 곧 의로운 일이다.

---

52) 『墨子』「貴義: 1」.

의로움이란 이로움이다. 의로움은 뜻으로 천하를 아름답게 하고, 능력 껏 이롭게 하는 것이다. 반드시 재화일 필요는 없다. 義, 利也, 義, 志以 天下爲芬, 而能能利之, 不必用。(經·經說上: 8)

묵자는 효(孝)도 부모를 이롭게 하는 것이고, 충(忠)도 이롭게 하고자 간언 하는 것이라 하였다.[53] 이처럼 '의로움'이 곧 '이로움'이라는 묵자의 관점은 유가에 배치된다. 공자와 유가들의 '의로움'은 당위윤리적 관점이다. 당위윤리란 행위의 결과(공리성과 실용성)와 상관없이 도덕법칙이 옳다는 이유 때문에 지켜지기를 바라는 윤리이다. 따라서 이로움을 낳기 때문에 의로운 것이라는 관점을 그들은 수용할 수가 없다. 오히려 의로움과 이로움이 갈등할 때는 의로움을 선택해야 한다는 것이 당위윤리와 유가들의 관점이다. 공자와 유가의 관점에서 '이로움'을 추구하는 것은 소인배들의 짓이다. 군자는 안빈낙도(安貧樂道)할 수 있어야 하고, '이로움'을 추구하더라도 그것의 '의로움'을 따진 다음에 취해야 한다(見得思義, 見利思義).[54]

그런데 유가들이 생각하는 당위윤리적 규범으로써 '의로움'이란 무엇인가? 그것의 원래 뜻은 '옳음'[誼] 혹은 '마땅함'[宜]이다. 문제는 '의로움', '옳음', '마땅함'의 기준이 무엇인가 하는 점이다. 김낙진에 의하면,[55] '의로움'의 기준에 대한 동양사상적 이해는 세 가지로 대별할 수 있는데, 첫째가 개인들 간의 사사로운 은혜에 바탕을 둔 자객과 호걸의 의리이고, 둘째는 사회적 지위에 따라 부여되는 의리로써 유교의 분의(分義)이며, 셋째는 차등 없는 헌신으로서의 의리를 대변하는 묵자와 한비자(韓非子)의 의리가 그것이다. 이 중 유가의 의리란 한마디로 "명분론에 따라 자기에게 부여한 직분을 다함"이다.[56] 『논어』에서 "임금은 임금다워야 하고 신하는 신하다워야 하며 아버지는 아

---

53) "孝, 利親也." "忠, 以爲利而强詆也." 『經·經說上 12 및 13』.
54) 『論語』 「憲問: 13」 「子張: 1」 「季氏: 10」 참조.
55) 김낙진, 『의리의 윤리와 한국의 유교문화』(서울: 집문당, 2004), 39~71쪽 참조.
56) 위 책, 55쪽

버지다워야 하고 자식은 자식다워야 한다.(君君臣臣父父子子)"는 언표는 그 전형적인 예이다. 그러나 묵자의 의리는 차등 없는 헌신인 두루 사랑이며, 행위의 결과가 이로움을 낳아야 의로움이라는 유위윤리이고 실용윤리다.[57] 이러한 관점에서 묵자는 유가적이고 세속적인 군자들을 비난한다.

> 묵자가 말했다: "세속의 군자들은 의로운 선비보기를 마치 곡식을 짊어진 짐꾼만큼도 대접하지 않는다. 지금 여기에 한 사람이 있는데, 곡식을 지고 가다 길옆에서 쉬고 다시 일어나려 하여도 무거워서 일어날 수가 없다고 치자. 군자가 그것을 보았다면 어른과 아이, 귀천에 상관없이 반드시 그를 일으켜줄 것이다. 무슨 까닭인가? 의로움 때문이다. 그런데 오늘날 의로움을 행하는 군자들은 선왕의 도를 받들어 의로움을 말하지만, 그것을 기뻐하지도 행하지도 않을뿐더러 도리어 쫓아가 비난하고 헐뜯는다. 그런즉 세속의 군자들이 의로운 사람보기를 곡식을 짊어진 짐꾼만큼도 대접하지 않고 있는 것이다." 子墨子曰:「世俗之君子, 視義士不若負粟者。今有人於此, 負粟息於路側, 欲起而不能, 君子見之, 無長少貴賤, 必起之。何故也？曰:義也。今為義之君子, 奉承先王之道以語之, 縱不說而行, 又從而非毀之。則是世俗之君子之視義士也, 不若視負粟者也。」(貴義: 16)

> 묵자가 말했다: "상인들은 사방으로 다니면서 장사를 하여 이익을 몇 배로 남긴다. 비록 관문과 다리를 지나는 어려움과 도적의 위험이 있더라도 반드시 그것을 한다. 오늘날 선비들은 앉아서 의로움을 말하는 것만으로도, 관문이나 다리를 건너는 어려움이 없고 도적을 만날 위험이 없어도, 이익을 몇 배나 남기는지 헤아릴 수가 없을 것이다. 그런데도 의로움을 행하지 않는 것은 선비들이 이익을 계산하는 것이 상인들의 지혜만도 못하기 때문이다." 子墨子曰:「商人之四方, 市賈倍徙, 雖有關梁之

---

[57] 이러한 점에서 그동안 많은 묵자 연구가들은 묵자의 규범윤리를 공리주의 윤리학으로 규정해왔다. 김기현은 묵자의 윤리학을 공리주의로 규정한 기존 연구들이 묵가 공리주의의 본래적 가치가 무엇인지를 거론하지 않았고, 그렇다고 묵자의 공리주의를 서양의 공리주의와는 무관한 중국 윤리학 전통에서의 공리주의임을 명확히 언급하지도 않은 문제점들이 있다고 평가한다. 김기현, 「묵가 윤리학에 대한 연구의 한계와 과제」, 『윤리교육연구』제12집 (한국윤리교육학회, 2007. 4), 25쪽.

難, 盜賊之危, 必爲之。今士坐而言義, 無關梁之難, 盜賊之危, 此爲倍徙, 不可勝計, 然而不爲。則士之計利, 不若商人之察也。」(貴義: 17)

묵자가 보기에 유가적 군자들은 세속의 군자들이고 그들은 곡식을 짊어진 짐꾼만도 못하고 장사치만도 이익을 계산할 줄 모르는 사람들이다. 짐이 무거워 일어나기 어려워하는 사람을 만나면 누구라도 도와주려 하는 것이 인지상정이다. 그런데 세속의 군자들은 그런 사람을 만나도 군자가 할 일이 아니라 여겨 하지 않을 뿐만 아니라 참된 군자가 그것을 돕는 것까지 비웃고 헐뜯는다. 그저 말로만 선왕의 도를 외칠뿐인데, 사실 그것조차도 제대로 하지 않는다. 그것을 하면 장사치가 관문과 다리를 건너는 어려움과 도적을 만나는 위험을 무릅쓰면서 이익을 도출하는 것보다 몇 배 많은 유용성을 낳을 수 있는데도 하지 않는다. 그래서 유가의 군자들은 장사치만큼도 이익을 계산할 줄 모르는 족속들이라는 것이다. 유가들은 이러한 묵자의 무리가 이익만을 추구하는 물신의 노예처럼 보일지 모르지만, 그렇지 않음은 분명한 사실이다. 그들이 추구하는 이익은 사적인 이익추구가 아니라 공리적 실용성이고 이익을 서로 나누는 사랑이기 때문이다. 그것이 성왕의 법이고 천하를 다스리는 도리이다.

다. 그러나 물신의 노예가 되면 안 된다: 절용(節用), 절장(節葬), 비악(非樂)

묵자가 주장하는 '의로움'이 '이로움'을 추구하는 것이고, 그 '이로움'은 사적인 이익의 추구이거나 물신의 노예가 되기를 조장하는 것이 아니라는 증거가 있다. 그가 절용(節用)과 절장(節葬)을 주장하고, 사치와 음란을 일삼은 음악을 배척하고 있기 때문이다. 오히려 묵자는 물신의 노예가 되는 것을 막고자 한다.

옛날의 성왕들은 백성들을 두루 사랑하였고 이롭게 하였다. 백성들에게 이용후생을 낳지 않는 일이나 정책을 펴지 않았다. 백성들에게 이익을 가져오는 길은 무엇인가? 그것은 남의 나라 땅을 빼앗거나 재물을 탈취하는 것이 아니다. 자기 나라에서 쓸모없는 재용의 낭비를 없애는 절용의 법을 사용하는 것이다. 백성들의 소질과 능력에 따라 일에 종사하게 할 뿐 사역의 노고를 시키지 않으며, 일에 종사하여도 재용을 공급하는데 풍족하면 그치도록 하였다. 이것만으로도 나라와 백성의 이익이 배가되었다.[58]

옷을 만드는 이유가 무엇인가? 겨울에 추위를 막고 여름에 더위를 막기 위함이다. 그 이상의 치장은 필요가 없다. 궁실과 집을 짓는 이유는 무엇인가? 겨울에 바람과 추위를 막고 여름에 더위와 비를 막고, 외부 도적의 침입을 막기 위함이다. 그 이상의 치장은 필요가 없다. 음식을 먹는 이유가 무엇인가? 허기를 채우고 기운을 북돋우며 팔과 다리를 강하게 하고 귀와 눈이 총명할 수 있으면 그만이다. 그리고 갑옷과 방패 등 병장기를 만드는 이유는 무엇인가? 오랑캐와 도적을 막으려는 것이다. 수레와 배를 만드는 까닭은 무엇인가? 수레로 구릉과 육지를 가고 배로 하천과 계곡을 건너기 위함이다. 이들은 모두 나라와 백성들에게 이용후생을 가져오는 것이기 때문에 그들을 수고롭게 하여도 불평하지 않고, 필요이상의 재용을 낭비하지 않는 한 이익의 배가를 가져올 수가 있다.[59]

한마디로, 절용하면 이익을 배가시킬 수 있다. 그런데 배로 늘리기가 어려운 것이 하나 있다. 인구수를 늘리는 것이다. 왜 그런가? 의식주와 함께 남녀 간의 사랑은 중요한 식색(食色)의 본성이다. 그것은 모든 생명들이 자신의 생명을 미래까지 연장하고자 하는 본능이자 본성이었다. 그러나 사회적 존재로서 인간들은 지능의 분별심이 생기면서부터 본능과 본성이 분리되었고, 문화와 문명을 개발하게 되었다. 그래서 인간에게는 짝짓기 철이 없어졌고 새 생

---

58) 『묵자』「節用中: 1」.
59) 『묵자』「節用上 1」.

명을 낳기 위한 것과 상관없이 성 관계 그 자체를 즐기게 되었다. 결혼도 제 때에 안 한다. 새 생명이 이어지지 않으면 국가생명까지 위협받는다. 성 관계 그 자체를 즐기는 이로움을 없애지는 못할지라도, 새 생명을 낳지 않아 개인 생명의 연장을 포기하는 것은 남녀 둘만의 선택일 수도 있지만 국가생명까지 위협받는 것은 예나 지금이나 문제이다. 그리고 생명이 늘어나지 않은 이유가 남녀 둘만의 자유의지에 따른 선택이 아니라는 데에 더 큰 문제가 있다. 예나 지금이나 그 이유는 국가의 인구정책과 관련 제도에 있다. 결혼하고 싶어도 제 때에 결혼할 수 없는 사회 환경, 새 생명을 낳고 싶어도 낳을 수 없는 사회 환경이 인구수를 줄게 만든다. 묵자의 진단을 보자.

지금 천하에서 정치하는 자들은 백성이 적어지는 도리를 하는 것이 많다. 사역으로 백성들이 수고롭고, 거두는 세금을 무겁게 하니, 백성들의 재물이 부족하여 얼어 죽고 굶주려 죽는 이가 수를 헤아릴 수가 없다. 또한 대인들은 오직 군사를 일으켜 이웃나라를 공격정벌하기에 여념이 없다. 오래면 일 년이고 빠르면 수개월이니, 남녀가 오래도록 만나지 못한다. 이것이 백성이 적어지는 도리인 셈이다. 또한 거처가 불안하고 먹는 것이 때를 잃고 질병에 걸려 죽는 자, 더불어 불타는 전대를 들고 성을 공격하고 들에서 전쟁을 벌이다 죽는 자가 수를 헤아릴 수 없다. 이것은 정령에 따르지 않고 정치를 하는 자들이 백성을 줄어들게 만드는 도리와 여러 정책을 폈기 때문이다. 성인이 정치를 함에 결코 이처럼 하지 않는다. 성인이 아닌 자가 정치를 하면 백성들이 많아지는 도리와 그런 정책들을 펴겠는가? 그러므로 묵자는 말했다: "쓸모없는 재용의 낭비를 없애라. 성왕의 도라야 천하에 큰 이익을 가져온다." 今天下爲政者, 其所以寡人之道多。其使民勞, 其籍斂厚, 民財不足, 凍餓死者不可勝數也。且大人惟毋興師以攻伐鄰國, 久者終年, 速者數月, 男女久不相見, 此所以寡人之道也。與居處不安, 飮食不時, 作疾病死者, 有與侵就援橐, 攻城野戰死者, 不可勝數。此不令爲政者, 所以寡人之道數術而起與？聖人爲政, 特無此, 不聖人爲政, 其所以眾人之道亦數術而起與？故子墨子曰:「去無用之費, 聖王之道, 天下之大利也。」(節用 上: 2)

성왕의 법은 남자 20세, 여자 15세가 되면 결혼할 수 있는 것이 제도였다. 그런데 그러한 제도가 무너져서 인구수가 줄어들고 있다고 묵자는 말했다. 왜 그렇게 되었는가? 결혼하고 싶어도 할 수 없는 사회 환경 때문이다. 나라가 쓸데없는 노역을 동원하고 세금을 무겁게 매기니 백성들이 먹을 것이 부족하여 얼어 죽고 굶주려죽는다. 이러한 현실인데 결혼을 생각할 수 있겠는가. 또한 나라들은 공격정벌을 일으킨다. 군사에 동원되니 남녀가 만날 수가 없다. 결혼하더라도 아이를 낳을 수 없는 현실이다. 오늘날의 한국사회 현실과 비교해보자. 청년들이 일거리와 일자리가 없다. 결혼은커녕 연애도 못하는 현실이다. 결혼해도 아이를 낳을 것인지 망설여진다. 아이의 양육을 맡길 곳이 없다. 아이를 낳아도 걱정이 끊이질 않는다. 양육비와 교육비를 감당할 재간이 없다. 그래서 묵자는 말한다. "쓸모없는 재용의 낭비를 없애라. 성왕의 도라야 천하에 큰 이익을 가져온다."

당시대에 쓸모없는 재용 낭비를 일삼게 하는 관습적 규범 중의 하나가 '후한 장례'(厚葬)와 '오랜 상례'(久喪)였던 것 같다. 처음부터 '후장구상'이 규범은 아니었다. '후장구상'(厚葬久喪)과 '박장단상'(薄葬短喪) 중에 어느 것이 옳은 규범인가? 서로 성왕에 의탁하여 갑론을박한다.[60] 아마 전자가 옳다는 자들은 유가들일 것이다. 공자가 삼년상(三年喪)의 당위성을 주장했었기 때문이다. 공자는 사실 후한 장례에 대해서는 찬성한 적이 없다.[61] 그러나 부모의 죽음에 대한 오랜 상례(3년상)는 고집했다. 이 때문에 제자(재아宰我)와 논쟁도 벌였다.[62] 부모가 자식을 낳아 삼년동안 품에서 키워내듯 자식이 돌

---

60) 『묵자』「節葬下: 1」.

61) 顔淵死, 顔路請子之車以爲之槨. 子曰: "才不才, 亦各言其子也. 鯉也死, 有棺而無槨. 吾不徒行以爲之槨. 以吾從大夫之後, 不可徒行也." (先進: 7); 顔淵死, 門人欲厚葬之. 子曰: "不可." 門人厚葬之. 子曰: "回也視予猶父也, 予不得視猶子也. 非我也, 夫二三子也." (先進: 10). 이상 모두 『論語』.

62) 宰我問, "三年之喪, 期已久矣. 君子三年不爲禮, 禮必壞, 三年不爲樂, 樂必崩. 舊穀旣沒, 新穀旣升, 鑽燧改火, 期可已矣." 子曰: "食夫稻, 衣夫錦, 於女安乎?" 曰: "安." "女安則爲之! 夫君子之居喪, 食旨不甘, 聞樂不樂, 居處不安, 故不爲也. 今女安則爲之!" 宰我出. 子曰: "予之不仁也! 子生三年, 然後免於父母之懷. 夫三年之喪, 天下之通喪也, 予也有三年之愛於其父母乎!" (『論語』「陽貨: 21」)

아가신 부모를 위해 삼년상을 치르는 것은 천하에 통용되는 보편적 규범이다. 그것이 효(孝)이고, 인(仁)을 실현하는 근본으로 보는 것이 공자의 당위윤리적 관점이다. 그러나 재아의 관점은 다르다. 오히려 그는 묵자적 관점의 선구인 것 같다. 상장례는 효규범의 연장이다. 효가 무엇인가? 그것에 근거하여 상장례의 규범을 평가해야 한다. 묵자가 보기에 효란 부모가 가난하면 부유하게 하고, 새 생명을 낳아 집안식구를 늘게 하는 것이고, 혼란스러운 가문을 다스려지게 하는 것이다.[63] 그런데 과연 '후장구상'이 그러한 효를 실현하는가? 그렇지 못하다. '후장구상'의 현실을 보자.

> 천하의 이로움을 일으키고 천하의 해로움을 제거하면 국가와 백성이 다스려지지 아니함은 자고이래 있어본 적이 없다. 어떻게 그러함을 알 수 있는가? 지금 천하의 사군자들은 후한 장례와 오랜 상례가 이로움을 가져오는지 해로움을 가져오는 지의 시비를 가리는 데에 의혹을 가지고 있다. 그러므로 묵자가 말했다: 그러면 지금 후한 장례와 오랜 상례를 주장하는 자들의 말을 본받아서 국가를 섬기는 것에 대하여 검토해보기로 하자. 지금 왕공대인에게 상을 당한 자가 있으면 관과 곽은 반드시 여러 겹으로 하고, 매장은 반드시 깊게 하고, 수의와 이불은 반드시 많이 하고, 무늬와 수를 번다하게 치장하고, 봉분은 반드시 크게 할 것이다. 그런 후에 금과 옥과 구슬로 시체를 덮을 것이고, 비단실로 시체를 싸고 묶을 것이고, 거마를 무덤에 묻고, 또한 반드시 장막과 천막, 솥과 그릇, 탁자와 의자, 항아리와 접시, 창과 검, 깃발과 깃대, 상아와 가죽투구 등 많은 물품을 무덤 안에 놓고 묻어야 만족할 것이다. 죽은 자를 보내기를 따라가도록 하여, 천자와 제후가 죽으면 순장하는 이가 많으면 수백 명이고 적으면 수십 명이라 한다. 장군과 대부가 죽으면 순장하는 이가 많으면 수십 명이고 적으면 몇 명이라 한다. 且故興天下之利, 除天下之害, 令國家百姓之不治也, 自古及今, 未嘗之有也。何以知其然也？今天下

---

63) 대효(大孝)인 나라에 대한 충성의 길도 소효(小孝)와 같다. 즉 "천하가 가난하면 부유해지도록 일에 종사하고, 인구수가 적어지면 많아지도록 일에 종사하고, 나라가 이지러워지면 다스려지도록 하는 일에 종사하는 것이나." 『묵자』「節葬下 12」.

之士君子, 將猶多皆疑惑厚葬久喪之爲中是非利害也。故子墨子言曰:
「然則姑嘗稽之, 今雖毋法執厚葬久喪者言, 以爲事乎國家。」此存乎王公
大人有喪者, 曰棺槨必重, 葬埋必厚, 衣衾必多, 文繡必繁, 丘隴必巨。然
後金玉珠璣比乎身, 綸組節約, 車馬藏乎壙, 又必多爲屋幕鼎鼓, 几梃壺
濫, 戈劍羽旄齒革, 寢而埋之滿意, 若送從, 曰天子諸侯殺殉, 眾者數百,
寡者數十。將軍大夫殺殉, 眾者數十, 寡者數人。(節葬下: 2)

'후장구상'의 현실이 저러한 데 과연 묵자적 효가 실현될 수 있겠는가? 가문과 나라가 부유해질 수 없고, 식구와 인구수가 많아질 수도 없고, 가문과 나라가 다스려질 수도 없고, 대국이 소국을 공격하는 것을 금지시킬 수도 없으며, 상제와 귀신에게 복을 구하는 바람도 구할 수가 없다는 것이 묵자의 진단이다.[64] 그러면 어떡해야 하는가? 성왕이 제정한 장례와 상례를 따라야 한다. 묵자는 말한다. "관은 세 치로 하여 족히 뼈가 썩게 하고, 수의는 세 벌로 하여 족히 육신이 썩게 하고, 무덤의 깊이는 아래로 물에 적는 것을 막고, 위로 썩는 냄새가 새어 나오지 않도록 하고, 봉분은 족히 그 장소를 기약할 수 있으면 그치라. 곡하면서 가고 곡하면서 돌아오지만, 돌아와서는 입고 먹는 재물의 생산에 종사하도록 하고, 제사는 생산 활동에 저촉되지 않은 내에서 하라." 이 정도면 부모에게 효를 다하는 것이다.[65]

한편, '후장구상'의 문제와 함께 묵자가 주목하는 또 하나의 낭비사례가 음란을 조장하는 음악이다. 사실 음란을 조장하는 음악에 대해서는 공자도 반대했다.[66] 그러나 공자는 말년에 각 제후국의 음악을 모아 정리했을 정도로 음악을 중요하게 여겼다. 그리고 모든 상장례를 포함한 모든 의례적 절차에서는 반드시 음악을 연주하도록 하는 것이 관례였다. 옛 성왕들도 직접 음악을 제정하고 악관을 두었다. 그랬기에 묵자의 제자들도 선생이 음악에 반대

---

64) 『墨子』「節葬下 2-3」~「節葬下 6-1」참조.

65) 『墨子』「節葬下 9」.

66) 顏淵問爲邦。子曰: "行夏之時, 乘殷之輅, 服周之冕, 樂則韶舞。放鄭聲, 遠佞人。鄭聲淫, 佞人殆。" (『論語』「衛靈公: 10」)

하는 것에 대해 의아해하였다.[67] 성왕들이 음악을 즐겨했다는 점에 대해 묵자도 부인하지 않는다. 문제는 어떤 음악이고, 그것이 이로움과 유용성을 낳는 것이냐가 관건이다.

시대가 흐를수록 음악은 점점 번잡해졌고, 그럴수록 음악은 나라와 백성들을 사치와 음란으로 이끈다는 것이 문제이다. 큰 종과 우렁찬 북, 가야금과 비파, 피리와 생황의 소리들이 즐겁지 않아서 음악을 반대하는 것이 아니다. 위로 상고해 보아도 성왕의 일에 적중하지 않고, 아래로 헤아려보아도 백성들의 이로움에 적중하지 않기 때문이다. 음악만 그러한 게 아니다. 조각한 장식과 문양들의 색이 아름답지 않아서 그런 장식과 문양을 반대하는 것이 아니며, 굽고 찐 고기의 맛이 달지 않아서 진수성찬을 반대하는 것이 아니며, 높고 큰 누대와 정자를 갖춘 아늑한 집의 안식처가 안락하지 않아서 대궐 같은 집을 반대하는 것이 아니다. 번잡한 음악이 그런 것처럼, 모두가 사치와 낭비를 가져올 뿐 백성들에게 이로움이 없기 때문이다.[68] 위정자들은 백성들의 세금을 수탈하여 악기를 제작한다. 그것은 수레와 배를 만들기 위해 세금을 걷는 것과는 다른 차원이다. 음악을 위한 악기제작은 백성들의 입고 먹을 재물을 얻지 못하게 할 뿐만 아니라 대국이 소국을 공격정벌하고 강자가 약자를 수탈하는 도구가 되고 있다는 것이 묵자의 진단이다.

음악을 반대하는 이유는 그것이 즐겁지 않아서가 아니다. 성왕의 사적에 적중하지 않고 백성들의 이로움에도 적중하지 않기 때문이다. 음악 자체를 반대하는 것이 아니라 바로 백성들을 수탈하는 도구가 되는 음악에 반대하는 것이다. 번다하지 않고, 음란과 사치를 가져오지 않으면서 나라와 백성에게 이로움을 가져오는 음악을 해야 한다. 그런 음악은 마치 '음악없음'과 비슷하다.

---

67) "정번이 묵자에게 물었다. 선생께서 말하시길, '성왕은 음악을 즐기지 않았다.'고 했다. 그러나 옛날의 제후들은 정치를 들음에 권태로우면 종과 북의 음악으로 휴식을 하였고, 사대부들은 정치를 들음에 권태로우면 생황과 거문고의 음악으로 휴식하였고, 농부들은 봄에 밭갈고 여름에 김매고 가을에 거두고 겨울 저장하면서 병과 장구의 음악으로 휴식하였다. 지금 선생께서 '성왕은 음악을 즐기지 않았다.'고 한 것은 비유한다면 말에 수레를 매어놓고 거두어주지 않는 것이요, 활을 당기고는 놓지 않는 것이다. 어찌 혈기 있는 자가 아니라도 이를 수 없는 것이 아니겠습니까?"『墨子』「三辯」.

68)『墨子』「非樂 1」.

3) 맺음말

　도덕 혹은 윤리는 인격의 선악 혹은 행위의 옳고 그름에 관한 기준이다. 도덕의 개념에는 크게 '특정질서로서의 도덕'과 '원리로써의 도덕'이 있다. 전자는 특정 시공간을 공유하는 구성원들이 명시적·묵시적으로 합의하는 덕과 규범을 의미하고, 후자는 시공간을 넘어 보편성과 공정성을 가지는 도덕의 궁극적 원리(도덕규준)를 의미한다. 전자가 관습적 도덕이라면 후자는 반성적 도덕이다. 도덕철학자들은 늘 후자의 관점에서 전자의 도덕을 반성적으로 검토하고 나아가야 할 인간된 삶의 이상과 정의로운 사회의 방향을 제안하고자 한다.
　묵자가 관습적 도덕에 대해 매우 비판적이었다는 사례가 있다.

> 　지금 후한 장례와 오랜 상례를 고집하는 자는 말한다: "후한 장례와 오랜 상례가 성왕의 도가 아니라면, 어찌 중국의 군자들이 하기를 그치지 않고 붙잡고 선택을 포기하지 않은 지를 설명할 수 있는가?" 묵자가 말했다: "이것은 사람들이 그들의 습관을 편리하게 여기고 자기들의 습속을 옳은 것이라 여기기 때문이다. 옛날 월나라의 동쪽에 진목이라는 나라가 있었는데, 장자가 태어나면 해부하여 먹으면서 마땅히 아우를 위한 것이라 말했다. 할아버지가 죽으면 할머니를 업어다가 버리면서 귀신의 처와 더불어 살 수 없다고 말하였다. 이것은 위로는 정치가 되고 아래로는 습속이 되어 하기를 그치질 않고 붙잡고 선택을 포기하지 않는다. 그런즉 이것이 어찌 어짊과 의로움의 도리라 할 수 있겠는가? 이것을 이른바 습관을 편리하게 여기며 습속을 옳다고 여기는 것이다. 今執厚葬久喪者言曰:「厚葬久喪果非聖王之道, 夫胡說中國之君子, 為而不巳, 操而不擇哉?」子墨子曰:「此所謂便其習而義其俗者也。昔者越之東有輆沐之國者, 其長子生, 則解而食之, 謂之宜弟, 其大父死, 負其大母而棄之, 曰鬼妻不可與處。此上以為政, 下以為俗, 為而不巳, 操而不擇, 則此豈實仁義之道哉? 此所謂便其習而義其俗者也。(節葬下: 8)

초나라의 남쪽에 담인국이 있었는데, 그 부모와 친척이 죽으면 시신의 살은 썩게 하여 버리고 뼈만 매장하였고 그것을 효자로 여겼다. 진나라의 서쪽에 의거라는 나라가 있었는데, 부모와 친척이 죽으면 섶나무를 모아다가 시신을 태워서 연기가 오르는 것을 멀리 올려 하늘로 보낸다고 하였고 그것을 효자로 여겼다. 이것을 위로 정치라 여겼고 아래로 습속이라 여겨 하기를 그만두지 않고 붙잡아 선택을 포기하지 않았다. 이것을 어찌 실로 인의의 도라 하겠는가? 이것은 이른바 습관을 편리하게 여기고 습속을 옳다고 여기는 것이라 하겠다. 이처럼 세 나라의 사례를 보건대, 그것은 오히려 각박하다. 마치 중국의 군자들이 그것을 보고 오히려 후한 것이라 여긴 것이다. 저처럼 크게 후한 것이 이처럼 크게 각박한 것인즉 그러함을 잘 살피면 장례에 절도가 있을 것이다. 楚之南有炎人國者, 其親戚死, 朽其肉而棄之, 然後埋其骨, 乃成為孝子。秦之西有儀渠之國者, 其親戚死, 聚柴薪而焚之, 燻上謂之登遐, 然後成為孝子。此上以為政, 下以為俗, 為而不已, 操而不擇, 則此豈實仁義之道哉？此所謂便其習而義其俗者也。若以此若三國者觀之, 則亦猶薄矣。若中國之君子觀之, 則亦猶厚矣。如彼則大厚, 如此則大薄, 然則葬埋之有節矣。(節葬下: 8)

관습적 도덕은 습관이고 습속이다. 반성적으로 검토되지 않는 이러한 도덕을 무조건 옳다고 주장하면 안 된다. 그러한 관점에서 묵자는 당시대의 관습적 도덕인 주나라의 예악(禮樂)에 대해서도 비판적이었다. '후장구상'의 규범은 대표적인 비판 대상이었다. 위의 인용에서 보듯, 이전의 상장례가 너무 각박했다면, 오늘날의 상장례는 너무 후하고 긴 것이 문제라는 것이다. 이처럼 관습적 도덕은 늘 반성적 검토를 거쳐야 한다. 묵자가 보기에 반성적 검토의 기준인 공자의 인(仁)도 문제였다. 그는 주나라의 예악규범이나 인(仁)의 전덕(全德)은 모두 친친(親親)의 원리에 토대한 차별적 사랑을 실현하는 규범이고 원리라고 생각했다. 묵자는 유가적 도덕원리(仁)를 '별애'(別愛)라고 규정한다. 대신 그는 사람을 두루 사랑하는 '겸애'(兼愛)를 도덕규준으로 제안한다. 나아가 '겸애'의 사랑은 사람들을 이롭게 하는 것이어야 한다고 생각했다. 유가적 윤리는 인(仁)의 사랑을 직분에 걸맞게 실현하는 의리를 소중히 여기는 당위윤리이다. 그러나 묵자는 '의로움'도 '이로움'이어야 한다는 유위윤리 혹은 실용윤리를 제안한다. '이로움'은 사적인 이익이 아니라 공리적인 것으로 구성원들이 서로 이익을 나누는 것이었다. 그래서 나는 묵자의 철학을 한마디로 '밥을 나눈 사랑'이라 했던 것이다.

그러나 묵자의 실용윤리가 결코 사람들을 물신의 노예가 되도록 조장하는 것이 아니다. 그가 말하는 '이로움'은 남의 땅을 빼앗고 재물을 수탈하는 맹목적인 이익추구가 아니다. 오히려 쓸모없는 나라의 재용을 절약함으로써 얻을 수 있는 이익이다. 이러한 맥락에서 그는 물자의 절용(節用)을 부단히 강조하였다. 또한 당시에 가장 사치와 낭비를 일삼는 '후장구상'의 관례를 비판하여 절장(節葬)을 주장하고, 번잡한 음악(音樂)에도 반대하였다.

3. 묵자의 정치사회사상

두루 사랑하고 서로 이익을 나누는 겸애교리의 윤리규준은 '세상을 경영'[경세經世]하는 원칙으로도 작용해야 한다. 결론부터 말하여, 두루 사랑하고 서로 이익을 나누는 공동체야말로 바로 묵자가 꿈꾸고 실현하고자 했던 정치이념이고 이상이었다. 그런데 이것을 실현하는 방법론에 있어서 묵자는 고대철학자로서 특별한 측면이 있는 것 같다. 시대를 넘어도 한 참을 건너뛰어 고대의 눈으로 근대를 예비했던 사상가로 여겨지기 때문이다.

민주주의는 근대정치의 산물이다. 그것은 링컨(Lincon)의 명연설로 유명하듯이, 인민에 의한(by the people), 인민을 위한(for the people), 인민의(of the People)의 정치로 요약된다. 근대이전의 정치에서도 인민을 위한 민본(民本)의 정치를 주장하는 사상가와 정치가들은 많았다. 이를테면, 동양에서 유가적 왕도정치나 서양 절대왕정시대의 계몽군주의 정치는 대표적인 민본정치의 표본이다. 그러나 위정자 중심의 민본정치는 언제나 민의를 곡해할 가능성을 안고 있다. 그래서 인민에 의한 정치와 인민의 정치가 필요하다. 근대 민주주의가 의미 있는 것은 바로 이러한 요건들을 획득했다는 것이다.

그런데 묵자가 누구보다 일찍 이러한 측면을 주목했던 철학자로 등록시켜야 하지 않을까 한다. 물론 그의 주장은 엄격한 의미에서 근대적 시민들의 자율적 정치의사에 의하여 획득한 민주주의와는 거리가 있다. 그리고 중국고대 봉건계급제 사회에서 그의 주장은 불온할 뿐 전혀 실현 가능성도 없었던 사상일 것이다. 여하튼 묵자가 주장하는 두루 사랑하고 이익을 나누는 공동체의 실현방안을 보자.

1) 민의를 모아 하나가 돼라: 상동(尙同)의 정치론

두루 사랑의 공동체를 실현하는 방법은 한마디로 "민의를 모아서 하나가 돼라"는 상동(尙同)의 정치인 것 같다. 여기에 함의된 뜻은 다양하다. 인용을 보자.

> 묵자가 말했다: 옛날에 백성이 처음 태어나 아직 법과 정치가 없을 때에는 대개 말하는 것이 사람마다 의리가 달랐다. 이로써 한 사람이 한 가지 의리가 있고, 두 사람이 두 가지 의리가 있고, 열 사람이 열 가지 의리가 있었다. 사람이 더욱 많아지자 그 의리를 말하는 것이 역시 더욱 많아졌다. 이로써 어떤 사람의 의리가 옳다고 하면서 다른 사람의 의리는 그르다고 비난하여, 서로 상호 비난하였다. 이로써 안으로는 부자형제가 원망하고 미워하였고 떠나서 서로 화합할 수 없었다. 천하의 백성들이 모두 물과 불과 독약으로 서로 해쳤다. 매우 많은 힘이 있어도 서로 조력할 수 없었고, 부패할 정도로 재물이 남아돌아도 서로 나누질 않았다. 선량한 도리를 숨기고 서로 가르치지 않았다. 그래서 천하가 어지러워지기가 마치 금수와 같았다. 子墨子言曰:「古者民始生, 未有刑政之時, 蓋其語, 人異義。是以一人則一義, 二人則二義, 十人則十義。其人茲眾, 其所謂義者亦茲眾。是以人是其義, 以非人之義, 故交相非也。是以內者父子兄弟作怨惡, 離散不能相和合。天下之百姓, 皆以水火毒藥相虧害, 至有餘力, 不能以相勞, 腐朽餘財, 不以相分, 隱匿良道, 不以相教, 天下之亂, 若禽獸然。」(尙同上: 1)

일단 인용에서 의리(義)란 옳고 그름의 시비기준 혹은 정의와 불의의 기준으로 읽어야 한다. 그리고 우리는 묵자의 의리가 이익이었음도 기억해 두자. 법과 정치가 없었던 원시사회에서는 시비기준이 사람마다 달라서 서로 비난하고 금수처럼 다툴 수밖에 없었다고 진단한다. 그러니까 사람마다 이해(利害)에 대한 시비기준이 달라서 아귀다툼을 벌인다는 것이다. 마치 근대 정치철학자인 홉스(Thomas Hobbes, 1588~1679)가 "자연 상태에서는 만인에 의한 만인의 투쟁 상태였다."는 가정이 떠올려지는 대목이다. 그에 의할 때, 이러한 상태에서 불만을 느낀 인간들은 부득이 하나의 절대적인 통치자를 세워서 무제한의 자유를 그에게 양도하고 복종할 것을 계약하였다.[69] 묵자도 홉스적 관점인가?

> 무릇 천하가 어지러워진 까닭을 밝히면 정치의 우두머리 없이 살았기 때문이다. 그러므로 천하의 현명한 이 중에 가능한 자를 뽑아서 그를 세우고 천자로 삼았다. 천자를 세우고도 그 힘이 부족하여 또한 천하의 현명한 이 중에 가능한 자를 뽑아서 작위를 두고 삼공으로 삼았다. 천자와 삼공을 이미 세우고도 천하가 크고 넓어서 먼 이국땅의 백성들이 시비와 이해에 대한 분별을 하나 둘 모두 밝혀 알 수가 없었다. 그래서 만국으로 기획하여 나누고 제후국의 군주를 세웠다. 제후국의 군주를 이미 세워도 그 힘이 부족하여 또한 그 제후국의 현명한 이 중에 가능한 자를 뽑아서 작위를 두고 다스리는 우두머리(대부)로 삼았다. 夫明乎天下之所以亂者, 生於無政長。是故選天下之賢可者, 立以為天子。天子立, 以其力為未足, 又選天下之賢可者, 置立之以為三公。天子三公既以立, 以天下為博大, 遠國異土之民, 是非利害之辯, 不可一二而明知, 故畫分萬國, 立諸侯國君。諸侯國君既已立, 以其力為未足, 又選擇其國之賢可者, 置立之以為正長。(尙同上: 1)

원시사회의 천하가 어지러워진 까닭은 정치적 우두머리가 없었기 때문이다. 그래서 천하의 현명한 이 중에 가려 뽑아서 천자를 세웠다. 홉스의 주장을 보는 듯하다. 그런데 묵자가 말하는 정치적 우두머리가 홉스의 이른바 리바이던(Leviathan)인지는 두고 볼 일이다. 천자를 세우고도 힘이 부족하여 현명한 이 중에 삼공(三公)도 두었다. 또한 천하가 너무 넓어 땅을 나누고 제후국을 봉하여 군주도 세웠고, 그를 도울 대부도 두었다. 제후국도 넓어 향리

---

[69] Thomas Hobbes, Leviathan; 여기서는 로버트 L. 애링턴(김성호 옮김), 『서양윤리학사』(서울: 서광사, 2003), 256~262쪽 참조.

에는 향장을 세우고, 마을에는 리장도 두었다. 이처럼 마을에서 천하까지 각각의 크고 작은 공동체마다 정치적 우두머리를 세웠다. 우두머리들로 선택될 수 있는 일차적 덕목은 '현명함'이다. '현명함'을 갖춘 사람이란 풀어 말하면, 어질고 선량하고 성스럽고 지식있고 분별있고 지혜로운 사람이다.[70] 그런데 누가 현명함을 알아보고 누가 그들을 선출하는가?

일단 천자를 제외한 삼공, 제후, 경대부 등은 천자가 뽑았다. 「상동하尙同下」에서 "옛날에 천자가 삼공, 제후, 경대부와 재상, 향장과 가군을 세운 것은 특별히 그들이 부귀해지고 놀고먹도록 하기 위해 선택한 것이 아니라, 천자를 도와서 어지러움을 다스리고 정치가 이루어지도록 하려 함"[71]이었다고 말하고 있기 때문이다. 그렇다면 최고 우두머리인 천자는 누가 뽑는가? 홉스는 리바이던을 천상의 신(Immortal God) 아래에 있는 지상의 신(Mortal God)이라 하였고, 15~16세기 서양사상가들은 왕권신수설(王權神授說)을 주장하였다. 유가를 포함한 동양철학적 전통에서도 왕권신수설과 비슷한 천명론(天命論)을 주장하였다. 천자는 하늘로부터 사명을 부여받은 자였던 것이다. 묵자도 이 점에서 예외가 아닌 것 같다. 『묵자』에서 이 점에 대해 분명히 밝히고 있지는 않지만, 묵자가 늘 요·순·우·탕·문·무 같은 성왕을 이상적인 정치를 행하였던 본보기로 들고 있는 것을 보면 천자에 뽑히는 여러 가지 경우를 다 인정하고 있었던 듯하다. 천자 자리를 전임자로부터 물려받을 수도 있고, 포악한 천자를 주벌하고 스스로 천자자리에 오를 수도 있고, 자기 아버지 자리를 물려받을 수도 있다고 생각했던 것 같다.[72] 어느 경우이든 이들은 모두 묵자적 언표로 '하늘의 뜻'(天志)을 받은 자들이다. 그런데 '하늘의 뜻'이 무엇인가? '백성들의 뜻'이다.

---

70) 賢良聖知辯慧之人. 『墨子』「尙同中: 1」
71) 是故古者天子之立三公, 諸侯, 卿之宰, 鄕長家君, 非特富貴游佚而擇之也, 將使助治亂刑政也. 故古者建國設都, 乃立后王君公, 奉以卿士師長, 此非欲用說也, 唯辯而使助治天明也. 『墨子』「尙同下: 2」
72) 김학주, 『묵자, 그 생애·사상과 묵가』, 앞의 책, 293쪽.

묵자가 말했다: 지혜로운 자는 일을 함에 있어서 반드시 국가와 백성이 다스려지는 까닭을 헤아려서 그것을 하고, 반드시 국가와 백성이 어지러워지는 까닭을 헤아려서 그것을 막는다. 그렇다면 국가와 백성이 다스려지는 까닭은 무엇인가? 윗사람이 정치를 함에 아랫사람의 마음을 얻으면 다스려지고, 아랫사람의 마음을 얻지 못하면 혼란스러워진다. 그러함을 어떻게 알 수 있는가? 윗사람이 정치를 함에 아랫사람의 마음을 얻으면 백성들의 착하고 착하지 않은 것을 밝힐 수 있다. 만약 백성들의 착하고 착하지 않은 것을 밝힐 수 있으면 착한 사람에게 상을 내리고, 포악한 사람에게 벌을 줄 수 있다. 착한 사람이 상을 받고 포악한 사람이 벌을 받으면 나라는 반드시 다스려진다. 윗사람이 정치를 함에 아랫사람의 마음을 얻지 못하면 백성들의 착하고 착하지 않은 것을 밝히지 못한다. 만약 백성들의 착하고 착하지 않음을 밝히지 못하면 착한 사람을 찾아 상주지 못하고, 포악한 사람을 찾아 벌주지 못한다. 착한 사람이 상 받지 못하고 포악한 사람이 벌 받지 못하는 그런 정치를 펴면, 나라와 백성이 반드시 혼란해진다. 그러므로 상벌이 아랫사람의 마음을 얻지 못하는 것을 살피지 않으면 안 된다. 子墨子言曰: 知者之事, 必計國家百姓所以治者而爲之, 必計國家百姓之所以亂者而辟之。然計國家百姓之所以治者何也? 上之爲政, 得下之情則治, 不得下之情則亂。何以知其然也? 上之爲政, 得下之情, 則是明於民之善非也。若苟明於民之善非也, 則得善人而賞之, 得暴人而罰之也。善人賞而暴人罰, 則國必治。上之爲政也, 不得下之情, 則是不明於民之善非也, 若苟不明於民之善非, 則是不得善人而賞之, 不得暴人而罰之, 善人不賞而暴人不罰, 爲政若此, 國衆必亂。故賞不得下之情, 而不可不察者也。(尙同下:)

그렇다면 아랫사람의 마음을 얻으려면 어떻게 해야 가능한가? 묵자가 말했다: 오직 의리를 하나로 모으는 상동의 정치를 한 이후에야 가능하다. 어떻게 의리를 하나로 모으는 상동으로 천하에 정치를 펼칠 수 있음을 알겠는가? 이를 위해 어찌 옛날의 다스려짐을 살피고 정치의 말을 돌아보지 않겠는가? 옛날 하늘이 처음으로 백성을 낳음에는 우두머리가 없었고 백성들이 각각의 사람들이었다. 만약 백성들이 각각이라면 한 사람이 하나의 의리, 열 사람이 열 가지의 의리, 백 사람이 백 가지의 의리, 천 사람이 천 가지의 의리가 있어, 사람들이 많아짐에 미칠수록 계산할 수가 없었다. 그러면 의리 또한 계산할 수가 없었다. 이러면 모두가 자기 의리가 옳다하고 남의 의리를 그르다고 한다. 이로써 심하게는 전쟁이 일어나고 적게는 분쟁이 일어났다. 그러므로 하늘이 천하의 의리를 하나로 화동시키고자 하였다. 이런 까닭으로 현명한 자를 가려 뽑아 천자를 세운 것이다. 然計得下之情, 將奈何可? 故子墨子曰: 唯能以尚同一義爲政, 然後可矣。何以知尚同一義之可而爲政於天下也? 然胡不審稽古之治爲政之說乎? 古者天之始生民, 未有正長也, 百姓爲人。若苟百姓爲人, 是一人一義, 十人十義, 百人百義, 千人千義, 逮至人之眾, 不可勝計也, 則其所謂義者, 亦不可勝計。此皆是其義, 而非人之義, 是以厚者有鬪, 而薄者有爭。是故天之欲同一天下之義也, 是故選擇賢者, 立爲天子。(尙同下: 2)

정치가 다스려지려면 백성들의 뜻을 얻어야 한다. 백성들의 뜻은 어떻게 알 수가 있는가? 사람마다 다른 시비기준인 의리를 하나로 모으는 '상동'(尙同)의 정치를 해야 한다. 그런데 우두머리가 없었던 원시사회에서는 의리를 하나로 모을 수가 없었다. 그래서 하늘이 천하의 의리를 하나로 화동(和同)시키기 위하여 천자를 세운 것이다. 이처럼 천자는 하늘이 뽑은 것이고 백성의 뜻에 따른 것이다. 나아가 천자는 백성들의 뜻에 따라 삼경을 두고, 제후를 세우고, 대부를 둔 것이겠다. 이 점에서 묵자의 관점은 자의적으로 신이나 하늘의 뜻을 곡해할 가능성이 있는 왕권신수설이나 천명론과 다른 것이다. 백성의 뜻이 누락된 이것들은 성왕이나 계몽군주가 아닌 한 자신의 권력을 정당화하는 수단일 뿐이기 때문이다.

요·순·우·탕·문·무 같은 성인들은 백성의 뜻에 따라 하늘이 천자로 세운 자들이고, 하늘의 뜻에 따라 정치를 했기 때문에 백성들로부터 '성왕'이라는 칭호를 얻었다.[73] 그러나 걸·주·유·려 같은 폭군들은 처음에 백성의 뜻에 따라

---

[73] 『墨子』「尙賢中: 5」.

하늘이 천자로 세웠지만, 결국 하늘의 뜻을 어기는 정치를 했기 때문에 백성들로부터 '폭군'이란 칭호를 얻었고, 하늘의 벌을 받아 쫓겨난 것이다.[74] 이러한 점에서 묵자의 천자는 홉스의 리바이던과 다르다. 홉스는 시민들의 뜻에 따라 일단 통치자가 정해지면 결코 그 자리에서 물러나서는 안 되고, 그에게 무조건 복종해야 한다고 하였기 때문이다.[75] 묵자가 맹자처럼 역성혁명(易姓革命)과 로크(John Locke, 1632~1704)처럼 시민의 저항권을 명시적으로 주장하지는 않았지만, 시민과 백성들을 대신하여 하늘이 폭군을 처단할 것이라는 관점을 가졌던 것이다. 그렇다면 백성들의 뜻을 알아내는 '상동'의 정치란 어떤 것인가?

한마디로, '상동'(尙同)이란 윗사람(위정자)과 아랫사람(백성)이 서로 의리를 조화시켜 하나가 되는 '화동'(和同)을 의미한다. 그러니까 '상동'의 정치란 위아래 모든 사람들이 조화롭게 합의한 시비기준인 의리에 따라 다스리고 다스림을 받는 정치를 말한다. 그래서 '상동'의 정치가 해야 할 일차적인 과업은 백성들의 다양한 의리를 조사하여 백성들의 뜻을 하나로 모으는 것이다. 그러한 과업을 주도하는 것은 현실적으로 위정자들일 수밖에 없다.

> 분명히 백성의 우두머리가 없어 천하의 의리를 하나로 화동할 수 없었기에 천하가 어지러워졌다. 그러므로 천하의 어질고 선량하고 성스럽고 지식 있고 분별 있고 지혜로운 사람을 가려 뽑아 작위를 두고 천자로 삼아서 천하의 의리를 하나로 화동하는 데에 종사하도록 하였다. 천자가 이미 세워져 오직 그의 눈과 귀로 보고 듣는 청문을 하였지만 홀로 천하의 의리를 하나로 모을 수가 없었다. 그래서 천하의 어질고 선량하고 성스럽고 지식 있고 분별 있고 지혜로운 사람을 찾아서 가려 뽑아 배치하여 삼공으로 삼아 천하의 의리를 하나로 화동하는 데에 더불어 종사하도록 하였다. 천자와 삼공이 이미 세워졌지만 천하는 넓고 커서 산림 속

---

74) 『墨子』「尙賢中: 5」.

75) 홉스는 시민과 통치자가 계약을 맺어 자유와 권력을 위임했다가 다시 빼앗는 것은 정의롭지 못하고 일종의 모순이라 여겼다. 애링턴, 앞의 책, 277쪽.

과 먼 땅의 백성들까지 하나로 모으기에는 불가하다고 여겼다. 그래서 천하를 나누어 많은 제후국을 두고 군주를 세워 각 제후국의 의리를 하나로 화동하는 데에 종사하도록 하였다. 제후국의 군주를 이미 세웠는데도 또한 오직 그의 눈과 귀로 보고 듣는 청문으로 제후국의 의리를 하나로 모을 수 없다고 여겼다. 그래서 나라의 현명한 자를 가려서 배치하여 좌우장군과 대부로 삼아 멀리 고을과 마을의 우두머리가 되도록 하였고, 더불어 나라의 의리를 하나로 화동하는 데에 종사하도록 하였다.
明乎民之無正長, 以一同天下之義, 而天下亂也, 是故選擇天下賢良聖知辯慧之人, 立以爲天子, 使從事乎一同天下之義。天子既以立矣, 以爲唯其耳目之請, 不能獨一同天下之義, 是故選擇天下贊閱賢良聖知辯慧之人, 置以爲三公, 與從事乎一同天下之義。天子三公既已立矣, 以爲天下博大, 山林遠土之民, 不可得而一也, 是故靡分天下, 設以爲萬諸侯國君, 使從事乎一同其國之義。國君既已立矣, 又以爲唯其耳目之請, 不能一同其國之義, 是故擇其國之賢者, 置以爲左右將軍大夫, 以遠至乎鄕里之長, 與從事乎一同其國之義。(尙同中: 1)

천하는 넓고 넓어서 천자가 눈으로 보고 귀로 들으며 백성들의 소리를 청문(聽聞)하였지만 천하의 다양한 의리를 다 모을 수 없고 화동시킬 수 없었다. 그래서 삼공을 두고 제후를 세우고 대부, 향장, 리장 등을 두었다. 이처럼 크고 작은 공동체의 우두머리와 신하를 두어서 다양한 목소리를 듣고 의리를 하나로 화동시키는 데에 종사하게 하였다. 의리를 모으는 순서와 방법은 무엇인가?

정장(우두머리)이 이미 모두 갖추어지자, 천자는 천하의 백성들에게 정령을 발표하여 말하길 "착한 일이나 착하지 못한 일이나 모두 윗사람에게 보고하라."하였다. 윗사람의 옳은 바에 대해서는 반드시 모두 옳다 하고, 그른 일에 대해서는 반드시 모두 그르다고 하였다. 윗사람에게 허물이 있으면 엿보아 그것을 간하고, 아랫사람이 착한 일을 하면 그를 널리 알려 천거하였다. 윗사람이 서로 뜻이 같고 아랫사람이 편벽되지 않는다. 이러면 윗사람이 상을 내리면 아랫사람이 기리게 된다. 뜻에 만약 착하고 착하지 못한 것을 듣고도 윗사람에게 보고할 수 없도록 하면, 윗사람의 옳은 것에 대해 옳다고 할 수 없고, 윗사람의 그른 것에 대해서도 그르다고 할 수 없다. 윗사람에게 허물이 있어도 엿보아 간하지 않고, 아랫사람이 착한 데도 널리 알려 천거하지 않는다. 아랫사람이 편벽되고 윗사람과 뜻을 같이할 수 없다. 이러면 윗사람이 벌을 내려도 백성들이 비방한다. 이처럼 윗사람이 상과 벌을 내림에는 명철하게 살펴서 신뢰를 쌓아야 한다. 正長旣已具, 天子發政於天下之百姓, 言曰:「聞善而不善, 皆以告其上。上之所是, 必皆是之, 所非, 必皆非之。上有過則規諫之, 下有善則傍薦之。上同而不下比者, 此上之所賞, 而下之所譽也。意若聞善而不善, 不以告其上, 上之所是弗能是, 上之所非弗能非, 上有過弗規諫, 下有善弗傍薦, 下比不能上同者, 此上之所罰, 而百姓所毁也。上以此爲賞罰, 甚明察以審信。」(尙同上: 2)

먼저, 천자가 정령을 발표하여 백성들에게 다양한 목소리를 개진하도록 한다. 여기서 '정령'을 발표한다는 것은 천자 나름의 시비기준이 담긴 국가운영의 원칙과 방안의 개요일 것이다. 이에 대하여 백성들은 옳은 것을 옳다, 그른 것은 그르다는 견해를 펼 뿐만 아니라, 천자가 스스로 발표한 원칙과 방안에 어긋나는 정치를 하면 백성들은 시정을 요구할 수 있으며, 또한 백성들의 개선책이 의리에 맞으면 상을 내리며 널리 알리고, 백성들이 원칙에 어긋나는 행동을 하면 벌을 내린다. 이처럼 의리를 하나로 모으는 데는 언론의 자유와 백성들에 대한 신뢰가 중요하다.

그러므로 옛날 성왕이 천하를 다스림에 언론을 소중히 하였다. 좌우의 보좌하는 자들은 모두 선량했고, 밖으로 일하는 사람들이 그를 도와서 보고 듣는 자들이 많았다. 그러므로 사람들과 더불어 일을 기획하면 선인은 그것을 얻었고, 사람들과 더불어 일을 일으키면 선인은 그것을 성공시켰다. 빛나게 기릴 만한 것을 들으면 선인은 그것을 발표하였다. 오직 백성을 믿고 일에 종사한 까닭으로 이익이 이와 같았다. 옛날부터 내려오는 말이 있다. 말하길 "하나의 눈으로 보는 것은 두 개의 눈으로 보는 것만 같지 못하다. 하나의 귀로 듣는 것은 두 개의 귀로 듣는 것만 같지 못하다. 하나의 손으로 잡는 것은 두 개의 손의 강함만 같지 못하다." 하였다. 무릇 오직 백성을 믿고 일에 종사한 까닭으로 이익이 이와 같은 것이다. 故古之聖王治天下也, 其所差論, 以自左右羽翼者皆良, 外爲之 人助之視聽者衆。故與人謀事, 先人得之, 與人擧事, 先人成之, 光譽令 聞, 先人發之。唯信身而從事, 故利若此。古者有語焉, 曰:「一目之視也, 不若二目之視也。一耳之聽也, 不若二耳之聽也。一手之操也, 不若二手 之彊也。」夫唯能信身而從事, 故利若此。(尙同下: 4)

다음으로, 천자가 발표한 정령에 따라 아래로부터 의리를 모아간다. 리장이 마을백성들에게 정령을 내려 의견을 묻고 결과를 향장에게 고한다. 향장 또한 정령을 향리백성들에게 내려 의견을 묻고 결과를 제후에게 고하도록 한다. 제후는 제후국 백성들의 의견을 천자에게 고하도록 한다. 이러한 과정을 거쳐 천하의 의리가 상하로 화동하게 된다. 그러나 이것으로 끝이 아니다. 천자는 천하의 의리를 한데모아 하늘에게 고한다.[76] 비로소 백성의 뜻과 하늘의 뜻이 일치하게 되는 것이다.

지금까지 보았듯이, 천하의 의리를 하나로 화동시키는 '상동'의 정치가, 홉스식으로 시민들의 의지를 하나로 만들어 통치자에게 넘기고 그의 의지에 복종하도록 하거나,[77] 저 한때 중국의 마르크스주의자들이 유일(唯一) 이데올로기로 백성들을 무장시킬 것을 주장한 것으로 읽어서는 곤란하다. 나는 묵자의 '상동'정치가 홉스도 마르크스주의도 아니며, 오히려 루소(Jean Jacques Rousseau, 1712~1778)의 '일반의지'(一般意志, volonte generale)론에 가깝다고 여긴다.

루소는 특수의지(Special Will)와 일반의지(General Will)와 전체의지(Total Will)를 구분하였다. 특수의지는 개인들이 개별적으로 가지는 이해를 반영하는 의지이다. 전체의지는 사사로운 이익만을 생각하는 특수의지의 총

---

76) 『墨子』「尙賢上: 2」 등을 참조.
77) 애링턴, 앞의 책, 276쪽.

합일 뿐이다. 그러나 일반의지는 공공의 이익만을 생각하며 구성원들이 공공선을 추구하는 과정에서 시민들의 자발적 합의에 의하여 형성되는 시민의지이다. 그래서 루소는 일반의지만이 정치권력과 그 행사에 정당성을 부여한다고 하였다.[78] 루소는 목가적인 자연 상태로부터 사회가 형성되고 사유재산을 인정하면서부터 특수의지가 생겨났고, 그로 인해 인간들은 탐욕의 포로가 되어 싸울 수밖에 없었다고 진단했다. 이를 해결하기 위해 그가 제안한 해결책이 바로 민약(民約)으로 맺어진 공동사회(community)와 일반의지에 토대한 민주정치라고 여긴 점에서 여러 모로 묵자적 관점과 상통하는 측면이 있다. 이처럼 묵자는 너무 이른 시기에 너무 앞서 나갔던 철학자인 것 같다.

묵자는 거듭 말한다. 우두머리를 잘 뽑아야 하고, 의리를 하나로 모으는 상동의 정치를 펼쳐야 한다. 그런데 현실은 그렇지 못하다.[79] 정치가 다스려질 리가 없다. 정치가 잘 다스려지려면 하늘과 백성들의 뜻을 어기는 우두머리를 세우고 신하를 두면 안 된다. 누구보다 백성들이 먼저 그들이 정치를 바르게 하지 않을 것이라는 것을 안다. 그러면 백성들은 편당을 짓고, 자의적 기준과 개별적 이해에 따라 살고자 한다. 그러면 백성들의 의리를 하나로 화동시킬 수가 없다. 백성들의 의리가 하나로 화동되어 '일반의지'가 서지 않으면 세상을 다스리는 기준이 설 수가 없다. 어떤 상과 벌로도 그들을 복종시킬 수 없다. 오직 화동하는 '상동'의 정치만이 백성들에게 복종하기를 강요할 수 있다. 루소도 "일반의지에 복종하기를 거부하는 자는 누구나 그의 전체 동료 시민들에 의해 일반의지에 복종하도록 강요되어야 할 것"이라고 말한다.[80] 그것은 어디까지나 백성과 시민들의 자유를 구속하기 위한 것이 아니라 오히려 그들에게 더 큰 자유와 이익을 부여하기 위한 것이기 때문이다. 묵자가 그렇게 말하고 있다.

---

78) L. P. 바라다트(신복룡 외 옮김), 『현대 정치사상』(서울: 평민사, 1985), 132~135쪽.
79) 『墨子』「尙同中: 4」참조.
80) 바라다트, 앞의 책, 135쪽.

묵자는 말한다: 무릇 백성들이 의리를 하나로 모으는 상동의 정치를 하려면 백성 사랑하기를 극진히 하라. 그렇지 않으면 백성을 부릴 수가 없다. 말하길 "반드시 극진히 사랑하여 그들을 부리라. 지극히 신뢰하고 그들을 보전하라. 부귀로써 앞에서 인도하고, 형벌로써 밝혀서 뒤를 따르게 하라. 정치를 이처럼 하면 나와 같아지지 않으려 해도 할 수가 없다." 이로써 묵자는 말한다: 지금 천하의 왕공대인과 사군자들은 마음속으로 인의로운 사람이 되고, 훌륭한 선비가 되고자 한다. 위로는 성왕의 도에 적중하고자 하며, 아래로는 국가와 백성의 이익에 적중하고자 한다. 그렇다면 의리를 하나로 모으는 상동의 주장을 살피지 않으면 안 된다. 상동으로 정치의 근본을 삼는 것이 치도의 요점이다. 是故子墨子曰:「凡使民尚同者, 愛民不疾, 民無可使。曰: 必疾愛而使之, 致信而持之, 富貴以道其前, 明罰以率其後, 為政若此, 唯欲毋與我同, 將不可得也。」是以子墨子曰:「今天下王公大人士君子, 中情將欲為仁義, 求為上士, 上欲中聖王之道, 下欲中國家百姓之利, 故當尚同之說, 而不可不察, 尚同為政之本, 而治要也。」(尚同下: 4)

2) 전쟁을 거부하고 평화를 추구하라: 전쟁반대론

내치의 이념은 외치로도 이어져야 한다. 대외정국이 불안하면 내정도 안정될 수 없다. 자위적 수단을 위한 무력은 필요하지만 공격정벌 전쟁을 벌여서는 안 된다. 공격정벌 전쟁이 과연 백성들의 공익을 가져오는 정책이고, 화동하는 '상동'의 정치에 어울리는지 보기로 하자.

묵자가 말했다: "지금 천하에 착하다고 기리는 것, 그러한 말은 무엇인가? 그것은 위로는 하늘의 이익에 적중하고, 가운데로는 귀신의 이익에 적중하며, 아래로는 백성들의 이익에 적중하기 때문에 그것을 기리는가? 이 뜻이 아니면, 위로 하늘의 이익에 적중하지 아니하고, 가운데로

는 귀신의 이익에 적중하지 않으며, 아래로는 백성의 이익에 적중하지 않기 때문에 기리는 것인가? 비록 어리석은 백성도 반드시 '위로는 하늘의 이익에 적중하고, 가운데로 귀신의 이익에 적중하며, 아래로 백성들의 이익에 적중하기 때문에 그것을 기린다.'고 말할 것이다. 지금 천하에 의리를 하나로 화동하는 것은 성왕의 법도이다. 지금 천하의 제후들이 대부분 모두 공벌에 나서 합병에 힘쓰고 있다. 곧 이것을 의로움의 명칭으로 기리면서 그 실정을 살피지 않는다. 이것은 비유컨대, 눈먼 봉사가 남들과 더불어 흑백의 명칭을 똑같이 부르지만 그 사물을 분간할 수 없는 것과 같다. 곧 어찌 분별이 있다고 할 수 있겠는가? 子墨子言曰:今天下之所譽善者, 其說將何哉？爲其上中天之利, 而中中鬼之利, 而下中人之利, 故譽之與？意亡非爲其上中天之利, 而中中鬼之利, 而下中人之利, 故譽之與？雖使下愚之人, 必曰：「將爲其上中天之利, 而中中鬼之利, 而下中人之利, 故譽之。」今天下之同義者, 聖王之法也, 今天下之諸侯將猶多皆俛攻伐並兼, 則是有譽義之名, 而不察其實也。此譬猶盲者之與人, 同命白黑之名, 而不能分其物也, 則豈謂有別哉？(非攻下: 1)

지금 천하의 제후들이 대부분 모두 공벌에 나서 합병에 힘쓰고 있다. 이것을 이익을 가져오기 위한 의로운 전쟁으로 가장하면서 그 실정을 돌아보려 하지 않는다. 비유컨대, 그것은 눈먼 봉사가 남들과 더불어 흑백의 명칭을 똑같이 부르지만 그 사물을 분간할 수 없는 것과 같다. 곧 어찌 분별이 있다고 할 수 있겠는가? 사람들은 자기 물건을 훔치는 도적들이나 무고한 사람을 죽이는 자에 대해서는 당장 잘못을 지적하고 비난한다. 그리고 위정자들도 당장 잡아 가두고 벌을 내릴 것이다. 그런데 정작 더 큰 범죄인 남의 나라를 공격하여 전쟁을 벌이는 일에 대해서는 전혀 다른 판단을 하고 오히려 박수를 치고 있다.

지금 한 사람이 있어 남의 과수원에 들어가 복숭아와 자두를 훔쳤다면 많은 사람들이 듣고 비난할 것이다. 위에서 정치를 하는 자는 그를 잡아 벌할 것이다. 이것은 왜일까? 남을 해쳐서 자기의 이익을 추구한 때문이다. 어떤 사람이 개와 돼지와 닭을 훔쳤다면 그 의롭지 않음이 남의 과수원에 들어가 복숭아와 자두를 훔친 것보다 더 심할 것이다. 이것은 왜 그런가? 남을 해침이 더욱 많고, 어질지 않음이 더욱 심하고, 죄가 더 크기 때문이다. 어떤 사람이 남의 마구간에 들어가 남의 마소를 훔친다면, 그 어질고 의롭지 않음이 또한 남의 개와 돼지와 닭을 훔친 것보다 더욱 심하다. 이것은 왜 그런가? 남을 해침이 더욱 많고, 어질지 않음이 더욱 심하고, 죄가 더욱 무겁기 때문이다. 허물없는 사람을 죽이는 데 이르고 그의 옷을 찢고 창검을 빼앗았다면, 그 의롭지 않음이 또한 남의 마구간에 들어가 남의 마소를 훔친 것보다 더 심할 것이다. 이것은 왜 그런가? 남을 해침이 더욱 많고, 어질지 않음이 더욱 심하고, 죄가 더욱 무겁기 때문이다. 이러한 것에 대하여 천하의 군자들이 모두 알고 그것을 비난하여 의롭지 못하다고 말한다. 지금 더 큰 일인 나라를 공격함에 미쳐서는 비난할 줄을 모르고 오히려 쫓아서 칭송하여 의롭다고 말하고 있다. 이것을 어찌 의로움과 의롭지 않음을 구별하는 것을 안다고 말할 수 있겠는가? 한 사람을 죽이면 의롭지 못하다고 말하고 반드시 한 사람을 죽인 죄가 있는 것이다. 이것으로 말을 더 하면 열 사람을 죽이면 열 배의 불의이고 반드시 열 사람을 죽인 죄인이다. 백 사람을 죽이면 백배의 불의이고 반드시 백사람을 죽인 죄인이다. 이러한 것에 대하여 천하의 군자들은 모두 알고 그것을 비난하여 의롭지 못하다고 말한다. 지금 더 큰 불의인 나라를 공격함에 미쳐서는 비난할 줄을 모르고 오히려 쫓아가 칭송하여 의롭다고 말하니, 진정으로 불의를 알지 못한다고 해야 한다. 그러므로 말을 책으로 남겨 후세에 전하고 있다. 만약 그것이 불의라는 것을 알았다면 어찌 불의에 대해 책에 기록하여 후세에 남겼겠는가? 今有一人, 入人園圃, 竊其桃李。眾聞則非之, 上為政者, 得則罰之, 此何也？以虧人自利也。至攘人犬豕雞豚, 其不義又甚入人園圃竊桃李。是何故也？以虧人愈多, 其不仁玆甚, 罪益厚。至入人欄廐, 取人馬牛者, 其不仁義, 又甚攘人犬豕雞豚, 此何故也？以其虧人愈多。苟虧人愈多, 其不仁玆甚, 罪益厚。至殺不辜人也, 扡其衣裘, 取戈劍者, 其不義又甚入人欄廐取人馬牛。此何故也？以其虧人愈多。苟虧人愈多, 其不仁玆甚矣, 罪益厚。當此, 天下之君子皆知而非之, 謂之不義。今至大為攻國, 則弗知非, 從而譽之, 謂之義。此可謂知義與不義之別乎？ 殺一人, 謂之不義, 必有一死罪矣。若以此說往, 殺十人十重不義, 必有十死罪矣。殺百人, 百重不義, 必有百死罪矣。當此, 天下之君子皆知而非之, 謂之不義。今至大為不

義攻國, 則弗知非, 從而譽之, 謂之義, 情不知其不義也, 故書其言以遺後世。若知其不義也, 夫奚說書其不義以遺後世哉? (非攻上: 1)

묵자가 왜 공격정벌 전쟁을 반대하는가? 첫째, 군사에 동원됨으로써 백성들이 농사 등의 생산에 힘쓸 수 없기 때문이다.[81] 둘째, 전쟁으로 인해 엄청난 재용이 낭비되고, 사상자가 수를 헤아릴 수 없기 때문이다.[82] 셋째, 아직도 나라 안에 개간되지 않은 땅이 많은데 실익도 없는 빈 성을 차지하기 위해 전쟁을 벌이기 때문이다.[83]

그럼에도 불구하고, 공격정벌을 좋아하는 제후들은 묵자의 전쟁반대론에 의심하고 자신들의 공격정벌을 정당화하려 한다. 첫째, 옛날의 성왕들도 전쟁을 벌였다는 것이다. 이에 대하여 묵자는 공격정벌과 죄를 벌하는 주벌전쟁은 구분되어야 한다고 대답한다.[84] 죄를 벌하는 주벌전쟁은 천하를 어지럽히는 제후를 대상으로 천자만이 할 수 있다. 그러나 지금 벌어지는 공격정벌은 제후들끼리 남의 땅을 침범하고 빼앗으려는 불의한 전쟁일 뿐이다. 공격전쟁을 정당화하는 둘째 근거는 작았던 나라가 공격전쟁으로 실제 큰 나라로 되는 이익을 얻었다는 것이다. 이에 대하여 묵자는 천하가 원래 하나인데, 천하를 명분으로 내세우며 제후국끼리 싸워서 그 많던 제후국들이 줄어든 것은 오히려 천하를 위태롭게 하는 처방전이라고 대답한다.[85] 공격전쟁을 정당화하는 셋째 근거는 이익을 얻기 위해 전쟁을 벌이는 것이 아니라[86] 천하에 의로움으로 명성을 남기기 위함이고 덕으로 제후들을 구하기 위함이라는 것이다. 이에 대하여 묵자는 의로움으로 명성을 얻고 싶다면 불필요한 전쟁을 벌

---

81) 『墨子』「非攻中: 1」.
82) 『墨子』「非攻中: 1」.
83) 『墨子』「非攻中: 2」.
84) 『墨子』「非攻下: 4」.
85) 『墨子』「非攻下: 5」.
86) 『墨子』「非攻中: 1」.

이지 말고 오히려 가만히 있거나 공격받는 제후국 혹은 작은 나라를 도우면 얻게 될 것이라 대답한다.[87]

그래서 묵자는 말한다. 불필요한 공격전쟁을 포기하고 평화를 추구하라!! 그러나 묵자가 자위를 위한 방어수단까지 포기하라고 하지는 않았음도 기억하자.[88] 그러면 평화를 유지하기 위한 방안은 무엇인가? 신뢰를 바탕으로 하는 외교와 교류이다. 그것만이 천하를 이롭게 하는 길이고, 백성들의 이익에도 부합하는 일이다.

> 이로써 대국과 교류하면 대국의 군주가 기뻐할 것이고, 이로써 소국과 교류하면 소국의 군주가 기뻐할 것이다. 남들이 수고로울 때 나는 편안할 것이고, 나의 병장기는 강해질 것이며, 관대하게 은혜를 베풀고, 완만한 것으로 급박한 것을 바꾸면 백성들이 반드시 돌아올 것이다. 공격정벌을 바꾸어 나의 나라를 다스린다면 공적이 반드시 배가 될 것이다. 나의 군대를 일으키는 비용을 헤아려서 제후들의 폐해를 안정시켜 준다면 반드시 얻어지는 이익이 많아지게 될 것이다. 올바름으로 독려하고 명성을 의롭게 하고, 반드시 백성들에게 관대하게 힘쓰며, 군사들을 신뢰하라. 이로써 제후의 군대를 수용한다면 천하에 적이 없을 것이다. 그러면 천하를 이롭게 함에 수를 헤아릴 수가 없을 것이다. 이것이 천하의 이로움인데, 왕공대인들은 지혜롭게 사용할 줄 모른다. 이것은 가히 천하를 이롭게 하는 신하의 임무를 모르는 것이라 말할 수 있다. 以此效大國, 則大國之君說, 以此效小國, 則小國之君說, 人勞我逸, 則我甲兵強. 寬以惠, 緩易急, 民必移. 易攻伐以治我國, 攻必倍. 量我師舉之費, 以諍諸侯之弊, 則必可得而序利焉. 督以正, 義其名, 必務寬吾眾, 信吾師, 以此授諸侯之師, 則天下無敵矣, 其為利天下

---

87) 『墨子』 「非攻下: 6」.

88) 『墨子』 「七患」에서 묵자는 식량안보와 국방안보에 대해 말한다. "창고에 곡식을 비축해 두지 않으면 흉년과 굶주림에 대비할 수 없고, 무기고에 병장기를 갖추어 두지 않으면 비록 의로운 자라도 불의를 물리칠 수가 없으며, 성곽을 완비해 놓지 않으면 자신을 지킬 수가 없다. (중략). 먹을 것은 나라의 보배요, 병장기는 나라의 발톱이요, 성곽은 스스로를 지키는 수단이다. 이 세 가지는 나라를 지키는 도구이다."

不可勝數也。此天下之利,而王公大人不知而用,則此可謂不知利天下
之臣務矣。(非攻下: 6)

3) 그래서 사람을 부림이 중요하다: 상현(尙賢)의 정치론

민의를 하나로 모으는 '상동'의 정치가 내치의 일이라면, 공격정벌을 반대하는 평화의 정치는 외치의 일이다. 그러나 국내정치와 대외정치가 별도로 가는 것이 아니다. 국내정치가 혼란하면 외부에 적을 만들고, 국제관계가 평화롭지 못하면 국내정치도 흔들린다. 묵자적 관점에서 대외정치는 내치의 연장선상에 있다. 오직 하늘과 백성들의 뜻에 따른 '의로움'의 정치를 펼쳐야 한다. '의로움'의 정치란 위로 하늘과 귀신의 이익에 부합해야 하고, 아래로 백성들의 이익에 부합하는 정치이다. 이러한 정치를 펼치기 위해서는 크고 작은 공동체의 우두머리는 물론이고 그들이 부리는 신하들이 중요하다. 예나 지금이나 나라의 세부정책을 집행하고 실현하는 자들은 결국 그들이기 때문이다. 그래서 묵자는 말한다.

> 나라를 다스리는 데에 선비를 두지 않으면 나라를 망하게 할 것이고, 현명한 이가 드러나도록 서두르지 않으면 임금을 소홀히 하게 될 것이다. 현명한 이가 아니면 서두를 필요가 없고, 선비가 아니면 더불어 나라를 걱정할 필요도 없다. 현명한 이를 소홀히 하고 선비를 버리면서 능히 나라를 보존한 자는 일찍이 있어본 적이 없다. 入國而不存其士, 則亡國矣。見賢而不急, 則緩其君矣。非賢無急, 非士無與慮國, 緩賢忘士, 而能以其國存者, 未曾有也。(親士: 1)

나라를 다스리는 데에 선비를 가까이하고 현명한 이를 드러내지 않으면 안 된다. 그런데 오늘날 왕공대인들은 현명한 신하를 둘 줄을 모른다. 옷을 만들기 위해 재단사를 쓰고, 소와 양을 잡는 데에 백정의 힘을 빌릴 줄 알면서 나라를 다스리는 데에 현명한 신하를 쓸 줄 모르고, 친척이니까 쓰고 고귀하니까 부르고 아첨하니까 등용한다. 이것은 가문과 나라를 다스리는 지혜가 아니다.[89] 불초한 자들을 존중하여 등용하면, 나라의 정의와 불의가 바로 서지 않아 상벌을 적중할 수 없고, 현명한 자가 되도록 권면하지 못하고 포악한 자들을 저지할 수 없다. 그래서 나라의 규율과 도덕이 무너지고, 옥사가 무너지고 배반이 일어나고, 임금이 위기를 맞아 도망하여도 따르는 이가 없고, 재물을 나누는 데도 균등하지 않는다.[90]

옛날 진문공(晉文公, BC. 679~BC. 628)은 19년 세월을 나라밖에서 유랑생활을 하였지만 자신을 배반했던 이두수를 재 등용함으로 천하를 평정하였고, 제환공(齊桓公, BC. ?~BC. 643)은 나라를 버렸었지만 관중(管仲)의 도움으로 패제후가 되었고, 월왕구천(越王句踐, BC. ?~BC. 465)은 오왕부차(吳王夫差, BC. ?~ BC. 473)에게 항복하는 모욕을 겪었지만 문종(文種)과 범리(范蠡)의 도움으로 천하를 호령했다.[91] 이외에 제경공(齊景公)의 안영(晏嬰), 정간공(鄭簡公)의 자산(子産), 오왕합려의 오자서(伍子胥) 등도 있다. 여기 군주들은 모두 현명한 신하를 둠으로써 천하를 호령하는 패제후가 될 수 있었다. 현명한 신하란 어떤 자인가?

> 그러므로 간사한 신하는 임금을 해치고, 아첨하는 아랫사람은 윗사람을 해친다. 임금에게는 반드시 "안 됩니다, 노(No)"라고 간언하는 신하가 있어야 하고, 윗사람에게는 반드시 거스르고 반격하는 아랫사람이 있어야 한다. 의논을 나눔에 서로 이끌고, 경계와 충고를 서로 다툰다면 오래도록 나라를 보전할 수 있지 않겠는가? 신하가 작위를 중시 여겨 말을 하지 않으면, 가까운 신하는 벙어리가 되고, 멀리 있는 신하도 입을 봉

---

89) 『墨子』「尙賢中: 4」.
90) 『墨子』「尙賢中: 3」.
91) 『墨子』「親士: 1」.

해버린다. 그러면 백성들에게 원망이 맺히고 아첨꾼들만이 측근에 있게 된다. 착한 의견이 막혀버리면 나라가 위태롭게 된다. 걸왕과 주왕은 천하의 선비를 두지 않았기 때문에 자신을 죽이고 천하를 잃은 것이 아니겠는가? 옛 말에 이르기를 "나라에 보물이 돌아오게 하는 길은 현명한 이를 천거하고 선비를 등용하는 것만 같지 못하다."하였다. 是故偪臣傷君, 諂下傷上, 君必有弗弗之臣, 上必有謇謇之下. 分議者延延, 而支苟者詻詻, 焉可以長生保國。臣下重其爵位而不言, 近臣則喑, 遠臣則唫, 怨結於民心, 諂諛在側, 善議障塞, 則國危矣。桀紂不以其無天下之士邪, 殺其身而喪天下。故曰:歸國寶, 不若獻賢而進士. (親士: 1)

간사하고 아첨하는 신하는 임금을 해친다. 현명한 신하란 윗사람에게 노(No)라고 말하면서 거스르고 반격하는 사람이다. 신하가 작위나 탐내면서 윗사람이 듣기 좋은 말만 해서는 안 된다. 작위를 감당할 수 없으면서 녹봉만 축내는 신하는 안 된다. 좋은 활은 당기기 어렵지만, 쏘면 높이 날아 깊이 박히며, 좋은 말은 타기 어렵지만, 타면 무거운 것을 싣고 멀리 달린다. 훌륭한 인재는 명령으로 부리긴 어렵지만, 부린다면 임금을 잘 모시고 존엄을 드러낸다. 양쯔강과 황하강도 조그만 계곡물이 자기를 채우는 것을 싫어하지 않기 때문에 크게 될 수 있었다.[92] 그렇다면 백성들이 훌륭한 선비가 되고 현명한 신하의 자질을 갖추도록 하는 길은 무엇인가?

옛날 성왕이 정치를 함에 다음과 같이 말했다: "의롭지 않은 자는 부유해서도 안 되고, 의롭지 않은 자는 고귀해서도 안 되고, 의롭지 않은 자는 친애해서도 안 되며, 의롭지 않은 자는 가까이해서도 안 된다." 이로써 나라의 부귀한 사람들이 그것을 듣고 모두 물러나와 모의하여 말한다: "처음에 우리가 믿었던 바는 부귀인데, 지금 임금은 의로우면 가난하고 천박한 것을 가리지 않고 등용하겠다고 하였다. 그러면 우리는 의로운 자가 되지 않으면 안 된다." 근친들이 듣고 또한 물러나와 모의하

---

92) 『묵자』「親士」2-2」.

여 말한다: "처음에 우리가 믿었던 바는 친척이라는 것이었는데, 지금 임금이 의로우면 친소를 가리지 않고 등용하겠다고 한다. 그러면 우리는 의로운 자가 되지 않으면 안 된다." 측근들이 듣고 또한 물러나와 모의하여 말한다: "처음에 우리가 믿었던 바는 측근이라는 것이었다. 그런데 지금 임금이 의로우면 원근을 가리지 않고 등용한다고 한다. 그러면 우리는 의로운 자가 되지 않으면 안 된다. 소원한 자들이 듣고 또한 물러나와 모의하여 말한다: "우리는 처음부터 소원한 사이기에 믿을 것이 없었는데, 지금 임금이 의로우면 원소를 가리지 않고 등용하겠다고 한다. 그러면 우리는 의로운 자가 되지 않으면 안 된다." 미치기에 너무 떨어진 비루한 시골구석의 신하들, 궁정의 문지기들, 나라 안의 백성들, 사방 변방의 비천한 백성들조차도 그것을 듣고 모두 경쟁적으로 의로워지려 한다. 이러한 까닭이 무엇인가? 말했다: "윗사람이 아랫사람을 부릴 수 있는 수단은 의로움이라는 한 가지 불건일 뿐이고, 아랫사람이 윗사람을 섬기는 수단은 의로움이라는 한 가지 방법이 있을 뿐이다. 비유컨대, 부자가 높은 담장과 깊은 궁궐을 가졌는데, 담장을 이미 세우고 단지 하나의 문만을 뚫는 것과 같다. 도둑이 들어오면 들어온 곳을 닫고 찾으면 도둑이 나갈 수가 없다. 이것이 무슨 까닭인가? 요점을 잘 터득했기 때문이다." 是故古者聖王之爲政也言曰:「不義不富, 不義不貴, 不義不親, 不義不近.」是以國之富貴人聞之, 皆退而謀曰:「始我所恃者, 富貴也, 今上擧義不辟貧賤, 然則我不可不爲義.」親者聞之, 亦退而謀曰:「始我所恃者親也, 今上擧義不辟疏, 然則我不可不爲義.」近者聞之, 亦退而謀曰:「始我所恃者近也, 今上擧義不辟遠, 然則我不可不爲義.」遠者聞之, 亦退而謀曰:「我始以遠爲無恃, 今上擧義不辟遠, 然則我不可不爲義.」逮至遠鄙郊外之臣, 門庭庶子, 國中之眾, 四鄙之萌人聞之, 皆競爲義.是其故何也, 曰:上之所以使下者, 一物也, 下之所以事上者, 一術也, 譬之富者, 有高牆深宮, 牆立既, 謹止爲鑿一門, 有盜人入, 闔其自入而求之, 盜其無自出.是其故何也, 則上得要也.(尙賢上: 2)

윗사람이 아랫사람을 부릴 수 있는 수단은 '의로움'이라는 한 가지 물건일 뿐이고, 아랫사람이 윗사람을 섬기는 수단도 '의로움'이라는 한 가지 방법이 있을 뿐이다. 먼저 윗사람이 '의로움'을 기준으로 신하를 등용하겠다는 원칙을 밝히고, 실제 그 원칙을 충실히 실천하면 아랫사람들은 그것에 따라 의로운 사람이 되고자 한다. 친척, 부귀, 측근들도 정실에 기대지 않고 의로워지려 하며 소원한 자들과 변방의 촌부들까지도 의로움을 갖추면 등용의 길이 있다는 희망을 갖게 된다.

"옛날 성왕들은 현명한 이를 매우 존중하고 숭상하여 능력 있는 자를 임명하여 부렸다. 부모와 형제라고 친애하고 않았고, 고귀한 자와 부자를 가리지 않았고, 얼굴빛으로 아첨하는 자를 사랑하지 않았다. 현명한 자는 등용하여 높여주고, 부유하고 고귀하게 해주어 관장으로 삼았다. 불초한자는 억누르고 물러나게 하고, 가난하고 비천하게 하여 보졸의 임무를 맡겼다. 이로써 백성들은 모두 상을 권면하고 벌을 두려워하게 하여 서로 이끌어 현명한 자가 되도록 하였다. 이로써 현명한 이들이 많아지고 불초한 이들이 적어졌다. 이를 일러 '현명한 이를 촉진하는 정책'이라 한다. 그런 연후에 성인은 의견을 듣고 행동을 살펴서 그 능력을 관찰하고 걸맞은 벼슬을 주었다. 이를 일러 '능력을 섬기는 정책'이라 한다. 그러므로 나라를 다스릴 수 있는 자로 하여금 나라를 다스리게 하고, 장관으로 부릴만한 자에게는 장관의 일을 맡기고, 읍을 다스릴만한 자에게는 읍을 다스리는 일을 맡겼다. 무른 나라와 국가, 관직과 부서, 읍과 마을을 다스리는 것은 이처럼 모두 나라의 현명한 자들이었다."[93]

그래서 신하를 등용하는 '의로움'의 첫 번째 기준은 차별 없이 능력에 따르는 것이다. 이것이 옛 성왕들이 인재를 쓰는 본보기였다. 능력에 따라 차별 없이 인재를 등용할 뿐만 아니라, 등용된 현신들이 자기의 재능을 마음껏 발휘할 수 있도록 하려면 능력에 따라 작위를 높여주고, 작위에 걸맞은 녹봉과 대우를 해주어야 한다. 또 한 가지 중요한 것이 있다. 작위에 걸맞은 직책을 부여했으면 직책에 따른 정령을 그 자신이 결단할 수 있도록 하는 권능을 주어야 한다. "작위가 높지 않으면 백성들이 공경하지 않고, 받는 녹봉이 후하

---

[93] 『墨子』「尙賢中: 1」.

지 않으면 백성들이 신뢰하지 않으며, 정령을 결단할 수 있는 권한이 없으면 백성들이 두려워하지 않는다."[94] 이것이 현명한 신하를 부리를 기술이다. 이처럼 높은 작위를 주고, 많은 녹봉을 주고, 정령을 결단할 수 있는 권한을 준 것은 그들에게 선물을 준 것이 아니라 나라의 일이 성사되게 하기 위한 것일 뿐이다. 그래서 관리라고 항상 고귀한 것이 아니고, 백성이라고 항상 비천한 것도 아니다. 능력이 있으면 등용하고 능력이 없으면 물러나게 할 뿐이다. 이처럼 현명한 이를 대우하는 것은 나라에 공정한 의로움을 일으키고 사사로운 원한을 막아 천하가 다스려지도록 하는 치도의 요점이다.

4) 맺음말

묵자가 활동했던 시기는 춘추에서 전국시대를 넘어가는 이른바 오나라와 월나라가 천하를 다투는 '오월시대'였다. 개인윤리적 규범은 물론 사회정의도 무너진 악의 시대였다. 묵자가 보기에 사회정의가 무너진 것이 더 큰 문제였다. 사회구조가 부정의함으로써 백성들도 공공선의 공익보다는 자기이익의 이전투구를 벌일 수밖에 없었다. 그래서 그는 부단히 정치사회의 악을 근절하기 위하여 동분서주하였다.

묵자의 정치철학은 너무 시대를 앞질러간 사상이었다는 생각을 저버릴 수가 없다. 그의 정치철학은 유가의 왕도정치론도 저 서양 근대의 계몽군주론도 넘어선 사고를 펼쳤다. 단순한 위민(爲民)과 민본정치가 아니다. 그는 인민에 의한 인민의 정치를 부르짖는 것 같다. 그래서 묵자의 철학은 불온사상이었다. 주나라 봉건계급제도를 지키고자 했던 기득권 보수귀족세력에게 묵자의 정치철학은 좌경불온사상이었고, 묵자의 정치철학을 실현하고자 했던 묵가의 세력은 좌

---

94) 『墨子』「尙賢上: 3」.

경불온세력이었다. 시공을 넘어 불온사상과 세력은 척결의 대상이다. 진한(秦漢)시대 이후 묵자철학이 2000여 년 동안 종적을 감췄던 연유가 여기에 있다.

그러나 묵자에게도 한계가 있다. 차별 없는 평등한 세상을 꿈꿨지만 그 역시 당시대의 지배체제를 온전히 부정하지는 못하였다. 하늘의 사명을 받은 천자를 용인했고, 천자를 중심으로 하는 제후, 삼공, 경대부 등이 천하를 다스리는 정치제도를 현실로 받아들였다. 또한 묵자가 성왕의 선례로 요·순·우·탕·문·무를 들고 있지만, 현명한 재상으로 평가하는 관중(管仲)·자산(子産)·안영(晏嬰)·문종(文種)·범리(范蠡)·오자서(伍子胥) 등은 모두 형정(刑政)을 통한 패도(覇道)정치로 주군(主君)을 이끌었던 명신들이다. 그러니까 묵자는 성왕들도 왕도(王道)라기보다는 패도정치의 모델로 해석했던 것으로 볼 수 있다. 자연히 묵자도 형정을 통한 패도의 길을 걸었다. 공정한 법과 형벌을 차별 없이 적용해야 한다는 그의 주장은 법가사상의 선구라 볼 수 있는 측면도 있다.

그렇다고 묵자의 정치철학을 위정자가 법(法)·세(勢)·술(術)로 무장하여 강압과 위압의 정치를 펼쳐야한다고 주장했던 법가사상가들[95]과 등치시켜 이해하면 곤란하다. 정확히 말하면, 묵자의 정치철학은 패도에서 왕도로 가는 중간지점에 있었던 것 같다. 백성들의 의리를 하나로 화동시켜 '일반의지'에 입각한 공정한 기준과 제도를 세우고, 백성들로 하여금 자신의 이익추구를 합리적으로 조절해 나가도록 한 점은 분명히 패도의 길이다. 그러나 묵자는 주나라의 복잡하고 차별적인 예제보다는 이전시대 하나라 우(禹)임금의 소략한 예를 더 소중히 여겼던 것 같고, 특히 그는 형벌로만 백성을 다스리는 정치[96]와 강압과 위압의 정치를 반대하였다. 대신 위정자의 덕과 공정한 의로움의 정치를 주장했다. 여기에 왕도적인 측면이 깃들어 있다.

---

[95] 법가사상은 크게 법(法: 법률과 제도)·세(勢: 권력과 권위)·술(術: 인재등용술과 정치기술)로 요약할 수 있다. 신도(愼到, BC. 395?~315?)가 세(勢)를, 신불해(申不害, BC. 385?~337)가 술(術)을 주장하고, 상앙(商鞅, BC. ?~338)은 법(法)을 강조하였다. 이러한 법·세·술을 한데모아 법가사상을 체계화한 이가 한비자(韓非子, BC. 280?~233)이다. 진시황이 그를 크게 쓰고자 했으나 친구였던 이사(李斯)의 모함으로 중용되지 못했다.

[96] 『묵자』「尙同中: 3」「尙賢中: 6」

4. 겸사(兼士)를 길러내는 인격교육론

묵자는 『묵자』에서 교육에 관한 체계적인 관점을 제시하지 않았다.[97] 그러나 『묵자』라는 저술을 남긴 의도가 후학을 위한 교육과 무관하지 않다고 본다면 우리는 이 책을 통하여 묵자의 교육사상을 추론해 볼 수 있다고 여긴다. 또한 『묵자』를 읽다보면 단편적이지만 교육에 대한 언급과 주장이 전혀 없는 것도 아니다. 따라서 나는 충분히 묵가의 교육사상을 탐구할 수 있다고 여긴다. 특히, 묵자가 겸애(兼愛)의 윤리학을 정초했고, 묵자철학의 체계에서 가장 중요한 주제 중의 하나였다면 이와 관련한 교육적 관점이 없을 수가 없다. 이 절에서는 도덕교육론에 초점을 두고 묵자의 교육사상을 탐색해 보자.

1) 도덕교육의 교육철학적 관점

가. 도덕교육의 필요성과 목적

겸애교리의 윤리학은 백성들의 삶과 사회를 개선시키는 실용적인 목적에 기여하는 것이다. 이것이 묵자적인 뜻에서 '의로움'이다. 묵자는 단적으로 "의로움은 목숨보다 귀하다"[98]고 말한다. 그의 진단으로 당시대는 칠환(七

---

[97] 그래서 묵자의 교육사상에 대한 기존연구는 찾아보기 어렵다. 연구자의 한계로 해외에서 이루어진 최근 묵자 연구물을 보지 못해 아쉽지만, 국내 연구에 국한할 때 황성규, 조현규, 박문현 등의 연구가 있다. 황성규, "묵자교육사상의 특징과 의의", 『도덕윤리과교육』제26호(2008.7), 165~188쪽; 조현규, "묵자의 겸애적 교육사상", 『동양교육사상』(서울: 학지사, 2009), 95~120쪽; 박문현, "묵자의 교육사상", 『「묵자」읽기』(서울: 세창미디어, 2014), 131~157쪽. 이들은 모두 일반 교육사상에 관한 연구이고 도덕교육론을 본격적으로 탐구한 것은 아니다.

[98] 『墨子』「貴義」: 貴義於其身也.

患)⁹⁹⁾으로 요약되는 악의 시대였고 의로움이 무너진 시대였다. 환난들을 가져온 현상적 원인은 말할 것도 없이 위정자들이 사치와 낭비를 일삼고 백성들을 위한 정치를 하지 않는 데에 있지만, 더 근본적인 원인은 '두루 사랑하고 서로 이익을 나누는 삶'이 없기 때문이다. 그래서 묵자는 천하에 의로움을 실현하기 위하여 동분서주하는 삶을 살았고, 후학들에게도 그것을 교육하고자 하였다.¹⁰⁰⁾ 교육적 견지에서 볼 때, 묵자의 교육사상은 천하에 이로움을 일으키고 해로움을 없애는 '의로움'을 실현하기 위해 교육적 처방을 모색한 것이라 요약할 수 있다.¹⁰¹⁾

겸애교리의 윤리학에 바탕을 두지만, 사실 묵자의 '의로움'의 교육학은 엄격한 뜻에서 도덕교육만을 의미하지 않는다. 『묵자』에서 '의로움'의 용례에 주목할 때 그것은 세 가지 교육적 영역을 포함하고 있다. 세 가지 사례의 인용을 보자.

[1] 의로움을 실천하려면 무엇에 가장 힘써야 하는가? 묵자가 말했다: 비유를 들면 담장을 쌓는 것과 같다. 흙을 잘 다지는 사람은 흙을 다지고, 흙을 잘 운반하는 사람은 흙을 나르게 하고, 흙을 잘 파는 사람은 삽질을 시켜 제각기 능한 일로 협동해야 담장을 쌓을 수 있다. 의로움을 실천함에도 이와 같다. 변론을 잘하는 사람을 변론을 하고, 글을 잘 해설하는 사람을 글을 해설하게 하고, 일을 잘 처리하는 사람은 일을 하도록 하여 제각기 능한 일을 해내면 의로움이 이루어진다. 爲義孰爲大務? 子墨子曰: 譬若築牆然, 能築者築, 能實壤者實壤, 能欣者欣, 然後牆成也. 爲義猶是也, 能談辯者談辯, 能說書者說書, 能從事者從事, 然後義事成也. (耕柱)

---

99) 묵자가 진단하는 7가지 환란이란 사치와 낭비, 임금의 자만과 백성을 위하지 않은 정치, 신하의 소신과 충성심 부족, 안보 및 외교 부실, 상벌적용의 부정 등이다. 『墨子』「七患」참조.

100) 묵자는 천하에 의로움을 행하는 자가 별로 없다면, 몇 안 되는 그들이라도 나서서 그것을 하도록 적극 권면할 일이지 그만두라 하는 것은 잘못된 충고이다. 오히려 의로운 선비들이 적극적으로 나서서 천하에 의로움을 다시 세울 수 있도록 교육에 나서야 하는 것이 맞다고 여긴다. 『墨子』「魯問」참조.

101) 황성규, "묵자 교육사상의 특징과 의의", 앞의 책, 167~169쪽.

[2] 어떻게 의리를 하나로 모으는 상동(尙同)으로 천하에 정치를 펼칠 수 있음을 알겠는가? (중략) 옛날 하늘이 처음으로 백성을 낳음에는 우두머리가 없었고 백성들이 각각의 사람들이었다. 만약 백성들이 각각이라면 한 사람이 하나의 의리, 열 사람이 열 가지의 의리, 백 사람이 백 가지의 의리, 천 사람이 천 가지의 의리가 있어, 사람들이 많아짐에 미칠수록 계산할 수가 없었다.(중략) 모두가 자기 의리가 옳다하고 남의 의리를 그르다고 한다.(중략) 그래서 하늘이 천하의 의리를 하나로 화동시키고자 하였다. 何以知尙同一義之可而爲政於天下也？然胡不審稽古之治爲政之說乎？古者天之始生民, 未有正長也, 百姓爲人。若苟百姓爲人, 是一人一義, 十人十義, 百人百義, 千人千義, 逮至人之衆, 不可勝計也, 則其所謂義者, 亦不可勝計。此皆是其義, 而非人之義, 是以厚者有鬪, 而薄者有爭。是故天之欲同一天下之義也, 是故選擇賢者, 立爲天子。(尙同下)

[3] 지금 한 사람이 있어 남의 과수원에 들어가 복숭아와 자두를 훔쳤다면 많은 사람들이 듣고 비난할 것이다.(중략) 이것은 왜일까? 남을 해쳐서 자기의 이익을 추구한 때문이다. 어떤 사람이 개와 돼지와 닭을 훔쳤다면 그 의롭지 않음이 남의 과수원에 들어가 복숭아와 자두를 훔친 것보다 더 심할 것이다. 이것은 왜 그런가? 남을 해침이 더욱 많고, 어질지 않음이 더욱 심하고, 죄가 더 크기 때문이다. 今有一人, 入人園圃, 竊其桃李, 衆聞則非之, 上爲政者, 得則罰之, 此何也？以虧人自利也。至攘人犬豕雞豚, 其不義又甚入人園圃竊桃李。是何故也？以虧人愈多, 其不仁玆甚, 罪益厚。至入人欄廐, 取人馬牛者, 其不仁義, 又甚攘人犬豕雞豚, 此何故也？以其虧人愈多。苟虧人愈多, 其不仁玆甚, 罪益厚。至殺不辜人也, 拖其衣裘, 取戈劍者, 其不義又甚入人欄廐取人馬牛。此何故也？以其虧人愈多。苟虧人愈多, 其不仁玆甚矣, 罪益厚。(非攻上)

인용 [1]은 개인의 능력과 자질에 걸맞은 일에 종사하도록 하는 것이 의로움을 실현하는 것이라 보고 있다. 그래야 천하에 이로움을 가져올 수 있다. 이를 위해서는 학생들의 자실과 재능을 배양해주는 지식 혹은 기술교육이 필요하다. 이러한 관점에서 묵자는 '내가 직접 농사짓고, 베를 짜고, 전쟁에 나가는 것보다는 백성들을 교육하여 농부들이 농사짓고, 부인들이 베를 짜고, 병사들이 전쟁을 하도록 하는 것이 훨씬 공적이 큰 것'이라고 주장하고 있기도 하다.[102] 인용[2]는 정치 혹은 사회윤리 영역에서 구성원들이 이익을 공정하게 나누는 공동선의 분배 기준을 '의로움'이라 하고 있다. 이를 위해서는 정치적 우두머리를 세우며, 아래로부터 자발적 합의를 거쳐 의리를 하나로 화동시키는 과정 등에 필요한 정치적 능력을 함양하는 정치교육도 필요할 것이다.[103] 끝으로, 인용[3]은 그야말로 우리의 관심사인 개인윤리 영역에서 '의로움'과 관련되는 도덕교육적 차원이다. 복숭아를 훔친 경우와 돼지를 훔친 경우, 어느 것이 더 도덕적으로 비난받아야 하는가를 묻고 있기 때문이다.[104]

이러한 세 가지 영역의 '의로움'의 교육학은 모두 '두루 사랑하고 서로 이익을 나누는 삶'이라는 겸애교리의 이상을 실현하는 데에 교육목적을 두고 있는 것이기에 크게 보면 전체가 도덕교육이라 할 수 있다. 그러나 엄격한 의미에서 도덕교육이란 학생들에게 도덕적 덕과 규범을 비롯한 도덕원리를 익히고, 다양한 도덕적 문제에 대한 사고력과 판단력을 향상시키며, 도덕적 앎을 실천으로 연결할 수 있는 실행력을 함양함으로써, 자율적이고 통합적인 인격의 형성을 주된 과제로 하는 교육영역이다. 묵자가 이러한 점을 명시적으로 밝히지는 않았지만, 그 역시 도덕교육의 목적을 여기에 두었다고 여긴다. 그가 운명론을 거부하는 한편, 인간은 자유의지를 가진 존재이고 인지이성의 능력을 가진 존재로 여기면서, 유가의 관습적 규범을 비판하는 대신 겸애교리의 도덕원리에 따라 살아갈 것을 종용하고 있다는 점에서 이러한 점을 시사받을 수 있다. 묵자는 '두루 사랑하고 서로 이익을 나누는 삶'의 이상과 원

---

102) 『墨子』「魯問」참조.
103) 『墨子』「尙同」참조.
104) 황성규는 인용[1]에 주목하여 묵자 교육학의 세 영역을 담변(談辯), 설서(說書), 종사(從事)로 본다. 박문현 또한 담변, 설서, 종사의 세 영역을 현대식으로 해석하여 논리사상, 윤리사상, 경제사상, 과학사상, 군사사상의 다섯 과목을 주요 교육영역으로 분석하고 있다. 한편, 조현규는 묵자의 교육학을 정치교육, 경제교육, 윤리교육, 과학교육, 근로교육으로 분석하여 정리하고 있다. 황성규, 앞의 책, 171~174쪽; 박문현, 앞의 책, 142~146쪽; 조현규, 앞의 책, 104~115쪽.

리를 습득하여 합리적으로 판단하고 실천하는 자율적인 인격인의 형성을 도덕교육의 궁극적 목적으로 삼았다. 한마디로, '의로움'의 덕성을 갖춘 인격인의 형성이 그것이다.

그리고 묵자는 어느 교육영역보다도 도덕교육이야말로 가장 중요하고도 선행되어야 할 교육적 과제로 삼았다고 할 수 있다. 앞서 언급한 바이지만, 천하에 의로움이 무너진 근본 원인은 사람들이 서로 사랑하지 않은 데에 있다고 보았기 때문이다.

> 성인은 천하를 다스리는 것을 일로 삼는 자이다. 혼란이 일어나는 원인을 살피지 않으면 안 된다. 혼란의 원인을 살펴보면 그것은 무엇인가? 이유는 서로 사랑하지 않는 것이다. 신하와 자식이 임금과 아버지에게 효도하지 않기 때문에 혼란이 온다. 자식이 자신만을 사랑하고 아버지를 사랑하지 않는다. 그러므로 아버지를 줄이고 자신이 이익을 얻는다. 동생이 자신만을 사랑하고 형을 사랑하지 않는다. 그러므로 형을 줄이고 자신이 이익을 얻는다. 신하가 자신만을 사랑하고 임금을 사랑하지 않는다. 그러므로 임금을 줄이고 자신이 이익을 얻는다. 이것들이 혼란의 원인이다. 한편 아버지가 자식을 사랑하지 않고, 형이 동생을 사랑하지 않고, 임금이 신하를 사랑하지 않으면, 이 또한 천하가 혼란스러워지는 원인이다. 아버지가 자신만을 사랑하여 자식을 사랑하지 않는다. 그러므로 자식을 줄이고 자신이 이익을 얻는다. 형이 자신만을 사랑하고 동생을 사랑하지 않는다. 그러므로 동생을 줄이고 자신이 이익을 얻는다. 임금이 자신만을 사랑하고 신하를 사랑하지 않는다. 그러므로 신하를 줄이고 자신이 이익을 얻는다. 이것이 무엇인가? 모든 원인이 서로 사랑하지 않는 것이다. 聖人以治天下爲事者也, 不可不察亂之所自起, 當察亂何自起? 起不相愛。臣子之不孝君父, 所謂亂也。子自愛不愛父, 故虧父而自利, 弟自愛不愛兄, 故虧兄而自利, 臣自愛不愛君, 故虧君而自利, 此所謂亂也。雖父之不慈子, 兄之不慈弟, 君之不慈臣, 此亦天下之所謂亂也。父自愛也不愛子, 故虧子而自利, 兄自愛也不愛弟, 故虧弟而自利, 君自愛也不愛臣, 故虧臣而自利, 是何也? 皆起不相愛。(兼愛上)

모든 환란의 근본원인은 부자간, 형제간, 군신간이 서로 사랑하지 않고 자기 자신만을 사랑하고 이익을 고집하기 때문이다. 도적질을 하는 것도 자기 가문만을 사랑하고 이익을 고집하기 때문이고, 이웃나라를 공격하는 것도 자기 나라만을 사랑하고 이익을 고집하기 때문이다. 환난의 모든 원인은 서로 사랑하지 않기 때문이고 자기의 이익만을 고집하기 때문이다. 따라서 교육적 처방은 '두루 사랑하고 서로 이익을 나누는 삶'의 이상과 원리를 백성들에게 가르치는 도덕교육을 바탕으로 해야 한다. 묵자에게 도덕교육은 '의로움'의 교육학의 알파요 오메가인 셈이다.

나. 소염론(所染論)의 교육철학

묵자는 "인간의 품격은 물들여짐에 따른다."는 소염론(所染論)을 주장했다.

> 묵자께서 실을 물들이는 것을 보고 한탄하며 말했다: 파란색에 물들이면 파래지고, 노란색에 물들이면 노래진다. 넣은 색이 변화하면 그 색깔 또한 변한다. 다섯 가지를 넣으면 반드시 다섯 가지 색이 된다. 그러므로 물들여짐에 신중하지 않을 수 없다. 유독 실을 물들이는 것만 그러한 것이 아니다. 나라 또한 물들여진다. 순임금은 허유와 백양에게 물들었고, 우임금은 고요와 백익에게 물들었고, 탕임금은 이윤과 중훼에게 물들었으며, 무왕은 태공과 주공에게 물들었다. 이 네 임금은 물들여짐이 마땅하였기에 천하에 왕노릇을 하여 천자의 나라를 세웠고, 업적과 명성이 천지를 덮었다. 그래서 천하에 인의롭고 현명한 사람을 거명할 때에는 이 네 임금을 지칭하는 것이다. 하나라 걸왕은 간신과 추치에게 물들었고, 은나라 주왕은 숭후와 악래에게 물들었고, 주나라 려왕은 장보와 이공에게 물들었으며, 유왕은 부공 이와 채공 곡에게 물들었다. 이 네 임금은 물들여짐이 부당하였기에 나라를 망치고 자신도 죽어 천하의 치욕을 당하였다. 천하에서 의롭지 못하고 욕된 인간을 거명할 때에는 반드시 이 네 임금을 지칭하는 것이다. 子墨子言見染絲者而嘆曰:「染於蒼則

> 蒼,染於黃則黃。所入者變, 其色亦變, 五入必而已則為五色矣。故染不可
> 不慎也。」非獨染絲然也, 國亦有染。舜染於許由伯陽, 禹染於皐陶伯益,
> 湯染於伊尹仲虺, 武王染於太公周公。此四王者, 所染當, 故王天下, 立為
> 天子, 功名蔽天地, 舉天下之仁義顯人, 必稱此四王者。夏桀染於干辛推
> 哆, 殷紂染於崇侯惡來, 厲王染於厲公長父榮夷終, 幽王染於傅公夷蔡
> 公穀。此四王者, 所染不當, 故國殘身死, 為天下僇, 舉天下不義辱人, 必
> 稱此四王者。(所染)

색실을 물들이는 것처럼, 인간도 물들여짐에 따라 선한 품성의 소유자가 되고, 악한 품성의 소유자가 될 수 있다. 따라서 나라가 잘 다스려지려면 위정자들이 정의로운 정치를 펼쳐야 하며, 그렇게 되기 위해서는 위정자들의 행실과 도리와 성품이 마땅하게 물들여져야 하는 것이다. 선비도 가문도 그렇다. 이러한 묵자의 소염론을 교육학적으로 어떻게 읽어야 할까? 인용을 글자 그대로 해석한다면 묵자의 도덕교육철학은 환경결정론자로 오독(誤讀)하기에 충분하다. 이러한 오해를 받을 수 있는 대목은 다른 편에서도 볼 수 있다. 예컨대, "풍년이 든 해에는 백성들이 인자하고 선량하지만, 흉년과 기근이 든 해에는 백성들이 인색하고 흉악해진다."[105]고 하여, 마치 인간 품성의 선악은 외부의 사회조건에 의해서 결정되는 것처럼 주장하고 있다. 이것이 맞다면, 묵자의 도덕교육방법론은 도덕적 문화전통, 덕과 규범 등을 일방적으로 학생들에게 주입하는 교화 내지 사회화론의 관점을 가진 것으로 볼 수 있다. 과연 묵자는 환경결정론자인가?

기존 연구들에서 그렇게 보는 관점이 있었지만[106] 잘못이라고 본다. 묵자의 교육철학을 환경결정론으로 읽으면 일단 그의 인성론과도 모순된다. 앞서 보았듯이, 묵자는 인간은 자유의지를 가진 존재이고 인지이성을 가진 존재로 여긴다. 물론 그가 인간의 본성을 선한 존재로 여긴 것은 아니다. 사회적 존

---

105) 『墨子』「七患」참조.
106) 예컨대, 몽배원과 조현규는 그렇게 읽고 있다. 몽배원, 앞의 책, 146쪽; 조현규, 앞의 책, 117쪽.

재로서 인간은 이기적이다. 그렇지만 이러한 관점이 인간본성을 악한 존재로 규정한 것으로 볼 수 없다. 그는 "부득이 추구하는 욕구는 욕심이 아니"라고 말하였기 때문이다. 필요와 요구 수준에서 부득이 추구하는 욕구는 도덕적으로 선도 악도 아니다. 본능과 본성이 분리되기 이전의 인간(영아嬰兒)은 도덕적으로 백지였다. 그러나 사회적 존재로 진입하는 순간부터 본능과 본성이 분리되고, 인간은 욕망추구의 이기적 존재로 될 수밖에 없다. 이제부터 문제는 욕망추구와 이기심 자체가 아니라 그것을 얼마나 합리적으로 추구하고 조절하는가에 달렸다고 할 수 있다. 묵자는 인간을 매우 합리적 이기주의자로 여긴다.

> 손가락을 잘라서 팔뚝을 보존할 수 있었다면 이로움 중에서 큰 것을 취했고 해로움 중에서 작은 것을 취한 것이다. 해로움 중에서 작은 것을 취한 것은 해로움을 취한 것이 아니라 이로움을 취한 것이다. 그것을 취하는 것은 사람마다 결정할 일이다. (중략) 이로움과 해로움의 경중을 헤아리는 것은 인간의 욕구라지만 욕구대로 하는 것이 옳은 것은 아니다. 해로움 중에서 작은 것을 취하는 것은 의로움을 위한 것이지 이로움을 위한 것이 아니다. 斷指以存腕, 利之中取大, 害之中取小也, 非取害也, 取利也. 其所取者, 人之所執也.(中略). 而權輕重之謂求, 求爲之, 非也, 害之中取小, 求爲義, 非爲利也. (大取)

인간은 이로움과 해로움의 경중을 헤아릴 수 있는 인지이성을 가졌고 합리적으로 이익을 추구하고 조절할 줄 아는 존재이다. 그러나 비합리적 욕망추구의 나락으로 빠질 수도 있는 자유의지의 존재이기도 하다. 특히, 사람들끼리 자기이익이 서로 대립하고 갈등할 때는 비합리적 욕망추구의 이전투구로 나아갈 가능성이 크다. 그래서 묵자는 겸애교리의 윤리학을 정초하고, 도덕교육의 필요성을 강조했던 것이다. 사정이 이렇다면 소염론의 교육철학은 일방적인 환경결정론으로 보기 어렵다. 환경과 개인의 상호작용론으로 읽어야 할 것이다. 인용을 보자.

무릇 임금이 나라를 편안하게 하는 방법은 무엇인가? 도리를 행하는 것이다. 행실과 도리와 성품은 마땅하게 물들여져야 한다. 그러므로 훌륭한 임금이 되려는 자는 인물을 논하는데 수고스러워야 하고 관리를 다스리는 데 편안해야 한다. 그러나 임금노릇을 잘못하는 자는 몸이 상하고 정신이 피곤하며 근심하는 마음과 수고로운 뜻을 펴지만 나라는 더욱 위태롭게 되고 몸은 더욱 욕되게 된다. 앞의 여섯 임금들은 나라를 중히 여기고 자신을 사랑하지 않은 것이 아니다. 나라를 다스리는 요점을 모른 까닭일 뿐이다. 요점을 알지 못하면 물들여짐이 부당한 것이다. 유독 나라만 물들여지는 것이 아니고 선비 또한 물들여진다. 그의 벗들이 모두 인의를 좋아하고, 순박하고 근엄하여 법령을 공경한다면 가문이 날로 번창하고, 몸이 날로 편안하고, 명성이 날로 영화롭고, 관리가 되어도 도리를 터득하게 될 것인바, 즉 단간목과 금자와 부설 같은 무리가 그들이다. 그러나 그의 벗들이 모두 사랑하고 뽐내기를 좋아하고, 작당하고 파당을 만들어 따르면 가문은 날로 쇠해지고 몸은 날로 위태롭고 명성은 날로 욕되게 되며, 관리가 되어 도리를 잃게 되는 바, 즉 자서와 역아와 수조의 무리가 그들이다. 凡君之所以安者何也, 以其行理也, 行理性於染當。故善爲君者, 勞於論人, 而佚於治官, 不能爲君者, 傷形費神, 愁心勞意, 然國逾危, 身逾辱。此六君者, 非不重其國, 愛其身也, 以不知要故也。不知要者, 所染不當也。非獨國有染也, 士亦有染。其友皆好仁義, 淳謹畏令, 則家日益, 身日安, 名日榮, 處官得其理矣, 則段干木禽子傳說之徒是也。其友皆好矜奮, 創作比周, 則家日損, 身日危, 名日辱, 處官失其理矣, 則子西易牙豎刁之徒是也。(所染)

훌륭한 임금이 되고 선한 선비가 되는 데는 그가 어떤 임금과 선비들에게 물들여질 것인가 하는 환경이 중요하다. 그러나 물들여지기 전에 그가 어떤 임금이나 선비들과 가까이할 것인가는 처음부터 개인의 선택이다. 그래서 묵자도 훌륭한 임금이 되려는 자는 (가까이할 수 있는) 인물을 논하는데 수고로워야 한다고 말하고 있다. 그러나 묵자의 소염론은 개인의 자유의지를 말하지만 도덕교육에서 개인보다 환경의 영향을 더 중시여기는 관점인 것 같다. 현명한 사람이었다면 처음부터 훌륭하고 인의로운 사람들과 벗했을 것이다. 또한 현명한 사람이라면 설사 포악한 무리들과 벗했더라도 그들에게 물들지 말았어야 마땅할 것인바, 이에 대한 적극적 언급은 없는 듯하기 때문이다. 이러한 묵자의 관점은 마치 현대 교육심리이론인 사회학습이론(Social Learning Theory) 혹은 사회인지이론(Social Cognitive Theory)을 떠올리게 한다. 반듀라 등이 주장한 이 이론은 개인과 환경의 상호결정론을 주장하면서도 환경의 영향을 중시여기고 있기 때문이다.[107] 그러나 묵자나 반듀라 등은 환경 못지않게 개인의 능동적인 인지능력을 강조하고 있음에 주목할 필요가 있다.

2) 도덕교육의 실제: 목표와 내용과 방법

가. 교육받은 사람의 개념으로서 '겸사'(兼士)

묵자에게 있어 도덕교육의 목적은 '의로움'의 덕성을 갖춘 인격인의 형성에 있다. '의로움'의 덕성을 지닌 인격인은 도덕적 상황에서 언제나 '두루 사랑하고 서로 이익을 나누는' 겸애교리(兼愛交利)의 원리에 따라 선과 악, 옳고 그름을 판별할 수 있고, 선과 옳음의 가치와 규범을 심정 깊이 받아들일 뿐만 아니라 의무에 따라 의로운 행위를 실천할 수 있는 사람이라 할 수 있다. 이러한 사람은 남에게 선을 권면하고 악을 제어할 수 있으며, 궁극적으로 천하의 이익을 일으키고 천하의 해로움을 제거할 수 있다. 이러한 사람을 묵자는 '현량지사'(賢良之士)라 부르고 있다.

---

[107] 김택휴, 『도덕성 발달이론과 교육』(서울: 인간사랑, 2008), 261~301쪽.

현명하고 선량한 선비는 덕행을 독실하게 실천하고, 옳고 그름의 변론에 뛰어나며, 학문과 기예를 폭넓게 터득한 자이다. 賢良之士, 厚乎德行, 辯乎言談, 博乎道術者乎! (尙賢上)

『묵자』에는 이상적인 인격으로 성인(聖人), 현인(賢人), 인인(仁人), 인자(仁者), 군자(君子), 지자(智者), 고사(高士), 현사(賢士), 겸사(兼士) 등으로 표현하고 있지만 그 의미는 별 차이가 없다.[108] 그러나 겸애교리의 윤리학을 정초한 묵자의 관점을 드러내는 가장 적절한 인격적 전형의 표현은 '겸사'(兼士)인 것 같다. 성인이든 현인이든 이상적 인격은 일단 겸사가 되는 것을 바탕으로 한다고 볼 수 있다. 그러니까 겸사는 도덕교육을 받은 사람의 전형이다.

겸사들로 구성된 사회에서는 각 구성원들이 자신의 직분에 걸맞게 덕행을 실천한다. 임금은 반드시 은혜롭고 신하는 충성하며, 아버지는 자애롭고 자식은 효도하며, 형은 우애하고 동생은 공경한다.[109] 부모, 형, 임금 보기를 자기 몸처럼 위하고, 동생, 자식, 신하 보기를 자기 몸처럼 위하는 겸애의 사랑을 실천하기 때문이다. 그리고 겸사들은 친척과 군신관계를 넘어 모르는 사람들과의 관계에서도 겸애교리의 원리에 따른 삶이 의롭다는 것을 분별할 줄 안다. 유가인 무마자(巫馬子)와 묵자의 대화의 예를 보자.

무마자: 나는 선생과 의견이 다르다. 나는 두루 평등하게 사랑할 수 없다. 나는 월나라 사람보다 이웃 추나라 사람을 더 사랑하며(중략), 제 부모보다는 제 자신을 더욱 사랑한다. 제 자신을 제일 친근하게 여기기 때문이다.(중략). 그러므로 나는 남을 희생시켜 나를 이롭게 할 수는 있어도 나를 희생하여 남을 이롭게 할 수는 없다.(중략).
묵자: 어떤 사람이 그대의 뜻에 동조하여 행동한다면 그 사람은 자기에게 이롭다면 그대를 죽이려 할 것이다.(중략) 반대로, 어떤 사람이 그대의 뜻

---

108) 박문현, 앞의 책, 136쪽.
109) 『墨子』「兼愛下」참조.

에 동조하지 않는다면 그들 또한 그대를 죽이려 할 것이다. 왜냐하면 그 대는 이익을 위해서는 남을 죽이는 상서롭지 못한 말을 하는 자라고 생각할 것이기 때문이다. 결국 그대의 뜻에 동조하는 자도 그대를 죽이려 할 것이고, 반대하는 자도 그대를 죽이려 할 것이다. 巫馬子謂子墨子曰:「我與子異, 我不能兼愛。我愛鄒人於越人, 愛魯人於鄒人, 愛我鄉人於魯人, 愛我家人於鄉人, 愛我親於我家人, 愛我身於吾親, 以為近我也。擊我則疾, 擊彼則不疾於我, 我何故疾者之不拂, 而不疾者之拂? 故有我有殺彼以我, 無殺我以利。」子墨子曰:「子之義將匿邪, 意將以告人乎?」巫馬子曰:「我何故匿我義? 吾將以告人。」子墨子曰:「然則一人說子, 一人欲殺子以利己, 十人說子, 十人欲殺子以利己, 天下說子, 天下欲殺子以利己。一人不說子, 一人欲殺子, 以子為施不祥言者也, 十人不說子, 十人欲殺子, 以子為施不祥言者也, 天下不說子, 天下欲殺子, 以子為施不祥言者也。說子亦欲殺子, 不說子亦欲殺子, 是所謂經者口也, 殺常之身者也。」子墨子曰:「子之言惡利也, 若無所利而不言, 是蕩口也。」(耕柱)

유가인 무마자는 친친(親親)의 원리에 따른 별애(別愛)가 합당하며, 그 사랑도 자기를 이롭게 하는데서 출발해야 하는바 나를 버리고 남을 먼저 위할 수는 없다고 주장하고 있다. 무마자의 이러한 삶의 원칙과 태도를 남들이 인지한다면 그를 어떻게 대할까? 그의 삶의 원칙에 동조하는 이도 반대하는 이도 결국 그를 죽이려 할 것이라는 게 묵자의 관점이다. 동조하는 자는 그와 이익갈등이 생긴다면 자기이익을 위해 그를 죽이려들 것이고, 동조하는 않는 자는 자기이익을 위해 남을 죽일 수도 있는 혐의를 가진 그를 용납할 수가 없기에 죽이려들 것이기 때문이다. 사실 묵자는 '겸애'를 의심하고 비난하던 자들도 위기에 닥치면 자기가족을 '별애'가 아니라 '겸애'의 선비에게 의탁하며, 나라의 재난 상황에서 백성들은 필부라도 마땅히 '겸애'의 임금에게 돌아갈 것이라고 말한다.[110]

그러나 겸사들은 일상적 삶 속에서도 겸애교리의 원리에 따른 삶이 옳다는 것을 변론하여 준별 할 수 있는 존재이다. 그래서 겸사의 선비들은 반드시

---

110) 『墨子』「兼愛下」참조.

자기 벗의 몸을 위하기를 자기 몸처럼 위하고, 자기 벗의 친척을 위하길 자기 친척처럼 위한다. 겸사의 임금은 백성의 몸을 먼저 한 후에 자기 몸을 위한다. 그래서 겸사의 선비와 임금은 굶주리는 벗이나 백성을 보면 먹여주고, 추우면 입혀주고, 병들면 돌봐주고, 죽어 상을 당하면 장사지내 묻어준다.[111] 그러나 겸사가 남을 먼저 위한다고 하여 자기를 저버리는 것은 아니다. 자기 사랑도 남을 위하는 마음속에 포함되어 있다. 남을 위하는 사랑이 곧 자기에게도 이로운 것이기 때문이다.[112]

결국 교육받는 사람으로서 겸사는 덕행을 독실하게 실천하고 옳고 그름의 변론을 잘하며 학술과 기예에 능통하여, 자기를 희생할 줄 알며 남의 어려움을 구할 줄 아는 사람이라 하겠다. 그래서 겸사는 천하의 이로움을 일으키고 천하의 해로움을 제거하는 데에 기여할 수 있다.

나. 목표의 세분화와 그에 따른 교육내용

'의로움'의 덕행을 갖춘 겸사는 겸애교리의 원리에 따라 도덕적 삶을 살아가는 사람이다. 인간은 필요수준을 넘어 욕망을 추구하는 이기적인 존재이다. 따라서 욕망의 이기심을 합리적으로 추구하고 조절하여 '두루 사랑하고 서로 이익을 나누는' 사람인 겸사를 길러내는 것이 도덕교육의 목표이다. 이러한 도덕교육의 목표를 달성하려면 먼저, 필요이상의 욕망을 조절할 수 있는 내적 자제력이 함양되어야 한다. 둘째로, '두루 사랑하고 서로 이익을 나누는' 겸애교리의 원리에 따른 삶이 왜 필요한지 인식할 수 있어야 하고 또한 그러한 원리에 따라 옳고 그름을 준별하는 능력도 함양되어야 한다. 셋째로, 이러한 도덕원리를 심정 깊이 받아들이고 그런 동기에 따라 실천할 수 있는

---

111) 『墨子』「兼愛下」참조.
112) 『墨子』「大取」참조.

실행력도 갖추어야 한다. 이러한 세 가지가 도덕교육의 세부 목표가 될 것이라 여긴다.『묵자』에 이러한 교육의 세부목표와 내용이 들어있다.

① 욕망을 조절하는 내적 자제력

묵자는 "욕망과 증오를 없애라. 생명을 상하고 목숨을 덜면서 쾌락에 젊음을 맡긴다면 이것이 무슨 사랑인가? 재물에 미혹된 사람은 어찌 욕망이 생명을 상하게 하지 않겠는가?"[113]라고 말한다. "부득이 추구하는 욕구"(필요 수준의 욕구)를 넘어서는 욕심은 욕망이다. 이러한 욕망이 세상을 이전투구로 만들고 자신의 생명도 다치게 만든다. 따라서 사람들의 욕망은 적절한 수준에서 조절되어야 하고 합리적 수준에서 추구되어야 한다. 그리하여 '두루 사랑하고 서로 이익을 나누는' 삶으로 전환해야 한다. 그것이 백성과 천하가 또한 이롭게 되는 길이다.

그렇다면 천하에 이로움을 가져오는 길은 무엇인가? 그것은 남의 땅을 빼앗거나 재물을 탈취하는 것이 아니다. 쓸모없는 재용의 낭비를 없애는 절용(節用)의 법을 사용하는 것이다. 옷을 만드는 이유가 무엇인가? 겨울에 추위를 막고 여름에 더위를 막기 위함이다. 그 이상의 치장은 필요가 없다. 궁실과 집을 짓는 이유는 무엇인가? 겨울에 바람과 추위를 막고 여름에 더위와 비를 막고, 외부 도적의 침입을 막기 위함이다. 그 이상의 치장은 필요가 없다. 음식을 먹는 이유가 무엇인가? 허기를 채우고 기운을 북돋우며 팔과 다리를 강하게 하고 귀와 눈이 총명할 수 있으면 그만이다. 그리고 갑옷과 방패 등 병장기를 만드는 이유는 무엇인가? 오랑캐와 도적을 막으려는 것이다. 수레와 배를 만드는 까닭은 무엇인가? 수레로 구릉과 육지를 가고 배로 하천과 계곡을 건너기 위함이다. 이들은 모두 나라와 백성들에게 이용후생을 가져오는 것이기 때문에 그들을 수고롭게 하여도 불평하지 않고, 필요이상의 재용을 낭비하지 않는 한 이익의 배가를 가져올 수가 있다.[114]

---

113)『墨子』「經說下」: 無欲惡, 傷生損壽, 說以少連, 是誰愛也, 嘗多粟或者, 欲不有能傷也.
114)『墨子』「節用上」참고.

한마디로, 절용하면 두루 사랑하며 서로 이익을 나눌 수 있다. 이러한 맥락에서 묵자는 '후장구상'(厚葬久喪: 후한 장례와 오랜 상례)을 반대하여 절장(節葬)을 주장하고,[115] 사치와 음란을 조장하는 음악에 반대하는 비악(非樂)을 주장하기도 하였다.[116] 이처럼, 묵자가 절용과 절장과 비악을 주장한 것은 사람들의 욕망이 합리적 수준에서 추구되고 조절되어야 할 것을 주장한 것으로 읽을 수 있다. 또한 교육적 견지에서 이것은 사람들이 스스로 자신의 욕망을 조절할 수 있도록 내적 자제력을 함양하는 것이 중요한 과제임을 드러낸 것이라 하겠다.

② 도덕적 지식이해와 판단능력

왜 개인의 욕망을 합리적으로 추구하며 두루 사랑하고 서로 이익을 나누는 삶을 살아야 하는가? 과연 그러한 삶이 가능한 것인가? 서로 가치와 이익 갈등에 직면할 때는 어떻게 갈등을 해결할 수 있는가? 묵자의 도덕교육에서는 이러한 질문들에 대한 합리적 이해와 판단 능력이 길러져야 한다.

묵자는 이전투구의 세상이 된 현상적 원인은 위정자들이 사치와 낭비를 일삼고 백성들을 위한 정치를 하지 않는 데에 있지만, 더 근본적인 원인은 구성원들이 '두루 사랑하고 서로 이익을 나누는 삶'을 살지 않기 때문이라는 점을 누누이 밝힌다. 그렇다면 인간은 이기적인 존재인데, 과연 두루 사랑하고 서로 이익을 나누는 삶이 가능한가? 묵자는 실제로 두루 사랑의 겸애를 의심하고 실현 가능성을 비난하는 자들이 많음을 전제하면서, 겸사(兼士)와 별사(別士)의 비교적 사례를 들어 겸애교리적 삶이 옳고 그것이 실현 가능함을 밝히고 있다. 하나의 예를 보자.

> 예컨대, 두 사람이 벼슬에 나아갔는데, 베풂에 두 선비 중에 한 선비는 별애를, 한 선비는 겸애를 사용하였다고 치자. 그러면 별애의 선비는 말할 것이다. 내가 어찌 나의 벗의 몸을 나의 몸처럼 할 수 있는가? 나의 벗의

---

115) 『墨子』「節葬」참조.
116) 『墨子』「非樂」참조.

친척을 나의 친척처럼 할 수 있는가? 그러므로 물러나 그 벗을 보면 굶주려도 먹이지 않고, 추위도 입히지 않고, 병들어도 돌보지 않으며 죽어 상을 당해도 묻어 장사지내지 않을 것이다. 별애를 사용하는 선비의 말은 이와 같고, 이처럼 행동할 것이다. 겸애를 사용하는 선비는 그렇지 않고 행동 또한 그렇지 아니하다. 말하기를, 내가 들음에 천하에 훌륭한 선비는 반드시 자기 벗의 몸을 위하기를 나의 몸처럼 위하고, 자기 벗의 친척을 위하길 자기 친척처럼 위한다. 그래야 천하에 훌륭한 선비가 될 수 있다. 그러므로 물러나 벗을 보면 굶주리면 먹여주고, 추우면 입혀주고, 병들면 돌봐주고, 죽어 상을 당하면 묻어 장사지내준다. 겸애를 사용한 선비의 말을 이와 같고, 이처럼 행동한다. 이처럼 두 선비는 말이 서로 다르고 행동도 서로 상반된다. 가령 두 선비가, 말은 신뢰가 있고 행동은 과단성이 있어, 말과 행동의 합치됨이 부절처럼 합치되어 말이 실천되지 않은 것이 없다고 하자. 그런즉 감히 묻는다. 지금 평원과 광야가 있어 여기에서 갑옷을 입고 투구를 쓰고 전장에 나아가 생사의 저울을 알 수가 없다. 또 임금과 대부가 되어 멀리 파월과 제나라 혹은 형나라에 사신으로 가서 돌아올 수 있을지 못 올지 알 수가 없다. 그런즉 감히 묻는다. 알 수 없는 것이 밉지만, 가문과 집의 부모와 친척을 모시고, 처와 자식을 데리고 의탁해야 한다면 알 수 없지만 겸애의 선비에게 의탁하는 것이 옳을까, 별애의 선비에게 의탁하는 것이 옳을까? 나는 마땅히 겸애의 선비에게 의탁해야 한다고 생각한다. 천하의 어리석은 필부라도 비록 겸애의 사람을 비난했더라도 반드시 겸애의 선비에게 의탁할 것이다. 設以爲二士, 使其一士者執別, 使其一士者執兼。是故別士之言曰:「吾豈能爲吾友之身, 若爲吾身, 爲吾友之親, 若爲吾親。」是故退睹其友, 飢即不食, 寒即不衣, 疾病不侍養, 死喪不葬埋。別士之言若此, 行若此。兼士之言不然, 行亦不然。曰:「吾聞爲高士於天下者, 必爲其友之身, 若爲其身, 爲其友之親, 若爲其親, 然後可以爲高士於天下。」是故退睹其友, 飢則食之, 寒則衣之, 疾病侍養之, 死喪葬埋之, 兼士之言若此, 行若此。若之二士者, 言相非而行相反與, 當使若二士者, 言必信, 行必果, 使言行之合猶合符節也, 無言而不行也。然即敢問, 今有平原廣野於此, 被甲嬰冑將往戰, 死生之權未可識也, 又有君大夫之遠使於巴越齊荊, 往來及否未可識也。然即敢問, 不識將惡也, 家室, 奉承親戚, 提挈妻子, 而寄託之, 不識於兼之有是乎?

於別之有是乎？我以爲當其於此也, 天下無愚夫愚婦, 雖非兼之人, 必寄託之於兼之有是也。此言而非兼, 擇即取兼. (兼愛下)

인간은 이기적이지만 합리적인 존재이다. 그리고 인간은 합리적 이익을 계산하고 인식할 수 있는 존재이다. 합리적 이성능력은 위기의 순간에 더욱 빛을 발휘한다. 철저하게 따져보지 않기 때문에 단기적 자기이익에 매달리고 욕망의 이전투구에 나설 뿐이다. 자기만을 사랑하고 자기에게 가깝고 자기를 친애하는 사람만을 사랑하는 '별애'(別愛)적 삶이 그것이다. 그러나 (위기적 상황을 가정하여) 철저하게 따져본다면 결국 남을 위하기를 자기 몸을 위하는 것처럼 하는 겸애적 삶이 나뿐만 아니라 모두를 살리는 길임을 알게 될 것이다. 이것이 묵자의 관점이고, 교육에서도 이러한 합리적 판단능력을 길러주어야 한다.

그리고 묵자는 정치공동체의 영역에서도 사람마다 다를 수 있는 의리를 하나로 화동시켜 가치분배의 공정한 기준을 정하는 상동(尙同)의 정치를 주장한다. 이러한 의로움의 기준은 서로 이익갈등을 해결하는 기준이 된다. 교육적 견지에서도 의로움의 기준을 정하는 화동의 능력과 그에 따라 갈등을 해결하는 방법을 가르쳐야 할 것이다.

③ 지행일치의 실천력

도덕에 관한 지적 이해에 머무르지 않고 행동으로 이어져야 한다. 묵자는 단적으로 "선비가 비록 배움이 있다하더라도 행동이 근본"[117]이라 말한다. 그리고 도덕을 이해한다는 것도 개념적인 수준에 머문다면 그것은 모르는 것일 뿐이다. 구체적인 도덕적 상황에서 선악 혹은 옳고 그름을 분명히 판단하고 그것에 따라 행동으로 실천해야만 도덕을 명확히 이해하는 것이다.[118]

---

117) 『墨子』「修身」: 士雖有學, 而行爲本焉.
118) 주백곤(전명용 외 옮김), 『중국고대윤리학』(서울: 이론과 실천, 1990), 271쪽.

장님이 말하기를 '은'을 흰색이라 말하고, 검은 재는 검은색이라 말했다면 아무리 눈밝은 사람이라도 그 말을 바꿀 수는 없다. 그러나 흰 것과 검은 것을 함께 섞어놓고 장님에게 골라내라 한다면 장님은 알지 못할 것이다. 그러므로 내가 장님은 검고 흰 것을 모른다고 한 것은 그 명칭이 아니고 그 선택을 말한 것이다. 오늘날 천하 군자들이 말하는 '인'이라는 명칭은 우임금과 탕임금도 그것을 바꿀 수 없을 것이다. 그러나 어짊과 어질지 못한 것을 함께 섞어놓고 그것을 천하 군자들로 하여금 분별하여 선택하라 하면 알지 못할 것이다. 그러므로 내가 천하의 군자들이 어짊을 모른다고 한 것은 그것의 명칭을 말하는 것이 아니고 선택을 말하는 것이다. 今瞽曰:鉅者白也, 黔者黑也。雖明目者無以易之。兼白黑, 使瞽者取焉, 不能知也。故我曰瞽不知白黑者, 非以其名也, 以其取也。今天下之君子之名仁也, 雖禹湯無以易之。兼仁與不仁, 而使天下之君子取焉, 不能知也。故我曰天下之君子不知仁者, 非以其名也, 亦以其取也。(貴義)

    장님은 흰색과 검은색을 개념적으로 이해할지언정 실제로 두 색을 구분할 수 없듯이, 요즘 군자들은 인(仁)과 불인(不仁)의 개념을 이해할지언정 실제 상황에서 인과 불인을 분별하고 판단하라고 하면 하지 못한다. 그렇다면 장님은 흰색과 검은색을 명확히 아는 것이 아니고, 요즘 군자들은 인과 불인을 제대로 알지 못하고 있는 것이라는 게 묵자의 관점이다. 제대로 알지 못하는 데 어떻게 행동할 수 있겠는가? 그리고 제대로 안다면 반드시 행동으로 실천되어야 한다.
    그러나 도덕이 무엇인지를 안다고 그것을 행동으로 실천할 것이라는 보장이 없다. 덕의 함양은 인지적으로 이해하는 것에 끝나지 않고 온몸으로 체득(體得)해야 하고 성품화되어야 하는 것이다. 그래야 지행일치의 실천력을 가질 수 있다. 덕을 터득하는 것은 교사가 아니라 학생 자신이다. 특정의 덕을 내면화하여 인격의 틀 내에서 가치화되고, 그것을 실천할 것인지의 여부를 결정하는 것도 학생 자신이다. 따라서 덕의 함양은 교육보다 공부가 중요한 것이다. 그래서 동양의 사상가들은 너나할 것 없이 자기수양을 위한 수신(修身)을 강조했던 것이다. 이점에서 묵자도 예외가 아니다.

마음에 두는 것으로는 사랑을 다할 수 없고, 몸을 움직이는 것으로는 공경을 다할 수 없으며, 입으로 말하는 것으로는 가르침을 다할 수 없다. 팔다리에 사무치고 살갗에 스며들며, 머리에 꽃이 피고 이마가 터질 때까지라도 오히려 내려놓지 않아야, 오직 성인이라 할 것인저! 藏於心者, 無以竭愛, 動於身者, 無以竭恭, 出於口者, 無以竭馴。暢之四支, 接之肌膚, 華髮隳顚, 而猶弗舍者, 其唯聖人乎! (修身)

다. 교육의 방법과 교사의 역할

'두루 사랑하고 서로 이익을 나누는' 사람인 겸사를 길러내는 것이 도덕교육의 목표이다. 이러한 목표를 달성하기 위해서는 욕망을 조절하는 내적 자제력, 도덕적 지식이해와 판단능력, 지행일치의 실천력이 함양되어야 한다. 이제 이러한 세부목표와 내용을 교수-학습하는 교육방법과 교사의 역할이 무엇인지 보자.

묵자는 "인간의 본성은 처음부터 바른 것이 아니라 바르게 물들여야 한다."[119]는 소염론의 교육철학을 정초했다. 그러나 이러한 소염론이 일방적인 환경결정론을 의미하는 것은 아니었다. 인간은 운명을 거부할 수 있고, 자유의지에 따라 환경을 선택할 수도 있는 이성적 존재이다. 따라서 처음에 어떤 환경을 선택하여 물들여질 것인가 하는 점은 매우 중요하다. 일단 물들여지면 '습관'(陳執: 진부한 고집 또는 쌓인 습관)[120]을 형성하기 때문이다.

> 물들여진 습관이 이미 만들어져 있다면 나는 그 습관대로 행동한다. 습관이 하는 대로 따라서 나는 행동한 것이다. 만약 물들여진 습관이 아직 만들어져 있지 않다면 내가 습관을 만들어낸다. 그리고 그 습관에 의지

---

119) 『墨子』「大取」: 性不可正而正之.
120) 기세춘, 앞의 책, 804쪽.

하여 나는 행동한다. 諸陳執旣有所爲, 而我爲之, 陳執之所爲, 因吾所
爲也. 若陳執未有所爲, 而我爲之陳執, 陳執因吾所爲也. (大取)

이미 물들여진 습관을 바꾸는 것은 쉽지 않다. 따라서 처음부터 바른 습관을 형성할 수 있는 적절한 환경을 제공하여 물들여지도록 하는 교육을 해야 한다. 교육의 출발선상에서 교사가 해야 할 가장 중요한 역할이 여기에 있다고 할 수 있다. 적절한 교육환경이 제공되면 학생들은 자연스럽게 바른 방향으로 물들여질 수 있다. 그들은 인지능력을 가졌기에 환경과 상호작용하면서 배울 수가 있기 때문이다. 학생들이 가진 인지능력으로써 대표적인 학습기제가 '모방'(効: 본뜸)과 '관찰'이다.

묵자는 "'본뜨는 것'은 행동을 실천하는 방법이다. '본받는 것'은 행동을 실천하는 방법을 배위기 위함"[121]이라고 말한다. 『묵자』에서 우·탕·문·무와 같은 성왕과 모범적 사례가 제시되고, 걸·주·유·려와 같은 폭군을 등장시켜 경계토록 한 것은 이러한 교육적 의도를 담은 것이라 하겠다. 이러한 점에서 교사부터가 늘 모범자이고 권위자이고 규범의 대변자가 되어야 한다. 묵자와 묵가 집단의 우두머리인 거자(鉅子)는 또한 바로 그런 역할을 했던 것이라 볼 수 있다. 학생들은 제시된 모범사례를 맹목적으로 모방하기보다는 스스로의 관찰을 통하여 경험을 종합하면서 학습해 나간다. 사례를 직접체험[親聞과 親見]하기도 하고, 서책이나 교사로부터 전해 들어 간접체험[傳聞]을 하기도 하면서 관찰과 경험을 종합하여 학습할 수 있다. 이처럼, 모방과 관찰학습을 통하여 학생들은 욕망을 조절하는 내적 자제력을 함양하고 바람직한 도덕규범을 습득하면서 바람직한 도덕적 습관을 형성할 수 있다.

물들여진 습관을 바꾸는 것이 쉽지 않은 일이지만, 교사는 학생들의 바람직하지 못한 습관을 바꾸는데도 기여해야 한다. 이를 위해서는 왜 나쁜 습관과 규범을 바꿔야 하는지 변론과 토론을 통하여 반성적 성찰을 해보도록 촉구해야

---

121) 『墨子』「小取」: 效者, 爲之法也. 所效者, 所以爲之法也.

하고, 부득이하게 상벌(賞罰)과 같은 강화와 제재전략을 사용할 수도 있다.

지금 후한 장례와 오랜 상례를 고집하는 자는 말한다: "후한 장례와 오랜 상례가 성왕의 도가 아니라면, 어찌 중국의 군자들이 하기를 그치지 않고 붙잡고 선택을 포기하지 않은 지를 설명할 수 있는가?" 묵자가 말했다: "이것은 사람들이 그들의 습관을 편리하게 여기고 자기들의 습속을 옳은 것이라 여기기 때문이다. 옛날 월나라의 동쪽에 진목이라는 나라가 있었는데, 장자가 태어나면 해부하여 먹으면서 마땅히 아우를 위한 것이라 말했다. 할아버지가 죽으면 할머니를 업어다가 버리면서 귀신의 처와 더불어 살 수 없다고 말하였다. 이것은 위로는 정치가 되고 아래로는 습속이 되어 하기를 그치질 않고 붙잡고 선택을 포기하지 않는다. 그런즉 이것이 어찌 어짊과 의로움의 도리라 할 수 있겠는가? 이것을 이른바 습관을 편리하게 여기며 습속을 옳다고 여기는 것이다.(중략) 이처럼 세 나라의 사례를 보건대, 그것은 오히려 각박하다. 만약 중국의 군자들이 그것을 보고 오히려 후한 것이라 여긴 것이다. 저처럼 크게 후한 것이 이처럼 크게 각박한 것인즉 그러함을 잘 살피면 장례에 절도가 있을 것이다." 今執厚葬久喪者言曰:「厚葬久喪果非聖王之道, 夫胡說中國之君子, 為而不已, 操而不擇哉?」子墨子曰:「此所謂便其習而義其俗者也. 昔者越之東有輆沐之國者, 其長子生, 則解而食, 謂之宜弟, 其大父死, 負其大母而棄之, 曰鬼妻不可與處. 此上以為政, 下以為俗, 為而不已, 操而不擇, 則此豈實仁義之道哉? 此所謂便其習而義其俗者也. 若以此若三國者觀之, 則亦猶薄矣. 若中國之君子觀之, 則亦猶厚矣. 如彼則大厚, 如此則大薄, 然則葬埋之有節矣. (節葬下: 8)

관습적 도덕은 습관이고 습속이다. 반성적으로 검토되지 않는 이러한 도덕을 무조건 옳다고 주장하면 안 된다. 그러한 관점에서 묵자는 당시대의 관습적 도덕인 주나라의 예악(禮樂)에 대해서도 비판적이었다. '후장구상'의 규범은 대표적인 비판 대상이었다. 위의 인용에서 보듯, 이전의 상장례가 너무 각박했다면, 오늘날의 상장례는 너무 후하고 긴 것이 문제라는 것이다. 이처럼 관습적 도덕은 늘 반성적 성찰과 검토를 거쳐 재입법되어야 한다. 반성적 성찰의 기준은 겸애교리의 원리이고, 이러한 기준을 바탕으로 반성적 성찰을 촉구하는 교수학습기법이 변론과 토론이다.

> 대저 변론이란 옳고 그름의 분별을 분명히 하고, 다스림과 어지러움의 근본을 찾아내며, 같고 다른 것의 구별을 분명히 하고, 명사와 실체의 조리를 살피며, 이로움과 해로움을 결정하여 겸의를 해결하는 것이다. 그래서 만물의 실상을 요약하여 본뜨고, 여러 언술을 비교하고 논구하여 이름으로써 실체를 드러내며 명제로서 뜻을 표현하고 논설로서 조건을 밝혀내는 것이다. 유추를 취하기도 하며(귀납) 내려주기도 한다(연역). 夫辯者, 將以明是非之分, 審治亂之紀, 明同異之處, 察名實之理, 處利害決嫌疑, 焉摹略萬物之然, 論求群言之比, 以明舉實, 以辭抒意, 以說出故, 以類取, 以類予. (小取)

한편, 『묵자』의 서술방식도 교수학습과정으로 읽으면, 대체로 학생이 질문하고 스승인 묵자(혹은 성인 등)가 대답하는 형식으로 구성되어 있다. 특히, 『논어』처럼 단순한 문답식이 아니라, 토론과 담론의 형식이다. 또한 묵자가 어떤 주장을 펼 때는 늘 삼표론(三表論)에 근거하여 논리적으로 설명하고 설득하고 있다. 이러한 점들도 모두 묵자가 교육에서 변론과 토론을 중시해야 한다는 점을 시사하고 있다. 따라서 교사는 모범자일 뿐만 아니라 변론과 토론을 촉구하고 이끌어 가는 도덕적 사유의 촉진자 역할도 해야 하는 것이다. 나아가 교사는 학생들의 바람직한 성향을 길러주기 위해 부득이하게 상과 벌을 사용할 수도 있다.

> 상은 윗사람이 아랫사람의 공적에 따라 갚는 것이다. 벌은 윗사람이 아랫사람의 죄과에 따라 갚는 것이다. 賞, 上報下之功也. 罰, 上報下之罪也. (經上)

윗사람인 교사는 학생들의 바람직한 성향을 기르기 위해 상벌을 직접 주관할 수 있다. 그러니 이보다 더 좋은 교육방법은 상벌의 주관을 하늘과 귀신에

맡김으로써 종교적 수준으로 격상시키는 것일 것이다. 학생들은 보이지 않은 곳에서도 상벌을 주관하는 하늘과 귀신이 있다는 점을 믿음으로써 더욱 경계하고 경외하는 마음으로 바람직한 도덕적 성향을 함양할 수 있을 것이기 때문이다. 묵자가 도덕의 연원을 하늘에 두면서, 하늘과 귀신이 상벌을 주관한다고 여긴 점은 이러한 교육적 의도와도 무관하지 않을 것이다.

3) 맺음말

묵가의 도덕교육론은 한마디로 '의로움'의 덕성을 갖춘 사람을 기르는 인격교육이론이다. '의로움'의 덕성을 지닌 인격인은 도덕적 상황에서 언제나 '두루 사랑하고 서로 이익을 나누는' 겸애교리(兼愛交利)의 원리에 따라 선과 악, 옳고 그름을 판별할 수 있고, 선과 옳음의 가치와 규범을 심정 깊이 받아들일 뿐만 아니라 의무에 따라 의로운 행위를 실천할 수 있는 사람이라 할 수 있다. 이러한 묵가의 인격교육이론은 오늘날 우리 교육에도 시사하는 바가 크다. 인간의 이기심을 인정하면서도 욕망의 절제를 바탕으로 하는 겸애교리의 윤리학은 물질적 욕망의 무한추구를 지향하는 오늘날의 인간사회에 경종을 울리고 있다. 교육이란 물들여지는 것으로 보는 '소염론'의 교육학은, 비교육적 사회 환경과 경쟁중심의 교육만이 판치는 오늘날 우리사회에 교육의 나아갈 길을 적시해 주고 있다. 건전한 습관형성이 중요하다고 여기는 도덕교육적 관점은 우리 도덕교육의 지향점을 도덕적으로 사고하는 습관, 선을 사랑하는 감정의 습관, 의무를 실천하는 행위의 습관을 기르는 방향으로 두어야 함을 알려주고 있다.

제4장

양자의 철학사상

- 생명사랑과 불간섭주의 -

서론: 양자에 대하여

  양자(楊子, ? ~ ?)의 이름은 주(朱)이고 자는 자거(子居)인데, 장자(莊子)가 양자라 불렀다. 대략 춘추 말 전국 초의 인물로 공자와 묵자보다는 늦다고 보는 견해가 있지만 알 수 없고, 그가 실존했던 사람이라면, 『맹자』와 『장자』에서 그의 이름이 언급되는 것으로 보아 맹자와 장자보다는 분명 앞서 살았던 사람이다. 양자와 노자 중 누가 선배인가? 사실 둘 다 실존했던 인물인지도 정확하지 않은 상황에서 모른다고 보는 것이 답일 것이다. 그러나 둘 다 실존했던 사람이라면, 『맹자』에서 양자 관련 기록은 나오고 노자 기록은 없는 것으로 보아, 노자보다 양자가 앞선 사람으로 볼 수 있다. 중국철학자인 풍우란은 논리적인 선결문제를 들어 노자를 맹자 이후의 인물로 여기고 노자를 전국시대 중기 이후의 인물로 보는데,[1] 이러한 그의 관점도 나의 관점을 보완해 준다.
  양자가 실존했던 인물인지도 불분명하니, 그의 행적을 알 수가 없고 전해지는 저서 또한 없다. 다만, 『열자(列子)』 『장자』 『맹자』 『한비자』 등을 통하

---

1) 풍우란(박성규 옮김), 『중국철학사(상)』(서울: 까치, 2003), 273쪽.

여 간접적으로 그의 사상의 대략을 살필 수 있을 뿐이다. 이 중 양자의 사상을 가장 상세하게 소개하고 있는 책은『열자』일 것이다. 중국 전국시대의 인물로 알려지고 있는 열자(列子; 본명 열어구列禦寇, ? ~ ?)는 노자, 장자와 함께 중국 도가의 기본사상을 확립시킨 사상가 가운데 한 사람이며,『열자』를 지은 것으로 전해진다. 춘추시대 사람이라는 설도 있지만 대체로 전국시대 정(鄭)나라 사람으로 정나라 재상인 자양(子陽)과 같은 시대, 곧 기원적 389년경에 살았으며 장자 이전의 사람으로 알려져 있다. 생애가 불확실해 열자 또한 허구적인 인물로 의심하는 학자들도 있다. 여러 전적을 종합해 볼 때, 열자는 무위적 사유를 전개하였고, 세상을 피해 살다간 사람으로 여겨지고 있다.[2]

  기존의 통설은 노자-양자-열자-장자의 순으로 도가사상의 계통을 보는 것이었지만(혹은 양자를 제외하고 노자-열자-장자순), 나는 믿을 수 없고 근거도 없다. 모두 도가 계열의 무위적 사유를 전개했던 사상가들임에는 틀림없지만, 오히려 실존했다면 양자가 제일 앞선 사람이었던 것이 아닐까 한다. 여러 문헌에 간헐적으로 나오는 양자의 기록은 단편적이지만,『도덕경』(노자),『열자』,『장자』등의 책은 매우 체계적인 무위철학의 전형을 보여주고 있기 때문이다. 그렇다면 기존의 통설과는 달리 양자-노자-열자-장자의 순으로 계통을 잡아야 할 것이다.

---

[2] 현재 전해지는『열자』는 위진(魏晉)시대에 장담(張湛)이 주석을 달아 놓은 책에 근거한 것이다. 김학주 옮김,『열자』(경기: 연암서가, 2011) 참조.

1. 『논어』속의 은자들: 양자의 선배?

　양자의 생몰연대도 모르고 저서도 없고 단편적인 기록들만 남아있고, 그리고 노자 등보다 앞선 시대의 사람이라면, 나는 『논어』속에 등장하여 무위적 사유의 언표들을 남겼던 은자(隱者)들과 비슷한 인물이 아니었는가 생각한다. 여기서 은자들은 세상에 참여보다는 비참여의 길을 걸었고, 하나같이 공자와 그 무리들의 구세를 위한 실천운동을 비아냥거리며 비판하고 있다. 『논어』에는 대략 7명의 은자들이 등장하는데, 신문(晨門), 하궤(荷蕢), 원양(原壤), 접여(接輿), 장저(長沮), 걸익(桀溺), 장인(丈人) 등이 그들이다. 『논어』의 기록을 보자.

　　자로가 석문에서 묵었다. 신문이 말했다: "어디로부터 왔는가?" 자로가
　　대답했다: "공씨로부터 왔다." 말했다: "그 불가능한줄 알면서도 억지로
　　일을 벌이는 자 말인가?" 子路宿於石門。晨門曰: "奚自?" 子路曰: "自孔
　　氏。" 曰: "是知其不可而爲之者與?" (憲問: 41)

　　공자가 위나라에서 경쇠를 연주하고 있었다. 삼태기를 멘 사람이 공씨의
　　문 앞을 지나가다가 말했다: "속에 품은 마음이 있도다, 경쇠를 연주함이
　　여!" 지나가서 말했다: "비루하고 비천함이여! 자기를 알아주지 않으면 그
　　만둘 뿐이다. 물이 깊으면 옷을 벗어 건너고 물이 얕으면 옷을 걷고 건너
　　면 그만이다." 공자가 말했다: "아~! 어려움이 없구나!" 子擊磬於衛, 有荷
　　蕢而過孔氏之門者, 曰: "有心哉, 擊磬乎!" 既而曰: "鄙哉, 硜硜乎! 莫己知
　　也, 斯已而已矣。深則厲, 淺則揭。" 子曰: "果哉! 末之難矣。" (憲問: 42)

　　원양이 걸터앉아 기다리고 있었다.[3] 공자가 말했다: "어려서는 공손하지
　　아니하고, 자라서 자신을 드러낼 것도 없으며, 늙어서 죽지도 아니하면
　　삶을 도적질하는 것이다." 몽둥이로 정강이를 때렸다. 原壤夷俟。子曰:
　　"幼而不孫弟, 長而無述焉, 老而不死, 是爲賊。" 以杖叩其脛。(憲問: 46)

---

[3] 원양은 공자의 친구인데, 어머니가 죽자 노래를 불렀다고 한다. 주자는 원양을 노자의 무리라고 보고 있다.

초나라의 가진 뜻이 높은 접여라는 자가 노래하면서 공자 곁을 지나가다가 말했다: "봉황이여, 봉황이여! 얼마나 덕이 쇠잔해졌는가? 지난 일에 대해서는 간할 수 없고, 오는 일에 대해서만 쫓아갈 뿐이로다. 그만두라 그만둬! 오늘날 정치를 하는 것은 위태롭다." 공자가 수레에서 내려 더불어 말을 하고자 쫓아갔지만 피해 떠나버렸다. 그래서 더불어 말을 하지 못했다. 楚狂接輿歌而過孔子曰: "鳳兮鳳兮! 何德之衰? 往者不可諫, 來者猶可追。已而已而! 今之從政者殆而!" 孔子下, 欲與之言。趨而辟之, 不得與之言。(微子: 5)

장저와 걸익이 서로 짝을 지어 밭을 갈고 있었다. 공자가 지나가다 자로에게 나루를 묻게 하였다. 장저가 말했다: "저 수레를 잡은 사람은 누구입니까?" 자로가 대답했다: "공구입니다." 말했다: "저 노나라 공구말입니까?" 대답했다: "예." 말했다: "그는 나루를 알고 있습니다."??? 이번에 걸익에게 물었다. 걸익이 말했다: "당신은 누구십니까?" 대답했다: "중유입니다." 말했다: "저 노나라 공구를 따르는 사람입니까?" 대답했다: "그렇습니다." 말했다: "물이 도도하게 흘러가는 것처럼 천하의 모든 것이 그러한데, 누가 그것을 바꿀 수 있단 말입니까? 또한 사람을 피하는 선비를 따르기보다는 세상을 피하는 선비를 따르는 것이 어떻겠습니까?" 씨 뿌려 덮는 일을 그치지 않았다. 자로가 돌아와 말하였다. 선생님께서 멍하게 실의에 빠져 있다가 말했다: "새나 짐승과는 더불어 무리지어 살 수 없는 것이거늘, 내가 이 사람의 무리와 더불어 하지 않으면 누구와 더불어 할 것인가? 천하에 도가 있다면 내가 바꾸려 하겠는가?" 長沮、桀溺耦而耕, 孔子過之, 使子路問津焉。長沮曰: "夫執輿者爲誰?" 子路曰: "爲孔丘。" 曰: "是魯孔丘與?" 曰: "是也。" 曰: "是知津矣。" 問於桀溺。桀溺曰: "子爲誰?" 曰: "爲仲由。" 曰: "是魯孔丘之徒與?" 對曰: "然。" 曰: "滔滔者天下皆是也, 而誰以易之? 且而與其從辟人之士也, 豈若從辟世之士哉?" 耰而不輟。子路行以告。夫子憮然曰: "鳥獸不可與同群, 吾非斯人之徒與而誰與? 天下有道, 丘不與易也。" (微子: 6)

자로가 따르다가 뒤처졌다. 지팡이를 짚고 대바구니를 멘 장인이라는 사람을 만났다. 자로가 물었다: "당신은 우리 선생님을 못 봤습니까?" 장

인이 말했다: "사체도 수고롭게 하지 않고 오곡도 분간할 줄 모르는 자가 누구의 선생님이란 말인가?" 지팡이를 꽂아두고 김을 매었다. 자로가 두 팔을 끼고 서 있었다. 자로에게 머물러 묵게 하고, 닭을 잡고 기장밥을 지어 먹이고 두 아들을 만나게 하였다. 다음날 자로가 돌아와 말했다. 공자가 말했다: "은자로다." 자로에게 돌아가 만나보게 했다. 가보니 어디론가 가버리고 없었다. 자로가 말했다: "벼슬하지 않으면 의로움이 없는 것이다. 장유의 예절도 폐할 수 없는 것이거늘, 군신의 의리를 어찌 폐할 수 있단 말인가? 자신의 몸을 깨끗이 하고자 큰 인륜을 어지럽히는 짓이다. 군자가 벼슬하는 것은 그 의로움을 실천하는 것이다. 도가 행해지지 아니하면 그만두는 것을 알아야 한다." 子路從而後, 遇丈人以杖荷蓧。子路問曰: "子見夫子乎?" 丈人曰: "四體不勤, 五穀不分。孰爲夫子?" 植其杖而芸。子路拱而立。止子路宿, 殺鷄爲黍而食之, 見其二子焉。明日, 子路行以告。子曰: "隱者也。" 使子路反見之。至則行矣。子路曰: "不仕無義。長幼之節, 不可廢也, 君臣之義, 如之何其廢之? 欲絜其身, 而亂大倫。君子之仕也, 行其義也。道之不行, 已知之矣。" (微子: 7)

저들이 공자의 무리에게 하는 말과 행동거지의 요지를 각각 보자.

신문(晨門): "그 불가능한줄 알면서도 억지로 일을 벌이는 자 말인가?"
하궤(荷蕢): "비루하고 비천함이여! 자기를 알아주지 않으면 그만둘 뿐이다. 물이 깊으면 옷을 벗어 건너고 물이 얕으면 옷을 걷고 건너면 그만이다."
원양(原壤): 걸터앉아 기다리고 있었다. (주자에 의하면, 원양은 공자의 친구인데 어머니가 죽었는데도 노래를 불렀을 정도로 노장의 무리였다고 여긴다.)
접여(接輿): "봉황이여, 봉황이여! 얼마나 덕이 쇠잔해졌는가? 지난 일에 대해서는 간할 수 없고, 오는 일에 대해서만 쫓아갈 뿐이로다. 그만두라, 그만둬! 오늘날 정치를 하는 것은 위태롭다."
장저(長沮): "그는 나루를 알고 있습니다."
걸익(桀溺): "물이 도도하게 흘러가는 것처럼 천하의 모든 것이 그러한데, 누가 그것을 바꿀 수 있단 말입니까? 또한 사람을 피하

> 는 선비를 따르기보다는 세상을 피하는 선비를 따르는 것이
> 어떻겠습니까?"
> 장인(丈人): "사체도 수고롭게 하지 않고 오곡도 분간할 줄 모르는 자가
> 누구의 선생님이란 말인가?"

하나 같이 이들은 공자와 그의 무리를 비꼬고 있다. 한마디로 공자의 무리들은 자연의 섭리를 거스르고 인위를 도모하는 자들이다. 불가능한 줄 알면서도 억지로 일을 도모하는 자들일 뿐이다. 오곡도 분간할 줄 모르고 사체도 수고롭게 하지 않으면서, 자신들이 아니면 마치 세상이 어떻게 될 것처럼 동분서주하고 있다. 그냥 놓아두라, 세상을 떠나라, 자연의 섭리에 맡겨두라. 이것이 그들에게 주는 충고이다. 이러한 충고에 대해 공자는 뭐라 적극적으로 대꾸하지 못하고 탄식만 할 뿐이다. 멍하게 실의에 빠질 뿐이다.

어쩌면 공자도 이미 세상을 바꾸는 일이 쉽지 않다는 것을 알고 있었을 것이다. 그러나 그의 관점은 도탄에 빠진 세상을 광정하는 것이 정말 그들의 충고대로 쉽지 않고, 혹은 불가능하더라도 마냥 손 놓고 있을 수는 없다는 것이었다. '당한 악'에 신음하는 백성들을 어쩌란 말인가? 공자가 볼 때 그건 무책임한 일일 뿐이다. 그래서 그는 말한다. "새와 짐승들과 더불어 무리지어 살 수 없는 것이거늘, 내가 이 사람의 무리와 더불어 하지 않으면 누구와 더불어 할 것인가? 천하에 도가 있다면 내가 바꾸려 하겠는가?" 이것이 은자와 다른 성인과 군자의 길이라고 공자는 굳게 믿었던 것 같다. 그러나 앞으로 양자사상과 노자『도덕경』을 통해서 보겠지만, 공자는 이들 은자의 사상을 제대로 이해하지 못한 것 같다. 그도 그럴 것이 그들은 아직 체계적인 사유를 내놓지 않았기 때문이다.

2. 양자의 철학사상

 양자(楊子는, 묵가의 실용적 패도정치도 유가의 당위적 도덕정치에도 반대하며, 귀기(貴己) 혹은 귀생주의(貴生主義)에 토대한 정치적 불간섭주의의 사유를 전개한 듯하다. 그 역시 체계적인 사유를 남기진 않았다. 몇몇 책에 산재해 있는 그에 관한 단편적인 기록을 몇 개만 보기로 하자.

> 성왕이 일어나지 않자 제후들이 방자해지고 처사들의 의론이 횡행하고 있다. 양주와 묵적의 말이 천하에 가득 찼다. 천하의 언론이 양주 아니면 묵적으로 돌아간다. 양주는 나를 위하니 임금이 없고, 묵적은 차별 없이 사랑하니 아버지가 없다. 聖王不作, 諸侯放恣, 處士橫議. 楊朱墨翟之言盈天下, 天下之言 不歸楊則歸墨. 楊氏爲我, 是無君也, 墨氏兼愛, 是無父也. (『孟子』「滕文公 下; 9」)

> 양자는 나를 위하는 것을 취한다. 털 한 오라기를 뽑아 천하를 이롭게 할 수 있어도 하지 않는다. 楊子取爲我, 拔一毛而利天下不爲也. (『孟子』「盡心 上; 26」)

> 양주가 말했다; 백성자고는 털 한 오라기로도 사물을 이롭게 하지 않았고, 나라를 버리고 숨어 살면서 밭을 갈았다. 대우도 자기 한 몸을 이롭게 하는 일을 하지 않아 자신의 몸을 지치고 깡마르게 만들었다. 옛날 사람들은 자기 몸의 털 한 오라기라도 손해보아 천하를 이롭게 할 수 있어도 주지 않았다. 천하를 다 주어 자기 한 몸을 받들고자 해도 취하려 하지 않았다. 사람마다 자기 몸의 털 한 오라기라도 손해보려 하지 않고, 사람마다 천하를 이롭게 하려 나서지 않는다면, 천하는 다스려질 것이다. 楊朱曰, 伯成子高不以一毫利物, 舍國而隱耕, 大禹不以一身自利, 一體偏枯. 故之人損一毫利天下不與也, 悉天下奉一身不取也. 人人不損一毫, 人人不利天下, 天下治矣. (『列子』「楊朱篇」)

 지금 여기에 어떤 사람이 있는데, 그는 의로움을 위해 위험한 성에 들어

가지 않았고 군대의 일에도 관여하지 않았다. 천하를 크게 이롭게 하기 위해 정강이 털 한 오라기와도 바꾸려 하지 않았다. 세상의 주인들이 반드시 따라가 예를 표했는데, 그 지혜가 귀하고 그 행동이 높았다. 그는 사물을 경시하고 생명을 중시하는 선비였기 때문이다. 今有人於此, 義不入危城, 不處軍旅, 不以天下大利易其脛一毛, 世主必從而禮之, 貴其智高其行, 以爲輕物重生之士也. (『韓非子』「顯學篇」)

생명을 온전히 하고 참 진리를 보존하여 어떠한 물질에도 내 형체를 얽매이게 하지 않는 것이 양자의 입장이었다. 全生保眞, 不以物累形, 楊子之所立也. (『淮南子』)

양자는 자기를 귀하에 여겼다. 楊子貴己. (『呂氏春秋』)

인용에서 보듯이, 양자의 사상은 한마디로 귀기(貴己) 혹은 귀생(貴生), 즉 생명주의자이다. 생명을 중시여기는 사고는 이기주의도 이타주의도 아니다. 생명은 언제나 자신을 최적의 상태로 유지하기 위한 필요와 요구에 예민하다. 이것이 생명가진 모든 존재들의 본능이고 본성이다. 인간의 본성도 마찬가지이다. 필요이상도 필요이하도 생명을 위협할 뿐이다. 모두가 생명의 필요와 본성에 따라 살아갈 때, 천하는 자연스럽게 다스려지고 평화가 온다는 것이 양자사상의 핵심이다.

태곳적 사람들은 사람의 삶이란 잠시 와 있는 것임을 알았고, 죽음은 잠시 가버리는 것임을 알고 있었다. 그러므로 마음을 따라 움직이면서 자연을 어기지 아니하고 그가 좋아하는 것이 몸의 즐거움에 합당한 것이면 피하지 않았다. 그러므로 명예로도 권장할 수 있는 일이 아니었고 본성을 따라 노닐며 만물이 좋아하는 일을 거스르지 않고, 죽은 뒤의 명예는 추구하지 않았다. (『列子』「楊朱篇」)

이러한 양자의 사상은 전형적인 무위철학적 사유의 흔적이고 노장(老莊)철학의 선구를 이룬다고 하겠다. 물론『열자(列子)』라는 책에서는 양자를 종욕주의

(從欲主義) 혹은 쾌락주의자로 그리는 기록이 여러 번 나온다. 예컨대,『열자』「양주편」의 기록에는 "인생은 짧은 것이니, 맛있는 음식과 좋은 옷을 입고 음악과 미인을 즐겨야 한다.", "현재의 삶을 즐겨야지 어찌 죽은 뒤의 일을 걱정할 겨를이 있겠는가?" 등과 같은 종욕주의나 단기적 쾌락주의의 주장으로 읽을 수 있는 내용들이 없지 않다. 그래서 기존의 양자사상에 대한 해석은 그가 염세적 인생관을 가졌고, 감각적이고 찰나적인 쾌락주의를 주장한 사상가로 읽혀져 왔다.[4] 그러나 단편적인 그러한 기록이 양자의 핵심사상은 아니라고 여긴다.

귀생(貴生), 전생보진(全生保眞), 경물중생(輕物重生)이야말로 양자사상의 핵심이다. 이러한 관점에서 그는 세상에 대한 참여보다는 비참여의 길을, 즉 정치적 불간섭주의를 표방했던 것으로 양해된다. 양자는 이러한 관점에서 공자와 유가를 비웃는다. 이를 테면, 양자는 유가에서 중시여기는 충(忠)과 의로움[義]의 덕에 대하여 "충성은 임금을 편안하게 해주지 못하고 자기 몸만을 위태롭게 할 뿐이고, 의로움은 남을 이롭게 하지 못하고 자기 삶을 해치는 것에 불과한 것"[5]이라 비판하면서, 그러한 당위적 윤리의식을 버리고 임금이나 백성이나 모두가 자기하고 싶은 대로 자연스럽게 살아갈 것을 종용한다. 또한 그는 "천하의 아름다운 공로는 모두 순임금·우임금·주공·공자에게 돌리고, 천하의 악한 짓은 모두 걸왕과 주왕에게 돌리고 있다."고 전제하면서, 정작 전자의 인물들은 죽어서 명성을 얻었지만 살아서는 온갖 고난과 고통과 두려움과 핍박 속에서 살았을 뿐이고, 후자의 인물들은 온갖 부와 권력과 즐거움을 누렸지만 불명예를 얻고 죽었다고 평가한다.[6] 말하자면, 세상을 구제하기 위해 고난과 고통을 감수하는 것이나 안락을 누리다가 불명예를 얻고 죽으나 매 한 가지라는 것이다. 이러한 두 가지 사례는 모두 양자가 정치적 불간섭주의를 표방했던 것을 보여주고 있다.

---

4) 이러한 관점에 있는 대표적인 글로 미우라 도우사꾸(강봉수 외 공역),『중국윤리사상사』(서울: 원미사, 2007), 176~180쪽 참조.

5) 김학주 옮김,『열자』, 앞의 책, 359쪽.

6) 김학주 옮김,『열자』, 앞의 책, 343~345쪽.

맺음말

사람의 수명은 몇 년일까? 우리 전통 판소리 단가 중에 사철가가 있다.[7]

>이산 저산 꽃이 피니 분명코 봄이로구나.
>봄은 찾어 왔건마는 세상사 쓸쓸허드라.
>나도 어제 청춘일러니 오날 백발 한심허구나.
>내 청춘도 날 버리고 속절없이 가버렸으니
>왔다 갈줄 아는 봄을 반겨 헌들 쓸데있나.
>봄아 왔다가 가려거든 가거라. 니가 가고 여름이 오면 녹음방초 승화시[8]라.
>옛부터 일러있고 여름이 가고 가을이 돌아오면 한로상풍[9] 요란해도
>제 절개를 굽히지 않는 황국단풍[10]도 어떠헌고.
>가을이 가고 겨울이 돌아오면 낙목한천[11] 찬바람에 백설만 펄펄 휘날리어
>은세계가 되고보면 월백 설백 천지백허니 모두가 백발의 벗이로구나.
>무정세월은 덧없이 흘러가고 이내 청춘도 아차 한 번 늙어지면
>다시 청춘은 어려워라.
>어화 세상 벗님네들 이 내 한 말 들어보소
>인간이 모두가 백년을 산다고 해도 잠든 날과 병든 날
>걱정근심 다 제허면 단 사십도 못 살 인생,
>아차 한 번 죽어지면 북망산천[12]의 흙이로구나

---

7) 사철가는 인생의 희로애락을 자연의 봄·여름·가을·겨울의 생장쇠로에 비유하여 부른 소리이다. 단가란 긴 판소리를 부르기 전에 목을 풀기 위해 부르는 짧은 소리라고 전한다.
8) 녹음방초 승화시(綠陰芳草 昇華時): 푸른 잎과 향기로운 풀이 꽃 위로 오를 때
9) 한로상풍(寒露霜楓): 찬 이슬과 서리에 물든 단풍. *"한로삭풍"이라고도 한다.
10) 황국단풍(黃菊丹楓): 누런 국화와 붉은 단풍
11) 낙목한천(落木寒天): 낙엽 떨어진 나무와 차가운 하늘
12) 북망산천(北邙山川): 중국 허난성에 있는 산으로 역대 제왕과 귀인명사들이 묻힌 곳

사후에 만반진수[13]는 불여 생전의 일배주[14]만도 못허느니라.
세월아 세월아 세월아 가지 말어라 아까운 청춘들이 다 늙는다.
세월아 가지마라. 가는 세월 어쩔거나.
늘어진 계수나무 끝트머리에다 대랑 매달아 놓고
국곡투식[15] 허는 놈과 부모불효 허는 놈, 형제화목 못허는 놈,
차례로 잡어다가 저 세상 먼저 보내버리고 나머지 벗님네들 서로 모여 앉어서
한 잔 더 먹소 그만 먹게 허면서 거드렁 거리며 놀아보세.

  인생이란 잘해야 100년 수명을 보전하는 이도 드물거니와, 우리의 사철가는 가령 100년 장수를 한다고 해도 잠든 날과 병든 날, 걱정 근심 다 제하면 단 40도 못살 인생이라 한다. 여기서 양자는 어린아이 시절 15년과 늙은이 시절 15년을 더 빼라 한다. 그렇다면, 비록 100년 장수를 한다고 해도 아무 걱정 없이 즐겁게 보낼 수 있는 날이란 겨우 10년 정도에 불과하다. 인생이란 진실로 아침이슬과도 같은 것이다. 이것이 양자의 주장이다. 그렇다면 우리는 어떻게 살아야 하는가? 여러분의 생각은 어떤가?

---

13) 사후 만반진수(死後滿盤珍羞): 죽은 뒤의 온갖 진해진미의 음식들
14) 불여생전 일배주(不如生前一杯酒): 살아생전의 한 잔술과 같지 않다.
15) 국곡투시(國穀偸食)·나라 곡식을 훔쳐 먹음

제5장
맹자의 철학사상
- 인간의 품격과 제왕의 길 -

서론: 맹자와 『맹자』에 대하여

맹자가 누구인가? 맹자의 생애와 『맹자』라는 서물(書物)에 대해 간략히 돌아보자. 사마천(司馬遷, BC 145?~BC 86?)의 『사기史記』「맹자순경열전孟子荀卿列傳」에서는 맹자에 대해 아래처럼 말한다.

> 맹가(孟軻)는 추(鄒)나라 사람이다. 학업을 자사(子思)의 문인에게 전수받았다. 도(道)에 통달한 다음, 제(齊)나라의 선왕(宣王)에게 가서 섬기려 하였으나 선왕은 등용하지 않았다. 양(梁)나라에 갔으나 양 혜왕(惠王)도 맹자가 주장하는 바를 실천하지 않고 오히려 그를 물정에 어둡고 현실감각이 없는 우원한 자라고 여겼다. 당시에 진(秦)나라는 상앙(商君; 商鞅)을 등용하여 나라를 부유하게 하고 군대를 강력하게 하였으며, 초(楚)나라와 위(魏)나라는 오기(吳起)를 등용하여 약한 제후국을 전쟁으로 제압했다. 제(齊)나라의 위왕(威王)과 선왕(宣王)은 손자(孫子; 손자라고 불리는 사람은 손무孫武와 그의 5대손인 손빈孫臏이 있다. 여기는 손빈을 말한다; 필자주)와 전기(田忌)의 무리를 채용하여 제후들을 굴복시키고 패제후(覇諸侯)가 되어 제나라에 조회(朝會)오게 하였다. 천하의 제후국들은 바야흐로 서로 합종(合從)과 연횡(連衡)에 힘쓰면서 공격과 정벌전쟁을 능사

로 여기고 있었다. 그런데 맹자는 오히려 당우(唐虞; 堯·舜)와 삼대(夏殷周; 禹·湯·文·武 등)시대에 성왕들의 덕(德)에 의한 정치를 주장하였다. 그런 까닭에 어디를 가나 그의 학설은 임금들의 마음에 부합하지 않았다. 결국 물러나와 만장(萬章) 등의 제자들과 함께 『시경詩經』『서경書經』을 재해석하고[序], 공자의 사상을 계승하여[述], 『맹자』 7편을 지었다[作].

맹자는 공자를 계승하여 유학의 정통사상을 수립한 철학자로 인식되고 있지만, 흥미롭게도 그의 생애에 대해서는 공자에 비해 알려진 바가 별로 없다. 생애를 비롯하여 맹자에 대해 확증할 수 있는 기록은 그가 남긴 유일한 저서인 『맹자』뿐이라 하여도 과언이 아니다. 인용한 사마천의 '맹자열전'의 기록도 대체로 『맹자』에 근거하여 서술한 것으로 보인다.

맹자의 성은 맹(孟)이고 이름은 가(軻)이다. 자는 자여(子輿), 자거(子車), 자거(子居) 등이 거명되는데 어느 것도 신빙성이 없다. 사마천은 맹자의 생몰연대를 기록하지 않았는데, 그만큼 그의 생졸년은 명쾌하지 않다. 맹자의 향년(享年)은 74세설, 84세설, 심지어 94세설도 있지만, 대체로 84세설을 타당한 것으로 보고, 생몰연대는 BC 372~BC 289년(주열왕周烈王 4년~난왕赧王 26년)으로 여겨지고 있다. 그는 추(鄒)나라 출신으로 여겨지고 있지만, 노(魯)나라의 공족인 삼환(三桓) 중 맹손씨(孟孫氏)의 후손이라는 설, 그리고 『맹자』에서도 제나라에서 객경(客卿)으로 있을 때 모친이 돌아가자 노나라로 가서 삼년상을 치르고 돌아왔다는 기록을 들어 노나라 출신이라는 설도 있다.

맹자의 부모에 대해서도 알려진 바가 없다. 다만 어머니와 관련된 고사(故事)가 전한다. 맹모삼천지교(孟母三遷之敎)와 맹모단기지교(孟母斷機之敎)가 그것이다. '맹모삼천'은 어머니가 맹자를 가르치기 위하여 세 번이나 이사를 했다는 고사이고, '맹모단기'는 맹자가 공부가 재미없다며 중도에 그만두려 하자 어머니가 짜고 있던 베를 잘라 버리며 공부를 중단하면 그때까지 짜고 있던 베를 자른 것처럼 쓸모없게 된다고 훈계하는 내용이다. 그러나 두 고사는 맹자 사후 300여 년이 지난 전한(前漢) 시대에 유향(劉向, BC 80~BC 6)이 썼다고 알려진 『열녀전烈女傳』에 기록된 것으로, 그 정확한 진위를 알 수 없다. 다만 『맹자』의 곳곳을 살펴보면 그가 어려서 어머니의 영향을 많이 받았고, 또 젊은 시절에 집안이 가난했던 것은 사실인 듯하다. 성인이 되어 맹자는 전씨(田氏)를 아내로 맞아 아들을 낳았고, 심지어 심술궂은 아내를 쫓아냈다는 기록도 있으나 믿을 수 없다.

맹자가 공자의 손자인 자사(子思, BC 483?~BC 402?)에게 배웠다는 설도 있으나 서로 생몰연대를 비추어보면 가능성이 전혀 없고, 사마천의 기록처럼 자사의 문인에게 배웠다고 보는 것이 타당해 보인다. 맹자가 '성인 공자께서 사시던 곳이 이처럼 가깝다'(近聖人之居, 若此其甚也.「盡心下: 38」)고 언표하였듯, 추나라와 노나라는 매우 가까웠기에 어디에서 태어났든 그가 공자의 후학들에게 배울 기회가 있었을 것이다. 맹자 스스로도 공자의 도를 사숙(私淑)할 수밖에 없었다고 고백하고 있다. 사숙했다는 것은 문하에서 직접 배우지 못하고 다른 사람에게 사사로이 혹은 간접적으로 배웠다는 것이다. 맹자는 사숙하였지만, 40세에 어떤 유혹에도 흔들리지 않는 부동심(不動心)의 경지에 도달할 정도로 자기수양에 철저하였고, 변론과 유세에 뛰어났던 것 같다. 공자를 따라 배우기를 좋아하지만 성인(聖人)을 자처하지는 않았다.

일본의 어떤 학자는 공자와 맹자의 성품을 비교하여, "공자에게서 원만하고 온후한 인격을 볼 수 있다면, 맹자에게는 늠름한 기상을 엿볼 수 있다. 공자가 봄바람처럼 화사하였다면, 맹자는 가을 서리 혹은 강렬하게 내리쬐는 햇볕과도 같았다."고 평하였다. 『맹자』를 읽어보면 실제 맹자의 이러한 인품을 엿볼 수 있는 것 같다. 또한 그는 당시 제가(諸家)의 학설들에 대해 사상적 논쟁과 대결을 벌이면서 자기철학을 구축해 갔음을 알 수 있다. 전쟁을 부추기며 합종연횡의 외교술을 주장하는 소진(蘇秦)과 장의(張儀)를 물리쳐야 했으며, 관중(管仲)과 자산(子産)으로 대표되는 힘에 의한 정치 혹은 패도적 법술의 정치를 반대하고자 하였다. 당시대의 사람들을 사상적 타락으로 이끌고 있는 양자(楊子)와 묵자(墨子)의 무리들을 배척하고자 하였으며, 고자(告子)와는 인성론을 주제로 철학적 논쟁도 불사했다.

또한 맹자는 제(齊)나라, 양(梁)나라, 송(宋)나라, 추(鄒)나라, 노(魯)나라, 등(滕)나라 등 여러 나라를 편력하며 제후들에게 유세를 펼쳤다는 것을 알 수 있다. 양나라 혜왕(惠王)과 제나라 선왕(宣王)을 설득하였으나 등용되지 못했고, 유일하게 등나라 문공(文公)이 그를 신임하여 등용해줌으로써 왕도정치를 실험할 기회를 얻었으나 불행히도 등문공은 일찍 죽고 말았다. 나라들을 돌아다닌 선후의 순서에 대해서는 논란이 있다. 여하튼 주유천하하면서 제후들에게 인의(仁義)와 왕도(王道)를 유세하다가 실패하자 만년에는 고향으로 돌아와 제자를 가르치는 한편, 자신의 일생을 회고하는 책을 집필하다가 죽었다.

물론 맹자가 남긴 유일한 책인 『맹자』를 자신이 직접 쓴 것인지는 이견(異見)이 있다. 크게 보면 맹자 자신이 직접 쓴 것이라는 설, 맹자 사후 제자들이 정리한 것이라는 설, 그리고 맹자가 제자들과 더불어 썼다는 설로 나눌 수 있다. 이에 대해서 역대 많은 학자들이 고증에 나섰고 서로 다른 견해가 있지만, 여러 정황을 놓고 볼 때 맹자 자신이 쓴 것이라는 설이 조금 더 설득력이 있다는 점만 밝혀 두고자 한다. 그러니까 맹자는 추나라로 돌아온 생애 말년의 20여 년 동안 만장, 공손추 등의 제자들과 함께 『시경詩經』『서경書經』을 재해석하고[序], 공자의 사상을 계승하며[述], 『맹자』7편을 지었다[作]고 할 수 있다.

『맹자』7편이 저술된 이후 장구한 세월을 경과하는 동안에 원문이나 편제 등에 많은 수정과 교정의 과정이 있었다. 특히, 『맹자』는 본래 7편으로 되었었는데, 후한(後漢) 말년의 학자인 조기(趙岐)가 장구(章句)를 만들면서 각 편을 상하로 나눠서 『맹자장구孟子章句』14편으로 만들었다. 이후부터 오늘날까지 이 14편의 구분을 그대로 따르고 있다. 전한(前漢) 문제(文帝) 때에 『논어論語』『효경孝經』『이아爾雅』와 함께 『맹자』는 학관(學官)으로 세워져 사박사(四博士)에 든 이래 부동의 경서(經書)로 추앙받아 왔고, 많은 주석서가 연구되었다. 조기의 『맹자장구』는 송나라 때에 주자(朱子)의 『맹자집주孟子集註』가 나오기 전까지 가장 권위 있는 주석서로 인정되었다. 청대(淸代)에 와서 『십삼경주소十三經注疏』에 포함되어 대표적인 『맹자』주석이 정리되었다. 특히, 주자는 『맹자』를 사서(四書) 중의 하나로 집주(集註)했고, 그의 주석이 우리나라 조선의 선비들에게 가장 권위 있는 견해로 받아들여졌다. 그러나 우리는 주자의 리기론적 사유를 덜어내고 『맹자』원문에 충실하여 맹자철학을 사유해 볼 필요가 있다.

1. 맹자의 세계관과 인성론

중국철학사에서 '천'(天)의 의미는 다양한 함의를 가져왔는데, 대략 8가지 정도로 요약할 수 있다.[1] ①푸른창공을 뜻하는 창창유형(蒼蒼有形)의 천(天), ②의지를 지닌 인격신을 뜻하는 상제천(上帝天), ③인간의 힘으로 어쩔 수 없는 불가항력적 힘으로써 명(命) 혹은 천명(天命), ④무위무불위(無爲無不爲)의 포괄적 자연계를 뜻하는 자연천(自然天), ⑤도덕법칙의 근거로서의 의리천(義理天), ⑥궁극적인 형이상학적 법칙을 뜻하는 이법천(理法天), ⑦자연과학적 대상으로서의 천, ⑧서양의 기독교 문명이 들어온 이후의 종교적 유일신으로서의 천 등이 그것이다.

이러한 천(天) 개념들 중에 『맹자』에서 보이는 맹자의 관점은 어떤 것이었을까? 그동안 맹자의 천 개념은 의리천이라 여겨왔다. 그러나 사실 그의 천 개념은 복잡하고 명쾌하지 않다. 단지 의리천 개념이 그로부터 부각되었다는 의미일 뿐이다. 『맹자』에서 쓰이는 용례를 따라 그의 천 개념을 정리해 보자.

아무래도 공자를 사숙(私淑)했다는 맹자의 가장 큰 철학적 공헌은 인간본성의 선(善)함을 주장하는 성선설을 확립했다는 점일 것이다. 그는 제자백가의 사상가들과 사상전(思想戰)을 불사하면서까지 성선설에 바탕을 둔 자기철학을 구축하였다. 이러한 맹자의 의도가 무엇인지 다시 돌아볼 필요가 있다.

1) 천명과 천성에 대하여

결론부터 말하여, 맹자의 천(天) 개념에는 의지를 가진 인격신으로서의 상제천(上帝天), 불가항력적인 운명으로서의 천명(天命), 필연성으로서의 천

---
1) 이에 대한 자세한 설명은 앞의 제2장을 참조.

명, 도덕성의 내원으로서의 천성(天性) 등이 복합적으로 드러나고 있다.

가. 상제천의 흔적

『맹자』에서 상제천 개념의 흔적으로는 5사례 정도이다. 인격신으로서 상제천은 화복을 주재한다. 천명에 따르면 복을 내리고, 거역하면 재앙을 내린다. 미리 화복을 내려 인간에게 바른 길을 인도하기도 한다. 인간은 상제에게 기원하여 화복을 피하거나 구할 수도 있다. 5사례를 정리해보면, 이러한 점이 드러난다.

> (가) 제선왕이 말하길, '만승의 나라'(제)가 '만승의 나라'(연)를 50일 만에 정벌한 것은 사람의 힘이 아니라 하늘의 뜻이기에 취하지 않으면 하늘의 재앙이 있을 것이다. 齊人伐燕, 勝之. 宣王問曰 或謂寡人勿取, 或謂寡人取之. 以萬乘之國伐萬乘之國, 五旬而舉之, 人力不至於此. 不取, 必有天殃. (梁惠王 下; 10)

> (나) 「시」에 이르길 '길이 천명에 짝하려는 것이 스스로 많은 복을 구하는 것'이라 했고, 「태갑」에 이르길 '하늘이 지은 재앙은 오히려 피할 수 있지만, 스스로 지은 재앙은 살아남을 수 없다. 詩云 '永言配命, 自求多福. 太甲曰 '天作孼, 猶可違, 自作孼, 不可活'. (公孫丑 上; 4)

> (다) 하늘이 이 사람들에게 큰 책무를 내리고자한 까닭에 먼저 그들을 아프고 수고롭게 한다. (중략). 마음을 분발시키고 본성을 감내하게 하여 그 능하지 못한 바를 증액해 주고자 하는 방법인 것이다. 天將降大任於是人也, 必先苦其心志, 勞其筋骨, 餓其體膚, 空乏其身, 行拂亂其所為, 所以動心忍性, 曾益其所不能. (告子 下; 15)

> (라) 「태갑」에 이르길 '하늘이 지은 재앙은 오히려 피할 수 있지만, 스스

로 지은 재앙은 살아남을 수 없다. 太甲曰 '天作孽, 猶可違, 自作孽, 不可活'. (離婁 上; 8)

(마) 비록 악인이라도 목욕재계하면 상제에게 제사지낼 수 있다.雖有惡人, 齊戒沐浴, 則可以祀上帝. (離婁 下; 25)

(가)와 (다)는 화복을 미리 내려 바른 길을 인도하는 경우이고, (나)와 (라)는 천명을 따르면 복을 내리고 거역하면 재앙을 내린다는 경우이다. (마)는 인간이 상제에게 복을 기원할 수 있다는 경우이다. 맹자는 이처럼 분명 상제천의 개념을 가지고 있었다. 그러나 좀 더 자세히 들여다보면, (가)는 맹자가 아니라 제선왕의 주장이다. 오히려 맹자는 다른 나라를 정벌하거나 땅을 취할 것인지는 백성들의 민심에 따르거나 '천명을 받은 관리'(天吏)만이 할 수 있다고 주장한다.[2] 다른 나라를 정벌하거나 사람을 죽이는 것은 사사로이 할 수 없는 것이다. 정벌과 사형집행의 정당한 권능을 부여받은 자만이 할 수 있다. 그가 천리(天吏)이고 사사(士師)이다. 이러한 맹자의 관점은 상제천의 개념이기보다는 합리적인 사유를 보여주는 것이라 하겠다. (나)와 (라)의 경우도 상제천 개념의 흔적이지만, "하늘이 내린 재앙은 피할 수 있으나, 스스로 지은 재앙은 살아남을 수 없다."는 「태갑」의 글을 인용하고 있는 점도 화복의 근원을 자기원인으로 돌리는 합리성을 보여주고 있다.

나. 불가항력적인 운명으로서의 천명

맹자의 천명사상은 신비적 사유에서 합리적 사유로 전환하고 있다. 그러나 그는 세계에는 신의성(神意性)으로도 합리성으로도 설명 불가능하고 '불가

---

2) 齊人伐燕。或問曰 勸齊伐燕, 有諸。曰 未也。沈同問 '燕可伐與' 吾應之曰 '可', 彼然而伐之也。彼如曰 '孰可以伐之' 則將應之曰 '為天吏, 則可以伐之'。今有殺人者, 或問之曰 '人可殺與' 則將應之曰 '可'。彼如曰 '孰可以殺之' 則將應之曰 '為士師, 則可以殺之'。今以燕伐燕, 何為勸之哉。(公孫丑 下; 8)

지'(不可知; 알 수 없는)한 영역이 있다고 보는 것 같다. 그것은 불가항력적인 운명일 수도 있고, '운'이나 '우연'일 수도 있다. 사례를 보자.

(가) 군자는 사업을 창건하고 전통을 드리우는데 힘쓸 뿐, 일의 성사여부는 하늘에 달렸다. 君子創業垂統, 爲可繼也。若夫成功, 則天也。(梁惠王 下; 14)

(나) 떠나감과 머무름, 즉 제후를 만나서 등용될지 여부는 하늘의 뜻이다. 行止, 非人所能也。吾之不遇魯侯, 天也。(梁惠王 下; 16)

(다) 군자는 하늘을 원망하지 않고 사람을 탓하지 않는다. 세상이 다스려질지 여부는 하늘의 뜻에 달렸다. '君子不怨天, 不尤人'。夫天, 未欲平治天下也。如欲平治天下, 當今之世, 舍我其誰也。(公孫丑 下; 13)

(라) 예의를 다할 뿐 자리를 얻고 못 얻음은 천명에 달렸다. 孔子進以禮, 退以義, 得之不得曰'有命'。(萬章 上; 8)

(마) 순임금은 하늘과 부모를 부르며 울었다지만 원망한 것은 아니다. '舜往于田, 則吾旣得聞命矣, 號泣于旻天, 于父母, 則吾不知也'。(萬章 上; 1)

(바) 자기에게 구하면 얻음이 있지만 밖으로부터 구함은 운(명)에 달렸다. 求之有道, 得之有命, 是求無益於得也, 求在外者也。(盡心 上; 3)

(가)와 (다)는 세상이 다스려지고 일의 성사여부는 천명에 달렸지 자유의지와 상관없다는 경우이고, (나)와 (라)는 내가 세상에 등용될지 여부는 천명에 달렸지 자유의지와 상관없다는 경우이다. (마)는 부모에게 효도를 다했지만 부모의 뜻을 얻고 못 얻고는 천명이지 자유의지와 상관없다는 것이다. (바)는 자기수양은 자유의지의 영역이지만, 부귀영화를 얻을 수 있을지는 운(명)의 영역이라는 것이다. 이처럼 세상에는 자유의지와 자기노력으로 해결할 수 없는 불가항력적 운명이거나 우연의 영역이 존재한다. 그것은 신도 어쩔 수 없

다. 따라서 상제에게 기원해도 하늘을 원망해도 의미가 없다. 그렇다고 사람을 탓할 수도 없는 노릇이다. 그저 진인사대천명(盡人事待天命)의 자세로 주어진 자기역할을 다할 뿐이다.

한편, 불가항력적인 운명이면서도 자유의지가 작동할 수 있는 것처럼 여기는 영역이 '천자(天子)의 자리'(왕위계승)이다.[3] 당우(요순)시대에는 왕위를 선양(禪讓)했고 삼대(하·은·주)시대에는 자식에게 대를 이었지만, 공자는 왕위를 계승한 '뜻'은 모두 같다고 하였다. 그 '뜻'이 무엇인가? '하늘의 명령'(天命)이다. 겉으로는 선왕이 후왕에게 왕위를 물려주는 것이지만, 천자의 자리란 선왕이 자의적으로 후왕에게 넘겨줄 수 있는 것이 아니다. 오직 하늘만이 줄 수 있는 자리이다. 선왕이 후왕의 후보자를 하늘에 천거할 수는 있다. 그러나 그의 천거를 용납할지는 하늘이 결정한다. 하늘이 어진 사람에게 주고 싶으면 어진 사람에게 주고, 하늘이 자식에게 주고 싶으면 자식에게 준다. 요임금은 아들(단주)대신 순을 천거하자 하늘이 수용했고, 순임금 또한 아들대신 우를 천거했는데 하늘이 수용했다. 그러나 우임금도 아들대신 익(益)을 천거했지만 하늘은 그를 용납하지 않고 자식인 계(啓)를 수용하였다. 요가 순을, 순이 우를 천거한 것은 오래도록 지근거리에서 선한 정치를 도왔기 때문이고, 그들이 아들을 천거하지 않은 것은 불초했기 때문이었다. 지근거리에서 선한 정치를 도울 기회와 자식의 현불초(賢不肖; 어질고 불초함)는 모두 하늘에 달린 것이지 사람이 할 수 있는 것이 아니다. 이처럼 인위적으로 하려 하지 않았는데도 하게 되는 것은 하늘의 일이고, 이르지 않으려는 데도 이르게 하는 것은 하늘의 명령이다.

그런데 하늘은 말이 없다. 오직 행동과 일로써 보여줄 뿐이다. 말이 없는 하늘의 행동과 일이란 무엇인가? 백성들의 민심이다. 백성들이 선왕이 천거한

---

3) 萬章曰 堯以天下與舜, 有諸. 孟子曰 否. 天子不能以天下與人. 然則舜有天下也, 孰與之. 曰 天與之. 天與之者, 諄諄然命之乎. 曰 否. 天不言, 以行與事示之而已矣. 曰 以行與事示之者如之何. 曰 天子能薦人於天, 不能使天與之天下, 諸侯能薦人於天子, 不能使天子與之諸侯, 大夫能薦人於諸侯, 不能使諸侯與之大夫. 昔者堯薦舜於天而天受之, 暴之於民而民受之, 故曰 天不言, 以行與事示之而已矣. (萬章 上; 5)

후왕의 후보를 용납하면 하늘도 수용하고, 백성들이 따르지 않으면 하늘도 용납하지 않는다. 결국 민심(民心)이 곧 천심(天心)이라는 것이다. 그렇다면 민심을 얻는 자가 천자의 자리를 계승한다. 따라서 후왕의 후보는 민심을 얻을 수 있도록 행동과 일을 해야 한다. 후왕이 민심을 얻도록 정치를 할 것인가 말 것인가는 자유의지에 달렸다. 요임금이 순을, 순임금이 우를 천거하자 하늘이 용납한 것은 순과 우가 지근거리에서 선왕을 도우며 백성들에게 민심을 얻는 선한 정치를 했기 때문이었다. 우임금이 익(益)을 천거했지만 자식인 계(啓)에게 민심이 돌아갔기 때문에 하늘이 익을 거부하고 계를 수용한 것이었다. 걸(桀)과 주(紂)는 민심을 잃는 정치를 하였기 때문에 천자의 자리에 올랐다가도 하늘이 그들을 폐위시켰다. 이처럼 천자의 자리를 얻는 데는 자유의지의 영역이 존재한다.

그러나 민심은 천자의 자리를 얻는 필요조건이지 충분조건은 아닌 것 같다. 민심을 얻은 자라고 모두 천자가 될 수 있는 것이 아니기 때문이다. 익은 우임금을 도왔고, 이윤은 탕임금을 보좌했고, 주공은 무왕을 도와 선한 정치를 펼치며 민심을 얻었지만 천자가 될 수 없었다. 공자 또한 노나라 정공을 도와 선한 정치를 펼치고 민심을 얻었지만 천하를 소유할 수 없었다. 이들에게는 천명(天命)이 따르지 않았기 때문이다. 천명은 불가항력적인 운명의 영역이다.

다. 필연성으로서의 천명과 도덕성으로서의 천성

세상에는 신비스럽고 불가지한 영역만 있는 것이 아니다. 제한된 인간의 지적능력으로도 알 수 있는 세계가 있다. 맹자적인 뜻에서 필연성으로서의 천명(天命)과 도덕성으로서의 천성(天性)이 그것이다. 먼저, 2사례를 보자.

> 맹자가 말했다: 천하에 본성을 말한다면 '근본원리'[故]가 있을 뿐이다. 근본원리는 이로움을 근본으로 삼는다. 지혜로움을 미워하는 까닭은 그것에 천착하기 때문이다. 만약 지혜로움이 우임금께서 물을 다스린 것

과 같다면 지혜로움을 미워함이 없을 것이다. 우임금이 물을 다스림에는 일없는 바를 실행하였다. 만약 지혜로움이 또한 일없는 바를 실행하는 것이라면 지혜로움은 또한 크다. 하늘은 높고 별은 멀리 있다. 진실로 그 근본원리를 구한다면 1000년 이후의 동짓날도 앉아서 알 수가 있을 것이다. 孟子曰 天下之言性也, 則故而已矣。故者以利爲本。所惡於智者, 爲其鑿也。如智者若禹之行水也, 則無惡於智矣。禹之行水也, 行其所無事也。如智者亦行其所無事, 則智亦大矣。天之高也, 星辰之遠也, 苟求其故, 千歲之日至, 可坐而致也。(離婁 下; 26)

맹자가 말했다: 그 마음을 다하는 자는 그 본성을 알고, 그 본성을 알면 하늘을 안다. 그 마음을 보존하고 그 본성을 양성하는 것이 하늘을 섬기는 방법이다. 요절과 장수의 두 마음을 먹지 말고 몸을 수양하고 천명을 기다리는 것이 명을 세우는 방법이다. 孟子曰 盡其心者, 知其性也。知其性, 則知天矣。存其心, 養其性, 所以事天也。殀壽不貳, 修身以俟之, 所以立命也。(盡心 上; 1)

「이루離婁 下; 26」은 자연법칙과도 같은 '객관적 필연성'[故]이 세상에 존재함을 알려주고 있다. 자연법칙은 무위의 법칙이고 세상을 이롭게 하는 것을 본성으로 삼는다. 우리의 지적 능력은 이러한 법칙을 발견하는데 힘써야 한다. 그러면 천년 후의 동짓날도 앉아서 알 수가 있다. 이러한 법칙을 알아야, 우임금이 무위의 법칙을 어기지 않고 물길을 다스렸듯이, 이로움을 낳을 수 있다.

「진심盡心 上; 1」은 인간의 '도덕적 본성'[性]이 하늘로부터 부여받은 것임을 알려주고 있다. 마음을 돌이켜보면 이성의 빛과 같은 양심이 마음속에 내재함을 알 수 있고, 그것을 알게 되면 도덕적 본성의 내원이 하늘임을 알 수 있다는 것이다. 반면에, 요절과 장수 같은 것은 운명일 뿐이다. 운명에 대해서는 수양하며 기다릴 수밖에 없는 일이고, 도덕적 본성은 양성하여 기르고 마음에 보존해야 한다. 그것이 천명을 세우는 길이고 하늘을 섬기는 길이다.

지적 능력이 훨씬 더 성장한 오늘날 인간은 '객관적 필연'의 법칙을 무수히 발견(혹은 구성)해 내었고, 요절과 장수 같은 운명의 영역도 대폭 축소시키고 자유의지의 영역을 개척해 내었다. 그러나 맹자가 주장하듯 인간의 도덕성이 하늘로부터 부여된 선험적인 것인지는 여전히 의문이다. 성선설(性善說)의 의미와 정당화 가능성에 대해서는 다음 절에서 논구하기로 하고, 여기서는 우리의 주제에 좀 더 천착해보자. 필연성도 도덕성도 하늘이 부여한 것이라면, 둘 간의 관계는 무엇인가? 필연성이 존재법칙이라면 도덕성은 당위법칙이다. 맹자는 존재로부터 당위를 이끌어내려 하는가? 아니면 두 법칙은 별개의 영역인가? 필연성으로서의 천명과 도덕성으로서의 천성의 차이가 무엇일까? 이러한 의문이 우리의 관심사이다. 다음의 인용은 마치 존재법칙으로부터 당위법칙을 유추해내는 듯하다.

> 맹자가 말했다: ① 입이 맛있는 음식을 찾고, 눈이 색(色)을 밝히며, 귀가 아름다운 음악을 듣고, 코가 향기로운 냄새를 맡으려 하며, 사지(四肢)가 편안한 것을 좋아하는 것 등은 인간의 본성[性]이다. 그러나 여기에는 명(命)적인 것이 있으므로 군자(君子)는 그런 것을 본성이라 부르지 않는다. ② 인(仁)이 부자(父子)간에 베풀어지고, 의(義)가 군신(君臣)간에 유지되며, 예(禮)가 손님과 주인 간에 지켜지고, 지(知)가 현자(賢者)에게서 밝혀지며, 성인(聖人)이 천도(天道)에 따라 행하는 것 등은 인간의 명(命)이다. 그러나 여기에는 본성적인 것이 있으므로 군자는 그런 것을 명(命)이라고 부르지 않는다.(번호는 필자). 孟子曰 口之於味也, 目之於色也, 耳之於聲也, 鼻之於臭也, 四肢之於安佚也, 性也, 有命焉, 君子不謂性也。仁之於父子也, 義之於君臣也, 禮之於賓主也, 智之於賢者也, 聖人之於天道也, 命也, 有性焉, 君子不謂命也。(盡心 下; 24)

인용은 인간의 몸에 사체(四體)가 있듯이 마음에 사덕(四德)이 있는 것처럼 유비적으로 설명하고 있다. 인용의 번역에서 ①은 동물성과 공유하는 인간의 식색지성(食色之性)이고, ②는 동물성과 구별되는 인간만의 도의지성(道義之性)이라 볼 수 있다. 이처럼 크게 보면 식색지성과 도의지성이 모두 인간 본성의 한 축을 이룬다. 그런데 ①의 식색지성이나 ②의 도의지성이 모두 명(命)인 동시에 성(性)이고 성(性)인 동시에 명(命)이지만, 식색지성은 성

(性)이라기보다는 명(命)에 가깝고 도의지성은 명(命)이라기보다는 성(性)에 더 가깝다고 맹자는 말하고 있다. 이를 어떻게 읽어야 할 것인가. 명(命)이란 인간이 통제할 수 없기 때문에 어쩔 수 없이 받아들여야 되는 필연의 존재법칙을 말하고, 성(性)은 인간이 닦고 키워야 할 부분을 지칭하는 당위의 도덕법칙으로 보아야 한다.[4] 그러니까 전자는 천명의 필연성이고 후자는 천성의 도덕성이며, 두 법칙은 별개의 영역인 것이다.

천명의 필연성은 다른 존재들에도 부여되지만, 천성의 도덕성은 인간에게만 부여된 하늘의 명령인 셈이다. 이러한 관점은 자사(子思)를 이은 것이지만[5] 맹자에 의해서 비로소 명확해졌다. 다음의 인용들을 보자.

> (가) 타고난 형상과 모습은 하늘이 부여한 본성이다. 形色, 天性也. (盡心 上; 38)
>
> (나) (같은 종류이면) 하늘이 부여한 '재질'(才)은 비슷하다. 보리씨는 보리로 자라고, 성인과 나는 같은 종류이다(축약). 孟子曰 富歲, 子弟多賴, 凶歲, 子弟多暴, 非天之降才爾殊也, 其所以陷溺其心者然也。(告子 上; 7)
>
> (다) 성인이라야 타고난 형상과 재질을 실현할 수 있다. 요와 순임금은 본성대로 살았다. 惟聖人, 然後可以踐形。(盡心 下; 33). 堯舜, 性者也。(盡心 上; 38)
>
> (라) 탕과 무임금은 본성을 회복하였다. 군자는 법을 실천하고서 명(命)을 기다릴 뿐이다. 湯武, 反之也。君子行法, 以俟命而已矣。(盡心 下; 33)

세상의 모든 존재들은 자기만의 형상과 모습을 가지고 태어난다. 말은 말의 형상으로, 보리는 보리의 형상으로, 인간은 인간의 형상으로, 인간의 손발은 인간의 손발의 모습으로, 나는 나의 형상을 가지고 태어났다. 이것이 천명

---

[4] 「盡心下; 24」에 대한 朱子註를 참조. 김승혜, 『원시유교』(서울: 민음사, 1990), 169쪽.
[5] 『中庸』(子思). "天命之謂性."

의 필연성이다. 또한 각각의 형상과 모습에 걸맞게 '재질'[才]도 부여되었다. 그것은 존재들의 감각이나 지각 능력일 수도 있고, 지적인 능력일 수도 있고, 도덕적 능력일 수도 있겠다. 물론 인간만이 도덕성을 가지고 태어났다. 같은 형상과 모습을 가진 존재라면 원래의 재질은 비슷하다. 그러나 태어난 이후 보리는 똑같은 싹을 틔우지 않고, 말은 준마와 둔마로 나뉘고, 인간도 성인과 군자와 소인으로 나뉠 수 있다. 태어난 이후의 이러한 차이는 환경의 영향과 자기수양의 정도에 달렸다. 원래 성인과 나는 형상이 조금 다르지만 재질은 비슷했다. 성인은 자기수양의 큰 수고 없이도 부여된 원래의 재질(본성)을 그대로 실현할 수 있다. 성인이 아닌 자는 자기수양을 통해서 본성을 회복할 수 있다. 자기수양이 없으면 환경의 영향을 받아 재질이 가려진다. 풍년에는 사람들이 착하게 협동적으로 살지만, 흉년에는 포악한 이가 많아지는 것이 그런 예이다. 군자는 환경에 휘둘리지 않고 자기수양과 도덕률에 따라 살면서 하늘이 부여한 본성의 회복에 힘쓴다.

라. 천명과 천성을 대하는 인간의 자세

맹자의 천(天) 개념에는 의지를 가진 인격신으로서의 상제천, 불가항력적인 운명으로서의 천명, 필연성으로서의 천명, 도덕성의 내원으로서의 천성 등이 복합적으로 드러나고 있다. 이처럼 천 개념의 복잡성 때문에 천명과 천성을 대하는 인간의 태도나 자세도 다각적일 수밖에 없다. 이를 보여주는 대표적인 언표가 다음의 인용이다.

> 맹자가 말했다: "명 아닌 것이 없으나 그것의 바름을 순순히 받아야 한다. 그러므로 명을 아는 자는 위험한 담장 아래에 서지 않는다. 그 도를 다하고 죽는 것은 정명이요, 질곡에 얽매어서 죽는 것은 정명이 아니다." 孟子曰 莫非命也, 順受其正。是故知命者, 不立乎巖牆之下。盡其道

而死者, 正命也。桎梏死者, 非正命也。(盡心 上; 2)

세상에 하늘의 명령이 아닌 것이 없다. 따라서 인간은 하늘의 명령에 순순히 따라 살아야 한다. 그런데 문제는 하늘의 명령을 모두 알 수 있고 그것을 실천할 수 있느냐에 있다. 알 수 있는 명령이 있고, 알 수 없는 명령도 있다. 알 수 있는 명령이라 하더라도 그것을 인간의 의지대로 탈바꿈할 수 있는 명령도 있고, 질곡에 빠진 것처럼 인간의 의지대로 할 수 없는 명령도 있다. 인간의 의지대로 탈바꿈할 수 있는 명령이라도 실제 행동으로 옮길 수 있는 명령도 있고, 행동으로 옮길 수 없는 명령도 있을 수 있다. 결국, 천명을 대하는 인간의 자세에는 피동적 객체성으로 머물 수밖에 없는 영역이 있고, 능동적 주체성으로 맞설 수 있는 영역이 있다고 할 수 있다. 앞에서 보았던 인용들에서 천명과 천성을 대하는 인간의 자세와 관련된 맹자의 주장을 모아서 정리해 보자(원문 생략).

(가) 비록 악인이라도 목욕재계하면 상제에게 제사지낼 수 있다.【離婁 下 25】
(나) 군자는 사업을 창건하고 전통을 드리우는데 힘쓸 뿐, 일의 성사여부는 하늘에 달렸다.【梁惠王 下 14】; 예의를 다할 뿐 자리를 얻고 못 얻음은 천명에 달렸다.【萬章 上 8】
(다) (천자의 자리는) 하늘이 수용해주고 백성들이 수용해주었다.【萬章 上 5-2】
(라) 천하에 본성을 말한다면 '근본원리'(故)가 있을 뿐이다. 진실로 그 근본원리를 구한다면 1000년 이후의 동짓날도 앉아서 알 수가 있을 것이다.【離婁 下 26】
(마) 그 마음을 다하는 자는 그 본성을 알고, 그 본성을 알면 하늘을 안다. 그 마음을 보존하고 그 본성을 양성하는 것이 하늘을 섬기는 방법이다. 요절과 장수의 두 마음을 먹지 말고 몸을 수양하고 천명을 기다리는 것이 명을 세우는 방법이다.【盡心 上 1】
(바) 탕과 무임금은 본성을 회복하였다. 군자는 법을 실천하고서 명(命)을 기다릴 뿐이다.【盡心 下 33】
(사) 하늘을 따르는 자는 존재하고, 하늘을 어기는 자는 망한다.【離婁 上 7-1】

(아) 대국으로 소국을 섬기는 자는 하늘을 즐기는 자이고, 소국으로 대국을 섬기는 자는 하늘을 두려워하는 자이다. 하늘을 즐기는 자는 천하를 보존하고, 하늘을 두려워하는 자는 자기나라를 보존할 수 있다.【梁惠王 下 3-1】
(자) 명을 아는 자는 위험한 담장 아래에 서지 않는다. 그 도를 다하고 죽는 것은 정명이요, 질곡에 얽매어서 죽는 것은 정명이 아니다.【盡心 上 2】

인용에 유의하여 천명과 천성에 대한 인간의 자세를 요약해보면, ①신의한 우연이나 운에 대해서는 상제에게 기원함, ②불가지(不可知)하고 불가항력적 운명에 대해서는 맡은 바의 일에 최선을 다하면서 천명을 기다림(盡人事待天命), ③알 수 있는 객관적 필연의 법칙에 대해서는 알아내고자 노력함(知命), ④하늘이 부여한 도덕적 본성을 알고(知性), 그것을 양성함(養性), ⑤도덕적 본성에 기초하여 수립된 덕이나 원리들에 대해 실천의지로 탈바꿈시키기 위하여 올바로 숙고함(正命), ⑥인지하고 숙고한 덕이나 원리들을 실제 행동으로 옮김(立命), ⑦모든 천명이나 천성에 대하여 따르고자 하고(順命) 어기지(逆天) 않음, ⑧더 나아가 천명을 기꺼이 즐기려 하되(樂天) 두려워할 줄 알아야함(畏天) 등이다.

이상에서 ③→②→①의 방향은 신과 운명과 필연의 영역으로 인간을 피동적 객체성의 존재로 머물 수밖에 없게 한다면, ③→④→⑤→⑥의 방향은 인간이 능동적 주체성을 가지고 자유의지를 발휘할 수 있는 인지 가능하고 실천 가능한 영역이다. 전자를 천명(天命)의 방향이라 한다면, 후자는 천성(天性)의 방향이라 할 수 있다. ⑦과 ⑧은 두 가지 영역 모두에 임하는 인간의 자세여야 한다. 결국, 인간은 필연과 자유 사이의 다양한 스펙트럼 선상의 어느 지점에서 가능한 태도와 자세를 견지할 수밖에 없는 존재인 것 같다. 맹자가 그렇게 여긴다. 이러한 맹자의 관점을 김형효는 아래의 <표 5>과 같이 정리하고 있다.[6]

---

6) 김형효, 『맹자와 순자의 철학사상; 철학적 사유의 두 원천』(서울: 삼지원, 1990), 27쪽.

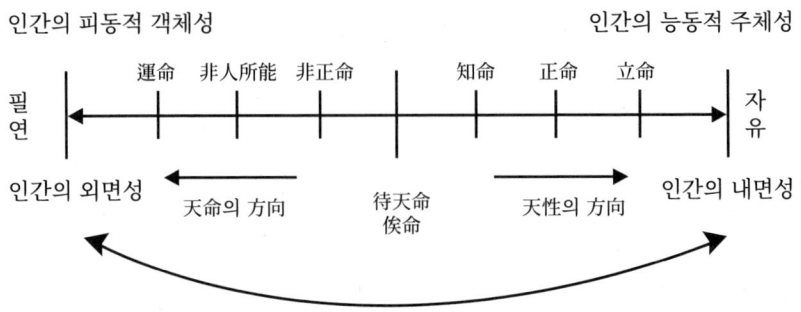

<표 5> 천명과 천성을 대하는 인간의 자세

2) 인간의 본성과 품격에 대하여

　맹자는 세계를 탄생시키고 운동 변화시키는 실재를 '하늘'(天)이라 보았다. 세계에는 우연과 운명과 필연의 법칙으로 작동하는 영역도 있지만, 인간의 노력으로 인식 가능하고 실천 가능한 자유화의 영역도 존재한다. 전자가 인간을 피동적 객체성으로 머물게 하는 천명(天命)의 세계라면, 후자는 인간이 주체적 능동성을 발휘하여 개척할 수 있는 천성(天性)의 세계이다. 그러나 맹자는 전자의 세계가 인간의 능력으로 어쩔 수 없는 영역이라고 해서 말 그대로 피동적인 자세나 태도를 취하라고 주장하지 않는다. '최선을 다해 일에 임하고 천명을 기다리라'(盡人事待天命)고 주문한다. 특히, 후자의 천성은 하늘이 인간에게 부여한 본성이다. 따라서 인간은 본성을 알고(知命 혹은 知性), 실천의지로 탈바꿈시키고(正命), 행동으로 실현하는(立命) 자유화의 길을 모색해야 한다. 이것이 맹자가 천명론을 입론한 핵심요지이다. 이제 그의 인성론을 보기로 하자.

가. 성선설의 정립: 욕구와 선(善)의 일치에서 분리로

공자를 사숙(私淑)했다는 맹자의 가장 큰 철학적 공헌은 인간본성의 선(善)함을 주장하는 성선설을 확립했다는 점일 것이다. '사숙'했다는 것은 공자문하에서 직접 수학하지 못하고, 공자의 도를 이어온 선배들에게 배웠다는 것이다. 공자의 도는 직전제자인 증자(曾子)에서 공자의 손자인 자사(子思)를 거쳐 맹자로 이어졌다고 여긴다.[7] 그런데 맹자가 사숙을 통해서 성선설을 배웠는지, '스스로 터득'(自得)했는지는 의문이다. 다음의 인용들을 보자.

> 맹자가 말했다: "요와 순임금은 본성대로 하였고, 탕과 무임금은 수신하였고, 오패는 가짜로 빌렸다."; 맹자가 말했다: "요와 순임금은 본성대로 살았고, 탕과 무임금은 본성을 회복하였다."; 맹자가 말했다: "군자의 은택도 5세면 끊어지고, 소인의 은택도 5세면 끊어지는데, 나는 공자의 문도가 될 수 없었다. 나는 남에게서 사사로이 선(善)해졌다." 孟子曰 堯舜, 性之也。湯武, 身之也。五霸, 假之也 (盡心 上; 30); 孟子曰 堯舜, 性者也。湯武, 反之也 (盡心 下; 33); 孟子曰 君子之澤五世而斬, 小人之澤五世而斬。予未得爲孔子徒也, 予私淑諸人也. (離婁下; 22)

인용을 요약하면, ①요와 순임금은 타고난 본성대로 살았고, ②탕과 무임금은 수양을 통해서 본성을 회복하였고, ③군자들도 그렇고 맹자 자신도 사숙하여 선(善)해졌고, ④오패(五霸)의 제후들은 가짜로 빌렸을 뿐 본성을 회복하지도 않았다는 것이다. 맹자의 관점에서야 이들이 본성대로 살았든, 본성을 회복하였든, 본성회복의 수양공부도 하지 않았든, 사람의 본성은 선(善)하다는 것이겠다. 그러나 여기서 맹자 자신을 제외하면, 인간본성을 선하다고 여기거나 그것을 주장했는지는 알 수 없다. 『논어』의 기록에 따르면 적어

---

7) 『孟子集註』「離婁下; 22」의 註 참조.

도 요와 순임금은 무위적(無爲的)으로 세상을 살았던 사람들이기에[8] 맹자처럼 본성대로 하였다는 관점이 타당할 수 있다. 그러나 그것이 반드시 선한 본성대로 살았다는 것을 단정할 수는 없다. 선도 악도 아닌 자연성이 본성이고 자연적 본성대로 살았던 것이라 볼 수도 있기 때문이다. 정작 요순의 도를 이었다는 공자는 인간의 본성에 대해 원래 선도 악도 아닌, 즉 성무선무악설(性無善無惡說)을 주장한 것으로 보인다.[9] 그러니까 공자도 인간은 원래 자연적 본성을 타고났다고 여기는 것이다.

사람이든 동식물이든 생명가진 자들의 자연적 본성은 생명유지를 위한 몸의 필요(necessity) 수준에서 욕구를 추구한다. 필요이상도 필요이하도 생명을 죽일 뿐이다. 그러니까 생명유지의 필요수준에서 추구되는 욕구는 선도 악도 아닌 자연성이다. 그러나 자기생명의 유지를 위해 필요수준에서 추구하는 욕구는 궁극적으로 타자에게는 선(善)을 베푸는 것이 된다. 따라서 자연적 본성에 따른 삶은 나의 욕구추구가 곧 타자에게 선(善)이 되는, 즉 욕구와 선의 일치를 지향한다. 자리가 곧 이타이다(自利卽利他). 이것이 요순으로부터 공자로 이어진 성무선무악설의 핵심요지라고 여긴다. 그러나 공자는 이러한 무위적 관점을 끝까지 고수하지 못하고, 2차적 본성으로 성선설을 요청하는 당위적(當爲的) 사유로 전환하였다.[10] 아마도 춘추라는 이전투구의 시대가 사유의 전환을 이끌었다고 여긴다. 현실정치의 마당에서 도덕정치의 구현을 위해 공자가 보여준 실천적 삶에서 그것을 엿볼 수 있다.

자연적 본성에 따르는 무위적 삶은 요순시대에나 가능했다. 탕과 무가 다스렸던 삼대(三代; 하·은·주)시대 이후부터 이미 무위적 삶은 불가능한 사회구조로 되었던 것이라 여길 수 있다. 우리와 적의 구분이 생기면서 사람들은

---

8) 『論語』「衛靈公; 4」, 「爲政: 1」, 「泰伯: 19」 등을 참조.
9) 배종호, "동양 인성론의 의의", 앞의 책, 375쪽. 이에 대한 보다 자세한 언급은 강봉수, 『주제별 키워드로 읽는 논어와 세상보기의 도』, 앞의 책, 140~141쪽 참조.
10) 그래서 『논어』에서 읽히는 공자의 인성론은 명확하지 못하고 두 가지 관점이 겹쳐서 나타난다. 이에 대한 자세한 고찰은 강봉수, 앞의 책, 141~145쪽 참조.

필요이상의 욕망(desire)을 추구하는 삶을 살 수밖에 없었다. 자연적 본성이 식색(食色)의 본능으로 작동하면서 사람들은 이전투구의 길로 들어섰다. 이로부터 예(禮)와 규범이 생겨났다. 이전투구의 삶이 극대화되기 시작한 것이 춘추시대라 하겠다. 춘추시대는 예와 규범도 무너진 시대였다. 더 이상 타율적 규범만으로는 치유가 불가능한 상황이라고 공자는 판단했다. 그래서 그는 2차적 본성으로써 성선설을 요청하고 인(仁)에 토대한 자율적 규범의 입법과 실천만이 궁극적 치유책이라 여긴 것이다.

맹자는 바로 이러한 공자의 도를 잇고자했고, 이것을 유학의 정통사상으로 수립하고자 했던 것으로 볼 수 있다. 사실 맹자도 잠시나마 성무선무악설을 고민했던 것 같다. 그는 단적으로 "욕구하고자 하는 것을 일러 선(善)"[11]이라 언표하였기 때문이다. 그러나 맹자는 공자를 사숙(私淑)하면서 공자가 왜 성선설을 요청할 수밖에 없었는지를 직감했다. 특히 그가 살았던 전국시대는 춘추시대보다 더욱 아프고 병든 시대였다. 사람들은 동물적 야수성을 드러내고 이익의 이전투구를 벌이면서 존재의 나락으로 빠져들었다. 사람들을 존재의 나락으로부터 구원하는 궁극적인 방법은 제도가 아니라 인간의 위상을 재정립하고 인간성의 회복을 실현하는 길밖에 없다고 진단했다. 그래서 앞서 보았듯이, 그는 인간이 다른 생물처럼 식색지성(食色之性)을 가지지만 한편으로 그들과는 달리 도의지성(道義之性)을 가진 존재라고 규정하였다.

맹자적인 뜻에서, 원래 인간에게는 식색지성도 욕구이고 선(善)이며, 도의지성도 욕구이고 선(善)이었다. 식색지성과 도의지성을 동시에 추구해도 욕구가 실현되고 선이 실현될 수 있었다. 그리고 식색지성과 도의지성은 모두가 본성[性]이며 본능[命]이기에 그것은 '배우지 않아도 실현할 수 있는' 양지양능(良知良能)의 능력이었다. 인간은 처음부터 욕구와 선의 일치를 담보할 수 있는 존재였다. '욕구와 선의 일치'(自利卽利他)가 인간의 본능이고 본성이었다. 맹자가 말하는 '적자지심'(赤子之心; 어린아이의 마음)도 이것일 것

---

11) 可欲之謂善 (盡心 下; 25)

이다. 『주자집주』(朱子集注)에서, 정자는 양지양능(良知良能)에 대해 "모두 말미암은 바가 없는 것이니, 바로 천연(天然)에서 나온 것이고 인위(人爲)에 매어 있는 것이 아니다."[12]고 하였고, 주자는 적자지심(赤子之心)에 대해 "순일무위(純一無僞)한 본연(本然)의 마음"[13]이라 해석하였다.

가장 꾸밈없이 자발적으로 자기 자신을 표현하는 존재가 인간에게 있어서 어린아이다. 어린아이는 외부의 조그만 영향이나 촉발에 대해서도 놀라움, 감탄, 그리고 경이를 표현한다. 어린아이가 너무 따지기를 좋아하고 어른 흉내를 내면서 객관적으로 판단하기를 좋아하면, 그 어린아이는 그만큼 매력을 상실하고 만다. 정확하지 못함에 어린아이의 매력이 있다. 어린아이가 판단하듯이 사물을 쪼개기 좋아하면, 그는 주위에 순진함을 잃은 서글픔을 주고 만다. 이처럼 어린아이는 무장되어 있지 않고, 자기 자신을 주위에 그대로 노출시키고 있다. 어린아이는 순진하고 순수함(purity)의 원본이다.[14] 어린아이의 순수함이란 도덕성(morality)과도 아무런 관계가 없다. 그것은 오직 세상에 오염되지 않은 무위적 마음의 상태이다.[15] 그래서 어린아이는 아직 세상의 부정과 저항을 잘 모른다. 세상을 인위적으로 장악하거나 맞서려는 욕망(desire)이 없기 때문이다.

그러나 어린아이의 자발성의 신화가 깨어지는 순간에 어른의 세계로 진입하게 되고, 그와 동시에 역사와 사회현실의 복잡함과 어려움 앞에서 그의 의식이 안으로 분열된다. 그 분열은 주객분리를 가져오고, 주객분리는 판단을 잉태하며, 판단과 함께 천진한 자발성은 숨어버리고 간접적 표현과 수식이 그 자리를 대신한다. 누구든지 어른이 되면 운명적으로 천진난만한 자발성을 상실하고 이욕의 때가 묻기 마련이고, 하늘로부터 부여받은 본성이 가려지기

---

12) 「盡心上; 15」에 대한 程子註; "程子曰 良知良能, 皆無所由, 乃出於天, 不繫於人."
13) 「離婁下; 12」에 대한 朱子註: "赤子之心, 則純一無僞而已."
14) 이상의 어린아이의 심성에 대한 고찰과 표현은 김형효에서 빌렸다. 김형효, 『맹자와 순자의 철학사상』(서울: 삼지원, 1990), 117~122쪽.
15) B. S. 라즈니쉬(변지현 옮김), 『죽음의 예술』(서울: 청하, 1985), 43쪽.

마련이다. 어른은 본성의 '양지양능'에 때가 끼기에 더 이상 세상을 있는 그대로 보질 못한다. 그래서 생명의 자연성을 넘어서는 욕심을 부리고, 사심으로 세상을 재단하려 한다. 세상에 재앙을 몰고 오는 이유가 바로 여기에 있다.

역사현실에 적용하여 요순시대가 어린아이의 적자지심을 잃지 않았던 시대라면, 삼대(하·은·주)시대 이후는 어린아이의 자발성의 신화가 더 이상 발휘될 수 없는 어른의 세계이다. 요순시대에 인간은 욕구와 선의 일치를 담보할 수 있는 존재였다. 그러나 요순시대를 지나면서 어린아이의 순수성은 말 그대로 어린 시절에 잠깐 동안 경험할 뿐이지 더 이상 욕구와 선의 일치를 겨냥할 수 없게 되었다. 이제 인간은 필요수준의 자연적 욕구충족을 넘어 욕망하는 존재가 되었고, 대인(大人)처럼 반성적 능력으로 적자지심을 회복해야 하는 존재로 되었다. 맹자가 처음의 관점을 끝까지 고수하지 못한 이유가 여기에 있다. 그래서 그는 식색지성과 도의지성이라는 두 욕구가 갈등할 경우에는 도의지성을 더 바람직한 선(善)으로 규정했고, 더 나아가 식색지성을 악으로 도의지성만을 도덕적 선으로 규정하고 말았던 것이다. 그래서 결국 맹자는 욕구와 선의 일치를 포기하고, 도의지성을 도덕적 옳음(보편적 이성)으로 해석해야만 했다.[16] 이것이 맹자가 성선설을 정립했던 맥락이라 여긴다.

나. 성선설의 근거와 정당화 가능성

원래 공자와 맹자가 잠시 고민했던 관점을 들고 나와 성무선무악설을 주장하는 이가 있었다. 그가 바로 고자(告子)이다. 그러나 이미 성선설을 자기관점으로 정립한 맹자는 고자의 관점을 용납할 수가 없었다. 맹자가 보기에, 식생지성만을 본능이자 본성으로 여기는 고자의 관점은 세상에서 차지하는 인

---

16) 김형효, 『철학석 사유와 진리에 대하여 1』(서울: 청계, 2004), 23~79쪽; 이주행, 『무위유학: 왕기의 양명학』(서울: 소나무, 2005), 71~128쪽 참조.

간의 위상을 떨어뜨리는 처사라고 여겼기 때문이다. 두 사람간의 인성론 논쟁의 요지를 표로 정리해 보자.

<표 6> 고자와 맹자의 인성론 논쟁

	고자	맹자
성기류설 (性杞柳說)	성(性)은 버드나무와 같고, 의(義)는 그것을 구부려 만든 그릇과 같다. 인성이 인의(仁義)라 함은 버드나무로 그릇을 만드는 것과 같다.	당신은 버드나무의 본성을 따라서 그릇을 만들었는가? 아니면 버드나무의 본성을 상하게 해서 그릇을 만들었는가? 만일 버드나무를 상하게 해서 그릇을 만들었다면, 당신은 사람도 상하게 해서 인의(仁義)를 갖게 할 것인가?
성단수설 (性湍水說)	성(性)은 소용돌이치는 물(湍水)과 같아서 동쪽으로 길을 터놓으면 동쪽으로 흘러가고, 서쪽으로 터놓으면 서쪽으로 흘러간다. 인성에 선과 악의 구분이 없는 것은 물에 동서의 구분이 없는 것과 같은 것이다.	물이 진실로 동서의 구분은 없으나, 상하(上下)의 구분도 없겠는가? 인성이 선(善)함은 물이 아래로 흘러가는 것과 같은 것이다.
생즉성설 (生卽性說)	삶의 본능(生)이 성(性)이다.	삶의 본능이 성(性)이라 한다면, 그것은 흰 것을 흰 것이라고 하는 것과 같은 것인가? 그렇다면, 개의 성은 소의 성과 같고, 소의 성은 사람의 성과 같은가?
인내의외설 (仁內義外說)	식색(食色)이 성(性)이다. 인(仁)은 안에 있는 것이고 밖에 있는 것이 아니다. 의(義)는 밖에 있는 것이고 안에 있는 것이 아니다. 내 동생을 사랑하고 진(秦)나라 사람의 동생은 사랑하지 않는 일이 있으니, 이것은 내가 마음에서 기뻐하여 나오는 것이므로 인(仁)은 안에 있는 것이다. 그러나 초(楚)나라 사람의 어른도 어른으로 받들고 내 어른도 어른으로 받드는 것은, 받드는 대상인 어른이 기뻐하는 것이므로 의(義)는 밖에 있는 것이다.	어른이라는 사실 자체가 의(義)인가? 어른으로 받드는 것이 의(義)인가?

먼저, 고자의 성기류설(性杞柳說)과 성단수설(性湍水說)은 성무선무악(性無善無惡)의 논거이다. 그의 경우 성(性)은 본성이고, 의(義)는 후천적인 도덕성이다. 본성은 버드나무나 물과 같다. 그것들은 선악의 방향이 정해져 있지 않다. 그릇을 만드는 것과 물의 길을 내는 것은 후천적인 인위이다. 도덕성도 후천적 인위이다. 그러나 맹자의 경우 성은 곧 인의(仁義)이고, 선험적 도덕성이다. 맹자의 반론을 보면, 버드나무의 본성은 가지를 아래로 뻗어가는 것이고, 물 역시 위에서 아래로 흐르는 것이 본성이라는 것이다. 버드나무의 뻗어가는 성질을 꺾어 그릇을 만들고, 아래로 흐르는 물을 좌우로 돌리는 것이 인위이고 본성을 훼손하는 꼴이다. 이처럼 도덕성도 선천적인 것이다. 그야말로 성기류설과 성단수설을 둘러싼 논쟁은 성무선무악(性無善無惡)과 성선(性善)의 대립적 관점을 보여주고 있다.[17]

다음으로, 고자의 경우, 생즉성설(生卽性說)과 인내의외설(仁內義外說)을 합쳐 해석하면, 본성[性] = 삶의 본능[生; 생명] = 사랑[仁]이라는 등식이 성립한다. 말하자면, 본성이란 삶의 본능, 즉 생명에 대한 사랑이라 하겠다.[18] 이것이 사람을 포함한 모든 생명체가 가지고 태어나는 본능이자 본성이다. 그래서 자연생명세계에는 나의 욕구추구가 타자에게 선이 되는 방향으로 돌아가고 있다. 생명유지를 위해 필요 수준에서 먹고 먹히는 먹이사슬의 체계는 생명사랑을 실천하는 자연스러운 무위의 법칙이다. 문제는 이러한 무위의 자연법칙을 인간세계에도 그대로 적용할 수 있느냐 하는 점이다. 이러한 고민은 맹자도 잠시 했던 것이다. 무위적 자연법칙에 따르는 삶은 요순시대에나 가능했다. 요순시대이후 인간의 자연성은 식색지성의 본능과 도의지성의 본성으로 분화되었다. 이것이 맹자의 관점이다. 그래서 그는 도의지성의 본성으로 식색지성의 본능을 제어하는 역할을 수행할 수 있다고 여겼다.

---

17) 강봉수, 『논어와 세상보기의 도』, 앞의 책, 143~144쪽.
18) 강봉수, 위의 책, 144쪽.

그러나 고자는 예나 지금이나 자연성에 토대한 식색지성만이 본능이자 본성으로 남아있다고 여긴다. 원래 식색지성 자체는 도덕적으로 선도 악도 아니었지만(성무선무악), 이제는 악의 근원지가 되었다. 그래서 그는 타율적으로 본성을 감시하고 통제하는 인위적인 장치가 필요하고 그것이 내부에 자리 잡도록 조장(助長)해 주어야 한다고 여겼다.[19] 이것이 인내의외설(仁內義外說)을 주장하는 고자의 관점이다. 말하자면, 인은 아직도 본능(본성)적인 사랑으로 내부에 자리 잡고 있지만, 남과 더불어 사는 의리(도덕성)는 밖으로부터 주어져야 한다는 것이다. 본능(본성)적으로 내 동생은 사랑하고 남의 동생은 사랑하지 않지만, 어른이라면 집안어른이든 남의 어른이든 어른으로 대접해야 한다는 고자의 주장은 바로 이런 뜻에서이다. 그러나 맹자는 동생을 사랑하고 어른을 대접하는 것은 모두 내부에 자리 잡은 본성의 발현이라 주장한다. 이러한 관점에서, 그는 고자의 관점이 세상에서 차지하는 인간의 위상을 떨어뜨리는 처사라고 여긴다. 식색지성만을 본능이자 본성으로 여긴다면 동물성과 인성 간의 차이가 무엇이고, 동물과 다른 인간의 본질이 무엇이냐고 묻는다. 인의(仁義)의 도덕성이야말로 인간만이 가지고 있는, 인간을 인간이게 하는 본질이고 특성이라는 것이다.

사실 맹자는 고자의 관점에 대해서만 반대했던 것이 아니었다. 이미 당시에는 인간의 본성에 관한 다양한 관점이 제기되었던 듯하고, 이들 관점에 맹자는 모두 반대하였다. 인용을 보자.

> 공도자가 말했다: "고자가 말하길 '본성은 선함도 없고 불선함도 없다.' 하고, 혹자는 말하길 '본성은 선할 수도 있고, 불선할 수도 있다. 그러므로 문왕과 무왕이 일어나자 백성들은 선을 좋아했고, 유왕과 여왕이 일어나자 백성들은 포학을 좋아했다.'하고, 혹자는 말하길 '본성이 선한 자도 있고, 본성이 불선한 자도 있다. 그러므로 요가 임금이라도 상이 있

---

[19] 나는 기존에 고자의 이러한 측면을 깊이 있게 보지 못한 점이 있었다. 그의 성무선무악설에만 주목하여 무위적 사유를 전개했던 사상가로 읽었던 바 있다. 강봉수, 위의 책, 144쪽.

고, 고수가 아버지라도 순이 있었다. 주를 형의 자식으로 삼고 또한 임금으로 삼았는데도 미자 계와 왕자 비간이 있었다.'고 한다. 지금 말하길 '본성은 선하다.'하니, 그렇다면 저들은 모두 그릇된 것입니까?" 公都子曰, 告子曰 '性無善無不善也'。或曰 '性可以爲善, 可以爲不善。是故文武興, 則民好善。幽厲興, 則民好暴'。或曰 '有性善, 有性不善。是故以堯爲君而有象, 以瞽瞍爲父而有舜。以紂爲兄之子且以爲君, 而有微子啟、王子比干'。今曰'性善', 然則彼皆非與. (告子 上; 6)

인용에 의할 때, 당시에 제기되었던 인성론은 ①성무선무불선설(性無善無不善說; 고자), ②성은 선할 수도 있고 불선할 수도 있다는 설(性可以爲善, 可以爲不善說; 세석世碩 ?), ③성은 선한 자도 있고 불선한 자도 있다는 설(有性善, 有性不善說), ④성선설(性善說; 맹자) 등이다.

①은 고자의 관점이고, 훗날 명나라 유학자인 왕양명(王陽明, 1472~1528)의 심무선무악설(心無善無惡說)로 이어졌다. 이들은 원래 인간의 마음이나 본성은 도덕적으로 선도 악도 아닌 백지상태라고 여긴다. ②는 훗날 한나라 학자인 동중서(董仲舒, BC 179~104)의 성유탐인설(性有貪仁說), 혹은 양웅(揚雄, BC 88~18)의 성선악혼설(性善惡混說)로 이어졌다. 이들은 사람마다 타고나는 본성이 다른 것이 아니라, 원래 선과 악을 동시에 가지고 태어난다고 보는 관점이다. ③은 후한시대 학자인 왕충(王充, 27~96?)의 성유선유악설(性有善有惡說), 혹은 당나라 유학자인 한유(韓愈, 768~824)의 성삼품설(性三品說)로 이어졌다. 이들은 사람마다 타고나는 본성이 달라 선한 본성의 소유자가 있고, 악한 본성의 소유자가 있으며, 선하지도 악하지도 않은 본성의 소유자가 있다고 여기는 관점이다. 이렇게 보면, 이미 전국시대에 다양한 인성론이 모두 제기되었던 것이라 볼 수 있다.

이 중 맹자의 관점은 단연 ④의 성선설(性善說)이다. 그런데 맹자의 제자인 공도자는 묻는다. 왜 다른 관점들은 틀렸고, 선생님의 관점은 타당한지 밝혀달라는 정당화의 질문이다. 이에 대한 맹자의 답변들을 검토해 보아야 한다.

맹자가 말했다: "만약 그 감정을 보면 선하다고 할 수 있으니, 이른바 선하다고 말하는 까닭이다. 만약 불선하다면 그것은 재질의 죄가 아니다. 측은해 하는 마음은 모든 사람이 가지고 있고, 부끄러워하는 마음은 모든 사람이 가지고 있고, 공경하는 마음은 모든 사람이 가지고 있으며, 시비를 가리는 마음은 모든 사람이 가지고 있다. 측은해 하는 마음이 인이고, 부끄러워하는 마음이 의이고, 공경하는 마음이 예이며, 시비를 가리는 마음이 지이다. 인의예지는 밖으로부터 나에게 녹아들어온 것이 아니라 내가 원래부터 가지고 있는 것이니, 생각하지 아니할 뿐이다. 그러므로 말하길 '구하면 얻게 되고, 내려놓으면 잃게 된다.'고 하는 것이다." 孟子曰 乃若其情, 則可以爲善矣, 乃所謂善也. 若夫爲不善, 非才之罪也. 惻隱之心, 人皆有之. 羞惡之心, 人皆有之. 恭敬之心, 人皆有之. 是非之心, 人皆有之. 惻隱之心, 仁也. 羞惡之心, 義也. 恭敬之心, 禮也. 是非之心, 智也. 仁義禮智, 非由外鑠我也, 我固有之也, 弗思耳矣. 故曰 '求則得之, 舍則失之'. (告子 上; 6)

맹자의 답변 요지는 이렇다. 밖으로 피어난 감정을 보면 (본성이) 선하다는 것을 알 수 있다. 피어난 감정이 선하지 않다면 그것은 재질(본성)의 탓이 아니다. 모든 사람은 측은·수오·공경·시비의 마음을 가지고 있는데, 그것의 뿌리가 인의예지의 본성이다. 따라서 그것은 밖으로부터 주어진 것이 아니라 본래부터 가지고 태어나는 것이다. 이처럼 맹자는 본성의 선함을 감정으로 드러내고, 측은·수오·공경·시비의 마음으로 예증하고 있다. 그러니까 그는 인간의 도덕성(morality)을 도덕적 본성(moral nature)으로 규정하고, 그것의 사례를 도덕심(moral mind)이나 도덕감(moral emotion)에서 찾고 있는 셈이다.[20] 그렇다고 이러한 맹자의 주장이 선한 본성이나 도덕감을 선험적으로 가지고 태어난다는 것을 입증하기에는 무리가 있다. 그의 주장은 경험적으로 증명되는 사실이 아니기 때문이다. 다음의 인용들을 보자.

---

20) 이경무, "맹자의 성선과 감성 지능", 『철학연구』 제129집 (2014, 11), 162쪽.

① 사람은 모두 차마하지 못하는 마음을 가지고 있다. 선왕들도 차마하지 못하는 마음을 가지고 차마하지 못하는 정치를 행하였다. 孟子曰 人皆有不忍人之心。先王有不忍人之心, 斯有不忍人之政矣. (公孫丑 上; 6)

② 사람이 차마하지 못하는 마음을 가졌다고 하는 까닭은 지금 사람이 불현듯 어린아이가 우물로 들어가려는 것을 보고 모두 놀라면서 측은해하는 마음을 가지기 때문이다. 그것은 어린아이의 부모와 친하게 사귀려는 까닭이 아니요, 이웃과 친구들에게 명예를 얻기 위한 까닭도 아니요, 비난하는 소리를 싫어해서 그러한 것도 아니다. 所以謂人皆有不忍人之心者, 今人乍見孺子將入於井, 皆有怵惕惻隱之心。非所以內交於孺子之父母也, 非所以要譽於鄕黨朋友也, 非惡其聲而然也. (公孫丑 上; 6)

③ 양혜왕이 말하길 "나는 소가 두려움에 떨면서 마치 죄 없이 사지로 끌려가는 것을 차마 볼 수가 없다." 맹자가 말하길 "이러한 마음이면 왕 노릇하기에 충분합니다." 王曰 '舍之 吾不忍其觳觫, 若無罪而就死地。'對曰 '然則廢釁鐘與 ' 曰 '何可廢也 以羊易之 ' 不識有諸。曰 有之。曰 是心足以王矣. (梁惠王 上; 7)

④ 이로부터 보건대, 측은한 마음이 없으면 사람이 아니요, 부끄러워하는 마음이 없으면 사람이 아니요, 사양하는 마음이 없으면 사람이 아니요, 옳고 그름을 아는 마음이 없으면 사람이 아닌 것이다. 由是觀之, 無惻隱之心, 非人也。無羞惡之心, 非人也。無辭讓之心, 非人也。無是非之心, 非人也. (公孫丑 上; 6)

인용들은 마치 대전제(철학적 가설; ①), 소전제(경험적 사실; ②,③), 도출된 결론(④)으로 이어지는 연역논증을 보는 착각을 일으킨다. 여하튼 이 논증이 타당하려면 소전제처럼 예시된 ②와 ③이 경험적 명제가 될 수 있는가에 달렸디. 과언 경험적으로 모든 사람은 우물에 빠진 어린아이를 보면 측은한 마음이 들어 반드시 구해주려하고, 죄 없이 사지로 끌려가는 소를 보면 측은한 마음이 들어 반드시 다른 것으로 대체하라는 자발적인 도덕적 마음이 존재하는가? 이 전제가 타당한 경험적 명제라면 ④의 결론도 성립될 수도 있다. 그러나 이 전제는 타당한 경험적 명제가 아닌 것 같다. 다음의 인용도 보자.

> 맹자가 말했다: "사람이 금수와 다른 까닭은 거의 없으나, 서민들은 그것을 버리고 군자는 그것을 보존한다. 순임금께서는 사물의 이치에 눈 밝고, 인륜을 관찰하며, 인의에 따라 실행한 것이지 인의를 실행한 것은 아니었다."; 맹자가 말했다: "닭이 울면 일어나 부지런히 선을 행하는 자는 순임금의 무리이고, 닭이 울면 일어나 부지런히 이익을 위하는 자는 도적의 무리이다. 순임금과 도적의 구분을 알고자 한다면 다른 게 아니라 이익과 선의 틈새일 뿐이다." 孟子曰 人之所以異於禽於獸者 幾希, 庶民去之, 君子存之. 舜明於庶物, 察於人倫, 由仁義行, 非行仁義也. (離婁 下; 19); 孟子曰 雞鳴而起, 孶孶為善者, 舜之徒也. 雞鳴而起, 孶孶為利者, 蹠之徒也. 欲知舜與蹠之分, 無他, 利與善之閒也. (盡心 上; 25)

금수와 사람, 서민과 군자, 순임금의 무리와 도적의 무리의 같은 점과 다른 점이 무엇인가? 금수와 사람의 같은 점은 식색지성의 본능을 타고났다는 것이고, 다른 점은 사람만이 도덕적 본성을 가지고 태어났다는 것이다. 사람들은 누구나 도덕적 본성을 가지고 태어났지만 어떤 이들(군자, 순임금의 무리)은 그것을 구하여 보존하고, 어떤 이들(서민, 도적의 무리)은 그것을 잃어버린다. 따라서 사람이라고 누구나 차마하지 못하는 마음을 가지는 건 아니라고 볼 수 있다. 그렇다면 맹자의 성선설은 정당화되기에 불충분하다.

'사람은 차마하지 못하는 마음을 가지고 있다'는 주장이 경험적 명제가 아니라면, 개념적 명제 혹은 분석적 명제가 아닐까 상정해 볼 수 있다. 그럴 경우 맹자의 주장은 '인간'의 개념 속에 이미 "차마하지 못하는 마음이 들어가 있고 따라서 내가 적어도 인간인 한에 있어서 우물 속으로 들어가는 어린아이를 구해주어야 할 필연적 이유가 인간의 개념 속에 포함되어 있다"는 주장으로 이해된다.[21] 과연 맹자가 이러한 논변을 펼치는 것 같기도 하다. 인간은 다른 존재처럼 식색지성의 본능을 가지지만, 또한 그들과는 달리 도의지성의 본성을 가진 존재로 보았던 것도 이러한 관점에서 해석할 수 있다.

 인간은 다른 존재처럼 식색지성의 본능을 가졌지만, 식색지성의 욕구가 그들과 같은 것은 아니다. 개는 그들이 좋아하는 음식에 대한 욕구가 있고 말은 그들이 좋아하는 음식에 대한 욕구가 있듯이, 인간도 그들이 좋아하는 욕구가 있다. 그래서 입이 맛에 대하여, 눈이 색에 대하여, 귀가 음악에 대하여 비슷한 욕구가 있다. 사람이면 누구나 이아(易牙)의 요리를 먹고 싶어 하고, 사광(師曠)의 음악을 듣고 싶어 하고, 자도(子都)의 아름다움을 보고 싶어 한다. 더 나아가 인간에게는 마음이 좋아하는 욕구도 있다. 이치[理]와 의로움[義]을 따르려는 도덕적 본성이 그것이다.[22] 다른 각도에서 비유로, 굶주림과 목마름이 밥과 물에 대한 욕구를 낳는다. 음식과 물이 욕구를 낳는 것이 아니라 내면의 욕구가 음식과 물을 찾게 한다는 것이다. 마찬가지로 비도덕적 행동을 하면 마음을 해친다. 따라서 마음은 이치와 의로움을 따르고자 한다.[23] 이처럼 인간은 존재론적으로 도덕적 본성을 가지고 태어

---

21) 김영건, "맹자의 성선설은 타당한 논변인가", 『오늘의 동양사상』 제4호(예문동양사상연구원, 2001), 345쪽.

22) 口之於味, 有同耆也。易牙先得我口之所耆者也。如使口之於味也, 其性與人殊, 若犬馬之與我不同類也, 則天下何耆皆從易牙之於味也。至於味, 天下期於易牙, 是天下之口相似也。惟耳亦然。至於聲, 天下期於師曠, 是天下之耳相似也。惟目亦然。至於子都, 天下莫不知其姣也。不知子都之姣者, 無目者也。故曰 口之於味也, 有同耆焉。耳之於聲也, 有同聽焉。目之於色也, 有同美焉。至於心, 獨無所同然乎。心之所同然者何也。謂理也, 義也。聖人先得我心之所同然耳。故理義之悅我心, 猶芻豢之悅我口。(告子 上; 7)

23) 孟子曰 飢者甘食, 渴者甘飲, 是未得飮食之正也, 飢渴害之也。豈惟口腹有飢渴之害, 人心亦皆有害。人能無以飢渴之害爲心害, 則不及人不爲憂矣。(盡心 上; 27)

났다.

　인간은 왜 도덕적이어야 하는가? 이 질문에 대한 맹자의 대답은 한마디로 인간은 본래 그러한 존재이기 때문이라는 것이다. 따라서 인간은 욕망의 합리적 추구와 조절을 넘어 욕망과 무관하게 순수한 도덕적 본성에 따라 살 수 있는 유일한 존재이다. 그가 성선설을 제외한 주장들에 반대한 이유가 여기에 있다. 이처럼 도덕이나 윤리의 당위성이 인간의 외부가 아니라 내부의 영역에서 기원한다는 관점을 '도덕 내재주의'라 부른다.[24] 그러니까 맹자의 성선설은 경험적 의미에서가 아니라 초월적 혹은 선험적 차원에서 이루어진 것이기에 어떤 개별적인 경험적 판단에 의해 논박될 수가 없다고 하겠다. 맹자의 도덕 내재주의 혹은 성선설은 형이상학적 사실 혹은 자연적 사실일 뿐이다. 그는 형이상학적 사실로부터 당위를 이끌어 내고 있다.[25] 그렇다면 맹자에게 있어 '인간'의 개념은 '인간임'을 의미하는 분류적 의미가 아니라 '인간됨'이나 '인간다움'을 의미하는 평가적 의미로 사용하고 있다고 보아야 한다. 말하자면, 맹자의 주장은 "모든 인간은 차마하지 못하는 마음을 지녀야만 한다. 따라서 모든 인간은 선해야만 한다."라고 고쳐 표현할 수가 있다.[26]

　맹자의 성선설이 정당화 가능하다면 그것은 실존적이고 실천적 차원에서이다. 인간은 누구나 내 삶에 대한 책임을 스스로 결정해야 하는 실존적 선택을 요구받는 존재이다. 이것은 바로 인간다움을 자신의 실천적 행동을 통해서 만들어가고 있다는 것을 의미한다. 맹자를 보자.

　　맹자가 말했다: "사람은 모두 차마하지 못하는 마음을 가지고 있는데,

---

[24] 정재현, "맹자의 도덕 내재주의는 어떻게 정당화될 수 있나?", 『유교사상문화연구』 제33집 (한국유교학회, 2008), 137~139쪽.
[25] 윤리적 직관주의자들은 사실로부터 당위를 이끌어내는 맹자의 관점이 '자연주의적 오류'(nationalist fallacy)를 범하고 있다고 비판할 것이다.
[26] 김영건, "맹자의 성선설은 타당한 논변인가", 앞의 책, 347쪽.

차마하는 바에까지 통달하면 인이다. 사람은 모두 일삼지 않는 바가 있는데, 일삼는 바에까지 통달하면 의이다. 사람이 남을 해치고 싶어 하지 않는 마음을 채운다면 인을 다 사용할 수가 없을 것이다. 사람이 담을 뚫고 넘어가지 않으려는 마음을 채운다면 의를 다 사용할 수가 없을 것이다. 사람이 이여의 실제를 받지 않으려는 마음을 채운다면 가는 곳마다 의를 행하지 않을 수 없을 것이다. 선비가 아직 말을 해서는 안 되는데 말을 한다면, 이것은 말로써 핥아먹는 것이다. 말을 해도 되는데 말을 하지 않으면 이것은 말하지 않음으로써 핥아먹는 것이다. 이것들은 모두 담을 뚫고 넘어가는 종류의 것이다." 孟子曰 人皆有所不忍, 達之於其所忍, 仁也。人皆有所不爲, 達之於其所爲, 義也。人能充無欲害人之心, 而仁不可勝用也。人能充無穿踰之心, 而義不可勝用也。人能充無受爾汝之實, 無所往而不爲義也。士未可以言而言, 是以言餂之也。可以言而不言, 是以不言餂之也, 是皆穿踰之類也. (盡心 下; 31)

맹자는 말한다. '차마하지 못하는 마음'이 없으면 인간이 아니고, '부끄러워하는 마음'이 없으면 인간이 아니라고 말이다. 이것이 인간됨 혹은 인간다움의 최소한의 품격일 것이다. 최대한의 품격은 각자의 실존적 선택과 실천적 행동을 통하여 확보될 수밖에 없다. 인용에서 '차마하지 못하는 마음'과 '일삼지 않는 바'가 '어려운 처지에 놓인 사람을 가엾게 여기고 부끄러운 짓을 하지 말라'는 소극적 의무를 뜻한다면, '차마하는 바'와 '일삼는 바'에 도달한다는 것은 '남을 돕고 선행을 실천하라'는 적극적 의무를 뜻하는 것이라 여긴다. 인감됨의 최소한의 품격조차 저버리는 사람에게는 우리는 무슨 말을 더할 것인가.

2. 맹자의 윤리사상

맹자적인 뜻에서, 도덕적인 사람이란 식색지성의 욕망에 휘둘리지 않고 선한 본성에 따라 행동할 수 있는 사람을 말한다. 그러나 도덕적인 사람이 되기는 그리 쉬운 일이 아닌 것 같다. 인간은 사회를 구성하는 문화인이 되면서부터 본능(식색지성)과 본성(도의지성)이 분리되었다. 이제 식생지성의 본능 자체가 악은 아닐지라도, 그것은 생명유지의 필요수준을 넘는 욕구를 낳고 비도덕적으로 욕망을 추구하는 악의 근원지일 뿐이다. 따라서 식색지성과 도의지성의 대결은 불가피한 삶의 상황이 되었다. 인간은 식색지성의 욕망에 따라 살 수도 있고, 도의지성에 따라 살 수도 있는 자유의 존재이다. 그러나 문제는 현실적으로 도의지성의 힘은 너무 미약하고 식생지성의 욕망에 휘둘리기는 너무 쉽다는 점이다. 춘추전국시대와 같은 사회적 혼란과 악(惡)이 산출된 연유도 여기에 있다.

식색지성의 욕망은 통제되고 조절되어야 한다. 욕망들 간의 대립과 갈등으로부터 생겨난 사회적 혼란과 아픔도 치유되어야 한다. 도덕철학자들은 도덕(성)의 기원은 무엇이고, 그것의 정당성을 문제 삼는다. 성악설을 주장하는 철학자는 도덕의 근원을 밖의 사회로 여긴다. 사회적으로 합의된 특정질서로서의 도덕이 그것이다. 순자와 한비자 등가 대표적이다. 성무선무악설을 주장하는 고자의 관점도 여기에 가깝다. 이들에게 있어, 도덕성은 후천적으로 습득한 것이고 타율적으로 주입된 양심(conscience 혹은 super-ego)일 뿐이다. 그러나 성선설을 주장하는 맹자는 도덕의 근원을 개인으로 여긴다. 처음부터 본유한 도의지성의 힘을 기를 수만 있다면 그것에 터하여 자율적으로 도덕생활을 영위할 수 있다. 이미 존재하는 특정질서로서의 도덕에 대해서도 늘 반성적으로 돌아보면서 주체적이고 자율적으로 도덕법칙을 입법할 수 있다. 맹자가 고자 등의 인성론과 대결하면서 성선설을 입론한 이유가 여기에 있다.

1) 양자와 묵자의 사상적 도전과 대결

맹자가 살았던 시대에도 이미 특정질서로서의 도덕이 있었다. 주나라까지 오면서 정립된 예악(禮樂)제도가 그것이다. 물론 그의 시대에는 주나라의 예악제도가 혼란스러워진 악의 시대였지만, 여전히 그것은 통용되는 도덕률이었다. 맹자를 비롯한 당시대의 제자백가들은 무너져버린 예악제도에 대한 반성적 검토로부터 도덕철학적 사유를 전개한 것이라 볼 수 있다. 그들은 자기만의 도덕규준을 제안하면서 이를 토대로 특정질서로서의 도덕을 재 입법할 것을 논쟁하였다. 맹자의 관점에서 양자와 묵자의 도덕철학이 특별히 경계의 대상이었다.

『맹자』에서 맹자는 양·묵(楊墨)의 학설이 세상을 어지럽히고 있다고 개탄한다. 대체 양자(楊子; 楊朱, BC. ?~?)와 묵자(墨子; 墨翟, BC. 479~381)의 학설이 무엇인데, 맹자는 그들의 학설을 배척하려 했는가? 인용을 보자.

> 성왕이 일어나지 않으니 제후들이 방자해지고 초야의 선비들이 멋대로 의론하여, 양주와 묵적의 주장들이 천하에 가득하게 되었다. 천하의 주장들은 양주에게 돌아가지 않으면 묵적에게 돌아갔다. 양주는 나만을 위하니 이것은 임금이 없는 것이요, 묵적은 겸애를 주장하니 이것은 아버지가 없는 것이다. 아버지가 없고 임금이 없다면 이것은 금수이다. 聖王不作, 諸侯放恣, 處士橫議, 楊朱·墨翟之言盈天下. 天下之言, 不歸楊, 則歸墨. 楊氏為我, 是無君也 墨氏兼愛, 是無父也. 無父無君, 是禽獸也. (滕文公 下; 9)

인용을 보면, 맹자의 관점에서 양주는 '자기만을 소중히 여기는' 위아주의(為我主義)를 주장했다면, 묵자는 '두루 사랑하는' 겸애주의(兼愛主義)의 사상을 전개하였다. 그러니까 양주는 '개인이익'을, 묵자는 '보편적 사랑'을 도덕규준으로 삼음으로써, 양주에게는 공동체(임금)에 대한 고려가 없고, 묵자에게는 개인(아버지)에 대한 고려가 없다는 것으로 양해된다. 이들에 대한 맹자의 관점은 타당한가?

전국시대는 이익의 이전투구를 벌이는 악의 시대였다. 이러한 악이 어디로부터 왔는가? 양자의 관점에서 권력자들이 악을 광정한다는 명분으로 너도 나도 이전투구에 나서는 것이 문제라고 보았다면, 묵자는 차별적 봉건제도에서 비롯된 권력, 부, 명예 등을 독점하려는 것이 문제라고 진단했다. 그래서 묵자가 겸애주의(兼愛主義)를 주장했다면, 양자는 위아(爲我)가 아니라 귀기(貴己) 혹은 귀생주의(貴生主義)를 주장했다. 맹자와 양·묵은 생존시기가 달랐기에 직접 논쟁을 벌일 수는 없었다. 『맹자』에는 일방적으로 양·묵을 비판하는 대목만 나온다. 다만, 맹자가 묵자의 제자[이지夷之]와 문답을 나누는 장면과, 맹자가 양자의 무리로 여겨지는 자[진중자陳仲子]를 두고 광장(匡章)이라는 사람과 문답을 나누는 장면이 각각 한 차례씩 나오는데, 이를 먼저 간략히 보기로 한다.

우선, 맹자와 이지(夷之) 간의 문답은 직접 대면이 아니지만, 두 사람간의 대화를 인용한다. (滕文公 上: 5, 원문생략)

> 맹자: 묵가들이 상례를 치름은 박한 것을 도로 삼는다. 이지[夷之]가 자기 부모를 후하게 장례 지냈다면 이것은 천하게 여기는 것으로 부모를 섬긴 것이다.
> 이지: 유가의 도에 옛사람이 '적자(어린아이)를 보호하는 것처럼 한다.'고 했는데, 이 말은 무슨 뜻인가? 나[之]라면 사랑에는 차등이 없고, 베풂은 부모로부터 시작된다고 여긴다.
> 맹자: 무릇 이지는 진실로 자기 형의 자식을 사랑하는 것과 이웃의 자식을 사랑하는 것을 같은 것으로 여기는가? 이지가 인용한 것은 어린아이가 기어서 우물로 들어가는 것은 어린아이의 죄가 아니라는 뜻이다. 또한 하늘이 만물을 낳음에는 근본을 하나이게 하였거늘, 이지는 근본을 둘로 여기는 처사이다.
> 이지: 당신이 나를 가르쳤다.

인용에서 이지는 묵자를 따라 사랑은 부모로부터 시작되지만 그 사랑은 남에게도 차별이 없어야 한다고 여긴다. 그런데 묵가는 후한 상례를 반대하는데, 정작 이지는 자기부모 상을 후하게 지낸 모양이다. 이러한 이지의 태도에 대하여, 맹자는 모순적인 태도라고 지적하는 한편, 묵가의 차별 없는 사랑은 잘못이라고 비판하고 있다. 이제 곧 보겠지만, 위의 문답에서 이미 맹자의 묵가에 대한 비판의 요지는 분명하게 드러난다.

다음으로, 맹자와 양자의 무리로 여겨지는 자를 두고 벌이는 문답을 보자. 아래 인용에서 대화의 상대자인 광장은 양자의 제자가 아닌 것 같다.[27] 그러나 그가 대변하는 진중자(陳仲子)는 단정할 수 없지만 양자의 제자이거나 추종자로 여겨진다.[28] 여하튼 광장은 진중자의 삶의 태도를 대변하며 맹자와 대화를 나누고 있다. (원문생략)

> 광장: 진중자가 어찌 진실로 청렴한 선비가 아니겠는가? 언덕에 거처함에 3일 동안 밥을 먹지 않아 귀는 들리지 않고, 눈은 보이지 않았다. 우물가 위에 오얏나무가 있거늘 굼벵이가 과일을 파먹은 것이 반을 넘었는데 기어가서 먹어 세 번 삼킨 연후에야 귀가 들리고 눈이 보였다.
>
> 맹자: 제나라 선비 중에 내가 반드시 진중자를 엄지손가락으로 여기겠다. 비록 그러하나, 진중자가 어찌 청렴하다 하겠는가? 진중자가 지조를 충분히 하려면 지렁이가 된 이후에 가능할 것이다. 무릇 지렁이는 위로 마른 흙을 먹고 아래로 황토물을 마신다. 진중자가 기거한 집은 백이가 건축한 것인가? 도척이 건축한 것인가? 먹은 곡식은 백이가 키운 것인가? 도척이 키운 것인가? 이것을 아직 알 수가 없다.

---

27) 『孟子』「離婁 下; 30」에 보면 광장(匡章)에 대한 인물평이 등장하는데, 그는 주변사람들에게 불효자로 비난받고 있었다. 이러한 점에서 그는 부모형제의 도움도 거부하면서 자급자족하는 삶을 사는 진중자를 동경했던 인물일지도 모른다. 그러나 맹자는 그를 불효자로 여기지 않고 교유한 것으로 보아 양자의 무리는 아닌 듯하다.

28) 진중자가 양자의 제자임을 분명히 밝혀주는 기록은 없는 섯 같다. 그러나 그의 삶의 태도를 볼 때 양자의 무리일 가능성은 있다.

광장: 이것이 무슨 문제가 되겠는가? 저 사람은 스스로 신을 짜고, 아내
　　　　는 실을 길쌈하여 바꾸며 살았다.
　　맹자: 진중자는 제나라의 권세 있는 가문이다. 형인 대가 합 땅에서 받은
　　　　녹봉이 만종에 이른다. 형의 녹봉을 의롭지 않은 녹봉이라 여겨서
　　　　먹지 않았고, 형의 집을 의롭지 않은 집이라 여겨 기거하지 않았
　　　　다. 형을 피하고 어머니를 떠나 언덕에 거처하였다. 다른 날에 돌
　　　　아온 즉, 형에게 산 거위를 선물한 자가 있었다. 자기 이마를 찡그
　　　　리며 말하길 '꽥꽥거리는 것을 어디에다 쓸 것인가?'하였다. 다른
　　　　날에 어머니가 이 거위를 잡아주어 먹고 있는데 형이 밖에서 돌아
　　　　와서 말하길 '이것이 꽥꽥거리는 고기이다.'하니, 나가서 토해버렸
　　　　다. 어머니가 한 것은 먹지 않고 아내가 한 것은 먹으며, 형의 집에
　　　　는 살지 않고 언덕에는 거처했으니, 이것으로 오히려 그 지조를 충
　　　　분히 할 수 있겠는가? 진중자 같은 이라면 지렁이가 된 이후에 지
　　　　조를 충분히 할 수 있을 것이다.

　광장은 진중자가 부모와 형의 도움도 받지 않으면서 자급자족하는 삶을 사는 모습을 보고 청렴하다고 평가한다. 그러나 맹자가 보기에 정말 자급자족하는 삶이라면 지렁이의 삶처럼 자연의 도움 외에 어떠한 인간의 도움도 받지 않아야 지조 있는 삶이라 할 수 있다는 것이다. 그러나 진중자는 부자인 부모와 형의 도움을 거부하지만 정작 신을 짜고 길쌈을 하여 물물교환을 하는 등 다른 사람의 도움은 받고 있다. 이는 모순적인 삶일 뿐만 아니라 잘못된 삶이다. 사람은 처음부터 더불어 살아갈 수밖에 없는 존재이고, 더불어 삶의 출발은 부모와 형제라는 것이 맹자의 관점이다. 진중자의 자급자족하는 삶은 인륜과 공동체를 저버리는 행위이다. 그래서 맹자는 양자가 자기만을 위하는 위아(爲我)주의자라고 비판하는 것이다.
　이제 본격적으로 맹자의 양·묵에 대한 비판을 검토해 보자.[29] 두 사상가의 학설에 대한 맹자의 비평을 또 하나 인용한다.

---

29) 이하의 기술은 강봉수,『동양도덕교육론』, 앞의 책, 182~187쪽에서 가져와서 깁고 보태었다.

맹자가 말했다: "양자는 나를 위해 취하여 한 오라기 터럭을 뽑아서 천하를 이롭게 하더라도 하지 않았다. 묵자는 두루 사랑하니 정수리를 갈아 발꿈치에 이르더라도 천하에 이로우면 하였다. 자모는 중간을 잡았는데 중간을 잡으면 도에 가깝게 된다. 중간을 잡고 저울질함이 없으면 오히려 하나를 잡은 것이다. 하나를 잡는 것을 싫어하는 것은 도를 해치기 때문이다. 하나를 들어 백 개를 폐기하는 것이다." 孟子曰 楊子取為我, 拔一毛而利天下, 不為也。墨子兼愛, 摩頂放踵利天下, 為之。子莫執中, 執中為近之, 執中無權, 猶執一也。所惡執一者, 為其賊道也, 舉一而廢百也。(盡心 上; 26)

앞에서 맹자는 "양씨는 자신만을 위하니 이는 군주가 없는 것이요, 묵씨는 똑같이 사랑하니 이는 아버지가 없는 것이다. 아버지가 없고 군주가 없으면 이는 금수이다."라고 비평한 바 있다. 맹자가 보기에, 양자는 자신만을 위하는 위아주의(爲我主義)자이고 이기주의자요, 묵자는 모두에게 이익만 된다면 무슨 일이든 다 하는 겸애주의자이고 공동체주의자이다. 양자에게는 나만 있고 우리가 없으며, 반대로 묵자에게는 나는 없고 우리만 있다. 그래서 양주에게는 군주가 없고, 묵자에게는 아버지가 없다. 군주가 없다는 말은 공적인 영역인 정치공동체가 없다는 것이고, 아버지가 없다는 말은 사적인 영역인 개체성이 없는 뜻이다. 그래서 맹자는 자모(子莫)처럼 중도(中道)를 잡아야 도에 가깝다고 말한다. 물론 중도를 잡는 것이 개체성과 공동체성도 아닌 중간을 의미하지 않는다. 상황에 따라 둘 간의 조화를 잘 저울질해야 한다는 것이 맹자의 관점이다.

개인만의 이익을 추구하든 전체의 이익만을 추구하든, 맹자가 보기에 두 사상은 인의(仁義)의 도덕과 왕도정치를 말하지 않고 오로지 이익과 실용만을 주장하는 점에서도 문제이다. 군주와 아버지의 존재를 모르면서 이익과 실용만을 추구하도록 인간을 내버려두면 물신의 노예로 만들고, 금수나 다름없다. 맹자의 주장을 보자.

공명의가 말하기를 "임금의 푸줏간에 살찐 고기가 있고 마구간에 살찐 말이 있는데도 백성들에게 굶주린 기색이 있으며 들에는 굶어 죽은 시체가 있다면 이는 짐승을 내몰아 사람을 잡아먹게 하는 것이다"하였다. 양주·묵적의 도가 종식되지 않으면 공자의 도가 드러나지 못할 것이니, 이는 부정한 학설이 백성을 속여 인의의 정도를 꽉 막는 것이다. 인의가 꽉 막히면 짐승을 내몰아 사람을 잡아먹게 하다가 사람들이 장차 서로 잡아먹게 될 것이다. 내가 이 때문에 두려워하여 성인의 도를 호호하여 양·묵을 막으며 부정한 말을 추방하여 부정한 학설이 나오지 못하게 하는 것이다. 부정한 학설은 그 마음에서 나와 그 일에 해를 끼치며, 일에서 나와 정사에 해를 끼치니, 성인이 다시 나오셔도 내 말을 바꾸지 않으실 것이다. 公明儀曰 '庖有肥肉, 廐有肥馬, 民有飢色, 野有餓莩, 此率獸而食人也'. 楊墨之道不息, 孔子之道不著, 是邪說誣民, 充塞仁義也。仁義充塞, 則率獸食人, 人將相食。吾爲此懼, 閑先聖之道, 距楊墨, 放淫辭, 邪說者不得作。作於其心, 害於其事, 作於其事, 害於其政。聖人復起, 不易吾言矣。(滕文公 下; 9)

두 사상가에 대한 맹자의 비판은 정당한가? 양자는 맹자가 보듯 위아적 종욕주의나 이기주의자가 아니라 생명의 본능과 본성에 충실한 귀생주의자였다. 생명의 필요와 요구를 넘어서지 않는 욕구의 추구는 도덕적 선도 악도 아니다. 생명의 필요에 충실한 욕구는 위아적 종욕이나 이기주의가 아니라 오히려 타자에게 선(善)을 베푸는 행위, 즉 "자리가 곧 이타"(自利卽利他)인 것이다. 자연세계에서 생명들은 서로 먹고 먹히는 유기체적 공동체이다. 원래 이러한 세계에 오히려 인간들이 개입함으로써 혼란스러워졌다. 그래서 양자는 인간들도 생명들의 세계로 다시 돌아갈 것을 주장한 것이다. 정치적 불간섭주의가 그것이다. 말하자면, 양자는 군주를 없앨 것을 주장했다기보다는 군주에게 작위적 간섭을 하지 않도록 요구하는 역할변화와 무위(無爲)의 정치를 주장한 것으로 볼 수 있다.

한편, 묵자도 맹자가 보듯 자기 아버지를 제쳐두고 전적으로 공적인 영역만을 강조한 것으로 보기 어렵다. 그는 공자적인 효제(孝悌)의 윤리가 혈연적 유대와 사적인 이익만을 위해 기능하지 않을까 우려한 것으로 보아야 한다. 실제 춘추전국시대에는 사가(私家; 경대부들)가 공실(公室; 왕과 제후들)을 침해하는 일이 비일비재했었다. 이러한 상황에서 묵자는 나부터 남의 아버지를 위하고 공적인 영역을 위해 봉사할 때 남도 나의 아버지와 사적인 영역을 침범하는 일이 사라지게 될 것으로 진단했던 것이다. 이것이 겸애교리사상의 본의일 것이다.

그러나 맹자는 여전히 양·묵의 학설을 믿을 수 없었다. 앞에서 보았던 맹자와 이지, 그리고 맹자와 광장의 대화에서도 맹자의 관점은 확인되었던 바이다. 묵자적인 무차별적 겸애의 사랑은 너무 이상적이고 비현실적인 것으로 받아들였다. 묵자적 사고는 강상을 무너뜨리는 위험한 발상이며, 자칫 전체주의적 독단의 사고를 잉태할 수 있다. 이익을 똑같이 나누는 사랑은 독재자를 전제하지 않으면 실현 불가능할 것이기 때문이다. 한편, 양자적 무위의 사유는 이기심과 무관한 것처럼 보이지만, 그것은 공동체의 인륜을 저버리고 자기만의 고고한 초탈적 삶을 추구하는 것에 불과하며 해탈을 가장한 이기심의 다른 표현일 뿐이라고 할 수 있다. 따라서 귀기(貴己)와 정치적 불간섭을 표방하는 개체주의도, 차별 없는 사랑을 표방하는 겸애(兼愛)의 공동체주의도 틀렸다.

그렇다면 개체성과 공동체성 사이의 중도(中道)를 잡아야 한다. 가장 현실적인 길은 사적인 사랑을 공적인 영역까지 확대해가는 것이다. 인의(仁義)의 윤리학과 친친(親親)의 원리가 그것이다. 그러나 양·묵이 우려하듯, 이러한 도덕원리가 혈연적 유대와 사적인 이익에 갇히지 않도록 하기 위해서는 개체성과 공동체성간의 긴장과 조화를 늘 저울질하는 이성적 노력이 수반되어야 한다. 이것이 맹자가 유학의 정통사상으로 정립하고자 했던 도덕철학이라 여긴다. 이제 좀 더 구체적으로 맹자의 윤리사상을 돌아보기로 하자.

2) 인의(仁義)의 윤리학과 친친(親親)의 원리

전국시대는 이익의 이전투구를 벌이는 시대였다. 한마디로, 맹자의 핵심사상은 '이로움'(利)을 멀리하고 인의(仁義)에 따라 살라는 것이다. 사람의 마음은 늘 식색지성과 도의지성 간의 격전장이다. 인간도 생명이기에 식색지성의 욕구를 원천적으로 배제할 수는 없다. 식색지성의 욕망은 금욕되어야 하는 것이 아니라 합리적 수준에서 조절되어야 한다. 한편, 인간은 다른 생명과는 달리 도의지성을 가졌기에 식색지성의 욕망과 무관하게 순수한 도덕적 동기에 따라 행동할 수 있는 존재이다. 맹자가 이익을 뒤로하고 인의를 앞세우라는 것은 이러한 뜻에서이다. 인간은 도의지성에 따라 욕망조절의 합리적 기준과 도덕을 자율적으로 입법할 수 있다. 다만 이것의 전제는 도덕적 감정인 사단(四端)을 확충하여 도의지성이 인의의 윤리학으로 무장되었을 때이다.

인의란 무엇인가? 공자도 인의를 말했지만, 인(仁)과 의(義)를 따로 논의했지 '인의'를 한 단어로 사용하여 설명한 적은 없는 것 같다. 그렇다면 사연이 있고 함의가 있을 것이다. 공자의 인 개념은 다층적인데 유위적(有爲的) 인, 당위적(當爲的) 인, 무위적(無爲的) 인 개념이 그것이다.[30] 의로움에 대해서도 인 개념처럼 뜻을 달리하는 경우가 있지만, 대체로 당위윤리적 측면에서 이익과 대립된 개념으로 사용하거나 사회적 지위에 따르는 직분을 의미하였다.[31] 이렇게 보면, 공자도 인과 의의 개념을 유기적 연관 속에서 사용했다고 볼 수 있겠지만, 이를 체계적으로 설명한 적은 없다. 그렇다면 맹자에게 인의란 무엇이고, 인의의 윤리학적 체계를 어떻게 정립하고 있는가? 우선, 『맹자』에 나타난 인·의·예·지의 용례에 주목하여 정리해보자. (원문생략)

---

30) 유위적 인은 행위의 결과가 실용성과 백성들의 복리를 가져온다면 사랑의 실현이라 보는 것이고, 당위적 인 개념은 행위의 결과와 상관없이 사람이기에 사람을 사랑해야 한다는 것을 뜻하며, 무위적 인 개념은 자아의식을 버리고 자리가 곧 이타가 되는 삶을 추구하는 생명사랑을 의미한다. 자세한 설명은 강봉수, 『주제별 키워드로 읽는 논어와 세상보기의 도』(서울: 원미사, 2012), 202~214쪽 참조.

31) 같은 책, 243~249쪽 참조.

인(仁): 인이란 사람이다. 합하여 말하면 도이다. (盡心 下; 16); 인은 하늘이 내린 높은 벼슬이고 사람의 편안한 집 (公孫丑 上; 7) 및 (離婁 上; 10); 인은 측은해 하는 마음 (告子 上; 6); 측은한 마음은 인의 단서 (公孫丑 上; 6); 사람은 차마하지 못하는 마음을 가지고 있는데, 차마하는 바에까지 통달하는 인이다. (盡心 下; 31); 인의 열매는 부모를 섬기는 것 (離婁 上; 27); 인은 부자간에 베푸는 것 (盡心 下; 24); 인은 부모를 친애하는 것 (盡心 下; 15)

의(義): 의는 사람의 바른 길 (離婁 上; 10); 의는 부끄러워하는 마음 (告子 上; 6); 부끄러워하는 마음은 의의 단서 (公孫丑 上; 6); 사람은 일삼지 않는 바가 있는데, 일삼는 바에까지 통달하면 의이다. (盡心 下; 31); 의의 열매는 형을 따르는 것 (離婁 上; 27); 의는 어른을 공경하는 것 (盡心 下; 15); 의는 군신 간에 유지하는 것 (盡心 下; 24); 불의로 얻은 나라를 주더라도 받지않는 것은 한 광주리 밥과 한 그릇 국을 버리는 의로움이고, 사람에게 친척과 군신과 상하의 인륜보다 큰 의로움은 없다. (盡心 上; 34)

예(禮): 예는 공경하는 마음 (告子 上; 6); 사양하는 마음은 예의 단서 (公孫丑 上; 6); 예는 손님과 주인 간에 지키는 것 (盡心 下; 24); 예의 열매는 이 두 가지[仁義]에 문양을 놓는 것 (離婁 上; 27); 살았을 때 섬기기를 예로써 하고, 돌아가심에 장사지내기를 예로써 하며, 제사를 지내기를 예로써 하면 효라고 할 수 있다. (중략) 3년 상에 거친 상복을 입고 미음과 죽을 먹음은 천자로부터 서인에 이르기까지 삼대가 공히 하였다. (滕文公 上; 2); 예에 조정에서는 위치를 떠나 서로 더불어 말하지 아니하고, 계단을 넘어 서로 인사하지 않는다. (離婁 下; 27)

지(智): 지의 열매는 이 두 가지(인의)를 알아서 버리지 않는 것 (離婁 上; 27); 지는 시비를 가리는 마음 (告子 上; 6); 시비를 가리는 마음은 지의 단서(公孫丑 上; 6); 지는 현자에게서 밝혀지는 것 (盡心 下; 24)

인(仁)이란 하늘이 모든 사람에게 내린 작위이고 벼슬이다. 따라서 인은 사람 그 자체이고 사람의 편안한 집이다. 인은 사람 그 자체이기에 사람을 사랑하는 것이고 생명을 사랑하는 것이다. 인은 사람의 편안한 집이기에 이 집을 떠나면 사람이 아니다. 밖으로 피어난 '측은해 하는 마음' 혹은 '차마하지 못하는 마음'으로부터 이러한 인의 뿌리가 천성(天性)으로 내재한 것임을 알 수 있다. 생명을 긍휼히 여기고 사람을 사랑하는 감정의 원형은 부모와 자식 간에서 볼 수 있다. 이러한 마음을 확장하여 '차마하는 바'에까지 통달한다면 인(仁)의 덕이 성취된다.

　의(義)는 인을 실현하는 사람의 바른 길이다. 의(義)의 단서도 처음부터 가지고 있는 본성이다. 그래서 사람은 바른 길을 걷지 않으면 부끄러움을 느낀다. 사람이 살아가는 길에는 바른 길이 있고 그른 길이 있다. 그른 길을 걷지 않으려는 데서 출발하여 오로지 바른 길을 걸을 수 있다면 의(義)의 덕이 완성된다. 인을 실현하는 바른 길의 원형이자 출발점이 부자(父子)간의 사랑이고, 다음으로 형제간의 사랑이고, 장유(長幼)간의 사랑이고, 군신(君臣)간의 사랑이다. 이것이 친척과 군신과 상하간의 인륜이고 가장 큰 의로움이다. 이를 맹자는 오륜(五倫)으로 정식화하였다.[32] 부자유친(父子有親), 군신유의(君臣有義), 부부유별(夫婦有別), 장유유서(長幼有序), 붕우유신(朋友有信)이 그것이다.

　그러니까 의(義)는 인의 사랑을 오륜적 질서에 걸맞게 분배하는 기준에 관한 것이다. 부자간의 사랑은 '친애'(親)함에 있고, 군신간의 사랑은 '의리'(義)를 지킴에 있고, 부부간의 사랑은 '배려'(別)함에 있고, 장유간에 사랑은 '질서'(序)에 있고, 붕우간에 사랑은 '믿음'(信)에 있다. 일찍이 공자는 『논어』에서 "임금은 임금다워야 하고, 신하는 신하다워야 하고, 아버지는 아버지다워야 하고, 자식은 자식다워야 한다"(君君臣臣父父子子)고 언표하였다. 이 언

---

32) 后稷教民稼穡。樹藝五穀, 五穀熟而民人育。人之有道也, 飽食、煖衣、逸居而無教, 則近於禽獸。聖人有憂之, 使契為司徒, 教以人倫 父子有親, 君臣有義, 夫婦有別, 長幼有序, 朋友有信。(滕文公 上; 4)

표는 맹자의 오륜의 해석에도 그대로 적용할 수 있을 것이다. 『예기禮記』의 표현으로 대신 보기로 하자.[33]

> 사람의 의(義)란 무엇인가? 부모는 자애롭고 자식은 효도하고, 형은 양순하고 동생은 공경하고, 지아비는 의롭고 지어미는 명을 받들고, 윗사람은 은혜롭고 어린 사람은 순종하고, 임금은 어질고 신하는 충성하는 것, 이 열 가지를 일러서 사람의 의라고 한다.[34]

한마디로, 의(義)란 자기에게 부여된 직분을 다함, 즉 "~다움" 혹은 "~답게 행동함"이다. 예컨대, 부자간에 사랑을 실현하는 의로움인 '친애'란 부모는 자애(慈)롭고 자식은 효도(孝)하는 것이다. 군신간의 '의리'란 임금은 어질고(仁) 신하는 충성(忠)하는 것이다. 부부간의 '배려'란 지아비는 의롭고(義) 지어미는 받드는 것(聽)이다. 여기서 주목할 점은 자기에게 부여된 직분에 따른 "~다움"은 쌍무적 의무를 규율하는 덕목(德目 혹은 價値, virtue)들로 구성되고 있다는 것이다. 이 점에서 한나라 이후에 동중서(董仲舒) 등에 의해 주장된 일방적 의무만을 규정하고 있는 삼강윤리(三綱倫理)와 대비된다.

한편, 의로움은 직분에 따른 "~다움"의 덕일 뿐만 아니라, "~답게 행동함"의 규범(norm)일 수도 있다. 맹자가 오륜의 덕을 가장 기본적인 인륜으로 정식화했지만 이것을 넘어서 관계를 맺는 것이 사람이기 때문이다. 그것은 모르는 사람과의 관계일 수도 있고, 국가 혹은 국가 간의 관계일 수도 있고, 자연 혹은 신과의 관계일 수도 있다. 덕은 성품이나 성향이지만, 규범은 행위를 규정해 주는 것이다. 인용에서 '의롭지 않게 나라를 받는 것'은 바른 길이 아니라는 것이 그 예이다. 이상에서처럼, 의(義)는 인의 사랑을 분배하는 올바른 기준(덕과 규범)에 관한 것이다.

---

33) 이하 기술은 강봉수, 『동양 도덕교육론』, 앞의 책, 195~196쪽에서 가져와 깁고 보탰다.
34) 『禮記』, 「樂記」. "何謂人義? 父慈, 子孝, 兄良, 弟弟, 父義, 婦聽, 長惠, 幼順, 君仁, 臣忠, 十者謂之人義."

"~다움"의 덕(德)과 "~답게 행동함"의 규범은 보다 구체적인 실천규범이나 규칙(rule)으로 입법되어야 한다. 사실 하나의 덕은 그 덕이 지향하는 근본정신과 행위규범으로 구성되는 것이다. 예컨대, 효(孝)는 효심(孝心)과 효행(孝行)으로 구성되는데, 효심은 효라는 덕의 근본정신으로 부모를 공경하는 것이고, 효행은 부모를 공경하는 구체적인 행위방식들에 관한 것이다. 각각의 덕에 따르는 행위규범이나 규칙 혹은 제도가 바로 예(禮)이다. 앞의 인용에서 맹자가 "살았을 때 섬기기를 예로써 하고, 돌아가심에 장사지내기를 예로써 하며, 제사를 지내기를 예로써 하면 효(孝)라고 할 수 있다."라고 언표한 데서도 이를 알 수 있다. 천자이든 서인이든 막론하고 거친 상복을 입고 미음과 죽을 먹으면서 3년상을 지내는 것이 효의 덕을 실천하는 규범이고 예이다. 또한 신하가 조정에서는 위치를 떠나 서로 더불어 말하지 아니하고, 계단을 넘어 서로 인사하지 않는 것이 충(忠)의 덕을 실현하는 규범이고 예이다. 맹자가 예(禮)의 열매란 '인의(仁義)에 문양을 놓는 것'이라 한 것은 이러한 뜻에서이다.

　인간은 관계적 존재이다. 그 관계가 무엇이든 사람들은 예(禮)를 통하여 관계를 맺고 소통한다. 예는 손님과 주인 간에 지켜지는 것이라는 맹자의 언표는 이런 뜻이다. 그가 예를 공경하는 마음이고 사양하는 마음이라 한 것은 오륜을 넘어 손님과 주인 간의 관계를 염두에 두고 근본정신을 말했기 때문일 것이다. 예컨대, 죽은 자를 대하는 관계에서도 그런 정신이 있었고 예제(규칙)가 있었다.[35] 맹자적인 뜻에서, 이른바 유교에서 말하는 '예의삼백(禮儀三百), 위의삼천(威儀三千)이라는 모든 실천규범도 인의에 바탕을 두고 입법된 것이라 할 수 있다.

　인은 생명을 긍휼히 여기고 사람을 사랑하는 마음이고, 의는 직분과 관계

---

[35] 孟子自齊葬於魯, 反於齊, 止於嬴。充虞請曰 前日不知虞之不肖, 使虞敦匠事。嚴, 虞不敢請。今願竊有請也, 木若以美然。曰 古者棺槨無度, 中古棺七寸, 槨稱之。自天子達於庶人。非直為觀美也, 然後盡於人心。不得, 不可以為悅。無財, 不可以為悅。得之為有財, 古之人皆用之, 吾何為獨不然。且比化者, 無使土親膚, 於人心獨無恔乎。吾聞之君子 不以天下儉其親。(公孫丑 下; 7)

에 따라 인을 실현하는 사람의 바른 길(덕과 규범)이었다. 예(禮)는 이러한 인의에 문양을 내는 세부 규칙이라면, 지(智)는 인의를 알아서 버리지 않는 것이다. 그렇다면 지는 인을 바탕으로 직분과 관계에 걸맞게 의와 예를 입법하여 적용하고 그것의 타당성 여부를 판단하는 지적 능력이다. 맹자가 지를 '시비를 가리는 마음'이고 '현자에게서 밝혀지는 것'이라 한 것은 이러한 뜻이다. 뒤에서 보겠지만, 의(義)의 덕목들이나 규범들 간, 혹은 예(禮)의 세부 규칙들 간에는 가치갈등이 생겨날 수도 있다. 지는 이러한 가치갈등을 해결하고 새로운 규칙을 입법하는 반성적 능력이기도 할 것이다.

이상의 논의를 정리해보면, 인은 모든 덕들의 덕인 전덕(全德)이고 최상위의 도덕규준이다. 전덕으로서의 인은 도덕의 궁극적 원리이고 도덕실천의 내적 근거이다. 이러한 인(仁)에 기초하여, 도덕적 문제 사태를 파악하고[智], 직분과 관계에 걸맞은 덕목이나 합리적인 기준[義]을 설정하고, 나아가 그 기준에 따라 세부적인 규칙인 예(禮)를 입법하여 도덕을 실천하는 것이 맹자의 인의 윤리학의 체계라 하겠다.

그런데 도덕현실에서 인의의 윤리학을 실현하는 것은 그리 간단치가 않다고 여겨진다. 전덕으로서의 인은 생명을 긍휼히 여기고 사람을 사랑하는 것이다. 그러나 의나 예는 인의 사랑을 분배하는 올바른 기준과 행위규칙에 관한 것이다. 거듭 말하지만, 인간관계는 오륜으로만 정식화될 수 없고 다양하며, 오륜 내에서도 인의 사랑을 분배하는 기준을 놓고 갈등을 일으킬 수 있다. 가치갈등을 해결하는 또 다른 기준이 요구된다. 이에 대하여 묵자는 차별 없는 사랑인 겸애(兼愛)를 주장하고, 양자는 자기를 사랑하는 귀기(貴己)를 주장했다. 맹자는 이들의 관점이 틀렸다고 하였다. 그는 공자를 따라 친친(親親)의 원리를 주장한다.

친친(親親)이란 부모를 친애하는 것이다. 이것이 인의 사랑을 실현하는 출발점이자 원형이다. 따라서 친친의 원리란 한마디로 가까운 사람을 가깝게 대하라는 것이다. 먼저 자기 부모를 부모로 모시고 자기 집안 어른을 어른으로 모신 나음에 다른 부모를 모시고 다른 집안 어른을 모시라. 먼저 자기 사식을 사랑한 다음에 다른 집의 자식을 사랑하라. 먼저 사랑하는 것부터 사랑하고 사랑하는 않은 것을 사랑하라.[36] 이것이 바로 친친의 원리이다. "군자는 사물(인간외의 존재)을 사랑하지만 어질게 대하지는 않고, 백성(사람)에게 어질게 대하지만 친애하지는 않는다. 부모를 친애한 다음에 백성(사람)을 어질게 대우하고, 백성을 어질게 대우한 다음에 사물을 사랑한다."[37]는 언표는 친친의 원리를 명확하게 대변해 주고 있다. 맹자가 효제(孝悌)의 윤리를 무엇보다 중시여긴 것은 그것이 인을 실현하는 출발점이고 친친의 원리에 따른 것이기 때문이다. 부모와 형제는 원망하면서도 친애할 수밖에 없다는 게 맹자의 관점이다.[38]

그러나 묵자와 양자가 우려했듯, 이러한 효제의 윤리와 친친(親親)의 원리는 인간관계를 혈연적 유대와 가문의 사적인 이익에 갇히도록 할 가능성이 높다. 춘추전국시대는 실제 사가(私家)가 공실(公室)을 침해하는 도덕적 문란(예악의 붕괴)으로부터 기인했다. 맹자도 이러한 점을 우려했다. 그래서 그는 친친의 원리가 혈연과 사적인 이익에 갇히지 않도록 개체성과 공동체성 간의 긴장과 조화를 늘 저울질하는 이성적 노력과 중용(中庸)의 도(道)를 강조하였다. "중간을 잡고 저울질하라"(執中而權)는 것은 이러한 뜻이다.

아무래도 가족이라는 혈연공동체 안에서는 엄격하게 따지고 나누는 합리성[義]보다는 정서적 유대감[仁]을 더 강조할 수밖에 없다. 그러나 오륜을 넘어선 비친면적 이익공동체 사회에서는 그 반대이다. 또한 비친면적 사회에서는 친친의 원리로만 해결될 수 없는 도덕적 상황들도 존재하기 마련이다. 따라서 여기서는 공정한 분배와 엄격한 합리성이 곧 인을 실현하는 바른 길이

---

36) 老吾老, 以及人之老 幼吾幼, 以及人之幼。天下可運於掌。(梁惠王 上; 7); 孟子曰 道在爾而求諸遠, 事在易而求之難。人人親其親, 長其長而天下平。(離婁 上; 11)

37) 孟子曰 君子之於物也, 愛之而弗仁 於民也, 仁之而弗親。親親而仁民, 仁民而愛物。(盡心 上; 45)

38) 하나의 예만 인용한다. 萬章問曰 舜往于田, 號泣于旻天, 何爲其號泣也。孟子曰 怨慕也。萬章曰 父母愛之, 喜而不忘, 父母惡之, 勞而不怨。然則舜怨乎。曰 長息問於公明高曰 '舜往于田, 則吾既得聞命矣, 號泣于旻天, 于父母, 則吾不知也'。公明高曰 '是非爾所知也'。夫公明高以孝子之心, 爲不若是恝, 我竭力耕田, 共爲子職而已矣, 父母之不我愛, 於我何哉。(萬章 上; 1)

다. 맹자가 살았던 전국시대에는 바로 이러한 합리성이 더 요구되는 시기였다. 그가 공자보다 상대적으로 의(義)를 더 강조하여 인의의 윤리를 정초한 이유도 여기에 있다. 이제 구체적인 사례를 통하여 중용의 도를 통하여 가치갈등을 해결하는 사례들을 보기로 하자.

3) 도덕적 상황과 중용의 도(道)

맹자윤리학의 도덕규준은 인(仁)이다. 그러나 인의 사랑을 어떻게 분배할 것인지를 놓고 갈등하는 도덕적 상황들이 존재할 수밖에 없다. 도덕적 상황이란 도덕적 원리들(덕, 가치, 규범, 규칙 등), 도덕적 이유들, 그리고 도덕적 감정을 포함하는 어떤 기준들을 고려하여 어떤 개인이 어떤 행위를 자유롭게 선택해야만 하는 상황을 말한다.[39] 크게 보면 개인이 대안적 행위나 행동들을 선택해야만 하는 도덕적 상황은 두 가지다. 하나는 도덕적 가치 대 비도덕적 가치(욕망, 자기이익) 간의 갈등상황이고, 다른 하나는 도덕적 가치 대 도덕적 가치 간의 갈등상황(덕목들 간 혹은 규범들 간)이 그것이다.[40] 이 중 첫 번째의 도덕적 상황은 인을 실현하는 바른 길이 무엇인지, 바른 길을 선택해야 하는 정당화의 이유를 비교적 쉽게 판단할 수 있다. 그러나 문제는 두 번째의 상황이다. 인용을 보자.

> 임나라 사람이 옥려자에게 물었다: "예와 밥 중에 어느 것이 중요한가?"
> 옥려자가 대답했다: "예가 중요하다." 임나라 사람이 물었다: "여색과 예

---

39) B. I. 찻잔 · J. F. 솔티스 편저(이병승 옮김), 『도덕교육의 철학』(서울: 서광사, 2005), 76~84쪽.
40) 도덕적 상황에서 우리는 어떤 도덕적 원리들에 근거하여 추론하고 판단해야 하고, 대안적 선택들을 위한 이유들을 제시하는 정당화 과정이 포함되며, 이 선택에 영향을 주는 감정(도덕적 감정 혹은 비도더적 감정)이 포함된다. 또한 상황이 발생하는 특정한 맥락(예건내, 시공간, 기족 상황, 날씨 등)도 선택에 영향을 줄 수 있다. 같은 책, 같은 쪽 참조.

중에 어느 것이 중요한가?" 옥려자가 대답했다: "예가 중요하다." 임나라 사람이 말했다: "예에 따라먹으면 굶어 죽고, 예에 따르지 않고 먹으면 얻어먹을 수 있는데도 반드시 예를 따라야 하는가? 친영하면 처를 얻을 수 없고, 친영하지 않으면 처를 얻을 수 있는데도 반드시 친영을 해야 하는가?" 옥려자가 대답하지 못하고, 다음 날 추나라로 가서 맹자에게 아뢰었다. 任人有問屋廬子曰 禮與食孰重。曰 禮重。色與禮孰重。曰 禮重。曰 以禮食, 則飢而死, 不以禮食, 則得食, 必以禮乎。親迎, 則不得妻, 不親迎, 則得妻, 必親迎乎。屋廬子不能對, 明日之鄒以告孟子。(告子 下; 1)

예(禮)와 밥 간에, 예와 여색 간에 선택해야 한다면 무엇이 더 중요한가? 예이다. 그런데 예에 따르면 굶어 죽을 수 있고 예에 따르지 않으면 얻어먹을 수 있다면 어쩔 것인가? 친영(親迎)[41]하면 첩(미녀)[42]을 얻을 수 없고 친영하지 않으면 첩(미녀)을 얻을 수 있다면 어떤 선택을 할 것인가? 인용에서 옥려자는 답을 하지 못하고 있다. 이에 대해 맹자는 어떻게 답변하는지 보자.

맹자가 말했다: "이것을 답함에 무슨 어려움이 있는가? 그 근본을 헤아리지 않고 말지만을 가지런히 하면 한 치 되는 나무가 망루 끝보다 높게 할 수 있다. 쇠가 깃털보다 무겁다는 것은 한 갈고리 쇠와 한 수레의 깃털을 일컫는 것이겠는가? 밥의 무거움과 예의 가벼움을 비교하면 어찌 밥만 무거울 뿐이겠는가? 여색의 무거움과 예의 가벼움을 비교한다면 어찌 여색만 무거울 뿐이겠는가?" 옥려자가 돌아가서 대답하여 말하길 '형의 팔을 비틀어 밥을 빼앗으면 먹을 수 있고, 비틀지 않으면 얻어먹을 수가 없다면 장차 비틀겠는가? 동쪽 집 담장을 넘어가서 그 처자를 유혹하면 처를 얻을 수 있고, 유혹하지 않으면 처를 얻을 수 없다면 장차 유혹하겠는가?'고 하였다. 孟子曰 於答是也何有。不揣其本而齊其末, 方寸

---

41) 친영이란 중매를 통하여 처갓집에 가서 아내를 맞아오는 것을 말하는 데, 이것이 당시의 예였다. 중매 없이 남녀가 만나는 것은 사통(私通: 불륜)이다.
42) 원문에는 아내(妻)로 표현되어 있지만, 처음 물음에 여색(色)이라 표현한 것으로 보아 여기서는 정실부인이 아니라 첩이거나 미녀인 것 같다.

之木可使高於岑樓。金重於羽者, 豈謂一鉤金與一輿羽之謂哉。取食之
重者, 與禮之輕者而比之, 奚翅食重。取色之重者, 與禮之輕者而比之, 奚
翅色重。往應之曰 '紾兄之臂而奪之食, 則得食, 不紾, 則不得食, 則將紾
之乎。踰東家牆而摟其處子, 則得妻 不摟, 則不得妻, 則將摟之乎'。(告
子 下; 1)

예(禮)와 밥, 예와 여색의 갈등은 도덕적 가치 대 비도덕적 가치의 대결이
다. 예는 근본이고 밥이나 여색은 말지이다. 이러한 관점에서 굶어죽는 한이
있더라도 예를 따르고, 첩(미녀)을 못 얻는 한이 있더라도 친영의 예를 폐기
해서는 안 된다고 맹자는 주장한다. 이러한 가르침을 받는 옥려자의 답변이
궁색한 것 같다. 형의 팔을 비틀어 밥을 먹는 것은 안 되고, 담장을 넘어 처자
를 유혹하는 것은 안 된다고 하기 때문이다. 다음에는 도덕적 가치 대 도덕적
가치의 갈등사례를 보자.

만장이 물었다: "『시』에 이르길 '장가들려면 어떡해야 하는가? 반드시
부모에게 아뢰야 한다.'고 했는데, 진실로 이 말대로 라면 마땅히 순임금
처럼 해서는 안 될 것입니다. 순임금께서는 아뢰지 않고 장가들었는데,
왜 입니까?" 맹자가 대답했다: "아뢨다면 장가들지 못했을 것이다. 남녀
가 같은 집에 사는 것은 사람의 큰 윤리이다. 만약 아뢨다면 사람의 큰
윤리를 어겨서 부모를 원망하였을 것이다. 그러므로 아뢰지 않은 것이
다." 만장이 말했다: "순임금께서 아뢰지 않고 장가든 것이라면 내 이미
하명을 들은 바가 있습니다. 요임금께서 순에게 딸을 시집보내면서 아
뢰지 않은 것은 왜입니까?" 맹자가 대답했다: "요임금 역시 아뢨다면 딸
을 시집보내지 못할 것을 알았던 것이다." 萬章問曰 詩云 '娶妻如之何,
必告父母'。信斯言也, 宜莫如舜。舜之不告而娶, 何也。孟子曰 告則不得
娶。男女居室, 人之大倫也。如告, 則廢人之大倫, 以懟父母, 是以不告也。
萬章曰 舜之不告而娶, 則吾既得聞命矣。帝之妻舜而不告, 何也。曰 帝
亦知告焉則不得妻也。(萬章 上; 2)

인용은 <부모에게 아뢰고 장가나 시집보내는 경우>와 <부모에게 아뢸 경우 장가나 시집을 갈 수 없는 경우> 간에 갈등상황이다. 여기서 전자가 예이다. 그런데 문제는 부모에게 아뢸 경우 장가나 시집을 갈 수 없는 상황이라면 어떡해야 하는가? 이 상황에서 순임금은 부모에게 아뢰지 않고 장가를 갔고, 요임금은 부모에게 아뢰지 않고 딸을 시집보냈다. 순과 요임금의 행위는 정당화될 수 있는가? 남녀가 결혼하는 것은 인륜에서도 큰 윤리이다. 부모에게 아뢰지 않고 장가들고 시집가면 부모에게 욕은 먹겠지만, 큰 윤리를 어겨서 장가나 시집을 가지 않으면 부모를 원망하게 되고 불효를 저지르는 꼴이 된다. 특히, 맹자는 부모에게 아뢰지 않고 장가드는 행위에 대해 장가를 안가면 후사(後嗣)가 없어 가장 큰 불효를 저지를 수 있다는 관점에서 정당화하고 있다.[43] 보다 심각한 갈등사례를 하나 더 보자.

맹자가 말했다: "바다고기는 내가 먹고 싶은 것이고, 곰발바닥도 내가 먹고 싶은 것이지만, 두 가지를 겸하여 얻을 수 없다면, 물고기를 버리고 곰발바닥을 취하겠다. 삶도 내가 원하는 것이고, 의로움도 내가 원하는 것이지만, 두 가지를 겸하여 얻을 수 없다면 삶을 버리고 의로움을 취하겠다. 삶 또한 내가 원하지만, 원하는 바가 삶보다 더욱 심한 것이 있다. 그러므로 진실로 얻지 않을 수가 없는 것이다. 죽음도 내가 싫어하는 것이지만, 싫어하는 바가 죽음보다 더 심한 것이 있다. 그러므로 환난을 피하지 않은 바가 있는 것이다. 만약 사람이 원하는 바가 삶보다 더 심한 것이 없다면 무릇 삶을 얻을 수 있는 것을 어찌 사용하지 않겠는가? 만약 사람이 싫어하는 바가 죽음보다 더 심한 것이 없다면 무릇 환난을 피할 수 있는 것을 어찌 하지 않겠는가? 이로 인하여 삶을 위해 사용하지 않은 것이 있고, 이로 인하여 환난을 피할 수 있는데도 하지 않음이 있는 것이다. 이러므로 원하는 바가 삶보다 더 심한 것이 있고, 싫어하는 바가 죽음보다 더 심한 것이 있다. 유독 현자만 이러한 마음을 가지고 있는 것이 아니라, 모든 사람이 가지고 있는데, 현자

---

43) 孟子曰 不孝有三, 無後爲大。舜不告而娶, 爲無後也, 君子以爲猶告也。(離婁 上; 26)

는 능히 잃어버리지 않을 뿐이다. 한 그릇의 밥과 한 그릇의 국을 얻으면 살고 얻지 못하면 죽는다고 하더라도, 성내며 주면 길을 가던 사람도 받지 않고, 발로 차면서 주면 걸인도 달갑게 여기지 않는다. 만종의 녹이면 예의를 따지지 않고 받으려 하는데, 만종의 녹이 나에게 무슨 보탬이 있겠는가? 궁실의 아름다움과 처첩의 봉양을 위해서이고, 나를 아는 궁핍한 자가 나의 마음을 얻기 위한 것이다. 예전에 몸이 죽임을 당하더라도 받지 않다가 지금 와서 궁실의 아름다움을 위해 그것을 하고, 예전에 몸이 죽임을 당하더라도 받지 않다가 지금 와서 처첩의 봉양을 받기 위해 그것을 하며, 예전에 몸이 죽임을 당하더라도 받지 않다가 지금 와서 나를 아는 궁핍한 자가 나의 마음을 얻기 위해 그것을 한다 말인가? 이것을 또한 그만둠이 불가한 것인가? 이것을 일러 본심을 잃었다고 말한다." 孟子曰 魚, 我所欲也, 熊掌, 亦我所欲也, 二者不可得兼, 舍魚而取熊掌者也。生, 亦我所欲也, 義, 亦我所欲也, 二者不可得兼, 舍生而取義者也。生亦我所欲, 所欲有甚於生者, 故不爲苟得也。死亦我所惡, 所惡有甚於死者, 故患有所不辟也。如使人之所欲莫甚於生, 則凡可以得生者, 何不用也。使人之所惡莫甚於死者, 則凡可以辟患者, 何不爲也。由是則生而有不用也, 由是則可以辟患而有不爲也。是故所欲有甚於生者, 所惡有甚於死者, 非獨賢者有是心也, 人皆有之, 賢者能勿喪耳。一簞食, 一豆羹, 得之則生, 弗得則死。嘑爾而與之, 行道之人弗受。蹴爾而與之, 乞人不屑也。萬鍾則不辨禮義而受之, 萬鍾於我何加焉。爲宮室之美、妻妾之奉、所識窮乏者得我與。鄕爲身死而不受, 今爲宮室之美爲之。鄕爲身死而不受, 今爲妻妾之奉爲之。鄕爲身死而不受, 今爲所識窮乏者得我而爲之, 是亦不可以已乎。此之謂失其本心。(告子上; 10)

삶도 내가 원하는 바이고 의로움을 지키는 것도 내가 원하는 것이다. 죽음도 내가 싫어하는 바이고 의로움을 지키는 것도 내가 원하는 것이다. 한마디로 생명의 가치 대 의로움의 가치의 대결이다. 이 세상에 생명보다 소중한 가치가 어디 있겠는가? 그러나 인간은 의로운 대의를 위하여 생명도 버릴 수 있는 세상에서 유일한 존재이다. 세상에는 원하는 바가 삶보다 더 중요한 가치가 있고, 싫어하는 바가 죽음보다 더 중요한 가치가 있다. 의로운 대의를 포기하고 생명을 선택한다면 인간의 본심을 잃어버린 자라고 맹자는 말하고 있다.

  도덕적 상황에서 대안적 선택은 이상에서처럼 항상 선과 악, 옳고 그름의 단가적 택일에 따라 행동해야 하는 경우만 있는 것이 아니다. 때로는 예외적인 권도(權道)를 선택해야 할 경우도 있고, 시공간적 맥락과 개인이 처한 상황에 따라 행위를 달리해야 하는 경우도 있는 법이다. 이러한 도덕적 상황에서는 최적의 시중적(時中的) 중용(中庸)을 포착해내는 고도의 지적·도덕적 안목과 행위선택이 요구된다. 사례들을 보자.

    노평공이 외출하려 하자 가까이 모시는 장회가 청해 말했다: "다른 날에 군주께서 외출하시면 반드시 유사에게 갈 곳을 명령하였는데, 오늘은 수레에 이미 멍에를 갖추었는데도 유사가 갈 곳을 알지 못해서 감히 청합니다." 평공이 대답했다: "맹자를 뵈러 갈 것이다." 다시 물었다: "무슨 일입니까? 군주께서 몸을 낮추어 필부를 높이는 것은 어질기 때문입니까? 예의라는 것은 현자로부터 나오는 것인데, 맹자는 뒤의 상례가 앞선 상례를 지나쳤습니다. 군주께서는 만나지 마십시오." 노평공이 말했다: "알았다." 악정자가 들어와 뵙고는 말했다: "군주께서는 어찌하여 맹자를 만나지 않습니까?" 대답했다: "혹자가 과인에게 고하길 '맹자는 뒤의 상례가 앞선 상례를 지나쳤다.'고 하면서 만나러 가지 말라고 했다." 악정자가 물었다: "군주께서 이른바 '지나쳤다'는 것은 무슨 뜻입니까? 앞에는 사(士)의 예로 하고 뒤에는 대부(大夫)의 예로 한 것을 말하는 것입니까? 앞에는 삼정(三鼎)의 예로 하고 뒤에는 오정(五鼎)의 예로 한 것을 말하는 것입니까?" 대답했다: "아니다. 관곽과 의상의 아름다움을 말하는 것이다." 악정자가 말했다: "그것은 이른바 '지나쳤다'는 것이 아니라, 빈부가 서로 같지 않았기 때문입니다." 魯平公將出。嬖人臧倉者請曰 他日君出, 則必命有司所之。今乘輿已駕矣, 有司未知所之。敢請。公曰 將見孟子。曰 何哉 君所爲輕身以先於匹夫者,

以為賢乎。禮義由賢者出。而孟子之後喪踰前喪。君無見焉 公曰 諾。樂正子入見, 曰 君奚為不見孟軻也 曰 或告寡人曰, '孟子之後喪踰前喪', 是以不往見也。曰 何哉君所謂踰者 前以士, 後以大夫 前以三鼎, 而後以五鼎與 曰 否。謂棺槨衣衾之美也。曰 非所謂踰也, 貧富不同也。(梁惠王 下; 16)

인용에서 맹자는 먼저 죽은 아버지 장례보다 나중에 죽은 어머니 장례를 더욱 성대하게 했다. 장회는 맹자의 이러한 행위를 비난하면서 노평공에게 맹자를 만나지 말 것을 건의했다. 장회의 건의를 받아들인 노평공에게 악정자가 그 근거를 요구하자, 노평공은 예의 문제가 아니라 관곽치장의 차이 때문이라고 대답하고 있다. 맹자가 두 장례를 다르게 치른 것은 아버지 장례 때는 사(士)계급이었기에 그에 걸맞은 예로 하였고, 어머니 장례 때는 대부계급이었기에 그에 걸맞은 예로 치렀다.[44] 장회나 노평공도 이를 비난한 것은 아니다. 비난의 대상이었던 관곽치장의 차이는 앞에서는 가난했고, 뒤에서는 부유했기 때문이었다. 똑같은 도덕적 상황이라도 맥락에 따라 행위선택은 달라질 수 있는 것이다. 또 다른 상례사례를 보자.

제선왕이 상례의 기간을 단축하고자 했다. 공손추가 말했다: "1년 상이 그만두는 것보다 나을 것인저!" 맹자가 말했다: "이것은 혹자가 자기 형의 팔뚝을 비틀거든 자네가 그에게 우선 천천히 하라 말하는 것과 같다. 또한 그에게 효제를 가르칠 뿐이다. 왕자 중에 자기 어머니가 죽은 자가 있었는데, 그 사부가 그를 위해 수개월의 상을 청하였다. 공손추가 말했다: "이처럼 하면 어떻습니까?" 맹자가 말했다: "이것은 상례를 끝까지 마치고자 해도 할 수가 없는 경우이다. 비록 하루를 더 하더라도 그만두는 것보다는 낫다. (앞의 경우는) 금지하라고 하지 않았는데도 하지 않는 것을 일컫는다." 齊宣王欲短喪。公孫丑曰 為期之喪, 猶愈於已乎。孟子曰 是猶或紾其兄之臂, 子謂之姑徐徐云爾, 亦教之孝弟

---

44) 맹자는 제선왕의 객경(客卿)으로 있을 때 모친상을 당했다.

而已矣。王子有其母死者, 其傅爲之請數月之喪。公孫丑曰 若此者, 何
如也。曰 是欲終之而不可得也。雖加一日愈於已, 謂夫莫之禁而弗爲者
也。(盡心 上; 39)

사람이 죽으면 3년 상을 치르는 것이 당시의 예이다. 제선왕은 부모의 상례를 1년으로 단축하고자 하였다. 이에 대해 공손추는 안 하는 것보다 낫다고 평가했지만, 맹자는 형의 팔뚝을 비트는 자에게 좀 천천히 하라고 충고하는 꼴이라고 비난하고 있다. 한편, 왕자가 모친상을 당했는데 3년 상을 할 수 없는 처지였다. 그래서 그의 사부는 6개월 상을 건의했고, 이에 대해 맹자는 그만두는 것보다는 하루라도 더 할 수 있으면 하는 것이 낫다고 평가하고 있다. 제선왕은 3년 상이 가능한 상황인데도 하지 않으려 하고, 왕자는 하고 싶어도 할 수 없는 처지였다. 그래서 맹자의 평가가 달랐다. 또 다른 사례를 보자.

순우곤이 물었다: "남녀 간에 주고받기를 친히 하지 않는 것이 예입니까?" 맹자가 대답했다: "그것이 예입니다." 순우곤이 물었다: "형수가 물에 빠지면 손으로 구원해야 합니까?" 맹자가 대답했다: "형수가 물에 빠졌는데 구원하지 않는다면 이것은 승냥이입니다. 남녀 간에 주고받기를 친히 하지 않는 것이 예이지만, 형수가 물에 빠져서 손으로 구원하는 것은 권도인 것입니다." 순우곤이 물었다: "오늘날 천하가 물에 빠졌는데 선생께서 구원하지 않는 것은 무엇입니까?" 맹자가 대답했다: "천하가 물에 빠지면 도로서 구원하고, 형수가 물에 빠지면 손으로 구원합니다. 당신께서는 손으로 천하를 구원할 것입니까?" 淳于髡曰 男女授受不親, 禮與。孟子曰 禮也。曰 嫂溺則援之以手乎。曰 嫂溺不援, 是豺狼也。男女授受不親, 禮也。嫂溺援之以手者, 權也。曰 今天下溺矣, 夫子之不援, 何也。曰 天下溺, 援之以道 嫂溺, 援之以手。子欲手援天下乎。(離婁 上; 17)

남녀 간에는 주고받기를 친히 하지 않는 것이 예이다. 그런데 형수가 물에 빠졌다면 어떻게 할 것인가? 남녀 관계를 떠나 손으로 구원해 주어야 한다. 이것이 예외적인 권도(權道)인 것이다. 물론 인용에서 순우곤의 질문은 천하가 물에 빠졌는데도 구원에 나서지 않는 맹자에게 불평한 것이다. 이에 대해서도 맹자는 형수가 물에 빠지면 손으로 구원하지만, 천하가 물에 빠진 경우는 도(道)로써 구원해야 한다고 대답하고 있다. 도덕적 상황에 걸맞게 도덕원리를 적용해야 마땅한 것이다. 또 다른 사례를 보자.

> 도응이 물어 말했다: "순임금이 천자가 되어 고도가 판사가 되었는데, 고수가 사람을 죽인다면 어떻습니까?" 맹자가 말했다: "집행할 뿐이다." (도응이 물었다) "그러면 순임금이 금하지 않겠습니까?" 맹자가 말했다: "무릇 순임금이 어찌 금지할 수 있겠는가? 전수받은 바가 있는 것이다." (도응이 물었다) "그러면 순임금은 어떻게 하겠습니까?" 맹자가 말했다: "순임금이 천하를 버리는 것을 보되 마치 헌신짝 버리듯 하여, 몰래 짊어지고 도망하여 바닷가에 따라 거처하며 종신토록 흔쾌히 기뻐하고 즐기면서 천하를 잊을 것이다." 桃應問曰 舜爲天子, 皋陶爲士, 瞽瞍殺人, 則如之何。孟子曰 執之而已矣。然則舜不禁與。曰 夫舜惡得而禁之, 夫有所受之也。然則舜如之何。曰 舜視棄天下, 猶棄敝蹝也。竊負而逃, 遵海濱而處, 終身訢然, 樂而忘天下。(盡心 上; 35)

순임금은 천자이고 고도는 법을 집행하는 판사이다. 순임금의 아버지인 고수가 사람을 죽였다면 순임금과 고도는 어떻게 행동할 것인가? 고도가 법을 집행하는 판사라 하더라도 순임금의 아버지인 고수를 형벌에 처할 수는 없지 않을까? 순임금도 고도의 법집행을 막지 않을까? 국가에 대한 충(忠)과 부모에 대한 효(孝) 간의 대결이다. 국가에 대한 일은 공적인 것이고, 부모에 대한 일은 사적인 일이다. 공적인 국가의 일에 대해서는 천자라도 막을 수 없다. 고도는 법을 집행할 수밖에 없고, 순임금도 천자로 있는 한 그의 법 집행을 막을 수 없다. 순임금이 부모를 살리는 길이 있다면 천자의 직을 버리고 부모와 함께 도망하는 것뿐이다. 친친의 원리가 적용되고 있다.

4) 맺음말

　맹자는 묵자의 겸애(兼愛)와 양자의 위아(爲我)의 도덕규준에 반대하면서 인의(仁義)의 윤리학을 정초하였다. 그는 묵자의 겸애가 이익을 똑같이 나누는 공동체주의의 원리라면, 양자의 위아는 자기만의 이익을 위하는 이기주의의 원리라고 여겼다. 그래서 양자에게는 공동체(국가)에 대한 고려가 없고, 묵자에게는 개인(가문)에 대한 고려가 없다고 진단했다. 공자에서 이어져온 인의의 윤리학만이 개인과 공동체를 동시에 고려하면서 인륜에 부합하는 사상이라고 여겼다.

　인의의 윤리학은 전덕인 인(仁)에 토대하여, 도덕적 문제 사태를 파악하고[智], 직분과 관계에 걸맞은 덕목이나 합리적인 기준[義]을 설정하고, 나아가 그 기준에 따라 세부적인 규칙인 예(禮)를 입법하여 도덕적 실천을 이끄는 윤리학이다. 그러니까 인은 생명을 긍휼히 여기고 사람을 사랑하는 것이며, 의나 예는 인의 사랑을 분배하는 올바른 기준에 관한 것이다. 인의 사랑을 분배하는 의로움의 일차적인 기준은 친친(親親)의 원리이다. 그것은 한마디로 가까운 사람을 가깝게 대하라는 것이다. 이로부터 친척, 이웃, 사회, 국가, 천하로 그 사랑을 확대해 나가는 것이다.

　그러나 친친(親親)의 원리는 인간관계를 혈연적 유대와 가문의 사적인 이익에 갇히도록 할 가능성이 높다. 이러한 점을 우려하여, 맹자는 친친의 원리가 혈연과 사적인 이익에 갇히지 않도록 개체성과 공동체성 간의 긴장과 조화를 늘 저울질하는 이성적 노력과 중용(中庸)의 도(道)를 강조하였다. 가족이라는 혈연공동체 안에서는 엄격하게 따지고 나누는 합리성(義)보다는 정서적 유대감(仁)을 소중히 여긴다. 비친면적 이익공동체 사회에서는 그 반대이다. 여기서는 공정한 분배와 엄격한 합리성이 곧 인을 실현하는 바른 길이다. 맹자가 살았던 전국시대에는 바로 이러한 합리성이 더 요구되는 시기였다. 그가 상대적으로 의(義)를 더 강조하여 인의의 윤리를 정초한 이유도 여기에 있었다.

3. 맹자의 정치사회사상

　인간은 도덕적 본성을 가지고 태어났다. 이 점에서 인간은 누구나 평등한 존재이다. 그러나 누구나 도덕적 본성에 따라 살아가진 않는다. 말하자면, 인간은 누구나 도덕행위자의 조건을 갖추고 태어났지만, 누구나 도덕적인 사람이 되지는 않는다. 그것의 맹자적인 이유는 식생지성 때문이다. 도덕적인 사람이 될 것인지는 바로 식생지성에서 비롯되는 인간적 욕구와 욕망을 조절하면서 도덕적 본성에 따라 살 수 있느냐에 달렸다. 맹자가 인의의 윤리학을 정초한 것도 이러한 이유에서다.

　그러나 인간은 누구나 도덕적인 삶을 살아갈 것이라는 보장이 없기에 윤리교육이나 도덕적 계몽도 필요하고, 한편으로 인위적으로 비도덕적인 사람들을 통제할 제도적 수단도 필요하다. 또 한편으로 도덕적인 개인들이 모여 사회를 구성하였다고 그 공동체가 반드시 정의로운 사회가 될 것이라는 보장도 없다. 혈연공동체와 같은 친면적인 사회라면 몰라도, 자신의 이해관계를 넘어선 비친면적인 사회에서는 식색지성의 욕망을 둘러싼 가치갈등을 개인들의 도덕적 자율성에만 기대어 해결할 수 없는 문제들이 나타난다.[45] 비도덕적인 사람들을 강제적으로 통제하는 한편, 개인들의 도덕적 자율성으로 해결할 수 없는 문제들에 접근하기 위한 제도적 수단이 바로 정치(政治)이다. 현대적인 뜻에서(D. Easton), 정치란 사회를 구성하는 구성원들이 자신의 자유를 일부 할양하여 공동선과 가치를 배분하는 기준을 만들고 그것을 권위적으로 집행하는 것이다. 정치를 효율적으로 하기 위해 각종 조직과 제도와 법 등을 만들었고, 또한 그러한 조직과 제도의 운영을 맡을 정치적 리더들이 필요한 것이겠다. 이 점에서 맹자시대의 정치도 다르지 않았다.

---

[45] 앞장에서 맹자는 비친면적 사회에서 가치갈등을 해결하는 도덕적 접근으로 중용의 도를 보여주었다. 그럼에도 불구하고 개인들의 도덕적 자율성에 기대어 해결할 수 없는 사회적 문제와 갈등은 남는다.

1) 노심자와 노력자

　사회구성원들로부터 자유를 얼마나 할양받고, 공동선과 가치를 권위적으로 배분하는 기준을 어떻게 설정할 것인지를 결정하는 것이 쉽지 않은 일이다. 이것은 바람직한 정치공동체의 이상을 놓고 구성원들 간에 벌이는 치열한 이념논쟁이기 때문이다. 누가 그 기준을 정할 것이며, 그 기준을 집행할 조직의 리더들은 어떻게 뽑을 것인가? 이를 선점한 사람들이 결국 사회구성체를 이끌어가는 지배자가 되고 지배계급을 형성할 수밖에 없다. 그래서 인류의 정치사는 이데올로기 투쟁이고 계급투쟁의 역사로 점철되어 온 것이라 여긴다. 인간이 사회를 구성한 이래 정치가 없었던 시대는 없었다. 하나의 정치체제가 형성되면 이제부터 그러한 지배구조가 그 자체의 독자적인 논리에 따라 움직이면서 개개인들의 삶에 지대한 영향을 미친다. 개인적 신분과 삶의 목표, 가치관과 생활양식에 이르기까지 그 영향은 광범위하다.

　사회구성체 내에서 지배계급을 형성하는 사람들이 권력과 명예와 부 등의 사회적 희소가치를 얻는데 유리할 수밖에 없다. 그래서 사회구성원들은 누구나 가능하면 지배계층으로 상승할 수단과 방법을 찾게 되고, 지배계급이 되면 그 지배를 정당화하고 공고화하려는 노력을 하게 마련이다. 사회구성원들 간의 계급화 혹은 계층화는 불가피한 현상이다. 어느 사회에서나 특권층(지도층)이 생겨나고 사회적 약자들도 존재하기 마련이다. 문제는 이러한 차이를 낳은 가치배분의 기준과 그것의 적용이 얼마나 공정하고 일관성 있고 정당화가 가능한가에 달렸다. 그래서 이를 집행하고 감독할 책임을 부여받는 정치적 리더들의 역할이 중요하다. 정치적 리더들이 제대로 역할을 못하거나 오히려 반칙을 통하여 이권을 추구한다면 피지배계층의 삶은 더욱 도탄에 빠지고 나아가 반역을 꿈꾸게 되면서 사회적 혼란이 가중된다. 피지배층의 반역은 정치적 리더들의 교체를 넘어 가치배분의 기준과 정치체제 자체를 바꾸는 혁명으로 이어질 수도 있다. 이것이 그동안 인류의 정치사가 보여준 경험적 진리이다.

사회적 특권층은 대체로 정치적 리더들의 후보이기도 하지만 사회구성체의 유지와 발전에 일정 기여할 수 있다. 부정한 방법으로 체제의 공고화와 사적인 이권의 쟁탈에 혈안이 된 자들도 있지만, 체제의 안정과 발전에 대한 도덕적 책임감으로 무장하여 정치적 리더들을 감시하고 비판하면서 사회악의 개선과 약자들의 삶에 기여하는 자들도 있다. 후자와 같은 특권층들의 삶의 태도를 이른바 '노블레스 오블리주'(Noblesse oblige)라 부른다.[46]

맹자가 살았던 춘추전국시대는 주나라의 봉건적 정치체제의 혼란으로부터 왔다. 도덕적 본성보다는 식색지성의 노예가 되어 서로 이익을 다투는 개인들에게도 책임이 있지만, 그보다는 제후를 비롯한 정치적 리더들의 정의롭지 못한 정치와 이욕의 이전투구가 정치적 혼란과 사회악을 낳았다고 보아야 한다. 한마디로, 맹자는 "정치가 사람을 죽음으로 몰고 있다"고 진단하고 있다.

> 양혜왕이 이르길 "과인이 편안히 가르침을 받들고자 합니다." 맹자가 대답하여 물었다: "사람을 죽임에 몽둥이로 죽이는 것과 칼로 죽이는 것에 차이가 있습니까?" 대답했다: "차이가 없습니다." 다시 물었다: "칼로 죽이는 것과 정치로 죽이는 것에 차이가 있습니까?" 대답했다: "없습니다." 다시 말했다: "부엌에는 살찐 고기가 있고 마구간에는 살찐 말이 있는데도, 백성들에게 굶주린 기색이 있고 들에는 굶어죽은 시체가 있다면, 이것은

---

[46] '노블레스 오블리주'(프랑스어: Noblesse oblige, IPA: /nɔblɛs ɔbliʒ/)란 프랑스어로 "귀족성은 의무를 갖는다"를 의미한다. 보통 부와 권력, 명성은 사회에 대한 책임과 함께 해야 한다는 의미로 쓰인다. 즉, 노블레스 오블리주는 사회지도층에게 사회에 대한 책임이나 국민의 의무를 모범적으로 실천하는 높은 도덕성을 요구하는 단어이다. 하지만 이 말은 사회지도층이 국민의 의무를 실천하지 않는 문제를 비판하는 부정적인 의미로 쓰이기도 한다. 더 자세하게는 사회적 직위나 신분이 높은 사람이 실천해야하는 도덕적 의무를 뜻한다. 14세기 백년전쟁 당시 프랑스의 도시 '칼레'는 영국군에게 포위당한다. 칼레는 영국의 거센 공격을 막아내지만, 더 이상 원병을 기대할 수 없어 결국 항복을 하게 된다. 후에 영국 왕 에드워드 3세에게 자비를 구하는 칼레시의 항복 사절단이 파견된다. 그러나 점령자는 "모든 시민의 생명을 보장하는 조건으로 누군가가 그동안의 반항에 대해 책임을 져야한다."며 "이 도시의 대표 6명이 목을 매 처형 받아야 한다."고 말한다. 칼레시민들은 혼란에 처했고 누가 처형을 당해야 하는지를 논의했다. 모두가 머뭇거리는 상황에서 칼레시에서 가장 부자인 외스타슈 드 생 피에르(Eustache de St Pierre)가 처형을 자청하였고 이어서 시장, 상인, 법률가 등의 귀족들도 처형에 동참한다. 그들은 다음날 처형을 받기 위해 교수대에 모였다. 그러나 임신한 왕비의 간청을 들은 영국 왕 에드워드 3세는 죽음을 자청했던 시민 여섯 명의 희생정신에 감복하여 살려주게 된다. 이 이야기는 역사가에 의해 기록되고 높은 신분에 따른 도덕적 의무인 '노블레스 오블리주'의 상징이 된다.『위키백과』인용.

짐승을 몰아와서 사람을 잡아먹게 하는 것입니다. 짐승끼리도 서로 잡아먹는 것을 사람들은 싫어합니다. 백성의 부모가 되어 정치를 행함에 짐승을 몰아와 사람을 잡아먹게 함을 면치 못한다면, 어찌 그를 백성의 부모가 되었다고 하겠습니까?"梁惠王曰 寡人願安承教。孟子對曰 殺人以梃與刃, 有以異乎。曰 無以異也。以刃與政, 有以異乎。曰 無以異也。曰 庖有肥肉, 廐有肥馬, 民有飢色, 野有餓莩, 此率獸而食人也。獸相食, 且人惡之。爲民父母, 行政不免於率獸而食人。惡在其爲民父母也 。(梁惠王 上; 4)

춘추전국시대에 제자백가의 사상가들은 사회적 병의 진단과 처방을 철학적으로 사유했던 학자이면서 몸소 '노블레스 오블리주'를 실천하고자 했던 지배계층이고 사회지도층이라 할 수 있다. 맹자 또한 예외가 아니리라. 맹자 시대의 정치적 리더들로는 천자인 왕(王)을 비롯하여, 전국시대에 스스로 왕을 참칭했던 제후들인 공(公)·후(侯)·백(伯)·자(子)·남(男), 그리고 신하들인 경(卿)·대부(大夫)·사(士) 등이 있었다. 맹자는 이들에게 혹은 정치적 리더들의 후보자인 특권층에게 성인(聖人)을 본받고 군자(君子)나 대인(大人) 혹은 올곧은 '선비'(士)나 대장부(大丈夫)가 될 것을 촉구한다. 말하자면, 군자나 대인과 선비 등은 '노블레스 오블리주'로 무장된 사람들임을 뜻하는 것이겠다. 맹자는 신농주의(神農主義)를 주장하는 허행(許行)과의 논쟁을 벌이면서 정치적 리더의 후보들인 사회지도층에게는 맡겨진 특별한 사회적 역할이 따로 있으며 그만큼 도덕적 책무도 있음을 밝히고 있다. 먼저, 허행(許行)과 그 무리들이 어떤 자들인지 보자.

신농씨의 말을 하는 자가 있는데 허행이다. 그가 초나라에서 등나라로 가서 궁문을 밟고 등문공에게 말했다: "먼 지방 사람들에게 군주께서 인정을 베푼다는 소식을 듣고, 한 자락의 집터를 받고 백성이 되기를 원합니다." 문공이 거처할 곳을 주자, 그 무리 수십 사람이 갈옷을 입고 신을 두드려 삼고 방석을 짜면서 먹고 살았다. 진량의 무리인 진상과 그 아우 신이 함께 쟁기와 보습을 짊어지고 송나라에서 등나라로 가서 말했다: "군주께서 성인의 정치를 베푼다는 소식을 듣고, 이 또한 성인이니, 성인의 백성이 되기를 원합니다." 진상이 허행을 뵙고 매우 기뻐하면서 자기 배운 바를 버리고 그에게 배웠다. 진상이 맹자를 뵙고 허행의 말을 전하여 말했다: "등나라 군주라면 진실로 현명한 군주십니다. 비록 그러하나 아직 도에 대해서는 듣질 못했습니다. 현자는 백성들과 함께 경작하고 먹습니다. 아침과 저녁밥을 지으며 정치를 합니다. 지금 등나라에 창고와 부고가 있다면 이것은 백성들을 괴롭히고 자기를 봉양하는 것인바, 어찌 어질다고 하겠습니까?" 有爲神農之言者許行, 自楚之滕, 踵門而告文公曰 遠方之人聞君行仁政, 願受一廛而爲氓。文公與之處, 其徒數十人, 皆衣褐, 捆屨, 織席以爲食。陳良之徒陳相與其弟辛, 負耒耜而自宋之滕, 曰 聞君行聖人之政, 是亦聖人也, 願爲聖人氓。陳相見許行而大悅, 盡棄其學而學焉。陳相見孟子, 道許行之言曰 滕君, 則誠賢君也。雖然, 未聞道也。賢者與民並耕而食, 饔飧而治。今也滕有倉廩府庫, 則是厲民而以自養也, 惡得賢。(滕文公 上; 4)

신농은 삼황오제시대의 임금으로 염제(炎帝)를 말한다. 그는 인신우두(人身牛頭; 사람의 몸에 소의 머리)의 형상을 하고 태어났다고 전한다. 마차와 쟁기를 만들었으며 소를 길들이고 말에게 멍에를 씌웠다. 또한 백성들에게 불로써 토지를 깨끗하게 하는 법을 가르쳤다. 한마디로, 그는 생산과 경작기술 혁명을 이끈 성왕이라고 하겠다. 특히 허행 등이 신농에 주목한 것은 그가 직접 생산과 경작에 임하면서 선정을 베풀었다는 점이다. 허생 자신도 직접 생산에 임하면서 살아가는 학자였을 것이다. 진량과 진상 형제의 무리도 이러한 신농과 허행의 도를 추앙하여 기존에 배운 것까지 버리고 따르고자 한다.[47] 맹자는 등나라 문공에게 잠시 등용되어 정치를 하였고, 이 시기에 등문공은 왕도정치를 실험하였다. 허행과 진상의 무리가 등나라에 온 것도 이때인 것 같다. 등문공이 어진 정치를 실험하고 있었지만, 직접 백성들과 더불어 생산과 경작에 참여하지

---

[47] "(맹자가 말했다) 진량은 초나라 출신인데, 주공과 공자의 도를 좋아하여 북쪽으로 가서 나라 가운데에서 배웠다. 북쪽 지방의 학자들은 아마도 그를 앞설 수가 없었으니, 그를 이른바 호걸의 선비라고 하는 것이다. 당신의 형제가 수십 년 동안 섬겼는데, 스승이 죽자 드디어 배반하였다." (陳良, 楚産也。悅周公, 仲尼之道, 北學於中國。北方之學者, 未能或之先也。彼所謂豪傑之士也。子之兄弟事之數十年, 師死而遂倍之)。【滕文公 上 4】

는 않았다. 그래서 진상은 등문공이 현명할지는 모르나 진정한 의미의 어진 정치를 펴는 것이 아니라고 여기는 것이다. 맹자와 진상의 대화를 보자.

> 맹자가 말했다: "허행씨는 반드시 곡식을 파종한 후에 먹습니까?" 진상이 대답했다: "그렇습니다." (맹자가 다시 물었다) "허행씨는 반드시 베를 짠 이후에 입습니까?" (진상이) 대답했다: "아닙니다. 갈옷을 입습니다." (맹자가) 물었다: "허행씨는 관을 씁니까?" (진상이) 대답했다: "관을 씁니다." (맹자가) 물었다: "어떤 관을 씁니까?" (진상이) 대답했다: "흰 비단 관을 씁니다." (맹자가) 물었다: "스스로 짠 것입니까?" (진상이) 대답했다: "아닙니다. 곡식으로 교환합니다." (맹자가) 물었다: "허행씨는 왜 스스로 짜지 않습니까?" (진상이) 대답했다: "경작하는 것을 해치기 때문입니다." (맹자가) 물었다: "허행씨는 가마와 시루에 불을 때 밥을 짓고, 쇠로 된 쟁기로 밭을 갑니까?" (진상이) 대답했다: "그렇습니다." (맹자가) 물었다: "스스로 만든 것입니까?" (진상이) 대답했다: "아닙니다. 곡식으로 교환합니다." (맹자가 말했다) "(농부들이) 곡식을 가지고 생활도구로 바꾸는 것은 생활도구를 만드는 사람을 해치는 것이 되지 않고, 생활도구를 만드는 사람이 생활도구를 가지고 곡식으로 바꾸는 것이 어찌 농부를 해치는 것이 되겠는가? 또한 허행씨는 어찌하여 생활도구를 만드는 사람을 위하는가? 모두 자기 집에서 취하여 사용하는 것을 내려놓고 어찌 분분하게 백공과 교역을 하는 것인가?" (진성이) 대답했다: "백공의 일은 진실로 경작하면서 할 수가 없습니다." 孟子曰 許子必種粟而後食乎。曰 然。許子必織布而後衣乎 曰 否。許子衣褐。許子冠乎。曰 冠。奚冠。曰 冠素。曰 自織之與。曰 否。以粟易之。曰 許子奚為不自織 曰 害於耕。曰 許子以釜甑爨, 以鐵耕乎。曰 然。自為之與。曰 否。以粟易之。以粟易械器者, 不為厲陶冶, 陶冶亦以其械器易粟者, 豈為厲農夫哉。且許子何不為陶冶。舍皆取諸其宮中而用之, 何為紛紛然與百工交易, 何許子之不憚煩。曰 百工之事, 固不可耕且為也。(滕文公 上; 4)

허행은 직접 경작하고 생산하여 살아간다. 그러나 관과 옷을 비롯한 일상의 생활도구들은 직접 생산하지 않고 곡식으로 교환한다. 맹자는 이러한 허행의 삶에 대해 왜 그가 곡식 이외의 생활도구를 직접 생산하지 않는지 묻는다. 이에 대해 진상은 경작하는 데 방해가 되기 때문이라 답하고 있다. 이로보아, 허행의 도는 농업만은 누구나 직접 경작하고 생산해야 한다는 관점이다. 그렇다면 생활도구를 만드는 사람들도 그것을 가지고 곡식으로 교환하는 것은 잘못된 삶이다. 이에 대해서 진상은 말이 없다. 결국, 허행 사상의 핵심적 요지는 정치적 지배층들을 향한 것이겠다. 말하자면, 그의 관점에서 지배층들은 직접 생산에 관여하지 않고, 피지배층의 생산물을 착취하면서 살아가고 있는 바, 그것이 잘못이라는 관점이다. 그래서 그는 지배층도 직접 경작에 참여해야 한다고 여긴다.

과연 지배층은 놀고먹는 족속들인가? 천하를 다스리는 일을 경작하면서 할 수 있는 것인가? 맹자가 보기에 결코 그렇지 않다. 성왕들의 사적을 돌아보아도 그것은 증명된다.[48] 요(堯)임금 시대에는 초목이 우거져 밭을 일구지 못하고, 금수가 번식하여 사람을 해치고, 홍수가 범람하여 물을 제어할 수 없었다. 그래서 순(舜)과 익(益)은 불을 놓아 초목과 금수를 제어하고, 우(禹)는 홍수의 범람을 막기 위해 3년 동안이나 집밖에서 생활하면서 세 번이나 집 앞을 지나갔지만 들어가지 못할 정도였다. 이러한 상황에서 그들이 경작하고자 해도 할 수가 없었다. 또한 후직(后稷)도 백성들에게 농사짓는 법을 가르치고, 백성들이 금수에서 벗어나도록 인륜을 교육하는 데에 힘쓰느라 경작에 직접 참여할 여가가 없었다. 하나같이 이들은 천하가 다스려지지 못할까 노심초사하는 삶을 살았던 성인들이다. 그래서 맹자는 말한다.

(맹자가 말했다) "그러면 천하를 다스리는 것도 홀로 경작하면서 할 수가 있는 것인가? 대인의 일이 있고, 소인의 일이 있는 법입니다. 또한 한 사람의 몸에 백공이 하는 것을 갖추고 있어서 반드시 스스로 제작한 후에 사용한다면, 이것은 천하를 이끌어 길로 내보는 것입니다. 그러므로 말하길 '혹자는 마음을 수고롭고, 혹자는 힘을 수고롭다'고 하였습니다. 마음을 수고롭게 하는 자는 사람을 다스리고, 힘을 수고롭게 하는 자는 다스림을 받습니다. 다스림을 받는 자는 다스리는 자를 먹여 살리고, 다스리는 자는 다스림을 받는 자에게 얻어먹습니다. 이것이 천하에 통용

---

48) 「滕文公 上; 4」참조.

되는 의로움인 것입니다." 然則治天下獨可耕且爲與。有大人之事, 有小人之事。且一人之身, 而百工之所爲備。如必自爲而後用之, 是率天下而路也。故曰 '或勞心, 或勞力'。勞心者治人, 勞力者治於人, 治於人者食人, 治人者食於人 天下之通義也。(滕文公 上; 4)

농부가 농사를 짓고 백공이 백공의 일을 하듯이, 정치가와 지배층에게도 그의 일이 따로 있다. 대인의 일이 있고, 소인의 일이 있다. 마음이 수고로운 노심자(勞心者)와 몸이 수고로운 노력자(勞力者)가 따로 있어야 한다. 일종의 사회분업이고 자신이 맡은 바의 일에 최선을 다해야 한다는 역할윤리로 읽을 수 있다. 그래야 공동체가 원활하게 기능한다. 이것이 맹자의 관점이다. 그러나 진상은 이러한 맹자의 관점이 불공정한 거래를 낳고 부정의한 사회를 가져온다고 비판한다. 진상에 따르면, 마음의 수고로움은 측정할 수 없고 몸의 수고로움은 양(量)으로 계산가능하다. 따라서 허행의 도에 따라 계산 가능한 양에 따른 교환을 해야 공정할 수 있다고 주장하는 것이다. 그러나 맹자는 몸의 수고로운 생산결과물들도 질적인 차이가 나는 것이고, 단순히 양으로 계산한 등가 교환은 부당하다고 반격하고 있다.[49] 이처럼 노력자와 노심자가 하는 일도 등가적으로만 계산되는 것이 아니다.

결국 맹자와 허행 등 간에 논쟁의 초점은 지배층인 노심자의 자세와 역할에 있다고 볼 수 있다. 허행과 진상 등의 관점에서 당시의 지배층은 부당하게 놀고먹으며 이익이나 다투는 권력자들에 불과하다고 여겨졌기 때문이다. 이 점에 대해 맹자 또한 부정하지 않는다. 그럼에도 불구하고, 그는 노심자의 역할은 구분되어야 한다고 여긴다. 문제는 노심자들이 얼마나 마음이 수고로운 정치를 하고 특권층으로서의 도덕적 책무를 다해 줄 것이냐에 달렸다. 그래서 맹자는 정치적 리더들에게 패도(覇道)가 아니라 왕도(王道)의 정치를 주장하고, 사회지도층들에게 '노블레스 오블리주'로 무장된 성인을 본받고 군자나 대인이 될 것을 촉구한다.[50]

---

49) 「滕文公 上; 4」참조.
50) 노심자의 도덕적 책무에 관한 자세한 내용은 졸고, "맹자의 노심자(勞心者)의 도덕적 책무에 관한 연구", 『도덕윤리과교육』제56호(한국도덕윤리과교육학회, 2017. 8), 57~82쪽 참조.

2) 왕도정치의 이상과 실현방안

노심자(勞心者)는 지배층으로 백성들을 다스리고, 백성들인 노력자(勞力者)는 피지배층으로 지배층을 먹여 살린다. 그러나 노심자와 노력자는 서로 정치적 이해득실과 갈등으로 대립하는 지배와 피지배의 관계이기보다는 서로 돕고 서로 살리는 사회적 분업과 교환의 관계이어야 한다. 이들의 관계가 전자로 나아갈 때 세상은 어지러워지고 모두가 이익을 다투는 이전투구의 마당이 된다. 전국시대의 악은 이로부터 왔다.[51] 세상이 다스려지고 후자의 관계로 나아가기 위해서는 누구보다 군주를 비롯한 노심자들의 역할이 중요하다. 맹자의 시대는 왕이나 제후가 정치의 중심이 되는 왕조체제이기 때문이다. 공동선과 가치를 권위적으로 배분하는 기준인 조직과 제도와 법률이 있었지만, 아무래도 왕이나 제후가 어떤 철학을 가지고 정치를 이끌 것인가 하는 점이 백성들의 삶에 지대한 영향을 미칠 수밖에 없는 체제이다.

가. 힘에 의한 정치와 덕에 의한 정치

맹자에 의할 때, 삼왕(三王)의 정치[52]는 덕에 의한 정치의 전형이었고, 오패(五霸)의 정치[53]는 힘에 의한 정치의 전형이었다. 그러나 오늘날 제후들의 정

---

51) "孟子見梁惠王. 王曰:「叟不遠千里而來, 亦將有以利吾國乎? 孟子對曰:「王何必曰利? 亦有仁義而已矣. 王曰『何以利吾國』? 大夫曰『何以利吾家』? 士庶人曰『何以利吾身』? 上下交征利而國危矣. 萬乘之國弒其君者, 必千乘之家; 千乘之國弒其君者, 必百乘之家. 萬取千焉, 千取百焉, 不爲不多矣. 苟爲後義而先利, 不奪不饜."(梁惠王上: 1)

52) 삼왕은 삼대(三代)시대를 열었던 하나라의 우(禹), 은(상)나라의 탕(湯), 주나라의 무(武)왕을 말한다. 그러나 맹자는 공자가 무위이치(無爲而治)를 펼쳤다고 평가했던 요순(堯舜)의 정치를 포함하여 이들의 정치를 모두 왕도정치의 전형으로 보았다.

53) 오패(五霸)가 누구인지에 대해서는 이견이 있다. 『맹자집주』에서 주자는 두 사람의 견해를 제시한다. 조씨(趙氏)는 제(齊)환공, 진(晉)문공, 진(秦)목공, 송(宋)양공, 초(楚)장왕이라고 하였고, 정씨(丁氏)는 하(夏)의 곤오, 상(商)의 대팽(大彭)과 시위(豕韋), 주(周)의 제(齊)환공과 진(晉)문공이라 하였다. 대체로 춘추오패라하면 제 환공, 진 문공, 초 장왕, 오왕 합려, 월왕 구천으로 본다. 여하튼 오패의 정치는 이들이 펼쳤던 힘에 의한 정치를 뜻한다.

치는 삼왕은 물론이고 오패의 정치에도 못 미친다. 이러한 점을 평가하여, 맹자는 '오패는 삼왕의 죄인이고, 오늘날 제후들은 오패의 죄인이고, 오늘날 대부들은 제후들의 죄인이다.'라고 진단하고 있다.[54]

  삼왕의 정치도 오패의 정치도 백성을 위하는 정치를 한다. 차이는 뭘까?[55] 삼왕은 제후국을 거느린 천자였다. 천자인 왕은 기내(畿內) 백성들을 위한 정치를 하면서 제후국의 제후들도 위민정치를 하는지 순수(巡狩; 천자가 제후국을 방문하는 것)나 술직(述職; 제후가 천자에게 조회 오는 것)을 통하여 확인한다. 제후들이 위민정치를 잘하면 상을 내리고, 잘못하면 벌을 내린다. 특히 제후들은 정기적으로 천자를 조회하여 나라의 상황을 보고해야 한다. 그렇지 않을 경우 작위를 낮추거나 봉토를 줄이거나 군사를 통하여 주벌할 수 있다. 이처럼 삼왕의 정치에서는 위민정치를 함에 천자와 제후 간에 예가 있었고, 천자의 합당한 권위가 존중되었다. 오패의 정치는 천자의 권위가 무너지면서 나타났다. 유력한 제후국이 주변 제후국들을 힘으로 제압하고 천자의 권위까지 무너뜨렸다. 권위를 상실한 천자는 유력한 제후국의 제후를 '제후들의 수장'[方伯]으로 추인하고 그에게 천하의 경영을 의지할 수밖에 없었다. 바로 이러한 점 때문에, 맹자는 오패의 정치가 일정부분 위민정치를 했다고 하더라도 삼왕의 죄인이라고 여겼던 것이다.

  삼왕의 정치와 오패의 정치가 모두 위민정치를 했지만, 오패는 힘으로 인(仁)을 빌렸던 자들에 불과하고 삼왕은 덕으로 인(仁)을 행했던 자들이라는 것이 맹자의 관점이다. 인용을 보자.

> 맹자가 말했다: "힘으로 인(仁)을 빌린 자는 패자이니, 패자는 반드시 대국을 소유하려한다. 덕으로 인을 행하는 자는 왕자이니, 왕자는 대국을 기대하지 않는다. 탕임금은 70리로 했고, 문왕은 100리로도 했다. 힘으로 사람을 복종시키면 마음으로 복종하지 않으니, 힘이 부족하기 때문

---

54) 孟子曰 五霸者, 三王之罪人也, 今之諸侯, 五霸之罪人也, 今之大夫, 今之諸侯之罪人也。(告子 下; 7)
55) 「告子 下; 7」참조.

이다. 덕으로 사람을 복종시키면 마음속으로 기뻐하며 진실로 복종한다. 마치 70제자들이 공자에게 복종하는 것과 같다. 孟子曰 以力假仁者霸, 霸必有大國, 以德行仁者王, 王不待大。湯以七十里, 文王以百里。以力服人者, 非心服也, 力不贍也。以德服人者, 中心悅而誠服也, 如七十子之服孔子也。(公孫丑 上; 3)

패제후들은 위민정치를 하지만 힘으로 인을 빌린 자들일 뿐이다. 그들은 부국강병을 추구하고 주변제후국은 물론 백성들을 힘으로 복종시키면서 대국이 되고자 한다. 백성들을 위해 부국강병을 추구하니 기쁘기는 하지만, 힘으로 복종시키니 마음으로 복종하지는 않는다. 그러나 삼왕의 정치를 본받고자 하는 왕자들은 대국이 되려고 하지 않는다. 덕으로 인을 실현하는 정치를 함에는 나라 크기가 문제되지 않기 때문이다. 덕으로 백성들을 복종시키면 백성들도 마음으로 설복하고, 그들의 정치에 매우 만족해한다. 마음으로 복종하면 죽여도 왕자를 원망하지 않고, 이로움을 낳아도 그것을 자기의 공으로 여기지 않는다. 그야말로 왕과 백성이 한 몸이 되어 공동선을 추구한다.

오패의 정치가 패도(霸道)정치라면, 삼왕의 정치는 왕도(王道)정치이다. 패도를 실현했던 패제후(오패)들은 그들이 백성을 위하는 정치를 했다고 하더라도 가짜로 인(仁)을 빌린 자들일 뿐이고, 군신간의 의리[義]를 저버린 자들이다. 마음만 먹으면 할 수 있는 왕도를 하지 않고 패도의 길을 선택했던 그들은 인간의 본질을 외면하면서 존재의 나락으로 이끌었던 자들일 뿐이다. 이것이 맹자가 제환공을 패제후로 만들었던 법가의 선구자인 관중(管仲)과 대결할 수밖에 없었던 이유였다.

그런데 오늘날의 정치는 오패에도 못 미치는 정치로 사람을 죽이는 시대라고 맹자는 진단한다. 그의 시대에는 주나라 천자의 권위가 완전히 유명무실해졌지만 제후들이 그의 존재자체를 완전히 부정하지는 않았다. 이때까지만 해도 제후들은 천자가 되겠다는 꿈보다는 오패와 같은 패제후가 되고자 하였다. 그러나 그들은 오패가 오패가 될 수 있었던 사정과 맥락은 돌아보지 않은 채 개인적 영달만을 도모하려고 했다. 오패들은 현자들을 등용하여 국내정치를 안정시키는 한편, 실정을 저지르는 주변 제후국에 대해 천자를 대신하여 징벌한다는 명분을 가지고 정벌에 나섰다. 그러나 맹자는 이러한 오패의 정치조차도 힘으로 인(仁)을 빌린 자들이라고 평가한 바이다. 오늘날 제후들의 정치는 인을 빌린 자들도 아니고 오로지 사적인 이익과 영달만을 추구하고 있다. 정확히 이것은 정치도 아니다. 그래서 맹자는 오늘날의 제후들을 오패의 죄인이라 평가했다.

나. 왕도정치의 이상(理想)

맹자가 삼왕의 정치로부터 읽어낸 왕도정치의 이상은 무엇일까? 결론부터 말하면, 왕도정치는 '차마하지 못하는 정치'를 미루어 '차마하는 정치'로 나아가는 인의(仁義)의 정치, 여민동락(與民同樂)하는 민본주의정치, 군주와 현자가 더불어 다스리는 군신공치주의를 이상(理想)으로 삼는다.

맹자는 제후들을 만날 때마다 요순(堯舜)의 도를 말한다. 요순의 도는 삼왕이 정치를 펼쳤던 표본이기 때문이다. 이루의 눈밝음, 공유자의 기교, 사광의 총명함도 컴퍼스, 직각자, 수평기, 먹줄, 육률을 이길 수 없다. 후자의 표준적 도구들이 있기 때문에 전자들의 눈밝음과 기교와 총명함도 더욱 빛나는 것이다. 선한 마음, 훌륭한 법, 심지어 요순의 도라도 인의(仁義)에 표준을 두지 않으면 왕도의 정치가 행해질 수 없다.[56] 요순의 도가 왕도정치의 표본이 된 것은 바로 그들이 '차마하지 못하는 마음'(不忍之心)을 미루어 '차마하지 못하는 정치'(不忍之政)와 '차마하는 정치'(忍之政)인 인정(仁政)을 베풀었기 때문이다. '차마하지 못하는 마음'에 토대한 '차마하지 못하는 정치'가 왕도의 시작이라면, 그것을 미루어 '차마하는 바'(忍之政)에 도달하고 사람들이 '일삼지 않는 바'(所不爲)를 미루어 '일삼는 바'(所爲)까지 도달하면 인의의 왕도

---

56) 「離婁 上; 1~2」참조.

정치가 실현된다. 이것이 왕도정치의 이념이다.

> 맹자가 말했다: "사람은 모두 차마하지 못하는 마음을 가지고 있다. 선왕들도 차마하지 못하는 마음을 가지고 차마하지 못하는 정치를 행하였다. 차마하지 못하는 마음으로 차마하지 못하는 정치를 행하면 천하를 다스리는 것은 손바닥 위에서 움직일 수 있을 것이다." 孟子曰 人皆有不忍人之心。先王有不忍人之心, 斯有不忍人之政矣。以不忍人之心, 行不忍人之政, 治天下可運之掌上。(公孫丑 上; 6)

> 맹자가 말했다: "사람은 모두 차마하지 않는 바가 있는데, 차마하는 바에까지 통달하면 인이다. 사람은 모두 일삼지 않는 바가 있는데, 일삼는 바에까지 통달하면 의이다." 孟子曰 人皆有所不忍, 達之於其所忍, 仁也。人皆有所不爲, 達之於其所爲, 義也。(盡心 下; 31)

'차마하지 않는 것'(所不忍)에서 '차마하는 것'(所忍)에 도달해야 인(仁)이 실현되고, '일삼지 않는 것'(所不爲)에서 '일삼는 것'(所爲)에 도달해야 의(義)가 실현된다. 그러니까 '불인지정'과 '소불위'의 정치가 '어려운 처지에 놓인 사람을 가엾게 여기고 부끄러운 짓을 하지 말라'는 소극적 의무이고 그러한 의무를 실현하는 정치를 의미한다면, '인지정'과 '소위'의 정치는 '남을 돕고 선행을 실천하라'는 적극적 의무이고 모든 백성의 삶의 복지와 적극적 정의 실현을 위해 헌신하는 정치를 뜻하는 것으로 볼 수 있다. 이것이 맹자가 사회 지도층인 노심자(勞心者)들에게 요구했던 도덕이성이고, 위정자들에게 요구했던 왕도정치의 이념이라 여긴다. 결국, 왕도정치는 어려운 처지에 놓여있는 백성들의 삶을 구휼하는데서 나아가 궁극적으로 지치(至治)의 이상사회 건설을 위해 권력자들의 부단한 노력을 요구한다. 인용을 보자.

> 제선왕이 물었다: "왕정에 대해 얻어 들을 수 있겠습니까?" 맹자가 대답했다: "옛날에 문왕께서 기 땅을 다스릴 때 경작하는 자에게 9분의 1의 세금을 걷었고, 벼슬하는 자에게 대대로 작록을 주었고, 관문과 시장을

기찰하지만 세금을 징수하지 않았고, 고기 잡는 것을 금하지 않았고, 죄인을 벌하되 처자까지 미치지 않았습니다. 늙은이로 아내가 없는 것을 환(鰥)이라 부르고, 늙은이로 남편이 없는 것을 과(寡)라 부르고, 늙은이로 자식이 없는 것을 독(獨)이라 부르고, 어린이로 아버지가 없는 것을 고(孤)라 부른다. 이 네 사람들은 천하의 곤궁한 백성으로서 하소연할 곳이 없는 자들입니다. 문왕께서 정치를 펼치고 인(仁)을 베풀어 반드시 이 네 사람들을 우선하였습니다." 齊宣王問曰 王政可得聞與。對曰 昔者文王之治岐也, 耕者九一, 仕者世祿, 關市譏而不征, 澤梁無禁, 罪人不孥。老而無妻曰鰥。老而無夫曰寡。老而無子曰獨。幼而無父曰孤。此四者, 天下之窮民而無告者。文王發政施仁, 必先斯四者。(梁惠王 下; 5)

문왕이 펼쳤던 왕도정치는 공동선과 가치를 배분하는 공정한 제도의 운영에 두었지만, 무엇보다 사회적 약자들을 구휼하는 데서부터 인정(仁政)을 시작하였다. 예나 지금이나 늙은이로 아내가 없는 자(환鰥), 늙은이로 남편이 없는 자(과寡), 늙은이로 자식이 없는 자(독獨), 어린이로 부모가 없는 자(고孤)들은 천하의 곤궁한 백성들이고 하소연할 곳이 없는 자들이다. 인간은 죽어가는 금수에 대해서도 측은한 마음을 갖는다. 홀로된 늙은이도 부모 없는 어린아이도 그냥두면 생존능력을 잃고 죽을지 모른다. 이러한 사회적 약자들을 구휼하는 것은 자연스러운 측은지심의 발로일 것이다. 그러나 이것은 왕도정치를 시작하는 출발점이다. 이러한 '차마하지 못하는 정치'를 미루어 '차마하는 정치'로 나아가야 한다.

그런데 당시 권력자들은 자연스러운 측은지심을 백성들에까지 적용하여 인정(仁政)을 하지 않는다. 제후들이 왕도를 행하지 않은 것은 '하지 않는 것'이지 '할 수 없는 것'이 아니라고 맹자는 말한다.[57] 할 수 있는 것인데 하지 않는 것은 의도가 다른 데에 있기 때문이다. 개인적 욕망에 가려 백성들을 돌아

---

57) 曰 不爲者與不能者之形何以異。曰 挾太山以超北海, 語人曰'我不能', 是誠不能也。爲長者折枝, 語人曰'我不能', 是不爲也, 非不能也。故王之不王, 非挾太山以超北海之類也 王之不王, 是折枝之類也。(梁惠王 上; 7)

보지 않는 제후들이 많았던 시절이었다. 그러나 제후의 의도가 공공선과 백성의 복리에 있는데도 왕도를 하지 않고 있다면 그것은 의지가 나약하거나 방법을 모르기 때문일 것이다. 그래서 맹자는 대안을 제시한다. 여민동락(與民同樂)하는 정치가 그것이다.

사람들은 누구나 식색지성의 본능을 가지고 태어난다. 식색지성은 그 자체가 도덕적 악은 아니다. 그것은 제거의 대상이 아니라 조절의 대상이다. 문제는 합리적이지 못한 방법으로 자신의 이익만을 추구할 때 오는 것이다. 식색지성의 욕망을 혼자 독차지하려 하지 말고 타인과 더불어 즐기면 된다. 어떤 일도 즐거우면 하고 싶은 의지가 생기고, 더불어 즐기면 누구도 불만하지 않는다. 그래서 맹자는 제후들에게 백성들과 더불어 즐기는 '여민동락'의 정치를 제안한다.

> 제선왕이 설궁에서 맹자를 만났다. 왕이 말했다: "현자도 이러한 즐거움이 있습니까?" 맹자가 대답했다: "있습니다. 사람들은 (즐거움을) 얻지 못하면 윗사람을 비난합니다. 얻지 못한다고 윗사람을 비난하는 것은 그른 것입니다. 백성들의 윗사람이 되어서 백성들과 더불어 즐기지 않는 것도 그른 것입니다. 백성들의 즐거움을 즐기면 백성들 또한 즐거움을 즐깁니다. 백성들의 근심하는 것을 근심하면 백성들 또한 근심을 근심합니다. 천하로써 즐거워하고 천하로써 근심하면서 왕 노릇하지 못한 자는 있지 않습니다." 齊宣王見孟子於雪宮。王曰 賢者亦有此樂乎。孟子對曰 有。人不得, 則非其上矣。不得而非其上者, 非也 為民上而不與民同樂者, 亦非也。樂民之樂者, 民亦樂其樂 憂民之憂者, 民亦憂其憂。樂以天下, 憂以天下, 然而不王者, 未之有也。(梁惠王 下; 4)

영유(靈囿)와 영소(靈沼)와 영대(靈臺)가 갖추어진 정원이든, 사냥하는 동산의 크기든, 재물이든, 음악이든, 여색이든 그 무엇이라도 백성들과 더불어 즐기면 문제가 없다.[58] 이러한 것들은 인간이면 누구나 욕망할만한 것이다.

---

58) 「梁惠王 上; 2」「梁惠王 下; 1」「梁惠王 下; 2」「梁惠王 下; 5」 등을 참조.

왕이든 특정 개인이든 독차지하려 한데서 문제가 생긴다. 제후가 백성들이 즐거워하는 것을 즐기면 백성들 또한 즐김거리를 즐긴다. 백성들이 근심하는 것을 근심하면 백성들 또한 근심거리를 근심한다. 왕에서 백성까지 모두가 더불어 즐거워하고 더불어 근심할 수 있다면 그것이 곧 왕도정치의 실현에 다름이 아니다. 그야말로 여민동락의 정치는 민본주의에 바탕하는 정치이다.

그러나 인의의 정치이든, 여민동락의 정치이든 이러한 왕도의 이념이 현실에서 구현되기 위해서는 실제적인 정책이나 사업으로 구안되고 실천되어야 한다. 맹자가 제안하는 정책적 대안에 대해서는 뒤에서 보겠지만, 좋은 정책을 구안하고 추진하려면 왕이나 제후가 혼자서 할 수 없다. 그래서 그들을 보좌하는 신하들이 중요하다. 나라에는 누대에 걸쳐 국정에 기여해온 신하들이 있고 앞으로도 나라 살림을 꾸려갈 공직자들이기에 잘 대우해야 한다. 새로 들어오는 신하들도 있어야 하고, 인재 등용에 신중을 기해야 한다. 등용된 신하들은 적재적소에 배치하여 자신의 배운바와 소질을 발휘할 수 있도록 해야지 제후가 마음대로 배치해서는 안 된다. 인용을 보자.

맹자가 제선왕을 뵙고 말했다: "이른바 오래된 나라란 높게 자란 나무가 있음을 일컫는 것이 아니라 누대에 걸친 신하가 있음을 말하는 것입니다. 왕께서는 가까운 신하도 없습니다. 옛날에 등용했던 신하 중에 지금 도망한 자가 있음도 알지 못합니다." 왕이 대답했다: "내가 어찌 재질이 없음을 알아서 버리겠습니까?" 맹자가 말했다: "나라의 군주는 어진 이를 등용하되 부득이한 것처럼 해야 합니다. 장차 지위가 낮은 이로 하여금 높은 이를 넘게 하며, 소원한 자로 하여금 가까운 자를 넘게 하는 것이니, 신중하지 않을 수 있겠습니까? 좌우의 가까운 신하들이 모두 어질다고 말해도 불가하고, 모든 대부들이 어질다고 해도 불가하며, 나라 사람 모두가 어질다고 한 연후에 살펴보고 어짊을 발견한 연후에 등용해야 합니다. 좌우의 신하들이 불가하다고 말해도 듣지 말고, 모든 대부들이 불가하다고 말해도 듣지 말며, 나라사람 모두가 불가하다고 말한 연후에 살펴보고 불가함을 발견한 연후에 버리십시오. 좌우의 신하들이 죽일만하다 해도 듣지 말고, 모든 대부들이 죽일만하다 해도 듣지 말며, 나라사람 모두가 죽일만하다 한 연후에 살펴서 죽일만함을 발견한 연후에 죽이십시오. 그러므로 말하길 나라사람들이 그를 죽였다고 하는 것입니다. 이와 같이 한 연후에야 백성의 부모가 되었다고 할 수 있습니다." 孟子見齊宣王曰 所謂故國者, 非謂有喬木之謂也, 有世臣之謂也。王無親臣矣, 昔者所進, 今日不知其亡也。王曰 吾何以識其不才而舍之。曰 國君進賢, 如不得已, 將使卑踰尊, 疏踰戚, 可不愼與。左右皆曰賢, 未可也。諸大夫皆曰賢, 未可也。國人皆曰賢, 然後察之。見賢焉, 然後用之。左右皆曰不可, 勿聽。諸大夫皆曰不可, 勿聽。國人皆曰不可, 然後察之。見不可焉, 然後去之。左右皆曰可殺, 勿聽。諸大夫皆曰可殺, 勿聽。國人皆曰可殺, 然後察之。見可殺焉, 然後殺之。故曰, 國人殺之也。如此然後可以爲民父母。(梁惠王 下; 7)

제후가 인재 등용에 신중을 기해야 하지만 등용된 신하를 내칠 때도 마찬가지이다. 신하 또한 출처의리를 따지고 나아갈 때와 물러날 때를 알아야 한다. 물론 선비도 가난 때문에 어쩔 수 없이 벼슬에 나아가는 경우가 있다. 이러한 경우에는 말단한직에 근무를 자처해야 한다.[59] 제후의 백성 중에 신하 아닌 자가 없지만 제후라도 마음대로 부를 수 있는 신하가 있고, 그렇지 못하는 신하가 있다. 전자가 '시정(市井)의 신하'라면, 후자는 '초망(草莽)의 신하'이다. '시정의 신하'는 아마도 지배계급에 속한 자나 그의 자제들일 것이다. 그러나 '초망의 신하'는 아무 지위도 없는 서인이고 처사이다. 물론 시정의 신하 중에서도 현자가 존재할 수 있겠지만, 아무래도 덕있는 현자는 초망의 신하 중에 있다. 왕도정치의 이상을 실현하려면 바로 이러한 현자를 등용하는 것이 필요하다. 패제후들 조차도 그러한 현자를 모신다음에야 패제후가 될 수 있었다.

만장이 말했다: "감히 묻건대 제후를 알현하지 않는 것은 무슨 뜻입니까?" 맹자가 말했다: "나라 중에 있는 자를 시정(市井)의 신하라 부르고,

---

59) 「離婁 下; 3」「公孫丑 下; 5」「萬章 下; 5」 등을 참조.

들에 있는 자를 초망(草莽)의 신하라 부르니 모두 서인을 일컫는다. 서인은 폐백을 전하여 신하가 되지 않으면 감히 제후를 알현하지 않는 것이 예이다." 만장이 말했다: "서인은 불러서 부역을 시키면 가서 부역하고, 군주가 보고 싶어서 불렀으면 가서 알현하지 않는 것은 무슨 까닭입니까?" 맹자가 대답했다: "가서 부역하는 것은 의로움이지만, 가서 알현하는 것은 의로움이 아니다. 또한 군주가 보고 싶어 한다면 무슨 까닭이 겠는가?" 만장이 말했다: "그가 견문이 많고 어질기 때문입니다." 맹자가 말했다: "그가 견문이 많다면 천자도 스승을 부르지 않는데 하물며 제후이겠는가? 그가 어질다면, 나는 어진 이를 보고 싶어 부른다는 것을 들어보지 못하였다." 萬章曰 敢問不見諸侯, 何義也. 孟子曰 在國曰市井之臣, 在野曰草莽之臣, 皆謂庶人. 庶人不傳質爲臣, 不敢見於諸侯, 禮也. 萬章曰 庶人, 召之役, 則往役, 君欲見之, 召之, 則不往見之, 何也. 曰 往役, 義也, 往見, 不義也. 且君之欲見之也, 何爲也哉. 曰 爲其多聞也, 爲其賢也. 曰 爲其多聞也, 則天子不召師, 而況諸侯乎 爲其賢也, 則吾未聞欲見賢而召之也. (萬章 下; 7)

　탕왕은 이윤에게 배운 다음에 신하로 모셔서 왕도를 실현했고, 제환공은 관중에게 배운 다음에 신하로 삼아서 패도를 실현했다. 관중도 함부로 부르지 못했는데 감히 왕도를 실현할 현자를 부르고 신하로 삼을 수 있겠는가? 그래서 왕도를 더불어 실현할 현자는 신하이지만 신하가 아니다. 천하에서 존중받는 사람으로 세 경우가 있는데, '작위'와 '나이'와 '덕'이 그것이다. 작위가 존중받는 곳은 조정이고, 나이가 존중받는 곳은 향당이다. 덕이 존중받는 곳은 조정도 향당도 아니라 천하이다. 덕있는 사람만이 세상을 경영하고 백성들의 삶을 기를 수 있다.60) 그래서 덕있는 현자는 제후라도 신하로 부릴 수 없고 벗이 될 수도 없다. 작위로 치면 임금과 신하의 관계가 되겠지만, 덕으로 치면 오히려 제후가 섬겨야 할 스승이다. 그래서 제후라도 현자를 함부로 부를 수 없고 찾아가서 가르침을 받아야 한다. 또한 현자도 예우에 맞게 부르지

---

60) 天下有達尊三 爵一, 齒一, 德一. 朝廷莫如爵, 鄕黨莫如齒, 輔世長民莫如德. 惡得有其一, 以慢其二哉. (公孫丑 下; 2)

않으면 죽음에 이르더라도 나아가지 않았다.

결국 왕도의 실현을 꿈꾸는 임금과 현자의 관계는 작위와 권세에 상관없이 인의의 덕으로 세상을 함께 경영하는 공치(共治) 내지 협치(協治)의 관계이다. 이른바 '군신공치'(君臣共治)주의가 이것이다. 지치(至治)를 꿈꾸던 조선시대의 뜻있는 사림(士林)들도 맹자를 따라 이러한 군신공치주의를 강조했던 바이다.

다. 왕도의 이상을 실현하는 정책들

왕도정치의 이상은 '차마하지 못하는 정치'를 미루어 '차마하는 정치'로 나아가는 인의(仁義)의 정치, 여민동락(與民同樂)의 민본주의, 임금과 현자가 더불어 다스리는 군신공치주의로 요약된다. 이제 이러한 왕도의 이상을 실현하는 세부적인 정책들을 살펴보자. 먼저, 인용 하나를 보자.

> 맹자가 말했다: "제후에게 세 가지 보물은 토지와 백성과 정사이다. 주옥을 보물로 삼는 자는 재앙이 반드시 자신에게 미친다." 孟子曰 諸侯之寶三 土地, 人民, 政事。寶珠玉者, 殃必及身。(盡心 下; 28)

인용은 마치 국가의 3요소를 말하는 것 같다. 국가가 성립되려면 영토와 국민과 주권이 있어야 한다. 우리나라도 식민시대를 경험했듯이, 이 중 하나라도 빠지면 정상적인 국가라 할 수 없다. 그래서 제후든 대통령이든 한 나라의 수장은 이 세 가지를 보물처럼 여겨야 한다. 그렇지 않으면 재앙이 제후와 대통령 자신에게 미치고 망국으로 이어질 수도 있다. 한편으로, 인용에는 이러한 뜻도 있겠지만, 시대상황을 염두에 두고 해석해야 할 것이다. 정치는 공동선과 백성들의 복리를 위한 것이다. 당시에 백성들의 복리는 토지로부터 생산되어야 했다. 따라서 정치적 사업은 토지를 합리적으로 관리하여 생산물을 최대한 산출하고 백성들의 복리와 공동선에 기여하도록 하는데 초점을 두어야 할 것이다. 그러니까 왕도의 이상을 실현하는 세부적인 정책들은 이러한 기준에서 구안되고 추진되어야 한다.

맹자가 주장하는 정책은 크게 다섯 가지인 것 같다. 첫째, 바른 인재를 등용하라. 둘째, 항산(恒産)의 대책을 마련하라. 셋째, 분배와 조세정의를 달성하라. 넷째, 교육에 나서라. 다섯째, 부당한 전쟁을 거부하라. 이 중 첫째에 대해서는 앞에서 보았다. 나머지를 차례대로 살펴보기로 하자.

① 항산(恒産)의 대책을 마련하라

항산(恒産)이 없으면 항심(恒心)도 없다. 항산은 일정한 생업이다. 일정한 생업이 있어 먹고사는 문제가 해결되어야 늘 도덕적이고자 하는 마음인 '항심'도 생겨나기 마련이다. 군자나 선비라면 항산이 없더라도 항심을 유지할 수 있지만, 일반백성들은 그렇지 못하다. 항심이 없으면 방탕하고 간사하고 사치스러운 비도덕적 행동을 저지르게 되어 있다. 이렇게 죄에 빠지도록 해놓고서 쫓아가 형벌을 준다면 이것은 백성을 그물질하는 처사에 다름 아니다. 따라서 백성들에게 항산의 대책을 마련해주는 것이 매우 중요한 일이다. 관련 인용을 보자.

> 맹자가 대답했다: "항산(恒産)이 없으면서도 항심(恒心)을 가지는 것은 오직 선비라야 가능합니다. 백성들 같으면 항산이 없으면 그로 인해 항심도 없게 됩니다. 진실로 항심이 없으면 방탕하고 간사하고 사치스러운 행동을 하지 않을 수 없습니다. 죄에 빠지도록 해놓고서 쫓아가 형벌을 준다면 이것은 백성을 그물질하는 것입니다. 어찌 어진 사람이 왕위에 있으면서 백성들을 그물질할 수가 있겠습니까?" 曰 無恒産而有恒心者, 惟士爲能。若民, 則無恒産, 因無恒心。苟無恒心, 放辟, 邪侈, 無不爲已。及陷於罪, 然後從而刑之, 是罔民也。焉有仁人在位, 罔民而可爲也。(梁惠王 上; 7)

> 백성들이 살아가는 길에는 항산이 있어야 항심이 있고, 항산이 없으면 항심도 없습니다. 진실로 항심이 없으면 방벽과 사치를 하지 않음이 없

을 것입니다. 죄에 빠지는 데에 미치도록 한 연후에 쫓아가 형벌을 주면, 이것은 백성을 그물질하는 것입니다. 어찌 인자한 사람이 지위에 있으면서 백성들을 그물질하는 것을 할 수 있겠습니까? 民之爲道也, 有恆産者有恆心, 無恆産者無恆心。苟無恆心, 放辟邪侈, 無不爲已。及陷乎罪, 然後從而刑之, 是罔民也。焉有仁人在位, 罔民而可爲也。(滕文公 上; 3)

항산(恒産)의 생업은 기본적인 의식주에 필요한 농업과 잠업과 축산업 등이 될 수밖에 없다. 한 가구의 식구는 8명이 기준이고, 가구별로 100무(百畝)의 땅을 할양받아 농사를 짓는다. 이는 땅의 고른 분배를 위한 것이고, 조세법과도 관련되는 정전제(井田制)에 따른 것이다. 가구별 생산량은 의식주의 모든 면에서 산 자를 봉양하고 죽은 자를 장사지내는 데에 유감이 없을 정도는 되어야한다. 이것이 왕도의 시작이라고 맹자는 말하고 있다.[61]

② 분배와 조세정의를 달성하라

정전제(井田制)란 900무의 밭을 '우물 정(井)'자처럼 구획하여 가운데는 공전(公田)으로 삼고, 나머지는 8가구가 한 팀이 되어 각각 100무씩 할양받는다. 먼저, 공동으로 공전을 일구어 세금으로 내고, 나머지는 가구별로 각자 농사를 지어 가족을 부양한다. 뿐만 아니라 8가구의 한 팀은 좋은 일과 궂은 일을 함께 나누는 상호부조의 관계를 이룬다. 인용을 보자.

> (등문공이) 필전에게 정전제에 대해 물어보도록 하였다. 맹자가 대답했다: "당신네 군주께서 장차 인정을 행하고자 당신을 선택하여 일을 시킨 것이니, 당신께선 반드시 힘써야 할 것입니다. 무릇 인정이란 반드시 땅의 경계를 정하는 것으로부터 시작합니다. 땅의 경계가 바르지 않으면 정전이 고르지 않고 세금도 공평하지 못합니다. 그러므로 폭군과 탐관오리들은 땅의 경계를 정하는 데 게을리합니다. 땅의 경계가 바르

---

61) 「梁惠王 上; 3」「梁惠王 上; 7」 등을 참조.

게 되면 밭을 나누고 세금을 정하는 것은 가만히 앉아서도 정할 수 있습니다. 무릇 등나라의 땅은 협소하지만, 장차 군자가 될 사람도 있고 야인이 될 사람도 있습니다. 군자가 없으면 야인도 없고 야인이 없으면 군자도 기를 수 없습니다. 청컨대, 들에는 9분의 1의 조법을 쓰고, 국중에는 10분의 1로 하여 스스로 세금을 납부토록 하십시오. 경 이하는 반드시 규전을 소유하도록 하는 바, 규전은 50무입니다. 나머지 지아비들에게는 25무를 소유토록 합니다. 죽거나 이사하여도 고을을 떠나지 않도록 하며, 고을사람들은 정전을 공유하여 출입함에 서로 벗이 되어 망을 지킴에 서로 돕고 질병에 걸리면 서로 부조하며 의지토록 한다면 백성들이 친애하고 화목하게 될 것입니다. 사방 1리가 정전이니, 정전은 900무이고, 그 가운데가 공전이 됩니다. 8가구가 모두 사적으로 100무씩 소유합니다. 같이 공전을 경작하고, 공전의 일을 마친 연후에 감히 사적인 일을 하도록 하니, 야인들을 구별하는 방법입니다. 이것이 큰 대략의 방책입니다. 그것을 윤택하게 가꿀 것인지의 여부라면 군주와 당신께 달렸습니다." 使畢戰問井地。孟子曰 子之君將行仁政, 選擇而使子, 子必勉之。夫仁政, 必自經界始。經界不正, 井地不鈞, 穀祿不平。是故暴君汙吏必慢其經界。經界既正, 分田制祿可坐而定也。夫滕壤地褊小, 將爲君子焉, 將爲野人焉。無君子莫治野人, 無野人莫養君子。請野九一而助, 國中什一使自賦。卿以下必有圭田, 圭田五十畝。餘夫二十五畝。死徙無出鄕, 鄕田同井。出入相友, 守望相助, 疾病相扶持, 則百姓親睦。方里而井, 井九百畝, 其中爲公田。八家皆私百畝, 同養公田。公事畢, 然後敢治私事, 所以別野人也。此其大略也。若夫潤澤之, 則在君與子矣。(滕文公 上; 3)

왕도의 인정이란 반드시 땅의 경계를 정하는 것으로부터 시작한다. 땅의 경계가 바르지 않으면 정전이 고르지 않고 세금도 공평하지 못한다. 땅의 경계가 바르게 되면 공정하게 땅을 나누고 세금을 부과하기도 쉬운 일이다. 땅을 나누고 세금을 매기는 방법으로 정전제가 가장 이상적이지만, 모든 땅을 그렇게 구획할 수 없는 노릇이다. 땅의 생김새도 다르고 비옥도도 다를 수 있기 때문이다. 그래서 맹자는 평야의 땅에 대해서는 정전제에 따라 9분1의 세금을 부과하고, 경계가 고르지 못한 서울인근의 땅에 대해서는 10분1의 세금을 내게 하라고 권고하고 있다. 땅의 분배도 경대부 등에게는 우대하여 50무를 더해주고, 일반백성에게는 식구(성인)가 1명씩 늘어남에 따라 25무를 더해주라고 한다.

맹자는 정전제에 따른 토지분배와 조세법이 가장 이상적이라고 보았다. 그러나 땅의 분배와 조세법은 다른 방식도 있었다. 하나라는 50무를 주고 공법(貢法)을 실시하였고, 은나라는 70무를 주고 조법(助法)을 실시하였으며, 주나라는 100무를 주고 철법(撤法)을 실시하였다. 가구별 땅의 분배량은 나라마다 달랐지만, 조세법은 공법이든 조법이든 철법이든 대략 10분1의 세금을 부과하는 점에서 같았다. 맹자도 10분1의 조세법을 이상으로 여겼지만, 공법은 공전 없이 사전을 주어 풍년과 흉년에 상관없이 여러 해 동안 평균치를 잡아서 조세하는 것이었고, 조법은 공전을 두고 세금을 부과하는 것이어서 실제는 9분1의 조세법이었다.[62] 그래서 맹자는 경계가 고르지 못한 서울인근의 땅에 대해서는 10분1의 철법을 쓰고, 경계가 고른 평야에 대해서는 9분1의 조법을 사용하자는 것이었다.

한편, 맹자는 세금을 대폭 내려 20분1로 하자는 주장에 대해서도 반대하고 있다.[63] 세금은 적게 낼수록 백성의 입장에선 좋은 것이 아닐까? 가능하면 그렇게 하는 것이 좋겠지만, 과도하게 줄이는 것도 곤란하다. 20분의 1의 조세법은 오랑캐(맥나라)의 법이다. 맥나라에서는 기장만이 생산되고 국가적 의례도 모르는 오랑캐들이기 때문에 그 정도로도 가능할지 모르지만, 품격이 있는 천자의 나라에서는 성곽과 궁실도 관리되고 종묘와 사직의례도 지내야 한다. 이외에도 나라의 공동선을 위해 재용이 필요하고, 사회적 약자나 흉년

---

62) 夏后氏五十而貢, 殷人七十而助, 周人百畝而徹, 其實皆什一也。徹者, 徹也。助者, 藉也。龍子曰 '治地莫善於助, 莫不善於貢。貢者校數歲之中以爲常。樂歲, 粒米狼戾, 多取之而不爲虐, 則寡取之。凶年, 糞其田而不足, 則必取盈焉。爲民父母, 使民盻盻然, 將終歲勤動, 不得以養其父母, 又稱貸而益之。使老稚轉乎溝壑, 惡在其爲民父母也'。夫世祿, 滕固行之矣。詩云 '雨我公田, 遂及我私'。惟助爲有公田。由此觀之, 雖周亦助也。(滕文公 上; 3)

63)「告子 下; 10」참고.

을 대비해 구휼에 필요한 재용도 필요한 법이다. 세금은 오랑캐 나라처럼 너무 적어도 안 되고, 걸주(桀朱)처럼 너무 과도하게 거둬도 안 되는 것이다. 이것이 맹자의 관점이다.

③ 교육에 나서라

백성들에게 항산의 대책을 마련해 주고 분배와 조세정의를 실현했다면 그들로 하여금 항심을 갖도록 하는 최소 조건은 갖추어졌다. 그러나 이것은 왕도의 시작일 뿐이다. 왕도가 완성되려면 백성들의 교화가 중요하다. 한가한 농한기에는 장성한 자들이 효제충신의 덕을 익혀야 들어가서는 부형(父兄)을 섬기고, 나아가서는 어른들을 섬길 것이며, 나라에 충성을 다할 수 있다.[64] 나라에 인륜이 서지 않고는 왕도를 실현할 수 없는 법이다. 옛날에는 상·서·학·교(庠序學校)가 설치되어 백성들을 교육하였다. 그리고 가르침의 내용은 오륜(五倫)이었다.

> (맹자가 말했다) "상·서·학·교를 설치하여 교육하였습니다. 상(庠)은 봉양한다는 것이고, 교(校)는 가르친다는 뜻이며, 서(序)는 활쏘기를 배우는 것입니다. 하나라는 교라 하였고, 은나라는 서라 하였고, 주나라는 상이라 하였는데, 학(學)은 삼대가 공유하였고 모두 인륜을 밝히는 방법이었습니다. 인륜이 위에서부터 밝아지면 백성들이 아래에서 친애합니다. 왕 노릇하는 자가 일어나면 반드시 와서 법을 취할 것입니다. 이 법들은 왕 노릇하려는 자의 스승입니다." 設爲庠序學校, 以敎之。庠者, 養也。校者, 敎也。序者, 射也。夏曰校, 殷曰序, 周曰庠, 學則三代共之, 皆所以明人倫也。人倫明於上, 小民親於下。有王者起, 必來取法, 是爲王者師也。 (滕文公 上; 3)

(맹자가 말했다) "후직께서는 백성들에게 농사짓는 법을 가르쳐서 오곡

---

64) 「梁惠王 上; 5」참조.

을 기르도록 하였습니다. 오곡이 익어서 백성들이 양육되었습니다. 사람이 살아가는 길에는 배부르게 먹고 따듯하게 입고 편안하게 거처하면서 교육이 없으면 금수에 가깝게 됩니다. 성인께서는 이것을 걱정하여 계를 사도로 삼아서 인륜을 가르치게 하였으니, 부자유친, 군신유의, 부부유별, 장유유서, 붕우유신이 그것입니다. 방훈이 말하길 '위로 하고 오게 하며, 바로 잡아 주고 곧게 하며, 도와주고 북돋아주면서, 스스로 얻은 바가 있게 하고, 또한 좇아서 덕을 진작해 준다.'고 했는데, 성인이 백성을 걱정함이 이와 같은데 경작할 여가가 있겠습니까? 后稷教民稼穡。樹藝五穀、五穀熟而民人育。人之有道也, 飽食、煖衣、逸居而無教, 則近於禽獸。聖人有憂之, 使契為司徒, 教以人倫 父子有親, 君臣有義, 夫婦有別, 長幼有序, 朋友有信。放勳曰 '勞之來之, 匡之直之, 輔之翼之, 使自得之, 又從而振德之。' 聖人之憂民如此, 而暇耕乎。(滕文公 上; 4)

④ 부당한 전쟁을 거부하라

전국시대는 전쟁의 시대였다. 제후들은 기회만 된다면 부국강병을 이루고 패제후가 되고자 정벌전쟁을 벌였다. 앞서 맹자는 오패의 정치를 힘으로 인을 빌린 자들이라고 비판한 바 있다. 그들은 명분을 앞세우긴 했지만 정벌전쟁을 벌여 패제후가 된 자들이기 때문이다. 예나 지금이나 전쟁은 승자에게나 패자에게나 막대한 손해를 가져온다. 오패가 벌였던 정벌전쟁은 문란한 정치를 하는 주변 제후국을 천자를 대신하여 징벌한다는 명분이라도 있었다. 그러나 전국시대의 전쟁은 명분도 없거니와 전쟁의 규모도 이전과 대비될 수 없을 정도로 커서 엄청난 생명의 살상과 막대한 물질적 손실을 가져왔다. 이들이 벌이는 정벌전쟁은 부당한 전쟁일 뿐이다. 패제후가 되고자하는 제후들의 욕망에 부합하여 병법과 전쟁외교술을 제공하는 자들이 있었다. 손빈, 오기, 소진과 장의 등이 그들이다. 이들의 행태와 부당한 전쟁에 대하여 맹자는 강력히 반대하고 비판하고 있다. 인용을 보자.

맹자가 말했다: "염구가 계씨의 가신이 되어 그의 덕을 고칠 수가 없어 세금을 걷어 곡식이 다른 날보다 배가 되었다 공자가 말하길 '염구는 나

의 무리가 아니다. 제자들아 북을 울려서 그를 공격해도 좋다.'하였다. 이로 보건대, 군자가 인정을 베풀지 않으면서 부유해진다면 모두 공자에게 버림받을 자이다. 하물며 임금을 위해 억지로 전쟁을 벌여, 전쟁으로 땅을 다투어 죽은 사람이 들에 가득하고, 전쟁으로 성을 다투어 죽은 사람이 성에 가득하다면, 이것은 이른바 토지를 따라 사람고기를 먹는 것이라 할 수 있으니, 죄가 죽음에 이르더라도 용납되지 않을 것이다. 그러므로 전쟁을 잘하는 자는 극형을 받아야 하고, 제후를 합종하고 연횡하는 자가 다음의 형을 받아야 하고, 풀밭과 쑥밭을 개간하여 토지를 맡기는 자가 다음 형을 받아야 할 것이다." 孟子曰 求也爲季氏宰, 無能改於其德, 而賦粟倍他日. 孔子曰 '求非我徒也, 小子鳴鼓而攻之可也'. 由此觀之, 君不行仁政而富之, 皆棄於孔子者也. 況於爲之强戰, 爭地以戰, 殺人盈野. 爭城以戰, 殺人盈城. 此所謂率土地而食人肉, 罪不容於死. 故善戰者服上刑, 連諸侯者次之, 辟草萊·任土地者次之. (離婁 上; 14)

전국시대에는 부당한 전쟁으로 땅을 다투어 죽은 사람이 들에 가득하고, 전쟁으로 성을 다투어 죽은 사람이 성에 가득했다. 이것은 이른바 토지를 얻기 위해 사람고기를 먹는 것과 다르지 않다. 과연 춘추시대 이래 의로운 전쟁이 있었던가? 『춘추』에서 공자는 의로운 전쟁은 없다고 하였다. 제후국끼리는 정벌전쟁을 할 수 없는 것이 천하의 법칙이었다. 오로지 정벌은 위(천자)가 아래(제후)를 벌하는 주벌전쟁이 있을 뿐이었다.[65] 지극한 인(仁)으로 지극한 불인(不仁)을 징벌할 수 있을 뿐이다.[66] 인을 소유한 천자만이 징벌권을 가진 하늘의 관리였다.[67] 인(仁)을 해치는 자를 '적(賊)'이라 부르고 의(義)를 해치는 자를 '잔(殘)'이라 한다. 잔적(殘賊)의 사람은 필부일 뿐이다.[68] 탕왕과

---

65) 孟子曰 春秋無義戰. 彼善於此, 則有之矣. 征者上伐下也, 敵國不相征也. (盡心 下; 2)
66) 孟子曰 盡信書, 則不如無書. 吾於武成, 取二三策而已矣. 仁人無敵於天下. 以至仁伐至不仁, 而何其血之流杵也. (盡心 下; 3)
67) '孰可以伐之' 則將應之曰 '爲天吏, 則可以伐之'. (公孫丑 下; 8)
68) 齊宣王問曰 湯放桀, 武王伐紂, 有諸. 孟子對曰 於傳有之. 曰 臣弑其君可乎. 曰 賊仁者謂之賊, 賊義者謂之殘, 殘賊之人謂之一夫. 聞誅一夫紂矣, 未聞弑君也. (梁惠王 下; 8)

무왕은 군주가 아니라 필부인 걸(桀)과 주(朱)를 주벌했을 뿐이다. 천자가 잔적인 천자를 주벌도 하는데, 잔적인 제후를 주벌하는 것은 하늘이 내린 징벌권을 행사하는 것일 뿐이다. 또한 오패가 그랬던 것처럼, 백성들의 삶을 도탄에 빠뜨리는 잔적의 제후라면 도를 행하는 제후가 그를 정벌할 수도 있다.

전쟁을 하고 싶지 않은데 의지와 상관없이 다른 나라로부터 공격을 받을 수 있다. 이때는 불가피하게 방어전쟁에 나설 수밖에 없다. 만약 왕도를 행하고 있는 나라라면 온 백성이 죽음을 무릅쓰고 주변 제후국의 도움이 있을 것이라고 맹자는 말한다.[69] 방어전쟁에서 이기는 데는 하늘의 시절도, 땅의 이로움도 중요하지만 사람의 화합이 무엇보다 중요하다. 3리의 성과 7리의 곽에 불과한데도 이겼다면 이것은 하늘의 도움이다. 졌다면 성과 곽을 길고 높게 쌓을 수 있는 땅의 이로움을 활용하지 못한 탓이다. 그러나 성곽도 견고하고 병장기도 예리한데도 졌다면 이것은 사람의 화합에 문제가 있는 것이다. 사람의 화합을 얻는 길은 왕도를 행하는 것이다. 왕도를 하고 있는 나라라면 적군이 침입해 와도 백성들이 죽음으로 막을 것이고, 주변국들도 도움의 손길을 내밀 것이다.

3) 역성혁명

전국시대는 서로가 천하의 패권을 다투는 전쟁의 시대였다. 그러나 맹자는 왕도정치를 실현하는 제후가 결국 천하의 주인이 될 것이라고 예상하였다.[70] 그러나 맹자의 예상과는 달리 세상은 돌아가고 있었다. 천자의 징벌

---

69) 「公孫丑 下; 1」참조.
70) 「梁惠王 上; 6」참조.

권이 사라지고 패자의 정벌전쟁도 바람직하지 않다고 한다면, 문란한 정치를 펼치는 제후를 어떻게 할 것인가? 설득과 간언과 여론으로도 제후의 실정을 돌일 수 없다면 결국 그를 교체하는 방법밖에 없다. 맹자가 그렇게 생각했다.

> 맹자가 제선왕에게 말했다: "왕의 신하 중에 자기 처자를 친구에게 맡겨두고 초나라에 놀러간 자가 있다고 하십시다. 초나라에서 돌아와 보니 처자가 추위에 떨고 굶주렸다면 어떡하시겠습니까?" 왕이 대답했다: "친구를 끊어버리겠습니다." 맹자가 다시 물었다: "옥관이 송사를 다스릴 수 없다면 어떡하시겠습니까?" 왕이 대답했다: "그만두게 하겠습니다." 맹자가 다시 물었다: "사방 경계의 안이 다스려지지 않는다면 어떡하시겠습니까?" 왕이 좌우를 돌아보며 다른 말을 했다. 孟子謂齊宣王曰 王之臣有託其妻子於其友, 而之楚遊者。比其反也, 則凍餒其妻子, 則如之何。王曰 棄之。曰 士師不能治士, 則如之何。王曰 已之。曰 四境之內不治, 則如之何。王顧左右而言他。(梁惠王 下; 6)

신의 없는 친구는 관계를 끊으면 된다. 신하인 관리가 제 역할을 못하거나 부당한 짓을 한다면 임면권을 가진 왕이 그의 관직을 박탈하면 된다. 그렇다면 실정을 저지르는 왕은 누가 교체하는가? 하늘이 바꾸고 백성들이 바꾼다. 백성들이 왕을 바꾸는 데는 두 경우가 있다. 인용을 보자.

> 맹자가 말했다: "백성이 귀하고, 사직은 다음이고, 임금은 가볍다. 이러므로 들판의 백성들의 마음을 얻은 자는 천자가 되고, 천자의 마음을 얻은 자는 제후가 되고, 제후의 마음을 얻은 자는 대부가 된다. 제후가 사직을 위태롭게 하면 바꾼다. 희생이 이미 이루어지고 제물성찬이 이미 정결하게 하여 제사를 때에 맞춰한다. 그럼에도 가뭄이 오고 홍수가 넘치면 사직을 바꾸는 것이다." 孟子曰 民爲貴, 社稷次之, 君爲輕。是故得乎丘民而爲天子, 得乎天子爲諸侯, 得乎諸侯爲大夫。諸侯危社稷, 則變置。犧牲既成, 粢盛既潔, 祭祀以時, 然而旱乾水溢, 則變置社稷。(盡心 下; 14)

백성이 귀하고 사직은 다음이고 임금은 가볍다. 그러니까 백성이 사직을 바꿀 수도 있고 임금을 바꿀 수도 있다. '임금을 바꾸는 경우'와 '사직을 바꾸는 경우'가 어떻게 다른가? 현대적으로 해석하여, 전자가 '정부교체'라면, 후자는 '정권교체'에 해당됨직하다. 결코 자의적인 해석이 아니다. 인용을 보자.

> 제선왕이 경에 대해 물었다. 맹자가 말했다: "왕께서는 어떤 경에 대한 질문입니까?" 왕이 말했다: "경은 다 같지 않습니까?" 맹자가 대답했다: "같지 않습니다. 존귀한 친척인 경이 있고, 다른 성을 가진 경이 있습니다." 왕이 말했다: "청컨대 존귀한 친척인 경에 대해 묻습니다." 맹자가 대답했다: "임금에게 큰 과오가 있으면 간언하고, 그것을 반복하여도 듣지 않으면 임금을 바꿉니다." 왕이 발끈 안색을 바꾸었다. 맹자가 말했다: "왕께서는 이상하게 여기지 마십시오. 왕께서 신하에게 질문하면 신하는 감히 바르게 대답하지 않을 수 없습니다." 왕의 안색이 안정되었다. 그런 연후에 청하여 다른 성의 경에 대해 물었다. 맹자가 대답했다: "임금에게 과오가 있으면 간언하고, 그것을 반복하여 듣지 않으면 떠나 버립니다." 齊宣王問卿。孟子曰 王何卿之問也。王曰 卿不同乎。曰 不同。有貴戚之卿, 有異姓之卿。王曰 請問貴戚之卿。曰 君有大過則諫, 反覆之而不聽, 則易位。王勃然變乎色。曰 王勿異也。王問臣, 臣不敢不以正對。王色定, 然後請問異姓之卿。曰 君有過則諫, 反覆之而不聽, 則去。(萬章 下; 9)

> 공손추가 말했다: "이윤이 말하길 '나는 불순한 이에게 친압 할 수 없다.'고 하고, 태갑을 동 땅에 추방하자 백성들이 크게 기뻐하였다. 태갑이 어질어짐에 다시 돌아오게 하자 백성들이 크게 기뻐하였다. 어진 자가 남의 신하가 되어 그 임금이 어질지 않으면 진실로 추방해도 됩니까?" 맹자가 말했다: "이윤의 뜻이 있다면 가능하고, 이윤의 뜻이 없다면 찬탈인 것이다." 公孫丑曰 伊尹曰 '予不狎于不順'。放太甲于桐, 民大悅。太甲賢, 又反之, 民大悅。賢者之為人臣也, 其君不賢, 則固可放與。孟子曰

有伊尹之志, 則可, 無伊尹之志, 則簒也。(盡心 上; 31)

이때는 선거의 시대가 아니다. 백성들의 신망을 얻은 신하들에 의하여 정부교체든 정권교체든 이루어질 수밖에 없다. 경(卿)에는 친척인 '동성(同姓)의 경'이 있고, 친척이 아닌 '이성(異姓)의 경'이 있다. 이를 현대적으로 해석하면, '동성의 경'은 여당이고 '이성의 경'은 야당이라 할 수 있다. 여당인 '동성의 경'은 문란한 정치를 펼치는 왕에 대하여 간언하고 설득하다가 안 되면 왕의 교체를 시도한다. 이것이 여당 내에서의 정부교체이다. 그러나 야당인 '이성의 경'은 간언과 설득이 먹혀들지 않으면 떠나버린다. 그래서 그들은 사직을 바꾸는 정권교체를 도모한다. 이것이 이른바 '역성혁명'(易姓革命)이다. 이윤이 태갑을 추방한 것은 바로 사직을 바꾸는 '역성혁명'의 시도이다. 그러나 역성혁명은 이윤의 뜻이 있다면 가능하고, 이윤의 뜻이 없다면 그것은 정권찬탈이고 한갓 쿠데타일 뿐이다.

4. 정기물정(正己物正)의 교육학

인간은 도덕적 본성을 가지고 태어났지만 누구나 도덕적인 삶을 살진 않는다. 식색지성의 욕망에 대한 유혹 때문이다. 그래서 이익의 대립이나 도덕적 갈등도 생겨나고, 이를 제도적으로 통제하기 위하여 정치도 등장했다. 그러나 모든 가치갈등을 정치적으로 해결하는 것이 불가능할 뿐만 아니라 바람직한 것도 아니다. 맹자적인 뜻에서, 그것은 세계에서 차지하는 인간의 존재론적 위상을 떨어뜨리는 처사이기 때문이다. 인간은 자율적으로 가치를 선택하고 갈등을 해결할 수 있는 이성적이고 도덕적인 존재이다. 그러니까 문제에 대한 정치적 해결에 앞서 개인적이고 자율적인 해결이 우선이다. 자기수양과 교육이 중요한 이유이다.

공맹유학(孔孟儒學)이 수기치인(修己治人)의 학문임을 표방하는 것도 이러한 뜻이다. 공자는 '수기안인'(修己安人)이라 했고,[71] 맹자는 '정기물정'(正己物正)이라 했다.[72] 두 사상가의 용어는 비슷하면서도 조금 다른 함의를 가진 것 같다. 공자의 '수기'(修己)나 맹자의 '정기'(正己)나 모두 자기수양의 공부를 뜻한다. 자기수양을 바탕으로, '안인'(安人)은 '타인들을 편안하게 한다.'는 뜻이지만, '물정'(物正)은 '물자정'(物自正)의 뜻으로 '타인들이 스스로 바르게 된다.'는 것이다. 공자에게 있어 '안인'의 방법은 정치와 교육을 통해서이다. 그러니까 '수기안인'이란 자기수양을 이룬 사람들이 정치를 맡고 교육을 담당하여 피지배층이나 학생들을 이끌어서 편안한데 처하도록 한다는 뜻이겠다. 그러나 '정기물정'이란 자기수양을 이룬 사람들이 정치와 교육을 담당한다는 점에서 같지만, 그들이 피지배층이나 학생들을 이끈다기보다는 학

---

71) "子路問君子。子曰: "修己以敬。" 曰: "如斯而已乎?" 曰: "修己以安人。" 曰: "如斯而已乎?" 曰: "修己以安百姓。修己以安百姓, 堯、舜其猶病諸?"『論語』「憲問: 45」

72) 有大人者, 正己而物正者也。(盡心 上 19).『孟子集註』에서 朱子는 龜山楊氏의 견해를 빌어 "物正, 物自正也."라고 주해하고 있다.

생들이 모범을 따라 자율적으로 자기수양에 나선다는 뜻이 담겨있는 것으로 해석할 수 있다. 앞으로 보겠지만, 그만큼 맹자의 관점은 인간의 자치능력과 학습에 대한 능동성을 인정하는 철학으로 볼 수 있다.

　맹자는 왕도를 실현하는 정책적 대안으로 정치와 함께 교육에 대해 매우 중요시 여겼음을 보았다. 항산의 대책을 마련하는 것이 백성들로 하여금 비도덕적 행위를 하지 않도록 하면서 왕도실현에 다가서는 필요조건이라면, 교육은 도덕적 선을 적극적으로 실천하는 덕 있는 인간을 기르는 일이며 왕도실현의 충분조건에 해당하기 때문이다. 자기수양을 먼저 이루고 교육을 담당하는 자들이 누구인가? 그들은 군자(君子)이고 대인(大人)들이다. 교육은 군자들의 세 가지 즐거움 중의 하나이다.

> 맹자가 말했다: "군자에게 세 가지 즐거움이 있는데, 천하에 왕 노릇함은 여기에 들어있지 않다. 부모가 모두 생존하고 형제가 무고한 것이 첫 번째 즐거움이다. 위로 하늘에 부끄러움이 없고, 아래로 남에게 부끄러움이 없는 것이 두 번째 즐거움이다. 천하의 영재를 얻어 교육하는 것이 세 번째 즐거움이다. 군자에게 세 가지 즐거움이 있는데 천하에 왕 노릇하는 것은 여기에 들어있지 않다." 孟子曰 君子有三樂, 而王天下不與存焉。父母俱存, 兄弟無故, 一樂也。仰不愧於天, 俯不怍於人, 二樂也。得天下英才而敎育之, 三樂也。君子有三樂, 而王天下不與存焉。(盡心 上; 20)

　군자의 세 가지 즐거움은 첫째, 부모형제가 무고한 것, 둘째, 하늘과 인간에게 부끄러움이 없는 것, 셋째, 천하의 영재를 얻어 교육하는 것이다. 이 세 가지가 왕 노릇하는 것보다 즐거운 일이다. 부모가 생존하고 형제가 무고하도록 하는 것은 군자 자신의 수양으로만 전적으로 해결 가능한 일이 아닐 것이다. 하늘과 인간에게 부끄러움이 없도록 하는 것은 대체로 자기수양에 달렸다. 군자나 대인은 누구보다 자기수양에 철저하여 둘째의 즐거움을 얻은 자들이다. 이러한 그들이 세 번째 즐거움인 교육에 나선다면 백성과 학생들 또한 그들을 모범삼아 스스로 자기수양의 공부에 매진할 것이다.

그렇다면 공부와 교육의 목적과 목표, 내용과 방법은 무엇인가? 군자와 대인이 걸었던 자기수양의 공부론은 무엇이고, 백성과 학생들로 하여금 스스로 자기수양에 나서도록 안내하는 그들의 교육론은 무엇인가? 맹자의 교육철학을 탐색해 보자.[73]

1) 존심양성(存心養性)과 사단확충(四端擴充)

인간은 도의지성과 식색지성을 동시에 가지고 태어난 존재이다. 어린 시절에는 도의지성의 '본성'(性)과 식색지성의 '본능'(命)이 분리되지 않은 하나의 마음이었다. 그것이 이른바 어린아이의 마음인 '적자지심'(赤子之心)이다. 적자지심은 '욕구와 선(善)의 일치'를 지향하는 무위적 마음이다. 식색지성을 추구하든 도의지성을 추구하든 욕구가 실현되고 선이 실현될 수 있었다. 또한 그것은 배우지 않아도 실현될 수 있는 '양지양능'(良知良能)의 능력이었다.

그러나 이러한 적자지심은 어른의 세계로 진입하게 되는 순간부터 천진난만한 자발성을 상실하고 주객분리의 판단과 이욕의 때가 묻기 시작한다. 어른은 본성의 '양지양능'에 때가 끼기에 더 이상 세상을 있는 그대로 보질 못한다. 그래서 생명의 자연성을 넘어서는 욕심을 부리고 사심으로 세상을 재단하려 한다. 도의지성과 식색지성의 분리이다. 도의지성은 미약하고 식색지성은 강력하다. 이제 인간은 욕망하는 존재가 되었고, 군자나 대인처럼 반성적 능력으로 도의지성을 길러 적자지심을 회복해야 하는 존재로 되었다. 공부나 교육이 필요한 이유가 여기에 있다.

이론적으로 처음부터 적자지심을 잃지 않고 보존하면서 본성대로 살아가는 사람이 있을 수 있다. 맹자도 "요와 순 임금은 본성대로 살았고, 탕과 무

---

[73] 이하의 맹자의 교육철학 관련 논의는 강봉수, "맹자의 담이윤리아 가운저 도더반단론", 『동양도덕교육론』, 앞의 책, 180~209쪽에서 가져와 대폭 수정 보완한 것이다.

임금은 수양을 통해서 본성을 회복하였다."[74]고 언표하였다. 물론 맹자는 대인도 적자지심을 잃지 않는 자라고 하였다.[75] 그러나 이러한 맹자의 언표를 그대로 믿어서는 안 된다. 요순이든 탕무든 대인이든, 그들 또한 어른이었다는 점에서 도의지성과 식색지성의 분리를 경험하는 것은 불가피한 것이었다. 다만 요순이 자기수양의 큰 노고 없이 도의지성과 식색지성의 일치에 도달하였다면, 탕무나 대인은 지난한 자기수양을 통하여 적자지심을 회복한 자들이라고 보아야 한다.

그래서 회복된 적자지심은 원래의 적자지심과는 다르다. 회복된 적자지심은 원래의 적자지심처럼 도의지성과 식색지성의 완벽한 일치를 이루기가 불가능하다. 그것은 이론적으로나 가능한 일이다. 그렇다면 회복된 적자지심은 도덕률에 따라 욕망을 합리적으로 조절하는 마음이거나, 식색지성과 무관하게 도의지성에 따라 도덕적 행동을 하려는 마음이다. 성무선무악설(性無善無惡說)을 포기하는 대신 성선설(性善說)을 주장하는 맹자적 관점의 함의는 욕망의 합리적 조절을 넘어 식색지성과 무관하게 도의지성에 따라 행동할 수 있는 존재가 인간이라는 것이었다. 여하튼 자기수양을 통하여 적자지심을 회복하는 길은 식색지성을 줄이는 대신 도의지성을 기르는 것이다.

인간의 마음은 도의지성과 식색지성의 격전장이다. 인간은 도의지성에 따라 행동할 수도 있고 식색지성에 따라 행동할 수도 있는 자유의지의 존재이지만, 수양하지 않으면 늘 후자의 마음으로 휘둘릴 가능성이 크다. 이익의 이전투구가 벌어지는 욕망의 세계에서 도의지성의 힘은 너무나도 미약하기 때문이다. 인간은 인의(仁義)의 마음인 양심(良心)을 본성으로 가졌다. 외부적 환경과 외물을 쫓는 식색지성의 추구가 도덕적 본성인 양심의 발현을 막아버린다. 그만큼 도의지성의 양심은 미약하다. 양심을 잃어버리고, 잃어버림이

---

74) 孟子曰, 堯舜, 性者也. 湯武, 反之也. (盡心 下; 33)
75) 孟子曰 大人者, 不失其赤子之心者也. (離婁 下; 12)

오래되면 양심의 존재자체를 잊어버린다.[76] 그러나 인간이 다른 존재와 다른 점은 외적 환경의 힘에 맹목적으로 휘둘리거나 금수처럼 식색지성의 노예로만 살아가지 않는다는 점이다. 마음속에 내재한 양심을 부여잡고 양육할 수만 있다면 인간은 본성대로 살아갈 수 있는 존재이다. 인간은 식색지성의 노예로 살아갈 수도 있지만 식색지성의 욕망과 무관하게 순수한 도의지성에 따라 살아갈 수도 있는 자유의지의 존재이다. 모든 것은 마음먹기에 달렸다.

그런데 사람들은 잃어버린 마음을 다시 찾는 노력에 게으르다는 것이 맹자의 진단이다. 사람들은 닭이나 개를 잃어버리면 그것을 다시 찾으려하고, 무명손가락이 펴지지 않으면 그것을 치유하기 위해 용한 의사가 있는 곳이라면 먼 길도 마다하지 않는다. 그러나 정작 인의의 마음을 잃어버린 것에 대해서는 다시 찾으려하지 않으니 슬픈 일이다. 오동나무나 가래나무를 기르는 방법은 잘 알면서도 정작 몸과 마음을 수양하는 방법에 대해서는 잘 모른다. 생각이 깊지 못한 탓이고 학문할 줄을 모르는 처사이다.[77]

몸과 마음을 수양함에도 중요한 순서가 있고 차례가 있다. 소인이 되고 대인이 되는 갈림길도 여기에 있다. 사람의 몸에도 귀천이 있고 대소가 있다. 무명손가락보다 어깨와 등이 더 중요하고, 어깨나 등의 몸보다 마음이 더 중요하다. 작은 것으로 큰 것을 해치지 말고, 천한 것으로 귀한 것을 해치지 말아야 한다. 몸은 소체(小體)이고 마음은 대체(大體)이다. 몸의 소체는 생각 없이 외물의 욕망에 예민하다. 마음의 대체는 생각작용을 통하여 도덕적 본성을 발현하는 기능을 수행한다. 소체를 따르고 기르면 소인이 되고, 대체를 따르고 기르면 대인이 된다. 따라서 몸을 사랑하고 소체를 길러야 하겠지만, 이보다 마음을 더 소중히 하고 대체를 길러야 한다.[78]

---

76) 「告子 上; 7」「告子 上; 8」 등을 참조.
77) 「告子 上; 11」「告子 上; 12」「告子 上; 13」 등을 참조.
78) 맹자는 몸의 소체를 기르는 수신(修身)도 마음의 대체를 기르는 수양과 무관하지 않다고 여긴다. 대표적인 언표를 보자. 孟子曰 存乎人者, 莫良於眸子。眸子不能掩其惡。胸中正, 則眸子瞭焉, 胸中不正, 則眸子眊焉。聽其言也, 觀其眸子, 人焉廋哉。(離婁 上; 15)

결국 맹자가 말한 성선(性善)이란 선한 가치를 실현하는 능력이 인간의 마음 안에 내재해 있다는 것이지, 개인의 신상에 완전하게 표현되어 나오는 것이 아니다. 마음 안에 내재해 있는 도덕적 본성이란 말 그대로 사덕(四德)의 실마리(四端)일 뿐이다. 따라서 그것을 보존하고 길러내야 한다. 이른바 '존심양성'(存心養性)이 그것이다. 방법은 이미 경험적으로 확인된 사단의 마음을 확충하는 데에 있다. 인용을 보자.

> (맹자가 말했다) "측은한 마음은 인의 단서요, 부끄러워하는 마음은 의의 단서요, 사양하는 마음은 예의 단서요, 옳고 그름을 아는 마음은 지의 단서이다. 사람이 이 4가지 단서를 가지고 있다는 것은 마치 4체(손발)를 가지고 있는 것과 같다. 이 4가지 단서를 가지고 있으면서 스스로 불가능하다고 하는 것은 자신을 해치는 것이고, 임금이 불가능하다고 말하는 것은 임금을 해치는 것이다. 무릇 나에게 4가지 단서가 있다는 것, 그것을 알고 모두 넓히고 채울 수 있다는 것은 마치 불이 처음으로 타오른 것과 같고 물이 처음으로 나오는 것과 같다. 진실로 확충하면 족히 사해를 보존할 수 있고, 진실로 확충하지 못하면 족히 부모도 섬길 수 없다." 惻隱之心, 仁之端也 羞惡之心, 義之端也 辭讓之心, 禮之端也 是非之心, 智之端也。人之有是四端也, 猶其有四體也。有是四端而自謂不能者, 自賊者也 謂其君不能者, 賊其君也。凡有四端於我者, 知皆擴而充之矣, 若火之始然, 泉之始達。苟能充之, 足以保四海 苟不充之, 不足以事父母。(公孫丑 上; 6)

사단의 마음을 확충하고 발휘되지 못할 경우 인간의 본성은 외부의 세력, 동물적 본능과 물욕에 의해 악의 방향으로 나아가게 된다. 따라서 맹자의 수양공부와 교육은 본심(本心; 양심)을 보존하여 물욕을 조절하고, 나아가 사단을 어떻게 확충할 것이냐에 모아진다. 사단을 확충하는 공부를 통하여 비로소 사덕이 완성되고 덕 있는 사람이 되는 것이다. 하지 않을 뿐이지, 누구나 이렇게만 하면 요순처럼 될 수 있다는 것이 맹자의 관점이다.

2) 부동심(不動心)과 호연지기(浩然之氣)

마음을 보존하려면 식색지성으로 인해 흐트러지고 방만해진 마음을 부여잡으면서(구방심求放心), 물욕을 줄여가야 한다(과욕寡欲). 물욕을 줄이는 만큼 본성이 드러난다.

> 맹자가 말했다: "인은 사람의 마음이고, 의는 사람의 길이다. 그 길을 버리고 말미암지 않고, 그 마음을 잃어버리고 구할 줄 모르면 슬픈 일이다. 사람들은 닭과 개를 잃어버리면 그것을 구할 줄 알면서, 마음을 잃어버림이 있어도 구할 줄을 모른다. 학문을 하는 도는 다른 게 아니라 그 잃어버린 마음을 구하는 것일 뿐이다." 孟子曰 仁, 人心也。義, 人路也。舍其路而弗由, 放其心而不知求, 哀哉。人有雞犬放, 則知求之, 有放心, 而不知求。學問之道無他, 求其放心而已矣。(告子 上; 11)

> 맹자가 말했다: "마음을 수양함은 욕심을 줄이는 것보다 좋은 것이 없다. 그 사람됨이 과욕하면 비록 보존되지 못함이 있더라도 (보존되지 못한 것이) 적을 것이고, 그 사람됨이 욕심이 많으면 비록 보존함이 있더라도 (보존한 것이) 적을 것이다." 孟子曰 養心莫善於寡欲。其為人也寡欲, 雖有不存焉者, 寡矣。其為人也多欲, 雖有存焉者, 寡矣。(盡心 下; 35)

'구방심'과 '과욕'을 통하여 일단 어떤 물욕이나 유혹에도 흔들리지 않는 마음, 즉 부동심(不動心)의 경지에 도달하는 것이 중요하다. 이 경지를 넘어서야 본성의 빛이 물욕의 가림을 온전히 물리칠 수 있기 때문이다. 공자가 40세에 불혹(不惑)했듯이, 맹자 자신도 똑같이 40세에 부동심의 경지에 도달했다고 피력한다. 그런데 그는 인성론을 두고 논쟁을 벌였던 고자(告子)가 자신보다 더 먼저 그 경지에 올랐다고 평가한다.[79] 문제는 부동심의 경지에 이르는

---

[79] 公孫丑問曰大了加齊之卿相, 得行道焉, 雖由此霸王不異矣。如此, 則動心否乎。孟子曰否。我四十不動心。曰若是, 則夫子過孟賁遠矣。曰是不難, 告子先我不動心。曰不動心有道乎。曰有。(公孫丑 上; 2)

수양방법에 있다. 인성론 논쟁에 이어 비판의 초점은 고자가 도덕성[義]을 외재적인 것으로 여긴다는 점에 있다. 인용을 보자.

> 공손추가 물었다: "감히 선생님의 부동심(不動心)과 고자(告子)의 부동심에 대해 얻어 들을 수 있겠습니까?" 맹자가 대답했다: "고자가 말하기를 '말에서 얻지 못하면 마음에서 구하지 말라. 마음에서 얻지 못하면 기(氣)에서 구하지 말라.'고 했는데, '마음에서 얻지 못하면 기(氣)에서 구하지 말라'는 것은 가능하지만, '말에서 얻지 못하면 마음에서 구하지 말라'는 것은 불가하다. 무릇 '의지'(志)란 기(氣)의 장수요, 기란 몸을 채우고 있다. 무릇 의지가 지극하고 기(氣)는 그다음이다. 그러므로 말하길 '그 의지를 부여잡고 그 기를 해치지 말라.'했다. 말한 바처럼 '의지가 지극하고 기는 그다음'이고, '의지를 부여잡고 기를 해치지 말라'한 것은 무슨 뜻인가? 말하면 의지를 오로지 하면 기를 움직이고, 기를 오로지 하면 의지를 움직인다는 것이다. 지금 무릇 넘어지고 달리는 것은 기이고, 도리어 마음을 움직이게 한다." 공손추가 말했다: "감히 선생님은 무슨 장점이 있는지 묻습니다." 맹자가 대답했다: "나는 말을 알고, 나는 나의 호연지기(浩然之氣)를 잘 기른다." 공손추가 말했다: "감히 호연지기가 무엇인지를 묻습니다." 맹자가 대답했다: "말하기 어렵다. 그 기됨은 매우 크고 매우 강해서 정직으로서 기르고 해침이 없으면 천지 사이를 꽉 채우게 된다. 그 기됨은 의로움과 도와 짝하며, 이것이 없으면 굶주리게 된다. 이것은 의로움이 모아져서 생겨나는 것이지 의로움이 불현듯 엄습하여 얻어지는 것이 아니다. 행동하여 마음에 흡족하지 아니하면 굶주리게 된다. 그래서 나는 일찍이 고자(告子)가 의로움을 알지 못한다고 말한 것이다. 그것이 밖에 있다고 여기기 때문이다." 曰 敢問夫子之不動心, 與告子之不動心, 可得聞與。告子曰 '不得於言, 勿求於心 不得於心, 勿求於氣'。不得於心, 勿求於氣, 可。不得於言, 勿求於心, 不可。夫志, 氣之帥也 氣, 體之充也。夫志至焉, 氣次焉。故曰 '持其志, 無暴其氣'。旣曰 '志至焉, 氣次焉', 又曰 '持其志 無暴其氣'者, 何也。曰 志壹則動氣, 氣壹則動志也。今夫蹶者趨者, 是氣也, 而反動其心。敢問夫子惡乎長。曰 我知言, 我善養吾浩然之氣。敢問何謂浩然之氣。曰 難言也。

其爲氣也, 至大至剛, 以直養而無害, 則塞于天地之間。其爲氣也, 配義與
道 無是, 餒也。是集義所生者, 非義襲而取之也。行有不慊於心, 則餒矣。
我故曰, 告子未嘗知義, 以其外之也。(公孫丑 上; 2)

일단 인용에서, 고자가 '말에서 얻지 못하면 마음에서 구하지 말라. 마음에서 얻지 못하면 기(氣)에서 구하지 말라.'고 했는데, 이에 대해 맹자는 '마음에서 얻지 못하면 기(氣)에서 구하지 말라'는 것은 가능하지만, '말에서 얻지 못하면 마음에서 구하지 말라'는 것은 불가하다고 말하고 있다. 이러한 두 사람의 견해 차이는 무엇인가? 여기서 <말>과 <마음>과 <기>의 관계가 무엇인가? <말>은 <마음>상태가 밖으로 표현된 행위이고, <기>는 <마음>을 밖으로 표현해주는 추동력이라 볼 수 있다. <마음>은 식색으로 향할 수도 있고, 도리로 향할 수도 있다. 그래서 우리의 마음은 늘 식색지성과 도의지성의 격전장이다. <마음>이 어디로 향할 것인가를 결정하면 <기>는 <마음>의 결정을 <말>의 행위로 표현되도록 동력을 제공한다. <마음>의 결정이 없으면 <기>는 동력을 발휘하지 않는다. 이것이 '마음에서 얻지 못하면 기에서 구하지 말라'는 뜻이겠다. 그러나 <말>은 이미 <마음>의 결정을 <기>가 실현해 준 행위이기에 '말에서 얻지 못하면 마음에서 구하지 말라'는 것은 불가한 것이 된다. 이것이 맹자의 관점이다.

그런데 고자는 '말에서 얻지 못하면 마음에서 구하지 말라.'고 한다. 이것은 밖의 행위(말)가 마음 상태를 좌우한다는 뜻이다. 식색을 따르는 행동을 하다보면 마음 또한 그런 성격이 되고, 도리를 추구하는 행위를 하다보면 마음 또한 그런 성격이 된다는 것이다. 고자가 이러한 주장을 하는 것은 식색지성만이 본성이고 도덕성[義]은 밖으로부터 주어지는 것으로 보기 때문이다. 그래서 그는 도덕성은 밖으로부터 주입되고 사회화되어야 한다고 여긴다. 맹자는 이러한 고자의 관점이 잘못이라 여긴다. 이제 곧 보겠지만 교육학적으로 고자의 관점이 도덕적 사회화론이라면, 맹자의 관점은 자율적 도덕발달론이라 할 수 있다.

다음으로, <의지[志]>와 <기(氣)>의 관계는 무엇인가? <기>는 몸을 채우고 있으면서 혈맥을 추동하고 마음을 표현해주는 동력이다. 그런데 인용에서 맹자는 '의지란 기의 장수'이고, '의지가 지극하고 기는 그다음'이라 한다. 이것이 무슨 뜻인가? <마음>은 식색으로 향할 수도, 도리를 향할 수도 있다. 바로이 <마음>의 향방을 결정해주는 것이 <의지>인 것 같다. 그렇기 때문에 '의지가 기의 장수'인 것이다. 그런데 인용은 '의지를 오로지 하면 기를 움직이고, 기를 오로지 하면 의지를 움직인다.'고 한다. 이는 무슨 뜻인가? 전자의 뜻이 <의지>가 식색과 도리 간에 갈등하는 <마음>을 결정하고 선택하는 '자유의지'(free will)임을 선언하는 것이라면, 후자는 뒤따르는 인용의 '호연지기'(浩然之氣)와 관련되는 듯하다. 그러니까 '호연지기'를 잘 기르면 '자유의지'가 <마음>으로 하여금 늘 도리를 향하도록 결정할 수 있다는 뜻이다.

'호연지기'가 무엇인가? 호연(浩然)이란 물이 광대하게 흐르는 모습을 형용하는 것으로 마음이 활짝 열려서 모든 것이 명확해진 상태를 묘사한다. 인용에 의하면, 이 기(氣)는 지극히 크고 지극히 굳세며 '의로움'(義)의 도(道)와 짝함으로써만 키워진다. 그리고 의로움의 도와 짝하여 길러진 '호연지기'는 '의지'를 움직일 수 있다. 이것이 '기를 오로지 하면 의지를 움직인다.'는 뜻이다. 그러니까 '호연지기'를 잘 기르면 '자유의지'가 <마음>으로 하여금 식색이 아니라 도리를 향하도록 결정할 뿐만 아니라 <말>의 행위로 실천하게 하는 강한 내적 동력이 되는 것이다. 그리고 이 '호연지기'는 처음부터 내부에 함장하고 있었던 '의로움'이 축적되어 길러지는 내적 동력이고 자율적 도덕성이지, 밖으로부터 '의로움'이 엄습하여 길러내는 타율적 도덕성이 아니다. 그런데 고자는 '의로움'이 밖에 있다고 여기며 타율적으로 조장하여 길러지는 것이라 여긴다. 다음의 인용을 보자.

(맹자가 말했다) "반드시 (호연지기를 기르는) 일을 해야 하지만 효과를 미리 기약하지 말라. 마음에서 잊지도 말고 조장하지도 말아서 송나라처럼 해서는 안 될 것이다. 송나라 사람 중에 그 벼 싹이 자라지 않는 것을 민망히 여겨 그것을 뽑아 올린 자가 있었다. 아무 생각 없이 집으로 돌아와서 사람들에게 말하기를 '오늘 피곤하구나, 내가 벼 싹이 자라는 것을 도왔다.'하였다. 그 자식이 뛰어가서 보니 벼 싹이 시들어버렸

다. 천하에 벼 싹이 자라는 것을 돕지 않으려는 자는 드물다. 무익하다고 내버려 두는 자는 김매지 않는 자이고, 억지로 자라도록 하는 자는 싹을 뽑아 올리는 자이니, 한갓 무익할 뿐만 아니라 해치는 것이다." 必有事焉而勿正, 心勿忘, 勿助長也。無若宋人然。宋人有閔其苗之不長而揠之者, 芒芒然歸。謂其人曰 '今日病矣, 予助苗長矣'。其子趣而往視之, 苗則槁矣。天下之不助苗長者寡矣。以為無益而舍之者, 不耘苗者也 助之長者, 揠苗者也。非徒無益, 而又害之。(公孫丑 上; 2)

싹이 빨리 자라도록 돕는 조장(助長)의 개념은 훈련, 강제, 촉구의 개념과 같이 개인의 밖에서 이끌고 자극하는 의미와 상통한다. 조장, 훈련, 강제, 촉구의 개념은 인간의 자발성이나 의도를 거의 허용하지 않는다. 이것이 바로 고자의 도덕적 사회화론이고 주입식 교육이다. 맹자는 바로 이처럼 자발성이나 의도를 존중하지 않는 타율적이고 주입식의 교육을 반대한다. 외부에서 조장하는 것은 싹을 뽑아버리는 것과 같다. 그래서 맹자는 '호연지기'를 기르기 위해서는 마음에서 잊지도 말고 조장하지도 말 것을 종용하고 있다. 마음에서 잊어 그냥 내버려두는 것은 싹을 김매지 않는 방임적 처사와 같다. 그러나 싹을 뽑아 올리는 조장은 오히려 마음을 굶주리게 만들고 '선의지'(good will)로 향하고자 하는 내적 추동력을 약화시킬 뿐이다. 고자의 관점을 반대한 이유가 여기에 있다.

3) 정기이물정(正己而物正)의 교육학

맹자의 수양론을 교육학적으로 재구성해 보자. 인간은 도덕적 본성을 함장하고 태어났다. 그러나 덕 있는 사람이 되기 위해서는 천성의 마음을 보존하고 본성을 길러내야 한다(存心養性). 본성을 보존하고 기르기 위해서는 그것의 실마리인 사단(四端)을 확충해야 한다. 사단을 확충하기 위해서는 우선 식색지성으로 흐트러지고 방만해지기 쉬운 마음을 부여잡고(求放心), 욕망을 줄여야 한다(寡慾). 더 나아가 어떠한 욕망에도 흔들리지 않는 마음인 부동심(不動心)의 경지에 도달해야 한다. 부동심의 경지에 도달하여 항상 마음이 도리를 향하여 선의지를 발휘하게 하기 위해서는 '호연지기'를 길러야 한다. '호연지기'를 기르기 위해서는 방임(放任)해서도 안 되고 밖으로부터 조장(助長)해서도 안 된다. 방임도 조장도 하지 않으면서 '호연지기'를 기르는 길에 맹자적인 교육의 역할과 방법이 있다. 일단 교육의 역할은 이러한 수양공부의 과정에 교사가 간접적으로 관여하는 것이겠다. 이것이 이른바 '정기이물정'(正己而物正)의 교육론이다. '정기물정'의 교육을 이끌어가는 교사가 누구인가? 누구보다 먼저 자기수양을 마친 군자이고 대인이다. 인용을 보자.

> 맹자가 말했다: "임금을 섬기는 자가 있는데, 이 임금을 섬기면 용납되고 기뻐하게 하는 자이다. 사직은 편안히 하는 신하가 있는데, 사직을 편안히 하는 것을 기쁨으로 여기는 자이다. 하늘의 백성이 있는데, 천하에 행동할 만한 것에 통달한 이후에 행동하는 자이다. 대인이 있는데, 자기를 바르게 하자 사물이 바르게 되는 자이다." 孟子曰 有事君人者, 事是君則爲容悅者也。有安社稷臣者, 以安社稷爲悅者也。有天民者, 達可行於天下而後行之者也。有大人者, 正己而物正者也. (盡心 上; 19)

사회지도층 인사라고 누구나 교사는 아니다. 세상에 아첨하여 임금을 섬기며 영달을 추구하는 자도 있고, 사직을 보존하는 데 힘쓰지만 그것으로 자족하는 자도 있다. 세상을 광정할만한 도에 통달했지만 때가 아니면 나아가지 않고 처사적 삶을 고집하는 은자도 있다. 그러나 이들은 교사가 될 수 없다. 오직 대인(大人)만이 교사일 수 있다. 그는 바로 정기(正己)하고 물정(物正)하는 자이기 때문이다.

'정기이물정(正己而物正)'!! (교사)자신의 덕(德)을 닦고 나서 그 방법을 사물(事物; 학생)에 옮겨 행하는 것, 이것이 '정기(正己)하고 물정(物正)'하는 것이다. (교사)자신의 덕은 닦지 않고 단지 사물(학생)에만 선(善)하라고 하는 것은 정기(正己)도 않으면서 사물에만 선(善)을 강요하는 '정물(正物)'의 개념이다. 여기서 '물정(物正)'과 '정물(正物)'은 개념상 엄청난 차이가 있다. 주자(朱子)의 해석에 의할 때 '물정(物正)'은 '물자정(物自正)'으로써, 물(物)이 스스로 혹은 자연적으로 바르게 됨이다. 그러나 '정물(正物)'은 교사가 인위적으로 사물(학생)에 간섭하여 조작하는 개념이다. 자신의 덕을 닦지 않은 채 학생들에게만 일방적으로 정물(正物)하려는 교육이 '인독트리네이션'(indoctrination)이다. 그러나 꽃이 꽃되게 하고 사물(事物)이 사물되게 자연적 율동에 맡겨두는 태도가 '물정(物正)'의 개념이다. 그래서 조선의 유학자인 조광조도 '자신의 덕을 닦고 그 방법을 사물에 옮겨 행하면 사람들이 모두 '감화하여 자연스럽게 덕을 닦을 것이지만'(物正), '인위적으로 정물(正物)을 하려 한다면 아무리 실시한들 무슨 이익이 있겠는가.'라고 반문하고 있다.[80]

정물(正物)의 '인독트리네이션'과 물정(物正)의 '교육'는 교육학적으로 큰 차이가 있다. 정물(正物)은 교사가 자신의 덕은 닦지 않은 채 학생들에게 일방적으로 선(善)을 행하라고 강요하는 인위적 간섭과 조작의 개념이다. 그러나 물정(物正)은 선생이 먼저 덕을 닦고(正己) 모범을 보임으로써 학생들이 자율적·자발적으로 학습에 나서는 '침묵의 가르침'(묵화黙化)과도 같은 것이다. 물론 물정이 묵화라고 해서 그것이 학생들을 자유방임의 상태로 방치해두는 것으로 생각해서는 안 된다. 어디까지나 그것은 간섭과 조작의 인독트리네이션은 하지 않으면서, 간접적인 방법으로 학생들의 학습을 돕는 방식이라 읽어야 한다. 그런데 기성세대나 부모들은 자신의 정기를 하지 않으면서 남의 스승되기를 즐겨하는 병통이 있다고 맹자는 지적한다. 인용을 보자.

> 맹자가 말했다: "사람의 병통은 남의 스승되기를 좋아함에 있다." 孟子曰 人之患在好爲人師。(離婁 上; 23)

---

[80] 『중종실록』, 권31, 중종 13년 1월 정묘. "三代之治, 今可復致者, 雖不可易言, 豈全無致之之道乎. 自卜先養己德, 推之行事, 則人皆誠服, 不期化而自化矣. 若吾德不修, 而修飾於事爲之間, 則亦何益乎. 須敦厚其德, 使萬化自明德中流出, 則下民自然觀瞻所感, 有不能已者矣."

공손추가 물었다: "군자가 자식을 가르치지 않은 것은 무엇입니까?" 맹자가 대답했다: "힘이 행해지지 않기 때문이다. 가르침이란 반드시 올바름으로써 하고, 올바름으로 하여 행해지지 않으면 노함이 뒤따르고, 노함이 뒤따르면 아프게(평온함에 반대)된다. '아버지께서는 나를 올바름으로 가르치는데, 아버지는 올바름을 실천하지 않는다.'고 한다면, 이것은 아버지와 자식이 서로 상처 주는 것이다. 아버지와 자식이 서로 상처 준다면 나쁜 것이다. 옛날에 자식을 바꿔서 가르쳤다. 아버지와 자식 간에는 선을 책망하지 않으니, 선을 책망하면 사이가 멀어진다. 멀어지면 상서롭지 않음이 막대한 것이다." 公孫丑曰 君子之不敎子, 何也。孟子曰 勢不行也。敎者必以正 以正不行, 繼之以怒 繼之以怒, 則反夷矣。'夫子敎我以正, 夫子未出於正也'。則是父子相夷也。父子相夷, 則惡矣。古者易子而敎之。父子之間不責善。責善則離, 離則不祥莫大焉。(離婁 上; 18)

진정한 스승인 군자는 남의 스승되기를 자처하지 않으려했고, 자기자식을 가르치려고도 하지 않았다. 군자들은 서로 자식을 바꿔서 가르쳤다. 부자지간은 너무 친애하는 사이이기에 정에 이끌려 올바른 도로써 엄격히 대하지 못하고 자칫 실수할 수 있기 때문이다. 그러면 자신의 실수는 잊고 자식에게만 선을 책망하는 정물의 교육을 시도할 수도 있다. 그러한 교육은 부자지간의 사이를 멀어지게 할 뿐 교육적 효과를 얻을 수 없다. 교육은 정기하여 학생들이 스스로 물정의 학습에 나서도록 안내할 수 있는 자가 맡아야 한다.

'정기물정'의 교육이라 해서 교육과정이 없을 수는 없다. 교육의 목표가 설정되고, 목표를 달성하기 위해 교육내용도 선정되어야 한다. 그리고 선정된 교육내용을 어떻게 교수-학습할 것이냐 하는 방법도 필요하다. 군자와 대인도 앞선 스승들로부터 이러한 교육과정을 거치고 자기수양을 이룬 자들일 것임은 말할 필요도 없다. 먼저, 교육의 목표는 덕 있는 사람이 되는 것이다. 그것은 사단을 확충하면 된다고 하였다. 덕이란 각자의 재능이고 탁월성(artē)이다. 그러나 이것들은 기능적 탁월성일 뿐이다. 인간 일반이 갖추어야 할 탁월성으로서의 덕은 무엇인가? 말할 것도 없이 그것은 요약하여 인(仁)이고 풀어서 인의예지의 사덕(四德)을 갖추는 것이다. 사덕의 실마리인 도덕적 본성을 가지고 태어났지만, 그것을 확충하지 않으면 덕 있는 사람이 될 수 없다. 반구제기(反求諸己; 자기에게서 돌이켜 구하는)하는 수양공부가 필요하고 그것을 도울 수 있는 교육이 이루어져야 한다.

사단을 확충하여 덕을 터득한 사람은 전덕인 인(仁)에 토대하여, 도덕적 문제 사태를 파악하고[智], 직분과 관계에 걸맞은 덕목이나 합리적인 기준[義]을 설정하고, 나아가 그 기준에 따라 세부적인 규칙인 예(禮)를 입법하여 도덕적 실천을 할 수 있다. 따라서 덕 있는 사람이 되려면 인의의 윤리학으로 무장되어야 한다. 인의의 윤리학은 인의 사랑을 분배하는 의로움의 기준으로 친친(親親)의 원리를 중시 여겼다. 그러나 한편으로, 친친의 원리가 혈연과 사적인 이익에 갇히지 않도록 개체성과 공동체성 간의 긴장과 조화를 늘 저울질하는 이성적 노력과 중용의 도를 강조하였다. 이러한 인의의 윤리학이 교육내용을 구성한다. 아직 학생들은 마음 안에 내재한 도덕적 본성의 실체를 잘 모른다. 그들은 교사가 안내하는 인의의 윤리학을 이해함으로써 비로소 도덕적 본성의 실체를 자각하고 그것을 함양해 나갈 수 있다. 인용을 보자.

> 맹자가 말했다: "예(羿)가 사람에게 활쏘기를 가르침에 반드시 활을 가득히 당기는 것에 뜻을 두자, 배우는 자도 또한 반드시 활을 가득히 당기는 것에 뜻을 두었다. 큰 목수가 사람을 가르침에 반드시 규구로써 하니, 배우는 자도 또한 반드시 규구로써 한다." 孟子曰 羿之教人射, 必志於彀, 學者亦必志於彀。大匠誨人, 必以規矩 學者亦必以規矩。(告子 上; 20)

> 맹자가 말했다: "이루의 눈밝음과 공유자의 기교로도 규구(컴퍼스와 직각자)를 사용하지 않으면 네모와 원을 그릴 수가 없다. 사광의 총명함이라도 육률을 사용하지 않으면 오음을 바르게 할 수 없다. 요순의 도라도 인정을 사용하지 않으면 천하를 평안히 다스릴 수가 없다. 지금 어진 마음과 인자하다는 소문이 있으면서 백성들이 그 혜택을 입지 못하여 후세에 본받을 것이 없는 것은 선왕의 도를 행하지 않기 때문이다." 孟子

> 曰 離婁之明, 公輸子之巧, 不以規矩, 不能成方員。師曠之聰, 不以六律, 不能正五音。堯舜之道, 不以仁政, 不能平治天下。今有仁心仁聞而民不被其澤, 不可法於後世者, 不行先王之道也。(離婁 上; 1)

교사가 선정하여 제공하는 교육내용은 학생들에게 중요한 가르침의 길잡이가 될 수밖에 없다. 교사는 규구(規矩)나 육률처럼, 인의의 윤리학을 학생들에게 가르쳐야 한다. 그러나 그것은 어디까지나 직접적이기보다는 간접적인 방법에 의해서이다. 정물(正物)의 교육은 인독트리네이션이 될 가능성이 있고, 오히려 사덕의 실마리인 싹을 말라죽게 조장해버린다. 또한 학생들에게 인의의 윤리를 가르친다고 해서 그들이 수동적으로 그대로 받아들이는 것도 아니다. 학생들은 스스로 지식을 구성해 가는 능동적 존재이기 때문이다. 그래서 학생들로 하여금 스스로 자득(自得) 하도록 하는 것이 중요하다. 인용을 보자.

> 맹자가 말했다: "목수와 수레 만드는 이가 남에게 규구는 줄 수 있지만 남을 기교롭게 할 수는 없다." 孟子曰 梓匠輪輿能與人規矩, 不能使人巧。(盡心 下; 5)

> 맹자가 말했다: "군자가 깊이 나아가기를 도로써 하는 것은 스스로 얻고자 하는 것이다. 스스로 얻으면 거처함이 편안하고, 거처함이 편안하면 이용함이 깊고, 이용함이 깊으면 좌우에서 취하여 씀에 그 근원을 만나게 된다. 그러므로 군자는 스스로 자득하고자 하는 것이다. 孟子曰 君子深造之以道, 欲其自得之也。自得之, 則居之安, 居之安, 則資之深, 資之深, 則取之左右逢其原, 故君子欲其自得之也。(離婁 下; 14)

군자인 교사는 도덕적 본성에 토대한 인의의 윤리를 이미 자득한 자이고, 더 넓은 윤리의 지평을 자득해 나갈 수 있을 것이다. 그러나 이러한 자득의 학습 원리는 학생들에게도 중요한 것이다. 학생들이 이러한 원리에 따라 자득해 나가도록 이끌기 위해서 교사는 적절한 학습 환경을 제공해 주어야 하고, 학생들이 학습에 임하는 자세에 대해 조언할 수 있다. 인용을 보자.

맹자가 대불승에게 말했다: "당신은 당신의 왕께서 선해지기를 바랍니까? 내가 명확히 당신에게 말해주겠습니다. 여기에 어떤 초나라 대부가 있는데, 자식에게 제나라 말을 할 수 있도록 하려면 제나라 사람에게 가르치게 할 것입니까, 초나라 사람에게 가르치게 할 것입니까?" 대불승이 대답했다: "제나라 사람에게 가르치게 할 것입니다." 맹자가 말했다: "한 제나라 사람이 그를 가르치는데, 많은 초나라 사람이 그에게 떠들어대면 비록 매일 몽둥이질하면서 제나라 말을 하라고 하더라도 익힐 수가 없습니다. 그를 데려다가 제나라 저잣거리에 수년간 놓아두면 비록 매일 몽둥이질하면서 초나라 말을 하라고 하더라도 역시 할 수가 없을 것입니다." 孟子謂戴不勝曰 子欲子之王之善與, 我明告子。有楚大夫於此, 欲其子之齊語也, 則使齊人傅諸, 使楚人傅諸。曰 使齊人傅之。曰 一齊人傅之, 衆楚人咻之, 雖日撻而求其齊也, 不可得矣。引而置之莊嶽之間數年, 雖日撻而求其楚, 亦不可得矣。(滕文公 下; 6)

맹자가 말했다: "왕께서 지혜롭지 아니함에 의혹이 없구나. 비록 천하에 쉽게 자라나는 생물이라도 하루 동안 햇빛을 쬐고 열흘 동안 추위에 시달리면 능히 자라날 수가 없다. 내가 뵈온지 또한 드물고, 내가 물러나 추위에 시달림에 이르니, 내가 어찌 싹트게 할 수 있겠는가? 지금 무릇 바둑의 수를 둠에 작은 수라도 마음을 전일하고 뜻을 다하지 않으면 얻을 수가 없다. 혁추는 나라를 통틀어 바둑을 잘 두는 자이다. 혁추로 하여금 두 사람에게 바둑을 가르치되, 한 사람은 마음을 전일하고 뜻을 다하여 오직 혁추의 소리를 듣고, 한 사람은 비록 듣더라도 마음 한 편으로 기러기와 고니가 장차 이르면 활과 주살을 당겨 그것을 쏠 생각을 한다면 비록 더불어 배운다고 해도 같을 수가 없는 것이다. 이것은 그 지혜가 같지 않아서였겠는가? 그렇지 않다고 말할 수 있다." 孟子曰 無或乎王之不智也, 雖有天下易生之物也, 一日暴之, 十日寒之, 未有能生者也。吾見亦罕矣, 吾退而寒之者至矣, 吾如有萌焉何哉。今夫弈之爲數, 小數也, 不專心致志, 則不得也。弈秋, 通國之善弈者也。使弈秋誨二人弈, 其一人專心致志, 惟弈秋之爲聽。一人雖聽之, 一心以爲有鴻鵠將至, 思援弓繳而射之, 雖與之俱學, 弗若之矣。爲是其智弗若與, 曰非然也。(告子 上; 9)

초나라 학생들에게 제나라 말을 익히도록 하는 가장 좋은 방법은 그들을 제나라로 보내는 것이다. 아니면 그러한 학습 환경을 조성해 주어야 한다. 이러한 환경이 갖추어지지 않은 채 초나라에서 제나라 말을 몽둥이질을 해가며 가르치더라도 교육적 효과를 얻을 수 없다. 그리고 교사가 적절한 환경을 조성하고 가르치더라도 학생들이 학습에 임함에 있어 마음을 전일하게 하고 뜻을 다하지 않으면 또한 교육적 효과가 떨어질 수밖에 없다. 마치 이것은 훗날 주자학자들이 경(敬)의 원리를 말하는 것 같다. 경이란 각성된 의식으로써 주일무적(主一無適)하고 정제엄숙(整齊嚴肅)하는 것이기 때문이다. 물론 맹자는 이러한 의미의 경에 대해서 말한 적은 없다.[81]

한편, 교사가 학습 환경을 조성하고 학생들이 학습에 임하는 자세가 갖추어져 있더라도 학생들은 학습에서 곤란을 겪는 경우가 있을 수밖에 없다. 그런 경우 교사는 다양한 방법으로 적절한 교수전략을 발휘할 수 있어야 한다. 인용을 보자.

> 맹자가 말했다: "군자가 가르치는 방법은 다섯 가지이다. 때에 맞춰 비가 내려 변화시키듯 교화하는 경우가 있고, 덕을 이루게 하는 경우가 있고, 재질을 통달하게 하는 경우가 있고, 질문에 답하는 경우가 있고, 사사로이 선으로 다스리는 경우가 있다. 이 다섯 가지는 군자가 가르치는 방법이다." 孟子曰 君子之所以教者五 有如時雨化之者, 有成德者, 有達財者, 有答問者, 有私淑艾者。此五者, 君子之所以教也。(盡心 上; 40)

> 맹자가 말했다: "가르침에는 또한 방법이 많은데, 나는 달갑게 여기지 않는 가르침, 이것 또한 그를 가르치는 것일 뿐이다." 孟子曰 教亦多術矣, 予不屑之教誨也者, 是亦教誨之而已矣。(告子 下; 16)

---

[81] 공자나 맹자 등의 원시유학에서 대체로 경(敬)은 종교적 제례에서 경건한 자세를 갖추거나 인간관계에서 올바른 도리를 다한다는 의미로 사용했다. 이에 대한 자세한 고찰은 장승희, 『유교사상의 현재성과 윤리교육』(서울: 경인문화사, 2014), 266~274쪽 참조. 주자학적 의미의 경(敬)에 대한 고찰은 강봉수, 『성학십도와 한국철학 경연』(서울: 강현출판사, 2016) 참조.

교사가 가르치는 방법에는 5가지가 있다. 첫째, 제 때에 비를 내려 감화시키는 방법(有如時雨化之者), 둘째, 덕을 이루게 하는 방법(有成德者), 셋째, 재질에 통달하도록 하는 방법(有達財者), 넷째, 질문에 응답하는 방법(有答問者), 다섯째, 사사로이 선으로 다스리는 방법(有私淑艾者)이 그것이다. 한 마디로, 학생들의 흥미, 소질, 재능에 따라 가르침의 방법을 달리하는 것으로 볼 수 있다. 특히 '제 때에 비를 내려 감화시키는 가르침'은 학생들이 배움에 대한 갈망과 곤란을 강하게 느낄 때 마치 가뭄에 단비가 내리듯 정곡을 찌르는 가르침으로 교육적 효과를 거두는 것이다. '덕을 이루게 하고 재질에 통달하게 하는 가르침'은 학생들의 소질과 재능을 발견하고 북돋아주는 개별화 교수방법이다.[82] '질문에 응답하는 가르침'은 한마디로 대화와 토론식 수업을 뜻한다. 『논어』나 『맹자』라는 책은 그 자체가 대화와 토론식으로 편성된 교재라고 볼 수 있다. 【만장萬章】편에서 만장이 묻고 맹자가 대답하는 사제지간의 질의응답은 전형적 대화와 토론식 교수-학습의 실례를 보여주고 있다. '사사로이 선으로 이끄는 가르침'은 직접적이 아니라 간접적인 방식으로 학생들에게 생각거리를 던져주고 자득하게 하는 교수방법이라 할 수 있다.

이처럼, 교사의 가르침은 학생이 이미 갖추고 있는 덕의 단서, 내적 재능에 바탕을 두고 다양한 방법으로 시의적절한 교수-학습전략을 구사하는 것이다. 학생들의 자발성, 의도, 흥미와 같은 내적 조건을 고려하지 않은 가르침은 교육적 효과도 의미도 없다. 이것이 맹자의 관점이다. 때로 교사는 학생의 가르침에 대한 요구를 거절하는 극단적인 처방으로 가르침을 행할 수도 있다. 이것이 이른바 달갑지 않게 여기는 가르침, 즉 '불설교회'(不屑教誨)라는 것이다. '불설교회'는 '가르침 없는 가르침'으로써, 학생으로 하여금 교사가 왜 나를 가르쳐주기를 거부하는지 반성해보도록 촉구하는 것이다.

---

82) 주자는 덕을 이루게 했던 가르침의 예로 공자가 염백우와 민자건에게 했던 가르침을, 재질에 통달하게 했던 가르침의 예로 공자가 자로와 자공에게 했던 가르침을 들고 있다.

4) 맺음말

 맹자는 도덕성이 개인 내재적이라 보기 때문에 이 선함의 단서를 확충하면 된다(存心養性). 이 선의 단서를 확충하면 덕이 되는 것이다. 전덕으로서 인(仁)은 도덕의 제일원리로써 그것을 소유한 개인의 내적안목이다. 이 내적안목을 터득한 사람은 도덕원리에 입각하여 규범을 입법하고 집행할 수 있는 도덕주체가 될 수 있다.
 그런데 이 내적안목의 성숙은 전적으로 자신에게 달린 것이지 남이 가르쳐 준다고 해서 달성될 수 있는 것이 아니다. 이것을 가르칠 수 있다고 생각하는 것 자체가 지적 오만이고 자율성의 침해라고 생각된다. 굳이 가르칠 수 있다는 표현을 쓴다면 그것은 '전덕'이 있음을 이해시킬 수 있을 뿐이다. 따라서 교육의 객체인 학생들의 자율성을 존중하는 이러한 교육은 직접적이기 보다 간접적인 방법이다. 지적토론이 중시되고 비판적 사고능력의 함양을 위한 교수기법 등이 중시된다. 교과와 교사의 역할도 간접적이다. 교과는 지식을 전달하는 매체라기보다는 지적토론을 위한 자료일 뿐이다. 그리고 교사는 그 지적토론을 이끌어 가는 보조자의 역할에 국한된다. 이것이 이른바 맹자가 주장하는 '정기물정'의 교육학이다.
 맹자의 교육학은 현대적 의미의 자율적 도덕발달론과 다르지 않다고 본다. 그러나 맹자의 도덕교육론을 시공을 달리하는 콜버그류의 자율적 도덕발달론과 등치시켜 이해하는 것은 지나친 단순화의 오류를 가져올 수 있다. 콜버그류의 자율적 도덕발달론은 원리중심의 윤리에 토대하여 도덕적 이성의 계발을 중시한다. 맹자의 관점도 도덕적 이성의 계발을 중시하지만, 그가 말하는 이성은 엄격히 말해 감정과 분리된 이성이 아니라 감성에 토대한 이성 혹은 인지적 감성의 계발이다. 분열된 인격과 그에 토대한 교육은 근대 이후의 산물일 뿐이다. 따라서 맹자의 교육론은 발달지향의 인격교육 혹은 덕성교육론이라 해야 할 것이다.

제6장

노자의 철학사상

- 도(道)의 깨달음과 덕(德)의 실현 -

서론: 노자와 『도덕경』에 대하여

노자는 언제 태어나 죽었고, 대체 그는 누구인가? 그가 실제 『도덕경』을 쓴 것은 맞는가? 아직까지 이에 대한 정설은 없는 것 같다. 일반적으로 노자의 생존시기와 『도덕경』이 쓰여진 시기를 전국시대(戰國時代, BC 403~BC 221) 중기로 보는 것이 통설이다.[1] 그러나 이것은 정설이 아니라 통설일 뿐이기에 이에 대한 견해가 아직도 분분하다. 노자에 대한 현존하는 최초 기록은 사마천(司馬遷)의 『사기(史記)』「노자열전(老子列傳)」이다.[2] 여기에서 노자의 생몰과 관련한 기록을 보면 다음과 같다.

---

[1] 최진석, 『노자의 목소리로 듣는 도덕경』(서울: 소나무, 2001; 여기서는 2012), 13쪽.

[2] 사마천(司馬遷, BC.145~BC.86)이 쓴 『사기史記』는 고대에서 한무제漢武帝까지 기전체紀傳體(本紀, 表, 書, 世家, 列傳) 형식의 역사서이다. 본기는 제왕帝王의 역사이고, 세가는 제후諸侯의 역사이다. 그리고 열전은 공자제자를 비롯한 사상가들의 기록을 전하고 있는데, 노자에 대한 기록도 포함하고 있다. 공자와 노자에 대한 기록이 대비되는데, 공자는 「공자세가孔子世家」로 기록하여 그를 제후의 반열에 놓고 있는 반면, 노자에 대해서는 「노자열전(老子列傳)」으로 기록하고 있다는 점이다. 이는 한나라가 유교를 국교로 삼은 것과 무관하지 않아 보인다. 여하튼 사마천은 노자를 공자와 동시대인으로 보는듯하나 확정 짓지는 못하고 있다. 그러나 사마천이 『사기史記』를 쓴 때가 BC 91년이기에, 노자를 공자와 동시대인으로 보면 그 시간적 거리가 400년 정도가 된다. 따라서 「공자세가孔子世家」와「노자열전(老子列傳)」의 기록은 사실이기보다는 사마천에 의해 해석된 것이라 보아야 한다.

노자는 초(楚)나라 고현(苦縣) 여향(厲鄉) 곡인리(曲仁里) 사람이다. 성은 이(李), 이름은 이(耳), 자는 담(聃)이며, 주(周)나라 수장실(守藏室)의 사관이었다. 공자(孔子)가 주나라에 가서 노자에게 예(禮)를 물으니, 노자는 이렇게 대답했다. (중략) 어떤 사람은 "노래자(老萊子) 또한 초나라 사람으로, 15편의 책을 저술하여 도가(道家)의 운용을 논했고, 공자와 동시대 사람이다."라고 말한다. 대략 노자는 160여 세까지 살았다고 하며, 혹은 200여 세까지 살았다고 한다. 도를 닦아 목숨을 길렀기 때문이다. 공자가 죽은 지 129년 뒤에 사관은, 주나라의 태사(太史) 담(儋)이 진나라의 헌공(獻公)을 뵙고 이렇게 말하였다고 기록하고 있다. "처음에 진나라는 주나라와 합쳐졌지만, 합쳐진 지 500년 만에 분리되고, 분리된 지 70년 만에 패왕이 될 자가 나타날 것입니다." 어떤 사람은 "담이 곧 노자다"라고 하고, 또 어떤 사람은 "그렇지 않다"고 말하는데, 세상 사람들은 그런지 아닌지 알지 못한다. 노자는 숨은 군자(隱君子)다. 노자는 도덕(道德)을 닦았으나, 그 배움으로 자신의 이름을 드러내지 않고자(自隱無名) 했다. 오랫동안 주나라에 있었으나 주나라가 쇠해진 것을 보고 그곳을 떠났다. 관(關)땅에 이르자 관령(關令)인 윤희(尹喜)가 말하기를 "선생님께서는 지금 은둔하려 하시니, 억지로라도 우리를 위해 책을 써주십시오"라고 했다. 그래서 노자는 상·하 두 권의 책을 저술하여, 도덕의 뜻을 5000여 글자로 남기고 떠났는데, 어디로 갔는지 아무도 알지 못한다. 세상에서 노자를 배우는 자들은 유학을 배척하고, 유학 또한 노자를 배척한다. "도가 같지 않으면 서로 함께 할 수 없다"는 것은 이것을 말하는 것이 아닐까?[3]

인용에서 보면, 사마천은 노자를 공자(BC 552~BC 479)보다 선배이고 동시대를 살았던 사람으로 보는듯하다. 또한 명확하진 않지만 노자가 노담, 노래자, 태사담 등과 같은 인물일 가능성을 내비치고 있다. 또한 노자와 유가는 서로를 배척했다고 한다. 『장자莊子』『예기禮記』『여씨춘추呂氏春秋』 등

---

[3] 번역은 임헌규에게 빌려왔다. 임헌규, 『노자 도덕경 해설: 왕필본·백서본·죽간본의 비교분석』(서울: 철학과현실사, 2005), 13~14쪽. 이하 『사기』의 관련 기록에 대한 번역의 출처도 같다.

에도[4] 사마천의 관점과 비슷한 기록이 나오는데, 아마 사마천은 이러한 기록들을 참조하여 「노자열전(老子列傳)」을 썼을 것이다. 이러한 사마천의 기록에 따라, 노자는 공자의 선배이자 동시대인이고, 둘은 사상을 서로 달리했다고 보는 것이 전통적인 관점이었다.[5]

그러나 이러한 관점은 고증학의 발달에 따라 일찍부터 의문이 제기되어 왔다.[6] 노자가 실존인물이 아닐 가능성도 있으며, 설령 그가 실존인물이고 『도덕경』을 썼다하더라도, 공자와 『논어』보다 앞설 수 없다는 것이다. 이를테면, 풍우란(馮友蘭)은 고증학적 연구결과 외에도 문채와 논리학상의 "선결문제"를 들면서 노자의 『도덕경』은 『논어』와 『맹자』보다 후대여야 하고, 따라서 그것은 전국시대의 작품으로 봐야한다고 주장했다.[7] 이러한 관점은 1972년에 『도덕경』<백서본>이 발견되면서 더욱 굳어지는 듯했다. 그러나 1993년에는 <백서본>보다 더 전대인 <죽간본>이 발굴됨으로써 노자와 『도덕경』의 실체를 둘러싼 논란은 다시 점화되었다.[8]

<왕필본>은 삼국(오吳·촉한蜀漢·위魏)시대(220~280년)에 왕필(王弼,

---

4) 이 책들은 모두 전국시대 말엽이나 진한(秦漢)초기에 쓰여진 것들이다. 그러니까 이 시기까지는 노자가 공자보다 선배이고 동시대인으로 간주하였다고 볼 수 있다.

5) 고형(高亨), 호적(胡適) 등의 관점이 대표적이다. 高亨, 『老子正詁』(北京: 中華書局, 1959); 胡適, 『中國哲學史大綱』참조. 이들은 노자가 공자보다 20년 정도 선배이고, 이들은 최소한 1회 이상 만났다고 추정한다. 그리고 이들이 추정하는 노자의 생몰연대는 BC 722?~BC 425?, BC 580?~BC500? 등이다.

6) 최술(崔述, 1740~1816), 『수사고신록洙泗考信錄』; 왕중(汪中, 1744~1794), 『노자고이老子考異』; 양계초, 「호적의 <중국철학사대강> 서평」등; 여기서는 풍우란(박성규 옮김), 『중국철학사(상)』(서울: 까치, 2003), 273쪽.

7) 풍우란은 사마천이 노자를 전설속의 노담으로 오인하고 있다고 여긴다. 즉, 사마천은 노자의 이름을 이이(李珥), 자를 노담(老聃)이라 하였는데, 이이와 노담은 별개의 인물이라는 것이다. 이이는 전국시대 노자학의 영수인 실존인물이지만, 노담은 전설 속에 나타나는 고대의 달통한 진인이라는 게 풍우란의 관점이다. 풍우란, 위의 책, 274쪽. 『노자』에 맹자에 와서 구체화되는 인의예지(仁義禮智)가 언급되는 점도 『맹자』보다 뒤의 작품일 가능성을 암시하고 있다.

8) 여기서 검토하는 주요 판본은 <왕필본>, <백서본>, <죽간본>을 말한다. 이외에도 한나라 때에 쓰여진 <하상공본河相公本>, <장지상본張之象本> 등이 있고, 또한 아직 알려지지 않은 판본들도 산재할 가능성이 있다.

226~249년)이 쓴 『노자주老子注』를 말한다. 이것은 그동안 노자를 이해하는 저본이 되어온 통행본이다.

1972년, 중국 장서성 마왕퇴에 자리한 한나라 초기 묘에서 다량의 백서(帛書; 비단으로 된 책)가 출토되었는데, 여기서 두 종류의 노자사본이 발굴되었다. 이를 각각 <백서노자갑본帛書老子甲本>과 <백서노자을본乙本>이라 칭한다. 옛날에는 책을 쓸 때 왕의 이름인 글자를 사용하지 않았는데(피휘避諱라 칭함), <백서갑본>에서는 한고조(漢高祖) 유방(劉邦)의 이름인 방(邦)자를 피휘하지 않은 반면, <백서을본>은 피휘하였다. 이를 근거로 갑본은 유방의 출생(BC 247) 혹은 재위기간(BC 206~BC 195) 이전에, 을본은 재위기간에 필사된 것으로 추정하고 있다.[9] 그러나 내용에는 차이가 없다고 한다.

한편, 1993년에는 중국 호북성 형문시 곽점촌의 초나라 고분에서 800여 매의 죽간(竹簡: 대나무에 쓰여진 책)이 발굴되었는데, 이 중 71매가 노자에 대한 기록으로, 이것이 바로 <죽간본>이다. 곽점초묘에서 발견되었기 때문에 이를 <곽점초묘죽간본노자郭店楚墓竹簡本老子>라 부른다. 시기적으로 BC. 4세기 말엽(전국시대 중기 이전)의 것으로 추정되고 있다. 세 판본의 특징을 간략히 표로 정리하면 <표 7>과 같다.[10]

---

9) 두 판본은 글자체도 다르다. 갑본은 전서체(篆書體)와 예서체(隸書體)의 사이에 있던 소전체(小篆體)로 기록된 반면, 을본은 예서체로 기록되었다.

10) 세 판본의 특징 비교에 대한 간략한 고찰은 강봉수, 『무위적 세상보기의 도: 노자에게 길을 묻다』(제주: 도서출판 누리, 2014), 12~20쪽 참조.

<표 7> 『도덕경』 <죽간본>, <백서본>, <왕필본>의 특징 비교

죽간본	백서본	왕필본
• 1993년 호북성 형문시 곽점촌의 초나라 고분에서 발견(800여 매의 죽간 중에 71매)	• 1972년 장서성 마왕퇴의 한나라 초기묘에서 두 종류의 백서 발견(갑본甲本, 을본乙本으로 구분)	• 왕필 (王弼, 226~249) 이 쓴 『老子注』를 지칭함
• BC4말, 전국시대 중기이전의 것으로 추정되고 있음	• 갑본은 전국시대 중기이후에서 한고조인 유방(劉邦)이전, 을본은 유방이후인 한나라 초기의 것으로 추정됨.	• 삼국시대 (오·촉한·위, 220~280)
• 도덕경의 글자 수가 5,000인데, 죽간본에 남아있는 글자 수는 1,741자로 5분의 2정도의 분량 • 동궁지사(東宮之師)가 교육용으로 사용하기 위해 특정한 주제를 골라 필사하고 편집한 것이 아닌가 추정함. • 반유가(反儒家)적인 내용이 약함.	• 책의 명칭이 『德道篇』이고, 장의 배치순서도 다름 (38장-81장→1장-37장) • 야(也), 의(矣) 등의 허사(虛辭)가 많이 나타남 • 내용적으로 왕필본과 큰 차이가 없음. 그러나 왕필본이 가지는 애매한 부분을 해결하는 데 큰 도움을 줌	• 道德經 (1장-37장 → 38장-81장) • 지난 2000년 동안 인류가 읽고 이해해온 판본임

시간적 순서로 보면 <곽점죽간본(전국시대 중기이전)> → <백서본(전국시대 중기~한나라 초기)> → <왕필본(삼국 혹은 위진시대)>의 순서이다. 이 모두가 원본 『도덕경』을 필사한 것이 맞는다면 <죽간본>이 가장 노자의 원음에 가까운 것이라 할 수 있다. <죽간본>과 <백서본>의 가장 큰 차이는 <죽간본>에는 반유가적(反儒家的)인 관점이 약하다는 점이다. <백서본>과 <왕필본>의 차이는 책명, 장의 배치순서 등이지만 내용상의 차이는 거의 없다. 그렇다면 <백서본>이후의 판본은 유가에 대립의식을 지녔던 어떤 필사자에 의해 가필되고 첨삭된 것이라고 볼 수 있다.

<죽간본>이전의 원본 『도덕경』이 있었을 가능성이 있지만 아직 발견되지 않았다. 혹자는 원본 『도덕경』이 단일인물의 저작이고 그 저자가 노담이

고 노자라는 관점을 주장하지만[11], 나는 여기에 찬성하기가 망설여진다. 나는 원본『도덕경』이 단일저자에 의해 처음부터 완성본으로 존재했기보다는, <백서본>이 가필되고 첨삭되었듯이, <죽간본>이전의『도덕경』판본 혹은 또 발견될지 모르는 고대의 판본 등에 토대하여 여러 사람이 가필하고 첨삭하면서 <죽간본> → <하상공본> → <백서본> → <왕필본>의 체제로 완성되어온 것이 아닌가 하는 가설을 제기해 본다.

단적으로, 기세춘은 <죽간본>도 <백서본>도 모두 이름 없는 민중들의 집단 창작이라고 추정한다.[12] 그는 "그렇다면 그러한 민중의 구전을 기록한 사람은 누구일까? <죽간본>은 춘추시대 인물인 예(禮)에 밝은 노담(老聃)이 기록한 것이고, <백서본>의 기록자는 전국시대 사람으로 인예(仁禮)를 반대한 초나라 은사로서 15권의 책을 저술했다고 전해지는 노래자(老萊子)일 가능성이 높다. 노래자는 노담과는 달리 반인예(反仁禮)의 민중주의이기 때문이다. 물론 주나라 태사인 노담(老儋)일 가능성도 배제할 수 없다."고 주장한다.[13] 그러나 이러한 기세춘의 가설은 사마천이 기록한「노자열전」과, <죽간본>과 <백서본>의 내용차이에 주목하여 추론한 것이어서 맞다고 단정할 수 없는 노릇이다.

나의 가설은『도덕경』이 일거에 완성된 것이 아니라 고대부터 전국시대 말기까지 여러 사람의 가필과 첨삭을 거치면서 <백서본>으로 응축된 것이라는 관점이다. 이러한 나의 가설은 저자가 드러나지 않는『도덕경』의 서술방식, 즉 문체를 통해서도 엿볼 수 있다.『도덕경』은 시간표시가 드러나는 역사서도 아니고,『논어』처럼 주인공의 성격이 명확하게 드러나는 대화록도 아니다. 해설체의 문장이 다소 섞여 있기는 하지만 인물과 관련한 고유명사도, 시대와 관련된 시간표시도, 하다못해 어떤 한 개인의 호흡 소리조차도 없는, 철

---

11) 임헌규, 앞의 책, 502~503쪽.

12) 기세춘,『노자강의』(서울: 바이북스 2008), 30쪽.

13) 기세춘, 같은 책, 같은 쪽.

저히 개인이 배제된 책이다.[14]

　노자가 원본 『도덕경』을 썼는지, 노자가 대체 누구인지에 대한 진실을 알 도리는 없다. 아직까지 누구의 관점도 추정일 뿐이다. 그러나 분명한 사실은 『도덕경』이 <죽간본> → <백서본> → <왕필본> 등으로 가필·첨삭되어왔다는 것이고, 지난 2000여 년 동안 인류가 읽어온 『도덕경』은 전국시대 중기이후에 거의 현행 통행본과 같은 내용을 가진 <백서본>이라는 점이다.[15] 그리고 노자철학도 이 판본에 따라 이해해왔다는 사실이다. 따라서 훗날 <죽간본>이상의 완벽한 판본 혹은 원본 『도덕경』이 발견되지 않는 한, 선조들이 그래왔듯, 우리도 <백서본>과 <왕필본>을 가지고 노자철학을 이해할 수밖에 없다. 그러나 통설에 따라 나는 『도덕경』의 저자를 노자로 대표하여 부른다.

---

14) 물론 치밀하게 읽다보면, 오(吾)자나 아(我)자를 써서 나를 드러내는 몇 개의 기록이 있기는 하다. 70장, 67장이 대표적이다.

15) 기세춘은 "노자를 계승한 장자가 인용한 『노자』도 백서본이고, 전국시대 『한비자韓非子』 「해로편」에서 인용한 『노자』도 백서본이며, 전한(前漢)시대 유안(劉安, BC. 179?~122)이 편찬한 『회남자淮南子』 「도훈편」에서 인용한 『노자』도 백서본이며, 『사기』 「화식열전貨殖列傳」에서 인용한 『노자』도 백서본이다. 또한 위진시대의 왕필(王弼, 226~249)도 백서본을 원본으로 해설했다"고 주장한다. 기세춘, 앞의 책, 33쪽.

1. 노자의 세계관과 인성론

사마천의 기록과는 반대로, 혹시라도 노자가 공자에게 학문을 묻고 얻는 바가 있다면 그것은 무위적 세상보기의 도에 관한 것이라 여긴다. 그는 공자철학의 규모와 실천적 삶을 보면서 당위적 사유로 무장하고 도덕정치를 실현하려는 공자적 이상은 달성되기 어려운 것이라 통찰했을 것이다. 오히려 그는 공자의 무위적 사유에서 세상을 교정하는 방안의 가능성을 보았고, 이에 천착하는 철학적 사유를 전개했던 것이 아닌가 한다. 노자의 『도덕경』은 그러한 사유의 결과물인 셈이다. 그의 세계관과 인성론을 먼저 보기로 하자.

1) 세계의 자발적 생성

세계는 어떻게 탄생했는가? 상제(上帝)와 같은 초월적 신이 창조했는가? 앞서본 묵자를 비롯하여 여러 고대동양철학자가 그렇다고 보았다. 위대한 '우주의 지적 설계자'[理]가 있어 질료[氣]에 질서와 형상을 부여했는가? 이러한 관점은 송명(宋明)시대 리기철학이 등장하며 나왔다. 현대우주물리학의 빅뱅(Big-Bang)이론가들의 주장하듯, 이 세계는 초월적 신이나 우주설계자 없이 자발적으로 생성한 것인가?[16] 동양최초의 철학적 세계관의 관점은 이것인 것 같다. 노자의 관점이 대표적이다.

공자가 썼다(?)는 『주역周易』의 「계사전(繫辭傳)」과 노자의 『도덕경』 중

---

16) 예컨대, 대표적인 빅뱅이론가인 스티븐 호킹(Stephen Hawking)은 "자발적 창조이야말로 무(無)가 아니라 무엇인가가 있는 이유, 우주가 존재하는 이유, 우리가 존재하는 이유이다. 도화선에 불을 붙이고 우주의 운행을 시작하기 위해서 신(神)에게 호소할 필요는 없다."고 말한다. 스티븐 호킹·레오나르드 프로디노프 공저(전대호 옮김), 『위대한 설계』(서울: 까치글방, 2010), 228쪽.

어느 것이 먼저 쓰인 것인지는 단정 짓기 어렵지만, 「계사전」에는 세계탄생의 기원을 설명하는 언표가 등장한다. 「계사전」에 의하면, "우주에는 '커다란 극'(太極)이 있었다. 이 태극이 양의를 낳았고, 양의는 사상을 낳았고, 사상은 팔괘를 낳았다."(易有太極, 是生兩儀, 兩儀生四象, 四象生八卦. 「계사상전 繫辭上傳:11」). 이렇게 하여, 우선 가장 기본 괘인 팔괘가 탄생하였고, 이 팔괘가 서로 거듭(8×8)하여 64괘가 이루어진다.[17]

그러나 「계사전」에 나타난 우주론은 다음의 한계를 갖는다. 첫째, 만물의 생성과정을 모두 설명하지 못하고 있다. 즉, 사물 이전의 음양, 사상, 팔괘 등의 생성까지만 언급하고 있을 뿐 아직 구체적인 사물의 탄생에 대한 언급이 없다. 둘째, 태극과 음양 간의 관계가 애매하다. 즉, 태극이 음양을 낳았다고 하는데, 태극은 무엇이고 어떻게 낳게 되었는지에 대한 구체적인 설명이 없다.[18] 셋째, 태극 이전에는 무엇이 있었는가? 아무것도 없었다면 태극은 어떻게 생겨난 것인지도 알 수 없다. 이러한 한계들이 오히려 우주론에 관한 다양한 해석의 가능성을 열어놓았다고 할 수 있다. 여기서 「계사전」과 『도덕경』중 어느 것이 먼저 쓰였는가 하는 선후 문제를 따지는 고증적 논의는 나의 능력을 벗어나 있다. 나의 관심사는 노자야말로 「계사전」에 함의된 우주론의 한계를 보완하면서 자기철학의 세계관을 최초로 정립한 사상가라는 점이다.

> 도는 일(一)을 생성하고, 일은 이(二)를 생성하고, 이는 삼(三)을 생성하고, 삼는 만물을 생성한다. 만물은 음(陰氣)을 업고 양(陽氣)을 안고, 충기(沖氣)로 화합된다. 道生一, 一生二, 二生三, 三生萬物, 萬物負陰而

---

17) 64괘는 크게 상경(上經)과 하경(下經)으로 구분한다. 상경은 30괘인데, 건·곤(乾·坤)괘로부터 시작하여 감·리(坎·離)괘까지이다. 하경은 34괘인데, 함·항(咸·恒)괘로부터 시작하여 기제·미제(旣濟·未濟)괘를 끝난다. 상경은 선천(先天)이고 본체(體)이고 형이상적(形而上的)이고 자연(自然)을 형용한 것이라면, 하경은 후천(後天)이고 작용(用)이고 형이하적(形而下的)이고 인사(人事)를 형용한 것이라고 한다.

18) 윤사순, "농양 본체론의 의의," 한국동양철학회 편, 『동양철학의 본체론과 인성론』(연세대학교 출판부, 1982년 초판, 여기서는 1996년 7판), 152~153쪽.

抱陽, 沖氣以爲和. (42장)

도는 텅 빈 허공이어서 그것을 사용해도 혹 가득차지 않을 것이다. 연못이여! 만물의 근원과 같다. 예리함을 꺾어주고, 어지러운 뒤엉킴도 풀어준다. 빛과 화합하고 먼지와도 동거한다. 고요하고 맑음이여! 존재하는 것 같다. 그런데 나는 그가 누구의 자식인지 모르겠다. 아마 상제보다는 먼저인 것 같다. 道沖而用之, 或不盈, 淵兮似萬物之宗, 挫其銳, 解其紛, 和其光, 同其塵, 湛兮似或存, 吾不知其誰之子, 象帝之先. (4장)

42장의 인용에서 一, 二, 三이 무엇인지 논란이 없지 않으나, 뒷부분에 음양과 충기라는 용어가 나오는 것으로 보아 일단 一, 二, 三은 기(氣)로 읽어도 무방하리라 여긴다. 해석을 다시하면, 도는 일원기(一元氣)를 생성하고, 일원기는 음양이기(陰陽二氣)를 생성하고, 음양이기는 음·양·충기(陰陽沖氣)를 생성하고, 음·양·충기(陰陽沖氣)는 만물을 생성한다고 새길 수 있겠다. 일단 도가 일원기를 생성하고부터 기의 분화와 축적의 과정에는 일정한 법칙(원리)이 따르고 있음에 주목해 두자. 그리고 여기서 충기는 음도 양도 아닌 기로서, 음기와 양기의 사이에서 두 기를 서로 교감시키는 텅 빈 공간이라 하겠다. 이 점은 도(道)를 텅 빈 허공이라는 4장의 인용에서도 짐작된다.

도는 텅 빈 허공이나 연못과도 같은 것이어서, 예리함도 꺾어주고 뒤엉킴도 풀어주며 빛과도 화합하고 먼지와도 동거하는 혼돈(混沌)의 세계와 같다. 이러한 도로부터 온갖 만물이 탄생하지만, 도의 허공이나 연못을 다 채울 수가 없다. 그런데 대체 이러한 도는 누구의 자식인지 모르겠다고 한다. 인용의 "오부지기수지자(吾不知其誰之子)"에서 삼인칭 대명사인 '그'(其)는 말할 것도 없이 도를 가리킨다. 42장과 연계하여 해석하면, 一은 二를 생성하고 二는 三을 생성하는데, 도는 누구의 자식인지 모르겠다는 것이다. 이는 마치 서양철학에서 아리스토텔레스가 모든 운동의 궁극적 근원을 탐구하고, 중세철학 논쟁에서 신(神)이 세계를 창조했다는 주장에 대해 누가 신을 창조했느냐를 묻는 것과도 같다. 최초 원인 논쟁이라 불리는 이러한 물음에 아리스토텔레스는 자신은 운동하지 않으면서 모든 운동의 근원이 되는 '부동(不動)의 원동자(原動者)'(to proton kinoun akneton; prime mover)를 가정하였고, 기독교철학자들은 신은 창조될 필요가 없는 존재임을 내세워 존재를 증명하고자 하였다.

노자의 도(道)도 '부동의 원동자'이고 '신'인가? 그는 도가 상제보다 먼저 존재했다고 한다. 그렇다면 도는 일단 인격신(人格神)이 아니다. 우주론과 관련하여, 노자의 도에 대한 전통적 해석은, 그것을 형이상학적 실체(substance)로 보든 만물생성의 근본원리로 보든, '부동의 원동자'로 보는 관점이다.[19] 이러한 전통적 해석은 모두 인과론적 사유에 해당한다. 인과론적 사유는 제일 먼저 으뜸가는 최초의 원인이 있고, 그 원인으로부터 다양한 우주 만물들이 분화되어 유출하거나 창조되어 나왔다는 것이다.[20] 이러한 인과론적 사유는 원인과 결과의 관계에서 절대로 원인이 결과와 평등할 수가 없고, 또 결과가 앞선 원인의 원인으로 바뀌는 가역(可逆) 현상이 일어날 수 없다. 따라서 원인은 늘 결과에 비해 더 능동적이고, 존재론적으로 완전

---

19) 중국학자인 당군의, 엄영봉, 방동미 등은 노자의 도를 형이상학적 실체이면서 사물들 간의 법칙이라 하였고, 풍우란은 "각 사물은 저마다 그 생성의 원리가 있고, 만물 생성의 총 원리가 곧 도"이며, 그것은 영원불변하는 것이라 보았다. 일본의 미우라 도우사꾸는 도를 "천지만물에 앞서서 독립적으로 존재하는 절대적 일원적 존재"라고 하였고, 오오하마 아끼라도 "존재로서의 도는 천지만물의 시원이며 온갖 사물을 넘어서는 초월적 본체이면서 내재적"이라 하였다. 김충렬 등 우리나라 학자들도 대체로 비슷한 관점을 가져왔다. 唐君毅, 『中國哲學原論-導論篇』(臺北: 學生書局, 1992), 368~385쪽; 嚴靈峰, 『老莊研究』(臺北: 中華書局, 1965), 50쪽; 方東美, 『原始儒家道家哲學』(臺北: 黎明文化事業公司, 1982), 167~170쪽; 풍우란(馮友蘭), 『중국철학사(상)』, 박성규 옮김 (서울: 까치, 2003; 6쇄), 283~284쪽; 미우라 도우사꾸(三浦藤作), 『중국윤리사상사』 강봉수 외 옮김 (서울: 원미사, 2007; 개정판), 145쪽; 오오하마 아끼라(大濱浩), 『노자철학연구』, 임헌규 역 (성남: 청계, 1999), 49~102쪽; 김충렬, 『중국철학사 1 - 중국철학의 원류』(서울: 예문서원, 1994), 64쪽.

20) 인과론적 사유의 대표적인 사례는 토미즘(Thomism) 신학에서 말하는 존재론적 유비(ontological analogy)의 논리와, 정주학(程朱學)의 이일분수론(理一分殊論)에서 찾을 수 있다. 토미즘은 절대원인인 신이 세계를 창조하였고 만물의 다양성을 결정하였다고 여기며, 정주학은 태극의 리(理)가 다양한 기(氣)에 질서를 부여하여 만물이 탄생한다고 여긴다. 다만 토미즘이 창조의 원인인 신이 이 세계 밖에서 무로부터 유의 만물을 창조하는 반면에, 정주학의 태극의 리는 이 세계 안에 존재하면서 기에 질서를 부여한다는 점이 다르다. 김형효, 『사유하는 도덕경』(서울: 소나무, 2004), 67쪽.

에 더 가깝고, 더 고귀하다. 그래서 인과론은 차등적인 세계질서를 그릴 수밖에 없다. 일점근원인 신과 태극에서 멀어질수록 존재들의 우열은 차등적이다.

오늘날 이러한 전통적인 인과론적 해석은 설득력을 잃고 있다.[21] 나도 이 관점에 동의하기 어렵다. 나는 서복관과 김백희의 관점에 주목한다. 먼저, 중국학자인 서복관은 노자의 도를 우주의 "원리"가 아니라 온갖 사물을 창생하는 일종의 "힘"으로 본다.[22] 처음에 도가 무형무질(無形無質)의 상태인 힘으로 있다가 음양이기(陰陽二氣)를 생성하고, 그 음양이기가 온갖 사물을 구성한다는 것이다. 그는 우주자연의 역동성을 설명하는 데 유용한 힘(동력)이라는 의미로 도를 해석하면서, 그 힘으로서의 도가 자체적 본체생성론적 근원이라고 보는 입장이다. 나아가 도는 만물발생의 일점 근원인 힘이면서 사물을 구성하는 내용적 실질로서의 기(氣)로 본다. 이러한 서복관의 관점은 더 구체화되어 김백희로 이어진다.

김백희는 서복관이 "힘"이라 한 도를 "기"(氣)로 단정한다.[23] 도는 우주만물이 생성되기 이전의 근원적 상태로서의 "기"이며, 미분화된 원질(原質)과 같다는 것이다. 그에 따를 때, 도와 기는 본체론적 근원과 생성론적 바탕의 특징을 공유하는 의미를 갖는데, 이러한 본체생성론적 입장에서 도는 늘 유

---

21) 중국학자인 노사광은 노자의 도를 형이상학적 실체로 보지 않고, 온갖 사물이 "反"의 원리에 따라 생성소멸 변화해 가는 "법칙"으로 만 해석한다. 도올 김용옥도 노자의 도에서 마치 영원불변하는 이데아적인 것을 찾는다면 서양철학이나 기독교적인 초월주의로 해석하는 꼴이 될 것이라며, 동양철학과 노자의 지혜에는 '항상 그러함'(常)이라는 '변화의 영원'만 있을 뿐이지, '불변의 영원'은 없다고 단정한다. 기세춘은 『주역』의 태극(太極)이나 노자의 도(道)나 모두 서양의 유일자(唯一者)와 마찬가지로 '부동의 동자'라고 여긴다. 다만 그것이 서양철학의 관점과 다른 점은 동양의 도는 체용론적(體用論的) 관점에서 해석되어야 한다는 것이다. 본체의 관점에서 도는 '불변의 영원'이지만, 작용의 관점에서 도는 '변화의 영원'이다. 이러한 관점에서 그는 도올의 '불변의 영원'이 없다는 주장을 비판한다. 김형효는 노자의 도를 상관론적(相關論的) 사유로 해석한다. 勞思光, 『中國哲學史(一)』(臺北: 三民書局, 1980), 185~187쪽; 김용옥, 『노자와 21세기(상)』(서울: 통나무, 2000), 106쪽; 기세춘, 앞의 책, 550~554쪽; 김형효, 위의 책, 68~69; 341~343쪽.

22) 徐復觀, 『中國人性論史 - 先秦篇』(臺北: 商務印書館, 1968), 329~337쪽.

23) 김백희, 『노자의 사유방식』(경기: 한국학술정보, 2006), 69쪽.

동(流動)하고 모습을 변화시키므로 우주자연이 생성·소멸·변화의 운행을 지속케 하는 역동적 본체(dynamic substance 또는 dynamic reality)이다. 그리고 역동적 실체로서의 도는 우주자연과 분리되어 배타적으로 존재하는 우주자연의 주재자가 아니고, 언제나 변화를 전제하고 있다는 점에서 형이상학적인 제일원인을 배타적으로 확보할 필요성이 약화된다. 즉, 우주 만물의 변화 생성·소멸케 하는 힘은 역동적 본체의 기화(氣化) 과정이 지닌 자기 충족적이며 자발적인 힘 자체에서 나오는 것이므로 '영원불변의 배타적 본체'는 있을 수 없다는 것이다.

나는 일단 김백희의 관점에 동의한다. 4장의 인용에서 '도가 누구의 자식인지 모르겠다.'(吾不知其誰之子)고 하였는데, 도는 누구의 자식이 아니라 우주만물이 생성되기 이전의 근원적 상태로서의 "기"이며, 미분화된 원질(原質)이고 무정형(無定形)의 기(氣)인 것이다. 다음의 인용을 보자.

> 돌아감은 도의 운행이고, 유약함은 도의 작용이다. 천하의 만물은 유에서 생기고, 유는 무에서 생긴다. 反者, 道之動, 弱者, 道之用, 天下萬物 生於有, 有生於無. (40장)

도의 운행과 작용은 뒤에서 보기로 하고, 인용의 후반부에 주목하자. 천지만물은 유(有)에서 생기고, '유'는 무(無)에서 생긴다고 한다. 여기서 '유'는 말할 것도 없이 '기'(일원기, 음양이기, 충기)일 것이다. 그런데 이 一, 二, 三의 '기'들이 '무'에서 생긴 것이라면, '무'가 곧 '도'인 셈이다. 42장에서 "道生一"이라 하였기 때문이다. 도는 무이다. 그러나 여기서 유의해야 할 것은 무가 존재의 생물학적 분해를 의미하는 존재(存在) 대 무(無)로 대립할 때의 '없을 무(無)'가 아니라 오히려 '있을 무(無)'로 보아야 한다. '없을 무'에서 유(有)가 생겨나게 하는 것은 신(神)의 창조가 아닌 한 논리적으로 있을 수 없는 일이기 때문이다. 따라서 '무'는 아직 형태화되지 않은 '무정형의 기'(無定形之氣)라고 볼 수 있다. 말하자면, 도(道)는 아직 형태화되지 않은 '무정형의 기'이고, 일(一)은 처음으로 형태화된 '유정형이 일원기'(有定形之一元氣)인 것이다.[24] 물론 여기서 '무정형의 기'가 어떤 계기로 '유정형의 기'로 되는지는 알수 없지만, 역동적 본체의 자발적 힘에 의해 세상은 탄생하였다.

> 도는 생기하고, 덕은 쌓는다. 사물이 형체를 갖추고, 그릇이 완성된다. 이로써 만물은 도를 존중하고 덕을 귀하게 여기지 않을 수 없다. 도를 존중하고 덕을 귀히 여김은 무릇 명령이 없어도 항상 저절로 그러한 것이다. 그러므로 도는 생기하고, 덕은 쌓는다. 도와 덕은 자라고 기르기도 하고, 머무르고 죽게도 한다. 양육하기도 전복하기도 한다. 더불어 살되 소유하지 않고, 남을 위해 일하되 보답을 기대하지 않고, 성장시키되 주재하지 않는다. 이것을 현덕(玄德)이라 이른다. 道生之, 德畜之, 物形之, 器成之, 是以萬物莫不尊道而貴德, 道之尊, 德之貴, 夫莫之命而常自然, 故道生之, 德畜之, 長之育之, 亭之毒之, 養之覆之, 生而不有, 爲而不恃, 長而不宰, 是謂玄德. (51장)

도가 일원기(一元氣)를 생성하면, 덕은 일원기를 음양이기(陰陽二氣)로, 음·양·충기(陰陽沖氣)로 분화하고 축적하는 교감을 통하여 사물이 형체를 갖추어가고 다양한 만물로 탄생한다. 도가 본체라면 덕은 작용이고 도의 실현이다. 말하자면, 도가 스스로 내재적인 힘에 따라 일원기를 생성한 이후에 기가 분화되고 축적되어가는 과정은 도의 법칙에 따르는데 그것이 바로 덕이다. 그래서 도와 덕은 만물을 양육하기도 전복하기도 한다. 만물은 생성되어 무성하게 자라났다가 각각 그 뿌리로 다시 돌아간다. 만물은 이를 반복한다. 그러나 이 모든 일은 작위가 아니라 무위적이고 무심(無心)으로 한다. 그러기에 도의 행진은 좌우를 가리지 않고 공을 이루어도 이름이 없다. 만물을 배양하지만 만물의 주인으로 행세하지 않는다. 그래서 도는 오히려 빛나고 위대

---

[24] 김백희는 도가 기인 이유를 이렇게 설명한다. "(42장에서) '生'은 같은 명제의 형식에 따라 반복적으로 쓰이고 있는데, 그것을 정리하면 <道→一→二→三→萬物>이 된다. 그렇다면 一에서 萬物까지만 氣이고 道는 氣가 아니라고 말할 수 없다. 왜냐하면 道에서 만물까지 일관성 있게 표현되는 명제를 작위적으로 떼어서 道만을 분리하는 것은 논리적으로 옳지 않기 때문이다. ...(중략)...만물이 氣로 이루어지므로 <道←一←二←三←萬物>의 순서로 생성의 과정을 소급해 가면 역시 道란 결국 기일 수밖에 없다는 결론에 이른다. 그러므로 '도는 기'이다." 김백희, 앞의 책, 77쪽.

하다. 지금까지의 논의를 그림으로 요약한다.

```
42장: 道(무정형의 氣) → (유정형의)一元氣 → 陰·陽二氣 → 陰·陽·沖三氣 → 萬物
40장: 道(무정형의 氣) ← (유정형의)一元氣 ← 陰·陽二氣 ← 陰·陽·沖三氣 ← 萬物
```

그림처럼, 도는 '무정형의 기'로서 만물생성의 역동적 본체이면서 동시에 만물에 내재되어 생성소멸의 운행을 이끄는 자연스러운 법칙이고 원리이다. 도즉기(道卽氣)이면서 도즉법칙(道卽理)이다. 그런데 '무정형의 기'인 도가 스스로의 내재적인 힘에 따라 '유정형의 일원기'를 생성한다고 하지만, 도의 내재적 힘이 발현되는 어떤 계기가 있어야 할 것이다. '무정형의 기'는 말 그대로 무질서의 혼돈세계이고 아직 법칙이 부여되지 않은 상태이다. 어떻게 무질서로부터 최초의 질서(법칙)인 '유정형의 일원기'가 생성되는가? 그래서 '道生一'의 해석은 아직도 논란거리다. 이것이 해석되기 위해서는 빅뱅이론가들이 가정했던 힉스보존(higgs boson) 같은 것이 필요하다.

힉스보존은 아직 발견되지 않았지만, 우주의 빅뱅을 가져오기 위해 힘(에너지, boson)과 물질(입자, fermion)의 초대칭을 자발적 파괴로 이끈 최초의 입자로 가정된다. 그러니까 힉스보존은 혼돈의 초대칭을 파괴하여 처음으로 힘과 물질의 분리(질서)를 가져오는 이른바 '자가수정(自家受精)의 원리'와도 같은 것이다. 나는 이러한 우주과학자들의 가정을 노자의 우주론에도 적용하여 해석할 수 있다고 여긴다.

> 만물은 섞여서 이루어진다. 먼저 천지가 생겼다. 적막하고 고요함이여! 그 속에 홀로 상존하면서 불변하고, 세상을 주행하면서도 지치지 않는 것이 있는데, 천하의 어머니가 될 수 있다. 나는 그것을 무엇이라 이름지울 수가 없어서 도라고 문자화한다. 有物混成, 先天地生, 寂兮寥兮, 獨立不改, 周行不殆, 可以爲天下母, 吾不知其名, 字之曰道. (25장)

> 보아도 보이지 않는 것을 일컬어 이(夷)라 하고, 들어도 들리지 않는

것을 일컬어 희(希)라 하며, 잡아도 얻을 수 없는 것을 일컬어 미(微)라고 한다. 이 세 가지는 따져 물을 수가 없다. 그러므로 혼합하여 하나가 된다. 그 위는 밝지 않고, 그 아래는 어둡지 않다. 새끼줄처럼 꼬이고 이어져 이름 붙일 수가 없고, 다시 무물(無物: 사물없음)로 복귀한다. 이것을 '형상없는 형상'(無狀之狀), '현상없는 현상'(無象之象)이라 부르고, 이것을 또한 홀황(惚恍)이라 일컫는다. 그것을 맞이해도 그 머리를 볼 수 없고, 그것을 따라가도 그 꼬리를 볼 수 없다. 옛날의 도를 잡아서 지금의 유(有: 있음)를 다스리면 옛날의 시작을 알 수 있다. 이것을 도의 실마리라 한다. 視之不見, 名曰夷, 聽之不聞, 名曰希, 搏之不得, 名曰微, 此三者, 不可致詰, 故混而爲一, 其上不皦, 其下不昧, 繩繩不可名, 復歸於無物, 是謂無狀之狀, 無象之象, 是謂惚恍, 迎之不見其首, 隨之不見其後, 執古之道, 以御今之有, 能知古始, 是謂道紀. (14장)

25장의 첫 구절을 보통 "만물은 섞여서 존재한다. 천지보다 먼저 생겼다."고 번역한다. 그러나 나는 이 장을 앞의 42장을 뒤집어 설명한 것으로 읽는다. 만물은 기들의 혼합으로 이루어졌고, 만물이전에 먼저 천지라는 음양의 질서가 생겨났다. 천지이전에는 적막하고 고요한 '무정형의 기'가 있을 뿐인데, 그 속에 홀로 존재하여 세상에 처음으로 질서를 부여하는 어머니와 같은 원리가 있다. 그것이 바로 도이다. 그러니까 노자의 도는 어머니이고, 어머니는 아버지로부터 수정 없이 스스로 잉태한다. 바로 도는 자가수정의 원리인 것이다. 따라서 도는 '道生一'의 차원에서부터 기(氣)인 동시에 자가수정의 원리[理]인 셈이다. 인용처럼, 도는 '무정형의 기'이지만 그것이 '유정형의 기'를 생성할 수 있기에 억지로 이른바 '도'라고 명명하고 있는지 모르겠다. 이후에 따르는 기들의 운동변화의 법칙도 여기서부터 비롯되었다.

이러한 나의 해석은 자의적인 것이라 여기지 않는다. <왕필본>과 <백서본>의 "유물혼성(有物混成)"이 <죽간본>에는 "유상혼성(有狀混成)"으로 되어 있다. 14장에서 "무상지상(無狀之狀)과 무상지상(無象之象)"이라는 표현이 나오는데, "無狀之狀"은 "형상없는 형상"으로 기에 아직 질서를 부여하지 않은 도의 원리를 뜻하고, "無象之象"은 "현상없는 현상"으로 아직 사물로 형태화되지 않은 도의 기를 뜻한다고 여긴다. 그렇다면 "有狀混成"에서 "有狀"은 "기에 질서를 부여한 원리"를 뜻하고, "有象"(사물로 형태화된 기)과도 같은 뜻이겠다. 그래서 <백서본>과 <왕필본>은 이를 분명히 하여 "有物混成"이라 표현한 것이라 여긴다. 즉, 모든 만물은 무정형의 기에 자가수정의 원리가 질서를 부여하고, 수정된 기들의 분화와 축적(교감)에 의해 자발적으로 생성한 것이다.

도는 무정형의 기이고 동시에 생생의 원리이기에 보아도 보이지 않고, 들어도 들리지 않고, 잡아도 잡을 수 없다. 그러나 '무정형의 기'는 없을 무(無)'가 아니라 '있을 무(無)'이기에 유의 계열로 읽을 수 있고, 생생의 원리는 실제 감관으로 인지될 수 없는 것이기에 무의 계열로 등록된다. 그래서 도에는 <보임+보이지 않음>, <들림+들리지 않음>, <잡을 수 있음+잡을 수 없음>이라는 유와 무가 동거하고 있다. <보임, 들림, 잡을 수 있음>은 유(有)의 계열로서 질료적 에너지인 기(氣)를 의미하고, <보이지 않음, 들리지 않음, 잡을 수 없음>은 무(無)의 계열로서 생생의 원리인 리(理)를 함의한다고 하겠다. 이처럼, 도는 기인 것만도 아니고 원리인 것만도 아니다. 도는 기인 동시에 원리이다. 이것이 역동적 본체이면서 자가수정의 원리인 도의 모습이다. 한마디로, 도는 무정란이라는 기를 자가 수정시키는 원리이다.

그러나 여기서 무정형의 기에 원리가 질서를 부여한다고 해서 그것을 정주학의 태극이나 리(理)처럼 기보다 원리가 앞서 존재하는 리의 선재(先在)나 주재(主宰)를 주장해서는 안 된다. 도의 리는 그야말로 자가수정의 원리이기에, 무정형의 기가 자기 충족적이며 자발적인 힘으로 유정형의 일원기를 생성하는 역동적 본체의 기화(氣化)과정에 놓인 법칙이라 생각해야 한다. 질료인 무정형의 기와 형상부여자인 자가수정의 원리는 논리적으로나 시간적으로 늘 동시적이다. 리즉기(理卽氣)이고 기즉리(氣卽理)이다. 이 점에서 도의 리는 '부동의 동자'도 '신'도 아니며, 리와 기의 관계는 체용의 관계도 아니다. 자가수정된 수정란(유정형의 일원기)은 노의 법칙에 따라 음양의 기로, 충기로 분화되고 축적되면서 서로 교감한다. 기들의 교감과 취산(聚散)정도에 따라 우주 만물의 다양성은 결정된다. 그래서 도가 만물을 만드는 과정은 황홀(恍惚)하다.

> 큰 덕의 용모를 오직 도만이 따를 수 있다. 도가 만물이 되니, 오직 황홀하다. 홀이여 황이여! 그 가운데에 현상이 있다. 황이여 홀이여! 그 가운데에 사물이 있다. 그윽함이여 어둠이여! 그 가운데에 정기가 있다. 그 정기는 매우 진실하다. 그 가운데에 신뢰가 있다. 예부터 지금까지 그 이름은 없어지지 아니하면서 만물의 무리를 돌보아왔다. 孔德之容, 唯道是從, 道之爲物, 唯恍唯惚, 惚兮恍兮, 其中有象, 恍兮惚兮, 其中有物, 窈兮冥兮, 其中有精, 其精甚眞, 其中有信, 自古及今, 其名不去, 以閱衆甫. (21장)

황(恍)이나 홀(惚)이나 모두 형체가 없어 흐릿한 모양을 뜻하지만, 당나라의 노자 주석가인 이약(李約)은 둘을 구분하여 황은 유의 계열로, 홀은 무의 계열로 해석한다.[25] "도가 만물이 됨에 오직 황홀하다(道之爲物, 唯恍唯惚)"는 것은 드디어 무정형의 기에 자가수정의 원리가 질서를 부여한다는 뜻이겠다. 질서부여의 초기에는 무정형의 기가 유정형의 기로 형태화되었지만 아직 무계열에 가깝다. 그래서 무의 계열인 홀을 앞세워 "홀이여 황이여! 그 가운데에 현상이 있다(惚兮恍兮, 其中有象)"고 언표하였다. 기의 분화와 교감이 쌓이면서 서서히 사물이 이루어지기 시작한다. 그래서 이번에는 유의 계열인 황을 앞세워 "황이여, 홀이여! 그 가운데에 사물이 있다(恍兮惚兮, 其中有物)"고 언표하고 있다. 그윽하고 적막한 무정형의 기의 세계 속에서 도는 무정형의 기를 자가수정시키며 만물을 생성하고 기른다. 이러한 도의 자발적 생성의 법칙은 진실하고 신뢰가 있고 영원하다.

---

[25] 김형효, 『사유하는 도덕경』(서울: 소나무, 2004), 207쪽.

2) 만물의 존재방식

　세상은 무정형의 기이면서 자가수정의 원리인 도로부터 탄생하였다. 외부의 힘(신 혹은 우주설계자) 없이 자발적 힘으로 자생한 것이기에 이를 역동적 '본체생성론'이라 부를 수 있다. 도는 기인 것만도 리인 것만도 아니고 리이면서 동시에 기인 것이기에, 리와 기는 각각 독립된 실체로 존재할 수 없다. 이를 '상관적 대대론'이라 부를 수 있다. 본체생성론이 역동적 본체의 자기전개과정을 '형이상학(존재론)적 시각'에서 이해하려는 시도라면, 상관적 대대론(相關的 待對論, Co-relational theory)은 그 전개과정인 우주 변화의 생성·소멸이라는 지속적 운행과 만물의 존재방식을 '변화의 법칙'에서 보려는 시도라 할 수 있다. 노자의 경우에 이 두 가지 사유방식은 초점불일치를 이루며 마치 직물처럼 서로 교직(交織)되어 있다.[26]

　상관적 대대론은 인간과 우주, 소우주와 대우주 사이의 상응성(相應性) 및 근본적 일치성을 받아들이는 상관론과 개별자들이 서로 영원한 독자성이나 불변적 본질을 갖지 않고 서로 의존관계에 있으면서 변화해 간다는 대대론(待對論)을 결합한 말이다.[27] 그리고 차연(差延, Unter-Schied/differance)은 <차差-이異>와 <연延-기期, 혹은 연延-장長>의 두 요소가 하나의 개념에 이미 동시적으로 새겨져 있다는 뜻으로, 하이데거(Heidegger, 1889~1976)나 데리다(Derrida, 1930~2004)가 사용한 용어이다.[28] 그들은 모든 상관론적 사유를 차연적 사유라고 명명했다. 그리고 이 차연적 사유는 불교에서 말하는 연기적(緣起的) 사유와도 다르지 않다. 자아와 타자는 서로 상반적이다. 그런데 그

---

[26] 김백희, 「『노자』해석의 두 시각, 본체생성론과 상관대대론- 곽점초간본에서 왕필주까지-」(한국학중앙연구원 한국학대학원 박사학위 논문, 2002); 김백희,『노자의 사유방식』(경기: 한국학술정보, 2006); 여기서는 김백희, "노자의 사상", 장승구 외,『동양사상의 이해』(서울: 경인문화사, 2002) 참조.

[27] 김백희, 같은 글, 96~97쪽.

[28] 이하의 설명은 김형효의 설명을 인용했다. 김형효,『사유하는 도덕경』(서울: 소나무, 2004), 47~48쪽.

자아와 타자는 각각 독립적으로 상대방과 무관하게 자가성(自家性)을 지니는 고유성으로 존재하지 않는다. 자아는 그 타자의 타자이고, 타자 또한 그 자아의 타자라는 관계의 산물에 불과하다. 그러므로 자아와 타자는 서로 만나는 순간에 서로 차이를 지니는 타자이지만, 그 타자 사이가 서로에게 영향을 미치고 있는 상관적 타자라는 점에서 각자에게 상대방의 것이 연기되거나 연장되어 있다. 차연은 바로 이러한 사실을 표현하려는, 즉 차이(差異)와 연기(緣起) 개념을 하나의 의미로 집약시킨 인조어에 해당한다. 나는 이를 두고 <같음과 동시에 다름>이라 해석한다. 노자는 상관적 대대와 차연, 즉 <같음과 동시에 다름>으로 이 세계의 우주만물의 변화와 존재방식을 설명하려 한다.

> 도를 도라 말할 수 있으면 상도(常道: 항상된 불변의 도)가 아니고, 이름을 이름이라 명칭할 수 있으면 상명(常名: 항상된 불변의 이름)이 아니다. 무명(無名: 무라는 명칭, 이름없음)은 세계의 시작이고, 유명(有名: 유라는 명칭, 이름있음)은 만물의 어머니이다. 그러므로 항상 무욕(無欲: 욕심없음)으로써 그 묘합(無라는 이름, 이름없음, 만물의 같음)을 보고, 항상 유욕(有欲: 욕심있음)으로써 그 틈새(有라는 이름, 이름있음, 만물의 다름)를 본다. 이 둘(無와 有)은 동시에 나왔지만 이름을 달리한다. 동시에 말하면 현(玄)이라 한다. 현묘하고 현묘함이여, 그것은 온갖 묘리(妙理)가 출현하는 문(門)이다. 道可道非常道, 名可名非常名. 無名天地之始, 有名萬物之母, 故常無欲以觀其妙, 常有欲以觀其徼, 此兩者, 同出而異名, 同謂之玄, 玄之又玄, 衆妙之門. (1장)

우리는 도가 리이면서 동시에 기인 양가적인 것이라 읽었다. 도를 리로만 읽거나 기로만 읽어서는 안 된다. 그러기에 '도가도비상도'(道可道非常道), '명가명비상명'(名可名非常名)이다. 자가수정의 원리는 감관으로 인지될 수 없기에 무(無)계열에 속하면서 천지의 시작이 되고, 무정형의 기는 만물을 구성하는 질료이기에 유(有)계열에 속하면서 만물의 어머니가 된다. 무정형의 기에 자가수정의 원리가 질서를 부여하면서 세상은 자발적으로 생성한다. 그러나 여기서 유의해야할 것은 자가수정의 원리만이 무이고, 무정형의 기만이

유라고 이분법적으로 단정해서는 안 된다. 무계열과 유계열의 구분은 어디까지나 상대적인 것이다. 유정형의 일원기를 기준으로 보면 원리도 무정형의 기도 무계열에 가깝고, 유정형의 기는 유계열에 가깝다. 음양의 기를 기준으로 하면 유정형의 일원기는 무계열에 가깝고, 음양의 기는 유계열에 가깝다. 충기는 무계열이고 음양이기는 유계열이다. 사물의 형태를 갖추고 있을 때는 무계열에 가깝고, 형태가 완성된 만물은 유계열이다. 이를 그림으로 도식화해보면 아래와 같다.

| 道生一 | 一生二, 二生三 | 三生萬物 |
| 道生之 | 德畜之 | 物形之, 器成之 |

(무계열) ←――――――――――――――――――――→ (유계열)

 어느 기준(혹은 맥락)에서 보느냐에 따라 무계열과 유계열은 상대적이다. 그리고 이 무계열의 같음을 전제하지 않고서는 유계열의 다름을 볼 수 없다. 그러기에 무계열(無欲)로 보면 만물의 <같음>을 보고, 유계열(有欲)로 보면 만물의 <다름>을 본다고 하는 것이다. 여기서 무욕(無欲: 욕심없음)은 유계열의 다름을 무화(無化)시키는 공통의 기준(맥락)을 의미하고, 유욕(有欲: 욕심있음)은 무계열의 같음을 차이로 구분하는 존재(요소)들이다. <인간>은 무계열의 같음이고, <나/너>, <남자/여자>, <문명인/야만인>은 유계열의 다름이다. <동물>은 무계열의 같음이고, <인간/개/소/말>은 유계열의 다름이다. <만물>은 무계열의 같음이고, <인간/자연>은 유계열의 다름이다. <기(氣)>는 무계열의 같음이고, <만물>은 다름의 유계열이다.
 그러나 유계열의 존재들도 이미 무계열의 같음이 전제되어 있기에 홀로 독립적으로 존재하는 것이 아니라 서로 관계적으로 존재한다. 그래서 만물은 <같음과 동시에 다름>으로 존재한다. 그러기에 <나/너>는 나는 나로, 너는 너로 홀로 존재하거나 이분법적 대립으로 존재하는 것이 아니라, 나는 너의 나이고, 너는 나의 너로 공존한다. 나는 너의 존재근거이고 너는 나의 존재근거이다. <남자/여자>도 같음과 동시에 다름이고, <인간/자연>도 상관적 차연으로 존재한다. 같음은 무계열이고, 다름은 유계열이다. 무와 유가 공존한다.

> 서른 개의 수레 바큇살이 모두 하나의 바퀴통에 박히니, 그 무(無)에 응당하여 수레의 쓰임이 있는 것이다. 진흙을 빚어서 그릇을 만드니, 그 무에 응당하여 그릇의 쓰임이 있는 것이다. 문과 들창을 뚫으므로 집이 되니, 그 무에 응당하여 집의 쓰임이 있는 것이다. 그러므로 유(有)가 이로움이 되는 것은 무(無)의 쓰임이 있기 때문인 것이다. 三十輻共一轂, 當其無, 有車之用, 埏埴以爲器, 當其無, 有器之用, 鑿戶牖以爲室, 當其無, 有室之用, 故有之以爲利, 無之以爲用. (11장)

<바퀴통/바큇살>, <진흙/그릇>, <창문/집>은 각각 유계열의 다름으로 존재하기 전에 같음의 무계열이 전제되어 있다. 이를테면, 바퀴는 <바퀴통/바큇살>의 구분을 무화시키는 무계열이다. 바퀴라고 하는 무계열의 기준(맥락) 없이 <바퀴통/바큇살>의 구분이 있을 수 없다. 모든 유계열의 다름에는 무계열의 같음이 존재근거로 자리 잡고 있다. 또한 유계열의 <바퀴통/바큇살>도 각각 홀로 존재하지 않는다. <바퀴통/바큇살>은 이분법적 대립으로 존재하는 것이 아니라 늘 동시적으로 대대(待對)하여 존재한다. 바퀴통은 바큇살이 꼽히는 구멍이고, 진흙은 가공되지 않은 질료이고, 창문은 안과 밖을 왕래시키며 소통시킨다. 그래서 <바퀴통, 진흙, 창문>이 또한 모두 무계열로 등록된다. 이에 상대적으로 <바큇살, 그릇, 집>은 유계열로 등록된다. 무와 유가 대대하여 차연을 이루고, 무가 전제되기에 유의 쓰임이 있다. 다시 말해, 유가 유인 이유는 유 자체 때문이 아니라 무 때문에 즉 무와의 관계 속에서 비로소 유가 되고, 마찬가지로 무도 무 자체 때문에 무인 것이 아니라 유와의 관계 속에서 비로소 무가 된다. 흰 백지가 있기에 글자의 쓰임이 가능하고, 빈 공간이 있기에 사물이 터를 잡을 수가 있다. 만물의 존재방식이 다 이렇다. 무

계열과 유계열은 서로 중첩되어 상호 존재근거를 이루면서 상관적 차연으로 공존한다. 유계열인 만물들의 존재방식을 좀 더 보기로 하자.

> 무릇 만물은 혹 앞서 가기도 하고 혹 뒤따르기도 하며, 혹 내쉬기도 하고 혹 들여 마시기도 하며, 혹 강하기도 하고 혹 약하기도 하며, 혹 쌓아 싣기도 하고 혹 무너져 내리기도 한다. 凡物, 或行或隨, 或呴或吹, 或强或羸, 或載或隳. (29장)

> 무거운 것은 가벼운 것의 뿌리가 되고, 고요한 것은 떠들썩한 것의 임금이 된다. 重爲輕根, 靜爲躁君. (26장)

> 큰 성취는 모자라는 것과 같고, 그 쓰임은 낡지 않는다. 매우 가득 찬 것은 텅 빈 것과 같고, 그 쓰임은 다함이 없다. 매우 곧은 것은 굽은 것과 같고, 너무 기교부린 것은 서투른 것과 같고, 뛰어난 달변은 어눌한 말과 같다. 빠름은 추위를 이기고, 고요함은 더위를 이긴다. 大成若缺, 其用不弊, 大盈若沖, 其用不窮, 大直若屈, 大巧若拙, 大辯若訥, 躁勝寒, 靜勝熱. (45장)

> 천하(사람들이)가 모두 아름다움을 아름다움이 되는 것으로만 안다면 이것은 추함일 뿐이고, 선(善)을 착함이 되는 것으로만 안다면 이것은 불선(不善)일 뿐이다. 그러므로 유와 무가 서로 공생(더불어 삶)하고, 어려움과 쉬움이 서로 이루고, 긺과 짧음이 서로 형성하고, 높음과 낮음이 서로 기울고, 음과 성이 서로 조화하고, 앞과 뒤가 서로 수반한다. 天下皆知美之爲美, 斯惡已, 皆知善之爲善, 斯不善已, 故有無相生, 難易相成, 長短相形, 高下相傾, 音聲相和, 前後相隨. (2장)

> 휘어지면 온전히 펴지고, 구부러지면 곧게 바로 되고, 텅 빈 웅덩이면 가득 차게 되고, 낡아 폐지되면 새로운 것이 나오고, 적어지면 얻어지고, 많아지면 미혹에 빠진다. 曲則全, 枉則直, 窪則盈, 蔽則新, 少則得, 多則惑. (22장)

지금까지 본 사례들을 정리하여 보자.

<표 8> 유계열인 만물의 존재방식

도(道)	
무계열	유계열인 만물의 존재방식
유계열의 존재근거: 차이와 다름을 무화시키는 같음, 맥락, 기준 등	무거움 ⟷ 가벼움
	고요함 ⟷ 떠들썩함
	큰 성취 ⟷ 모자람
	가득참 ⟷ 텅 빔
	곧은 것 ⟷ 굽은 것
	기교 ⟷ 서투름
	달변 ⟷ 눌변
	빠름 ⟷ 느림
	추위 ⟷ 더위
	아름다움 ⟷ 추함
	선 ⟷ 불선
	유 ⟷ 무
	어려움 ⟷ 쉬움
	긺 ⟷ 짧음
	높음 ⟷ 낮음
	음 ⟷ 성
	앞 ⟷ 뒤
	남음 ⟷ 부족함
	빛 ⟷ 어둠(먼지)

만물은 같음과 동시에 다름으로 존재한다. 만물의 존재이면에는 늘 무(계열)가 바탕으로 자리 잡고 있다. 그래서 무(계열)의 차원에서 보는 세상은 모두가 같음이고, 유(계열)의 관점에서 보면 세상은 모두가 다름이다. 그러나 다름으로 존재하는 만물은 홀로 독립하여 존재하지 않고 대립된 쌍들이 마치 대대(待對)하여 새끼 꼬기처럼 존재하는 상관적 차연(差延)으로 존재한다.

이것이 노자가 보는 만물의 존재방식이고, 세계의 법칙이자 도(道)이다. 도는 무정형의 기이고 자가수정의 원리였다. 리(理)이면서 기(氣)이고, 무(無)이면서 유(有)였다. 그러나 이제 도는 만물의 존재방식이기도 하다. 만물은 무와 유의 공존이고, 대립된 쌍들의 상관적 차연으로 이루어졌다. 한마디로, 만물은 모두가 형제(兄弟)다.

사실 대립자라는 것은 사고의 영역에 속하는 추상적인 개념들일 뿐이다. 어떤 하나의 개념에 주의를 집중하는 바로 우리의 행위 때문에 그 개념의 대립자가 생겨난 것이라 보아야 한다.[29] 이러한 개념의 추상화를 통하여 우리는 그동안 세상을 보아왔다. 세상을 이분법적인 대립으로 보는 추상적 사고는 어느 일방에 대한 타방의 우월과 지배를 정당화할 수밖에 없었다. 그러나 이상에서 보듯, 모든 대립적인 것이 양극적이라는 개념이 사실은 동일한 현상의 다른 면에 불과하다고 보는 것이 노자의 상관적 차연의 사고이다. 일체의 대립적인 것은 상호 의존적이기 때문에 그것들의 투쟁은 결코 어느 한쪽의 완전한 승리로 끝날 수 없고 항상 양자 간의 상호작용으로 표출된다.[30]

---

29) 프리초프 카프라(김용정·이성범 옮김), 『현대 물리학과 동양사상』(서울: 범양사, 1979; 2012 개정), 193쪽.

30) 사실 이러한 노자적 사고는 동양철학에 넓게 퍼져 있는 관점이었다. 『주역』적 사고는 말할 것도 없고, 힌두교와 불교사상도 그렇다. 음기와 양기는 별개의 기(氣)가 아니라 도(道)의 양 측면일 뿐이다(一陰一陽之謂道). 색이 공이고 공이 색일 뿐이다(色卽是空, 空卽是色). 또한 화엄학(華嚴學)에서 반야세계의 이법계(理法界)와 사바세계의 사법계(事法界)는 대립되는 별개의 세계가 아니라, 그것은 마음이 지어내는 법계의 동일한 양 측면일 뿐이고, 양극을 넘어선 리사무애(理事無碍)의 세계야말로 세계의 실상이라 여긴다. 한편, 카프라는 현대 양자물리학을 통하여 이러한 노자나 동양신비주의사상의 관점이 옳다는 점을 증명해주고 있다. 그에 의할 때, 현대 물리학에서 대립 개념의 통일에 관한 본보기는 아원자의 단계에서 찾을 수 있다. 여기에서 소립자들은 붕괴되기도 하고 붕괴되지 않기도 하며, 물질 또한 연속적이기도 하고 비연속적이기도 하며, 힘과 물질은 단지 같은 현상의 서로 다른 양상에 불과하다. 다시 말하면, 그것은 입자로 나타나기도 하고 파동으로 나타나기도 한다. 그것이 나타나는 양태는 상황에 따라 바뀐다. 어떤 상황에서는 입자적인 면이 우세하다가 다른 상황에서는 오히려 파동처럼 움직인다. 한마디로 힘과 물질, 입자와 파동, 운동과 정지가 이분법적 대립이 아니라 대립의 초월과 역동적 통일성으로 존재한다는 것이다. 상대성이론도 대립 개념의 초월을 보여주는 좋은 예이다. 같은 책, 199쪽. 즉, 상대성의 체계에서는 4차원적인 시공 같은 고차원에 들어감으로써, 고전적인 여러 개념들이 초월된다. 공간과 시간 그 자체가 전에는 전혀 다른 두 개의 개념으로 보였지만, 상대성 물리학에서는 하나로 통일되어 있다. 그리고 여기서는 힘과 물질이 통일된 세계이고, 물질이 비연속적인 입자들이나 연속된 장으로 나타날 수 있다. 이처럼, 현대물리학은 노자와 동양철학을 과학적으로 입증하고 있다. 프리초프 카프라(김용정·이성범 옮김), 앞의 책, 198쪽.

만물은 형제(兄弟)다. 형과 아우는 <같음과 동시에 다름>의 존재이다. 같은 부모와 같은 핏줄을 가지고 태어났기에 '같음'이고, 그러나 형제끼리도 생김새도 성격도 다를 수 있기에 '다름'이다. 자연은 만물의 부모다. 그러기에 만물은 같다. 그러나 만물은 각자 생김새도 특성도 다르다. 만물은 같기에 서로 사랑해야 하고, 동시에 다르기에 그 다름을 인정하고 존중하고 배려해 주어야 한다. 그렇게 자연은 공생공영의 세계이다. 나를 중심으로 혹은 인간을 중심으로 세상을 보는 한 공생공영의 형제애는 실현될 수 없다. 그래서 만물은 서로 병작(竝作)하는 삶을 산다.

> 텅 빈 마음'(虛心)을 지극히 하고 '고요한 마음'(靜心)을 돈독히 지키면 만물이 병작(竝作)하기를 반복하는 것을 나는 볼 수 있다. 무릇 만물은 무성하게 자라났다가 각각 그 뿌리로 돌아간다. 뿌리로 돌아감을 '고요함'(靜)이라 부르고, 이를 두고 명령을 반복한다고 일컫는다. 명령을 반복하는 것을 '항상됨'(常道: 불변의 도)이라 부르고, '항상됨'을 아는 것을 '눈밝음'(明)이라 한다. 致虛極, 守靜篤, 萬物竝作, 吾以觀復, 夫物芸芸, 各歸其根, 歸根曰靜, 是謂復命, 復命曰常, 知常曰明. (16장)

병작이 무엇인가? 공동으로 경작하고 똑같이 나누어 가지는 것이 아니겠는가? 만물들은 더불어 삶을 가꾸어 간다. 만물은 자기만을 위해서 살지 않는다. 만물은 무성하게 자라났다가 각자 그 뿌리로 돌아갈 뿐이고, 다시 그것을 반복한다. 그래서 만물의 삶은 '항상됨'을 유지한다. 이 '항상됨'을 아는 '눈밝은'[明]자가 성인이다. 그래서 성인은 상관적 대대와 차연이라는 만물의 존재 방식을 자기 삶의 법식으로 삼는다. 성인은 세상을 "자기중심으로 보려하지 않으므로 눈이 밝아지고, 자기가 옳다하지 않으므로 빛나게 되고, 자신을 자랑하지 않으므로 공적이 있고, 자기를 과시하지 않으므로 어른이 된다."(不自見, 故明, 不自是, 故彰, 不自伐, 故有功, 不自矜, 故長; 22장). 반대로 "자기중심으로 보려는 자는 눈 밝지 못하고, 자기가 옳다고 하는 자는 빛나지 못하고, 자신을 자랑하는 자는 공적이 없고, 자신을 과시하는 자는 어른이 못된다. 도와 만물의 관점에서 보면 그것은 먹다 남은 밥이고 군더더기 행동일 뿐이다."(自見者不明, 自是者不彰, 自伐者無功, 自矜者不長, 其在道也, 曰餘食贅行; 24장). 그러나 성인과 만물의 삶은 그렇지 않다. 만물과 성인은 자라게 하면서도 다투지 않고, 공생하면서도 소유하지 않고, 일을 하면서도 의지하려 않고, 공을 이루어도 머물지 않는다. 만물은 서로 병작하고, 성인의 삶도 그러하다.

3) 무지무욕을 통한 본성의 드러남

불행히도 인간들은 도의 원리와 만물의 존재방식, 그리고 세상사의 이치를 모른다. 자기중심으로 세상을 보려하고, 자기만이 옳다고 주장하고, 자신의 업적을 뽐내려하고, 자기의 능력을 과시하려 한다. 하늘의 도는 남는 것을 덜어내고 부족한 것은 보충해주는 자연스러운 일반경제에 따른 교역을 하지만, 인간들은 오히려 부족한 것을 더 덜어내려 하고 남는 것을 더 보태려고만 하는 제한적 시장경제를 추구한다.[31] 왜 그런가? 인간은 지능의 분별심으로 무장한 욕망(desire)의 존재이기 때문이다. 그래서 노자는 우리에게 지성과 본능의 소유론적 욕망을 내려놓으라고 말한다. 그래야 인간의 자연적 본성이 드러날 수 있다고 여긴다.

---

31) 만물이 병작하는 삶을 경제학적으로 김형효는 프랑스의 사상가인 바따이유(Georges Bataille)를 따라 '일반경제'(l'economie generale)라 지칭하고 있다. 그것은 인간들 간에 벌어지는 '제한경제'(l'economie restreinte)와 대비된다. 일반경제는 엄밀한 의미에서 경제적인 개념이라 할 수 없다. 그것은 자연의 주고받음을 의미하는 것이기 때문이다. 이를테면, 구름이 비를 내리고 그 빗물이 증발하여 다시 구름으로 순환하는 현상은 서로 교역하는 자연스러운 이치이다. 만물들의 병작하는 삶은 모두 이러한 교역의 거래와 다르지 않다. 바따이유와 김형효는 바로 이러한 교역의 거래를 일반경제라 규정한 것인데, 지금까지 검토했듯이, 여기에는 대가와 이익을 바라는 소유욕이나 지배욕이 전혀 없다. 그래서 일반경제는 비경제적인 자연경제일 뿐이다. 이에 반해, 제한경제는 소유를 목적으로 하는 인간만의 세한적 시장경제를 뜻한다. 거기에는 이미 이윤을 추구하는 대가성이 본질적으로 쟁여져 있기에 경제적이라 명명될 수 있다. 김형효, 앞의 책, 55쪽.

그동안 노자의 인성론은 두 가지 관점에서 이해하여왔다. 하나는 성선설(性善說)이고,[32] 다른 하나는 성무선무악설(性無善無惡說)이다.[33] 이 중 어느 것이 맞는가? 일단 나는 후자의 관점에 동의한다. 솔직히 노자가 인성의 선악에 대해 분명하게 밝힌 적은 없다. 그러나 노자가 문화보다는 자연을, 인위나 작위보다는 무위를 강조한 철학자였다는 점에서 그가 보는 인성론의 관점도 추론할 수 있다고 여겨왔다. 관건은 '자연'과 '무위'를 도덕적 선으로 해석할 수 있느냐에 달렸다. 노자를 성선론자로 보는 이들은 인성의 자연성을 도덕적 선으로 해석한다. 노자는 아직 가공되지 않은 자연의 순박한 상태인 어린아이, 즉 적자(赤子)나 영아(嬰兒)를 덕 있는 자[34]로 여겼다는 것이 그 증거라는 것이다. 그러나 이러한 성선론의 관점은 타당한가? 적자나 영아의 비유는 도덕적으로 선도 악도 아닌 성무선무악설의 증거로도 해석할 수 있기 때문이다. 나는 성무선무악설의 관점을 수용하는 가운데, 궁극적으로 노자가 <욕구와 선善의 일치>를 지향하는 심성론을 전개했음을 주장한다.

생명가진 모든 존재는 생명보존을 일차적인 삶의 목적으로 삼는다. 몸의 자연성(필요와 요구)은 생명(生)이고, 몸의 자연성에 따르는 무위적 마음은 곧 생명사랑의 본성이다. 몸에 필요(necessity)와 요구(demand)가 발생하면 그것을 충족하고 싶은 마음이 생기고 충족되면 쾌감을 느끼고 생기가 돈는다. 여기까지가 생명을 보존하는 유지선이다. 그 이상도 이하도 생명보전에 도움 되지 않는다. 모자라도 생명에 위협이 되고, 넘쳐도 생명에 보탬이 안 된다. 아무리 맛있는 햄버거도 배고파서 먹으면 생명을 살리지만, 배가 부른데도 먹는다면 비만을 부르고 생명에 위협을 줄 뿐이다. 이것이 몸의 자연

---

[32] 미우라 도우사꾸(강봉수 외 공역), 『중국윤리사상사』(서울: 원미사, 1997), 184쪽; 허창무, 『중국의 윤리사상』(성남: 한국정신문화연구원, 2004), 99쪽 등.

[33] 몽배원(이상선 역), 『중국심성론』(서울: 법인문화사, 1996), 100쪽; 배종호, "동양 인성론의 의의", 한국동양철학회 편, 『동양철학의 본체론과 인성론』(연세대학교출판부, 1996), 360쪽 등.

[34] "含德之厚, 比於赤子"(55장); "常德不離, 復歸於嬰兒"(28장).

성이다. 필요와 요구가 발생하면 때로는 생명보전을 위해 타자의 생명까지도 공격해야 할지 모른다. 나 또한 타자에게 잡아먹힐 수 있다. 세상은 필요와 요구에 따라 잡아먹고 잡아먹히는 먹이사슬의 체계로 이루어져 있다. 자리(自利)가 곧 이타(利他)이다. 그러나 필요와 요구가 충족되면 세상은 평화 그 자체이다. 이것이 세상의 자연성이다. 이러한 몸의 자연성과 세계의 자연성에 따르는 마음이 무위적 마음이다.

> 살려고 나와서 죽음으로 들어간다. 살려는 무리가 열에 셋이고, 죽으려는 무리가 열에 셋이다. 사람의 생명을 사지로 몰고 가는 무리가 또한 열에 셋이다. 어째서 그러한가? 생명을 살리고자 함이 두텁기 때문이다. 대개 들음에 섭생을 잘하는 자는 육로를 가도 코뿔소와 호랑이를 만나지 않고, 전장에 나아가도 갑병의 피해를 당하지 않는다고 하였다. 코뿔소는 뿔을 던질 바가 없고, 호랑이는 발톱을 둘 바가 없고, 병장기는 칼날을 수용할 바가 없다. 어째서 그러한가? 섭생을 잘하는 그에게는 사지가 없기 때문이다. 出生入死, 生之徒十有三, 死之徒十有三, 人之生, 動之死地, 亦十有三, 夫何故, 以其生生之厚, 蓋聞善攝生者, 陸行不遇兕虎, 入軍不被甲兵, 兕無所投其角, 虎無所措其爪, 兵無所容其刃, 夫何故, 以其無死地. (50장)

"섭생(攝生)을 잘하는 자는 육로를 가도 코뿔소와 호랑이를 만나지 않고, 전장에 나아가도 갑병의 피해를 당하지 않는다."고 하였다. 섭생을 잘하는 자란 말할 것도 없이 몸의 자연성에 따라 생명 보존의 도리를 잘 아는 사람일 것이다. 세상은 필요와 요구에 따라 잡아먹고 잡아먹히는 먹이사슬의 체계로 이루어져 있기에, 생명보존의 도리를 아는 자는 몸의 자연성에 따를 뿐 생사에 연연하지 않는다. 소철(蘇轍)의 주(注)에 따르면, 여기서 생지도(生之徒)란 생명보존의 도리를 넘어 생명에 대한 애착이 넘치는 무리이고, 사지도(死之徒)란 동물적 본능에 취해서 스스로 자기를 해치는 무리이다. 그리고 '사지로 들어가는 자'(死地者)란 일을 지을 줄만 알지 쉴 줄을 모르고,

말할 줄만 알지 침묵할 줄 모르고, 생각할 줄만 알지 잊을 줄을 모르는 무리라고 한다. 노자는 이러한 무리가 10명 중에 각각 3명씩이고, 그러니까 10명 중에 9명이 생명보존의 도리를 모르는 자들이란 것이다. 그러나 생명보존의 도리를 아는 자는 1명이지만, 그는 생사에 연연하지 않고 무위적 몸의 자연성에 따르기에 코뿔소나 호랑이를 만나고 전장에 나아가도 오히려 삶을 유지한다.

몸의 자연성은 모든 생명체들이 공유하는 것이고, 무위적 마음은 모든 인간과 일부 고등동물이 공유하는 것이라 볼 수 있다. 동물들에게는 본능적 삶이 곧 본성적 삶이다. 인용에서 '생명보존의 도리를 아는' 1명처럼, 인간들도 아직 본능과 본성이 분리되지 않았을 때에는 본능과 구분되지 않는 본성적 삶을 살았던 것으로 볼 수 있다. 그러나 인간은 자연적 존재인 동시에 사회적 존재이다. 자연적 존재이기에 인간도 무위적 마음으로 세상을 살아갈 수 있다. 그러나 사회적 존재로서 인간은 지성을 계발하고 문화와 문명을 발명하였다. 인간은 생명의 유지와 무관하게, 즉 필요와 요구라는 몸의 자연성을 넘어서서 욕구(need)하고 욕망(desire)하는 유일한 존재이다. 그것은, 몸의 자연성이나 동물성과는 다른, 마음의 영역이 만들어낸 것들이다. 그렇다고 욕구와 욕망의 마음이 몸과 무관한 것은 아니다. 다만 몸과 무관하게 독립적으로 관념을 만들어낼 수 있다는 뜻이다.

현대 심리학적인 뜻에서, 욕구는 인간들만의 삶의 과정에서 발생하는 필요와 요구에 대한 자각에 의해서 생겨난 심리상태이다. 다양한 생리적 욕구와 사회적 욕구 등이 그것이다. 필요와 요구에 바탕을 둔다는 점에서 몸의 자연성으로부터 출발하지만, 인간들만의 삶의 과정에 토대한다는 점에서 욕구는 인간적이고 사회적인 심리이다. 매슬로우(Abrham H. Maslow)는 인간이 가지는 욕구 5단계설을 주장한다. 생리적 욕구 → 안전의 욕구 → 소속과 애정의 욕구 → 자기존중의 욕구 → 자아실현의 욕구가 그것이다. 모든 인간이 이러한 욕구의 단계를 충족시키고 있는지는 의문이지만, 이들 욕구들은 인간 세계에서 가질만한 자연스러운 욕구들인 것 같다.

그러나 인간들은 이러한 자연스러운 욕구충족의 단계만을 밟지 않는다. 가난할 때는 빵 한 조각만으로도 만족해 하지만, 가난을 벗어나면 더 맛있는 빵을 찾는다. 남과 비교하고 계산한다. 선악을 가르고, 귀천과 빈부를 가르고, 미추를 가른다. 남과 비교하고 계산하는 순간부터 자연스러운 욕구를 벗어나 욕망(desire)을 추구하는 길에 들어선다. 욕망은 인간들이 서로를 비교하는 지능의 분별심으로부터 생겨난 것이다. 말하자면, 그것은 인간의 언어적 상징체계, 역사와 문화 등의 관념이 만들어낸 심리이다. 그로부터 소유욕, 출세욕, 명예욕, 권력욕 등이 추구된다. 그래서 노자는 동물적 본능과 욕망을 내려놓기 전에 먼저 비교하고 계산하는 이성과 지성을 포기할 것을 종용한다.

> 학문을 배우면 날로 늘어가지만, 도를 닦으면 날로 줄어든다. 줄고 또 줄어서 무위에 이른다. 爲學日益, 爲道日損, 損之又損, 以至於無爲. (48장); 성스러움을 끊고 교활한 꾀를 버리면 백성들의 이익이 백배가 된다. 絶聖棄智, 民利百倍. (19장); 배움을 끊어버리면 걱정이 없다. 絶學無憂. (20장)

학문을 배우는 것은 지식을 쌓아가는 것이고 관념을 축적해 가는 것이다. 따라서 배울수록 지식과 관념의 양과 질은 축적되어 간다. 그러나 도를 닦는 데는 지식과 관념을 쌓아가는 것이 오히려 깨달음에 방해만 될 뿐이다. 그래서 도의 터득은 축적해온 지식과 관념을 덜어냄으로써 성취된다. 배움의 목적이나 목표는 무엇이고 배움의 내용은 무엇인가? 우선 배움의 내용은 성인(聖人)의 말씀이거나 문화적 전통일 것이다. 예컨대, 그것은 주나라의 예제문화이거나 공자의 말씀일 수 있다.

공자는 누구보다 배움(學)을 강조했던 사상가이다. 그는 후학들에게 시서예악(詩書禮樂)을 배울 것을 종용했고, 인의(仁義)와 효제충신(孝悌忠信)의 덕에 대해 강론하였다. 또한 그는 후학들이 금과옥조로 여겨야 할 성스러운 말씀의 기록(『논어論語』)을 남기기도 하였다. 한마디로, 공자는 배움의 학을 통해 인간은 덕을 취하고 악덕을 버릴 수 있다고 여겼다. 그래서 그는 배움이라는 의지적 노력을 통하여 선과 악, 옳고 그름을 분별하는 도덕적 이성(仁)을 계발하도록 후학들에게 촉구하였다. 또한 그는 도덕정치를 통하여 세상의 악을 광정할 수 있다고 여겼고, 이를 실천하기 위하여 주유천하는 삶을 살았다.

그러나 이러한 공자의 배움에 대한 강조와 도덕정치의 구현 노력에도 불구하고 세상은 정 반대로 돌아갔다. 예가 무너지고 악이 붕괴되었고, 서로가 이익의 이전투구를 벌이는 형국이었다. 춘추전국시대의 세속적 제후들은 당위적 도덕정치보다는 오히려 천하를 차지하고 통치하기 위한 실용의 지식과 패도정치의 기술을 더 추구하였고, 그러한 지식과 기술을 갖춘 자를 구하고자 하였다.

노자는 공자의 도덕이성도 제후들의 기술적 지성도 모두 세상을 향한 소유론적 욕망에 다름 아니라 여겼다. 그는 이성과 지성의 과잉이 오히려 이 세상을 더 혼란스럽게 한다고 생각했다. 세상은 도덕이성을 통하여 단순하게 선과 악, 옳고 그름이라는 이분법적으로 재단될 수 있는 것이 아니다. 도덕적 명분 쌓기가 오히려 위선자를 양산할 뿐이다. 그러한 생각은 세상을 적과 동지로 나누며 적을 섬멸과 장악의 대상으로 삼으려는 처사와 다르지 않다. 또한 기술적 지성은 좋은 뜻으로 인간의 물질적 욕망을 합리적으로 조절하려 하지만, 그것은 위정자들의, 위정자들을 위한 소유의 욕망을 기술적으로 처리하기 위한 교활한 기교에 지나지 않는다고 노자는 생각했다. 그래서 노자는 유가적 의미의 성스러운 말씀도 기술적 지성의 교활한 기교도 버릴 것을 주장한다. 그래야 오히려 백성들의 이익이 배가된다.

이성이든 지성이든 그것은 세상을 비교하고 계산하고 판별하는 도구이다. 그래서 그것은 귀천의 우열을 낳고 선악과 미추를 가르고 차별과 지배를 정당화한다. 아래의 인용처럼 왜 남을 알려는 자는 교활하고 억지로 행동하는 자는 숨은 뜻이 있다고 노자가 하겠는가? 지식과 관념 쌓기 용 배움은 세상을 장악하려는 소유욕과 지배욕에 다르지 않다. 노자가 볼 때, 이것이 바로 인간들이 배움을 추구하는 목적이고 목표였다고 진단했다.

> 남을 아는 자는 교활하고, 스스로를 아는 자는 눈밝다. 남을 이기는 자는 완력이 있고, 스스로를 이기는 자는 강하다. 만족을 아는 자는 부유하고, 억지로 행동하는 자는 숨은 뜻이 있다. 본래자리를 잃지 않는 자가 오래 가고, 죽어서도 잊혀지지 않는 자가 오래 산다. 知人者智, 自知者明, 勝人者有力, 自勝者强, 知足者富, 强行者有志, 不失其所者久, 死而不亡者壽. (33장)

남을 이기고 장악하려면 완력이 필요하다. 완력이라 해서 반드시 물리적인 힘을 뜻하지만은 않는다. 이성과 지성의 힘 또한 완력에 다름 아니다. 그래서 이성과 지성을 기르는 배움과 지식 쌓기는 온갖 근심걱정의 근원이 된다. 남을 이기고 장악하려는 지식과 관념을 밖으로부터 배우고 쌓기보다는 안으로 자신의 본성을 스스로 볼 줄 아는 '눈밝은'(明) 자가 되어야 한다. 48장의 주장처럼 지식을 덜어내고 도를 터득해야 그것이 가능하다. 그래서 노자는 단적으로 지식과 관념 쌓기 용 배움을 포기하라고 주장한다. "배움을 끊어버리면 걱정이 없다."(絶學無憂).

모든 소유론적 욕망이 지능의 분별심으로 생겼기에 지식과 관념 쌓기 용의 배움을 버리라고 하는 한편, 노자는 이미 생겨버린 동물적 본능의 욕망도 내려놓기를 종용한다.

> 오색이 사람들로 하여금 눈멀게 하고, 오음이 사람들로 하여금 귀멀게 하고, 오미가 사람들로 하여금 입맛을 잃게 만들고, 말 달리며 사냥하는 것이 사람들로 하여금 마음을 발광하게 만들고, 얻기 어려운 재화가 사람들로 하여금 행동을 방해한다. 이로써 성인은 배를 위하지 눈을 위하지 않는다. 그러므로 저것을 제거하고 이것을 취한다. 五色令人目盲, 五音令人耳聾, 五味令人口爽, 馳騁畋獵令人心發狂, 難得之貨令人行妨, 是以聖人爲腹不爲目, 故去彼取此. (12장)

오색(五色)을 탐하고 오음(五音)을 즐기고 오미(五味)를 맛보려 하는 것은 모두 필요이상의 식색지성을 추구하는 것이다. 오로지 배에 충실한 식색지성은 도덕적으로 선도 악도 아닌 자연스러운 본능이고 본성이다. 생명가진 만물은 오색을 구분하고 오음을 따지고 오미를 분별하지 않는다. 그들에겐 지능의 분별심이 없기 때문이다. 오로지 인간만이 그것들의 <아름다움/추함>, <좋음/나쁨>, <맛있음/맛없음> 등을 구분하고 비교하고 따지며 취사선택하고자 한다. 그럴수록 욕망이 채워지기보다는 인간의 마음은 더 큰 욕망을 향한다. 그래서 노자는 말한다. 아름다운 색과 화려한 음악과 달콤한 음식이 우리의 눈과 귀와 입을 더욱 혼란스럽게 한다. 사냥의 즐거움이 싸움을 충동질하고 물질적 재화가 사람의 마음과 행동을 더욱 어지럽힌다. 그래서 이를 아는 성인은 몸의 자연성인 배에 충실하지 오관의 감각을 멀리한다.

> 명예와 몸 중에 어느 것이 더 친하고, 몸과 재화 중에 어느 것이 더 많고, 얻음과 잃음 중에 어느 것이 더 병이 될까? 이런 까닭으로 심한 애착은 반드시 많은 낭비를 낳고, 많은 소유의 저장은 반드시 더 많은 잃음을 낳는다. 만족을 알면 모욕되지 않고, 멈춤을 알면 위태롭지 않고 더 오래갈 수 있다. 名與身孰親, 身與貨孰多, 得與亡孰病, 是故甚愛必大費, 多藏必厚亡, 知足不辱, 知止不殆, 可以長久. (44장)

명예도 재화도 몸보다 중요하지 않다. 몸의 자연성은 생명유지에 만족한다. 그런데 지능의 분별심으로 무장한 마음이 명예와 재화에 대한 애착을 낳는다. 소유욕을 버리고 만족할 줄 알아야 하고 멈출 줄 알아야 한다. 몸의 자연성은 자기의 몸조차 자신의 소유로 삼지 않는다. 자기 몸에 대한 자기 소유를 인식하는 마음이 바로 '자아의식'(ego)이다. 몸은 다른 몸들과 상관적 차연으로 존재하고, 만물은 같음과 동시에 다름일 뿐이다. 그래서 몸은 나의 것이 아니라 너의 것인 동시에 나의 것이다. 몸은 천하가 공유하는 것이다. 늘 내가 홀로 존재한다고 여기는 자아의식이 문제다. 그것이 소유욕을 낳고 이 전투구의 세상을 만든다.

이성과 지성으로 무장된 분별심을 버리고 동물적 본능의 욕망을 내려놓을 때 비로소 인간 본래의 본성이 드러나고, 세상의 여여(如如)한 사실을 있는 그대로 볼 줄 아는 '눈밝음'(明)이 회복될 수 있다. 앞 절의 16장에서 보았지만, 모든 만물은 태어났다가 다시 뿌리로 돌아갈 뿐만 아니라 서로 병작하는 삶을 산다. 이것이 만물의 '고요함'(靜)이고 '항상됨'(常)이다. 인간은 지성과 본능을 모두 내려놓은 텅 빈 마음(虛心)과 고요한 마음(靜心)을 가질 때, 비로소 이러한 만물의 탄생과 복귀 그리고 병작하는 삶을 볼 수 있는 '눈밝음'(明)을 가질 수 있다. 그런데 사람들은 이 '눈밝음'을 갖기가 쉽지 않다. 거울에 먼지가 낀 것처럼 이미 지성과 세속적 욕망의 때로 인하여 '눈밝음'이 가려져 있기가 십상이기 때문이다. 그러나 인간은 원래 이 '눈밝음'을 가지고 태어났다. 아직 철들지 않은 어린아이를 보라.

> 품은 덕이 도타운 이는 어린아이에 비유된다. 독충도 쏘지 않고, 맹수도 잡아먹지 않고, 맹금도 붙잡지 않는다. 뼈와 힘줄은 유약하지만 손아귀는 견고하다. 아직 암수의 합궁을 모르지만 성기가 완벽히 일어난다. 정력의 극치이다. 종일토록 울어도 목쉬지 않는다. 조화의 극치이다. 조화를 아는 것은 '항상됨'이라 하고, 항상됨을 아는 것을 '눈밝음'이라 한다. 含德之厚, 比於赤子, 毒蟲不螫, 猛獸不據, 攫鳥不搏, 骨弱筋柔而握固, 未知牝牡之合而朘作, 精之至也, 終日號而不嗄, 和之至也, 知和曰常, 知常曰明. (55장)

가장 꾸밈없이 자발적으로 자기 자신을 표현하는 존재가 인간에게 있어서 어린아이이다. 어린아이는 외부의 조그만 영향이나 촉발에 대해서도 놀라움, 감탄, 그리고 경이를 표현한다. 어린아이가 너무 따지기를 좋아하고 어른 흉내를 내면서 객관적으로 판단하기를 좋아하면, 그 어린아이는 그만큼 매력을 상실하고 만다. 정확하지 못함에 어린아이의 매력이 있다. 어린아이가 판단하듯이 사물을 쪼개기 좋아하면, 그는 주위에 순진함을 잃은 서글픔을 주고 만다. 이처럼 어린아이는 무장되어 있지 않고, 자기 자신을 주위에 그대로 노출시키고 있다. 어린아이는 순진하고 순수함(purity)의 원본이다.[35] 어린아이의 순수함이란 도덕성(morality)과도 아무런 관계가 없다. 그것은 오직 세상에 오염되지 않은 무위적 마음의 상태이다.[36]

　그래서 어린아이는 아직 세상의 부정과 저항을 잘 모른다. 세상을 인위적으로 장악하거나 맞서려는 욕망이 없기에 독충도 어린아이를 쏘지 않고, 맹수도 잡아먹지 않고, 맹금도 붙잡지 않는다. 그리고 어린아이는 뼈와 힘줄은 유약하지만 손아귀는 견고하다. 아직 암수의 합궁을 모르지만 성기가 완벽히 일어난다. 종일토록 울어도 목쉬지 않는다. 어린아이는 충기(沖氣)의 존재이다. 충기는 아직 음기도 양기도 아닌 음양사이의 텅 빈 허공이다. 그래서 어린아이는 유연하고 활력에 넘치고 세상과 쉽게 조화를 이룬다. 유연하기에 오히려 자신을 지탱할 수 있고, 남녀의 성욕을 모르기에 오히려 자연스러운 정기가 넘치고, '남과 다투려는 마음이 없음'(무쟁욕無爭欲)으로 종일 울어도 목이 쉬지 않는다.

　그러나 어린아이의 순수성, 유연성, 활력, 무쟁욕은 그의 자발성의 신화가 깨어지는 순간에 어른의 세계로 진입하게 되고, 그와 동시에 역사와 사회현실의 복잡함과 어려움 앞에서 그의 의식이 안으로 분열된다. 그 분열은 주객분리를 가져오고, 주객분리는 판단을 잉태하며, 판단과 함께 천진한 자발성은 숨어버리고 간접적 표현과 수식이 그 자리를 대신한다. 누구든지 어른이 되면 운명적으로 천진난만한 자발성을 상실하고 이욕의 때가 묻기 마련이고, 하늘로부터 부여받은 본성이 가려지기 마련이다. 어른은 본성의 '눈밝음'에 때가 끼기에 더 이상 세상을 있는 그대로 보질 못한다. 그래서 생명의 자연성을 넘어서는 욕심을 부리고, 사심으로 세상을 재단하려 한다. 세상에 재앙을 몰고 오는 이유가 바로 여기에 있다. 따라서 어린아이의 본성을 회복(復歸於嬰兒; 28장)해야 하고, '눈밝음'의 직관능력을 복기해야 한다.

---

35) 이상의 어린아이의 심성에 대한 고찰과 표현은 김형효에서 빌렸다. 김형효, 『맹자와 순자의 철학사상』(서울: 삼지원, 1990), 117~122쪽.
36) B. S. 라즈니쉬(변지현 옮김), 『죽음의 예술』(서울: 청하, 1985), 43쪽.

'눈밝음'은 세상을 빛과 어둠, 진리와 비진리로 이분법적으로 재단하지 않고, 세상의 사실을 있는 그대로 '즉각적으로 포착'(습상襲常; 52장, 혹은 습명襲明; 27장)해 내는 직관능력이다. 지성이나 이성은 세상을 합리적으로 추론하는 능력이다. 이것은 자아의 비교하고 계산하는 능력이다. 그러나 인간의 생각작용에는 합리적 추론과정 없이 이루어지는 즉각적인 판단능력도 있다. 직관은 경험적, 개념적으로 생각하는 능력이 아니라, 세상의 이치를 사실 그대로 관통하는 능력이다. 베르그송(Henri Bergson)은 직관을 "동물적 본능처럼 제한적이지 않고, 또 행동의 이해관계와 실용성을 따져서 취사선택하는 이성도 아닌 '공평무사한 공감'(disinterested sympathy)능력"이라 정의한다.[37] 노자의 '눈밝음'도 이러한 베르그송의 개념과 다르지 않다. '눈밝음'은 이성이 말하기 전에 천리를 판별하는 거울(명경明鏡)과 같다. 거울은 세상을 주체중심으로 보지 않고, 세상을 있는 그대로 비추는 물건이다 (항조자恒照者).

---

[37] 송영진, 『직관과 사유; 베르그송의 인식론 연구』(서울: 서광사, 2005), 237~278쪽 참조, 베르그송이 말하는 '공감'(sympathy)는 감정적 역할채택의 개념으로서의 '공감'(empathy)과는 다르다. Empathy는 나의 마음으로 타인의 마음을 느끼려는 일종의 투사(投射)에 불과하다. 그러나 Sympathy는 나를 지우고 타인의 마음을 있는 그대로 느끼려는 감정이다.

2. 노자의 윤리사상

　노자는 현인과 불초를 나누고 선과 악, 옳고 그름을 작위적으로 나누는 도덕적 기준을 없애라고 한다. 선에 상대하여 악이 있고 악에 상대하여 선이 있으며, 옳음에 상대하여 그름이 있고 그름에 상대하여 옳음이 있을 뿐이라 하였다. 그렇다면 세상에는 도덕적 선과 악, 혹은 옳음과 그름의 절대적 기준이란 없는 것인가? 그는 단지 문화권마다 도덕적 기준이 다르다는 윤리적 상대주의, 혹은 개인마다 도덕기준이 다르다는 윤리적 주관주의를 주장하고 있는 것인가? 이것도 저것도 아니라면 그야말로 모든 도덕이나 윤리를 폐하고 무위자연으로 돌아가라는 것인가? 이것이 그동안 노자의 윤리사상에 던져왔던 질문들이다. 그리고 실제 그는 윤리적 주관주의 혹은 상대주의자로 오해받아 왔다. 이 장은 바로 노자에게 덧씌워진 이러한 혐의를 불식시키기 위한 시도이다.
　과연 노자는 도덕적 선과 악 혹은 옳음과 그름의 절대적 기준이란 전혀 없는 것으로 보았는가? 결론부터 말하면, 전혀 그렇지 않다는 게 나의 주장이다. 인간세계의 작위적 도덕기준을 폐하는 대신 자연세계의 무위적 도덕기준을 따르라는 것이 노자의 입장이다. 사실 '도덕적'이라는 개념이 사회적 존재로서의 인간을 전제로 하여 생겨난 것이기에 '무위적 도덕'이란 용어는 어폐가 있다. 단적으로 자연세계에는 도덕이 있을 수 없다. 그러나 노자가 자연세계의 원리를 인간들의 도덕적 기준으로 따를 것을 종용하기에 그것을 나는 '무위적 도덕' 혹은 '무위윤리'라고 부른다. 그리고 이 절에서 나는 노자가 주장하는 무위윤리의 도덕규준은 '생명사랑'이었고, 모든 덕을 대표하는 덕목으로 '겸허'의 덕을 소중히 여겼음을 밝히고자 한다.

1) 모든 작위적 도덕을 폐하라

노자의 시대는 춘추전국시대였다. 공자가 예악(禮樂)이 무너졌다고 진단했을 때, 그가 지칭하는 예악이란 주(周)나라의 예악(禮樂)을 말한다. 종법(宗法)이데올로기에 바탕을 두고, 주공(周公)에 의해 정립된 주례(周禮)가 그것이다. 춘추전국시대는 그야말로 <특정질서로서의 도덕>개념인 그동안의 예악형정이 모두 무너져버린 병든 시대였다. 이러한 시대를 맞아, 뜻있는 제후와 그를 추종하는 위정자들이 부국강병을 가져오는 실용과 유용성의 원리에 토대하여 무너진 예악형정을 다시 되살리려고 했다면, 공자와 유가들은 인(仁)과 충서(忠恕)의 원리에 토대하여 <특정질서로서의 도덕>을 재입법하고자 하였다. 전자가 유위윤리적 처방이라면, 후자는 당위윤리적 처방이다.

유위윤리 혹은 실용윤리란 행위의 결과가 선(善)과 유용성을 낳는다면 그것이 도덕적으로도 옳다고 여기는 관점이다. 인간은 이익을 추구하는 욕망의 존재이다. 그러나 인간의 이기적 욕망은 합리적인 기준과 제도로 통제되고 조절되어야 한다. 합리적 기준과 제도는 공동체의 공공선과 복리의 유용성에 바탕을 두어야 한다. 이러한 관점을 주장한 사상가가 묵자(墨子, 성명은 묵적 墨翟; BC. 501?~BC. 416?)였다. 그는 겸애교리(兼愛交利)를 주장한다. 그에게 있어 의로움이란 곧 이익이었고, 그 이익은 모든 구성원이 공유되어야 한다는 사유를 전개했다. 묵자보다 앞서 공자도 잠시 유위적 사유에 관심을 둔 적이 있지만,[38] 그가 역사현실에서 실천하고자 했던 사상은 당위윤리적 관점이었다.

당위윤리란 행위의 결과(유용성, 실용성, 공리성)와 무관하게 단지 그 가치규범이 옳다는 이유 때문에 지켜지기를 주장하는 것이다. 공자는 효제충신

---

38) 공자는 유위적 사유, 당위적 사유와 함께 무위적 사유도 전개했지만 역사현실에서 실현하기는 쉽지 않다고 여겼다. 그에게 있어 무위이치는 당위적 노력정치를 실현한 이후에나 달성 가능한 궁극적 이상이었다.

(孝悌忠信)의 덕을 소중히 여겼다. 특히, 효를 인(仁)을 실현하는 근본이고 출발이라 보았다. 형제간의 우애도 효의 확장이고, 군신간의 충과 의리도 효의 국가·사회적 확대에 다름 아니다. 이러한 가치규범을 지키는 것은 단지 그것이 옳기 때문이지 다른 이유가 있는 것이 아니다. 내가 도덕적이어야 할 이유는 단지 성선(性善) 혹은 보편적 이성을 가진 인간이기 때문이다. 이러한 관점에서, 공자는 '내가 하고 싶지 않은 것을 남에게 베풀지 말라'(己所不欲, 勿施於人)는 충서(忠恕)의 원리를 도덕규준으로 주장했다. 이것이 공자와 유가들이 주장했던 인의(仁義)의 당위윤리이다.

묵자의 겸애교리와 공자의 인(仁)과 충서의 원리는 모두 <기본정신 혹은 원리로써의 도덕> 개념인 셈이다. 정치사회철학적으로 전자가 패도적 기술정치를 추구한다면, 후자는 왕도적 도덕정치로 나아간다. 그러나 노자는 인의의 당위윤리도 실용의 유위윤리도 거부했다. 아래의 인용에서 보듯이, 왜 노자가 '성스러움'과 인의를 끊어버리고, 교활한 기교도 끊어내라고 말하는가? 노자는 유가들의 도덕이성도 제후들의 기술적 지성도 모두 세상을 향한 소유론적 욕망에 다름 아니라 여겼다.

> 성스러움을 끊고 교활한 기교를 버리면 백성들의 이익이 백배가 된다. 인을 끊고 의를 버리면 백성들은 효도와 자애를 회복한다. 기교를 끊고 이익을 버리면 도적들이 나타나지 않는다. 이 세 가지를 문화와 장식으로 여기는 것으로 만족해서는 아니 된다. 그러므로 마음으로 소속된 바가 있게 해야 한다. 소박한 것을 보고 질박한 것을 끌어안으며, 사사로움을 적게 하고 욕심을 줄여야 한다. 絶聖棄智, 民利百倍, 絶仁棄義, 民復孝慈, 絶巧棄利, 盜賊無有, 此三者以爲文不足, 故令有所屬, 見素抱樸, 少私寡欲. (19장)

노자는 도덕적 이성과 기술적 지성의 과잉이 오히려 이 세상을 더 혼란스럽게 한다고 생각했다. 이성의 이름으로 도덕규범의 보편성을 가장하는 도덕적 명분 쌓기가 오히려 위선자를 양산할 뿐이다. 그러한 생각은 세상을 적과 동지로 나누며 적을 섬멸과 장악의 대상으로 삼으려는 처사와 다르지 않다. 또한 기술적 지성은 좋은 뜻으로 인간의 물질적 욕망을 합리적으로 조절하려 하지만 그것은 위정자들의, 위정자들을 위한 소유의 욕망을 기술적으로 처리하기 위한 교활한 기교에 지나지 않는다고 노자는 생각했다. 그래서 노자는 성스러운 말씀도 교활한 기교도 버릴 것을 주장한다. 그래야 백성들의 이익이 배가된다. 인의의 도덕이성도 버려야 한다. 그래야 효도와 자애가 회복된다는 것이다. 노자는 오히려 세상의 도가 사라짐으로 인해 당위적인 도덕의 목소리가 주장되고, 교활한 기술적 지성의 출현이 더 큰 거짓을 낳았다고 진단한다.

> 큰 도가 폐해지자 인의가 생겨나고, 교활한 기교가 나타나자 큰 거짓이 일어나고, 육친이 화목하지 못하자 효도와 자애가 주장되고, 국가가 혼란스러워지자 충신이 나타났다. 大道廢有仁義, 智慧出有大僞, 六親不和有孝慈, 國家昏亂有忠臣. (18장)

노자가 보기에, 대도(大道)의 세계에서 효도와 자애와 충성은 배우지 않아도 자연스럽게 발현될 수 있는 덕성(德)이었다. 그런데 오히려 당위적인 인의의 도덕이성과 유위적인 기술적 지성의 출현이 대도를 사라지게 하였을 뿐만 아니라 자연스러운 덕성의 발현을 막고 있다. 특히, 노자는 공맹유학에서 도덕적 본성으로 주장되는 인의예지(仁義禮智)를 오히려 모두 후천적인 하덕(下德)으로 평가 절하한다.

> 상덕(上德)은 덕스럽고자 하지 않음으로써 덕이 있다. 하덕(下德)은 덕스러움을 잃지 않고자함으로써 덕이 없다. 상덕은 무위하면서 작위가 없다. 하덕은 당위하면서 작위가 있다. 상인(上仁)은 당위하면서 작위가 없다. 상의(上義)는 당위하면서 작위가 있다. 상예(上禮)는 당위하면서 응답이 없으면, 팔뚝을 밀치며 거듭 종용한다. 그러므로 도를 잃은 후에 덕이 생기고, 덕을 잃은 후에 인이 생기고, 인을 잃은 후에 의가 생기

고, 의를 잃은 후에 예가 생겼다. 무릇 예라는 것은 충신의 엷어짐을 의미하고 혼란의 수장이다. 미리 앞서 따져 아는 것은 도의 장식이고 어리석음의 시작일 뿐이다. 이로써 대장부는 그 후한데 거처하지 박한데 거처하지 않고, 실질에 거처하지 장식에 거처하지 않는다. 그러므로 저것을 버리고 이것을 취한다. 上德不德, 是以有德, 下德不失德, 是以無德, 上德無爲而無以爲, 下德爲之而有以爲, 上仁爲之而無以爲, 上義爲之而有以爲, 上禮爲之而莫之應, 則攘臂而仍之, 故失道而後德, 失德而後仁, 失仁而後義, 失義而後禮, 夫禮者, 忠信之薄, 而亂之首, 前識者, 道之華, 而愚之始, 是以大丈夫處其厚, 不居其薄, 處其實, 不居其華, 故去彼取此. (38장)

대도(大道)의 세계에서 덕성(上德)은 자연스럽게 무위적으로 발현되는 것이었다. 인위적으로 덕스러움을 갖추고자 하지 않아도 이미 덕이 본성에 내재되어 있다. 그리고 상덕(上德)의 본성은 인간뿐만 아니라 모든 만물에게도 내재된 것으로 보아야 한다. 그러나 공맹유학은 이러한 사실을 모르고 인간들만이 도덕적 본성을 가진 존재로 여긴다. 그것이 바로 인의예지(仁義禮智)이다. 그러나 노자가 보기에 그것은 당위윤리적인 하덕(下德)일 뿐이다. 공맹유학은 인의예지를 도덕적 본성이라 주장하지만, 인간들이 그 덕을 발현하기 위해서는 의식적(意識的)이고 의지적(意志的)인 노력을 수반할 수밖에 없는 것으로 여기기 때문이다. 그나마 노자는 인(仁)의 덕을 의식적이만 의지적인 노력 없이도 가능한 것으로 여기고 있다. 그러나 의(義)의 덕을 실현하기 위해서는 의식적이고 의지적인 노력이 필요하며, 예(禮)의 덕은 더 많은 의지적인 노력이 요구된다. 이처럼 노자는 인도 하덕이지만 의는 그다음의 하덕이고, 예는 그다음의 하덕으로 세 가지가 모두 하덕 중의 상/중/하로 분류하고 있다. 또한 따져 묻는 지(智)의 덕도 도의 장식이고 어리석음의 시작일 뿐이라는 게 노자의 생각이다. 그래서 앞의 18장과 마찬가지로 도가 사라지자 인의예지의 당위적 도덕들이 생겨났다고 노자는 진단한다.

그런데 노자는 인의예지가 모두 하덕인데 상인(上仁), 상의(上義), 상예(上禮)라 표현했을까? 아마도 이는 공맹유학의 윤리체계를 고려한 것이 아닌가 한다. 유가에서 인의예지의 도덕적 본성을 대표하는 덕은 인이다. 인은 전덕(全德)이면서 도덕의 궁극적 원리이다. 도덕적 상황에서 인(仁: 사람사랑)의 원리를 바탕으로 상황을 파악하여 옳고 그름을 따지고(智) 적절한(義) 규범(禮)을 입법하고 행동하는 것이 인의예지이다. 인의 원리를 바탕으로 부모에 대하여 적절하게 입법된 규범이 효(孝)이고, 형제간의 규범이 제(悌)이고, 국가와 벗에 대한 규범이 충(忠)이고 신(信)이다. 이러한 유가윤리체계에서 효제충신은 하덕이고 인의예지는 상덕일 수 있다. 이러한 체계를 고려하여 노자는 상인(上仁), 상의(上義), 상예(上禮)라 한 것 같다. 그리고 그는 다른 덕과는 달리 인(仁)을 당위적이지만 작위가 없다고 했는데, 이는 노자 자신이 유가적인 뜻과는 달리 사용하고 있는 인 개념과 무관하지 않기 때문인 것 같다. 이 점에 대해서는 뒤에서 다시 보기로 하자.

요컨대, 도구적 이성이든 형이상학적 이성이든 모두 인간중심의 소유론의 철학이다. 유용성을 기준으로 삼는 유위윤리도, 도덕이성에 호소하는 당위윤리도 모두 인간들이 세상을 도덕적으로 재단하는 기준법일 뿐이다. 그러나 인간들이 구분하듯 세상은 그렇게 단순하게 도덕적 선과 악, 옳고 그름이라는 이분법으로 재단될 수 있는 곳이 아니다(善之與惡, 相去何若; 20장). 아래의 인용을 보자.

> 천하(사람들이)가 모두 아름다움이 아름다움이 되는 것으로만 안다면 이것은 추함일 뿐이고, 선(善)이 착함이 되는 것으로만 안다면 이것은 불선(不善)일 뿐이다. 그러므로 유와 무가 서로 공생(더불어 삶)하고, 어려움과 쉬움이 서로 이루고, 깊과 짧음이 서로 형성하고, 높음과 낮음이 서로 기울고, 음과 소리가 서로 조화하고, 앞과 뒤가 서로 수반한다. 이로써 성인은 무위(無爲)의 일에 거처하고 '말없는 가르침'(不言之敎)을 행한다. 만물은 자라나면서도 다투지 않고, 공생하면서도 소유하시 않고, 일을 하면서도 의지하려 않고, 공을 이루어도 머물지 않는다.

> 대저 오직 머물지 않기에, 이로써 떠나가지도 않는다. 天下皆知美之爲美, 斯惡已, 皆知善之爲善, 斯不善已, 故有無相生, 難易相成, 長短相形, 高下相傾, 音聲相和, 前後相隨, 是以聖人處無爲之事, 行不言之敎, 萬物作焉而不辭, 生而不有, 爲而不恃, 功成而弗居, 夫唯弗居, 是以不去. (2장)

아름다움이 아름다움이 되는 것으로만 안다면 이것은 추함일 뿐이고, 선(善)이 착함이 되는 것으로만 안다면 이것은 불선(不善)일 뿐이다. 유와 무가 서로 공생(더불어 삶)하고, 어려움과 쉬움이 서로 이루고, 깊과 짧음이 서로 형성하고, 높음과 낮음이 서로 기울고, 음과 소리가 서로 조화하고, 앞과 뒤가 서로 수반한다. 즉, <아름다움/추함>, <선/불선>, <유/무>, <어려움/쉬움>, <깊/짧음>, <높음/낮음>, <음/소리>, <앞/뒤>가 모두 상관적 차연으로 존재한다. 이것이 세상의 있는 그대로의 사실이다. 그것이 대도(大道)의 세계이다. 대도의 세계는 작위적 도덕을 주장하지 않기에 불인(不仁)하다. 대도를 터득한 성인도 불인하다.

> 천지가 불인(不仁)하므로 만물로 추구(芻狗: 짚으로 만든 강아지)를 삼았고, 성인도 불인하므로 백성으로 추구를 삼았다. 천지의 사이는 그 탁약(橐籥: 풀무)과 같은저! 비었으나 굴하지 않고 움직일수록 더욱 나온다. 그러나 인간은 말이 많을수록 더욱 궁색해지니, 그 가운데(中=沖, 텅 빔, 즉 침묵)를 지키는 것만 못하다. 天地不仁, 以萬物爲芻狗, 聖人不仁, 以百姓爲芻狗, 天地之間, 其猶橐籥乎, 虛而不屈, 動而愈出, 多言數窮, 不如守中. (5장)

천지는 불인(不仁)하고, 성인도 불인하다. 이게 무슨 말인가? 말할 것도 없이, 여기서 인은 당위윤리적 인이거나 유위윤리적 인 개념을 지칭한다. 이러한 인 개념은 어느 것이었든 인간중심적인 작위적 도덕규준일 뿐이다. 이제 아래에서 노자의 무위윤리적 인(생명사랑) 개념을 보겠지만, 무위윤리는 작위적 도덕규준을 주장하지 않는다. 천지의 자연은 작위적인 도덕개념을 가지고 있지 않기에 세상을 선과 악, 옳고 그름의 이분법으로 재단하지 않는다. 마치 추구(芻狗: 짚으로 만든 강아지)가 상황과 맥락에 따라 <필요함/불필요함> 혹은 <사용됨/버려짐>이 약(藥)과 독(毒)의 파르마콘(pharmakon)처럼 공존하듯이, <선/악> <옳음/그름>도 차연적으로 공존한다. 선에 상대하여 악이 있고 악에 상대하여 선이 있으며, 옳음에 상대하여 그름이 있고 그름에 상대하여 옳음이 있을 뿐이다. 천지는 세상을 작위적 선악으로 재단하지 않고, 풀무처럼 텅 빈 무심(無心)으로 만물의 생명을 낳고 낳을 뿐이다. 성인도 무심으로 백성을 사랑한다. 우리도 작위적인 기준과 언설을 떠벌이지 말고 천지와 성인을 따라 배우라고 노자는 종용하고 있다.

2) 생명사랑의 무위윤리

그렇다면 대도(大道)의 세계에는 맥락과 상황에 따른 도덕적 상대주의나 주관주의를 주장하는가? 도덕적 선과 악 혹은 옳음과 그름의 절대적 기준이란 전혀 없는 것인가? 전혀 그렇지 않다. 인간세계의 작위적 도덕기준을 폐하는 대신 자연세계의 무위적 도덕기준을 따르라는 것이 노자의 입장이다. 사실 '도덕적'이라는 개념이 사회적 존재로서의 인간을 전제로 하여 생겨난 것이기에 '무위적 도덕'이란 용어는 어폐가 있다. 단적으로 자연세계에는 도덕이 있을 수 없다. 그러나 노자가 자연세계의 원리를 인간들의 도덕적 기준으로 따를 것을 종용하기에 그것을 나는 '무위적 도덕' 혹은 '무위윤리'라고 부른다. 그러면 무위윤리의 도덕원리는 무엇인가?

몸의 자연성은 생명(生) 보존이다. 필요와 요구를 넘어서지 않는 욕구가 생명을 보존하는 유지선이다. 필요이상도 필요이하도 생명보전에 도움 되지 않는다. 모자라도 생명에 위협이 되고, 넘쳐도 생명에 보탬이 안 된다. 이것이 몸의 자연성이고, 무위윤리의 도덕원리이다. 사언생명의 세계에서는 이리힌

원리가 자연스럽게 통용되고 있다. 필요와 요구가 발생하면 나의 생명을 보전하기위해 불가피하게 타자의 생명을 공격해야 하고 잡아먹어야 한다. 이렇게 모든 생명은 자리적(自利的) 존재이다. 그러나 나 또한 타자에게 잡아먹힐 수밖에 없다. 자신을 살찌우기 위해 열심히 먹이를 먹는 돼지는 인간의 입장에서 보면 '좋은'(善) 일이다. 그러나 인간도 언젠가는 자연에게 자신을 내어주어야 한다. 이처럼 세상은 필요와 요구에 따라 잡아먹고 잡아먹히는 먹이사슬의 체계로 이루어져 있다. '자리적'이라는 것은 생명유지를 위해 '자기의 이익을 추구하지만 동시에 그것이 이타적인 행위가 된다'(자리즉이타自利卽利他)는 뜻이 담겨있다. 나의 욕구 추구가 곧 남에게도 선(善)이다. 자연세계의 원리는 넓게 보면 <욕구와 선善의 일치>를 겨냥하고 있다.

　자연생명의 세계는 필요와 요구라는 몸의 자연성에 따라 살아갈 뿐 사심(私心)이 없다. 생명유지를 위해 남을 해치는 자리적 행위는 선(善)이다. 해침을 당하는 입장에서는 악(惡)이다. 그러나 해침을 당하는 자도 남을 해쳐야 자기생명을 유지할 수 있다. 이처럼 선에 상대하여 악이 있고 악에 상대하여 선이 있다. 마찬가지로 옳음에 상대하여 그름이 있고 그름에 상대하여 옳음이 있을 뿐이다. 그러나 이것을 두고 윤리적 상대주의나 주관주의로 읽어서는 곤란하다. 그렇게 읽는 처사는 인간중심적이고 작위적인 관점일 뿐이다. 거듭 말하지만 자연에는 사심(私心)이 없다. 그래서 자연생명의 세계는 장구하다.

> 천지는 장구(長久)하다. 천지가 장구한 까닭은 스스로 살지(자신을 위해 살지) 않기 때문이다. 그러므로 능히 오래 살 수 있다. 이로써 성인도 그 몸을 뒤로 함으로써 그 몸을 앞서게 하고, 그 몸을 밖으로 내침으로써 그 몸을 보존하게 한다. 사사로움이 없기 때문이 아니겠는가? 그러므로 그 사사로움을 이룰 수 있다. 天長地久, 天地所以能長且久者, 以其不自生, 故能長生, 是以聖人後其身而身先, 外其身而身存, 非以其無私耶, 故能成其私. (7장)

그런데 문제는 이러한 자연생명의 세계에 통용되는 원리를 인간세계에 국한할 때 그대로 적용될 수 있는 도덕원리가 될 수 있는가 하는 점이다. 생명을 중심에 둔 먹고 먹히는 먹이사슬의 법칙은 선의의 뜻으로 '자리즉이타'의 원리이지 약육강식의 원리가 아니던가? 약육강식은 자연법칙일 수 있지만 인간사회에 통용될 도덕법칙일 수는 없지 않은가? 공맹유학이나 훗날 주자학이 노자사상을 불온하게 보면서 가장 우려했던 것이 바로 이점이었다. 과연 인간세계 내에서 <욕구와 선善의 일치>를 가져오는 무위적 도덕사회를 건설할 수 있을까? 결론부터 말하면, 위의 인용에서 성인처럼 <자기 몸을 보존하기 위해 오히려 사사로움을 버리고 남을 먼저 위하는 삶>을 사는 방법이 그것인 것 같다. 이것이 생명사랑의 원리이며, 무위윤리의 도덕원리라고 여긴다.

성인은 작위적 마음(心)이나 의지적인 뜻(志)보다 몸의 자연성인 배(腹)와 뼈(骨)를 더 소중히 여긴다(虛其心, 實其腹, 弱其志, 强其骨; 3장)고 하였다. 작위적 마음(心)이나 의지적인 뜻(志)은 버려야 할 사심(私心)이다. 그것은 몸의 자연성인 필요와 요구를 넘어서는 마음의 욕구이고 욕망이고 자의식이다. 이러한 사심(私心)을 지우고 자의식을 버려야 한다. 명예와 물욕은 물론 자기 몸에 대한 소유욕조차도 버려야 한다. 그래야 위태롭지 않고(沒身不殆; 16장) 무위적 도덕사회를 건설할 수 있다. 13장을 보자.

> 사람들은 총애에도 모욕에도 놀라는 것 같다. 큰 환란을 귀하게 여기길 몸을 사랑하는 것처럼 한다. 어째서 사람들이 총애와 모욕에 놀란다고 할 수 있을까? 총애도 자신을 비하하고 모욕도 자신을 비하하는 것이기에, 그것을 얻어도 놀라고 잃어도 놀라는 것 같다. 이것이 총애에도 모욕에도 놀라게 하는 것이라 하겠다. 어째서 사람들은 큰 환란을 귀하게 여기길 몸을 사랑하는 것처럼 한다고 말하는가? 내가 큰 환란을 소유하려는 까닭은 내가 몸을 소유하고 있다고 여기기 때문이다. 내가 몸을 소유하지 않는데 미친다면 내가 무슨 환란을 소유하려 하겠는가? 그러므로 몸을 천하로 여기기를 귀하게 하는 자에게 천하를 줄 수 있고, 몸을 천하로 여기길 사랑하는 자에게 천하를 맡길 수 있다. 寵辱若驚, 貴大患若身, 何

謂寵辱若驚, 寵爲下, 辱爲下 得之若驚, 失之若驚, 是謂寵辱若驚, 何謂 貴大患若身, 吾所以有大患者, 爲吾有身, 及吾無身, 吾有何患, 故貴以身 爲天下者, 及可以寄天下, 愛以身爲天下者, 及可以託天下. (13장)

  명예와 물욕은 자기 노력으로 충족될 수 있는 욕망일지 모른다. 그러나 총애와 모욕은 다르다. 그것은 윗사람으로부터 총애를 받아 높은 자리에 오르고 영화를 누리거나, 반대로 그런 총애를 일시에 잃어서 굴욕스러운 위치로 떨어지는 경우에 해당하기에 자기 노력과 실력보다는 권위자의 배려에 의지하여 자신의 운명이 좌우되는 경우이기 때문이다. 사정이 이러한데도 사람들은 총애를 받아도 모욕을 받아도 놀란다. 갑작스러운 총애에 놀라고 총애를 잃을까봐 전전긍긍한다. 뜬금없는 모욕에 놀라고 비참해하고 분노하게 된다. 그래서 노자는 총애와 모욕을 모두 큰 환란이라 비유하고 있다. 총애와 모욕이 놀람과 환란으로 다가오는 것은 몸을 자기의 소유라고 여기는데서 비롯한다. 사실 몸의 자연성은 소유욕이 없다. 뼈(骨)는 생명을 이루는 골간이고 배(腹)는 생명을 지탱하는 에너지원이다. 앞 절의 50장에서, 섭생(攝生)을 잘하는 자란 몸의 자연성에 따라 생명 보존의 도리를 잘 아는 성인이라 하였다.

  몸의 자연성에 따른다는 것은 억지로 자신의 몸을 살찌우기 위해 섭생의 노고를 펼치는 것이 아니다. 생명보존의 도리를 아는 자는 몸의 자연성에 따를 뿐 생사에 연연하지 않는다. 몸은 다른 몸들과 상관적 차연으로 존재하고, 만물은 같음과 동시에 다름일 뿐이다. 그래서 몸은 나의 것이 아니라 너의 것인 동시에 나의 것이다. 몸은 천하가 공유하는 것이다. 그래서 몸은 타인의 몸은 물론이고 만물과 더불어 병작하는 삶을 살아야 한다. 늘 내가 홀로 존재한다고 여기는 자아의식이 문제다. 그것이 소유욕을 낳고 이전투구의 세상을 만든다. 자아의식과 분별심의 소유욕을 내려놓을 때 비로소 남을 먼저 위하는 삶을 살 수가 있다. 또한 남을 먼저 위하는 삶이라 해서 또한 그것이 당위적이거나 의지적인 노력을 통하여 이루어지는 의무의식의 발로이거나 보답을 기대하는 삶이 아님에 유의해야 한다. 성인은 무위적으로 남을 구원하는 삶을 산다.

성인은 항상 무심(無心: 자아의식이 없음)하고, 백성의 마음을 마음으로 삼는다. 선한 자도 좋게 대하고, 불선자에 대해서도 좋게 대한다. 덕은 좋은 것이다. 신뢰가 있는 자를 신뢰로 대하고, 신뢰가 없는 자에 대해서도 신뢰로 대한다. 덕은 신뢰로운 것이다. 성인이 천하에 있음에 두려워하며 천하를 위하여 그 마음을 물 흐르듯 한다. 백성은 모두 그의 이목에 주목하고, 성인은 모두 그들을 아이처럼 여긴다. 聖人常無心, 以百姓心爲心, 善者善之, 不善者亦善之, 德善矣, 信者信之, 不信者亦信之, 德信矣, 聖人在天下, 歙歙爲天下渾其心, 百姓皆注其耳目 聖人皆孩之. (49장)

성인은 몸에 대한 소유욕조차 없기에 그의 마음은 항상 무심(無心)하다. 자신이 정해둔 기준을 작위적으로 적용하여 사람들을 재단하지 않는다. 그가 가진 기준이 있다면 필요와 요구를 넘어서지 않는 생명보존의 원리가 있을 뿐이다. 이것은 작위적 기준이 아니라 무위적인 자연성이고 본래적 덕성이다. 그러나 백성들은 이러한 덕성을 유지해 있기가 쉽지 않다. 그래서 백성들은 서로를 비교하고 필요이상의 욕망에 휩쓸리며, 세속의 잣대(유위윤리와 당위윤리)로 선악을 가른다. 세속의 작위적 잣대로 볼 때, 세상에는 선한 자도 있고 악을 저지르는 자도 있다. 신뢰로운 자도 있고 신뢰롭지 않은 자도 있다. 그러나 성인은 이러한 구분을 무화(無化)시킨다.

대도의 세상에는 절대 선도 절대 악도 없다. 선은 악에 상대하여 있고, 악도 선에 상대하여 존재할 뿐이다. 생명보존을 위한 필요와 요구의 수준은 사람들마다 다르기 때문이다. 성인은 바로 이점을 안다. 그래서 백성들의 각기 다른 필요와 요구 수준을 자기 마음으로 삼는다. 세속의 기준은 이를 무시하고 작위적 기준으로 선과 악을 구분하고자 하지만, 성인은 그것을 알기에 세속의 기준으로 선한 자에 대해서도 선하게 대하고, 불선한 자에 대해서도 선하게 대하며, 신뢰로운 자에 대해서도 신뢰로 대하고, 신뢰롭지 않는 자에 대해서도 신뢰로 대한다. 본래적 덕성은 늘 선하고 신뢰로운 것이기 때문이다. 이를 통하여 성인은 백성들로 하여금 필요이상의 욕망을 내려놓고, 각기 다른 필요와 요구에 따라 더불어 변작하는 삶을 살기를 종용한다. 이러한 성인의 삶은 의무의식의 발로가 아니기에 보답을 기대하지도 않는다.

> 선한 행동은 바퀴자국을 남기지 않고, 선한 말은 티의 허물을 남기지 않고, 선한 계산은 주산을 사용하지 않고, 선한 닫침은 문빗장이 없어도 열 수가 없고, 선한 묶임은 새끼줄이 없어도 풀 수가 없다. 이로써 성인은 항상 사람을 잘 구원하지 버리지 않고, 항상 만물을 잘 구원하지 버리지 않는다. 이것을 '눈밝음을 엄습한다'(襲明)고 한다. 그러므로 착한 사람은 착하지 않은 사람의 스승이 되고, 착하지 않은 사람은 착한 사람의 자양분이 된다. 그렇지만 스승을 귀하게 여기지 않고, 자양분을 사랑하지 않는다. 비록 지혜로운 자도 이를 몰라 크게 미혹에 빠진다. 이를 요묘(要妙)라고 한다. 善行無轍迹, 善言無瑕讁, 善計不用籌策, 善閉無關楗而不可開, 善結無繩約而不可解, 是以聖人常善救人, 故無棄人, 常善救物, 故無棄物, 是謂襲明, 故善人者, 不善人之師, 不善人者, 善人之資, 不貴其師, 不愛其資, 雖智大迷, 是謂要妙. (27장)

성인은 항상 사람과 만물을 구원하는 삶을 산다. 성인이 하는 선행(善行; 착한 행동), 선언(善言; 착한 말), 선계(善計; 착한 계산), 선폐(善閉; 착한 닫힘), 선결(善結; 착한 묶음) 등이 그것이다. 이러한 삶을 살아감에 성인은 어떤 흔적이나 깨끗함을 더럽히는 인위적인 작위의 티끌을 남기지 않고 보답을 기대하지 않는 무심(無心)으로 행한다. 계산하지 않는 무심으로 자리즉이타의 삶을 실천하기에 그것을 '습명'(襲明)이라 부른다. 즉, 습명은 '눈밝음'(明)으로 불시에 직관해낸다는 뜻이고, '눈밝음'으로 직관해낸 사실의 법칙(즉, 자리즉이타)에 따라 실천한다는 것이다.[39] 노자는 이러한 성인의 무심한 삶을 본받기를 종용한다. 지혜로움을 자처하는 세속의 사람들은 착한 사람은 착하

---

39) 혹자는 노자의 무위에 따르는 삶을 '지나침도 과도함'도 배제하는 중용적 삶의 태도로 보고, 그것은 치열한 이성의 작용을 통한 결과라고 해석한다. 김태훈, "『노자』의 덕(德)에 관한 도덕교육적 고찰",『도덕윤리과교육』제24호(한국도덕윤리과교육학회, 2007. 7), 6쪽. 그러나 나는 김태훈의 관점을 잘못된 해석이라 여긴다. 노자는 이성과 지성의 작용을 거부한다. 여기서처럼 무위에 따르는 삶이란 몸의 자연성, 즉 생명원리(자리즉이타)에 따르는 삶이고, 이에 따른 선악의 판단은 직관의 눈밝음으로 즉각적으로 판단하는 작용이다.

지 않은 사람의 스승이 되고, 착하지 않은 사람은 착한 사람의 자산이 된다고 여기기에, 그 스승을 귀히 여기고 자산을 소중하게 아끼기를 주장한다. 그러나 대도의 세계에서는 착한사람과 착하지 않은 사람이 서로 상대하여 차연으로 존재할 뿐이므로 스승을 귀히 여기고 자산으로 삼아 소중히 아낄 이유가 없다. 이처럼 착한사람과 그렇지 않은 사람의 구분을 무화시키기에 이를 또한 노자는 요묘(要妙: 오묘하게 같음)라 부르고 있다.

자리즉이타라는 생명사랑의 원리에 따른 성인의 삶은 한마디로 물의 도에 따른 삶과 다르지 않다. 세속의 선과 악을 나누는 이분법적 잣대와 달리 그것을 무화시키는 요묘의 기준을 상선(上善)이라 부른다. 상선은 바로 물과 같다.

> 상선(上善)은 물과 같다. 물은 만물을 잘 이롭게 하면서도 다투지 않고, 뭇사람들이 싫어하는 곳에 처한다. 그러므로 물은 도에 가깝다. 사람이 물처럼 살면 거처함에 땅과 사이좋게 지내고, 마음은 연못처럼 고요해지고, 사람들과 더불어 생명[仁]을 소중히 여기고, 말은 신뢰를 귀히 여기고, 정치는 잘 다스려지고, 일은 능력이 이루어지고, 행동은 시의에 적절하며, 무릇 물처럼 다투지 않으므로 허물도 없다. 上善若水, 水善利萬物而不爭, 處衆人之所惡, 故幾於道, 居善地, 心善淵, 與善仁, 言善信, 政善治, 事善能, 動善時, 夫唯不爭, 故無尤. (8장)

물은 무심으로 만물을 이롭게 하지만 이익을 다투거나 보답을 기대하지 않는다. 물은 좋은 곳과 나쁜 곳으로 이분법적으로 재단하지 않고 무위적 자연성에 따라 낮은 데로 향할 뿐이다. 이것이 물의 세계에 대한 사랑법이다. 사람도 이러한 물의 사랑법을 배워야 한다. 사람들이 물처럼 살면 뜬 땅과 좋은 땅을 가리지 않고 잘 적응하여 거처하고, 연못처럼 마음이 고요해지고, 생명사랑(仁)을 더불어 잘 실천하고, 말은 신뢰가 있고, 정치는 잘 다스려지고, 일에 능력이 발휘되고, 행동은 시의에 적절하며, 물처럼 다투지 않기에 허물도 없게 된다.

여기 인용에서 주목되는 글자가 인(仁)이다. 앞에서 인은 의(義)와 함께 늘 공맹유학의 인 개념을 비판하는 뜻으로 출현했었다. 공맹유학의 인은 당위윤리였다. 당위윤리로서 인은 '내가 하고 싶지 않은 것을 남에게 베풀지 말라'(己所不欲, 勿施於人)는 충서(忠恕)의 원리였다. 이것은 나 중심으로 타인을 반추해보는 역지사지(易地思之)의 원리로써, 나의 행위의 격률이 보편화 가능성을 묻는 것이다. 그러나 공자는 일찍이 이러한 당위윤리로서의 인 개념과는 다른 무위적 인 개념도 정초한 바 있다.[40] 무위윤리로서 인은 '자기를 세우고 싶으면 남을 먼저 세우고, 자기가 도달하고 싶으면 남을 먼저 도달케 하는 것이다'(己欲立而立人, 己欲達而達人). 당위윤리적 인 개념인 충서의 원리가 나 중심주의이고 인간중심주의라면, 무위윤리로서의 인은 타자중심이고 비인간중심주의이다. 공자가 말하는 무위윤리로서의 인과 여기 인용에서 노자가 말하는 인은 모두 '생명사랑'의 원리와 다르지 않다고 여긴다. 노자가 앞에서 공맹유학의 당위윤리를 비판하는 가운데, 인이 당위적이지만 작위가 없다고 한 점은 이처럼 인이 두 가지 뜻으로 해석될 여지가 있기 때문이라 여긴다. 공자의 것이든 노자의 것이든 무위윤리로서의 인은 더 이상 인간들만이 따라야 할 당위의 의무가 아니라, 우주를 구성하는 모든 천지만물이 공유해야 할 생명사랑이다. 도덕적 의무는 당위성이지만, 생명사랑은 무위적 자연성이다. 누가 먼저인지는 모르지만, 여하튼 노자는 생명사랑의 무위윤리가 인간사회에 통용되는 도덕원리가 되기를 기대하고 있다.

3) 겸허의 덕

노자의 무위윤리는 생명사랑의 원리에 따라 선악과 옳고 그름을 판단하고, <욕구와 선善의 일치를 이루는 삶> 혹은 <자기 몸을 보존하기 위해 오히려 사사로움을 버리고 남을 먼저 위하는 삶>을 지향한다. 이러한 도덕원리가 통

---

40) 강봉수, 『주제별 키워드로 읽는 논어와 세상보기의 도』, 앞의 책, 210~214쪽 참조.

용되는 사회에서는 사람들의 덕성도 자연스럽게 무위적으로 발현되게 되어 있다. 인위적으로 덕스러움을 갖추고자 하지 않아도 이미 덕이 본성에 내재되어 있다. 그러한 덕을 노자는 상덕(上德)이라 하였다. 그리고 상덕(上德)은 인간뿐만 아니라 모든 만물에게 내재된 자연성이다.

> 도는 생기하고, 덕은 쌓는다. 사물이 형체를 갖추고, 그릇이 완성된다. 이로써 만물은 도를 존중하고 덕을 귀하게 여기지 않을 수 없다. 도를 존중하고 덕을 귀히 여김은 무릇 명령이 없어도 항상 저절로 그러한 것이다. 그러므로 도는 생기하고, 덕은 쌓는다. 도와 덕은 자라고 기르기도 하고, 머무르고 죽게도 한다. 양육하기도 전복하기도 한다. 더불어 살되 소유하지 않고, 남을 위해 일하되 보답을 기대하지 않고, 성장시키되 주재하지 않는다. 이것을 현덕(玄德)이라 이른다. 道生之, 德畜之, 物形之, 器成之, 是以萬物莫不尊道而貴德, 道之尊, 德之貴, 夫莫之命而常自然, 故道生之, 德畜之, 長之育之, 亭之毒之, 養之覆之, 生而不有, 爲而不恃, 長而不宰, 是謂玄德. (51장)

도가 기를 낳으면 덕은 기를 축적한다. 기가 축적되면서 형체를 갖추고 만물이 이루어진다. 도와 덕은 만물을 낳을 뿐만 아니라 배양한다. 배양할 뿐만 아니라 전복하기도 한다. 만물을 살게 하기도 하고 죽게 하기도 한다. 이 모든 일은 작위가 아니라 무위적으로 무심으로 한다. 그런데 도와 덕의 차이가 무엇인가? 도가 원리라면, 덕은 도를 얻음이고 도의 실현이다. 만물에 내재된 도의 다른 이름이 덕이다. 원리로써의 도와 그것의 자연스러운 실현으로서의 덕은 만물과 더불어 살되 소유하지 않고, 남을 위해 일하되 보답을 기대하지 않고, 성장시키되 주재하지 않는다. 이러한 도의 실현으로서의 덕을 노자는 또한 현덕(玄德; 현묘한 덕)이라 지칭하고 있다. 이처럼 만물은 내재된 도의 원리에 따라 현묘하게 덕이 발현되고 있다. 그러나 인간들은 지성의 분별심으로 인하여 도와 덕에 간극이 생겨났다. 인간은 현덕의 자연스러운 발현이 방해받는다. 그래서 인간에게는 불가피하게 상덕(上德)의 본성을 회복하기 위한 방편으로서 하덕(下德)의 수련이 요구된다.

노자는 상덕은 무위하여 작위가 없지만, 하덕은 유위하여 작위가 있다고 하였다(上德無爲而無以爲, 下德爲之而有以爲; 38장). 상덕은 의식적(意識的)이고 의지적(意志的)인 노력 없이도 실현되지만, 하덕은 의식적이고 의지적인 노력의 수고를 요한다. 그렇다면 노자가 상덕의 본성을 회복하기 위해 하덕의 수련이 필요하다고 여기는 것이 당위윤리와 유위윤리에서처럼 도덕이성과 기술적 지성의 힘을 기르라는 것과 다르지 않다는 것인가? 그렇다면 지성의 분별심을 내려놓으라는 지금까지의 주장과 배치되는 모순을 범하는 것이 아닌가? 노자가 그러한 논리적 모순을 범할 리는 없다. 다음의 인용을 보자.

> 강과 바다가 모든 골짜기의 왕이 될 수 있는 까닭은 언제나 아래에 처하는 겸허함 때문이다. 그러므로 모든 골짜기의 왕이 될 수 있다. 이로써 성인은 백성들 위에 서고 싶으면 반드시 말을 겸허하게 하였고, 백성들에 앞서고 싶으면 반드시 자신을 뒤에 두었다. 이로써 성인은 위에 거처하지만 백성들이 무겁게 여기지 않았고, 앞서 거처하지만 백성들이 방해로 여기지 않았다. 이로써 천하가 즐거이 추대하고 싫어하지 않았다. 다투려하지 않았기 때문에, 천하가 그와 더불어 다툴 수 없었다. 江海所以能爲百谷王者, 以其善下之, 故能爲百谷王, 是以聖人欲上民, 必以言下之, 欲先民, 必以身後之, 是以聖人處上而民不重, 處前而民不害, 是以天下樂推而不厭, 以其不爭, 故天下莫能與之爭. (66장)

강과 바다가 모든 골짜기의 왕이 될 수 있는 것은 아래에 처하려는 겸허(謙虛)함 때문이다. 성인도 그러한 겸허의 덕을 미덕으로 삼는다. 겸허의 덕이야말로 만물과 성인이 다 좋아하는 미덕이라는 것이 노자의 지론이다. 겸허(humility)는 겸손(謙遜; modesty)과 다르다.[41] 겸손의 덕은 당위나 유위윤리적으로 의식적이고 의지적인 노력의 소산이지만, 겸허의 덕은 존재론적으

---

41) 김형효, 『사유하는 도덕경』(서울: 소나무, 2004), 475쪽.

로 마음을 무아의 경지로 비운 마음이 갖는 덕을 의미한다. 따라서 겸허의 덕은 의식적이고 의지적인 노력이 필요 없다. 만물과 성인처럼 그냥 지성의 분별심과 동물적 본능을 내려놓으면 그만이다. 겸허의 덕은 만물과 만인에게 부담을 주지 않고 그들에게 존재의 터전을 제공해주는 자비(慈悲)나 보시(布施)의 의미를 지닌다.

> 천하는 모두 나의 도가 크다고 말하는데, 불초한 것 같다. 무릇 크기만 한 것이므로 불초한 것과 같다. 만약 불초하지 않았다면 가늘게 쇠약해진지가 오래되었을 것인저! 나에게는 세 가지 보물이 있는데, 가지고 간직한다. 하나가 자비요, 둘째가 검소요, 셋째가 감히 천하를 위해 나서지 않는 것이다. 자비롭기에 용기를 낼 수 있고, 검소하기에 넓힐 수 있고, 천하를 위해 나서지 않기에 그릇의 우두머리가 될 수 있다. 지금 자비를 버리면서 용감해지고, 검소를 버리면서 넓히려하고, 뒤에 서기를 버리면서 앞서려한다면 죽을 것이다. 무릇 자비로운 마음으로 전쟁에 나서면 승리하고, 자비로운 마음으로 지키면 견고해진다. 하늘이 장차 그것을 구제하고자 한다면 자비로써 그것을 호위할 것이다. 天下皆謂我道大, 似不肖, 夫唯大, 故似不肖, 若肖, 久矣其細矣夫, 我有三寶, 持而保之, 一曰慈, 二曰儉, 三曰不敢爲天下先, 慈故能勇, 儉故能廣, 不敢爲天下先, 故能成器長, 今舍慈且勇, 舍儉且廣, 舍後且先, 死矣, 夫慈以戰則勝, 以守則固, 天將救之, 以慈衛之. (67장)

자비, 검소, 천하를 위해 나서지 않는 것도 겸허의 덕을 달리 표현한 것일 뿐이다. 자비롭기에 불의에 맞서는 용기를 낼 수 있고, 검소하기에 더욱 풍족해지고, 천하를 위해 나서지 않기에 오히려 천하의 우두머리가 될 수 있다. 무심(無心)과 허심(虛心)으로부터 우러나오는 겸허의 덕이 전제되지 않는 용기나 욕망은 죽음을 부를 뿐이다.[42] 용기는 그것이 어떤 마음에 바탕을

---

[42] 勇於敢則殺, 勇於不敢則活, 此兩者或利或害, 天之所惡, 孰知其故, 是以聖人猶難之, 天之道, 不爭而善勝, 不言而善應, 不召而自來, 繟然而善謀, 天網恢恢, 疏而不失. (73장)

두느냐에 따라 이익을 주기도 하고 손해를 부르기도 한다. 하늘의 도는 자비롭다. 자비롭기에 불의에 항거할 수 있다. 하늘의 도는 겸허하다. 다투지 않아도 승리하고, 말하지 않아도 응답하고, 부르지 않아도 저절로 오고, 서둘지 않아도 일이 이루어진다. 이렇게 자비롭고 겸허한 용기는 삶을 주고 이익을 가져온다. 그러나 맹목적으로 과감하기만 한 용기는 손해를 가져오고 죽음을 부를 뿐이다. 그러한 용기는 원한을 낳기 때문이다. 맹목적인 용기는 받을 빚이 있다는 채권의식과 복수심의 발로이다.[43] 그래서 덕이 없는 장수는 현물징세를 강요하듯 즉시 복수의 칼날로 무장하고 적진으로 돌진한다. 그러나 원한은 또 다른 원한을 낳을 뿐이고, 무력이 또 다른 무력을 조장할 뿐이다. 하늘의 도는 채권의식도 없고 작위적으로 적과 더 친해지려는 마음도 없다. 채권문서를 가지고 채무자를 책망하지 않으며, 직과도 더불어 잘 지낸다. 그러한 하늘의 도를 본받은 장수가 바로 겸허의 덕을 소지한 덕장(德將)이다.

> 좋은 선비된 자는 무력을 쓰지 않고, 좋은 전사는 노하지 않는다. 적을 잘 이기는 자는 적과 더불어 하지 않고, 사람을 잘 부리는 자는 아래에 처한다. 이것을 다투지 않는 덕이라 하고, 이것을 사람을 부리는 힘이라 하고, 이것을 하늘과 짝한다고 한다. 모두 옛날의 지극한 도이다. 善爲士者不武, 善戰者不怒, 善勝敵者不與, 善用人者爲之下, 是謂不爭之德, 是謂用人之力, 是謂配天 古之極. (68장)

착한 선비와 좋은 전사는 자비롭고 겸허한 용기를 가졌다. 그래서 그들은 무력을 쓰지 않고도 이길 줄 알고, 전장에 나아가서도 적에게 화를 내지 않는다. 좋은 전사는 겸허한 마음으로 부하를 부리고 적장을 대한다. 그래서 적과 직접적인 전투를 벌이지 않고도 이긴다. 이러한 전사가 바로 덕장이다. 덕장

---

43) 和大怨, 必有餘怨, 安可以爲善, 是以聖人執左契, 而不責於人, 故有德司契, 無德司徹, 天道無親, 常與善人. (79장)

이 겸허의 마음으로 적을 물리치고 이기는 것처럼 물처럼 유약(柔弱)한 것이 견강(堅强; 굳세고 강한)한 것을 이긴다.

> 천하에 물보다 유약한 것이 없다. 견강한 것을 공격하는 데 이 보다 앞선 것이 없다. 그것은 물의 본성을 바꿀 수 없기 때문이다. 그러므로 약한 것이 강한 것을 이기고, 유약한 것이 견고한 것을 이긴다. 천하에 알지 못하는 것이 없는데 실행을 하지 않는다. 이로써 성인은 말한다. 나라의 더러운 것을 받는다. 이것을 사직의 주인되는 것이라 한다. 나라의 상서롭지 못한 것을 받는다. 이것을 천하의 왕이 되는 것이라 한다. 성인의 바른말은 세상의 말과 반대인 것 같다. 天下莫柔弱於水, 而功堅强者, 莫之能先, 以其無以易之也, 故弱之勝强, 柔之勝剛, 天下莫不知, 莫能行, 是以聖人云, 受國之垢, 是謂社稷主, 受國不祥, 是謂天下王, 正言若反. (78장)

천하에 물보다 유약한 것이 없다. 그런데 유약한 물이 견강한 바위에 구멍을 내는 것처럼 약한 것이 강한 것을 이기고, 부드러운 것이 굳은 것을 이긴다. 이것이 천하의 법식이다. 세상 사람들은 이를 모른다. 강하고 견고한 것만을 더 좋은 것으로 안다. 그러나 성인은 물이 낮은 데로 거처하듯, 세상이 더럽다고 멀리하고 상서롭지 못하다고 여기는 일을 스스로 감수하고자 한다. 그것이 사직의 주인이 되는 길이고 천하의 왕이 되는 길임을 그는 안다. 세상의 말은 늘 하늘과 성인의 말과 반대된다. 그러나 하늘과 성인의 말은 늘 신뢰롭다.[44] 물처럼 겸허하고 유약하기 때문이다. 겸허와 유약은 뭔가를 채우려하는 마음이기보다는 비우고 덜어내려는 마음이다. 그러니까 아름답게 말을 꾸미거나 변명할 필요도 없고, 관념적 지식이나 물질을 축적할 필요도 없다. 오로지 무심과 허심으로 만물의 생장과 만인의 삶을 도울 뿐이다. 이처럼 겸허와 유약의 무심이야말로 생명을 살리는 미덕이다.

겸허와 유약은 생명을 살리는 길이고, 욕망과 견강은 생명을 죽이는 길이

---

44) 信言不美, 美言不信, 善言不辯, 辯言不善, 知者不博, 博者不知, 聖人不積, 旣以爲人, 己愈有, 旣以與人, 己愈多, 天之道, 利而不害, 聖人之道, 爲而不爭. (81장)

다. 생명의 무리는 유약하고 죽음의 무리는 견강하다. 군대가 강하면 오히려 승리하지 못하고, 나무도 강하면 오히려 쓰임을 당해 죽음을 재촉한다. 좌우지간 노자에게 있어 겸허의 덕은 생명원리에 따른 무위윤리를 실현하는 덕 중의 덕이고, 모든 하덕(下德)들의 바탕이 되는 전덕(全德)이다. 거듭 말하지만 겸허의 덕은 의식적이고 의지적인 노력이 필요 없다. 만물과 성인처럼 그냥 지성의 분별심과 동물적 본능을 내려놓으면 그만이다. 노자가 우리에게 수련하기를 바라는 점이 바로 이것이다.

3. 노자의 정치사회사상

노자가 무위자연을 주장했기에 사람들로 하여금 국가공동체를 떠나 자연으로 돌아가도록 종용한 것으로 오해할 수 있다.[45] 그러나 그는 결코 국가공동체의 해체나 탈정치를 선언한 적이 없다. 그는 국가공동체도 몸의 자연성과 생명사랑의 원리에 토대하여 무위적으로 다스려지는 무위정치를 주장한다. 이를 위해 누구보다 먼저 지도자가 무위윤리와 겸허의 덕으로 무장되어야 한다고 보았다. 무위윤리와 겸허의 덕으로 무장하여 국가공동체의 운영을 무위정치로 펼칠 수 있는 이가 바로 성인(聖人)이다.

무위정치는 공동체의 해체나 탈정치가 아니라 대안적 정치모델이라 할 수 있다. 대안적 정치모델이라 해서 그것이 기존의 관점처럼 소국과민(小國寡民)의 공동체를 정치적 이상(理想)으로 오독(誤讀)해서는 안 된다. 무위정치는 대국(大國)과 소국(小國)을 따지며 사회구조의 개혁을 부르짖는 정치가 아니라, 지능의 분별심과 동물적 욕망을 내려놓는 마음의 정치이고 생명평화공동체를 지향한다. 이러한 노자의 관점을 직접 읽어보기로 하자.

1) 다스림(정치)의 등급과 무위정치의 이념

노자가 생각하는 이상사회와 정치의 이념은 무엇인가? 이를 보기 전에 먼저 그가 보는 정치의 유형과 등급을 보자.

---

45) 그동안 노자의 정치사상은 모든 예악형정을 폐지하고 태고의 순박한 원시사회로 돌아갈 것을 주장한 것으로 여겨왔다. 그러한 순박한 원시사회의 이상(理想)은 소국과민(小國寡民)의 공동체라는 것이다. 뿐만 아니라, 그는 우민(愚民)정치와 방임주의를 표방한 것으로 오독되어왔다. 이러한 관점으로 해석한 대표적인 글은 비우라 도우시꾸(강봉수 외 옮김), 『중국윤리사상사』(서울: 원미사, 2007), 151~152쪽.

가장 좋은 것은 그(왕)가 있는지를 알지 못하는 것이다. 그다음은 그를 친애하고 명예롭게 여기는 것이고, 그다음은 그를 두려워하는 것이며. 그다음은 그를 업신여기는 것이다. 왕이 신뢰가 부족한 까닭으로 백성들 사이에도 불신이 일어나게 된다. 근심하고 걱정함이여! 그는 말을 귀중히 여긴다. 그래야 공이 이루어지고 일이 성사되어도 백성들이 모두 내 스스로 그렇게 한 것이라 일컫는다. 太上不知有之, 其次親而譽之, 其次畏之, 其次侮之, 故信不足焉, 有不信焉, 悠兮其貴言, 功成事遂, 百姓皆謂我自然. (17장)

정치에는 유형과 등급이 있다. 첫째, 가장 훌륭한 정치는 백성들이 군주가 있는지 조차 모르는 것이다. 둘째, 백성들이 군주를 친애하고 명예롭게 여기는 정치이다. 셋째, 백성들이 군주의 존재를 두려워하는 정치이다. 넷째, 백성들이 군주를 업신여기는 정치이다. 이러한 다스림의 등급을 각각 어떻게 이해해야 할까? 넷째의 업신여기는 정치는 폭군의 통치이거나 정치가 없는 것이다. 적어도 정치는 앞의 세 가지인 것 같다. 첫째의 군주의 존재를 모르는 정치가 무위정치라면, 둘째는 왕도의 도덕정치를, 셋째는 유위와 실용의 패도정치를 함의하는 것이 아닌가 한다. 이러한 우리의 가정은 『예기禮記』의 기록에 근거한 것이다.

『예기禮記』의 「예운禮運」편에는 두 유형의 정치공동체에 대해 기록하고 있다. 대동사회(大同社會)와 소강사회(小康社會)가 그것이다. 대동사회는 현실적으로 존재했었는지 모르겠다. 그러나 소강사회는 우(禹)·탕(湯)·문(文)·무(武)·성왕(成王)·주공(周公) 등 성왕들의 다스림에 의해 현실적으로 존재했던 시대의 정치공동체인 것 같다. 하·은·주(夏殷周)의 삼대(三代)시대가 그것이다. 삼대의 소강사회는 한마디로 '예에 의한 정치'(禮治)가 이루어지던 시대였다. 아마도 소강사회의 이념을 전형적으로 현실정치에 구현한 제도가 주나라의 봉건제도가 아닌가 한다. 그러나 주나라의 봉건제도는 시대가 흐르면서 무너지기 시작했다.

주나라 봉건제도는 원래 혈연적 유대를 바탕으로 하는 종법제도를 국가지배체제에 응용한 것이었기에, 세월이 흐르면 핏줄 의식이 약해지고 혈연적 유대에 금이 갈 수밖에 없게 되어 있다. 국가체제가 무너지면 그것을 뒷받침하던 각종 예악형정도 문란해질 수밖에 없었다. 춘추전국시대에 와서 그것은 극한으로 치달았다. 춘추시대는 공자의 언표로 '천하에 도가 사라지고'(天下無道), '예가 무너지고 악이 붕괴된'(禮壞樂崩) 시대였고, 전국시대는 맹자의 언표로 그야말로 제후국간에 '이익의 이전투구'(何必曰利)를 벌이는 악(惡)의 시대였다. 이러한 악의 시대를 맞아 폭군들이 등장하여 정치 없는 통치시대가 도래하였고, 백성들의 삶은 도탄에 빠짐으로써 군주를 업신여기는 일이 벌어졌다고 볼 수 있다. 이것이 노자가 말하는 네 번째 유형의 정치이겠다.

폭군적 통치가 아니라면 악을 광정하고 정치를 회복하는 길이 무엇인가? 우선 주나라의 전례를 따라 두 가지의 방도가 있겠다. <예악에 의한 정치>와 <형정에 의한 정치>가 그것이다. 전자가 인의(仁義)의 당위윤리에 토대한 왕도정치(도덕정치)의 길이라면, 후자는 실용의 유위윤리에 바탕을 둔 패도정치(기술정치)의 길이다. 이 중 당시 뜻있는 제후와 위정자들의 이해를 반영하고 원했던 정치는 후자였다. 주나라의 정치는 예악을 중시하였고 형정은 보조였다. 그러나 이익의 이전투구를 벌이는 시대를 맞아 제후들은 형정의 보편화를 통하여 부국강병을 모색하고 천하를 차지하려는 기획을 하였다. 그래서 위정자들은 이러한 자신들의 이해를 뒷받침해 줄 이념과 방법을 제공하는 인재를 등용하고자 하였다. 춘추시대에 제환공(齊桓公)의 관중(管仲), 제경공(齊景公)의 안영(晏嬰), 정간공(鄭簡公)의 자산(子産) 등이 그렇고, 전국시대에 위문후(魏文候)의 이리(李悝), 진효공(秦孝公)의 상앙(商鞅), 한소후(韓昭候)의 신불해(申不害), 초도왕(楚悼王)의 오기(吳起) 등이 대표적인 패도의 기술정치로 부국강병을 추구하고 실현하였던 자들이라 하겠다.[46] 이들의

---

46) 이들은 대체로 법가사상을 대변하는 자들이었다. 관중과 자산은 법가사상의 선구로 지칭된다. 관중은 제환공을 도와 패제후가 되게 하였고, 자산은 법가적 패도정치로 정나라의 부국강병을 이끌었다. 법가사상은 크게 법(法: 법률과 제도)·세(勢: 권력과 권위)·술(術: 인재등용술과 정치기술)로 요약할 수 있다. 신도(慎到, BC. 395?~315?)가 세(勢)를, 신불해(申不害, BC. 385?~337)가 술(術)을 주장하고, 상앙(商鞅, BC. ?~338)은 법(法)을 강조하였다. 이러한 법·세·술을 한데모아 법가사상을 체계화한 이가 한비자(韓非子, BC. 280?~233)이다. 진시황이 그를 크게 쓰고자 했으나 친구였던 이사(李斯)의 모함으로 중용되지 못했다.

정치는 노자가 말하는 셋째 유형, 즉 백성들이 군주를 두려워하는 정치를 뜻하는 것이 아닌가 한다.

그러나 공자에서 맹자로 이어지는 공맹유학은 이러한 실용적 유위윤리와 패도정치에 맞서 인의의 당위윤리와 왕도정치를 부르짖었고, 이의 실현을 위해 천하의 제후들을 설득하기 위해 동분서주하였다. 공자와 맹자가 회복하고자 했던 정치는 예악을 중심으로 하는 주나라의 봉건제도였다. 물론 그들이 다시 일으키고자 했던 사회는 맹목적으로 주의 예악문화를 그대로 복권시키는 복고주의적인 것이 아니었다. 즉, 이미 현실화되어 버린 국가구조나 제도를 이전시대로 되돌리려는 것이 아니라, 이전 시대에 풍미했던 예제의 문화를 현실에 걸맞게 되살리자는 데 있었던 것이다. 현실에 걸맞은 예제를 되살리기 위한 보편적 규준이 바로 공맹유학의 핵심 사상인 인의(仁義)의 원리였다고 할 것이다. 이러한 공자와 맹자의 도덕정치는 노자가 말하는 둘째 유형, 즉 백성들이 군주를 친애하고 명예롭게 여기는 정치를 뜻하는 것이 아닌가 한다.

그러나 노자는 실용적 패도정치의 길도, 당위적 왕도정치의 길도 아니라고 보았다. 그가 보기에 가장 훌륭한 정치는 백성들이 군주가 있는지 조차 모르는 정치이다. 그것은 대동사회의 이념을 실현하는 무위(無爲)의 정치일 것이다.『예기禮記』의 기록에는 대동사회의 이념을 실현했던 선왕의 이름이 거명되지 않지만, 요순(堯舜)시대가 아닐까 한다. 앞의 2장의 공자철학에서, 공자도 무위정치를 궁극적 이상으로 삼았다고 보았다. 그의 기획은 '예악(禮樂)과 형정(刑政)으로 다스리는' 인위이치(人爲而治)[47]를 통하여 소강을 먼저 건설하고, 궁극적으로 무위이치의 대동사회로 가는 것이었다. 그러나 노자는 이러한 공자의 기획도 말이 안 된다고 보았다. 그의 관점은 실용의 패도정치도, 인의의 왕도정치도, 도덕정치를 거쳐 무위이치로 가는 길도 아닌 직방으로

---

47) 무위이치(無爲而治)와 대비시키면 유위이치(有爲而治)라 해야 하겠지만, 나는 인위이치(人爲而治)라 명칭한다. 무위이치가 인간의 자연화를 향한 기획이라면, 인위이치는 인간중심주의적 문명정치이다. 그리고 인위이치에는 예악으로 다스리는 내성외왕의 왕도정치(도덕정치)와 형정으로 다스리는 실용과 공리의 패도정치(기술정치)가 포함된 개념이다.

무위정치를 달성하는 기획이었다.

> 바른 도로 나라를 다스리고, 기계(奇計)로 군사를 부리고, 일없음으로 천하를 취한다. 내가 어떻게 그러함을 아는가? 이 때문이다. 천하에 꺼리고 싫어하는 금기가 많을수록 백성들이 더 가난해지고, 백성들에게 문명의 이기가 많을수록 국가는 더욱 혼미해진다. 사람들에게 기교가 많아질수록 기이한 물건이 더 생겨난다. 법령이 더 많아질수록 도적이 더 많아진다. 그러므로 성인은 말한다. 내가 무위할수록 백성들이 저절로 교화되고, 내가 고요함을 좋아할수록 백성들이 저절로 바르게 되고, 내가 일을 꾸미지 않을수록 백성들이 저절로 부유해지고, 내가 욕심이 없을수록 백성들이 저절로 질박해진다. 以正治國, 以奇用兵, 以無事取天下, 吾何以知其然哉, 以此, 天下多忌諱, 而民彌貧, 民多利器, 國家滋昏, 人多伎巧, 奇物滋起, 法令滋彰, 盜賊多有, 故聖人云, 我無爲而民自化, 我好靜而民自正, 我無事而民自富, 我無欲而民自樸. (57장)

<사람들이 꺼리고 싫어하는 금기>, <문명의 이기>, <교활한 기교>, <조잡한 법령> 등이 다 무엇이길래, 노자는 이것들이 많을수록 백성들은 더욱 가난해지고, 나라는 혼란스러워지고, 기이한 물건들이 나타나고, 도적들이 더 많아진다고 하는가? 인의(仁義)의 당위윤리는 단적으로 도덕적 보편이성으로 동물적 본능과 욕망의 극복을 주장한다. 그래서 이에 바탕을 둔 도덕정치가들은 보편의 이름으로 당위적 규범과 금기의 도덕을 양산하기를 좋아한다. 주나라의 주공(周公)이 오례(五禮)를 제정한 것은 대표적인 예일 것이다. 당위적 도덕과 예악을 통하여 그들은 역사와 사회의 악(惡)들을 근본적으로 해소하는 급진(急進)의 길을 가려한다. 그러나 내성외왕(內聖外王)의 왕도정치는 이상주의적 명분 쌓기(문명의 이기)와 도덕적 위선자를 낳을 뿐이다. 인간의 이기적 본능을 원천적으로 부정하는 것은 불가능한 일이기 때문이다. 사실이 이러한즉, 도덕정치를 거쳐 무위이치를 달성하려는 공자의 기획도 허황된 이상주의자의 꿈일 뿐이다.

한편, 유위적 실용윤리는 인간의 이기적 본능을 인정하는 현실주의 철학이

다. 그래서 이 도덕철학에 토대한 패도정치가들은 사회악의 급진적 해결 대신에 점진적이고 일시적인 문제 해결의 길을 택한다. 이를 위해, 그들은 인간 내면의 도덕성에 기대하는 대신, 이기적 본능을 합리적으로 조절하고 공공선의 복리에 기여하는 방향으로 제도와 법령을 구축하려 한다. 그러나 새로운 사회문제가 나타날 때마다 문제를 치유하기 위한 금지와 형벌의 규칙은 늘어난다. 문제와 조치가 반복되면서 법령은 점점 더 조잡해진다. 그러나 법령이 많아질수록 사람들의 교활한 속임수와 기교도 늘어나고, 더욱 물신의 노예들이 양산될 뿐이다.

노자는 실용의 유위윤리에 터한 패도정치도, 인의의 당위윤리에 터한 왕도정치도 거부한다. 대신 노자는 무위의 정치야말로 백성과 나라를 살리는 길임을 주장한다. "군주가 무위할수록 백성들이 저절로 교화되고, 군주가 고요함을 좋아할수록 백성들이 저절로 바르게 되고, 군주가 일을 꾸미지 않을수록 백성들이 저절로 부유해지고, 군주가 욕심이 없을수록 백성들이 저절로 질박해진다." 이것이 노자가 주장하는 무위정치의 이념이다.

2) 무위정치의 원리와 방법

폭군의 정치도, 패도정치도, 왕도정치도 모두 작위적인 정치일 뿐이다. <화/복>, <옳음/그름>, <선/악>은 모두 상관적 차연으로 존재할 뿐인데, 이분법적이고 단가적인 택일의 논리로 재단하려는 작위적인 정치가 나라를 혼란스럽게 만들고 백성들을 피곤하게 만든다. 성인은 그러지 않는데, 작위적인 정치를 펴려는 후왕과 알량한 지식을 가졌다는 지식인들이 문제다.

만약 나에게 조그만 지식이라도 있으면 '큰길'(大道)에서 활보하려 한다. 오직 베풀려는 것이 두렵다. '큰길'(大道)은 매우 평평한데도 백성들은 지름길을 좋아한다. 조정은 엄격하게 다스리려 하고, 밭은 매우 황폐하고, 창고는 텅 비었다. 그런데 지식을 가졌다는 위정자들은 복장에 문채 내려 하고, 허리띠에 예리한 칼을 차고, 맛난 음식에 물리고, 재화가 남아돌아간다. 이것을 도적의 괴수라고 한다. 도가 아니지 않겠는가? 使我介然有知, 行於大道, 唯施是畏, 大道甚夷, 而民好徑, 朝甚除, 田甚蕪, 倉甚虛, 服文綵, 帶利劍, 厭飮食, 財貨有餘, 是謂盜竽, 非道也哉. (53장)

지식인들은 조그만 지식을 가지고도 마치 자기가 세상을 광정할 깊은 지혜를 갖춘 사람처럼 행세하며 대도의 실현을 과장한다. 그러나 백성들에게 알량한 지식을 베풀려는 그들의 작태가 도리어 두려울 뿐이다. 대도는 원래부터 평탄하고 평이한 것인데, 한 줌의 지식으로 무장한 식자들이 서로 나서 대도를 실현할 것처럼 가장하는 작위적 작태가 더 문제다. 그러니까 백성들도 쉬운 길을 놓아두고 이익을 좇아 지름길을 택하려 한다. 또한 조정은 더욱 엄격한 규율로 백성들을 통치하려 한다. 그럴수록 백성들의 밭은 더욱 황폐해지고 창고는 텅 비어 간다. 반면에 위정자의 삶은 더욱 화려한 복장으로 문채 내고 예리한 칼을 허리에 차고 거리를 활보한다. 그들에게는 맛난 음식도 물릴 정도이고 재화도 남아돌아간다.

백성들이 굶주리는 것은 위정자들이 세금을 많이 걷기 때문이다. 백성들이 다스려지기 어려운 것은 위정자들이 작위적으로 나라를 다스리려 하기 때문이다. 백성들이 죽음을 가벼이 여기는 것은 위정자들이 삶에 대한 집착이 많기 때문이다.[48] 예나 지금이나 위정자와 그의 주구노릇을 하려는 식자들이 문제다. 알량한 지식을 버리고 생의 욕망과 집착을 내려놓는 무위의 정치만이 백성을 살리고 삶을 귀중히 여기는 처사이다. 옛날에 도를 아는 위정자들은 알량한 지식으로 나라를 다스리려 하지 않았다. 그러한 지능의 분별심이

---

48) 民之飢, 以其上食稅之多, 是以飢, 民之難治, 以其上之有爲, 是以難治, 民之輕死, 以其上求生之厚, 是以輕死, 夫唯無以生爲者, 是賢於貴生. (75장)

위아래를 망라하고 사람들을 물신의 노예로 만든다는 것을 알기 때문이었다.

> 옛날에 도를 잘 위하는 자는 백성들을 눈밝게 하지 않고 오히려 어리석게 하였다. 백성들을 다스리기 어려운 것은 그 알량한 지혜가 많기 때문이다. 그러므로 지혜로 나라를 다스림은 나라의 도적이고, 지혜로 나라를 다스리지 않음은 나라의 복택이 된다. 이 두 가지를 아는 것이 또한 본받을 만한 법식이다. 항상 본받을 법식을 알면, 이를 현덕이라 이른다. 현덕은 깊고 원대하다. 만물과 더불어 반복한다. 그런 연후에 곧 큰 순응에 이르게 된다. 古之善爲道者, 非以明民, 將以愚之, 民之難治, 以其智多, 故以智治國, 國之賊, 不以智治國, 國之福, 知此兩者亦楷式, 常知楷式, 是謂玄德, 玄德深矣遠矣, 與物反矣, 然後乃至大順. (65장)

이 65장은 노자가 우민(愚民)정책을 주장한 것으로 읽혀지곤 하였다. 그러나 그러한 해석은 잘못이다. 여기서 지혜는 도에 대한 '눈밝음'(明)이 아니라 교활한 지혜를 말한다. 그것은 지식을 쌓고 관념을 축적하는 학문(개념, 이론, 사상 등)으로 무장한 지혜를 말한다. 그러한 지혜가 지능의 분별심을 가져온다. 이러한 교활한 지혜로 나라를 다스리면 나라에 복택을 가져오는 것이 아니라 화를 부르고 도적떼를 양산할 뿐이다. 교활한 지혜는 그것이 이성이든 지성이든 계산하고 비교하는 능력이다. 계산을 왜 하는가? 이익을 재기 위함이 아니겠는가? 비교를 왜 하는가? 남보다 우월해지려는 욕망에 다름 아니다. 여기에는 세상을 장악하려는 소유욕과 지배욕이 숨어있다. 계산과 비교는 작위적 기준을 전제로 한다. 사람과 물건에 가치를 매기는 작위적 기준이 사람들로 하여금 더 많은 부의 축적을 놓고 다투게 하고, 우월한 지위를 놓고 사생결단을 벌이게 한다. 무위의 정치는 작위적 기준을 버릴 것을 종용한다. 대신 몸의 자연성인 생명을 정치의 척도로 삼으라고 권장한다.

> 현인을 높이지 아니하여, 백성들이 다투지 않도록 한다. 얻기 어려운 재

화를 귀하게 여기지 아니하여, 백성들이 도둑질하지 않도록 한다. 욕심 갈만한 것을 드러내지 아니하여, 백성들의 마음을 혼란스럽지 않도록 한다. 이로써 성인의 정치는 마음을 비우고 배를 채우려 하고, 뜻을 약하게 하고 뼈를 강하게 한다. 항상 백성으로 하여금 무지무욕하게 하고, 지자(知者)로 하여금 감히 무엇도 하지 않게 한다. 무위(無爲)로 정치를 하면, 다스려지지 않음이 없다. 不尙賢, 使民不爭, 不貴難得之貨, 使民不爲盜, 不見可欲, 使民心不亂, 是以聖人之治, 虛其心, 實其腹, 弱其志, 强其骨, 常使民無知無欲, 使夫知者不敢爲也, 爲無爲, 則無不治. (3장)

성인의 정치는 무위정치이다. 무위정치는 지능의 분별심인 마음과 뜻에 따르지 않고, 생명의 근원인 배와 뼈를 정치의 원리로 삼는다. 배는 정확히 안다. 더 먹어야 할지 덜 먹어야 할지 생명유지에 유리한 적점을 잘 안다. 그런데 마음이 문제다. 무위의 정치는 통나무처럼 지능의 분별심이 가져오는 마음의 욕망을 내려놓는데서 시작된다.

도는 항상 이름이 없다. 통나무는 비록 작지만 천하가 신하로 삼을 수 없다. 제후와 왕들이 그것을 지킬 수 있다면 만물이 스스로 손님처럼 받들 것이고, 하늘과 땅이 서로 합하여 달콤한 이슬을 내릴 것이며, 백성들은 명령하지 않아도 스스로 균등해질 것이다. 마름을 시작함에 이름이 있다. 또한 이름을 이미 얻으면, 무릇 머무름도 또한 알 것이다. 머무름을 알기에 위태롭지 않은 까닭이다. 비유컨대, 도가 천하에 있음은 마치 골짜기의 냇물이 강과 바다로 흘러가는 것과 같다. 道常無名, 樸雖小, 天下莫能臣也, 侯王若能守之, 萬物將自賓, 天地相合, 以降甘露, 民莫之令而自均, 始制有名, 名亦旣有, 夫亦將知止, 知止所以不殆, 譬道之在天下, 猶川谷之於江海. (32장)

도는 항상 무위의 무심으로 일을 한다(道常無爲而無不爲; 37장). 또한 항상 일을 하지만 이름 내려하지 않는다. 그러한 도의 무위심을 간직한 것이 바로 통나무이다. 그야말로 원목의 통나무는 무욕의 상징이다. 아직 다양한 그릇으로 나누어지기 이전의 무명(無名)의 통나무는 모든 문명의 이기(利器)를 공급해 주는 보시와 시여의 상징이다. 자기 것이 없으므로 오히려 모든 것을 내어주는 자비가 가능하다. 도의 정치, 무위의 정치, 성인의 정치는 모두 통나무처럼 무심과 무욕으로 백성들에게 무한 보시와 시여를 해주는 자비의 정치와 다르지 않다. 그런데 후왕이나 제후는 아직 무위의 정치이념으로 무장된 성인이 아니다. 오히려 그들은 소유욕과 지배의지로 무장되어 있다. 그래서 그들에겐 골짜기와 같은 겸허의 덕을 수련할 것이 요구된다. 강과 바다가 모든 골짜기의 왕이 될 수 있는 까닭은 언제나 아래에 처하는 겸허함 때문이다. 골짜기와 성인이 그러하듯 후왕들도 백성들 위에 서고 싶으면 반드시 말을 겸허하게 할 것이고, 백성들에 앞서고 싶으면 반드시 자신을 뒤에 두어야 한다. 옛날의 왕들은 그러했다. 그들은 스스로를 고아요, 과부고 홀아비요, 노예이기를 자처했다.

옛날 하나를 얻은 자들이 있다. 하늘은 하나를 얻어서 맑고, 땅은 하나를 얻어서 평안하고, 정신은 하나를 얻어서 신령스럽고, 골짜기는 하나를 얻어서 가득차고, 만물은 하나를 얻어서 생기하고, 후왕은 하나를 얻어서 천하를 다스림이 곧아졌다. 그 지극해짐이 하나에 있었다. 하늘은 맑음이 없으면 장차 찢어질까 두렵고, 땅은 평안하지 않으면 솟구칠까 두렵고, 정신이 신령스럽지 않으면 흩어질까 두렵고, 골짜기가 가득차지 않으면 메마를까 두렵고, 만물이 생기함이 없으면 소멸될까 두렵고, 후왕은 고귀함이 없으면 무너질까 두렵다. 그러므로 귀함은 천박함으로 근본을 삼고, 높음은 낮음으로 토대를 삼는다. 이로써 후왕은 스스로를 고아요 과부고 홀아비요 노예라 불렀는데, 이것은 천박함으로 근본을 삼은 것이 아니겠는가? 그러므로 지극히 많은 명예는 명예가 없음이다. 번지르르하게 빛나는 옥처럼 되려하지 않고, 돌로 꿰맨 투박한 목걸이가 되려하였다. 昔之得一者, 天得一以淸, 地得一以寧, 神得一以靈, 谷得一以盈, 萬物得一以生, 侯王得一以爲天下貞, 其致之一也, 天無以淸, 將恐裂, 地無以寧, 將恐發, 神無以靈, 將恐歇, 谷無以盈, 將恐竭, 萬物無以生, 將恐滅, 侯王無以貴高, 將恐蹶, 故貴以賤爲本, 高以下爲基,

是以後王自謂孤寡不穀, 此非以賤爲本耶, 故致數譽無譽, 不欲琭琭如玉, 珞珞如石. (39장)

"하늘은 하나를 얻어서 맑고, 땅은 하나를 얻어서 평안하고, 정신은 하나를 얻어서 신령스럽고, 골짜기는 하나를 얻어서 가득차고, 만물은 하나를 얻어서 생기하고, 후왕은 하나를 얻어서 천하를 다스림이 곧아졌다. 그 지극해짐이 하나에 있었다."고 하였는데, 대체 '하나'(一)가 무엇일까? 42장에 "道生一, 一生二, 二生三, 三生萬物"이라 하였다. "道生一"을 우리는 무정형의 기에 자가수정의 원리가 질서를 부여하여 유정형의 일원기가 탄생한 것이라 읽었다. 그리고 유정형의 일원기는 분화되어 음양이기를 낳는다. 그렇다면 '하나'는 유정형의 일원기이고 그것은 또한 음양이기를 품고 있지만, 아직 음기도 양기도 아니다. 그러니까 일원기는 하나이면서 둘이고 둘이면서 하나다(一而二, 二而一). 또한 하나도 아니고 둘도 아니다(非一而非二). 일원기의 하나는 이처럼 택일(擇一)이 아니라 양가적(兩價的)인 뜻을 담고 있다.[49]

후왕의 덕을 얘기하면서 노자가 왜 이렇게 '하나'를 강조할까? 그것은 후왕도 좋은 것만을 선택하지 말고 양면성에 의한 균형과 중도의 길을 가도록 권유하는 것으로 읽어야 할 것이다. 즉, 후왕은 고귀한 것만을 선택해서는 안 되고, 또한 천한 것을 버리거나 그것을 천시하는 입장을 가져서도 안 된다. 화광동진(和光同塵)처럼 빛과도 화합하고 먼지하고도 동거하는 겸허의 덕을 권장하는 것이다. 후왕의 정치는 그런 양가성을 한 묶음으로 해야 한다. 이를 위해 후왕은 스스로를 고아요, 과부고 홀아비요, 노예이기를 자처하는 겸허의 덕을 가질 필요가 있다. 명예나 옥처럼 아름다운 것을 욕망하지 말고, 돌처럼 볼품없이 투박한 구술로 남으려는 겸허함이 요구된다.

힘에 의한 정치는 힘으로 망한다. 군사들이 거처하는 곳에 가시밭길이 생기고, 대군이 지나간 뒤에는 흉년이 온다. 힘에 의한 정치, 작위의 정치를 버

---

49) 김형효, 『사유하는 도덕경』(서울: 소나무, 2004), 68~69쪽; 341~343쪽; 이현규, 앞의 책, 255쪽; 최진석, 『노자의 목소리로 듣는 도덕경』(서울: 소나무, 2012), 338~341쪽.

려야 한다. 무위의 정치에 따를 때 자연스럽게 다스려지는 결과가 온다. 힘에 의한 정치를 통하여 작위적 결과를 취하려 하지 말아야 한다. 무위정치에 의한 자연스러운 결과를 자랑해서도 안 되고 자연스러운 결과에 교만해서도 안 된다.[50] 무위의 정치는 자연스러운 다스림을 가져오고 백성들로부터 자연스러운 권위를 인정받는다. 무위정치에 의한 자연스러운 권위가 사라질 때 힘에 의한 권위를 세우고자 한다.[51] 자연스러운 권위를 상실할수록 후왕들은 백성들을 억압하면서 그들의 삶을 좌지우지하려 한다. 폭군은 그들의 권위를 세우기 위해 백성들을 죽이는 것도 불사한다. 그러나 백성들은 맹수를 두려워할지언정 폭군이 휘두르는 칼날에 그것이 죽음이라할지라도 두려워하지 않는다.

> 백성들이 죽음을 두려워하지 않으면, 어떻게 죽이는 것으로 그들을 두렵게 하겠는가? 만약 백성들로 하여금 항상 죽음을 두려워하도록 기이한 일을 꾸미는 자가 있다면, 나는 그를 잡아다가 죽이겠다. 누가 감당하는가? 항상 죽임을 맡은 관리가 죽이는 것을 감당해야 한다. 무릇 죽임을 맡은 관리를 대신하여 다른 누군가가 죽인다면, 이것은 대목수를 대신하여 나무를 베는 것과 같은 것이라 말한다. 무릇 대목수를 대신하는 이는 거의 자기 손에 상처내지 않기가 어렵다. 民不畏死, 奈何以死懼之, 若使民常畏死而爲奇者, 吾得執而殺之, 孰敢, 常有司殺者殺, 夫代司殺者殺, 是謂代大匠斲, 夫代大匠斲者, 希有不傷其手矣. (74장)

백성들이 죽음을 두려워한다면 그것은 자연스러운 권위에서 오는 죽음이다. 백성들이 죽음을 두려워하지 않는 것은 살아있는 것이 죽는 것만 못하다고 생각하기 때문이다. 이런 상황에서는 죽인다고 겁을 주어도 백성들은 이미 죽음을 두려워하지 않기 때문에 눈 하나 깜짝하지 않는다. 그런데 죽음이

---

50) 以道佐人主者, 不以兵强天下, 其事好還, 師之所處, 荊棘生焉, 大軍之後, 必有凶年, 善者果而已, 不敢以取强焉, 果而勿矜, 果而勿伐, 果而勿驕, 果而不得已, 果而勿强, 物壯則老, 是謂不道, 不道早已. (30장)

51) 民不畏威, 則大威至矣, 無狎其所居, 無厭其所生, 夫唯不厭, 是以不厭, 是以聖人自知不自見, 自愛不自貴, 故去彼取此. (72장)

라는 것을 두려운 것이 되도록 하면, 즉 삶이 죽음보다 훨씬 낫다고 생각할 수 있도록 상황을 개선시키면, 죽인다고 하는 말이 위협이 될 수 있다.[52] 삶이 죽음보다 소중하게 여기도록 만드는 정치가 자연스러운 정치이다. 만약 후왕이 자연스러운 정치를 한다면 그가 권위에 도전해 오는 자를 죽인들 누가 합법적인 사형집행에 이의를 달 수 있겠는가? 그리고 대목수가 나무를 베어야 하듯, 죽임을 담당하는 관리가 사형집행을 처리하는 것이 순리이다. 그런데 죽임을 담당하는 관리가 누구인가? 자연이고, 자연에 따른 도의 정치를 펼치는 성인만이 할 수 있다. 후왕의 작위적인 정치로는 사형을 집행할 수 없다. 그것은 마치 나무의 원리를 모르는 목수가 그것을 잘 아는 대목수를 대신하려는 것과 같다. 대목수를 대신하려는 이가 손에 상처내지 않기가 어렵듯이, 후왕의 작위적인 정치는 자신의 지배욕에 따라 자의적으로 사형을 집행할 가능성이 높다. 이러한 점에서 이 74장은 노자가 사형제폐지론을 주장한 것으로 읽기도 한다.[53]

후왕은 자의적인 정치를 버리고 백성들이 죽음보다 삶을 소중히 여기도록 하는 무위정치를 본받아야 한다. 그리고 도의 정치를 펼치려는 후왕은 모든 일에 나서서 관여하려 해서는 안 된다. 무위정치란 백성들이 자신들을 다스리는 임금의 존재조차 모르는 것이다. 거듭 말하지만, 무위의 정치는 임금이 마음을 비우고 고요하고 무겁게 좌정하여 작위를 일삼지 않는 것이다. 임금이 마음을 비워야 도로 복귀할 수 있다. 그것이 임금의 덕이다. 마음을 비워야 이기지 못할 것이 없고, 어머니와 같은 보시의 정치를 펼칠 수 있다. 그런 정치를 펼쳐야 나라가 오래 보존될 수 있다.

> 사람을 다스리고 하늘을 섬김은 마음을 적은 듯이 하는 것만 같은 것이 없다. 무릇 오직 마음을 비워야 일찍 도로 복귀하게 할 수 있다. 일찍 도로 복귀하는 것이 덕을 두텁게 쌓는 것이라 말한다. 덕을 두텁게 쌓으면 이

---

52) 최진석, 『노자의 목소리로 듣는 도덕경』(서울: 소나무, 2012), 512쪽.
53) 임채우, 『왕필의 노자주』(서울: 한길사, 2005), 300~301쪽.

기지 못할 것이 없다. 이기지 못할 것이 없으면 그 끝을 알 수 없다. 그 끝을 알 수 없어야 나라를 가질 수 있다. 나라를 보유하는 어머니 같은 마음을 가져야 나라가 오래갈 수 있다. 이것을 깊고 견고한 뿌리에 토대하고, 오래도록 우러러볼 수 있는 도라고 한다. 治人事天莫若嗇, 夫唯嗇, 是以早服, 早服, 謂之重積德, 重積德, 則無不克, 無不克, 則莫知其極, 莫知其極, 可以有國, 有國之母, 可以長久, 是謂深根固柢, 長生久視之道. (59장)

나는 김형효 교수가 노자가 말하는 무위정치의 본질을 잘 설명했다고 여긴다. 그는 말한다. "우리가 이해할 수 있는 무위지치의 개념은 세상을 대상으로 하는 정치가 아니라, 마음을 다시 보게 하는 정치로 보아야 한다. 마음을 허공처럼 욕심을 비우면 세상이 저절로 자연처럼 흘러간다는 것을 암시하는 뜻을 담고 있다. 그러므로 무위지치는 세상을 경제적으로나 도덕적으로 장악하거나 고치려고 애쓰는 현실주의적 또는 이상주의적 정치가 아니다. 말하자면 세상을 자기의 경제적, 도덕적 소유로 만들려는 마음을 포기하는 정치를 일컫는 것이다."[54] 나도 적극 동의한다.

그럼에도 불구하고, 우리의 의문은 무위정치가 사회구조적으로 함의하는 바는 전혀 없는가 하는 점이다. 이에 대해서도 역시 김형효가 지적했듯이, 일단 노자의 무위정치가 근대적 의미의 자유방임의 정치이거나 무정부주의를 표방하는 것은 아니라고 여긴다.[55] 자유방임의 정치는 시장 기능에 모든 것을 자율적으로 위임하는 정치이다. 그러나 노자의 무위정치는 시장 질서를 존중하는 소유적 욕망의 거래와는 다르다. 노자는 배의 몸을 소중히 여기는 무위적 거래와 자연의 연기적 거래를 소중히 여겼지, 결코 인간들의 소유론적 욕망의 거래를 주장하지 않았다. 우리는 전자의 거래를 일반경제라 불렀고, 후자의 거래를 시장경제라 하였다.

한편, 무정부적인 정치형태는 인간이 사회적 이해관계의 와중에서 만인의

---

54) 김형효, 『사유하는 도덕경』(서울: 소나무, 2004), 268~269쪽.

55) 김형효, 위의 책, 265~266쪽.

만인에 대한 투쟁임을 망각한 공상적 정치체제를 구상한 것일 뿐이다. 노자는 '욕구와 선(善)의 일치'(자리즉이타)를 겨냥하는 자연의 정치를 주장했지, 만인에 의한 만인의 투쟁을 방임하는 무정부적 정치를 인정한 것이라 할 수는 없다. 특히, 이 점은 노자가 반전(反戰)과 평화를 강조하는 외교의 정치를 주장했다는 점에서도 입증된다.

3) 생명·평화의 국가공동체

노자의 시대는 제후들이 제각기 천하의 패권을 다투는 춘추전국시대였다. 제후들의 이해에 영합하고 자신의 영달을 추구하지 않은 당시의 사상가라면 대체로 전쟁을 반대하였다. 노자 또한 마찬가지이다. 그러나 노자가 전쟁을 반대하는 이유는 특별하다. 세상에는 선한 전쟁도 좋은 군대도 없다고 보기 때문이다.

> 좋은 군대란 상서롭지 못한 무기이다. 만물도 그것을 싫어할 것이다. 그러므로 도를 가진 자는 거처하지 않는다. 이로써 군자는 거처하면 왼쪽을 귀하게 여기고, 군대를 사용하면 오른쪽을 귀하게 여긴다. 군대는 상서롭지 못한 무기이기에, 군자의 그릇이 아니지만 부득이 그것을 사용할 뿐이다. 군자는 고요하고 담백한 것을 최상으로 여기고, 전쟁에서 승리해도 찬미하지 않는다. 그것을 찬미하는 자라면 이는 사람 죽이기를 즐기는 것이다. 대저 사람 죽이기를 즐기는 자는 천하에 뜻을 얻을 수가 없다. 좋은 일에는 왼쪽을 숭상하고, 나쁜 일에는 오른쪽을 숭상한다. 편장군은 왼쪽에 거처하고, 상장군은 오른쪽에 거처하는데, 이는 상례로써 그것을 처리함을 말한다. 많은 사람을 죽인 것을 비애로 슬퍼해야 하고, 전쟁에 승리해도 상례로 처리해야 한다. 夫佳兵者, 不祥之器, 物或惡之, 故有道者不處, 是以君子居則貴左, 用兵則貴右, 兵者, 不祥之器, 非君子之器, 不得已而用之, 恬淡爲上, 勝而不美, 而美之者,

> 是樂殺人, 夫樂殺人者, 不可得志於天下矣. 吉事尙左, 凶事尙右, 偏將
> 軍居左, 上將軍居右, 言以喪禮處之, 殺人衆多, 以悲哀泣之, 戰勝. 以
> 喪禮處之. (31장)

아무리 좋은 군대라도 그것은 사람을 죽이는 상서롭지 못한 무기일 뿐이다. 그래서 군자는 사용하지 않는다. 사용한다하더라도 부득이한 경우에 한한다. 그리고 혹 전쟁에서 이긴다하더라도 그 승리를 찬미하지 않는다. 전쟁의 승리를 찬미하는 자는 사람 죽이는 것을 즐기는 자와 다르지 않고, 그러한 자는 천하의 뜻을 얻을 수가 없다. 무기를 잡는 손은 왼쪽보다는 대체로 오른쪽 손이다. 그래서 좋은 일에는 왼쪽을 숭상하고, 나쁜 일에는 오른쪽을 숭상한다고 하는 것 같다. 아무래도 공격을 명하는 이는 편장군(부사령관)보다는 상장군(사령관)이다. 그런데 편장군을 왼쪽에, 상장군을 오른쪽에 두는 것은 오히려 상례(喪禮)의식을 반영한 것이라고 여길보(呂吉甫)는 주해(註解)하고 있다. 즉, 상장군은 공격명령으로 사람을 죽이지만 그만큼 상례로서 죽은 이들의 장례의식을 치러줘야 한다는 점을 노자가 부각시킨 것이라는 관점이다.[56] 이러한 관점은 다음의 인용으로도 입증될 수 있다.

> 좋은 선비된 자는 무력을 쓰지 않고, 좋은 전사는 노하지 않는다. 적을
> 잘 이기는 자는 적과 더불어 하지 않고, 사람을 잘 부리는 자는 아래에
> 처한다. 이것을 다투지 않는 덕이라 하고, 이것을 사람을 부리는 힘이라
> 하고, 이것을 하늘과 짝한다고 한다. 모두 옛날의 지극한 도이다. 善爲士
> 者不武, 善戰者不怒, 善勝敵者不與, 善用人者爲之下, 是謂不爭之德,
> 是謂用人之力, 是謂配天 古之極. (68장)

훌륭한 선비는 무력을 쓰지 않고, 훌륭한 전사는 분노하지 않는다. 결국 훌륭한 군주는 적과 싸우지 않고도 이기는 길을 택하는 것이다. 싸우지 않고

---

56) 김형효, 앞의 책, 259쪽.

도 이기는 길은 전쟁의 주체가 되지 말고 어쩔 수 없이 전쟁에 임하는 객체가 되는 것이다. 전진적 공격보다는 오히려 한 발 뒤로 물러섬이 그것이다.

> 병법에 이런 말이 있다. 내가 감히 전쟁의 주체가 되지 않고 어쩔 수 없이 전쟁에 임하는 객체가 된다. 내가 감히 한 치 앞으로 나아가지 않고 오히려 한 자 뒤로 후퇴한다. 이를 일컬어 행동 없이 행동하고, 팔 없이 소매를 제거하고, 적 없이 이루어지고, 군대 없이 병기를 잡는다고 한다. 재앙은 적을 가벼이 여기는 것보다 큰 것이 없고, 적을 가벼이 여기면 거의 나의 보물을 잃는 것이다. 그러므로 거병하여 서로 항거할 때에는 슬퍼하는 자가 이긴다. 用兵有言, 吾不敢爲主而爲客, 不敢進寸而退尺, 是謂行無行, 攘無臂, 扔無敵, 執無兵, 禍莫大於輕敵, 輕敵幾喪吾寶, 故抗兵相加, 哀者勝矣. (69장)

그렇다고 싸우지 않고 이기는 길이 적을 가벼이 여기는 것과는 거리가 멀다. 다만, 적과 대적할 때 무조건 이기려는 자세보다는 무심(無心)의 마음으로 전쟁에 임하라는 것이다. 무행(無行)을 행하고, 팔이 없는 옷소매를 걷어부치고, 적이 없는 것처럼 임하고, 병장기가 없는 것처럼 무기를 잡으라는 것이 바로 그러한 뜻을 함축하고 있다. 어쩔 수없이 거병(擧兵)할 때는 슬퍼해야 이긴다는 것도 그렇다. 대체로 거병하는 나라는 소국(小國)이기보다는 대국(大國)일 가능성이 높다. 그러나 소국이 되고 대국이 되는 것도 늘 정해져 있는 고정불변의 것이 아니다.

장차 움츠러들려 하면 반드시 확장되고, 장차 약해지려 하면 반드시 강해지고, 장차 폐지되려하면 반드시 부흥하고, 장차 빼앗으려 하면 반드시 준다. 즉, <움츠러듬/확장됨>, <약함/강함>, <폐지됨/부흥함>, <빼앗음/내어줌>, <부드러움/굳셈>, <약함/강함>은 모두 상관적 차연으로 존재할 뿐이고, 상황은 언제나 역전될 수 있는 법이다.[57] 이 중 어느 하나만을 단가적으로 택일하

---

57) 將欲歙之, 必固張之, 將欲弱之, 必固强之, 將欲廢之, 必固興之, 將欲奪之, 必固與之, 是謂微明, 柔弱勝剛强, 魚不可脫於淵, 國之利器, 不可以示人. (36장)

려해서는 안 된다. 그러한 사실을 모르고 단가적 택일만을 한다면 그것은 세계의 사실을 있는 그대로 직관해낼 수 있는 '눈밝음이 부족한 것'(微明)이다. 물고기가 연못을 벗어날 수 없는 것처럼, 주어진 상황과 처지에서 치고나갈 줄도 물러설 줄도 알아야 한다. 현재의 자신의 강함만을 믿고 그것을 과시해서는 안 된다. 오히려 대국일수록 겸허한 자세를 견지할 필요가 있다. 겸허한 부드러움과 약함이 굳세고 강한 것을 이기는 길이기 때문이다. 대국을 다스리는 내치(內治)에 있어서도 그러한 겸허의 자세는 필요하다.

> 큰 나라를 다스리는 것은 작은 생선을 삶는 것과 같다. 도로 천하에 임하면 그 귀신도 신령스럽지 않다. 귀신이 신령스럽지 않은 것이 아니라, 신령스러움이 사람을 해치지 아니한다. 그 신령스러움이 사람을 해치지 않기에, 성인 또한 사람을 해치지 않는다. 무릇 둘은 서로 해치지 아니한다. 그러므로 덕이 교차하며 백성들에게 돌아간다. 治大國, 若烹小鮮, 以道莅天下, 其鬼不神, 非其鬼不神, 其神不傷人, 非其神不傷人, 聖人亦不傷人, 夫兩不相傷, 故德交歸焉. (60장)

대국을 다스림은 작은 생선을 삶는 것과 같다고 한다. 이게 무슨 뜻인가? 작은 생선을 요리함에는 번잡할 것이 없다. 내장을 낼 필요도 없고 토막을 낼 필요도 없다. 요리하면서 뒤집기를 하는 번거로움도 필요 없다. 그러나 너무 센 불은 생선을 태우거나 부스러기로 만들 수 있다. 낮은 불로 조심스럽게 삶아내야 한다. 즉, 작은 생선의 요리는 단순하지만 조심스럽게 겸허한 자세로 임해야 한다. 대국을 다스리는 내치도 이처럼 작은 생선을 삶듯이 해야 한다는 것이다. 그것이 도가 천하에 임하는 자세이다. 따라서 도에 따른 정치에는 신령스러운 귀신도 사람을 해치지 않는다. 귀신은 죽은 사람의 넋이고, 사람에게 화복(禍福)을 내려주는 신령이다. 잘못하면 화를 내리고 잘하면 복을 내린다. 성인의 정치에는 귀신도 백성들을 해치지 않고 복택을 내린다. 대국을 다스리는 후왕도 도(道)와 성인의 정치를 본받아야 한다. 대국이 하는 겸허의 정치는 소국을 대하는 평화의 외교로도 이어져야 한다. 소국이 대국을 대하는 태도 또한 다르지 않아야 한다.

> 큰 나라는 아래로 흐르는 물이고, 천하의 교류이고 천하의 암컷이다. 암컷은 항상 고요함으로 수컷을 이긴다. 고요함으로 아래에 처한다. 그러므로 큰 나라가 자신을 낮추어 작은 나라를 대하면 작은 나라를 취할 수가 있다. 작은 나라는 큰 나라에게 낮추면 큰 나라를 취할 수가 있다. 그러므로 혹 자신을 낮춤으로써 취하기도 하고, 혹 상대방에게 낮춤으로써 취할 수도 있다. 큰 나라는 욕심을 과하게 아니하여 남을 같이 기르고, 작은 나라는 욕심을 과하게 아니하여 남을 섬기는 데에 들어간다. 무릇 둘은 각각 그 욕심하는 바를 얻는 것이다. 큰 것은 마땅히 아래에 처해야 한다. 大國者下流, 天下之交, 天下之牝, 牝常以靜勝牡, 以靜爲下, 故大國以下小國, 則取小國, 小國而下大國, 則取大國, 故或下以取, 或下而取, 大國不過欲兼畜人, 小國不過欲入事人, 夫兩者各得其所欲, 大者宜爲下. (61장)

대국은 여러 길의 물이 아래로 흘러와 모이는 큰 연못이나 바다와도 같다. 대국인 연못이나 바다는 고요하고 겸허한 마음으로 여러 길의 문물들을 맞이한다. 여기에서 서로 다른 문화가 교류하고 교배가 이루어진다. 그래서 대국은 문화의 교류와 창조를 이루어내는 암컷과도 같다. 대국은 자신을 낮춤으로써 소국의 문화를 취할 수가 있다. 소국도 스스로를 낮춤으로써 대국의 선진문물을 취할 수가 있다. 이처럼 평화의 외교는 대국이나 소국이나 서로 자신을 낮추는 겸허함으로 이루어진다. 그러나 국제평화는 아무래도 주도권을 쥔 대국의 자세가 더욱 중요한 법이다.

무위정치는 전쟁을 반대하고 평화의 외교를 지향한다. 그리고 무위정치이념이 현실적으로 실현될 수 있는 사회는 대국이기보다는 소국의 작은 나라공동체가 아닌가 한다. 노자가 이에 대해 직접적인 표현으로 언급하지는 않지만 유일한 다음의 인용에서 간접적으로나마 무위정치이념의 사회구조적 함의를 밝히고 있기 때문이다.

> 작은 나라에는 백성이 저다. 열이나 백 사람이 사용할 수 있는 그릇이 있

지만 사용하지 않는다. 백성들이 죽음을 무겁게 여겨 멀리 이사하지 않는
다. 비록 배와 수레가 있더라도 그것을 타는 바가 없다. 비록 갑병이 있더
라도 그것을 진열하지 않는다. 백성들로 하여금 새끼줄을 서로 연결하여
그것을 사용한다. 음식을 맛있게 먹고, 옷을 멋있게 입고, 거처를 편안하
게 하고, 풍속을 즐긴다. 이웃나라를 서로 바라볼 수 있고, 닭과 개의 소
리가 서로 들린다. 백성들이 늙어서 죽음에 이르러도 서로 왕래하지 않는
다. 小國寡民, 使有什佰之器而不用, 使民重死而不遠徙, 雖有舟輿, 無所
乘之, 雖有甲兵, 無所陳之, 使民復結繩而用之, 甘其食, 美其服, 安其居,
樂其俗, 隣國相望, 鷄犬之聲相聞, 民至老死 不相往來. (80장)

　소국은 나라의 규모도 작겠지만 그에 걸맞게 백성들도 많지 않은 작은 나라공동체이다. 작은 나라공동체에서 후왕은 소유의지도 지배의지도 권력의지도 없다. 겸허한 마음으로 무위의 정치를 펼치기 때문이다. 문명의 이기가 남아돌아가지만 소유하려 하지 않는다. 군대와 경찰이 있더라도 그것은 어디까지나 자위수단일 뿐이지 지배나 권력의 도구가 아니다. 백성들은 먹을 것을 얻기 위해 죽음을 무릅쓰는 이동의 수고가 필요 없다. 그들은 서로 소통하며 오순도순 병작(竝作)하며 풍족한 삶을 살아간다. 이웃나라와도 평화롭게 지낸다. 이웃에서 닭과 개소리가 서로 들린다. 사람이 늙어서 죽음을 맞는 것은 자연스러운 일이기에 슬퍼할 일도 아니거니와 굳이 찾아가 근조(謹弔)의 예를 표할 필요도 없다.
　그런데 대체 이러한 작은 나라공동체의 사회구조는 어떤 것일까? 무위정치의 이념을 실현하기 위한 전략적 수단으로써 어떤 제도와 법과 정책을 세워야 한다는 것인가? 지배의지도 권력의지도 없는 사회구조를 어떻게 세울 수 있을까? 위의 인용을 통해서는 도대체 이를 알 길이 없다. 그렇다면 결국 작은 나라공동체라는 것도 어떤 사회구조를 세우거나 사회적 입법을 하라는 것이기보다는 후왕에게 지성의 분별심과 욕망을 내려놓으라는 개인윤리적 접근에 다름 아닌 것 같다. 김형효의 고찰처럼, 작은 나라공동체도 어떤 사회구조적 함의를 내포하기보다는 작고 적은 것이 지니는 본질적 겸허를 말하려

한 것으로 읽어야 할 듯하다. 즉, 작고 적은 것은 존재론적 겸허처럼 무심(無心)과 허심(虛心)의 은유적인 명칭으로 이해해야 한다는 것이다.[58] 이러한 점에서 작은 나라공동체는 노자적 의미의 이상사회이거나 도가적 유토피아니즘도 아니다. 무심과 겸허의 정치는 대국을 다스리는데도 똑같이 적용되는 것이기 때문이다. 결국 무위정치는 세상을 바꾸는 정치가 아니라 마음을 바꾸는 정치라 하지 않을 수 없다. 후왕도 백성도 모두 몸의 자연성(필요와 요구)을 벗어나지 않는 무심과 겸허의 자세로 돌아갈 때 세상은 무위적으로 다스려지게 되어 있다는 것이다.

그러나 무위정치가 후왕이 작위적 관여를 하지 않는 정치라 해서 그가 아무것도 하지 않는 정치는 아닐 것이다. 사회구조를 개혁하고 세상을 바꾸는 정치가 아니라고 하여 무위정치가 전혀 사회구조와 제도를 기획하고 정책적 수단을 실행하지 않는다는 것은 아닐 것이다. 노자도 간접적이지만 천자(天子)와 제후(諸侯), 삼공(三公: 卿大夫)과 관리(官吏: 士), 백성으로 구성되는 사회구조를 말했고, 세제와 법령과 군대와 같은 제도와 정책적 수단들에 대해서도 언급했다. 이런 점으로 보아, 그는 그의 시대에 이미 구축되고 통용화된 사회구조를 용인한 것으로 이해할 수 있다. 다만, 유가적 도덕정치나 법가적 패도정치와는 달리, 번잡한 예악의 규범이나 법령을 최소화하는 제도와 정책의 운영을 주장한 것으로 볼 수 있다.

---

58) 김형효, 앞의 책, 519~521쪽 참조.

4. 말없는 가르침(不言之敎)의 교육학

인류의 위대한 지성들은 예외 없이 교육의 중요성을 주장해왔다. 이 점에서 노자도 예외가 아니다. 그가 『도덕경』을 집필했다는 것 자체가 교육적 의도가 아니고 무엇이겠는가? 그런데 노자의 교육론을 생각하면 아연하다. 상식적인 수준에서, 교육이란 문명을 축적하고 전승하는 대표적인 기제인데, 그는 단적으로 인간들에게 문명의 껍질을 벗어 던지라고 말하고 있기 때문이다. 그 자신도 이미 인간세계에 내던져진 채로 살아온 문화적 인간이라는 점에서 더욱 그렇다. 이미 문화적 문명인인 그가 남을 향하여 문명의 탈을 버리도록 교육하려는 처사는 자기모순이 아닌가? 대체 문명의 탈을 벗고 자연으로 돌아가는 인간을 키워내는 교육이 가능이나 한 것인가? 이러한 의문들 때문에 노자는 반문명론자일 뿐만 아니라 반교육론자로 오해되기도 하였다. 그저 자연의 모습에 따라 무위자연하면 그만이지 특별한 교육적 처방이 필요 없다는 것이다. 그가 이른바 '말없는 가르침'(不言之敎)을 주장한 점에서 혐의는 더욱 짙어진다.

노자의 교육에 대한 관점을 어떻게 이해해야 할까? 결론부터 말하면, 그는 반문명론자도 반교육론자도 아니다. 그는 반문명론자가 아니라 다른 형태의 문명을 제시하였고, 반교육론자가 아니라 다른 형태의 교육을 주장한다. 이러한 관점에서 접근한 기존연구들이 없었던 것은 아니다. 이를테면, 노자의 덕교육론을 치열한 이성의 계발 문제로 해석한 연구,[59] 그 반대로 도덕적 민감성이나 열정, 의지 등의 마음공부로 해석한 연구[60]도 있다. 또한 노자의 교육사상은 존재비약을 위한 초월적 수양공부론으로 읽

---

[59] 김태훈, "『노자』의 덕(德)에 관한 도덕교육적 고찰", 『도덕윤리과교육』 제24호(한국도덕윤리과교육학회. 2007. 7).

[60] 박병기, 『동양 도덕교육론의 현대적 해석』(서울: 인간사랑. 2009), 267~290쪽.

은 연구[61] 등도 있다. 이러한 유형의 연구 중에 서명석과 박병기의 연구가 좀 더 나의 관점에 가까이 있지만, 이들은 교육과정적 측면에서 체계적으로 다룬 글들이 아니다. 따라서 이 절에서 나는 『도덕경』을 하나의 교재로 삼아 여기에 함의된 교육사상을 주의 깊게 읽어보고자 한다.

1) 말없는 가르침

노자의 교육론을 단적으로 보여주는 언표가 '말없는 가르침'(不言之敎)인 것 같다. 따라서 이 언표가 어떠한 맥락에서 주장되는지부터 보기로 하자. 『도덕경』에서 직접적으로 언표되는 경우는 두 번(2장, 43장)이다.

> 천하(사람들이)가 모두 아름다움을 아름다움이 되는 것으로만 안다면 이것은 추함일 뿐이고, 선(善)을 착함이 되는 것으로만 안다면 이것은 불선(不善)일 뿐이다. 그러므로 유와 무가 서로 공생(더불어 삶)하고, 어려움과 쉬움이 서로 이루고, 긺과 짧음이 서로 형성하고, 높음과 낮음이 서로 기울고, 음과 소리가 서로 조화하고, 앞과 뒤가 서로 수반한다. 이로써 성인은 무위(無爲)의 일에 거처하고 '말없는 가르침'(不言之敎)을 행한다. 만물은 자라나면서도 다투지 않고, 공생하면서도 소유하지 않고, 일을 하면서도 의지하려 않고, 공을 이루어도 머물지 않는다. 대저 오직 머물지 않기에, 이로써 떠나가지도 않는다. 天下皆知美之爲美, 斯惡已, 皆知善之爲善, 斯不善已, 故有無相生, 難易相成, 長短相形, 高下相傾, 音聲相和, 前後相隨, 是以聖人處無爲之事, 行不言之敎, 萬物作焉而不辭, 生而不有, 爲而不恃, 功成而弗居, 夫唯弗居, 是以不去. (2장)

---

61) 서명석, 『가르침과 배움 사이로』(경기: 책인숲, 2012), 267~336쪽.

천하의 지극한 부드러움이 천하의 지극한 견고함을 제멋대로 다루고, 무(無)는 틈새가 없는 곳에도 들어간다. 나는 이로써 무위가 유익함을 안다. 말없는 가르침과 무위의 유익함을 천하(의 사람들은)는 거의 미치지 못한다. 天下之至柔, 馳騁天下之至堅, 無有入無間, 吾是以知無爲之有益, 不言之敎, 無爲之益, 天下希及之. (43장)

<아름다움/추함>, <선함/불선함>, <유/무>, <어려움/쉬움>, <김/짧음>, <높음/낮음>, <음/소리>, <앞/뒤> 등은 단가적 택일이 아니라 서로 상관적 대대(待對)와 차연(差延)을 이룬다. 말하자면, 이 세계는 반대되는 한 쌍의 범주들이 그 반대편을 자신의 존재 근거로 하면서 얽혀있다. 그것이 만물의 존재방식이고 세계의 운행 원칙이다. 그런데 인간들은 이러한 세계의 여여(如如)한 사실을 모르고 어느 하나를 택일하여 규정짓기를 즐겨한다. 단가적 택일의 관점이 유위(有爲)의 일이라면, 상관적 차연의 관점은 무위(無爲)의 일이다. 성인은 유위가 아니라 무위의 일에 거처하고, 이러한 무위의 세계를 불언(不言)으로 가르친다. 노자도 이를 본받고자 한다.

왜 성인과 노자가 무위의 세계를 불언(不言)으로 가르치고자 하는가? 왜 말없는 가르침이 더 유익하다고 여기는가? 말없음의 침묵으로 하는 가르침이 대체 가능이나 한 것인가? 저러한 무위의 세계와 만물의 존재방식을 가르치기 위해서라도 언어교수가 필요한 것이 아니겠는가? '말없는 가르침'(不言之敎)이란 아무 말도 하지 않으면서 하는 침묵 형태의 가르침을 말하는 것이 아닐 것이다. 문제는 말과 언어에 있다. 노자가 보기에 말이나 언어란 어떤 존재나 가치를 일정한 의미로 규정하는 단가적 택일의 수단일 수밖에 없다는 것이다. 그는 『도덕경』을 시작하는 1장에서부터 이 점을 제일먼저 주장하였다. "도를 도라 말할 수 있으면 상도(常道: 항상된 불변의 도)가 아니고, 이름을 이름이라 명칭할 수 있으면 상명(常名: 항상된 불변의 이름)이 아니다."(道可道非常道, 名可名非常名; 1장)가 그것이다.

말해진 도는 불변의 도가 아니고, 명칭이 부여된 이름은 불변의 이름이 아니다. 우리는 흔히 봉수라는 이름이 봉수라는 사람의 본질을 드러내는 것처럼 그를 규정하기를 즐겨한다. 특정한 존재나 가치의 본질을 드러내어 그것의 개념을 정의하거나 이론화하면서 진리로 등록시키고자 한다. 반면에 정의된 개념이나 이론적 틀로 포착되지 않는 존재나 가치의 사실을 비본질적 요소로 취급하고 비진리의 영역으로 신비화한다. 노자가 주장하는 '말해진 도'와 '명칭이 부여된 이름'은 바로 정의된 개념이나 이론과 다르지 않다. 개념이나 이론은 세상을 포착해내는 하나의 있을 법한 안경이고 도식(schema)일 뿐이다. 특정색의 안경과 도식을 가지고 읽어낸 세계의 본질을 진리라고 주장하면 안 된다. 모든 관점이 일리(一理)일 뿐이다. 일리들을 모두 합한다 해도 진리인 것은 아니다. 오늘날 과학자들은 하나의 이론 속에 모든 이론들을 포함하는 만물이론(M-theory)의 가능성을 말하지만,[62] 언제나 진리는 비진리와 공존하고 도는 그러한 진리의 규정너머에 존재한다. <말할 수 있는 도/말할 수 없는 도>, <이름있음/이름없음>, <유욕/무욕>, <묘합/틈새>가 하나의 문에서 나왔지만 이름을 달리한다는 노자의 언명은 바로 이러한 뜻을 함의한다. 이것이 세계의 사실이다.

　노자에게 말이나 언어는 특정한 안경으로 세상을 보는 개념이나 이론을 은유한다. 개념이나 이론은 단가적 택일의 논리로 세상을 해석할 뿐, 세계의 여여한 사실을 있는 그대로 읽어내지 못한다. 따라서 단가적 택일의 논

---

[62] 과학자들이 세계의 실재를 탐구하는 방법은 직접 관찰을 통해 그것을 발견할 수 있다는 소박한 실재론이 아니다. 스티븐 호킹 등은 '모형의존적 실재론'(model-dependent realism)을 주장한다. 모형은 일종의 개념들의 구성물이고 안경이고 도식과 다르지 않다. 특정 모형이 사건들을 성공적으로 설명할 경우, 그 모형과 그것을 구성하는 요소들과 개념들에 실재성 혹은 절대적 진리성을 부여하게 된다. 똑같은 물리적 상황을 서로 다른 근본 요소들과 개념들을 써서 모형화할 수 있는 다양한 방식들이 있다. 이를테면, 우주를 설명하는 모형들로 천동설을 주장하는 프톨레마이오스모형이 있고, 지동설을 주장하는 코페르니쿠스모형이 있다. 우주의 탄생과 관련해서는 창조모형도 있고, 빅뱅이론모형도 있다. 물리현상을 설명하는 모형으로 뉴턴모형, 양자물리학모형 등이 있다. 이처럼 과학자들은 특정모형에 기초해서 세계와 현상의 법칙을 발견할 뿐이다. 과학의 역사에서 학자들은 계속해서 더 나은 이론 혹은 모형을 발견해왔다. 점점 더 나은 이론과 모형들을 거치다보면 언젠가는 종착점에 도달할 수 있을까? 이와 관련하여 과학자들은 모형 중의 모형인 "M-이론"을 주장한다. 그것은 다양한 이론들의 집합 전체를 잇는 만물이 이론이 될 수 있는 후보라는 게 호킹의 주장이다. 스티븐 호킹·레오나르드 믈로디노프(전대호 옮김),『위대한 설계』(서울; 까치, 2010), 12~13쪽; 228쪽 등 참조.

리가 하나의 일리일 수는 있지만, 그것은 진리도 도도 아니다. 도를 아는 성인은 이러한 언어로 규정되는 단가적 택일의 논리를 거부한다. "도를 아는 자는 말하지 않고, 말하는 자는 알지 못한다(知者不言, 言者不知; 56장)." 또한 "말을 많이 하면 더욱 궁색해질 뿐이다(多言數窮; 5장)." 그래서 노자도 성인의 '말없는 가르침'을 본받고자 하는 것이다. 그러나 거듭 말하지만, 말없는 가르침이란 언어로 규정되는 단가적 택일의 논리를 거부하는 것이지 침묵으로 가르친다는 것이 아니다. 아래의 인용에서도 이를 알 수 있다.

> 신뢰의 말은 아름답지 않고, 아름다운 말은 신뢰가 없다. 좋은 말은 변명하지 않고, 변명하는 말은 좋지 않다. 지자(知者)는 박학(博學)하지 않고, 박학한 자는 알지 못한다. 성인은 무엇을 쌓아놓지 않는다. 이미 남을 위하니 자기는 더욱 드러나고, 이미 남에게 주니 자기는 더욱 많아진다. 하늘의 도는 이로움을 주지 손해를 끼치지 않는다. 성인의 도 남을 위해 일하지 다투지 않는다. 信言不美, 美言不信, 善言不辯, 辯言不善, 知者不博, 博者不知, 聖人不積, 既以爲人, 己愈有, 既以與人, 己愈多, 天之道, 利而不害, 聖人之道, 爲而不爭. (81장)

신뢰의 언어와 아름다운 언어, 좋은 말과 변명의 말은 어떤 차이가 있을까? 아름다운 언어와 변명하는 말은 저 단가적 택일의 논리이다. 세상을 보는 특정한 이론이 대중들에게 그럴듯하게 보이려면 온갖 논거로 변명하면서 합리화해야 하고 아름답게 꾸며야 한다. 아름다운 언어와 변명의 말로 나의 주장이 진리인 것처럼 보여야만 설득력이 있게 마련이다. 그러나 신뢰의 언어와 좋은 말은 자기변명과 꾸밈이 필요 없다. 사실을 있는 그대로 표현하면 그만이기 때문이다. 자연의 소리가 그러한 것처럼 말이다.

> 들으려 해도 들리지 않는 말(희언希言)은 자연의 소리이다. 그러므로 회오리바람도 아침나절 내내 불지 않고, 깜짝 내리는 소나기도 하루 종

일 내리지 않는다. 누가 이렇게 하는가? 천지이다. 천지도 오히려 오래 가지 않는데, 하물며 사람에 있어서랴? 그러므로 도에 종사하는 자는 도에서는 도와 같이 하고, 덕에서는 덕과 같이 하고, 잃음에서는 잃음과 같이 한다. 도와 같이하는 자에 대해서는 도가 또한 즐거이 그를 얻으려 하고, 덕과 같이하는 자에 대해서는 덕이 또한 즐거이 그를 얻으려 하고, 잃음과 같이하는 자에 대해서는 잃음이 또한 즐거이 그를 얻으려 한다. 신뢰가 부족하면 믿음이 생겨나지 않는다. 希言自然, 故飄風不終朝, 驟雨不終日, 孰爲此者, 天地, 天地尙不能久, 而況於人乎, 故從事於道者, 道者同於道, 德者同於德, 失者同於失, 同於道者, 道亦樂得之, 同於德者, 德亦樂得之, 同於失者, 失亦樂得之, 信不足, 有不信. (23장)

희언(希言)은 들으려 해도 들리지 않는 말인 바(聽之不聞, 名曰希; 14장), 자연의 소리가 그것이다. 자연의 말은 우리가 감각적으로 들을 수 없는 침묵의 말이고, 자기변명이나 꾸밈이 없는 무위의 말이다. 무위의 말은 세상을 단가적으로 재단하지 않는다. 세상은 처음부터 단가적으로 택일할 수 없는 상관적 대대와 차연의 세계이다. 유와 무가 공존한다. 회오리바람과 소나기는 유(有)의 소리이다. 그러나 그것은 처음부터 무의 침묵을 전제로 생겨난 것일 뿐이며 또한 오래가지 않는다. 곧 무의 침묵으로 사라진다. 무의 침묵과 유의 소리가 공존한다. 무의 침묵이 말할 수 없는 상도(常道)라면, 유의 소리는 말할 수 있는 비상도(非常道)이다. 자연의 말은 <말할 수 있는 도/말할 수 없는 도>, <침묵/소리>를 모두 허용하는 무심의 말이다. 단가적 택일의 논리와 자기를 고집하지 않기에, 자연의 말은 도와도 동거하고 덕과도 동거하고 도와 덕을 잃은 실(失)과도 동거한다. 그래서 단가적 택일의 논리만을 강요하는 변명과 꾸밈의 말은 믿음이 생겨나지 않지만, 자연의 말은 신뢰롭다. 노자가 『도덕경』을 통하여 '말없는 가르침'을 행하고자 했던 교육적 의도가 여기에 있다.

2) 지식을 쌓은 교육과 욕망을 비우는 교육

이제 교육은 두 가지로 대별할 수 있다. <말있는 가르침; 언지교言之敎>와 <말없는 가르침; 불언지교不言之敎>가 그것이다. 전자의 교육이 단가적 택일의 논리와 진리를 가르치려는 교육이라면, 후자의 교육은 상관적 대대와 차연의 도를 가르치려는 교육이다. 전자의 교육이 존재의 의미와 가치의 본질을 끊임없이 드러내고 새롭게 규정하며 축적해 가는 교육이라면, 후자의 교육은 오히려 존재의 의미와 가치의 본질을 상대화시키고 무화(無化)시키는 교육이다. 전자가 지식을 쌓고 관념을 축적하는 교육의 길이라면, 후자는 욕망을 덜어내고 도를 터득하는 교육이다. 노자가 그렇게 말하고 있다.

> 학문을 배우면 날로 늘어가지만, 도를 닦으면 날로 줄어든다. 줄고 또 줄어서 무위에 이른다. 무위하지만 하지 않음도 없다. 천하를 취하려면 항상 일없음을 해야 한다. 그 일 있음에 미치면 족히 천하를 취할 수가 없다. 爲學日益, 爲道日損, 損之又損, 以至於無爲, 無爲而無不爲, 取天下, 常以無事, 及其有事, 不足以取天下. (48장)

<말있는 가르침>은 '학(學)'을 위하는 것이다. 학이 무엇인가? 모방하여 따르는 것이다(學, 效也). 그러니까 <말있는 가르침>은 성현들이 탐구하여 밝혀온 바의 존재와 가치의 본질, 문화적 전통과 관습, 삶의 제반 원리 등의 학문적 결실들을 모방하여 따르도록 가르치는 교육인 셈이다. 이러한 교육은 지식을 쌓아가고 관념을 축적해 가는 교육일 수밖에 없다. 노자가 볼 때, 이러한 교육의 전형이 공자가 실행한 교육이었다.

공자는 누구보다 스스로 배우기를 좋아했고 가르치기를 게을리 하지 않았다. 그가 배우고 가르쳤던 바가 무엇인가? 문·행·충·신(文行忠信)이었다. 문(文)은 문자화된 교과로써 『시詩』『서書』를 의미하고, 행(行)은 행동실천의 교과로써 육예(六藝: 예·악·사·어·서·수禮樂射御書數)이다. 특히, 공자는 학

(學)과 함께 습(習)을 강조하였다(學而時習之). 습은 새가 날개를 자주 움직여 속의 흰털이 보이는 모습을 형상화한 글자로서, 같은 행동을 반복하는 것이다. 그는 '인간의 타고난 본성은 비슷하나 습관으로 멀어진다(性相近, 習相遠)'는 인성론의 관점을 가지고 있었기에, 저러한 교과의 배움과 동시에 반복학습으로 체화되는 습관을 강조했다.

노자는 이러한 공자의 교육에 동의하지 않는다. 단적으로 교과가 무엇인가? 그것은 교수-학습의 장에서 이루어지는 일체의 문화유산(체계적 지식)의 분과를 의미한다. 그것은 세상을 단가적 택일의 논리로 접근하는 제반 학문의 분과와 다르지 않다. 모든 분과학문은 자기만의 중심 개념과 독특한 논리구조와 접근방식을 가지고 있다. 그래서 그들은 자기만의 개념과 논리와 접근방식을 가지고 세상을 탐구한다. 문학적 접근과 정치학적 접근을 통하여 드러낸 존재의 의미와 가치의 본질은 다를 수밖에 없다. 더 좁게는 뉴턴물리학과 양자물리학이 보는 세계도 다르다. 공자학단의 교과인 『시詩』, 『서書』와 예악(禮樂)도 세상과 인간 삶의 본질을 보는 서로 다른 접근방식이다. 공자는 교육의 궁극적 목적으로 인간을 인간답게 하는 본질인 인(仁)을 터득한 사람에 두고 있었지만, 저 교과들을 배우고 익히면 인자가 되는 것인지 모르겠다. 물론 공자는 학(學)의 배움과 더불어 사(思)의 생각을 강조하였다(學思竝進). 선현의 가르침을 맹목적으로 모방하여 따르는 학습만이 아니라 반성적 성찰을 통하여 자기만의 생각을 갖도록 독려하였다. 그럼에도 불구하고 공자의 교육은 근본적으로 다양한 지식 쌓기와 관념의 축적에서 벗어나지 못한다.

노자의 관점에서 볼 때, 공자의 교육론만 탓할 일이 아니다. 동서고금을 막론하고 그동안 인류가 펼쳐온 대체적인 교육행위가 저런 것이 아니었을까? 특히, 학문이 다양하게 분화된 근대이후의 교육은 그야말로 지식 쌓기와 관념의 축적을 위한 것에 지나지 않는다. 다양한 학문분과가 밝혀낸 단가적인 택일의 논리들을 합산할 때 세상의 본질에 다가서는 진리가 성립되는가? 저 스티븐 호킹이 말하는 M이론은 진리일까? 그것 또한 하나의 '말해진 비상도

(非常道)'에 불과할 것이다. 현대 신비주의 사상가인 라즈니쉬가 언어교수의 문제를 지적한 것도 이러한 '말있음의 가르침'의 폐해에 동의한 것이라 여긴다. 그는 말한다. "많은 사람들이 언어 교수와 같은 삶을 살고 있다. 언어 교수는 삶의 가장 거짓된 형태이다. 진실에는 언어가 필요 없다. 비언어적 차원에서만 진실을 만날 수 있다. 언어가 방해하지 않는 곳에 존재하는 것, 교육에 의해 습득된 개념이 너와 진실 사이에 개입하지 않는 곳에 존재하는 것," 바로 여기에 깨달음의 도가 있다.[63]

노자가 단가적인 택일의 학문과 교육적 접근을 두고 더욱 우려한 점은 세상을 향한 인간들의 지배욕과 소유욕에 있었다. 여기에는 자연에 대한 인간의 지배와 소유뿐만 아니라, 인간세계 내의 희소가치 혹은 본질적 가치를 두고 그들 간에 벌이는 경쟁도 포함된다. 인간들이 학문을 하는 이유는 세계를 장악하고자 하는 지배욕에 다름 아니다. 특히, 연구주체와 연구대상을 분리시키는 대상학(對象學)으로서의 과학은 더욱 그렇다. 자연과학은 자연을 대상화시켜 자연현상의 이면에 숨겨진 법칙을 밝혀내고자 한다. 인문·사회과학은 사회의 구성원들을 대상화시켜 사회현상의 법칙을 찾아내려 한다. 어떤 과학이든 막론하고 여기에서는 인간과 사물의 존재의미를 묻는 존재론은 탈각되고 오로지 진리발견이라는 미명하에 서로 먼저 세상을 장악하고자 하는 소유욕과 지배욕만이 있을 뿐이다. 사실 사유학(思惟學)을 자처하며 존재의미와 가치탐구를 존재이유로 삼는 철학이나 인문학도 예외는 아니다. 그들 역시 진리의 왕국에 등극하기 위해 사상적·이론적 투쟁을 벌인다. 여기서 승리한 사상이나 이론이 당시대의 진리가 되고, 그들에 의해 확정된 삶의 원리가 본질적인 가치와 삶의 기준을 형성한다. 그리고 모든 학문적 결과들은 교육을 통하여 재생산되는데, 진리를 장악하고 본질적인 가치와 기준에 가까이 접근했는지 여부에 따라 사람들의 지위가 차등화되고 계급화된다.

---

63) 라즈니쉬(변지현 옮김), 『죽음의 예술』(서울: 청하, 1983), 31~32쪽.

본질과 희소가치를 두고 벌이는 학력(점수) 경쟁이 사회를 더욱 혼란하고 황폐화시킨다. 그래서 노자는 단적으로 당시대의 진리를 자처하는 유가적 학문과 교육을 폐기할 것을 권유하고 있다. 그가 보기에 "성인이라는 이상적 가치와 지혜를 버리면 백성들은 훨씬 이롭게 되고, 인의라는 가치를 버리면 백성들은 모두 효도와 자애를 회복하게 된다."(絶聖棄智, 民利百倍, 絶仁棄義, 民復孝慈; 19장)는 것이고, "축적하는 학습을 그만두면 걱정거리도 없어진다."(絶學無憂; 20장)는 것이다. 지식을 쌓고 관념을 축적하는 '말있음'의 교육대신에, 노자는 '말없는 가르침'으로 이루어지는 도의 수련에 나설 것을 주장한다. 도(道)의 깨달음과 덕(德)의 실현(터득)이 그것이다.

3) 도의 깨달음과 덕의 실현

도를 닦는 데는 지식을 쌓고 관념을 축적하는 것이 오히려 방해가 될 뿐이다. 도의 깨달음과 덕의 회복은 지금까지 축적해온 지식과 관념을 덜어냄으로써 성취된다. 지식과 관념을 덜어낸다는 것은 이성과 지성의 분별심으로부터 비롯된 욕망(지배욕, 소유욕 등)을 비우고 세계의 여여(如如)한 사실을 무심과 허심의 마음으로 바라볼 수 있는 것과 다르지 않다. 노자가 '말없는 가르침'을 통하여 우리에게 가르치고자하는 교육 의도(목적과 목표)를 집약하여 보여주는 언표가 다음의 인용이다.

> 혼과 백을 싣고서 하나로 품어 분리됨이 없게 할 수 있을까? 오로지 기(氣)를 부드럽게 하여 어린 아기처럼 될 수 있을까? 마음의 거울을 잘 닦아서 티끌이 없게 할 수 있을까? 백성을 사랑하고 나라 다스리기를 무위(無爲)로 할 수 있을까? 천문의 열리고 닫힘을 암컷처럼 할 수 있을까? 명백하게 통달하기를 무지(無知)로 할 수 있을까? 도는 생기하고, 덕은 쌓는다. 도와 덕은 더불어 살되 소유하지 않고, 남을 위해 일

하되 보답을 기대하지 않고, 남을 성장시키되 주재하려 않는다. 이것을 현덕(玄德)이라 이른다. 載營魄抱一, 能無離乎, 專氣致柔, 能嬰兒乎, 滌除玄覽, 能無疵乎, 愛民治國, 能無爲乎, 天門開闔, 能爲雌乎, 明白四達, 能無知乎, 生之畜之, 生而不有, 爲而不恃, 長而不宰, 是謂玄德. (10장)

혼은 양기이고 백은 음기의 상징이라 볼 수 있다. 혼과 백을 합해 생명을 이룬다는 점에서 그것들이 서로 분리된다는 것은 죽음을 의미할 것이다. 그러나 여기서는 죽음의 의미보다는 이분법적으로 세상을 재단하여 구분하려는 처사를 의미하는 것으로 읽어야 한다. 예컨대, 세상을 남자와 여자로 구분하여 절대화하게 되면 경쟁을 가져오고 우열과 차별을 낳게 된다. 세상은 단가적 택일의 논리로 구분할 수가 없다고 하였다. 남자와 여자는 서로 상관적 대대와 차연을 이룰 뿐이다. 남자는 여자의 남자이고 여자는 남자의 여자이다. 남자는 오로지 남자가 아니라 여자에 상대하여 남자일 뿐이고, 여자 또한 그러하다. 남자와 여자는 같음과 동시에 다름일 뿐이다. 이러한 사실을 그대로 보여주는 인간이 바로 어린 아기이다.

어린 아기는 아직 양기와 음기, 어느 한쪽으로 기가 굳어지지 않아서 여자도 남자도 아닌 충기(沖氣)의 중성적 존재이다. 그리고 그는 계산하지 않은 허심의 마음으로 세상을 보는 순수성의 원본이기에 티끌 하나 없는 거울과 같은 존재이기도 하다. 그래서 그는 상관적 대대와 차연으로 이루어진 세계의 여여한 사실을 있는 그대로 비춰낼 수 있다. 아기의 거울로 비춰본 상관적 대대와 차연의 세계에서는 암컷의 사심(私心)없는 어머니가 끊임없이 생명들을 탄생시키고, 생명들은 서로 자리즉이타(自利卽利他)의 마음으로 더불어 살아간다. 인위적으로 조작하지 않아도 이렇게 세상은 무위적으로 다스려지고 있다. 이것이 도가 탄생시키고 덕이 운영하는 세계 그 자체이다. 노자가 '말없는 가르침'을 통하여 이루고자 하는 교육 목적이 바로 이러한 세계의 사실을 알려주려는 데 있다. 이를 교육의 목표로 좀 더 상세화시켜 보자.

<표 9> '말없는 가르침'의 교육목표

교육 영역	교육목표의 상세화	근거
도의 깨달음	• 세계의 탄생과 원리 이해	천문의 열리고 닫힘을 암컷처럼 할 수 있을까?
	• 만물의 존재방식 이해	혼과 백을 싣고서 하나로 품어 분리됨이 없게 할 수 있을까?
	• 이해를 위한 눈밝음의 깨달음	명백하게 통달하기를 무지(無知)로 할 수 있을까?
덕의 터득 (회복)	• 어린 아기 같은 본성의 회복	오로지 기(氣)를 부드럽게 하여 어린 아기처럼 될 수 있을까?
	• 무위윤리와 겸허의 덕 수련	마음의 거울을 잘 닦아서 티끌이 없게 할 수 있을까?
	• 무위정치의 이념과 방법 습득	백성을 사랑하고 나라 다스리기를 무위(無爲)로 할 수 있을까?

<표 9>에서 보듯이, '말없는 가르침'의 교육목적은 도를 깨닫고 덕을 터득하는 데 있다. 그래서 『도덕경』은 도를 깨닫고 덕을 터득하게 하는 경전인 셈이다. 전자가 지(知)의 공부라면, 후자는 행(行)의 공부를 시키는 교육영역이라 할 수 있다. 그러나 지공부와 행공부는 별개로 가는 것이 아니라 동시적이다. 도의 깨달음과 동시에 자연적 본성이 회복되는 지행합일(知行合一)의 공부이고 교육이다. 따라서 여기서의 구분은 어디까지나 편의상의 나눔일 뿐이다.

도의 깨달음을 위해서는 세상의 탄생과 원리에 대한 이해, 만물의 존재방식과 더불어 삶에 관한 이해가 필요하다. 그리고 이러한 이해들은 저 '말있는 가르침'에서처럼 지식을 쌓고 관념을 축적하는 이성이나 지성의 접근법이 아니다. 그것은 세상의 여여한 사실을 즉각적으로 포착해내는 '눈밝음'(襲明 혹은 襲常)의 직관이고 깨달음이다. '눈밝음'의 깨달음을 얻는 순간 우리는 어린 아기와 같은 자연적 본성을 회복할 수 있다. 자연스러운 본성이 회복되면 세상을 장악하기보다는 겸허와 부심의 마음으로 만물을 대하고 무위석으로

세상이 다스려진다.

'말없는 가르침'은 도의 깨달음과 덕성의 회복을 교육목적으로 삼는다. 이러한 목적을 달성하기 위한 세부적 교육목표들은 6가지였다. 이 6가지의 목표에 따른 교육 내용을 지금까지 탐구해온 바에 따라 요약 제시해 두기로 한다.

가. 세계의 탄생과 원리 이해

도는 기도 아니고 리도 아니다. 도는 기인 동시에 리이다(理卽氣, 氣卽理). 무계열인 도의 리는 천지의 시작이고, 유계열인 도의 기는 만물의 어머니이다. 이 둘은 동시적이지만 이름을 달리한다. 한마디로 도는 무정란이라는 기를 자가 수정시키는 원리이다. 무정형의 기에 자가수정의 원리가 질서를 부여한다. 수정된 수정란은 음양의 기로, 충기로 분화되면서 서로 교감한다. 도가 기를 생성하면 덕은 기를 축적한다. 기가 축적되면서 형체를 갖추고 만물이 이루어진다. 기들의 교감정도에 따라 세상의 다양성은 결정된다. 도로부터 생겨난 만물은 궁극적으로 다시 처음의 뿌리와 근원으로 돌아간다. 세계의 모든 만물은 유(有)에서 생기고 유는 무(無)에서 생겼다가, 결국 다시 만물은 무로 돌아간다.

나. 만물의 존재방식 이해

만물의 존재방식은 상관적 대대와 차연, 그리고 더불어 하는 삶이다. 만물의 존재이면에는 늘 무(계열)가 바탕으로 자리 잡고 있다. 그래서 무(계열)의 차원에서 보는 세상은 모두가 같음이고, 유(계열)의 관점에서 보면 세상은 모두가 다름이다. 그러나 다름으로 존재하는 만물도 홀로 독립하여 존재하지 않고 대립된 쌍들이 마치 대대(待對)하여 새끼줄 꼬기처럼 존재하는 상관적 차연(差連)으로 존재한다. 이것이 만물의 존재방식이고, 세계의 법칙이자 도(道)이다. 한마디로, 만물은 모두가 형제(兄弟)다. 형과 아우는 <같음과 동시에 다름>의 존재이다. 만물은 같기에 서로 사랑해야 하고, 동시에 다르기에 그 다름을 인정하고 존중하고 배려해 주어야 한다. 그렇게 자연은 공생공영의 세계이다. 만물은 더불어 병작하는 삶을 산다.

다. 이해를 위한 '눈밝음'의 깨달음

인간들은 지능의 분별심으로 인하여 세상의 여여한 사실을 모른다. 이성이든 지성이든 그것은 세상을 비교하고 계산하고 판별하는 도구이다. 귀천을 가르고 선악과 미추를 이분법적으로 나눈다. 지식을 쌓고 관념을 축적한다. 그럴수록 세상을 장악하려는 소유욕과 지배욕은 커진다. 남을 이기고 세상을 장악하려는 지식 쌓기보다는 세상의 여여한 사실을 바로 볼 줄 아는 '눈밝음'(明)을 회복해야 한다. '눈밝음'은 세상을 빛과 어둠, 진리와 비진리로 이분법적으로 재단하지 않고, 세상의 사실을 있는 그대로 '즉각적으로 포착'(襲常, 襲明)해 내는 직관능력이다. 지능의 분별심과 욕망을 내려놓고 텅 빈 마음(虛心)과 고요한 마음(靜心)을 가질 때, 세상의 여여한 사실을 볼 줄 아는 '눈밝음'(明)을 가질 수 있다.

라. 어린 아기 같은 본성의 회복

어린아이는 순진하고 순수함(purity)의 원본이다. 어린아이는 충기(沖氣)의 존재이다. 충기는 아직 음기도 양기도 아닌 음양사이의 텅 빈 허공이다. 그래서 어린아이는 유연하고 활력에 넘치고 세상과 쉽게 조화를 이룬다. 그러나 어린아이의 순수성, 유연성, 활력, 무쟁욕이라는 자발성의 신화가 깨어지는 순간에 어른의 세계로 진입하게 된다. 주객분리를 가져오고, 주객분리는 판단을 잉태하며, 판단과 함께 천진한 자발성은 숨어버린다. 어른은 본성의 '눈밝음'에 때가 끼기에 더 이상 세상을 있는 그대로 보질 못한다. 그래서 생명의 자연성을 넘어서는 욕심을 부리고, 사심으로 세상을 재단하려 한다. 세상에 재앙을 몰고 오는 이유가 바로 여기에 있다. 따라서 어린아이의 본성을 회복해야 하고, '눈밝음'의 직관능력을 복기해야 한다.

마. 무위윤리와 겸허의 덕 수련

자연에는 사심(私心)이 없다. 우리도 이러한 사심을 지우고 자의식을 버려야 한다. 자의식과 분별심의 소유욕을 내려놓을 때 비로소 남을 먼저 위하는 삶을 살 수가 있다. 또한 남을 먼저 위하는 삶이라 해서 그것이 당위적이거나 의지적인 노력을 통하여 이루어지는 의무의식의 발로이거나 보답을 기대하는 삶이 아니다. 무위윤리는 생명사랑의 원리에 따라 선악과 옳고 그름을 판단하고, <욕구와 선善의 일치를 이루는 삶> 혹은 <자기 몸을 보존하기 위해 오히려 사사로움을 버리고 남을 먼저 위하는 삶>을 지향한다. 이러한 도덕원리가 통용되는 사회에서는 사람들의 덕성도 자연스럽게 무위적으로 발현되게 되어 있다. 겸허의 덕이 그것이다. 겸허의 덕은 만물과 만인에게 부담을 주지 않고 그들에게 존재의 터전을 제공해주는 자비(慈悲)나 보시(布施)의 의미를 지닌다.

바. 무위정치의 이념과 방법 습득

무위정치는 사회구조를 개혁하고 세상을 바꾸는 정치가 아니다. 무위정치는 세상을 경제적으로나 도덕적으로 장악하거나 고치려 애쓰는 현실주의적 또는 이상주의적 정치가 아니다. 무위정치는 세상을 보는 마음을 바꾸는 정치이다. 후왕과 제후가 지성의 분별심과 욕망을 내려놓고 세상에 대해 작위적 관여를 하지 않음으로써 오히려 백성들의 삶이 풍부해지고 다스려지는 정치이다. 나라가 대국이든 소국이든 크기의 문제는 아니다. 나라의 구성원은 물론 세계의 구성원 모두가 한 몸이고 유기체적 공동체일 뿐이다. 그래서 무위정치는 모든 구성원이 서로 자기 몸의 생명유지에 필요한 수준의 자리적(自利的) 욕구를 추구하고, 그것이 곧 타인의 생명에도 기여하는 이타적 생명공동체를 지향한다.

4) 배움 중심의 무위적 교학

노자의 교학방법론은 직관적 깨달음을 중시하는 무위적 교학이다. 그는 세상의 여여한 사실과 변함없는 도를 직관하는 능력을 '눈밝음'이라 규정(知常曰明; 16장)하면서, "자기중심으로 세상을 보는 자는 눈밝지 못하지만"(自見者不明; 24장), 사사로운 자의식을 버리고 "자기의 본성을 볼 줄 아는 자는 눈밝다"(自知者明; 33장)고 하였다. 그리고 세상의 사실과 변함없는 도를 포착하는 것은 이성이나 지성의 사유가 아니라 직관적 사유와 깨달음이라는 점에서 습상(是謂襲常; 52장)과 습명(是謂襲明; 33장)을 말하였다. 그러나 이러한 직관적 깨달음인 '눈밝음'의 능력에도 교학의 수준에 따라 편차가 있고 순서가 있다.

> 상사(上士)는 도를 들으면 부지런하게 실천하고, 중사(中士)는 도를 들으면 반신반의하고, 하사(下士)는 도를 들으면 크게 웃는다. (하사가) 웃지 않으면 족히 도라고 할 수 없을 것이다. 그러므로 격언에 이런 말이 있다. 밝은 도는 어두운 것 같고, 나아가는 도는 물러나는 것 같고, 평평한 도는 지우친 것 같다. 상덕은 골짜기와 같고, 가상 결백한 것은

모욕과 같고, 넘치는 덕은 부족한 것 같고, 확고히 세워진 덕은 구차한 것 같고, 질박한 진리는 빛바랜 것 같다. 큰 방위는 모서리가 없고, 큰 그릇은 늦게 이루어지고, 큰 소리는 거의 소리가 들리지 않고, 큰 현상은 형태가 없고, 도는 숨어서 이름이 없다. 대저 오직 도는 아낌없이 대여해주고 또한 모든 것을 이룬다. 上士聞道, 勤而行之, 中士聞道, 若存若亡, 下士聞道, 大笑之, 不笑不足以爲道, 故建言有之, 明道若昧, 進道若退, 夷道若纇, 上德若谷, 大白若辱, 廣德若不足, 建德若偸, 質眞若渝, 大方無隅, 大器晩成, 大音希聲, 大象無形, 道隱無名, 夫唯道, 善貸且成. (41장)

"밝은 도는 어두운 것 같고, 나아가는 도는 물러나는 것 같고, 평평한 도는 치우친 것 같다. 상덕은 골짜기와 같고, 가장 결백한 것은 모욕과 같고, 넘치는 덕은 부족한 것 같고, 확고히 세워진 덕은 구차한 것 같고, 질박한 진리는 빛바랜 것 같다. 큰 방위는 모서리가 없고, 큰 그릇은 늦게 이루어지고, 큰 소리는 거의 소리가 들리지 않고, 큰 현상은 형태가 없고, 도는 숨어서 이름이 없다. 대저 오직 도는 아낌없이 대여해주고 또한 모든 것을 이룬다." 이것이 세계의 사실이다. '눈밝음'에 뛰어나고 덕을 갖춘 상사(上士)는 세상의 도를 바로 실천하지만, 그러하지 못한 중사(中士)는 반신반의하고, 하사(下士)는 도를 비웃을 뿐이다. 그래서 '눈밝음'의 직관능력도 점진적으로 넓혀져 가는 배움의 길이다. "자신으로 자기를 보고, 집으로 집을 보고, 고을로 고을을 보고, 나라로 나라를 보고, 천하로 천하를 본다."는 것이 그것이다.

잘 세운 것은 뽑히지 않고, 잘 안은 것은 벗어나지 않는다. 자손은 제사 지내기를 그치지 않는다. 도를 수양함이 자신에게 있으면 덕이 참되고, 수양함이 집안에 미치면 덕이 여유가 있고, 수양함이 고을에 미치면 덕이 오래가고, 수양함이 나라에 미치면 덕이 풍요로워지고, 수양함이 천하에 미치면 덕이 널리 퍼진다. 그러므로 자신으로 자기를 보고, 집으로 집을 보고, 고을로 고을을 보고, 나라로 나라를 보고, 천하로 천하를 본다. 내가 어떻게 천하가 그러한 줄 아는가? 바로 이(도를 수양함) 때문이다. 善建者不拔, 善抱者不脫, 子孫以祭祀不輟, 修之於身, 其德乃眞, 修之於家, 其德乃餘, 修之於鄕, 其德乃長, 修之於國, 其德乃豊, 修之於天下, 其德乃普, 故以身觀身, 以家觀家, 以鄕觀鄕, 以國觀國, 以天下觀天下, 吾何以知天下然哉, 以此. (54장)

"자신으로 자기를 보고, 집으로 집을 보고, 고을로 고을을 보고, 나라로 나라를 보고, 천하로 천하를 본다."는 것이 교학의 순서인 것은 분명한데, 대체 이것이 무슨 뜻인가? 교학의 순서라는 측면으로만 보면, 유교경전인 『대학大學』의 수신·제가·치국·평천하(修身齊家治國平天下)를 떠올리게 한다. 유교의 공부법인 격물치지(格物致知)와 성의정심(誠意正心)은 한마디로 지식을 쌓고 관념을 축적하는 교학이다. 격물치지는 세상의 이치와 인간적 도리를 이성과 지성으로 탐구하는 지적(知的)인 공부법이다. 성의정심은 탐구된 진리와 도리를 내면화하는 행적(行的)인 공부법(敬)이다. 이러한 공부법을 가지고 자신으로부터 가문으로, 국가로, 천하로 그 교학의 범위와 내용을 넓혀 가는 것이 수신·제가·치국·평천하이다.

그러나 노자는 이러한 유교적 가르침으로 대표되는 '말있음'의 교육을 비판하였다. 유교적 교학이 나를 중심으로 지식을 쌓고 관념을 축적해 가는 단계적인 과정이라면, 노자의 교학은 각 과정과 단계를 별개로 생각한다. 노자의 관점을 이해하기 위해서는 소강절(邵康節)의 주장을 잠시 빌려올 필요가 있다.[64] 그는 '세상을 보는'(觀物) 경지를 ①눈으로 보는 것(觀之以目), ②마음으로 보는 것(觀之以心), ③이치로 보는 것(觀之以理)으로 유형화하고, 또한 ④나로써 사물을 보는 것(以我觀物), ⑤사물로써 사물을 보는 것(以物觀物)으로 유형화하고 있다.[65] 여기서 ①관지이목(觀之以目)과 ②관지이심(觀

---

64) 소강절의 '觀物'의 인식론에 대한 좀 더 자세한 고찰은 황광욱, "邵雍의 觀物을 통해 본 徐敬德 哲學의 一面", 『東洋古典研究』第13輯 (東洋古典學會, 2000.6), 267~277쪽 참조.

65) 邵康節, 『皇極經世』, 「觀物內篇」. "夫所以謂之觀物者, 非以目觀之也. 非觀之以目, 而觀之以心也. 非觀之以心, 而觀之以理也. (中略). 聖人之所以能一萬物之情者, 謂其能反觀也. 所以謂之反觀者, 不以我觀物也. 不以我觀物者, 以物觀物之謂也."

之以心)은 ④의 이아관물(以我觀物)이라 하고, ③의 관지이리(觀之以理)를 ⑤의 이물관물(以物觀物)이라 규정한다. 눈이나 마음으로 보는 것은 감각이나 사사로운 욕심으로 사물을 대하는 이아관물(以我觀物)이고, 경험적 지성이나 합리적 이성으로 세계를 보는 것이다. 그러나 세계의 여여한 사실을 있는 그대로 보려면 '이치로 보아야 하고'(觀之以理), '물로써 물을 보아야 한다'(以物觀物).66) 그래서 소강절은 "나를 중심으로 사물을 보지 않아야 물을 물 자체로 볼 수 있다."67)고 하고 있다. 이러한 그의 주장은 노자의 관점을 잘 해석해 주고 있다.

'나로 나를 본다는 것'(以身觀身)은 나의 생명이 요구하는 필요를 중심에 두고 나를 본다는 뜻이다. 나를 보려하면서 타인과 비교하여 지성의 분별심을 발휘하면 안 된다. '가문으로 가문을 보는 것'(以家觀家)은 가문을 구성하는 구성원의 관점에서 가문을 보는 것이다. '고을로 고을을 보는 것'(以鄕觀鄕), '국가로 국가를 보는 것'(以國觀國), '천하로 천하를 보는 것'(以天下觀天下) 등도 비슷한 맥락이다. 국가와 천하를 운영하는데 나의 사사로운 이해가 끼어들어서는 안 된다. 백성의 관점에서 국가를 보고 천하를 보아야 하는 것이다. 이것이 소강절의 '물로써 물을 보는'(以物觀物) 경지이고 '눈밝음'의 직관능력이다. 이신관심(以身觀身), 이가관가(以家觀家), 이향관향(以鄕觀鄕), 이국관국(以國觀國), 이천하관천하(以天下觀天下) 모두가 '물로써 물을 보는 것'(以物觀物)이라 할 수 있기에, 이 순서를 유가의 수신·제가·치국·평천하처럼 단계적인 공부의 과정이라 볼 수도 없다. 단지 그것들은 물로써 물을 보는 다양한 차원이고 유형일 뿐이라 하겠다. 물로써 물을 보는 '눈밝음'의 직관능력을 깨달은 성인은 다양한 차원과는 상관없이 그 차원에 걸맞은 도를 즉각적으로 포착해 낼 수 있다.

---

66) 같은 책, "以物觀物性也, 以我觀物情也, 性公而明, 情偏而暗." 그리고 노사광(정인재 역), 『중국철학사』(서울: 탐구당, 1987), 199쪽.

67) 같은 책, 「觀物外篇」. "不我物, 則能物物."

문을 나오지 않아도 천하를 알고, 들창으로 엿보지 않아도 하늘의 도를 본다. 그 나아감이 더욱 멀수록 그 앎은 더욱 작아진다. 이로써 성인은 나가지 않아도 알고, 보지 않아도 명칭을 부여하고, 일하지 않아도 이룬다. 不出戶, 知天下, 不闚牖, 見天道, 其出彌遠, 其知彌少, 是以聖人不行而知, 不見而名, 不爲而成. (47장)

문(戶)이나 들창(牖)은 모두 단가적 택일의 논리로 무장한 개념, 이론, 학문 분과이거나 특정한 도식(schema)을 은유한다. 이러한 도식을 통하여 세상을 볼수록 지식이나 관념은 축적될지 모르지만 세상의 여여한 사실을 깨달음에는 오히려 멀어진다. 나아갈수록 앎이 오히려 작아진다는 것은 이러한 뜻이다. 성인은 도식 없이 세상을 본다. 성인은 나가지 않아도 알고, 보지 않아도 명칭을 부여하고, 일하지 않아도 이룬다. 그러나 성인은 세상을 눈밝게 알아도 그것을 자랑하지 않고, 모르면서 아는척 하지 않는다. 단지 무위적으로 세상에 처할 뿐이다. 그래서 성인은 앎에 있어서 병이 없다.[68]

5) 맺음말

노자의 '말없는 가르침'은 도의 깨달음과 덕의 실현을 교육의 목적으로 삼는다. 이러한 교육론은 특별한 스승이나 교사가 따로 없이 학생끼리 혹은 혼자 스스로 배움에 정진하는 자득(自得)의 교학론이다. 지성과 이성의 자아의식을 해체함으로써 만물일체의 자리심(自利心: 自利卽利他)을 직관하는 무위적 교학론이다. 그런데 '말없는 가르침'의 교육론을 읽으면서 아쉬운 것은 세상의 도를 보는 '눈밝음'의 깨달음과 본성의 회복을 위한 구체적인 수양이나 공부법이 무엇인가 하는 점이다. 예컨대, 장자는 심재(心齋)와 좌망(坐忘)

---

68) 知不知上, 不知知病, 夫唯病病, 是以不病, 聖人之不病也, 以其病病, 是以不病. (71장)

을 제시하고,[69] 불교에서는 기도와 명상(좌선坐禪)을 제시한다. 그러나 노자의 『도덕경』에는 이러한 수양법이 없다.

그냥 『도덕경』을 읽고 이해하면 교육의 목적과 목표가 달성되는가? 노자의 철학이나 『도덕경』도 세상을 보는 또 하나의 도식이 될 수도 있지 않겠는가? 노자가 『도덕경』이라는 도식으로 세상보기를 우리에게 종용했다면, 이는 그 자신이 비판했던 '말있는 가르침'이고 언어교수로 전락하여 『도덕경』에 대한 지식을 쌓고 그것으로 세상을 보는 관념을 하나 더 축적하는 꼴이 되고 말 것이다. 라즈니쉬의 주장을 경청해 보자.

"진실을 경전이나 철학 속에서 찾는다는 것은 물에 비친 달을 보는 것과도 같은 것이다. 만약 네가 어떤 이에게 삶을 어떻게 살아야 하느냐고 묻는다면, 너는 그릇된 가르침을 청하고 있는 것이다. 왜냐하면 그 사람은 오직 그의 삶에 대해서만 말할 수 있기 때문이다. 그리고 결단코 두 개의 삶이란 동일할 수가 없는 것이다. 그가 너에게 무슨 말을 하든지 그것은 그의 삶에 관한 것이다. 그것도 그가 삶을 살았을 경우에 한해서이다. 그도 역시 다른 사람에게 질문을 했을는지 모른다. 그도 누구인가를 추종할 것이다. 그 자신도 한 모방자에 불과할 것이다. 그렇다면 너에게 전달된 것은 비추어진 그림자의 그림자인 것이다. 수세기가 지나면서 사람들은 비추어진 그림자의 그림자의 그림자를 또다시 비추어 볼 것이다. 그런데 진짜 달은 저 하늘에서 너를 기다리고 있다. 저 달은 너의 달이다. 저 하늘은 너의 하늘이다. 곧장 보라. 지금 즉시 보라. 왜 나(라즈니쉬 자신; 필자)의 눈이나 다른 사람의 눈을 빌리려 하는가? 너에게도 눈이, 아름다운 눈이 있다. 보라, 직접 보라. 왜 다른 사람의 깨달음을 빌리려 하는가? 명심하라. 그것이 나에게는 깨달음일지라도, 네가 그것을 빌리는 순간, 너에게는 지식이 되어버린다. 그것은 더 이상 깨달음이 아니다. 오직 자기 자신이 직접 경험한 것만이 깨달음이 될 수 있다. 내가 달을 보았을 때, 그것은 나에게 깨달음이 될 수 있다. 그러나 내가 그것을

---

[69] 장자의 심재(心齋)와 좌망(坐忘)은 대립과 차별의 세계를 넘어 절대 자유의 경지를 뜻하는 제물(齊物)의 세계에 도달하는 수양방법이다. 장자를 다루는 장에서 자세히 다룬다.

너에게 이야기하는 순간, 그것은 한낱 지식이 되어 버린다. 그것은 더 이상 깨달음이 아니다. 그것은 단지 말, 언어에 지나지 않는다. 언어란 항상 거짓이다."[70]

나는 라즈니쉬가 노자를 대변한다고 여긴다. 우리가 『도덕경』을 또 하나의 도식으로 삼으면 안 될 것이다. 나의 삶은 내가 살아내야 하고, 직접 체험과 경험을 통하여 깨달음의 도를 추구해야 할 것이다. 나머지는 오직 기도와 명상만이 있을 뿐이다.

---

70) 라즈니쉬, 앞의 책, 31쪽.

제7장
장자의 철학사상
- 무대의 자유로 소요유하라 -

서론: 장자와 『장자』에 대하여

장자(BC 355? ~ 275?)는 노자의 무위철학적 사유를 이은 사상가이다. 그래서 그런지 노자와 마찬가지로 그의 일생에 대해서는 알기 어렵다. 고작해야 『장자』 가운데에 흩어져 있는 자료와 사마천의 『사기』 「노장신한열전」의 기록이 전부일 것이다. 『사기』에서 장자에 대한 기록은 겨우 236자에 불과하다.

장자의 이름은 주(周)이고, 송나라 몽(蒙)에서 태어났다. 몽나라 칠원의 관리였으며, 그 시대는 양나라의 혜왕이나 제나라의 선왕과 같은 때라고 전한다. 그렇다면 맹자(BC 372 ~ 289)가 살았던 시대와 비슷하다. 그러나 둘이 만날 기회는 없었던 것 같다. 『장자』나 『맹자』에서 서로를 언급하는 기록은 나오지 않기 때문이다. 장자가 살았던 몽은 송나라에 속한 나라였지만, 이후 송나라가 멸망하여 초·위·제나라로 갈라졌기에 장자는 위나라 혹은 초나라 사람으로 불리기도 한다.

장자는 생몰연대가 분명하지 않아 이설이 많다. 사마천의 기록처럼 양혜왕와 제선왕 시대에 살았던 사람 정도로 이해되고 있다. 장자에게는 혜시(惠施, BC370? ~ 310?)라는 벗이 있었다. 혜시는 중국 고대의 논리학파인 명가(名家)의 대표적 인물이며, 위나라 재상을 지낸 적이 있다. 장자는 혜시와 철학적 문제들을 가지고 토론하기도 하였다. 이처럼 혜시와 교우관계를 맺었다는 기록이 사실이라면 장자도 대략 BC 355년경에 태어나 BC 275년경에 죽었을 것으로 추정할 수 있다.

『사기』의 기록에 의하면, 초나라 위왕이 장자가 현인이라는 말을 듣고 사자에게 예물을 들려 보내 재상으로 맞으려했던 일이 실려 있다. 아래 기록에서 보듯, 장자는 무위철학자답게 나라를 가진 사람에게 속박당하여 자유를 잃고 싶어 하지 않은 진정한 자유인이었다.

> 장자는 웃으면서 초나라의 사자에게 말했다. "천근을 받는 것은 큰 이익이며, 재상은 존귀한 지위다. 그러나 당신도 교제에서 제물로 쓰는 소를 보지 못했는가? 그 소는 몇 해에 걸쳐 소중하게 양육되고, 좋게 수놓은 옷을 입혀서 종묘로 끌려간다. 그때에 가서 희생되기가 싫다고 하여 예사의 소 새끼가 되기를 바란다고 한들 그 청을 들어주겠는가? 속히 돌아가라. 그리고 나를 더럽히지 말라. 나는 차라리 더러운 도랑에서 유유히 노닐겠다. 제후들에게 얽매일 생각이 없으며, 일생 벼슬 같은 것을 하지 않고 마음 내키는 대로 살고 싶다.

『장자』라는 책은 『남화진경(南華眞經)』이라고도 불리는데,[1] 현재 전하는 것은 전부가 33편으로, 그 내용은 내편이 7편, 외편이 15편, 잡편이 11편으로 되어있다. 내편들은 <소요유逍遙遊>, <제물론齊物論>처럼 편명이 세 글자로 되어 있고, 주제가 있는 글들로써 장자 자신이 직접 쓴 것이라 여겨지고 있다. 외편과 잡편은 편머리의 두 글자를 취하여 편명을 삼고 있고, 주제가 없는 글들로써 여러 장자학파의 후학들에게 의해 쓰여진 것으로 여겨지고 있다.[2] 그러나 내편만이 장자철학이고, 외편과 잡편의 글은 철학적 자료로서 가

---

1) 중국 당나라 현종이 『장자』를 높이 평가하여 내린 책명이고, 장자를 남화진인(南華眞人)이라고도 한다.
2) 『장자』의 저자에 대해서는 다양한 의견이 있다. 대체로 『장자』 내편은 장자의 직접 저술이고, 나머지 외편과 잡편은 후학인 述莊派, 黃老派 및 無君派 등의 집단저술이라 보기도 한다. 이에 대한 자세한 고찰은 도광순 편, 『도가사상과 도교』(서울: 범우사, 1996 2판 1쇄), 16~24쪽; 劉笑敢, 최진석 역, 『장자철학』(서울: 소나무, 1998 개정 1쇄), 477~660쪽 등을 참조.

치가 없다고 말할 수는 없다.

사마천의 기록 등에 의하면, 원래『장자』는 지금보다 훨씬 더 많은 분량의 글이었던 것 같다.『사기』에서 사마천은 십 여 만언이라 했고,『한서』예문지의 기록에는 52편이라 하였다. 이후 위·진·육조 시대에 와서 26, 27, 30편 등으로 알려지다가 진(晉)나라 곽상(郭象, 250 ~ 310)에 의해 현재의 33편으로 정리되었다. 곽상은 장자보다 약 600년 뒤인 위진시대(220 ~ 420)의 학자로『장자주』를 썼고, 이때 그가 정리한 판본이 오늘까지 내려오고 있다.

『장자』는 글쓰기 방식인 서사기법이 독특한데, 우화적 이야기법이 그것이다.「우언(寓言)」편에서『장자』의 서사기법은 우언과 중언(重言)과 치언(卮言)인데,[3] 우언이 열에 아홉이고 중언이 열에 일곱이라 하고 있다. 이러한 서사기법의 의미는 뒤에서 보기로 하고,『장자』의 구성을 편명 중심으로 보면 아래와 같다.[4]

<표 10>『장자』의 구성과 주요 내용

	편명	주요내용	우화의 주인공들
내편	제1장 소요유	자유와 하나 되기	• 제해의 큰새 • 송영자의 냉소와 열자의 바람 • 허유의 뱁새와 두더지 • 견오의 장님과 귀머거리 • 혜자의 바가지와 가죽나무

---

3)『莊子』「寓言」. 寓言十九, 重言十七, 卮言日出, 和以天倪. 寓言十九, 藉外論之. 親父不爲其子媒。親父譽之, 不若非其父者也;非吾罪也, 人之罪也. 與己同則應, 不與己同則反;同於己爲是之, 異於己爲非之. 重言十七, 所以己言也. 是爲耆艾, 年先矣, 而無經緯本末以期年耆者, 是非先也. 人而無以先人, 無人道也;人而無人道, 是之謂陳人. 卮言日出, 和以天倪, 因以曼衍, 所以窮年. 우언은 이솝우화와 비슷하고, 중언은 패러디와 비슷하다. 치언은 앞뒤가 없는 지리한 말로 소크라테스의 아이러니와 비슷하다. 기세춘,『장자』(서울: 바이북스, 2011, 4쇄), 559쪽. *이하에서『장자』인용의 해석은 기세춘의 번역본을 참고 한다.

4) <표>에서 주요 내용과 우화 주인공들에 대한 정리는 윤재근,『장자-철학우화①②』(서울: 둥지, 1990), 목차에서 가져왔다.

제2장	제물론	물화에 순응하기	• 자기의 숨소리 • 장자와 퉁소 • 장자와 머슴 • 장자와 하늘 • 장자와 바람 • 장자와 털끝 • 왕예의 질문 • 장오자의 반문 • 장자의 나비와 꿈
제3장	양생주	하늘이 없는 시대	• 포정의 칼질 • 우사의 왼발 • 진일의 곡
제4장	인간세	자기를 지켜내는 사람	• 공자의 변신 • 자고의 속셈 • 백옥의 명답 • 장석의 상수리나무 • 꼽추 지리소 • 접여의 미친 짓
제5장	덕충부	남을 편하게 하는 사람	• 한 발을 잘린 왕태 • 한 발을 잘린 신도가 • 한 발을 잘린 숙산 • 너무나 못생긴 애태타 • 혜자와 장자의 대화
제6장	대종사	앎을 뒤집는 스승들	• 지인은 누구인가? • 지인에 오른 여우 • 자사와 자여, 자려 그리고 자래의 대화 • 자상화와 맹자반 그리고 자금장의 대화 • 어머니의 주검과 맹손재 • 코를 베인 의이자
제7장	응제왕	왕이 되어도 될 사람	• 늦 트인 설결 • 깨우쳐 주는 광접여 • 천근과 무명인의 대화 • 양자거와 노자의 대화 • 혼 줄이 난 계함 • 죽어버린 혼돈
제8장	변무	모자라도 탈, 넘쳐도 탈이다	• 눈이 밝은 이주 • 귀가 밝은 사광 • 인의를 파는 증삼과 사추 • 사랑을 앞세운 양주와 묵자 • 큰 죄를 범한 순임금 • 똑같은 백이와 도척

제9장	마제	재주가 탈인 사람들	• 명마를 만든다는 백락 • 성인을 꾸짖는 혁서씨
제10장	거협	도둑질하는 사람들	• 나라를 훔친 전성자 • 성인을 훔치는 도척
제11장	재유	세상을 그대로 가만히 두라	• 노담을 뵙는 최구 • 탄식하는 장자 • 황제를 박대한 광성자 • 도를 터득한 운장
제12장	천지	안다고 재주를 부리지 마라	• 군자를 밝히는 부자 • 구슬을 찾아준 상망 • 임금을 혼낸 봉인 • 우주를 짚는 장자 • 빗나간 공자 • 두 번이라 혼난 자공 • 공자를 원망하는 자공
제13장	천도	하늘의 즐거움을 아는가	• 영탄하는 장자 • 노자를 만난 공자 • 노자를 만난 사성기 • 높은 분을 무안케 한 윤편
제14장	천운	벌레들의 사랑을 아는가	• 인간에게 답하는 무함소 • 급소를 찌르는 장자 • 두려워하는 북문성 • 사정없는 사금 • 몰라도 되는 것만 아는 공자
제15장	각의		
제16장	선성		
제17장	추수	무엇을 안다고 뽐내나	• 임자를 만난 하백 • 걸림이 없는 북해약 • 애걸하는 하백 • 후련해진 하백 • 조롱받는 공손룡 • 제 발에 밝힌 혜자
제18장	지락	즐거움이 어디 있는가	• 문상갔던 혜자 • 지리숙과 골개숙의 만남 • 주검을 베고 잔 장자 • 걱정을 사서하는 공자 • 주검과 말을 나누는 열자

제19장	달생	무엇을 따르고 무엇을 잊어야 할까	• 사물을 넘은 관윤 • 매미를 잡는 꼽추 • 안연을 혼내준 뱃사공 • 돼지우리 앞의 축종인 • 마음속을 꿰뚫는 황자고오 • 달생을 누리는 사람들
제20장	산목	왜 편히 살지 못하는가	• 중간에 선 장자 • 천국의 마을로 가라는 시남자 • 공자를 회개시킨 대공임 • 사람을 고쳐주는 자상호 • 왕을 꾸짖는 장자
제21장	전자방	왜 텅빈 마음이 그득할까	• 수가 높은 전자방 • 한숨짓는 온백설자 • 뉘우치는 공자 • 망신당한 애공 • 편하게 사는 사람들
제22장	지북유		
제23장	경상초		
제24장	서무귀		
제25장	칙양		
제26장	외물		
제27장	우언		
제28장	양왕		
제29장	도척		
제30장	설검		
제31장	어부		
제32장	열어구		
제33장	천하		

1. 장자의 철학사상

1) 도(道)와 덕(德)과 자연[天]

장자의 도는 노자와 같다. 도는 무정형의 기(氣)이자 자가 수정의 원리이다. 이로부터 세상이 탄생하였다. 유정형의 일원기가 분화되고 축적되어 가면서 만물이 탄생한다. 이 과정 자체가 도의 운동변화의 법칙이기도 하다. 만물은 기의 분화와 축적의 정도에 따라 다양성이 결정된 것이고, 기의 축적 정도 그 자체가 그 사물의 덕(德)이다. 그러니까 덕은 도를 얻어서 형성된 사물의 본성이다. 따라서 만물은 자기만의 본성(덕)이 있고, 본성에 따른 자기만의 운동변화의 법칙을 가졌다. 그러나 이 법칙은 도로부터 다양하게 분화된 법칙이므로, 모든 만물은 도의 측면에서 보면 하나의 유기체적 공동체일 뿐이다. 도로부터 세상이 탄생하고 만물의 운동변화하는 자체가 도의 자발적 운동이므로 자연이고 무위의 법칙이며 곧 하늘[天]이다. 인용들을 보자.

> 태초에 무(無)가 있었다. 무는 존재도 없고 이름도 없다. 그것으로부터 '하나'(一)가 생겼고, 그 '하나'는 있었지만 아직 형체는 없었다. 만물이 그것을 얻어서 생겨나는 것이 덕(德)이다. 덕 역시 아직 형체는 없었지만 이미 도에서 나누어진 것이다. 그러나 본질적으로 도와 덕은 분별이 없다. 이것을 명(命)이라고 한다. [하나, 즉 精氣]가 유동하면 구체적인 사물이 생성된다. 구체적인 사물이 생성되어 일정한 속성[理]이 생긴 것을 형체[形]라고 한다. 형체가 정신을 보유할 때, 저마다 나름의 의칙(儀則)이 있으니, 그것이 바로 그런 유의 사물의 본성(性: 본질)이다. 泰初

有無, 無有無名。一之所起, 有一而未形。物得以生, 謂之德; 未形者有分, 且然無間, 謂之命; 留動而生物, 物成生理, 謂之形; 形體保神, 各有儀則, 謂之性。(天地篇)

무릇 도는 실정이 있고 증표가 있지만 무위(無爲)하고 무형(無形)한즉, 전해질 수 있지만 받을 수 없고, 체득할 수 있지만 볼 수는 없다. 그것은 스스로 근본이고, 스스로 뿌리이다[自本自根]. 천지에 앞서서 참으로 영원토록 존재한다. 귀신과 상제를 신령스럽게 하고, 하늘과 땅을 낳았다. 태극[太極: 하늘꼭대기]보다 앞서 있지만 높다고 하지 않고, 육극(六極: 하늘바닥의 상하사방)보다 아래에 있지만 깊다고 하지 않는다. 천지에 앞서 있지만 장구하다고 하지 않고, 아득한 옛날보다 나이가 많지만 늙었다고 하지 않는다. 夫道, 有情有信, 無爲無形 ; 可傳而不可受, 可得而不可見 ; 自本自根, 未有天地, 自古以固存 ; 神鬼神帝, 生天生地 ; 在太極之先而不爲高, 在六極之下而不爲深, 先天地生而不爲久, 長於上古而不爲老。(大宗師篇)

태초에 무(無)가 있었다. 무는 존재도 없고 이름도 없는 무정형의 기와 다르지 않다. 이로부터 '유정형의 일원기'[一]가 자발적으로 탄생하였다. 이것이 분화되고 축적되어 형(形)을 이루고 사물을 완성된다. 무정형의 기를 자가 수정시키는 원리 또한 무위(無爲)하고 무형(無形)하여, 전해질 수 있지만 받을 수 없고, 체득할 수 있지만 볼 수는 없다. 그러나 기의 수정과 분화 과정에는 늘 도의 법칙이 같이 수반되고 있다. 그것이 덕이고 본성이고 법칙[儀則]이다. 그것은 스스로 근본이고, 스스로 뿌리이다[自本自根]. 천지에 앞서서 참으로 영원토록 존재한다. 귀신과 상제를 신령스럽게 하고, 하늘과 땅을 낳았다. 태극[太極: 하늘꼭대기]보다 앞서 있지만 높다고 하지 않고, 육극(六極: 하늘바닥의 상하사방)보다 아래에 있지만 깊다고 하지 않는다. 천지에 앞서 있지만 장구하다고 하지 않고, 아득한 옛날보다 나이가 많지만 늙었다고 하지 않는다. 이처럼 무위의 원칙으로 행하는 도를 자연[天]

이라 한다.[5]

또한 도의 법칙은 기의 분화과정에만 존재하는 것이 아니다. 구체적인 만물 속에 그대로 도가 실현되어 있다. 그것이 덕이고 본성이다.

> 동곽자가 장자에게 물었다: "소위 도라는 것은 어디에 있습니까?" 답했다: "없는 곳이 없다."(無所不在). / "구체적으로 한정해서 말해 주십시오." "땅강아지나 개미에게 있다." / "어찌 그렇게 낮은 데에 있습니까?" "피와 쭉정이에 있다." / "어찌 더욱 낮은 데로 내려가십니까?" "기왓장이나 벽돌에 있다." / "아니 어찌 자꾸 더욱 심해집니까?" "똥이나 오줌에도 있다." / 동곽자가 더 이상 대꾸하지 않자, 장자가 말했다. "(중략) 도는 각 사물을 떠나 있지 않다. 지극한 도란 그런 것이고 위대한 말씀 역시 그렇다. 포괄성[周], 편재성[遍], 총체성[咸], 이 셋은 이름이 다르나 실상은 동일한즉, 그 함의는 똑같은 것이다." 東郭子問於莊子曰:「所謂道, 惡乎在?」莊子曰:「無所不在.」東郭子曰:「期而後可.」莊子曰:「在螻蟻.」曰:「何其下邪?」曰:「在稊稗.」曰:「何其愈下邪?」曰:「在瓦甓.」曰:「何其愈甚邪?」曰:「在屎溺.」東郭子不應. 莊子曰:「夫子之問也, 固不及質. 正獲之問於監市履狶也, 每下愈況. 汝唯莫必, 無乎逃物. 至道若是, 大言亦然. 周遍咸三者, 異名同實, 其指一也. (知北游篇)

도는 세상을 포괄하고[周; 포괄성], 모든 사물에 내재하며[遍; 편재성], 도로 연결되어 일체[咸; 총체성]를 이룬다. 모든 만물은 생성에서 복귀까지 도의 법칙에 따라 운동 변화한다.

> 만물의 생성은 마치 말이 질주하는 것과 같다. 움직여 변하지 않는 것은 없고, 잠시도 변천하지 않은 것은 없다. 物之生也, 若驟若馳, 無動而不變, 無時而不移. (秋水篇)

---

5) 無爲爲之之謂天 (天地篇)

2) 만물제동(萬物諸同)

가. 만물은 자기만의 본성을 가진 존재

모든 만물은 도로부터 각기 그 덕을 얻으며, 저마다 자연적 본성을 가진다. 대붕은 대붕대로, 뱁새는 뱁새대로 자기만의 덕(본성)이 있고, 사람 또한 자기만의 덕과 취향이 있는 법이다.

> 천지는 본래의 법칙이 있고, 해와 달은 본래의 광명이 있고, 뭇별은 본래의 질서가 있고, 금수는 본래의 무리가 있으며, 나무는 본래의 특성이 있다. 그대 역시 이런 자연의 덕에 따라 행하고 도를 좇아 나가면 이미 충분한 것이다. 天地固有常矣, 日月固有明矣, 星辰固有列矣, 禽獸固有群矣, 樹木固有立矣。夫子亦放德而行, 遁遁而趣, 已至矣。(天道篇)

> 저 사람들은 불변의 천성이 있으니, 길쌈해서 옷 입고 밭 갈아서 밥 먹는다. 이것이 바로 동덕(同德: 만민이 다 같이 누리는 천성)이다. 모두 의견이 일치하고 치우침이 없는 것을 천방(天放: 자연에 방임함)이라고 한다. 彼民有常性, 織而衣, 耕而食, 是謂同德; 一而不黨, 命曰天放。(馬蹄篇)

대붕은 대붕의 본성을 지니고, 뱁새는 뱁새의 본성을 지키며, 인간은 인간의 본성을 가진다. 각 유들은 유들끼리의 본성과 덕성이 있다. 그것을 동덕(同德)이라 한다. 그러나 같은 부류 안에서도 각기 개별적 본성이 있다. 개라도 다 같은 개가 아니고 사람이라고 다 똑같은 사람이 아니다. 각자 자기만의 덕과 취향이 있는 법이다. 하나의 예만 보자.

> 어떤 사람은 하나의 관직에 어울리는 지혜가 있고, 어떤 사람은 한 지

역을 화합시킬 만한 행실이 있고, 어떤 사람은 하나의 통치자에 부합하는 덕이 있고, 어떤 사람은 한 나라의 신임을 얻을 만한 능력이 있다. 이들 각자가 자신에 대해서 자부하는 것 역시 붕새나 뱁새의 경우와 마찬가지다. 夫知效一官, 行比一鄉, 德合一君, 而徵一國者, 其自視也亦若此矣。(逍遙遊偏)

나. 만물은 평등한 존재

모든 만물이 각자의 본성과 법칙이 있다는 점에서 보면 결국 만물은 평등하다는 것이 된다. 옳고 그름, 선과 악, 현명함과 불초함, 미와 추, 귀와 천, 군자와 소인, 장수와 단명, 심지어 생과 사까지, 이러한 구분 자체가 의미가 없고, 만물 간에는 이러한 비교와 평가의 대상이 될 수 없다. 모든 가치평가와 차별은 인간이 가진 지능의 분별심과 욕망이 낳은 문화의 소산일 뿐이다. 오직 차이가 있을 뿐이다. 그것을 차별로 몰고 가면 안 된다.

사물은 이것이 아닌 것이 없고, 저것이 아닌 것이 없다. 저것으로는 볼 수 없고, 스스로를 자각하면 그것을 안다. 그래서 저것은 이것에서 나오고 이것은 저것에 의지한다고 말한다. 이것과 저것이 서로를 생기게 한다는 주장이다. 그에 따르면 삶이 있으면 죽음이 있고 죽음이 있으면 삶이 있으며 가능이 있으면 불가능이 있고 불가능이 있으면 가능이 있으며 옳음을 좇아 그름이 따르고 그름을 좇아 옳음이 따른다는 것이다. 그러므로 성인은 따르는 것이 없고 자연에 비추어보는 것이다. 역시 이에 따르면 이것은 저것이고 저것은 이것이며 저것도 일면의 시비가 있고 이것도 일면의 시비가 있을 것이니 과연 저것과 이것의 차이는 있는 것인가? 없는 것인가? 저것과 이것을 패거리 짓지 않는 것이 도의 추뉴(樞紐)라고 말한다. 추뉴가 고리의 중앙을 잡기 시작하면 응변이 무궁하다. 옳다는 것도 하나같이 끝이 없고 그르다는 것도 하나같이 끝이 없다. 그러므로 자연의 명증함만 못하다고 말하는 것이다. 物無非彼, 物無非是。

自彼則不見, 自知則知之。故曰:彼出於是, 是亦因彼。彼是方生之說也。雖然, 方生方死, 方死方生 ; 方可方不可, 方不可方可 ; 因是因非, 因非因是。是以聖人不由, 而照之於天, 亦因是也。是亦彼也, 彼亦是也。彼亦一是非, 此亦一是非, 果且有彼是乎哉? 果且無彼是乎哉? 彼是莫得其偶, 謂之道樞。樞始得其環中, 以應無窮。是亦一無窮, 非亦一無窮也。故曰:莫若以明。(齊物論篇)

내가 한번 묻겠다. 사람은 습한 곳에서 자면 요통으로 반신불수가 되지만, 미꾸라지도 그렇던가? 사람은 나무 위에서 살면 두려워 현기증이 나지만, 원숭이도 그렇던가? 이 셋 중에서 누가 바른 거처를 안 것인가? / 사람은 소나 돼지를 잡아먹고, 사슴은 풀을 먹고, 지네는 작은 뱀을 달게 먹고, 올빼미와 갈까마귀는 쥐를 즐겨 먹는다. 이 넷 중에서 누가 바른 맛을 안 것인가? / 원숭이는 개코원숭이나 짝을 맺고, 고라니는 사슴과 교미를 하고, 미꾸라지는 물고기와 어울린다. 모장과 여희는 사람들이 좋아하는 미인이지만, 물고기가 보면 깊이 숨고, 새가 보면 높이 날아가고, 사슴이 보면 힘껏 달아난다. 이 넷 중에서 누가 천하의 바른 미색을 안 것인가? 吾嘗試問乎女:民濕寢則腰疾偏死, 鰍然乎哉? 木處則惴慄恂懼, 猨猴然乎哉? 三者孰知正處? 民食芻豢, 麋鹿食薦, 蝍且甘帶, 鴟鴉耆鼠, 四者孰知正味? 猨猵狙以爲雌, 麋與鹿交, 鰍與魚游。毛嬙麗姬, 人之所美也;魚見之深入, 鳥見之高飛, 麋鹿見之決驟, 四者孰知天下之正色哉? (齊物論篇)

가령 나와 네가 논변하여, 네가 나를 이기고 나는 너를 못 이겼다면, 네가 반드시 옳고 나는 반드시 그른 것일까? 내가 너를 이기고 너는 나를 못 이겼다면, 내가 반드시 옳고 너는 반드시 그른 것일까? 아니면 둘 가운데 한쪽이 옳고 다른 쪽은 그른 것일까? 아니면 둘 다 옳거나 둘 다 그른 것일까? 이렇듯 당사자끼리도 서로 이해가 불가능하다면 제삼자는 더욱 캄캄할 수밖에 없다. 그러니 누구로 하여금 논쟁을 결정짓게 하랴? 너와 같은 견해의 사람에게 결정하게 하면 이미 너와 같은즉 어떻게 결정할 수 있겠는가? 나와 같은 견해의 사람에게 결정하게 하면 이미 나와 같은즉 어떻게 결정할 수 있겠는가? 우리 둘과 다른 견해의 사람에게 결정하게 하면 이미 우리 둘과 다른즉 어떻게 결정할 수 있겠는가? 우리 둘과 같은 견해의 사람에게 결정하게 하면 이미 우리 둘과 같은즉 어떻게 결정할 수 있겠는가? 이렇듯 나와 너 및 제삼자 모두 서로 이해가 불가능할진대, 또다시 누구를 더 기다려야 할까? 既使我與若辯矣, 若勝我, 我不若勝, 若果是也? 我果非也邪? 我勝若, 若不吾勝, 我果是也? 而果非也邪? 其或是也? 其或非也邪? 其俱是也? 其俱非也邪? 我與若不能相知也。則人固受其黮闇, 吾誰使正之? 使同乎若者正之? 既與若同矣, 惡能正之! 使同乎我者正之? 既同乎我矣, 惡能正之! 使異乎我與若者正之? 既異乎我與若矣, 惡能正之! 使同乎我與若者正之? 既同乎我與若矣, 惡能正之! 然則我與若與人, 俱不能相知也, 而待彼也邪?」(齊物論篇)

도에서 보면 어느 것이 귀하고 어느 것이 천한 것이겠는가? 우주 만물의 본시가 한결같이 가지런한데, 누가 짧으며 누가 긴가? / 사물의 상이성의 관점에서 보면 한 몸 안의 간과 쓸개도 초나라와 월나라만큼이나 서로 다르고, 사물의 유사성의 관점에서 보면 만물은 모두가 같은 것이다. 「以道觀之, 何貴何賤, 是謂反衍;無拘而志, 與道大蹇。(秋水篇) /「自其異者視之, 肝膽楚越也;自其同者視之, 萬物皆一也。(德充符篇)

아내가 죽었을 때 나라고 어찌 슬퍼하지 않을 수 있었겠는가? 그러나 문제의 시원을 고찰했는데, 태초에 아내는 생(生)이 없었고, 생이 없었을 뿐덜 형체(形)도 없었고, 형체가 없었을 분더러 기(氣)도 없었네. 그러다가 혼돈 가운데 섞여 있다가 변하여 기가 생겼고, 기가 변하여 형체가 생겼고, 형체가 변화여 생명이 생겼다가, 이제 다시 변화여 죽음으로 간 것인즉, 춘하추동 사계절의 운행과 같은 이치가 아니겠는가? 그 사람은 지금 우주의 대저택에서 편히 잠들어 있거늘, 나는 소리쳐 슬피 곡했으니, 스스로 자연법칙에 무식함을 선언하는 것 같아 그만둔 것이라네. 莊子妻死, 惠子吊之, 莊子則方箕踞鼓盆而歌。惠子曰:「與人居, 長子老身, 死不哭亦足矣, 又鼓盆而歌, 不亦甚乎!」莊子曰:「不然。是其始死也, 我獨

何能無槪然！察其始而本無生；非徒無生也, 而本無形；非徒無形也, 而 本無氣。雜乎芒芴之間, 變而有氣, 氣變而有形, 形變而有生。今又變而之 死。是相與爲春秋冬夏四時行也。人且偃然寢於巨室, 而我噭噭然隨而 哭之, 自以爲不通乎命, 故止也。」(至樂篇)

3) 소요정신과 자유의 길

가. 악은 어디로부터 오는가?

　인간은 누구나 자신의 인생이 풍요롭고 자유로워지기를 추구한다. 그러나 인간 세상에는 갖가지의 생명에 대한 부담이 존재하고 있다. 즉, 사회제도로부터 온 책임, 가정 조직이 부여한 압박감 및 유구한 발전을 거듭해 온 역사의 궤적, 그리고 문화가 낳은 오염과 개조 등이 그것이라 할 수 있다. 이러한 모든 것들은 모두 공명이록(功名移錄)을 벗어나지 못하며, 그것들은 언제나 인간의 감각기관을 제한하며, 또한 생명 본질의 실체를 잃어버리게 하는 주범들인 것이다.

　결국 이 모든 것들은 인간이 가진 지능의 분별심과 욕망에서 비롯된 것이다. 장자는 말한다. "외부의 물건에서 자신을 잃어버렸고, 세속에서 본성을 잃어버렸다[喪己於物, 失性於俗]. 이런 사람을 일컬어 '거꾸로 매달린'[도현 倒懸] 백성이라 한다."(선성편). 원래 인간과 만물은 자기만의 고유한 본성(덕)을 가지고 태어났다. 만물은 자기 본성대로 세상을 살아간다. 그러나 인간은 자신의 가진 지능의 분별심과 욕망 때문에 '도현' 상태로 빠져들어 마침내는 제한과 질곡에의 곤혹을 받게 된 것이다. 장자는 인간의 비극을 이렇게 밀하고 있다.

세상 사람들이 존귀하게 여기는 것으로는 부유, 존귀, 장수, 훌륭한 명성 등이다. 즐거운 것으로 여기는 것은 몸의 편안함, 맛있는 음식, 아름다운 옷, 예쁜 미색, 감미로운 음악 등이다. 싫어하는 것으로는 가난하고 천박하고 요절하고 더러운 명성이다. 괴롭게 여기는 것에는 몸에 안락을 얻지 못하는 것, 입에 맛있는 음식을 먹지 못하는 것, 몸에 맵시 나는 옷을 입지 못하는 것, 눈에 아름다운 색을 보지 못하는 것, 귀에 좋은 소리를 듣지 못하는 것이다. 만약 얻지 못할 것 같으면 크게 근심한 나머지 두려워한다. 그러한 모양들은 참으로 어리석은 짓이다. 夫天下之所尊者, 富貴壽善也; 所樂者, 身安厚味美服好色音聲也; 所下者, 貧賤夭惡也; 所苦者, 身不得安逸, 口不得厚味, 形不得美服, 目不得好色, 耳不得音聲。若不得者, 則大憂以懼, 其爲形也亦愚哉! (至樂篇)

개인들의 욕망을 조절하고 통제하기 위하여 인간들은 문화와 문명을 개발하였다. 그리하여 각종 정치적, 사회적 제도를 만들어냈다. 그러나 이것이 오히려 인간과 만물의 본성을 해친다. 사물의 본성은 지극히 상이하여 사물마다 취향이 존재하기 때문에, 꼭 같을 필요도 없고 강제로 같게 해서는 안 된다. 사물이 한결같지 않으니, 한결같지 않은 데로 맡겨두어야 한다. 그런데 정치적, 사회적 제도들은 모두 하나의 취향을 정하여 행위의 기준으로 삼아 사람들로 하여금 따르게 한 것이므로, 한결같지 않은 것을 강제로 한결같게 만든 것이기에 오히려 사물의 본성을 해치는 꼴이 되는 것이다. 인용을 보자.

옛날에 어떤 바다 새가 노나라의 서울 교외에 날아와 앉았다. 임금이 나가서 그 새를 맞아들여 종묘에서 술을 권하고, 즐겁게 해주려고 구소(九韶)의 음악을 연주하고, 맛있게 먹도록 소, 양, 돼지를 잡아 음식을 차려주었다. 그러나 바다 새는 얼이 빠지고 근심과 슬픔에 잠겨 고기 한 점, 물 한 방울 먹지 못하고 사흘 만에 죽고 말았다. 이것은 임금 자신이 자신의 양생법으로 새를 봉양했지, 새의 양생법으로 새를 봉양한 것이 아니었기 때문이다. 무릇 새의 양생법으로 새를 봉양한다 함은, 깊은 숲 가운데에 깃들어 강언덕에서 놀고 호수 위를 떠다니며 미꾸라지와 피라미를 잡아먹고 무리와 더불어 생활하면서 자유로이 살게 하는 것이다. 저 새들은 사람의 말소리조차 싫어하거늘 그처럼 요란을 피웠음에랴? 함지(咸池)와 구소의 음악을 동정호 벌판에서 연주할 경우, 새가 들으면 날아가고, 짐승이 들으면 달아나고, 물고기가 들으면 숨어버릴 뿐, 사람이 듣고서야 비로소 다투어 몰려들어 구경할 것이다. 물고기는 물속에서 있어야 살지만 사람은 물속에 있으면 죽는다. 즉 서로 다르게 선천적으로 타고났기 때문에 호오(好惡)의 대상 역시 다를 수밖에 없다. 그러므로 옛 성인은 능력과 직업을 획일화하지 않고, 이름[名]과 실상[實]에 부합시키고, 도리[義]는 적실성[適]을 띠게 했는바, 즉 조리가 통달하면 행복은 영존한다는 말이다. 昔者海鳥止於魯郊, 魯侯御而觴之於廟, 奏九韶以爲樂, 具太牢以爲膳。鳥乃眩視憂悲, 不敢食一臠, 不敢飮一杯, 三日而死。此以己養養鳥也, 非以鳥養養鳥也。夫以鳥養養鳥者, 宜栖之深林, 遊之壇陸, 浮之江湖, 食之鰌鰷, 隨行列而止, 委蛇而處。彼唯人言之惡聞, 奚以夫譊譊爲乎！咸池九韶之樂, 張之洞庭之野, 鳥聞之而飛, 獸聞之而走, 魚聞之而下入, 人卒聞之, 相與還而觀之。魚處水而生, 人處水而死。彼必相與異, 其好惡故異也。故先聖不一其能, 不同其事。名止於實, 義設於適, 是之謂條達而福持。」(至樂篇)

나. 정치적 불간섭주의

인간중심으로 세상을 보기 때문이고, 이른바 성인이란 사람들이 선의로 만든 문화와 제도가 오히려 인간의 본성을 해치고 있는 것이다. 그래서 장자는 문화로 정치로 세상을 다스리려는 시도에 반대한다. '다스림으로써 천하를 다스리는 것'[以治治天下]을 버리고, 오히려 천하를 다스리려면 '다스리지 않음으로써 다스리는 것'[以不治治天下]이 최선이라는 것이다.

세상을 있는 그대로 자유 지적하게 맡겨둔다는 말을 들었어도, 세상을 다스린다는 말은 못 들었다. 세상을 있는 그대로 두는 것은 사람들의 본성이 오염될까 염려해서요, 세상을 자유 자적하게 맡겨두는 것은 사람들의 덕성이 변할까 염려해서이다. 세상이 본성을 혼란시키거나 덕성을 변질시키지 않는다면 구태여 천하를 다스릴 필요가 있을까? 聞在宥天下, 不聞治天下也。在之也者, 恐天下之淫其性也; 宥之也者, 恐天下之遷其德也。天下不淫其性, 不遷其德, 有治天下者哉? (在宥篇)

세상을 있는 그대로 두는 것은 사람들의 본성이 오염될까 염려해서이고, 세상을 자유 자적하게 맡겨두는 것은 사람들의 덕성이 변할까 염려해서이다. 세상이 본성을 혼란시키거나 덕성을 변질시키지 않는다면 구태여 천하를 다스리려 할 필요가 없다. 그럼에도 불구하고, 제왕이 세상을 다스려야 한다면 무위의 법칙으로 해야 한다. 그러면 신하 또한 무위하게 백성들에게 다가선다. 군주와 신하가 이러한 뜻을 같이하는 '동덕'(同德)이 그것이다.

> 무릇 제왕의 덕은 천지를 근본으로, 도와 덕을 위주로 하여 무위의 법칙으로 삼는다. 무위하면 온 천하를 부리기에 여유가 있지만, 유위하면 천하로부터 부림당하여 늘 부족하다. 따라서 고대 제왕은 저 무위를 중시했다. 군주가 무위하는데 신하 역시 무위하면, 이는 신하가 군주와 덕을 같이한다는 뜻이다. (중략) 이러한 제왕의 덕이야말로 천지를 운용하고, 만물을 지배하고, 인간사회를 다스리는 도이다. 夫帝王之德, 以天地爲宗, 以道德爲主, 以無爲爲常. 無爲也, 則用天下而有餘, 有爲也, 則爲天下用而不足. 故古之人貴夫無爲也. 上無爲也, 下亦無爲也, 是下與上同德. (中略) 帝王之德配天地, 此乘天地, 馳萬物, 而用人群之道也. (天道篇)

군주와 신하가 무위의 도로 뜻을 같이하는 '동덕'(同德)이 되지 않으면, 군주가 무위하더라도 신하들이 유위의 인도를 작위적으로 펼칠 수 있다. 장자가 "무위하고 존귀한 것은 천도이고, 유위하고 얽매이는 것은 인도이다. 군주는 천도이고, 신하는 인도이다. 천도와 인도는 서로 멀다는 사실을 살피지 않을 수 없다."⁶⁾고 한 것은 이러한 뜻에서이다. 군주와 신하가 동덕으로 세상을 다스린다는 것은 인간과 만물의 본성과 덕성을 그대로 실현하도록 하는 것에 다름 아니다.

> 저 지극하고 올바른 자는 천성 그대로를 잃지 않는다. 그러므로 발가락이 붙은 네 발가락을 병신이라 하지 않고 손가락이 하나 더 붙은 육손이를 병신이라 하지 않는다. 긴 것을 넘친다고 하지 않고 짧은 것을 부족하다고 하지 않는다. 그러므로 물오리 다리가 짧다고 해서 늘인다면 물오리는 괴로울 것이요, 학의 다리가 길다고 해서 절단한다면 학은 슬퍼할 것이다. 따라서 천성적으로 긴 것은 절단할 일이 아니요, 천성적으로 짧은 것은 늘릴 일이 아니다. 彼正正者, 不失其性命之情。故合者不為駢, 而枝者不為跂; 長者不為有餘, 短者不為不足。是故鳧脛雖短, 續之則憂; 鶴脛雖長, 斷之則悲。故性長非所斷, 性短非所續, 無所去憂也。意仁義其非人情乎! 彼仁人何其多憂也? 且夫駢於拇者, 決之則泣; 枝於手者, 齕之則啼。(駢拇篇)

 인위로써 자연을 멸해서도 안 되고, 지능의 분별심으로 본성을 훼손해서도 안 된다. 세상의 모든 고통과 아픔과 악은 이로부터 오는 것이기 때문이다. 그러나 말처럼 무위로 군주와 신하가 동덕이 되어 세상을 다스린다는 것은 쉬운 일이 아니다. 이미 인간들은 문화와 문명을 개척하였고, 세상을 악으로 물들여있기 때문이다. 그래서 장자는 국가라는 공동체보다는 개인적 해탈을 더 추구했던 것이라 여긴다. 이른바 무위자연과 하나가 되는 '물화'(物化) 되기가 그것이다. 장자의 세계에서 생명은 무한하며 자유로운 것이다. 그렇다면 어떻게 인간은 다시 본성과 덕성을 회복하여 자유로워지는 물화가 가능한가?

---

6) 無爲而尊者, 天道也, 有爲而累者, 人道也. 主者, 天道也, 臣者, 人道也. 天道之與人道也, 相去遠矣, 不可不察也. (在宥篇)

다. 절대적 자유[物化]의 경지에서 소요유하라!

장자는 사람의 생명 속에는 한 조각의 낙토(樂土)가 있으며, 거기에는 자유와 무한이 함께 충만되어 있으며, 그곳에서만 '거리낌 없는 자유'[逍遙無待의 遊]를 누릴 수 있다고 본다. 특히, 장자가 살았던 전국시대는 약육강식의 논리만이 적용되던 매우 혼란한 시대였다. 장자는 누구보다도 자유로운 삶과 온전한 삶을 살고자 하였다. 그러나 이러한 자유로운 삶은 자신이 처한 현실의 한계성 때문에 정신적인 측면에서나 가능하였다. 그렇다고 장자는 삶의 세계를 완전히 떠난 출세간적인 모습을 말하지도 않았고, 더구나 신에 의지하지도 않았다. 철저하게 현실 속에서 살면서 자유의 공간을 찾고자 하였다.

타물(他物)에 의지하지 않는 자유자재야말로 진정한 자유의 경지이고 물화의 경지이다. 이것이 이른바 '무대'의 자유이다. 무대의 자유는 '유대'(有待)의 자유와 대비된다. '유대의 자유'란 조건이 있고 외물에 의존하는 제한된 자유라면, '무대의 자유'는 어떠한 조건에도 어떠한 외물에도 의지하지 않는 절대적 자유이다. 장자는 '무대'의 절대적 자유의 경지에서 노닐라[소요유逍遙遊]고 권한다. 두 가지 자유에 대한 예문을 보자.

> 열자는 무척 신기하게 바람을 타고 다녔는데, 한 보름 만에 돌아오곤 했다. 행복에 도달한 사람 가운데 그런 인물은 세상에 그리 흔하지 않다. 그러나 그는 비록 걷지는 않아도 되었지만 여전히 무엇인가에 의존했다. 비유하건대 자연의 법칙에 따라 육기(六氣: 陰, 陽, 風, 雨, 晦, 明)의 변화를 다스리며 무궁의 세계에 소요하는 사람이라면 다시 또 무엇에 의존하겠는가? 따라서 말한다. 지인(至人: 완전한 사람)은 '자아가 없고'[無己], 신인(神人: 영적인 사람)은 '공적이 없고'[無功], 성인(聖人: 참된 성인)은 '명성이 없다'[無名]. 夫列子御風而行, 泠然善也, 旬有五日而反. 彼於致福者, 未數數然也. 此雖免乎行, 猶有所待者也. 若夫乘天地之正, 而御六氣之辯, 以遊無窮者, 彼且惡乎待哉! 故曰: 至人無己, 神人無功, 聖人無名. (逍遙遊篇)

열자는 자유를 누리지만 제한된 자유이다. 바람에 의존하지 않으면 날지 못하기 때문이다. 그러나 육기를 다스리고 자연의 순리에 따를 줄 아는 지인, 신인, 성인들은 어떤 외물에도 의존하지 않고 절대적 자유를 누린다. 외물에 의존하지 않아도 되는 이유는 요컨대 '나를 버리기 때문'이다. 절대적 무대의 자유는 자아를 버릴 때 가능하다. 자아를 버리면 세상을 잊고 외물을 잊고 도(우주)와 합일할 수 있다.

 옛날의 진인(眞人)은 잠을 잘 때에도 꿈이 없었고, 깨어 있을 때에도 근심이 없었으며, 음식을 달게 먹지 않았고, 호흡은 깊고 깊었다.... 옛날 진인은 삶에 애착할 줄도 몰랐고, 죽음을 혐오할 줄도 몰랐다. 이 세상에 태어난 것을 기뻐하지도 않았으며, 다시 돌아가는 것을 거부하지도 않았다. 무심히 왔다가 무심히 갈 뿐이었다. 자기 존재의 시원을 망각하지도 않았으며, 자기 존재의 종말을 추구하지도 않았다. 받은 생명은 기뻐하고, 또 무심히 돌려주는 것이다. 즉 자기 마음으로써 도를 저버리지 않으며, 인위로써 자연을 거들지 않는다는 말이다. 이런 인물이 바로 진인(眞人)이다. 古之眞人, 其寢不夢, 其覺無憂, 其食不甘, 其息深深。眞人之息以踵, 眾人之息以喉。屈服者, 其嗌言若哇。其耆欲深者, 其天機淺。古之眞人, 不知說生, 不知惡死。其出不訢, 其入不距。翛然而往, 翛然而來而矣。不忘其所始, 不求其所終。受而喜之, 忘而復之。是之謂不以心捐道, 不以人助天, 是之謂眞人。(大宗師篇)

 지인은 신령스럽다. 온 초지가 불타올라도 그를 뜨겁게 할 수 없고, 큰 강물이 꽁꽁 얼어붙어도 그를 춥게 할 수 없고, 벼락이 산천을 깨뜨리고 폭풍이 바닷물을 뒤흔들어도 그를 놀라게 할 수 없다. 그러므로 그는 구름 기운에 올라타 해와 달을 몰아 사해(四海)의 바깥에서 소요하므로 사생(死生)도 그의 존재에 영향을 끼칠 수 없거늘 하물며 이해의 말단이랴?「至人神矣！大澤焚而不能熱, 河漢冱而不能寒, 疾雷破山、飄風振海而不能驚。若然者, 乘雲氣, 騎日月, 而游乎四海之外, 死生無變於己, 而況利害之端乎！」(齊物論篇)

4) 수양과 교육

가. 서사기법(우언·중언·치언)에 나타난 교육적 의미

노자는 '말없는 가르침'(不言之敎)을 주장했다. 그에게 '말'이란 정의된 개념이나 이론과 다르지 않다. 개념이나 이론은 세상을 포착해내는 하나의 있을 법한 안경이고 도식(schema)일 뿐이다. 특정색의 안경과 도식을 가지고 읽어낸 세계의 본질을 진리라고 단정해서는 안 된다. 개념이나 이론은 단가적 택일의 논리로 세상을 해석할 뿐, 세계의 여여한 사실을 있을 그대로 읽어낼 수 없다. 이것이 말과 언어를 보는 노자의 관점이었다.

그러나 단가적 택일의 논리가 아니라 세계의 여여한 사실과 도(道)를 알려주기 위해서도 말과 언어는 필요한 것이 아닌가? 그래서 노자도『도덕경』이라는 5000자의 언표를 남겼다. 그것도 그는 '직접전달'의 방식으로 세상의 도에 대하여 말하는 접근법을 택했다. 결국 노자의 뜻도 말과 언어가 필요 없다는 것이 아니라 특정 개념이나 이론에 집착하지 말고, 나 중심으로 세상을 보는데서 벗어나라는 것이다. 지능의 분별심과 욕망을 내려놓고 세상의 도를 직접 보는 눈밝음[明]을 터득하라는 것이 노자의 주장이었다. 이를 위해 말과 언어는 불가피한 수단이지만, 눈밝음의 도를 터득했으면 말은 잊으라는 것이 겠다. 이러한 관점은 장자에게도 이어진다.

> 말이란 숨을 불어내는 것만이 아니다. 말하는 자는 말하고자 하는 것이 있다. 말하고자 하는 것을 특수하게 지정하지 못하면 과연 말이라고 할 수 있을까? 진실로 말이라고 할 수 없을까? 새 새끼는 알에서 깨어날 때 우는 소리가 다르니 역시 분별이 있을까? 진실로 분별이 없을까? 도(道)는 무엇을 근거로 진실과 거짓이라 하는가? 말은 무엇을 근거로 옳고 그름이라 하는가? 도는 어디로 가면 존재하지 않을까? 말은 무엇이 있으면

옳지 않다하는가? 도는 조금 이룬데서 숨어버리고, 말은 부화한 데서 숨어버린다. 그래서 유가와 묵가의 시비가 생겨, 옳다고 하는 것을 그르다 하고, 그르다고 하는 것을 옳다고 한다. 상대가 그른 것은 옳고, 상대가 옳은 것은 그르다고 하려면 자연의 '눈밝음'[明]을 따르는 것만 못할 것이다. 夫言非吹也, 言者有言。其所言者特未定也。果有言邪？其未嘗有言邪？其以爲異於鷇音, 亦有辯乎？其無辯乎？道惡乎隱而有眞僞？言惡乎隱而有是非？道惡乎往而不存？言惡乎存而不可？道隱於小成, 言隱於榮華。故有儒墨之是非, 以是其所非而非其所是。欲是其所非而非其所是, 則莫若以明。(齊物論篇)

통발은 물고기를 잡는 수단이다. 고기를 잡으면 통발은 잊힌다. 덫은 토끼를 잡는 수단이다. 토끼를 잡으면 덫은 잊힌다. 말은 뜻을 전하기 위한 수단이다. 뜻을 전하면 언어는 잊어버린다. 나는 어찌하면 이처럼 말을 잊어버린 사람을 만나 그와 더불어 말을 나눌 수 있을까? 筌者所以在魚, 得魚而忘筌；蹄者所以在兔, 得兔而忘蹄；言者所以在意, 得意而忘言。吾安得夫忘言之人而與之言哉！」(外物篇)

그러나 장자는 '직접전달'이 아니라 '간접전달'의 접근법을 취한다. 한마디로, 『장자』의 서사기법은 우화적 이야기법이다. 우언(寓言), 중언(重言), 치언(卮言)이 그것이다. 왜 이러한 글쓰기 방식을 택했는가? 직접 인용을 보자.

우언: 우언이 열에 아홉인 것은 사물을 빙자하여 논단하는 것이다. 아비가 자기 자식을 중매하지 못하는 것은 아비의 자식 자랑이 아비 아닌 타인만 못하기 때문이며 이것은 내 죄가 아니라 사람들의 책임이다. 또한 자기를 편들어 같이하면 호응하고 같이 하지 않으면 반대하며 자기와 동조하면 옳다 하고 다르면 그르다 하기 때문이다. 寓言十九, 重言十七, 卮言日出, 和以天倪。寓言十九, 藉外論之。親父不爲其子媒。親父譽之, 不若非其父者也；非吾罪也, 人之罪也。與己同則應, 不與己同則反；同於己爲是之, 異於己爲非之。(寓言篇)

중언: 중언이 열에 일곱인 것은 이미 한 말을 성인 스스로 부정하게 하는 풍자로서 이는 성인을 존중하는 노인장을 위하는 것이다. 연배가 앞서면서도 경위와 본말이 없다면 연장자답다고 할 수 없으며 진짜 선배가 아니다. 사람으로서 선인(先人)을 따르지 않는 것은 사람의 도리가 아니며 사람으로서 사람의 도리가 없다면 진부한 인간이라 할 것이다. 重言十七, 所以己言也。是爲耆艾, 年先矣, 而無經緯本末以期年耆者, 是非先也。人而無以先人, 無人道也; 人而無人道, 是之謂陳人。(寓言篇)

치언: 자기를 위하여 옳다 하고 자기를 위하여 옳지 않다고 한다. 자기를 위하여 그렇다 하고 자기를 위하여 그렇지 않다고 한다. 어째서 그렇다 하는가? 자기가 그렇다고 생각하기에 그런 것이다. 어째서 그렇지 않은가? 자가가 그렇다고 생각하지 않기에 그렇지 않은 것이다. (중략) 그러나 사물은 본래부터 자기 생각과는 상관없이 그런 것이 있고 옳은 것이 있으니 사물이란 그렇지 않은 것이 없고 사물이란 옳지 않은 것이 없다. 치언으로써 자기 생각을 날마다 새롭게 하여 자연의 경계에 화합하지 않는다면 어떻게 그 구원할 것을 알 수 있겠는가? / 치언은 무지를 일깨워 새롭게 하려는 것으로서 자연의 분계에 조화롭게 하여 무극의 혼돈을 따르며 수명을 다하게 하는 수단이다. 有自也而可, 有自也而不可; 有自也而然, 有自也而不然。惡乎然？然於然; 惡乎不然？不然於不然。惡乎可？可於可; 惡乎不可？不可於不可。物固有所然, 物固有所可。無物不然, 無物不可。非卮言日出, 和以天倪, 孰得其久！/ 卮言日出, 和以天倪, 因以曼衍, 所以窮年。(寓言篇)

우언이란 다른 사물을 빌려서 논하는 것이다. 왜 다른 사물에 빗대어 말하는가? 세상 사람들이 도에 대해 직접 전달하는 말을 의심스러워하고 꺼리기 때문이다. 왜 성인들의 말을 빗대는 중언을 채택하는가? 세상 사람들이 도리를 갖춘 원로를 존경하기 때문이다. 왜 무지를 깨치기 위해 말 같지 않은 치언을 사용하는가? 자기중심적인 사유의 우물 안 개구리 신세에서 벗어날 수 있기 때문이다. 말이나 언어는 궁극적인 목표를 위한 이정표 역할은 할 수 있지만, 의사소통의 제한성이나 불완전성 때문에 온전한 목표에 도달하는 데는 한계가 있다. 따라서 장자는 이러한 한계를 최대한 극복하고 제 사상들의 원활한 의미 소통을 위해서 독특한 서사기법을 정형화한 것이라 볼 수 있다.

한마디로, 장자의 서사기법은 '빗대어 말하기'인데, 이것은 인간의 유한한 인식과 언어가 가지고 있는 결여성의 오류를 줄이기 위한 방식이다. 이러한 과정에서 대의 파악이 어려운 문제를 불가피하게 논의해야 할 경우, 인식의 차이를 극복하기 위해 부정의 부정을 거듭하거나 역설적으로 모순구조를 드러내어 의미전달을 시도하기도 한다. 그리고 자신의 의도를 충분히 드러낸 다음에는 다시 그 언어들을 부정함으로써 언어의 유용성은 인정하지만 그것을 버리는 기술까지 함께 체현하였다. 장자가 "언어들을 부정하는 것을 잊지 않았다."(외물편)고 한 것은, 언어로 표현되어진 것은 본체의 모습을 구체적으로 알려주기는 하지만, '진정한 도의 실상'[眞知]을 알려주지는 못함을 의미하고 있다. 이 점에 착안하여, 장자는 진지의 본래 모습에 근접할 수 있는 표현양식, 즉 우언, 중언, 치언이라는 이야기법을 서사기법으로 활용한 것이다.

장자가 보는 진지(眞知)란 대립과 차별의 세계를 넘어 절대 자유의 경지를 뜻한다. 세상은 단가적 택일의 논리로 재단할 수 없다. 세상만물은 같음과 동시에 다름으로 형성된 생명사랑의 유기체적 공동체이다. 우화적 이야기법은 이러한 세계의 여여한 사실과 무위윤리에 인지적 '눈밝음'을 터득하고 깨닫도록 하는 접근법이다. 다음 절에서 중언의 서사기법으로 세상의 도를 찾아가는 장자의 노정을 사례로 보게 될 것이다.

나. 수양론: 심재와 좌망

세계의 여여한 사실에 인지적 '눈밝음'을 터득한 이가 진인(眞人)이고 지인(至人)이다. 지적 이해의 지(知)공부로 실천의지의 행(行)공부도 끝난다고 볼 수 있다. 그러나 실천의지의 행공부로부터 지적 이해의 지공부로 나아갈 수노 있나. 신인과 시인 같은 부내의 설내석 사유의 성지에 이르기 위해서는 어떻게 해야 하는가? 나를 버려야 한다. 나를 어떡하면 버릴 수 있는가? 이를 위한 수양과 공부는 무엇인가? 심재(心齋)와 좌망(坐忘)이 그것이다. 심재(心齋)와 좌망(坐忘)은 대립과 차별의 세계를 넘어 절대 자유의 경지를 뜻하는 제물(齊物)의 세계에 도달하는 수양방법이다.

먼저, 심재는 '마음을 고요하게 하는 것'으로 무심과 허심으로 세상을 보는 방법이다. 이에 대해 장자는 안회(顏回; 공자의 애제자)와 중니(仲尼; 공자) 간의 대화 형식을 빌려 제시하고 있는데, 그 대화를 인용해 둔다.

> 안회가 물었다: "심재가 무엇입니까?" 중니가 대답했다: "너는 뜻을 하나로 통일하여, 귀로만 듣지 말고 마음으로 들어라! 마음으로만 듣지 말고 기(氣)로써 듣도록 해라! 귀는 듣는 것에서 그치고, 마음은 바깥 사물과 부합하는 데서 그치지만, 기라는 것은 텅 비움으로써 바깥 사물을 있는 그대로 맞아들인다. 도(道)는 오로지 텅 비우는 곳에 모이는 법이다. 이처럼 텅 비우는 경지에 이르는 것을 심재라고 한다." 顏回曰:敢問心齋.」仲尼曰:「若一志,無聽之以耳,而聽之以心, ;無聽之以心,而聽之以氣. 耳止於聽,心止於符. 氣也者,虛而待物者也。唯道集虛. 虛者,心齋也」(人間世)

다음으로, 좌망은 감각을 통한 경험 기능을 쉬게 하고 판단 기능을 멈추어 경험적 사태와 판단 내용으로서의 앎을 끊어버리는 방법이다. 이 역시 안회와 중니 간의 대화 형식을 통하여 제시되고 있다. 인용한다.

> 안회가 말했다: "나는 좌망에 들었습니다." 중니가 놀라며 물었다: "좌망? 그것이 무엇이냐?" 안회가 대답했다: "사지의 형체를 잊어버리고 마음의 총명함도 잊어버려 감각적 지각작용을 떠나고 이성적 분별작용을 버린다면 도(道)와 한 몸을 이뤄 두루 통하게 됩니다. 이것을 좌망이라고 합니다." 중니가 감탄하여 말했다: "과연 도와 한 몸을 이룬다면 선과 악, 현인과 불초를 가르고 옳고 그름을 판별할 필요가 없도다. 나 또한 너를 따르겠다." 顏回曰:「回坐忘矣.」仲尼蹴然曰:「何謂坐忘?」顏回

曰:「墮肢體, 黜聰明, 離形去知, 同於大通, 此謂坐忘.」仲尼曰:「同則無好也, 化則無常也。而果其賢乎！丘也請從而後也.」(大宗師)

　이러한 심재와 좌망을 통하여 제물의 세계에 도달한다는 것은 한마디로 나 중심 혹은 인간 중심의 사고를 버린 무아(無我) 혹은 상아(喪我)의 상태와 다르지 않다. 이에 대한 안성자유(顏成子游)와 남곽자기(南郭子綦) 간의 대화도 인용해 둔다.

　　남곽자기는 책상에 기대어 앉아 있다. 하늘을 우러러 숨은 쉬며 멍하니 몸을 잊은 듯했다. 제자인 안성자유가 앞에서 모시고 있다가 말했다: "어찌되신 일입니까? 사지의 형체는 마치 바짝 마른 장작처럼 만들고, 마음은 마치 싸늘히 식어버린 재처럼 만들 수가 있는 것입니까? 지금 선생님께서 책상에 기대고 앉아계신 모습은 예전과는 사뭇 다릅니다." 자기가 대답했다: "자유야! 좋은 말이다. 나는 지금 나를 잊었는데 너는 이것을 아느냐?" 南郭子綦隱机而坐, 仰天而噓, 荅焉似喪其耦。顏成子游立侍乎前, 曰:「何居乎？形固可使如槁木, 而心固可使如死灰乎？今之隱机者, 非昔之隱机者也？」子綦曰:「偃, 不亦善乎, 而問之也！今者吾喪我, 汝知之乎？(齊物論篇)

2. 『장자』의 공자, 그는 누구인가?

『장자莊子』를 읽어본 이라면 서사를 이끌어가는 인물로 공자(孔子)가 자주 등장하는 모습을 보았을 것이다. 공자는 『장자』의 대표 저자로 알려져 있는 장자 자신보다도 훨씬 자주 등장인물로 나온다. 『장자』에서는 왜 이토록 공자를 등장시키고 그의 언행을 인용하는가? 그 이유를 짐작해볼 수 있는 대목이 「우언(寓言)」편에 나온다. 앞서 보았듯이, 『장자』의 서사방법은 대체로 우언과 중언(重言)과 치언(卮言)인데, 이 중에서 '중언'이란 옛 성현들의 말을 인용하는 것을 말한다.

『장자』에서는 글쓰기 방식으로 '중언'을 사용하는 이유로 두 가지를 들고 있다. 하나는 자신의 말에 신빙성을 갖추기 위해서이고, 다른 하나는 세상 사람들이 도리를 갖춘 원로를 존경하기 때문이라는 것이다. 그렇다면 일단 『장자』의 저자들(이하, 대표하여 장자)이 공자의 언행을 존경받는 원로의 말로 인정했다는 것이고, 그의 말을 빌려 자신들의 주장에 신빙성을 더하기 위해 공자를 인용했다는 뜻이 된다. 오늘날 학자들도 권위 있는 사람들의 연구나 학설을 인용하여 자기주장의 신빙성을 높이려는 것처럼, 장자 역시 권위 있는 사람으로 인정받고 있는 공자의 언행을 인용하여 자기주장의 신빙성을 높이고자 한 것으로 볼 수 있다.[7]

자기주장의 신빙성을 높이기 위해 앞선 권위자의 주장을 비판의 대상으로 삼을 수도 있지만, 그보다는 주장이 자기만의 생각이 아니라 앞선 권위자도 비슷한 생각을 했다는 점을 부각시키는 방향으로 인용하는 것이 대체적이다. 일반화된 상식의 수준에서 장자가 무위적(無爲的) 사유를 전개했다면, 공자는 당위적(當爲的) 사유를 주장했던 사상가로 알려져 있다. 그렇다면 장자가 공자를 비판하고 자기주장을 드러내기 위해 중언을 사용했다는 것이 된다.

---

7) 『장자』에서 직접 공자를 평가한 사례는 두세 차례에 지나지 않지만, 「전자방」편에서 장자는 공자를 진정한 유가로 유일한 사람이라 평가하고 있다. 『莊子』「田子方」. 以魯國而儒者一人耳, 可謂多乎.

실제 『장자』에서 공자는 비판과 조롱의 대상으로 자주 등장하고 있다. 그러나 이와는 반대로, 공자는 도(道)를 구하는 구도자로 혹은 마치 장자의 대변인인 것처럼 등장하는 경우도 많은데, 이 경우 공자는 당위적 사유가 아니라 무위적 사유를 주장하는 사상가로 등장한다. 실제로 『논어』의 공자가 당위적 사유뿐만 아니라 무위적 사유도 가졌던 사상가라면 『장자』의 서사기법인 중언의 의미에 더욱 부합하는 것이 될 것이다.

사실 『장자』의 중언은 공자 언행의 직접 인용이기보다는 일종의 패러디 서사기법에 가깝다. 공자의 말 혹은 그가 한 말인 것처럼 인용하고, 그것을 장자학의 관점에서 '다시 쓰기'를 통하여 자기주장을 펼치고 있다. 이러한 점 때문에 그동안 비판 대상으로서의 공자에 대해서는 말할 것도 없고, 장자의 대변인으로 역할 하는 공자에 대해서도 그의 권위에 가탁(假託)만 했을 뿐 장자의 주장일 뿐이라고 여겨왔다. 이러한 관점은 공자가 당위적 사유만을 전개했던 사상가로 전제한 데서 비롯된 것이라 여긴다.

장자가 무위적 사유를 전개했기에 당위적 사유를 주장하는 공자에 대해 비판일 것임은 분명하다. 그러나 『논어』의 공자가 무위적 사유도 가졌던 것으로 볼 수 있다면, 장자는 그의 이러한 측면의 언행을 인용하여 자기주장의 신빙성을 높이는데 활용할 수 있을 것이다. 이러한 가정이 맞다면 『장자』에서 공자가 비판의 대상이 되면서 동시에 장자 대변인의 역할을 수행하는 모순적 모습을 이해할 수 있다. 나는 철학적 사유가 공자학에서 장자학으로 계승되고 발전되었다는 관점에서 『논어』의 공자와 『장자』의 공자 간의 상관성과 차별성을 탐색해보려 한다.

1) 새로운 관점: 계승과 발전

철학이란 진리에 대해 사유하는 학문이다. 사유를 통해 진리가 구성된다. 따라서 사유하는 방식에 따라 진리가 다르게 구성된다고 할 수 있다. 철학사에서 사상가만큼이나 철학적 사유가 존재해왔지만, 김형효에 의하면, 사유구조의 유형별로 볼 때 동서양의 철학사는 세 가지 진리와 사유로 얽혀왔다. 그의 주장을 잠시 보자.[8]

우선, 인간이 사회적 존재이자 자연적 존재라는 존재론적 특징이 사회철학과 자연철학을 낳았다. 사회철학은 인간만이 생존을 위하여 사회를 구성할 수 있다는 인간학적이고 현실 참여적 철학으로써, 여기에서 두 가지 사유와 진리가 구축될 수 있다. 하나는 유위적(有爲的) 사유와 현실성(現實性)의 진리로써, 이것은 인간의 이기적 본능에 토대하는 현실적 기술철학이다. 또 다른 하나는 당위적(當爲的) 사유와 이상성(理想性)의 진리로써, 이것은 이타심의 도덕이성에 바탕을 두고 구축된 반이기적 도덕철학 혹은 당위철학이라 부를 수 있다. 유위적 사유의 현실주의가 이기적 자아의 본능에 축을 두는 경제과학적·실용적 사유라면, 당위적 사유의 이상주의는 보편적 자아의 이성에 바탕을 두는 형이상학적·도덕적 사유이다.

그러나 이 두 사유는 인간중심의 사유이고 소유론의 철학이라는 점에서 같다. 차이가 있다면 유위적 사유가 인간 이기심의 욕망을 인정하는 경제과학적 소유론이라면, 당위적 사유는 이기심에 대항하는 도덕적이고 관념적인 소유론을 주장했을 뿐이다. 이 인간중심의 소유론을 내려놓을 때 무위적(無爲的) 사유와 사실성(事實性)의 진리인 자연철학이 등장할 수 있다. 자연철학은 인간의 자의식을 방기하여 우주적 자연과의 일체적 공감에 이르는 친자연적이고 현실적 해탈과 초탈의 철학이다.

이러한 김형효의 철학적 사유 분류법에 따를 때 공자가 당위적 사유와 이상성의 진리를 구축했던 사상가라면, 장자는 무위적 사유와 사실성의 진리를 주장했던 사상가로 대비시킬 수 있다. 이것이 일반화된 상식수준의 공자와 장자에 대한 이해이다. 이러한 관점에서 『장자』의 공자도 이해하여왔다. 『장자』의 공자를 보는 일반적인 견해는 공자와 장자의 사상은 상반되는데 당시 가장 현

---

8) 김형효, 『철학적 사유와 진리에 대하여, 1』(서울: 청계, 2004), 12~15쪽.

학(顯學)이었던 공자의 입을 빌려 자신의 주장을 펼침으로써 장자가 일종의 충격요법적인 효과를 얻으려 했다는 것이다.[9] 비판과 조롱의 대상이 되는 공자의 모습은 장자가 생각하는 공자의 본래 모습이고, 장자의 대변인처럼 나타나는 모습은 공자의 권위에 가탁하여 장자 자신의 주장을 하는 서사기법에 해당한다는 것이다. 공자와 장자의 사상은 상반된다고 전제한 이러한 관점의 시원은 사마천(司馬遷)의 『사기』「노자한비자열전」으로 소급될 수 있고, 오늘날까지도 많은 학자들에게 받아들여지고 있는 대체적인 관점이다.[10]

그러나 최근에 공자와 장자의 공존 가능성과 사상적 관련성을 고찰한 새로운 연구들이 나오고 있다. 사실 훨씬 앞서 두 사상가의 상관성을 주장한 학자들이 있었다. 이를테면, 소식(蘇軾, 1037~1101)은 장자가 "겉으로는 공자를 배척하는듯하나 속으로는 돕고 있다."고 보았고, 한유(韓愈, 768~824)·장학성(章學誠, 1738~1801)·강유위(康有爲, 1858~1927) 등은 장자를 자하(子夏)·전자방(田子方)의 후학이라 보고, 장병린(章炳麟, 1892~1936)·종태(鍾泰, 1888~1979)·곽말약(郭沫若, 1892~1978) 등은 장자를 안회(顔回)의 후학으로 보았다고 한다.[11] 뒤에서 보겠지만, 이 중 장자를 안회의 후학으로 여기는 관점에 주목한다.[12] 나는 안회가 공자의 무위적 사유를 이해했던 몇 안 되는 공자의 직전제자라고 보기 때문이다. 이외에 현대 중국철학자인 당군의(唐君

---

9) 이택용, 「장자학과 공자학의 사상적 관련성에 대한 고찰」, 『도교문화연구』 제43호(한국도교문화학회, 2015), 63~64쪽.

10) 이러한 관점에 있는 대표적인 연구로는 풍우란, 박성규 역, 『중국철학사』(서울: 까치, 1999); 안동림, 『장자』(서울: 현암사, 1993); 정세근, 「『장자』의 공자」, 『공자학』 제2집 제1호(1996); 노상균, 「莊子裏孔子形象試探」, 『외대어문논총』 제9호(경희대 비교문화연구소, 1999); 윤무학, 「장자의 우화에 반영된 유가」, 『동양철학연구』 제55집(동양철학연구회, 2008); 안정훈, 「장자의 거짓말 혹은 패러디」, 『중국소설논총』 제44집(한국중국소설학회, 2014) 등을 들 수 있다.

11) 이택용, 앞의 논문, 64~65쪽에서 재인용.

12) 이를테면, 곽말약은 장자가 안회의 후학인 증거로 『장자』에서 공자와 안회의 대화가 빈번히 나타나는 점, 『장자』에서 공자가 비판되기도 하지만 대체로 엄숙히 존숭되고 있다는 점, 이들이 다소간 세상을 벗어나려는 경향이 있다는 점, 「설검」·「전자방」 편 등에서 장자가 유자로 나타나는 점 등을 들고 있다. 郭沫若, 조성을 역, 『중국고대사상사』(서울: 도서출판 까치, 2011), 222~225쪽 및 231~232쪽. 여기서는 이택용, 앞의 논문, 65쪽 재인용.

毅)·최대화(崔大華)·유소감(劉笑敢) 등도 장자학의 연원을 공자학으로 여긴다.[13] 그러나 가장 최근에 공자와 장자의 사상적 공존 가능성을 탐색한 글은 이택용과 조민환의 연구인 것 같다.[14]

이택용은 공자학의 지명론(知命論)이 장자학의 안명론(安命論)으로 확장되고 심화된 것으로 여긴다. 그에 의하면, 공자학은 '위인(爲仁)과 지명(知命)'의 두 축으로 요약되고, 장자학은 운명으로부터 자유를 논하는 '안명'론으로 정리되는데, 장자는 공자학의 두 축 중에서 '위인'은 버리고 '지명'만을 취하여 발전시켰다는 것이다. 첫째, 장자가 공자의 '위인'을 버린 사실은 『장자』에서 공자가 부정적 이미지로 등장하는 이유를 설명해 준다. 둘째, 공자가 긍정적인 이미지로 등장하는 경우는 '완전히 긍정적인 인물'과 '불완전하지만 긍정적인 인물'의 두 측면으로 나타나는데, 이는 바로 공자가 지명을 인식하면서도 천하광구(天下匡救; 세상을 구제함)의 꿈을 버리지 못하여 지명을 완벽히 실천하지 못한 때문이라는 것이다. 그래서 장자는 공자의 지명론을 계승하되 그의 관점을 답습하지 않고 발전적으로 확장하고 심화시켜 안명론으로 나아갔다는 것이 이택용의 논점이다.[15]

나는 이택용의 주장에서 장자가 공자의 지명론을 안명론으로 심화 발전시켰다는 점에 대해서는 동의하지만, 공자의 '위인'을 버렸다는 점에 대해서는 인정하기 어려운 측면이 있다. 뒤에서 보겠지만, 나는 장자가 공자의 위인을 버린 측면은 당위적 인 개념이고, 무위적 인 개념의 경우는 오히려 공자와 장자가 공유하는 사상적 측면이라고 여기기 때문이다.

여기서 내가 더 주목하는 글은 조민환의 연구이다. 그는 '광(狂)'에 대한 이해를 바탕으로 공자와 장자의 사상적 관련성을 모색하고 있는데, 주지하

---

13) 唐君毅, 『中國哲學原論, 導論篇』(臺北: 臺灣學生書局, 中華民國 68年, 4판), 528~529쪽; 崔大華, 『莊學硏究』(北京: 人民出版社, 2005), 350쪽; 劉笑敢, 최진석 역, 앞의 책, 152~153쪽.

14) 이택용, 앞의 논문; 조민환, 「狂에 대한 이해를 중심으로 본 유가 속의 도가적 요소: 狂을 통한 공자와 장자의 공존 가능성 모색을 중심으로」, 『유교사상문화연구』 제49집(한국유교학회, 2012), 177~206쪽.

15) 이택용, 앞의 논문, 61~62쪽.

듯이 '광'이란 현실 초탈적 혹은 무위적 삶의 태도를 말한다. 조민환에 따를 때 '광'에 대한 판단 여부는 현실을 초탈하는 '왕'(往; 떠나감)에 달렸는데, '왕'은 공자와 장자가 공유하는 사상이고, 차이점은 '왕' 이후의 태도에 달렸다는 것이다. 물론 '왕'에 대해서도 유가의 '군왕'(群往; 여럿이 떠남)과 도가의 독왕(獨往; 홀로 떠남)으로 대비되지만, 이보다 더 큰 차이는 공자와 유가가 '왕이귀'(往而歸; 떠났다가 돌아옴)의 태도를 보였다면, 장자와 도가는 '왕이불반'(往而不返; 떠나서 돌아오지 않음)의 태도를 가졌던 것으로 대비된다.[16]

조민환에 의하면, 유가의 '왕이귀' 정신의 발단은 『논어』에서 증점(曾點)의 이른바 '욕기영귀'(浴沂詠歸; 목욕하고 시를 읊으며 돌아옴)에 대한 공자의 긍정적 언급에서 찾을 수 있고, 이후에 유가들도 이를 따랐으며, 심지어 '왕이귀'를 염두에 두지만 현실이 허락하지 않을 경우 결국 '왕이불반'의 태도를 취하는 '소극적 왕이불반'의 태도에 대해서도 긍정적으로 여겼다는 것이다. 그래서 유가들은 유교의 강상윤리를 부정하는 경우가 아니라면 '소극적 왕이불반'의 삶의 태도를 크게 문제 삼지 않았다고 여긴다. 바로 이러한 점이 유가(공자)와 도가(장자) 간에 사상적 공존을 가능하게 하는 대목이라고 주장하고 있다.[17]

이러한 조민환의 연구를 수용할 때, 공자도 현실 초탈적 혹은 무위적 사유를 전개했다는 것이 되고, 이러한 점은 장자학과 관련성을 갖는 사상적 요소라고 여길 수 있다. 그리고 이러한 점에서 장자는 자기 사상과 반대되는 유가와 공자의 당위적 혹은 유위적 사유에 대해서는 부정적으로 비판적 관점을 가졌던 것으로 이해할 수 있다. 『장자』에서 공자가 부정적 측면과 긍정적 측면의 인물로 평가되는 것도 바로 이러한 측면에서 설명이 될 수 있다. 나는 이러한 관점을 이어가려 한다.

---

16) 조민환, 앞의 논문, 177~178쪽.
17) 조민환, 앞의 논문, 178쪽.

나는 『논어』의 공자가 당위적 사유만을 전개했던 사상가가 아니라 유위적 사유와 심지어 무위적 사유까지 주장했던 사상가로 읽어낸 바 있다.[18] 필자보다 앞서 김용옥은 "단적으로 공자의 철학은 노장학과 유학의 경계를 허물고 있다."고 주장하였고[19], 김형효는 공자유학에는 당위유학, 유위유학, 무위유학의 측면이 모두 들어 있다고 전제하면서, 공자유학의 본질은 그중 어느 하나를 진리로 단정하지 않은 '시중적(時中的)이고 미제적(未濟的)인 세상보기의 도(道)로 요약할 수 있다고 하였다.[20] 심지어 김형효는 공자의 당위유학이 증자(曾子)와 맹자를 거쳐 주자학과 퇴계학으로, 유위유학이 자공(子貢)과 순자를 거쳐 율곡학과 실학으로 이어져왔다면, 무위유학은 안연(顔淵)과 증석(曾晳)을 거쳐 상산학과 양명학으로 이어져왔다고 주장한다.[21] 나는 김용옥과 김형효의 관점에 따라 『논어』를 다시 읽었던 적이 있다.[22] 그리하여 필자도 그들의 관점에 동의하게 되었는데, 나의 논점을 요약 제시하면 아래의 인용과 같다.

> 공자철학과 『논어(論語)』에 대한 기존의 해석은 대체로 당위철학(當爲哲學)적 관점이었다. 인본주의적 휴머니즘에 바탕을 두고 당위윤리와 왕도정치를 주장한 것이 공자사상의 핵심이라는 것이다. 이러한 기존의 관점은 틀리지 않다. 실제 공자는 현실정치의 마당에서 도덕정치가 구현되는 사회를 건설하고자 분투했던 실천적 사상가로 평가되기 때문이다. 그러나 공자철학을 기존의 상식처럼 당위철학으로만 규정해서는 안 된다. 『논어』를 주의 깊게 읽다보면 어록(語錄)의 사례에서 혹은 어록의

---

18) 졸고, 「공자의 윤리사상 다시 읽기: 仁 개념의 재조명을 중심으로」, 『윤리연구』 제84호(한국윤리학회, 2012); 「공자정치론의 사회윤리학적 접근」, 『윤리교육연구』 제27집 (한국윤리교육학회, 2012); 「『논어』속의 인간상 연구: 인격적 전형을 중심으로」, 『도덕윤리과교육』 제35호(한국도덕윤리과교육학회, 2012); 졸저, 『주제별 키워드로 읽는 論語와 세상보기의 道』(서울: 원미사, 2012).

19) 김용옥, 『논어 한글역주 1, 2, 3』(서울: 통나무, 2008), 1권의 407~411쪽; 2권의 202쪽 등을 참조.

20) 김형효, 앞의 책, 49~79쪽.

21) 김형효, 앞의 책, 같은 쪽.

22) 졸저, 『주제별 키워드로 읽는 論語와 세상보기의 道』, 앞의 책.

행간에서 얼마든지 당위철학과는 결이 다른 사유의 흔적들을 만날 수 있기 때문이다. 그것은 다름 아닌 유위철학(有爲哲學)적 사유와 무위철학(無爲哲學)적 사유들이다. 한마디로, 공자철학의 본질은 그중 어느 하나를 진리로 단정하지 않는 '시중적'(時中的)이고 '미제적'(未濟的)인 세상보기의 도(道)로 요약할 수 있다.[23]

이러한 필자 등의 『논어』와 공자학에 대한 이해가 맞다면 『장자』의 공자를 쉽게 이해할 수 있고, 『장자』의 저자들이 공자의 말을 중언으로 채택한 연유를 설명할 수 있다. 말하자면, 『논어』에 근거하는 직접인용이 아니더라도 공자에 가탁하여 그의 말처럼 인용하는 것도 바로 공자가 무위적 사유를 포함하여 다양한 사유의 흔적을 남겼던 측면이 있기 때문이라 볼 수 있다.

2) 『논어』의 공자와 『장자』의 공자 간의 상관성

우리의 관심은 철학적 사유의 세 유형, 즉 유위적 사유, 당위적 사유, 그리고 무위적 사유에 따라 『논어』의 공자와 『장자』의 공자 간의 상관성과 차별성을 검토해보는 것이다. 이를 토대로 공자학에서 장자학으로 철학적 사유의 계승과 발전의 측면을 밝히려 한다. 먼저, 상관성을 살펴보자. 공자사상의 핵심 중의 하나는 이택용도 주장했듯이 '위인'(爲仁)에 있다. 따라서 여기서는 인(仁) 개념을 중심으로 상관성을 보려한다. 장자는 공자의 인 개념을 부정한 것으로 보는 것이 일반적 관점이다. 그러나 반드시 그렇지 않다는 것이 나의 관점이다. 공자의 인 개념에는 유위적 인, 당위적 인, 무위적 인 개념의 세 층위가 있다.[24] 이 중 장자가 부정한 것은 유위적 인과 당위적 인 개념이고, 무

---

23) 위의 책, 4~5쪽.
24) 졸고, 「공자의 윤리사상 다시 읽기: 仁 개념의 재조명을 중심으로」, 앞의 책, 1~31쪽.

위적 인 개념은 오히려 장자가 계승하고 발전시켰다고 보려는 것이 나의 주장이다.

가. 당위적 사유의 측면

당위적 사유의 측면에서 공자의 인 개념은 단지 인간이기 때문에 따라야 할 보편적 규범과 의무를 규정하는 원리이다. 가치규범을 지키는 것은 단지 그것이 옳기 때문이지 다른 이유가 있는 것이 아니다. 도덕규범들이 옳은 것인가는 보편화의 원리에 의해 검증되어야 한다. 이러한 보편화의 원리를 공자는 '내가 하고 싶지 않은 것을 남에게 베풀지 말라'(己所不欲, 勿施於人)는 충서(忠恕)의 원리로 정식화하였다.[25] 충서란 추기급인(推己及人), 즉 나를 중심으로 타인의 입장을 생각하는 역지사지의 원리이다. 이것이 당위윤리로서의 인 개념이다.

이러한 공자의 당위윤리적 인 개념은 장자학에서 비판과 극복의 관점으로 등장한다. 『장자』에 등장하여 조롱당하거나 비판받는 공자의 모습은 대략 10사례 정도인데, 이 중 대부분은 당위윤리적 인에 바탕을 둔 사유와 실천들이다. 여기에서 공자는 인의에 대해 설파하려 하고, 그것에 바탕을 둔 선왕의 정치, 도덕정치의 실현을 위해 동분서주하는 모습으로 등장한다. 이를테면, 「어부(漁父)」편에서는 공자와 그 무리들이 나무그늘 아래에서 쉬고 있을 때 한 어부가 지나가다가 공자에 대해 묻자 자공은 "공씨는 성품이 충신을 사모하고 몸은 인의를 행하며 예악을 꾸미고 인륜을 다스려 위로는 세상의 군주에게 충성하고 아래로는 모든 백성을 교화하여 천하를 이롭게 하려합니다.

---

25) 『論語』. "仲弓問仁.. 子曰: 出門如見大賓, 使民如承大祭。己所不欲, 勿施於人。在邦無"怨, 在家無怨. 仲弓曰: 雍雖不敏, 請事斯語矣. (顔淵: 2); 子貢問曰: 有一言而可以終身行之者乎? 子曰: 其恕乎! 己所不欲, 勿施於人. (衛靈公: 23); 子曰: 參乎! 吾道一以貫之. 曾子曰: 唯. 子出, 門人問曰: 何謂也? 曾子曰: 夫子之道, 忠恕而已矣. (里仁: 15)

이것이 공씨의 다스림입니다."²⁶⁾라고 대답한다. 이러한 자공의 공자에 대한 소개는 전형적인 『논어』의 공자 모습일 것이다. 이렇듯 『논어』의 공자 모습이 『장자』에서 그대로 재현되고 있다. 그러나 공자의 이런 모습에 대해 그의 대화 상대자들은 무위적 관점에서 조롱하거나 비판한다. 세 가지 사례만 인용해보자.

공자가 노담을 알현해 인의에 대해서 설명했다. 그러자 노담이 말했다. "겨를 날리면 눈을 뜰 수 없으니 천지사방의 위치가 바뀐다오. 모기와 등에가 피부를 물면 밤새 잠을 이룰 수 없소. 인의도 이처럼 사람을 근심스럽게 하여 마음을 막히게 하니 어지러움이 이보다 큰 것이 없을 것이오. 그대도 천하로 하여금 자연의 소박함을 잃지 않도록 하시오! 그대는 바람 부는 대로 움직이고 덕을 따라 독립하시오! 또 어찌 힘자랑하듯 북을 치며 잃은 자식을 찾는 것같이 한단 말이오? 孔子見老聃而語仁義。老聃曰:「夫播糠眯目, 則天地四方易位矣;蚊虻嘈膚, 則通昔不寐矣。夫仁義憯然, 乃憤吾心, 亂莫大焉。吾子使天下無失其朴, 吾子亦放風而動, 總德而立矣! 又奚傑然若負建鼓而求亡子者邪!」(天運)

공자가 노담에게 말했다. "저는 시·서·예·악·주역·춘추 육경을 공부한 지가 오래고 그 뜻을 숙지했습니다. 칠십이 명의 군주를 찾아 선왕의 도를 논하고 주공과 소공의 사적을 밝혔으나 어느 한 군주도 저를 써주는 사람이 없었으니 한심한 일입니다. 무릇 남을 설복하기란 어렵고 도를 밝히기란 어려운 것 같습니다." 노자가 말했다. "치세의 군주를 만나지 못한 것은 다행이오. 무릇 육경이란 선왕의 치세한 발자취요, 어찌 그것이 나아갈 목적이겠소? 지금 그대가 말한 것도 발자취요, 무릇 발자취는 신발이 만든 것인데 발자취가 어찌 신발이겠소? 孔子謂老聃曰:「丘治詩、書、禮、樂、易、春秋六經, 自以為久矣, 孰知其故矣;以奸者七十二君, 論先王之道而明周、召之跡, 一君無所鉤用。甚矣夫!人之難說也, 道之難明邪?」

---

26) 『莊子』「漁父」. 子貢對曰:孔氏者, 性服忠信, 身行仁義, 飾禮樂, 選人倫, 上以忠於世主, 下以化於齊民, 將以利天下. 此孔氏之所治也.

老子曰:「幸矣, 子之不遇治世之君也! 夫六經, 先王之陳跡也, 豈其所以
跡哉! 今子之所言, 猶跡也. 夫跡, 履之所出, 而跡豈履哉!」(天運)

노나라의 올자인 숙산무지가 절뚝거리며 공자를 찾아왔다. 공자가 말했다. "그대는 삼가지 않아 이미 환난을 입어 이 꼴이 되었거늘 이제 와서 어찌하겠다는 것인가?" 무지가 답했다. "저는 비록 알려고 힘쓰지도 않았고 몸을 가볍게 놀려 이처럼 발을 잃었습니다. 지금 제가 온 것은 오히려 발보다 존귀한 것이 있기에 그것을 힘써 온전히 하기 위함입니다. 대저 하늘은 덮어주지 않는 것이 없고 땅은 실어주지 않는 것이 없습니다. 저는 선생을 하늘과 땅으로 알았는데 어찌 이런 분일 줄 알았겠습니까?" 공자가 말했다. "내가 소견이 좁았다. 그대는 어찌 들어오지 않는가? 들은 바를 말해 달라!" 무지는 나가버렸다. 공자가 말했다. "제자들아, 힘쓰라! 무지는 올자인데도 배우기에 힘쓰고 이로써 지난 잘못을 개선하려 한다. 하물며 온전한 너희들이랴?" 무지가 공자를 만나고 나와 노담을 찾아가 말했다. "공자는 아직 경지에 이른 사람은 못 된 것 같더군요. 그는 어째서 자주 선생에게 배우는 것일까요? 또 그는 괴이하고 헛된 명성을 구하고 있는데, 지인(至人)들에게는 이것이 자기를 구속하는 질곡이 된다는 것을 모릅니다." 노담이 말했다. "어찌 당신은 그로 하여금 죽고 삶은 한줄기요, 옳고 그름은 한 꾸러미인 것을 가르쳐 바로잡지 않았소? 그대가 그 질곡을 풀어주는 것이 좋지 않겠소?" 무지가 말했다. "그에게 천형(天刑)인 것을 어찌 풀어줄 수 있겠습니까?" 魯有兀者叔山無趾, 踵見仲尼. 仲尼曰:「子不謹, 前既犯患若是矣. 雖今來, 何及矣!」無趾曰:「吾唯不知務而輕用吾身, 吾是以亡足. 今吾來也, 猶有尊足者存, 吾是以務全之也. 夫天無不覆, 地無不載, 吾以夫子為天地, 安知夫子之猶若是也!」孔子曰:「丘則陋矣! 夫子胡不入乎? 請講以所聞.」無趾出. 孔子曰:「弟子勉之! 夫無趾, 兀者也, 猶務學以復補前行之惡, 而況全德之人乎!」無趾語老聃曰:「孔丘之於至人, 其未邪? 彼何賓賓以學子為? 彼且以蘄以諔詭幻怪之名聞, 不知至人之以是為己桎梏邪?」老聃曰:「胡不直使彼以死生為一條, 以可不可為一貫者, 解其桎梏, 其可乎?」無趾曰:「天刑之, 安可解!」. (德充符)

첫 번째 인용에서 공자가 노담에게 설파하는 인의는 그것이 당위적 인 개념에 토대한 것인지는 분명하게 드러나지 않고 있다. 그러나 이 인용의 뒤에는 노담이 유가와 묵가의 출현배경을 설명하는 대목이 이어진다. 유가가 공자의 당위적 인 개념을 바탕으로 발전하였다면, 묵가는 공자의 유위적 인 개념을 이었다고 볼 수 있다. 그래서 『장자』에서 유가를 비판할 때는 동시에 묵가도 한 묶음으로 비판하고 있는 것이다. 두 번째 인용은 당위적 인 개념에 바탕을 두고 공자가 선왕의 정치를 실현하려 하지만 받아들여지지 않고 있음을 고백하는 내용이다. 그리고 세 번째 인용에서 이러한 공자의 모습은 헛된 명성을 구하는 처사에 불구하고, 그러한 그의 성격은 천형(天刑; 하늘이 내린 형벌)에 가깝다고 비판받고 있다. 여하튼 당위적 사유의 관점에서 『논어』의 공자와 『장자』의 공자는 깊은 상관성을 갖는 동일인물이라 보아도 무방하다.

나. 유위적 사유의 측면

『논어』에서 공자는 군신 간에 의리를 배반하고 패도정치를 통하여 제환공을 패제후의 반열에 올려놓은 관중에 대해 인자라고 평가한다. 그 근거는 주변 제후국을 규합할 때 무력을 사용하지 않았다는 점과, 오랑캐로부터 중국의 문화를 지켜냈다는 점이다.[27] 공자는 법가사상의 선구자로 지목되는 자산에 대해서도 직접 인자라고 표현하지 않고 군자라고 평하는데, 그 근거 또한 백성들의 복리증진에 있었다.[28]

공자가 패도정치를 실천했던 관중과 자산에 대해 인자이고 군자라고 평하

---

27) 『論語』「憲問: 18」. 子貢曰: "管仲非仁者與? 桓公殺公子糾, 不能死, 又相之." 子曰: "管仲相桓公霸諸侯, 一匡天下, 民到于今, 受其賜. 微管仲, 吾其被髮左衽矣. 豈若匹夫匹婦之爲諒, 自經於溝瀆而【《後漢書》有人字】莫之知也?

28) 『論語』「公冶長: 15」. 子謂子産, "有君子之道四焉, 其行己也恭, 其事上也敬, 其養民也惠, 其使民也義.

는 점은 그동안의 공자사상에 대한 상식에서 벗어나는 것이다. 기존의 관점은 대체로 공자철학과 그의 인 사상을 당위윤리적 관점에서 해석해왔기 때문이다. 그러나 공자가 관중과 자산에 대해 평가한 것은 당위윤리라기보다는 유위윤리이고 실용윤리적 관점에서이다. 부국강병을 이루고 백성을 사랑하는 길이라면 그 수단과 방법이 패도이든 법가이든 상관없다는 것이기 때문이다.[29] 유위윤리 혹은 실용윤리란 행위의 결과가 선과 유용성을 낳는다면 그것이 도덕적으로도 옳다고 여기는 관점이다. 이러한 관점에 가장 밀접해 있는 고대 중국의 사상가가 묵자(墨子, 성명은 墨翟)이다. 그는 겸애교리(兼愛交利)를 주장했다. 그에게 있어 인(仁)이란 곧 이익이었고, 그 이익은 모든 구성원이 공유되어야 한다는 사유를 전개했다.[30] 공자의 인사상이야말로 묵자적 사유의 선구라고 할 것이다. 그랬기에『장자』의 공자도 인을 겸애로 해석했던 것이다.『장자』의 관련 인용을 보자.

> 공자가 서쪽으로 가서 주(周)왕실에 자기 저서를 소장케 하려 하자 자로가 꾀를 내어 말했다. "주 왕실의 서고 관리자는 노담이라 하는데 면직되어 거처로 돌아갔다고 하니, 선생께서 장서(藏書)를 하려고 한다면 한번 찾아가 부탁하는 것이 어떻겠습니까?" 공자는 그게 좋겠다고 생각하고 노담을 찾아 알현하고자 했으나 거절당했다. 이에 공자가 십이경(十二經)을 해설하며 유세하자 노담은 일리는 있으나 산만함을 지적하고 그 요점을 물었다. 공자는 그 요점이 인의(仁義)라고 설명했다. 노담이 물었다. "인의는 사람의 본성인가?" 공자가 답했다. "그렇습니다. 군자는 인이 없으면 안민할 수 없고 의가 없으면 살릴 수 없으니 인의는 참으로 사람의 본성입니다. 인의가 아니면 장차 어찌 다스리겠습니까?" 노담이 말했다. "묻겠는데 무엇을 인의라고 하는가?" 공자가 답했다. "마

---

[29] 훗날 맹자는 패도를 '가짜로 仁을 빌린 정치'라 비판하여 왕도와 구분하였다. 그러나 공자는 패도와 왕도를 모두 인정했다. 이에 대한 자세한 고찰은 졸고,「공자정치론의 사회윤리적 접근」, 앞의 책, 145~149쪽.

[30] 묵자철학에 대한 고찰은 졸고,『묵자의 철학사상: 밥을 나눈 사랑』(서울: 강현출판사, 2016) 참조.

음속으로 만물과 함께 즐거워하고 겸애(兼愛)하고 무사(無私)하다면 이 것이 인의 진실한 모습입니다." 노담이 말했다. "그런가? 뒷말은 위태롭 구나! 대저 겸애란 우원한 것이 아닐까? 사(私)를 없애겠다는 것 또한 사사로움일 뿐이다. 그대가 만약 온 천하 사람들에게 양생(養生)을 잃지 않도록 한다면 천지는 본래의 상도(常道)가 보존될 것이다. 일월은 본래부터 밝음이 있고, 성신은 본래부터 질서가 있으며, 금수는 본래부터 무리를 짓고, 수목은 본래부터 서 있는 것이다. 그대도 역시 천지의 덕을 본받아 행하고 도를 따라 나아가면 이미 지극한 것이거늘, 또 어찌 애써 인의를 들고 다닌단 말인가? 마치 북을 치며 잃어버린 자식을 찾는 것처럼 그대는 사람의 본성을 어지럽히고 있다네." 孔子西藏書於周室. 子路謀曰:「由聞周之徵藏史有老聃者, 免而歸居, 夫子欲藏書, 則試往因焉.」孔子曰:「善.」往見老聃, 而老聃不許, 於是繙十二經以說. 老聃中其說, 曰:「大謾, 願聞其要.」孔子曰:「要在仁義.」老聃曰:「請問仁義, 人之性邪?」孔子曰:「然. 君子不仁則不成, 不義而不生. 仁義, 真人之性也, 又將奚為矣?」老聃曰:「請問, 何謂仁義?」孔子曰:「中心物愷, 兼愛無私, 此仁義之情也.」老聃曰:「意, 幾乎後言! 夫兼愛, 不亦迂夫! 無私焉, 乃私也. 夫子若欲使天下無失其牧乎? 則天地固有常矣, 日月固有明矣, 星辰固有列矣, 禽獸固有群矣, 樹木固有立矣. 夫子亦放德而行, 遁遁而趣, 已至矣; 又何偈偈乎揭仁義, 若擊鼓而求亡子焉? 意, 夫子亂人之性也!」(天道)

공자는 인의의 요점을 묻는 노담에게 겸애하고 무사한 것이라고 답하고 있다. 즉 사사로운 욕심을 버리고 이익을 고루 나누는 두루 사랑이 바로 인이라는 것이다. 이러한 대답은 전적으로 묵자적인 것이라 볼 수 있지만, 공자가 앞서 유위적 인 개념을 사유하고 있었기에 이를 묵자식으로 언표한 것이다. 「천지(天地)」편에서는 우물을 옹기그릇으로 퍼다 밭에 물을 주는 농부에게 자공은 기계를 사용하면 효과를 얻을 수 있다고 조언하면서 "내가 공자에게 들은 것은 공적이 될 만한 것을 이루기를 바라고 힘을 적게 들이고 실적은 많은 것이 성인의 도"라 들었노라고 적시하고 있다.[31] 물론 농부는 기계를 부리

---

31) 『莊子』「天地」. 吾聞之夫子, 事求可, 功求成. 用力少, 見功多者, 聖人之道.

는 자에게 기계의 마음이 생긴다며 자공의 조언을 거부하면서 오히려 공적, 이익, 기계, 기술을 잊어야 한다고 말한다. 그러니까 농부의 눈에는 공자와 자공의 무리가 유위적 실용성을 주장하는 사람으로 비쳐졌던 것이겠다. 「도척(盜跖)」편에서는 공자가 마치 『논어』에서 관중과 자산을 인자라 평가했던 대목을 떠 올리게 하는 제안을 도척에게 하고 있다.

> 공자가 말했다. "제가 듣건대 무릇 천하에는 세 가지 덕이 있다고 합니다. 타고난 장대함과 아름다운 풍채로 아이, 어른, 귀천을 막론하고 보는 사람마다 즐거워하는 자는 상덕이요, 천지를 지혜롭게 벼리 짓고 사물을 능히 판단하는 자는 중덕이며, 용기와 결단력으로 대중을 모으고 병사를 통솔하는 자는 하덕입니다. 대개 사람으로서 한 가지 덕만 가져도 임금이 되기에 넉넉한데 장군께서는 이 세 가지 덕을 모두 갖추었습니다. (중략) 만일 장군께서 신을 받아주실 의향이 있다면 신은 청컨대 남쪽으로 오나라 월나라에 사신으로 가겠으며, 북쪽으로 제나라 노나라, 동쪽으로 송나라 위나라, 서쪽으로 진나나 초나라에 사신으로 가겠습니다. 그리고 장군을 위해 수백 리 성을 쌓고 수십만 호의 고을을 세워 장군을 높이 받들어 제후로 삼겠습니다. 그리하여 천하를 다시 시작하고 전쟁을 그쳐 군사를 쉬게 하고 흩어진 형제들을 모아 기르고 선조에게 제사를 받들어 모시겠습니다. 이것은 성인이나 선비들의 행실이요, 천하가 소원하는 일입니다." 도척은 크게 노하며 말했다. "공구야! 앞으로 나오라! 대개 이익으로써 꾈 수 있고 말로써 간할 수 있는 것은 어리석고 야비한 범인에게나 통하는 것이다. (중략) 너는 나에게 큰 성과 많은 백성을 말하며 이익으로써 나를 꾀지만 그것은 나를 범부로 만들고자 하는 것일 뿐 어찌 오래가겠느냐? 아무리 큰 성이라도 천하보다는 클 수 없다. 요순은 천하를 가졌지만 그 자손은 송곳 꽂을 땅이 없었고, 탕왕과 무왕은 천자가 되었으나 그 후손들은 대가 끊어졌다. 천하라는 이익도 진정 큰 것이 아니기 때문이다." 孔子曰:「丘聞之, 凡天下有三德: 生而長大, 美好無雙, 少長貴賤見而皆說之, 此上德也;知維天地, 能辯諸物, 此中德也;勇悍果敢, 聚眾率兵, 此下德也. 凡人有此一德者, 足以南面稱孤矣. 今將軍兼此三者, 身長八尺二寸, 面目有光, 唇如激丹, 齒如

齊貝, 音中黃鐘, 而名曰盜跖, 丘竊為將軍恥不取焉. 將軍有意聽臣, 臣請南使吳越, 北使齊魯, 東使宋衛, 西使晉楚, 使為將軍造大城數百里, 立數十萬戶之邑, 尊將軍為諸侯, 與天下更始, 罷兵休卒, 收養昆弟, 共祭先祖. 此聖人才士之行, 而天下之願也.」盜跖大怒曰:「丘來前! 夫可規以利而可諫以言者, 皆愚陋恆民之謂耳. 今長大美好, 人見而說之者, 此吾父母之遺德也. 丘雖不吾譽, 吾獨不自知邪? 且吾聞之, 好面譽人者, 亦好背而毀之. 今丘告我以大城眾民, 是欲規我以利而恆民畜我也, 安可久長也! 城之大者, 莫大乎天下矣. 堯、舜有天下, 子孫無置錐之地; 湯、武立為天子, 而後世絕滅; 非以其利大故邪? (盜跖)

공자와 유하계는 친구이고 유하계의 동생이 도척이다. 그런데 도척은 구천 명의 도적떼를 거느리고 제후를 침탈하고 민가를 약탈하며 천하를 횡행했다. 이에 공자가 나서서 도척의 마음을 돌린다면 패제후가 될 수 있도록 돕겠다고 제안하고 설득한다. 그러나 오히려 공자는 도척에게 비난받고 호랑이 아가리에서 벗어났다고 안도하고 있다. 이상에서, 유위적 사유의 관점에서『논어』의 공자와『장자』의 공자도 깊은 상관성을 갖는 동일인물이라 볼 수 있다.

다. 무위적 사유의 측면

『논어』의 당위적 인 개념과 유위적 인 개념은『장자』에서도 공자의 중언을 통하여 그대로 재현되고 있다. 그러나 장자학은 공자의 당위적 사유와 유위적 사유에 대해서는 조롱하거나 비판적인 관점을 견지한다. 이러한 관점의 연장선상에서 장자는 당위적 사유를 이은 유가와 유위적 사유를 이은 묵가에 대해서도 비판적이었다. 그러나 이와는 달리, 공자의 무위적 사유에 대해서는 장자학이 계승하고 발전시킨 것이라고 할 수 있다.

무위적 사유의 측면에서 공자의 인 개념은 '자기를 세우고 싶으면 남을 먼저 세우고, 자기가 노달하고 싶으면 남을 먼저 노달케 하는 것'(己欲立而立人, 己

欲達而達人)으로 집약된다.³²⁾ 이것은 '내가 하고 싶지 않은 것을 남에게 베풀지 말라'(己所不欲, 勿施於人)는 당위적 인 개념과 대비된다. 후자가 나 중심이고 인간중심주의라면, 전자는 타자지향이고 탈 인간중심주의이다.³³⁾

무위적 인을 터득한 성인은 세상을 한 몸으로 인식한다. 만물은 형제다. 형과 아우는 '같음'과 동시에 '다름'의 존재이다. 자연은 만물의 부모이다. 그러기에 만물은 같다. 그러나 만물은 각기 생김새도 특성도 다르다. 만물은 같기에 서로 사랑해야 하고, 다르기에 그 다름을 인정하고 존중하고 배려해야 한다. 그렇게 자연은 공생공영의 세계이다. 자기를 세우고 싶으면 남을 먼저 세우고, 자기가 도달하고 싶으면 남을 먼저 도달케 해야 한다. 그것이 바로 공생공영의 형제애이고 무위윤리적 인 개념이다. 나 중심 혹은 인간 중심으로 접근하는 한 공생공영의 형제애는 실현될 수 없다. 나를 버려야만 한다(無我). 무위윤리는 자아의식을 방기해야 가능하다.³⁴⁾ 나의 자의식을 버릴 때 세상은 사실 그대로 여여하게 보이게 되어있다. 진실로 무위적 인에 뜻을 두면

---

32) 『論語』「雍也: 28」. 子貢曰: "如有博施於民而能濟衆, 何如? 可謂仁乎?" 子曰: "何事於仁! 必也聖乎! 堯、舜其猶病諸! 夫仁者, 己欲立而立人, 己欲達而達人.能近取譬, 可謂仁之方也已.

33) 앞의 <주 32> 인용 중 '博施於民而能濟衆'의 해석에서 民이 자기나라 백성이라면, 衆은 다른 나라 백성으로 읽어왔다. 이러한 관점은 천자국과 제후국으로 이루어진 삼대(夏·殷·周)이후의 정치적 상황이나 제도를 전제하여 읽은 것이다. 唐虞(堯舜)시대는 아직 국가체제라기보다는 씨족연합체인 부족국가 수준의 정치가 이루어졌던 시기였다. 이러한 사정을 염두에 두고 해석하면 民은 부족국가의 구성원인 백성이지만, 衆은 인간의 무리를 넘어선 동물이나 자연을 의미하는 넓은 뜻으로 읽을 수 있다. 民에게 베푸는 것을 넘어 衆까지 구제할 수 있는 자는 仁를 넘어 聖이라 한 연유가 이와 관련된다. 그러기에 이러한 일은 요순조차도 어려워했다고 한 것이다. 이러한 관점에서, 仁은 단순히 인간중심주의와 당위윤리를 넘어 탈 인간중심주의와 무위윤리로 등록될 수 있다. 위 기록에 대한 정자(程子)의 주석(註釋)도 이러한 관점을 뒷받침해 준다. 그는 "能近取譬"와 관련하여 "醫書에서 손발이 痲痺된 것을 不仁이라 하니, 이 말이 仁을 가장 잘 형용한 것이다. 仁者는 天地와 萬物을 한 몸으로 여기니 自己 아닌 것이 없다. 천지만물이 모두 자기와 一體임을 인식한다면 어느 것인들 이르지 못하겠는가? 만약 자신에게 소속시키지 않으면 저절로 모두 자신에게 소속되지 않는 것과 같다. 마치 손발이 不仁, 즉 痲痺가 오면 氣가 이미 관통하지 않아 모두 자신에게 소속되지 않는 것과 같다."고 하였다. 나의 몸 어딘가에 피가 돌지 않으면 마비가 오듯, 우주의 어느 곳이라도 氣가 소통하지 않으면 역시 마비가 오게 되어 있다. 기는 우주의 생명을 살리는 피와 같은 것이다. 마비가 不仁이라면 생명을 살리는 것은 仁이다. 자세한 고찰한 졸고, 「공자의 윤리사상 다시 읽기: 仁 개념의 재조명을 중심으로」, 앞의 책, 1~31쪽.

34) 『論語』「子罕: 4」. 子絶四, 毋意, 毋必, 毋固, 毋我.

'사악함이 없다'(無惡).³⁵⁾ 주자가 말하듯이, 무악(無惡)은 물악(勿惡)과 다르다.³⁶⁾ 물악은 의도적으로 악을 행하지 않으려는 의무의식이지만, 무악은 자의식을 버린 데서 나오는 자연성이고 무의식에 가깝다.

과연 『장자』의 공자도 『논어』의 공자처럼 무위적 인 개념을 말하고 있을까? 아쉽게도 공자의 중언을 통하여 무위적 인 개념을 말하는 대목은 찾을 수 없다. 이 점이 바로 다음 장에서 『논어』와 『장자』의 공자 간의 차별성을 생각해보게 하는 지점이다. 그러나 『장자』에는 공자의 중언을 빌리진 않지만 무위적 인 개념을 언표하였고, 인 개념을 사용하진 않지만 장자의 대변인으로서 공자는 수많은 무위적 사유의 언표를 남겼다. 장자의 무위적 인 개념을 돌아보자.

> 송나라 재상 탕(蕩)이 장자에게 인(仁)을 물었다. 장자가 말했다. "호랑이와 이리도 인(仁)을 합니다." 탕이 물었다. "무슨 뜻입니까?" 장자가 답했다. "짐승도 부자간에 서로 친밀하니 어찌 불인(不仁)이라 하겠습니까?" 탕이 말했다. "지극한 인(仁)에 대해 물어보겠습니다." 장자가 말했다. "지극한 인(仁)은 친척이 없는 것입니다." 탕이 말했다. "내가 들은 것은 친척이 없으면 사랑이 없고, 사랑이 없으면 효(孝)도 없다고 했습니다. 그렇다면 지극한 인(仁)은 불효(不孝)를 해도 좋다는 것입니까?" 장자가 말했다. "그렇지 않습니다. 무릇 지극한 인(仁)은 고상한 것입니다. 효(孝)만으로는 인(仁)을 말하기에는 부족합니다. 이는 효(孝)가 지나치다는 말이 아니라 미치지 못한다는 말입니다. 남행하여 초나라 영에 도착한 사람은 북쪽을 바라보면 북해의 명산을 볼 수 없습니다. 왜 그렇습니까? 그것은 거리가 멀기 때문입니다. 그러므로 공경함으로써 효도하기는 쉽지만 사랑함으로써 효도하기는 어렵고, 사랑으로 효도하기는 쉬우나 친지를 잊기란 어렵고, 친지를 잊기는 쉬우나 나를 잊게 하기는 어렵고, 친지가 나를 잊게 하기는 쉬우나 천하를 두루 잊기란 어렵

---

35) 『論語』「里仁: 4」. 子曰: 苟志於仁矣, 無惡也.
36) 『論語』「公冶長: 11」. 愚謂, 無者自然而然, 勿者禁止之謂, 此所以爲仁恕之別.

고, 천하를 두루 잊기는 쉬우나 천하로 하여금 나를 잊게 하기는 어렵습니다. 덕이란 요순도 잊어버리고 다스리지 않는 것이며 이로움과 혜택을 만세에 베풀어도 천하는 이를 알지 못합니다. 어찌 소리 내어 탄식하며 인(仁)과 효(孝)를 말하겠습니까? 대저 효도, 우애, 인자, 의리, 충심, 신의, 정직, 청렴이란 모두 스스로 힘써 덕을 부리는 것이므로 자랑할 만한 것이 못 됩니다. 그러므로 지극히 존귀함은 나라와 벼슬을 물리치고 지극히 부함은 나라와 재물을 물리치고 지극한 드날림은 명예와 기림을 물리칩니다. 이로서 도는 사물에 따라 변하지 않는 것입니다." 商大宰蕩問仁於莊子. 莊子曰:「虎狼, 仁也.」曰:「何謂也?」莊子曰:「父子相親, 何為不仁!」曰:「請問至仁.」莊子曰:「至仁無親.」大宰曰:「蕩聞之, 無親則不愛, 不愛則不孝. 謂至仁不孝, 可乎?」莊子曰:「不然, 夫至仁尚矣, 孝固不足以言之. 此非過孝之言也, 不及孝之言也. 夫南行者至於郢, 北面而不見冥山, 是何也? 則去之遠也. 故曰:以敬孝易, 以愛孝難;以愛孝易, 以忘親難;忘親易, 使親忘我難;使親忘我易, 兼忘天下難;兼忘天下易, 使天下兼忘我難. 夫德遺堯、舜而不為也, 利澤施於萬世, 天下莫知也, 豈直大息而言仁孝乎哉!夫孝悌仁義, 忠信貞廉, 此皆自勉以役其德者也, 不足多也. 故曰:至貴, 國爵并焉;至富, 國財并焉;至願, 名譽并焉. 是以道不渝.」(天運)

송나라 재상인 탕이 이해하는 인 개념은 당위적이고 유가적인 인이다. 이러한 인을 실현하는 근본이 부자 간의 친(親)이고 효(孝)였다. 그러나 장자는 호랑이와 이리 같은 짐승들도 부자 간에 친밀함이 있기에 인을 실현한다고 말한다. 효를 포함하여 여러 도덕적 덕목들은 인간세계에서 통용되는 인의 실현일 뿐이다. 그것으로는 '지극한 인'(至仁)을 실현할 수 없다는 것이 장자학의 관점이다. '지극한 인'은 친척도 잊고, 천하도 잊고, '나를 잊음'(忘我)으로써 무위적 자연의 도와 하나가 되는 것이다. 그래서 '지극한 인'을 터득한 사람은 지극한 존귀, 지극한 부, 지극한 드날림도 없어서 인간세계의 존귀함, 부유함, 드날림을 물리친다. '지극한 인'을 터득한 사람은 「소요유(逍遙遊)」편에서 "진인은 자기가 없고, 신인은 공적이 없고, 성인은 이름이 없다."(眞

人無己, 神人無功, 聖人無名)고 장자가 말한 이상적 인물들의 특성과 다르지 않다. 「제물론(齊物論)」편에서는 이러한 지극한 인을 '대인'(大仁)이라 언표하면서 "대인은 인하지 않는다."(大仁不仁)고 하였다. 지인(至仁)과 대인이 무위적 인 개념이라면, '불인(不仁)의 인'은 당위적 혹은 유위적 인 개념이다.

이처럼, 『장자』에서 공자의 중언을 빌리진 않지만, 공자학과 장자학은 무위적 사유의 측면에서 인 개념을 공유하고 있다. 장자가 자신의 대변인격으로 공자를 내세워 수많은 무위적 사유의 언표를 남기도록 한 것도 『논어』의 공자가 무위적 인 개념을 비롯한 무위적 사유의 흔적을 가졌던 인물이었기 때문이라 볼 수 있다. 이러한 점에서 장자학은 공자의 무위적 사유를 계승하고 있다.

3) 『논어』의 공자와 『장자』의 공자 간의 차별성

『논어』의 공자가 이미 무위적 인 개념을 사유했지만, 장자가 그의 중언을 빌리지 않는 이유는 무엇일까? 나는 이것이 바로 장자학이 공자의 무위적 사유를 계승하면서도 차별성을 드러내며 발전을 모색한 지점이라 여긴다. 분명 『논어』의 공자는 무위적 사유의 흔적을 남겼다. 그러나 장자가 보기에 그의 무위적 사유는 철저하지 못했던 것으로 판단했다. 특히, 공자는 무위적 사유를 사유하는 자체로만 그쳤을 뿐 전혀 그것을 실천으로 옮기려는 노력을 하지 않았고, 오히려 그의 생애는 당위적 사유와 진리를 도덕과 정치현실에 구현하는 데만 고군분투했다. 이것이 공자에 대한 장자의 불만이었다.

『논어』의 「헌문(憲問)」과 「미자(微子)」편에는 공자가 직간접적으로 도가류의 은자들과 만나는 대목이 나오는데, 여기서 보면 장자의 불만을 짐작할 수 있다.[37] 공자를 만난 은자들은 하나같이 공자의 구세적 고군분투를 힐난하고

---
37) 이하는 졸고, 「『논어』속의 인간상 연구」, 『도덕윤리과교육』 제35호 (2012), 59~60쪽.

있기 때문이다. 한마디로, 공자의 무리들은 자연의 섭리를 거스르고 인위를 도모하는 자들이다. 불가능한 줄 알면서도 억지로 일을 도모하는 자들일 뿐이다. 오곡도 분간할 줄 모르고 사체도 수고롭게 하지 않으면서, 자신들이 아니면 마치 세상이 어떻게 될 것처럼 동분서주하고 있다. 그냥 놓아두라, 세상을 떠나라, 자연에 섭리에 맡겨두라. 이것이 그들에게 주는 충고이다. 이러한 충고에 대해 공자는 적극적으로 대꾸하지 못하고 탄식을 할 뿐이다.

공자도 이미 알고 있었을 것이다. 그러나 어쩔 것인가? 도탄에 빠진 세상을 광정하는 것이 정말 그들의 충고대로 쉽지 않고, 혹은 불가능하더라도 마냥 손 놓고 있어야 한다 말인가? 자신의 의지와 상관없이 당한 악에 처한 백성들은 어쩌란 말인가? 그건 무책임한 일일 뿐이다. 공자가 세상에 대한 참여의 길을 선택할 수밖에 없었던 이유가 바로 여기에 있다. 그래서 그는 말한다. "새와 짐승들과 더불어 무리지어 살 수 없는 것이거늘, 내가 이 사람의 무리와 더불어 하지 않으면 누구와 더불어 할 것인가? 천하에 도가 있다면 내가 바꾸려 하겠는가?"[38] 이것이 은자와 다른 성인과 군자의 길인 것이다.

그러나 장자는 이러한 공자가 불만이다. 공자의 유위적 사유도 당위적 사유도 인간중심의 소유론적 사유이고 세계를 장악하고 지배하려는 기획일 뿐이다. 그랬기에 유위적 사유와 당위적 사유를 이은 묵가와 유가가 나타나 서로 시비를 다투고 작록을 다루고 명예를 다루는 일이 벌어진 것이다.[39] 왜 공자는 무위적 진리를 사유했음에도 그것의 실현을 위한 노력을 하지 않았던가? 그에 대한 장자의 더 큰 불만이 여기에 있었다. 공자가 그토록 따르고자 했던 요순의 정치도 무위의 정치가 아니었던가?[40] 그러나 공자는 무위의 정치가 현실적으로 불가능하다고 여겼다. 그것은 당우시대에나 실현가능했던

---

[38] 『論語』 「微子: 6」. 夫子憮然曰: "鳥獸不可與同群, 吾非斯人之徒與而誰與? 天下有道, 丘不與易也.

[39] 『莊子』 「齊物論」. 道隱於小成, 言隱於榮華, 故有儒墨之是非, 以是其所非, 以非其所是.

[40] 『論語』. 子曰: 無爲而治者其舜也與? 夫何爲哉? 恭己正南面而已矣. (衛靈公: 4); 子曰: 大哉! 堯之爲君也! 巍巍乎! 唯天爲大, 唯堯則之. 蕩蕩乎! 民無能名焉. 巍巍乎, 其有成功也! 煥乎, 其有文章! (泰伯: 19)

이상일 뿐이다.[41] 이에 장자도 동의한 것으로 보인다. 그랬기에 자신의 사상적 스승인 노자도 무위정치를 주장했지만[42] 이에 따르지 않고, 장자는 현실을 초탈하여 자유인(自遊人)으로 살아가는 독자적인 길을 사유했다.

장자는 사람의 생명 속에는 한 조각의 낙토(樂土)가 있고, 거기에는 자유와 무한이 함께 충만되어 있으며, 그곳에서만 '거리낌 없는 자유'(逍遙無待의 遊)를 누릴 수 있다고 보았다. 특히, 장자가 살았던 전국시대는 약육강식의 논리만이 적용되던 매우 혼란한 시대였다. 장자는 누구보다도 자유로운 삶과 온전한 삶을 살고자 하였다. 그러나 이러한 자유로운 삶은 자신이 처한 현실의 한계성 때문에 정신적인 측면에서나 가능하였다. 그렇다고 장자는 세계를 완전히 떠난 출세간적인 삶을 말하지도 않았고, 더구나 신에 의지 하지도 않았다. 철저하게 현실 속에서 살면서 자유의 공간을 찾고자 하였다. 타물(他物)에 의지하지 않는 자유자재야말로 진정한 자유의 경지이다. 이것이 이른바 '무대(無待)의 자유'이다. '무대의 자유'는 '유대(有待)의 자유'와 대비된다.[43] '유대의 자유'란 조건이 있고 외물에 의존하는 제한된 자유라면, '무대의 자유'는 어떠한 조건에도 어떠한 외물에도 의존하지 않는 절대적 자유이다. 장자는 '무대'의 절대적 자유의 경지에서 노닐라 [소요유逍遙遊]고 권고하는 사유를 전개하였다. 이것이 공자나 노자의 무위적 사유를 넘어 장자학이 발전시킨 무위철학이다.

그러나 장자는 이러한 자기사유의 정당성을 높이기 위해 공자와 노자를 끌어들일 필요가 있었다. 그들은 당대에 존경받는 어른이었기 때문이다. 장자는 자기사유를 정립하기 위해 『논어』의 어디에서 공자를 끌어들일 실마리를 얻었을까? 그것은 말할 것도 없이 공자가 은자들을 만나는 대목일 것이다. 특

---

41) 이에 대한 자세한 고찰은 졸고, 「공자정치론의 사회윤리적 접근」, 앞의 책, 139~145쪽 참조.
42) 노자의 무위정치에 대해서는 졸고, 「노자의 무위정치와 생명평화공동체」, 『윤리교육연구』 제32집 (한국윤리교육학회, 2013), 137~162쪽 참조.
43) 『莊子』「逍遙遊」. 夫列子御風而行, 泠然善也, 旬有五日而反。彼於致福者, 未數數然也。此雖免乎行, 猶有所待者也。若夫乘天地之正, 而御六氣之辯, 以遊無窮者, 彼且惡乎待哉！

히, 『논어』에서 접여와 공자의 만남의 상황은 도(道)를 구하는 구도자로서의 공자를 읽어낼 수 있다.

> 초나라의 가진 뜻이 높은 접여라는 자가 노래하면서 공자 곁을 지나가다가 말했다: "봉황이여, 봉황이여! 얼마나 덕이 쇠잔해졌는가? 지난 일에 대해서는 간할 수 없고, 오는 일에 대해서 쫓아갈 뿐이로다. 그만두라 그만둬! 오늘날 정치를 하는 것은 위태롭다." 공자가 수레에서 내려 더불어 말을 하고자 쫓아갔지만 피해 떠나버렸다. 그래서 더불어 말을 하지 못했다.[44]

무위적 사유의 관점에서 공자의 구세적 활동에 대해 비판하고 충고하는 접여의 말을 듣고 공자는 그를 만나 더 많은 도(道)를 듣고자 한다. 이 구절은 『장자』에서도 거의 내용이 비슷하게 다시 쓰기가 되고 있다는 점에 주목할 필요가 있다.[45] 그만큼 장자가 무위적 도를 구하는 공자의 모습에 주목했다는 뜻이 된다. 이를 실마리로 삼아 장자는 『장자』에서 도를 구하는 공자의 모습을 부각시키면서 다양한 언표의 기록을 남겼던 것이라 여긴다. 특히, 『장자』에는 공자가 노자를 만나 도를 구하는 대화의 사례가 7차례나 나온다. 여기서 공자는 노자에게 무엇인가 묻고, 그것을 배우려 하며, 처음에는 깨닫지 못하지만 노자의 말을 듣고 얻어들은 바가 있는 인물로 묘사되고 있다.[46]

그래서 장자는 무위적 사유의 전형인 노자와 은자들에게 도를 구하는 공자에서 더 나아가 도를 깨달은 존재로까지 격상시킨다. 구도자가 득도자로 된다는 보장은 없지만 그래도 가능성은 있다. 검증할 수 없지만 혹시 장자는

---

44) 『論語』「微子: 5」. 楚狂接輿歌而過孔子曰: "鳳兮鳳兮! 何德之衰? 往者不可諫, 來者猶可追. 已而已而! 今之從政者殆而! 孔子下, 欲與之言. 趨而辟之, 不得與之言."

45) 『莊子』「人間世」. 孔子適楚, 楚狂接輿游其門曰:「鳳兮鳳兮, 何如德之衰也! 來世不可待, 往世不可追也. 天下有道, 聖人成焉; 天下無道, 聖人生焉. 方今之時, 僅免刑焉. 福輕乎羽, 莫之知載; 禍重乎地, 莫之知避. 已乎已乎! 臨人以德. 殆乎殆乎! 畫地而趨. 迷陽迷陽, 無傷吾行; 吾行郤曲, 無傷吾足.」山木, 自寇也; 膏火, 自煎也. 桂可食, 故伐之; 漆可用, 故割之. 人皆知有用之用, 而莫知無用之用也.

46) 공자와 노자의 대화사례에 대한 분석은 정세근, 앞의 논문, 306~312쪽.

『논어』의 "70세에 마음 내키는 대로 해도 법도를 벗어나지 않았다."(七十而 從心所欲, 不踰矩)는 언표에서 득도자로서의 공자를 본 것은 아닐까? 공자는 50세에 천명(天命)을 알았고, 60세에 이순(耳順)하였다. 50세에 천명을 알았다는 것은 하늘로부터 그에게 주어진 사명을 알았다는 것이고, 공자는 당위적 진리에 따라 어지러운 세상을 광정하기 위해 동분서주하였다. 이 과정에서 많은 실패와 좌절의 경험을 통해 그는 세상을 바꾸고 악을 광정하는 일이 만만치 않다는 것과 마음대로 되는 것이 아님을 깨우쳤을 것이다. 그래서 60세에 이순했다는 것은 나와 다른 삶의 원리에 따라 살아가는 것과 모순되는 이치들에 대해서도 공감할 수 있는 능력이 생겼다는 것이다. 모순되는 이치들은 서로 시비를 다투고 선악을 다투는 사유들이고, 서로 세상을 장악하고 지배하겠다는 인간적 욕망의 투영일 뿐이다. 결국 인생의 종착역인 70세가 되어서 공자는 사유로만 사유했던 무위적 진리의 실천을 감행할 수 있었다. "종심소욕 불유구"란 바로 이러한 무위적 진리의 실천을 언표한 것이다. 장자가 주목한 지점도 이것이라 여긴다.

그러나 사실 공자는 "종심소욕 불유구"의 경지가 무엇인지 정확히 언표하지 않았다. 오히려 이점이 장자로 하여금 공자를 무위적 도를 깨닫고 실천하는 장자의 대변인으로 격상시켜 해석하는 실마리가 되었던 것일지 모른다. 그렇다면 결국 장자의 대변인으로서 공자의 중언들은 공자가 생애말년에야 실천을 고려했던 무위적 사유와 진리를 장자 나름대로 해석하여 정립한 장자학의 사상이라 할 수 있다. 장자가 공자의 중언을 통해 자기 사상을 주장하기 위하여 안회를 동시에 끌어드린 것도 주목된다. 공자가 제자와 함께 무위적 사유와 진리에 관해 대화를 나눈다면 누구보다 공자사유의 폭과 깊이를 잘 이해했던 안회가 가장 적합한 대상이었을 것이다. 안회는 '한 바구니의 밥'(一簞食)과 '한 바가지의 물'(一瓢飮)에도 아랑곳하지 않고 세속적 부귀와 영화를 초탈한 삶을 추구하였고,[47] 공자의 당위적 사유뿐만 아니라 무위적

4/) 『論語』「雍也. 9」. 子曰: 賢哉, 回也! 一簞食, 一瓢飮, 在陋巷, 人不堪其憂, 回也不改其樂. 賢哉, 回也!

사유까지 이해했던 제자였다.[48] 그랬기에 장자도 안회를 상황에 따라 당위적 사유와 무위적 사유를 모두 전개했던 공자의 제자로 그리고 있다. 앞에서 보았듯이, 우리가 익히 알고 있는 장자의 수양론인 심재(心齋)와 좌망(坐忘)의 방법은 공자와 안회의 대화를 통해 언표되고 있다.

이상의 논의를 통해,『논어』의 공자와『장자』의 공자 간의 차별성은 무위적 도를 구하는 공자와 무위적 도를 깨달은 공자로 대비시킬 수 있다.『논어』의 공자가 은자들을 만났을 때 도를 구하는 대목을 실마리로 삼아『장자』의 공자도 구도자의 모습으로 구현된다.『논어』의 공자가 생애말년에 무위적 진리의 실천을 암시했지만 그것은 검증되지 않는다. 그러나『장자』의 공자는 무위적 도를 묻고 깨닫고, 적극적으로 그것을 실천하는 모습으로 그려지면서 장자의 대변인 역할을 하고 있다. 이것은 장자학이 공자를 넘어 발전시킨 자기사상이라 하겠다.

4) 맺음말

공자학과 장자학에 대한 상식적 수준의 이해는 공자가 당위적 사유를 전개했다면, 장자는 무위적 사유를 주장했던 사상가로 대비시켜왔다. 이러한 관점을 전제하고 그동안『장자』의 공자에 대해서도 이해해왔다.『장자』에서 공자는 비판과 조롱의 대상이 되기도 하고, 도를 구하는 구도자로 등장하기도 하며, 무위적 도를 실현하는 인물로 그려지기도 한다. 기존의 관점에서 비판과 조롱의 대상이 되는 공자는『논어』의 공자 그 자체이고, 무위적 도를 실현하는 공자는 그에 가탁하여 장자 자신의 사상을 주장한 장자의 대변인일 뿐

---

[48]『論語』「公冶長: 25」. 顔淵曰: 願無伐善, 無施勞. 졸고,『주제별 키워드로 읽는 論語와 세상보기의 道』, 앞의 책, 440쪽. 김형효와 김용옥도 안회가 공자의 무위적 사유와 인 개념에 대해 이해했던 제자라고 본다. 김형효, 앞의 책, 71쪽; 김용옥,『논어한글역주 1』, 앞의 책, 508쪽.

이라고 보아왔다. 이것이 그동안 『장자』의 공자를 보는 대체적인 관점이었다. 그러나 이러한 관점은 잘못이다.

우선 『논어』의 공자는 당위적 사유만을 전개했던 사상가가 결코 아니다. 물론 그는 도덕과 정치현실에서 당위적 진리를 실천하고자 동분서주했지만, 사유의 측면에서는 당위적 사유뿐만 아니라 유위적 사유와 무위적 사유까지 폭넓게 탐색했던 사상가였다. 『장자』에서 장자가 공자의 중언을 통해 그를 비판과 조롱의 대상으로 삼기도 하고, 무위적 도를 구하는 구도자로 그리기도 하며, 자기사상의 대변인으로 삼았던 것도 바로 『논어』의 공자가 세 가지 사유를 폭넓게 고민했던 측면이 있었기 때문이었다. 이러한 점에서 『논어』의 공자와 『장자』의 공자 간에는 사상적 관련성이 있고 계승의 측면이 있다.

그러나 장자의 관점에서 『논어』의 공자가 무위적 사유를 전개했지만 그것을 현실에서 구현하고자 하는 노력을 하지 않은 점이 불만이었다. 장자는 『논어』에서 공자가 은자를 만나 도를 구하는 대목을 실마리로 삼아, 무위적 도를 구하고 그것을 깨닫고 적극적으로 실현했던 사상가로 공자의 위상을 격상시켰다. 이것이 『논어』의 공자와 『장자』의 공자 간의 차별성이다. 아마도 장자가 공자를 이렇게 자기사상의 대변자로 격상시킨 것은 당시에 존경받는 인물이었던 공자의 중언을 통하여 자기사상의 정당성과 권위를 확보하려는 의도였을 것이다. 그러나 사실 이것은 장자학이 공자학을 넘어 자기사상을 발전시킨 측면이었다.

제8장

순자의 철학사상

- 유위유학과 문화의 나라 -

서론: 순자와 『순자』에 대하여

　순자(荀子, B.C. 298?~238?)는 명확하지 않지만 맹자보다 50~60년 뒤에 조(趙)나라에서 태어났다. 이름은 황(況)이고, 자가 경(卿)이어서 순경(荀卿) 또는 손경(孫卿)으로 불려졌다. 『사기史記』기록에 의하면, 나이 50이 되어 제(齊)나라로 유학 갔다가[1] 제양왕(齊襄王, BC 283~BC 265)에게 임용되었다. 사부(師傅)의 직을 지냈고, 세 번이나 제주(祭酒)의 직에 임용되기도 하였다. 그러나 그를 시기한 자의 참소로 제나라를 떠나 초(楚)로 갔다. 초나라의 춘신군(春申君)이 그를 존중하여 난릉(蘭陵)의 수령으로 임명해주었다. 춘신군이 죽자 순자도 면직되었지만, 그는 그대로 난릉에 머물며 학문과 교육에 심혈을 기울이다가 죽었다. 법가사상가인 이사(李斯, BC ?~BC 208)와

---

[1] 아래 인용의 『사기』기록에 근거한 것이지만, 이에 대해서는 15세와 50세라는 설이 있다. 여하튼 순자가 제나라에 유학한 때는 이른바 '직하(稷下)의 학사(學士)'가 널리 알려진 시기였을 것이다. '직하의 학사'란 제나라 수도였던 임치(臨淄) 근처의 직산(稷山) 아래에 모인 학자들을 말한다. 제위왕(齊威王, BC 357~BC 320)과 선왕은 널리 인재를 구하여 그들에게 저택을 주고 학문을 연구토록 하였다. 그리고 여기서 뛰어난 인재를 발탁하여 임용해주고 했기 때문에 여러 나라에서 많은 사상가들이 모여들었다. 아마 순자도 일찍부터 이 사상의 발상지라고 볼 수 있는 제나라의 직하로 유학하고 싶은 희망을 품고 있었을 것이다. 정장철 역해, 『순자』(서울: 혜원출판사, 1992), 9쪽.

한비자(韓非子, BC 279?~BC 233)도 그의 제자였다. 『사기史記』에 다음과 같은 기록이 있다.

> 세상의 정치가 혼탁하여 망국적인 무도한 군주들이 연이어 나타났다. 대도(大道)를 좇지 않고 무당들에게 현혹되어 귀신의 복을 비는 행위를 신봉한다. 천박한 유생들은 좁은 소견에 얽매여 있고, 장주(莊周) 같은 이들은 더욱 가치체계를 어지럽혀 사회기풍을 문란시키고 있다. 순경은 이러한 현실을 통탄했다. 그는 유가·묵가·도덕가 사상의 사회적 실천의 성패를 논구 한 다음, 수만 자에 달하는 글을 체계적으로 저술한 후에 세상을 떠났고 난릉에 묻혔다.[2]

『사기史記』의 기록처럼, 순자의 제자백가에 대한 비판은 전방위적인 것이었다. 「비십이자非十二子」편에서는 무려 12명의 사상가에 대한 비판이 나오는 데,[3] 그들은 대체로 도가류, 묵가류, 법가류, 명가류의 사상가들이다. 순자는 무위정치를 주장했던 노자에 대하여 "유약하게 굽히는 것만을 알고 강하게 펴나가는 것을 몰랐다."[4]고 비판한다. 그가 보기에 노자의 처방은 자유방임의 정치이거나 무정부주의일 뿐이라는 것이겠다. 더 나아가, 그를 추종했던 도가류에 대해서는 자기 마음 내키는 대로 방종을 일삼는 금수와 같은 종욕주의자들로 규정한다. 종욕주의자들을 제어하기 위해서는 강력한 법과 같은 장치가 필요할 수 있다. 그러나 순자는 법가에 대해 법치의 실용성은 알았지만, "법에 눈이 어두워서 현자의 가치를 모르고, 권세만을 고집하면서 (현자의) 지혜를 활용할 줄 모른다."[5]고 비판한다. 한마디로 그들은

---

2) 『사기史記』「맹자순경열전孟子荀卿列傳」.

3) 12명은 도가류의 사상가로 짐작되는 타효(它囂)와 위모(魏牟), 신농주의를 따르는 허행(許行)의 무리인 진중(陳仲)과 사추(史鰌), 묵가의 창시자인 묵적(墨翟)과 그를 따르는 송견(宋銒), 법가류의 사상가인 신도(愼到)와 전병(田騈), 변론을 펼치는 명가류의 사상가인 혜시(惠施)와 등석(鄧析), 그리고 유가류의 사상가인 자사(子思)와 맹자(孟子)가 그들이다. 『荀子』「非十二子」편 참조.

4) "有見於詘, 無見於信." (天論篇; 51).

5) "愼子蔽於法而不知賢, 申子蔽於勢而不知知." (解蔽篇; 21-22).

법과 형벌에 의한 권력정치만을 알 뿐 인의와 예의에 입각한 덕치(德治)의 효용성을 모른다는 것이겠다. 법가적 처방은 위로부터의 강압을 통한 정치이기에 백성들을 두려움에 떨게 만들뿐 밑으로부터의 자발적 동의를 얻을 수 없기 때문이다.

인간이 이기적 존재인 것은 맞지만 스스로 자기규제가 가능한 존재이다. 이 점에서 묵자의 사상이 순자의 관점에 부합하지만, 불행히도 묵자는 실용에 눈이 어두워서 문화의 중요성을 알지 못했다.[6] 묵자가 절용과 과욕을 주장하지만, 사회적 등분과 계급에 따라 이기심을 합리적으로 규율하는 제도의 필요성을 간과하였다. 그는 '차별 없는 사랑'[兼愛]를 주장했기 때문이다. 어떻게 모든 이익을 차별 없이 나누는 사랑이 가능하겠는가? 그것은 인정(人情)에도 부합하지 않고, 군신 간의 질서를 세우는 문화도 건설할 수 없다. 인간의 이기심을 인정하면서 그것을 예(禮)의 질서에 따라 합리적으로 추구하는 문화와 제도가 필요하다. 순자가 보기에, 이러한 관점을 전형적으로 보여준 사상가가 다름 아닌 공자(孔子)였다. 이 지점이 순자가 따르고자 하는 공자유학이다.

그런데 스스로를 공자의 후계자로 자처하며, 공자철학을 곡해하여 후세에 전한 자들이 있다. 자사(子思)와 맹자(孟子)가 그들이다. 그들은 인간존재의 현실을 무시하여 성선론(性善論)을 펼치고, 오로지 인정(仁政)과 왕도(王道)만을 주장하는 이상주의자들일 뿐이다.

> 단지 선왕(先王)의 지엽적인 것만 본받고 근본정신을 모르면서도, 오히려 재주를 과시하고 뜻만 커서 견문은 잡다하고 해박했기에, 옛것에 빗대어 새 학설을 조작하여 오행(五行)이라고 했다. 그들의 견해는 기묘하고 모순되어 기준이 없고, 불분명하여 논리적 근거가 없고, 난삽하여 해명할 수 없는 것들이었다. 그런데도 그 말들을 수식하고 찬양하면서 "이야말로 진정한 선배 군자인 공자의 말씀이다."고 우기고 있다. 처음에는

---

6) "墨子蔽於用而不知文." (解蔽篇: 21)

자사(子思)가 제창하였고, 뒤에 맹자(孟子)가 그것에 화답하였다. 세속의 어리석고 눈먼 유생들은 그저 떠들고 있지만 그것의 그릇됨을 모르고 있다. 드디어 전수하면서 중니(仲尼; 공자)와 자유(子游; 중궁)가 그들 덕분에 후세에 더욱 추존되었다고 주장한다. 이것이 바로 자사와 맹자의 죄이다. 略法先王而不知其統, 然而猶材劇志大, 聞見雜博, 案往舊造說, 謂之五行, 甚僻違而無類, 幽隱而無說, 閉約而無解, 案飾其辭, 而祗敬之, 曰: "此眞先君子之言也." 子思唱之, 孟軻和之. 世俗之溝猶瞀儒, 嚾嚾然不知其所非也, 遂受而傳之, 以爲仲尼子游[弓], 爲玆厚於後世. 是則子思孟軻之罪也. (非十二子篇)

나는 공자가 무위철학, 당위철학, 유위철학을 아우르는 미제적 세상보기의 도를 사유했던 사상가로 규정한 바 있다. 앞서 순자는 노자와 도가류의 무위철학을 비판하였고, 여기서는 공자-자사-맹자로 이어지는 당위철학 혹은 당위유학을 비판하는 것으로 읽을 수 있다. 대신 순자는 공자-자유로 이어지는 유위철학을 정통으로 삼는 유위유학을 주장하려는 것이겠다.

인자(仁者)란 무엇에 힘쓸 것인가? 위로 순(舜)·우(禹)의 제도를 본받고, 아래로 중니(仲尼)·자궁(子弓)의 의리를 본받아 12자의 변설을 침묵시키는 데 힘쓸 것이다. 이렇게만 한다면 천하의 해독은 말끔히 씻어져 인인(仁人)으로서의 할 일이 끝남과 동시에 성왕의 크신 공덕이 세상에 뚜렷이 드러날 것이다. 夫仁人也, 將何務哉. 上則法舜禹之制, 下則法仲尼子弓之義, 以務息十二子之說, 如是則天下之害除, 仁人之事畢, 聖王之跡著矣. (非十二子篇)

순자철학은 제가의 학설을 비판적으로 수용하면서 정초되었다. 그는 묵자를 따라 인간을 이기적 존재로 인정한다. 법가를 따라 문화와 규범의 필요성을 인식하였다. 그러나 그는 법가의 외적인 강제규범에 반대하여 내적인 자율규범이 바람직하다고 여겼다. 묵자의 '무차별적 사랑'(兼愛)의 비현실성에 반대하여 공자와 맹자의 '차서(次序)적 사랑'(仁義)을 따랐다. 위정자의 덕치의 효용성에 대해서도 인식하였다. 이러한 점에서 순자는 공자와 유교의 사상적 후계자이다. 그러나 인간본성의 선함에 토대한 맹자적인 당위윤리와 왕도정치는 너무 이상적(理想的)이다. 이상이 너무 높으면 오히려 위선(僞善)을 낳을 수 있다. 인간의 현실적 이기심을 인정하면서 그 이기심을 자율적으로 규제할 수 있는 문화의 건설이 바람직한 처방이다. 이것이 순자가 겨냥한 철학이었다.

전한말(前漢末)에 궁중의 장서를 정리·교정한 유향(劉向)에 의하면, 원래 『순자荀子』는 모두 322편이었는데, 그가 중복되는 299편을 빼고 32편으로 간추려 『손경신서孫卿新書』를 지었다고 전한다. 대체로 모든 글은 순자의 친필이 아니고 문하인들이 기록한 것으로 보고 있다. 이후에 여러 판본과 주석서가 나왔지만, 현재 우리가 읽고 있는 『순자』는 당(唐)나라 때 양량(楊倞)이 교정하고 주(註)한 것을 바탕으로 한다.

1. 순자의 세계관과 인성론

1) 천인분리(天人分離)의 세계관

공자에서 맹자로 이어지는 천(天)이 인간의 치란에 관여(상제천上帝天)하거나 인간의 도덕적 본성을 보증하는 형이상학적 실체(의리천義理天)였다면, 순자에게 있어서 천(天)이란 물리적 자연현상에 지나지 않는다(창창유형蒼蒼有形의 천天). 다음의 인용을 보자.

> 하늘의 운행에는 일정한 법도가 있다. 그것은 요임금을 위해서 존재하는 것도 아니고, 걸임금 때문에 없어지는 것도 아니다. 초목이 생장하는 것처럼 작용을 하지 않아도 완성되고, 사계절이 순환하는 것처럼 구하지 않아도 저절로 얻어진다. 이러한 것을 하늘의 직분(천직天職)이라고 한다. 수많은 별들이 일정하게 돌고, 해와 달이 번갈아 빛을 비추고, 사시사철은 번갈아 바뀌고, 음과 양은 상황에 따라 바뀌며 만물을 생성시키고, 비바람은 저 멀리 내리고 불어 만물의 생육을 돕는다. 만물은 각각 나름대로의 조화를 얻어 생겨나고, 각각 나름대로의 양육을 얻어 성장한다. 그러한 일을 하는 것은 드러나 보이지 않고, 그 공적만을 드러낸다. 이러한 것을 신묘함이라고 한다. 모두가 그렇게 하여 이루어 놓은 것은 알지만, 이루어 놓은 방법이 어떠한지 그 형체를 알 수가 없다. 이러한 것을 하늘이라고 하는 것이다. 天行有常. 不爲堯存.; 不爲桀亡. 不爲而成, 不求而得, 夫是之謂天職.; 列星隨旋, 日月遞炤, 四時代御, 陰陽大化, 風雨博施. 萬物各得其和以生, 各得其養以成, 不見其事而見其功, 夫是之謂神. 皆知其所以成, 莫知其無形. 夫是之謂天. (天論篇: 1)

순자는 자연 현상을 하늘의 작용 그 자체로 보고 있다. 그 작용은 만물의 생장소멸을 이끌어가는 법칙이고 원리일 뿐이다. 물론 법칙은 겉으로 드러나지 않고 법칙의 작용한 결과물만 보이기에 그것의 작용은 신비롭다. 하늘이 만물을 생성하고 양육을 돕는다. 인간 또한 하늘로부터 생명을 획득했지만, 하늘의 작용은 여기까지이다.[7] 그러기에 하늘은 인간 삶의 고락(苦樂: 기쁨과 슬픔)이나 길흉화복(吉凶禍福)에 관여하지 않는다. 하늘은 인간의 주재자가 아니라 그냥 본래부터 자연일 뿐이다. 인용을 보자.

> 사람이 추위를 싫어한다고 해서 하늘이 겨울을 없애지는 않는다. 사람들이 먼 거리를 싫어한다고 하여 땅이 그 넓음을 없애지는 않는다. 天不爲人之惡寒也而輟冬, 地不爲人之惡遼遠也而輟廣." (天論篇: 6)

> 근본에 힘쓰며 낭비하지 않는다면 하늘도 가난하게 할 수 없고, 섭취를 잘하고 때에 맞춰 운동하면 하늘도 병들게 할 수 없다. 도를 닦아서 어긋남이 없게 하면 하늘도 화를 줄 수가 없다. 彊本而節用, 則天不能貧, 養備而動時, 則天不能病, 修道而不貳, 則天不能禍. (天論篇: 1)

 하늘과 땅의 운행 원리나 법칙은 사람의 감정이나 행위와 무관하다. 자연의 길과 인간의 길은 서로 다르다(天人分離). "하늘에 있는 것 중에는 해와 달보다 밝은 것이 없고, 땅에 있는 것 중에는 물과 불보다 밝은 것이 없고, 물건 중에는 진주와 옥보다 밝은 것이 없으며, 사람에게는 예의보다 더 밝은 것이 없다."[8] 이처럼, 하늘에는 영원불변하는 도가 있고, 땅에는 영원불변의 원리가 있는 것처럼, 사람은 인간의 법칙으로 다스려져야 한다. 뒤에서 보겠지만, 그 인간의 법칙을 순자는 예의(禮義)이고 문화라고 여긴다.
 순자는 인간을 하늘의 권위로부터 해방시켰다. 하늘은 더 이상 신격적으로 존중하고 사모해야 할 대상이 아니다. 그는 인간의 이성적·합리적 정신을 가치롭게 여기면서 궤변이나 미신적 요소를 씻어 내었다. 여기에서 더 나아가

---

[7] "天地者, 生之始也; 禮義者, 治之始也." (王制篇)
[8] "在天者莫明於日月, 在地者莫明於水火, 在物者莫明於珠玉, 在人者莫明於禮義." (天論篇: 10)

그는 오히려 하늘을 이용의 대상으로 삼고자 하였다.

> 하늘을 위대한 것으로 생각했을 때의 입장은, 하늘의 양육을 받아서 생성한 만물에 인간의 손을 가하여 유용한 것으로 만들어 가는 입장과 비교하여 어느 쪽이 나을 것인가? 하늘이 부여하는 운명에 따라 살고 하늘을 예찬할 따름이라는 입장은, 하늘이 주는 운명을 법칙화하여 그에 대처해 가는 입장과 비교하여 어느 쪽이 나을 것인가? 만물에 대하여 사색하고 만물을 만물로서 자리 잡게 한다는 입장은, 실제로 만물을 통치하여 만물을 잃는 일이 없게 하는 입장과 비교하여 어느 쪽이 나을 것인가? 이처럼 인간으로서의 입장은 잊어버리고 하늘의 일만을 생각한다면 그것은 만물의 실정을 잃어버리는 것이다. 大天而思之, 孰與物畜而制之. 從天而頌之, 孰與制天命而用之. 思物而物之, 孰與理物而勿失之也. 故錯人而思天, 則失萬物之情. (天論篇: 11)

자연에는 자연의 길이 있고, 인간에게는 인간의 길이 따로 있기에, 이제 더 이상 하늘은 인간이 따라야 할 도덕적 가치기준의 근원도 아니다. 인간의 길인 도덕적 기준은 인간 스스로 만들어내야 한다. 하늘은 인간에게 선험적으로 도덕성을 부여한 것도 아니기에 인간본질에 대한 고찰 또한 인간들이 보여주는 현실적 삶에 바탕을 두고 탐구되어야 한다.

2) 인성론적 기반: 성악설(性惡說)

맹자에게 있어서 인간은 하늘이 부여한 도덕성을 처음부터 함장하여 태어났다는 점에서 다른 동식물과는 그 존재론적 위상이 달랐다. 그러나 순자에게 있어 하늘은 만물을 낳을 뿐 그 이상의 적극적 역할을 하지 않는다. 이 점에 착안할 때 결국 인간도 다른 동식물들과 존재론적 연장선상에 있을 뿐인 것이다. 따라서 인간의 자연적 본성은 이기적 욕망의 존새에 가깝다. 그래서 순자는 단도직입적으로 "인간의 본성이란 악(惡)한 것이며, 그것이 선(善)하게 되는 것은 작위적 노력(인위:僞)"라고 말한다.

> 사람의 본성은 악(惡)한 것이니 그것이 선(善)하다고 하는 것은 인위적인 노력에 의한 것이다. 이제 인간의 본성은 나면서부터 이익을 좋아하는데 그것을 따르기 때문에 싸움이 생기고 사양이 없어졌다. 사람은 나면서부터 남을 미워함이 있어 그 본성을 따르는 까닭에 남을 해치는 일이 생기고 충성과 신의가 없어지는 것이다. … 이렇게 보아 인간의 본성은 악(惡)함이 분명하다. 그 선(善)은 인위(僞)의 결과이다. 人之性惡, 其善者僞也. 今人之性, 生而有好利焉. 順是, 故爭奪生, 而辭讓亡焉, 生而有疾惡焉, 順是故殘賊生, 而忠信亡焉. 生而有耳目之欲, 有好聲色焉. 順是, 故淫亂生, 而禮義文理亡焉. 然則, 從人之性, 順人之情, 必出於爭奪, 合於犯分亂理, 而歸於暴. 用此觀之, 然則, 人之性惡明矣. 其善者僞也. (性惡篇: 1)

그런데 인간의 본성이 선천적으로 악(惡) 그 자체라면 어떻게 인위적인 노력을 했다고 해서 선(善)하게 될 수 있는 것인가? 맹자는 인간을 식색지성(食色之性)과 도의지성(道義之性)을 동시에 가진 존재로 보면서 이 중 도덕성을 인간의 <본질>로 간주하였다. 그러면 순자가 성(性)을 악(惡)이라고 주장하는 것은 맹자의 식색의 성과 도덕성 중에 식색의 성이 인간 <본성>에 가까운 것으로 본 것이 아닌가? 여기서 <본질>과 <본성>에 강조점을 둔 것에 주목하기 바란다. <본성>이 인간에게 선천적으로 주어진 자연적 성향에 주의하고 있다면, <본질>은 그것이 없으면 인간이랄 수 없는 바로 그 요소를 의미한다. 맹자는 바로 후자의 측면에 주목하고 그것을 성선(性善)이라 주장했던 것이다. 그렇다면 순자는 말의 뜻 그대로의 본성에 주목하여 성악(性惡)을 주장한 것으로 읽을 수 있지 않을까. 말하자면 맹자나 순자가 성(性)이란 용어를 똑같이 쓰고 있지만 그 의미는 다르다는 것이다. 그렇다면 순자에게 맹자적 의미의 도덕성은 없는 것일까? 있어야 한다. 그래야 악(惡)을 교정할 수 있는 교육적 근거가 마련될 수 있기 때문이다.

> 물과 불은 기(氣)는 있어도 생명[生]이 없고, 풀과 나무는 생명은 있어도 인식기능[知]이 없으며, 동물(금수禽獸)은 인식기능은 있어도 도덕성[義]이 없다. 그런데 인간에게는 기(氣)와 생(生)과 지(知)를 가지고 있고 의(義) 역시 갖추고 있어, 세상에서 가장 존귀한 존재이다. 水火有氣而無生, 草木有生而無知, 禽獸有知而無義, 人有氣有生有知, 亦且有義, 故最爲天下貴也. (王制篇: 14)

인용은 순자가 우주만물 안에서 인간의 위치가 어디인가를 보여주는 대표적인 구절이다. 순자는 인간 안에 생(生)과 지(知)와 의(義), 즉 첫째로 육체를 키우고 보존하려는 욕망과 감정적인 면이 있고, 둘째로 경험을 종합하여 사리를 분별할 수 있는 지성적인 면을 가지고 있으며, 셋째로 사리에 맞다고 판단된 것을 행함으로써 의로움(義)에 이를 수 있는 능력이 있다고 보고 있다. 즉, 욕(欲)·지(知)·의(義)를 동시에 가지고 태어난 존재가 인간이고, 이것들은 인간의 자연적 본성인 셈이다. 그렇다면 순자의 인간관이 맹자와 어떤 차이도 없는 것이 아닌가? 맹자도 인간의 자연적 본성은 식색지성과 도의지성을 동시에 가지고 태어났다고 하였기 때문이다. 오히려 순자가 맹자보다 더 철저하고 구체적으로 인간을 분석하고 있다고 하겠다.

그러나 인간이 이 세상에 올 때 가지고 오는 욕(欲)·지(知)·의(義)는 완제품이라기보다는 소박한 재질에 불과하다. 그리고 이 소박한 재질은 가만히 두어도 저절로 자라나는 비옥한 씨앗이 아니다. 이른바 본성이 선(善)하다고 보는 관점은 씨앗이 싹트기 전의 소박한 재질을 지칭한 것일 뿐이고, 그것이 자라남에 인위적 가공이 제공되지 않으면 너무나도 쉽게 악(惡)으로 빠져들 가능성이 있다. 말하자면, 우리는 이 세상을 살려는 순간부터 악(惡)의 유혹에 빠질 수밖에 없다. 순자의 성악설(性惡說)은 이러한 관점에서 이해되어야 한다. 인용을 보자.

> 사람의 본성은 태어나면서 꾸밈없는 소박성으로부터 이탈하고 또 타고 난 소질도 그림자를 감추어 가게 되고, 결국은 반드시 이를 상실해 버린

다. 이로보아 사람의 본성은 악한 것이 분명하다. 이른바 사람의 본성이 선하다고 여기는 관점은 태어나서도 그 소박함에서 이탈하지 않아 아름다움을 유지하고, 자질로부터도 벗어나지 않아서 이로움을 간직함을 말하는 것이다. 今人之性, 生而離其朴, 離其資, 必失而喪之. 用此觀之, 然則, 人之性惡明矣. 所謂性善者, 不離其朴而美之, 不離其資而利之也. (性惡篇: 4)

사람의 본성은 근본이고 시작이고 질박한 것이다. 인위라는 것은 문화이고 이치이고 성대한 것이다. 본성이 없으면 인위를 가할 곳이 없고, 인위가 아니면 본성은 아름답지가 못한 것이다. 본성과 인위가 합하여 비로소 성인이라는 명목이 서고, 천하의 큰 공적을 성취할 수 있는 것이다. 性者本始材朴也, 偽者文理隆盛也. 無性則偽之無所加, 無偽則性不能自美. 性偽合, 然後成聖人之名, 一天下之功, 於是就也. (禮論篇: 10)

결국 순자의 관점에서 인성은 선도 악도 아닌 가능태이다. 그런데 가능태로서의 이 인성은 인위적으로 가공하지 않으면 너무나도 쉽게 악으로 빠져들 가능성이 많다. 따라서 지난한 자기수양이나 문화(文化)에 의해서 교화(教化)되어야 한다. 교육의 문제는 뒤에서 보기로 하고, 여기서는 자기수양과 관련하여 마음[心]과 본성[性]의 관계를 언급해 둔다.

인간은 다른 존재와 달리 지각하고[知] 판별하는[義] 능력이 있다. 이것이 마음이고, 마음능력이다. 순자는 마음은 "청명하게 위에 존재하고", 육체적 삶의 본능, 감정, 욕구 등은 "탁하게 아래에 깔려 있다"고 여긴다. 그래서 마음으로 본성을 다스리는 '이심치성'(以心治性)을 말한다. 즉, 마음의 지각하고 판별하는 능력으로 도(道)를 통찰해 내고, 이것으로 본성을 다스릴 수 있다는 것이다. 이러한 점에서, 순자는 마음을 '천군'(天君; 하늘로부터 주어진 신체의 군주)이라 표현하고 있다.[9]

'이심치성'이 가능하려면 먼저, 마음을 '대청명'(大淸明)의 상태로 유지해야

---

9) 耳目鼻口形能, 各有接而不相能也, 夫是之謂天官. 心居中虛, 以治五官, 夫是之謂天君. (「天論」: 17)

한다. '대청명'이란 마음이 '텅 비어 한결같이 고요한 상태'[허일이정虛壹而靜], 즉 허심(虛心), 전심(專心), 정심(靜心)을 갖춘 경지이다. 마음이 이러한 경지에 있어야만 도(道)를 인식할 수 있는 것이다.[10] 둘째, 마음의 인식대상인 도란 무엇인가? 사실 순자는 도라는 말보다는 '통류'(統類)라는 용어를 자주 쓴다. 도, 즉 통류란 객관적 사물의 원리이자 역사현실을 관통하는 원칙을 뜻한다. 그렇다면 인간사회를 이끌어가는 도, 통류, 원칙은 무엇인가? 분의(分義)에 따른 예(禮)가 그것이다. 이렇게 보는 순자가 생각하는 인간이란 한마디로 사회적 동물이라 하겠다.

> 사람의 힘은 소만 못하고 달리는 것은 말만 못하지만, 우마(牛馬)를 사용할 수 있는 것은 무엇 때문인가? 그것은 인간은 무리[群]를 이룰 수가 있는데 그들은 사회를 이룰 수 없기 때문이다. 인간이 어떻게 무리를 이룰 수 있는가 하면 그것은 분(分) 때문이다. 분(分)은 어떻게 가능한가 하면 의(義)의 도덕성이 있기 때문이다. 의(義)로 분별을 할 수 있기 때문에 화합이 가능한 것이다. 力不若牛, 走不若馬, 而牛馬爲用, 何也. 曰人能羣, 彼不能羣也. 人何以能羣. 曰分. 分何以能行. 曰以義. (王制篇: 14)

'무리를 이룰 수 있다'는 것이 인간의 본질적인 특징으로서, 말하자면 인간은 사회적 존재이지 개인적 존재가 아님을 알 수 있다. 그리고 무리를 이룰 수 있는 까닭은 분의(分義)에 의해서인데, 이 분의(分義)란 사회적 관계를 규율하는 규범으로서의 예(禮)에 다름 아니다. 따라서 도덕의 근원은 맹자처럼 인간 안에 있는 것(내재적)이 아니라 인간 밖(외재적)에 있다. 그리고 인간에게는 경험을 종합하여 사리를 분별할 수 있는 지성이 있기에 예(禮)를 인식하여 사리에 맞다고 판단된 것을 행할 수 있다. 그리고 교육은 기본적으로 도덕적 문화전통으로 입문시키는 사회화 과정에 다름 아닐 것이다.

---

[10] 人何以知道. 曰, 心也. 心何以知. 曰, 虛壹而靜. (中略) 未得道而求道者, 謂之虛壹而靜, 作之則, 將須道者之虛則入, 將事道者之壹則盡, 將思道者靜則察, 知道察, 知道行, 體道者也, 虛逸而靜, 謂之大淸明. (「解蔽: 2)

2. 순자의 윤리사상

순자에게 있어 인간의 자연적 본성은 소박한 재질로써 욕(欲)·지(知)·의(義)를 가지고 있지만, 그것은 인위적으로 가공하지 않으면 너무나도 쉽게 악(惡)으로 빠져들 수 있다. 말하자면, 이 세상을 살려는 순간부터 우리는 악의 유혹에 빠지도록 프로그램화되어 있다. 그러나 그것 자체가 나쁜 것이 아니라, 각자의 비합리적 욕망추구에서 오는 사회혼란이 문제다. 전국시대적 악의 상황도 여기에서 비롯되었다. 따라서 사회혼란을 방지할 인위적 장치(裝置)가 필요하다. 그것이 바로 문화이고 예의(禮義)의 윤리이다.

> 예는 어떻게 생겨난 것일까? 사람은 태어나면서 욕망을 가지는데, 욕망하는 것을 얻지 못하면 구하지 않을 수 없고, 구함에 있어서는 일정한 한계가 없기에 싸우지 않을 수 없으며, 싸우면 혼란하고, 혼란하면 궁핍해진다. 선왕은 이 혼란을 싫어했기 때문에 예의를 정하여, 사람의 욕망을 양육하고 욕망을 충족시켜주었다. 욕망이 물질로 인하여 파탄이 오지 않도록 욕망과 물질 간에 서로 균형을 유지하면서 증가해 가도록 하였다. 이것이 예가 생겨난 이유이다. 人生而有欲, 欲而不得, 則不能無求, 求而無度量分界, 則不能不, 爭則亂, 亂則窮, 先王惡其亂也, 故制禮義以分之, 以養人之欲, 給人之求. 使欲必不窮乎物, 物必不屈於欲, 兩者相持而長. 是禮之所起也. (禮論篇: 1)

인간은 이기적 욕망의 존재이다. 그래서 인간들을 자연 상태로 그냥두면 서로 욕망을 다투는 이전투구의 마당이 된다. 욕망은 합리적으로 관리되고 조절되어야 한다. 방법은 두 가지가 있다. 하나는 외적인 강제규범으로 규율하는 타율적 접근이고, 다른 하나는 인간들의 자연적 본성을 교정하여 내부에 규범이 자리 잡게 함으로써 자기규제가 가능하도록 하는 자율적 접근이다. 전자가 법가(法家)적 처방이라면, 후자가 순자의 처방이다. 욕망은 자율적이고 합리적으로 조절되어야 한다. 그래서 순자는 예(禮)를 '도덕의 극치'[11]요, 인간이 따라야 할 길인 인도(人道)의 극치라고 말한다.

> 예가 어찌 지극한 것이 아니겠는가? 융성하게 하여 그것으로 한계를 삼으면, 천하에서 더 가감할 것이 없게 된다. 본말(本末)이 서로 따르고, 처음과 끝이 상응하며, 문화를 극진히 하여 차등(差等)이 있게 하고, 통찰력을 극진하게 하여 (시비와 분별의) 논리가 분명하게 한다. 천하가 그것을 따르면 다스려지고, 따르지 않으면 혼란해진다. 따르는 사람은 편안하게 되고 따르지 않는 사람은 위태롭게 되며, 따르는 사람은 생존하고 따르지 않는 사람은 멸망한다. 그러므로 먹줄은 곧음의 극치요, 저울은 균형의 극치며, 둥글고 모난 자는 원과 사각의 극치인 것과 같이, 예(禮)라는 것은 인도(人道)의 극치인 것이다. 禮豈不至矣哉, 立隆以爲極, 而天下莫之能損益也. 本末相順, 終始相應, 至文以有別, 至察以有說. 天下從之者治, 不從者亂. 從之者安, 不從者危. 從之者存, 不從者亡. 故繩者直之至, 衡者平之至, 規矩者方圓之至, 禮者人道之極也. (禮論篇: 5)

순자가 예(禮)를 인도(人道)의 극치라 보는 점에서 그는 욕망규율의 합리적 근거로서의 예를 절대화하고 있다. 예가 객관적으로 실재하는 도덕적 진리라는 것이다. 이러한 점에서 그의 예 개념은 공자의 관점과 대비된다. 공자에게 있어 예는 어디까지나 특정질서로서의 도덕이었고, 그것은 시대적 상황에 따라 전덕인 인(仁)의 원리에 따라 재입법되고 수정될 수 있는 것이었다. 그러나 순자의 예 개념은 상도(常道)로서 일정불변하다는 규범성 때문에 법가처럼 공권력의 힘을 빌려 법제화되어 강제 규범화될 수도 있다. 순자 밑에서 법가사상의 체계자인 한비자(韓非子; BC. ? ~ BC. 233)가 나온 것도 이러한 맥락과 관련된다. 그러나 순자는 예가 법제화되어 강제규범화되는 것을 바라지 않았다. 그는 제도화된 법(法) 자체보다 법의 본뜻을 이해하여 환경에 따라 이를 적응시킬 수 있는 군자의 존재가 더 중요하다는 사실을 강조하였다.[12]

---

11) "書者政事之紀也. 詩者中聲之所止也. 禮者法之大分, 羣類之紀綱也. 人不可不學之, 而學止於禮, 此道德之極也." (勸學篇: 4)
12) "法者, 治之端也, 君子者, 法之原也. 不知法之義, 而正法之數者, 雖博臨事必亂." (禮論篇)

법제도보다 인격자의 존재와 자율적 규범의 효용성을 중요시하였다는 점에서 순자는 법가와 다르다. 그러나 그는 법가에서 만민에게 적용될 수 있다고 제시한 것에 대등할 만한 보편적인 예법(禮法)의 확립에 관심을 두었다.[13]

그런데 순자는 무엇을 근거로 예를 객관적으로 실재하는 도덕적 진리로 규정했는가? 예의 기원을 묻는 앞의 인용에서도 언급되었지만, 그것은 선왕(先王)으로 지칭되는 성인(聖人)들이 만든 것이기 때문이다. 물론 성인도 인간이기에 처음부터 선한 자이기보다는 이기적 본능을 교정하고 "선을 쌓음으로써 (적선積善) 된 것"(儒效篇:9)이다. 인간은 선천적인 지각(知)능력을 바탕으로 하는 경험적 지성을 발휘할 수 있다. 그러니까 성인은 대청명(大淸明)의 마음으로 천도(天道)와 인도(人道)의 구별을 명백히 알아,[14] 인간의 도(道)를 누구보다 먼저 한 몸에 내재화한 자일뿐만 아니라 인간의 지능과 작위적 노력을 가해 문화(文化)를 일으켜온 자들이다. 도덕적 문화전통을 수립하는 데도 누대에 걸친 여러 성인들이 관여해왔다. 이러한 점에서 문화란 인간의 지능과 인위적 노력의 산물이므로 일조일석에 이루어진 것이 아니라 누적되어 온 문화에 첨삭을 가하여 갈고 닦은 집약적 총체이다. 그러므로 순자에 있어서 예(禮)란 오랜 세월을 거친 인간들의 사유양식과 행위규준의 산물이자 보편적 문화유산인 셈이다.[15]

문화를 일으켜온 성인들은 대청명의 마음으로 인간의 본성과 인정(人情)에 토대하여 예를 입법해 왔다. 인간의 이기적 존재(生之欲)이지만, 무리(羣)를 이룰 수 있는 사회적 존재이다. 무리를 이루어 살아가려면 자기의 이기적 욕망을 무리들이 용인할 수 있는 범위 내에서 추구되어야 한다. 이것이 바로 인정(人情)이다. 그러니까 성인들은 인정에 유의하여 인륜을 구축해왔다. 지나침도 모자람도 없는 적정선(適定線)에서 인정(人情)이 오고가야 한다는 전제하에 그에 대한 적정선을 찾아 생활의 여러 측면에서 규정해 놓은 것이 예

---

13) 김승혜, 『원시유교』, 앞의 책, 266쪽.
14) "道者非天之道, 非地之道, 人之所以道也." (儒效篇: 3)
15) "僞起而生禮義, 禮義生而制法度." (性惡篇)

(禮)인 것이다. 인용을 보자.

> 문리(文理: 수식 혹은 형식)를 크게 드러내고 성정(性情: 내용)을 간략히 하는 것은 예가 지나친 것이고, 반대로 문리를 간략히 하고 성정을 크게 드러내는 것은 예가 미치지 못하는 것이다. 문리와 성정, 이 두 가지가 서로 안팎이 되고 속과 겉이 되어 함께 나란히 진행하여 잘 어울리는 것을 예의 중도를 얻었다고 한다. 文理繁, 情用省, 是禮之隆也. 文理省, 情用繁, 是禮之殺也. 文理情用相爲內外表裏, 竝行而襍, 是禮中流也. (禮論篇: 6)

순자는 상도(常道)인 예에 따라 사회 전체에 위계적 틀을 제공하고자 하였다. 결국 그가 제시하는 예의 표준들은 성인들이 일구어온 보편적 문화유산을 체계적으로 정리하여 제시하는 것이겠다. 무엇보다도 예(禮)란 우선 사람으로서 마땅히 지켜야 할 도덕규범이다. 예(禮)란 존귀한 사람에게는 공경[敬]하고, 노인에게는 효도[孝]하고, 윗사람에게는 경애[悌]하고, 어린 사람에게는 자애[慈]롭고, 천한 사람에게는 은혜[惠]로운 것이다(禮論篇). 뿐만 아니라, 예는 궁정에서의 의식(儀式)절차요, 신분적 차등에 따라서 가옥, 거마, 의복, 장식에 이르기까지 모든 것을 규정하는 예법이고, 생사(生死)에 따르는 다양한 의례적 제도(성인식, 혼례 및 상제례 등)이기도 하다. 더 나아가 예는 사회제도와 법률의 기능까지 포함하는 객관적 사회규범이다. 특히, 순자가 예 개념을 사회적인 틀 또는 제도적 표현으로까지 확대시키고 있다는 점에서 그것은 사회윤리이다.[16] 그리고 이러한 의미의 예란 현실적인 차원에서 당시의 등급 내지 계급제도 및 그 전체 윤리관계로서 이것은 사람이 사람되는 것을 결정하는 사회적인 근원이다.[17] 예는 이처럼 인간관계를 규정하는 제도의 표준이기에 상하를 구분하여 조화를 이룰 수 있고, 사회를 유지시키고 편안하게 해준다.

---

16) 순자의 예사상을 사회윤리학적 시각에서 분석하고 있는 대표적인 연구로는 權美淑, "荀子 禮治思想의 社會倫理學的 硏究" (韓國精神文化硏究院 韓國學大學院 博士學位論文, 1997) 참조.

17) 蒙培元, 『中國 心性論』, 앞의 책, 165쪽.

3. 순자의 정치사회사상

순자가 예는 개인윤리이면서 사회윤리이다. 모든 국가의 체제 구성이나 제도의 운영도 예에 따르도록 하고 있기 때문이다. 순자는 인간에게 이기적인 욕망이 있다는 사실 그 자체를 긍정적으로 받아들이고, 모든 구성원들이 가진 욕망을 예(禮)에 걸맞게 추구할 수 있도록 국가 경제를 적극적으로 발전시키고 생산을 권장하는 정치를 펼쳐나가야 한다고 보았다. 따라서 나라가 다스려지고 부유해지기 위해서는 사회구성원들이 각기 자기역할에 충실하여야 한다. 서민인 농공상인은 농사일 등 나라를 먹여 살리는 일에 최선을 다해야 하고, 관리는 백성들의 일을 돕고 화목을 도모하고 치안을 담당하고, 군주와 재상들은 전체적인 측면에서 예의를 바탕으로 나라를 잘 다스려야 한다(富國篇). 이러한 순자의 관점은 정명론(正名論)적 정치관이고, 분사상(分思想: 분업론)에 기초한 경제관으로 읽을 수 있다.[18]

누구보다 군주의 바른 정치가 중요하다. 순자는 군주의 유형으로 세 가지를 제시한다. 왕자(王者), 패자(覇者), 망자(亡者)가 그것이다.

> 국가를 다스리는 사람이 나라 안에 의로움(義)을 확립하면 왕자(王者)가 되고, 신뢰로움(信)을 갖게 하면 패자(覇者)가 되며, 권모술수의 정책으로 일관하면 망자(亡者)가 된다. 이 세 가지야말로 지혜로운 군주가 신중히 고려하여 선택해야 할 바이다. 故用國者, 義立而王, 信立而覇, 權謀立而亡, 三者明王之所謹擇也. (王覇篇: 4)

왕자(王者)란 군주의 덕(德)과 예(禮)로 나라를 다스리는 임금을 지칭하고, 패자(覇者)는 부국강병을 위해 법(法)으로 나라를 다스리는 임금을 말하고, 망자(亡者)는 자신의 이득과 쾌락만을 추구하며 민심을 잃고 국가를 멸망으

---

18) 김승혜,『원시유교』, 앞의 책, 276~282쪽.

로 이끄는 군주를 가리킨다. 왕자는 유가적 왕도정치를 펼치고, 패자는 법가적 패도정치를 이끈다. 순자는 법가적 패도정치가 상벌을 정확하게 적용하여 천하에 신용을 얻는 측면이 있을 인정하였지만,[19] 그의 정치관은 왕도정치를 추구하는 것이었다. 그러나 순자가 말하는 왕도정치는 맹자적인 왕도론과는 구분된다. 맹자의 왕도정치는 자신 안에 내재하는 '차마하지 못하는 마음'(불인지심不忍之心)을 미루어 '차마하지 못하는 정치'(不忍之政)을 펼치는 인정(仁政)의 정치였다. 그러나 순자의 왕도론은 선왕으로부터 전승된 예의를 배우고 매일 실천하여 사회제도를 통해 그것을 구현하는 이른바 예치(禮治)의 정치를 말한다.[20]

순자는 예치적 왕도정치를 실현하기 위해서는 군주가 먼저 대청명의 마음으로 욕심을 버리고 덕과 예로 나라를 다스려야 함을 물론, 어질고 능력 있는 재상을 등용하고 관리들이 주어진 역할을 다할 수 있도록 예로서 그들을 대해야 한다고 강조한다. 순자는 신하의 유형에도 네 가지가 있다고 여긴다. 아첨으로 총애를 받는 태신(態臣), 군주의 권리를 찬탈하는 찬신(簒臣), 충절을 지키며 백성을 아끼는 공신(功臣), 선왕의 예의를 융성케 하고 덕으로 백성을 교화하는 성신(聖臣)이 그것이다. 순자는 덕에 뛰어나고 유능한 사람을 순번을 기다리지 않고 채용하고, 덕이 없고 무능한 사람은 지체 없이 파면시켜야 한다고 하였다(王制篇: 2). 따라서 군주는 신하들의 현우지분(賢愚之分)을 판단하는 능력을 가지고 있어야 한다.

순자는 배움의 따른 신분사회의 형성을 주장하였다. 그는 인간 됨됨이에 따라 네 부류로 사람을 분류하였는데, 속인(俗人), 속유(俗儒), 아유(雅儒), 대유(大儒)가 그것이다. 속인과 속유는 외견상 학문의 유무(有無)차이가 있지만 내용상 모두 자신의 이익만을 추구하는 자들로 그들은 농공상인의 서민이

---

19) 진(秦)나라는 법가적 패도정치로 나라를 다스리는 대표적인 국가였고, 순자는 진소왕(秦昭王)과의 년남에서 법치국가의 강점과 한계점을 지적한 바 있다. 김승혜, 앞의 책, 285쪽.
20) "國無禮則不止, 禮之所以正國也. (工覇篇: 42)

된다. 이기심을 억제하는 것을 배워서 공평해진 아유(雅儒) 혹은 소유(小儒)는 사대부(士大夫)가 되며, 마음이 관대해지고 지식이 예에 조화되어 있는 대유는 천자(天子)와 삼공(三公)이 될 수 있다고 주장한다(「儒效篇」). 그러나 이러한 부류의 사람들은 처음부터 정해지고 태어난 것이 아니다. 다음의 인용을 보자.

> 비록 왕공(王公)과 사대부의 자손이라도 예의에 속할 수 없으면 서인으로 돌아가게 한다. 비록 서인의 자손이라도 학문을 쌓았고 그의 행실이 바르며 예의에 속할 수 있다면 경상(卿相) 및 사대부가 될 수 있다. 雖王公士大夫之子孫也, 不能屬於禮義, 則歸之庶人, 雖庶人之子孫也, 積文學, 正身行, 能屬於禮義, 則歸之卿相士大夫. (王制篇: 2)

순자의 이러한 신분관은 확실히 새로운 관점이다. 그것은 혈통과 종법(宗法)에 따른 신분사회가 아니라 자신의 학문적 노력과 수양의 정도에 따라 새롭게 형성될 수 있는 신분사회를 주장하는 것이기 때문이다. 그만큼 배움과 교육의 중요성이 부각될 수밖에 없다. 이제 순자의 수양론과 교육론을 보기로 하자.

4. 화성기위(化性起爲)의 교육학

1) 교육을 받은 사람의 개념

무리를 같이하여 살아갈 사회구성원들은 마땅히 선왕으로부터 내려온 예(禮)를 습득하고 실천해야 한다. 순자에게 있어서 도덕교육을 받은 사람이란 일단 사회의 규범과 도덕적 문화전통을 내면화하여 실천할 수 있는 사람을 뜻한다. 순자의 관점에서 교육은 본질적으로 사회화 과정에 다름 아니기 때문이다. 이기심을 교정하고, 예의 이해와 습득 정도에 따라 인격완성의 정도가 결정된다. 인용을 보자.

> 사람으로서 예를 두고 지키는 사람은 사군자다. 예에서 벗어나는 사람은 보통 백성이다. 예의 테두리 안에서 하는 일마다 모두 어김없이 질서를 얻어 조금도 흐트러지지 않는 사람, 이런 사람은 성인이다. 그러므로 성인의 덕이 두터운 것은 바로 예를 닦아 거듭 쌓았기 때문이고, 성인의 덕이 큰 것은 바로 예를 넓혔기 때문이고, 성인의 덕이 높은 것은 바로 예를 존중했기 때문이며, 성인의 덕이 밝은 것은 바로 예의 실천을 극진히 했기 때문이다. 人有是(=禮)士君子也, 外是民也, 於是其中焉, 方皇周挾, 曲得其次序, 是聖人也. 故厚者禮之積也, 大者禮之廣也, 高者禮之隆也, 明者禮之盡也. (禮論篇: 6)

순자는 "성인(聖人)조차도 인간이 선(善)을 쌓아 올려서(積善) 된 것"(儒效篇: 9)이라고 말한다. 그러나 진정한 성인(聖人)이란 대청명의 마음으로 천도(天道)와 인도(人道)의 구별을 명백히 알아,[21] 인간의 도(道)를 한 몸에 내재

---
21) "道者非天之道, 非地之道, 人之所以道也." (儒效篇: 3)

화한 자일뿐만 아니라 인간의 지능과 인위적 노력을 가해 문화(文化)를 일으키는 자이다. 즉, 전통의 내면화와 실천을 넘어 규범의 창조자가 될 때 비로소 성인(聖人)이 된다. 그는 바로 인의(仁義)의 도(道)를 터득한 인자(仁者)이기도 한다. 성인은 인정(人情)에 토대하여 시대적 상황에 걸맞게 문리(修飾: 형식)와 성정(性情: 내용)이 중용적 표리를 이루도록 자유자재로 규범을 입법하고 집행할 수 있는 능력의 소유자이다.[22] 이 성인(聖人)됨이 교육의 궁극적 목표이다.

그러나 성인이 되는 길은 모두에게 열려져 있는 길이지만 결코 만만한 길은 아니다. 맹자의 경우, 사람은 내재적인 인의(仁義)의 도덕성을 가지고 태어나기에 누구나 성인이 될 수 있는 가능성을 가지고 있었다. 그러나 순자의 경우, 성인은 부단한 자기수양과 배움을 통하여 실현될 수 있는 것이다.

> 우(禹)임금이 우임금이 된 까닭은 인의(仁義)와 올바른 규범(法正)을 실천한 까닭이다. 그러면 인의와 바른 규범은 누구나 알 수 있고 할 수 있는 도리인 것이다. 그러므로 누구든지 다 인의와 규범을 알 수 있는 소질과 행할 수 있는 능력을 가졌으므로 누구든지 다 우임금처럼 될 수 있는 것은 분명하다.(중략). 그러나 보통사람(塗之人)들도 우임금이 될 수는 있지만 우임금이 된다고 단언할 수는 없다. 비록 우임금이 못된다고 하여 우임금이 될 수 있다고 하는 것이 잘못된 말은 아니다. 마치 발로 걸으면 온 천하 못 갈 데가 없지만, 그러나 실제로 온 천하를 다 걷지 못하는 것과 같은 것이다. 凡禹之所以爲禹者, 以其爲仁義法正也. 然則仁義法正, 有可知可能之理. 然而塗之人也, 皆有可以知仁義法正之質. 皆有可以能仁義法正之具, 然則, 其可以爲禹明矣.(中略). 塗之人, 可以爲禹則然, 塗之人能爲禹, 未必然也. 雖不能爲禹, 無害可以爲禹. 足可以徧行天下, 然而未嘗有能徧行天下者也. (性惡篇: 10)

---

22) "先王之道, 仁之隆也, 比中而行之. 曷謂中. 曰 禮義是也.(儒效篇:3); 聖人, 縱其欲, 兼其情, 而制焉者理矣. 夫何彊何忍何危. 故仁者之行道也, 無爲也, 聖人之行道也, 無彊也. 仁者之思也恭, 聖人之思也樂." (解蔽篇: 2)

인간은 누구나 성인이 될 수 있는 소질을 타고났는데, 왜 우임금은 성인이 되고 보통사람은 성인되기가 어려운가? 공자의 대답처럼, 성인됨은 너무나 고원(高遠)한 이상(理想)이기 때문이다. "도의에 힘써 학문에 노력을 전심 집중하여 사색하고 숙고하고 오래오래 '선(善)을 쌓아'(積善) 쉬지 아니하면 신명(神明)에 통하고 천지(天地)에 참여할 수 있을 것이다. 성인이란 이처럼 학습을 쌓고 쌓은 결과로 된 것이다."[23] 그런데 보통사람들도 가능성은 있지만 말처럼 장기간 동안의 적선(積善)과 신명(神明)에 통하기가 쉽지 않은 일이다. 그래서 순자도 공자처럼 고원한 이상으로서의 성인보다는 수양하는 군자(君子)를 더 선호하는 것 같다(勸學 및 修身篇 등을 참조). 군자는 예를 내면화하고 실천하는 사람이기 때문이다.

2) 교육방법론

성인만이 예(禮)를 입법해 낼 수 있다. 그러나 맹자의 견해처럼 예는 성인의 본성에서 나온 것이라기보다는, 오히려 자신의 본성을 변화시키는 각고의 노력을 통해 얻은 인위(人爲)의 소산이다.[24] 따라서 수양하는 군자의 공부와 교육은 문화유산인 예(禮)를 몸소 체득한 성인을 따라 배움에 다름 아니다. 거듭 말하지만, 순자의 관점에서 교육은 본질적으로 사회화 과정이다. 교육은 인간의 자연적 본성을 사회화시켜 사회에 적응할 수 있는 인간, 사회가 요구하는 인간을 길러내는 것이다. 이러한 의미의 교육에서는 교육과정으로서의 문화유산과 문화의 전달자로서의 교사의 역할이 매우 강조되게 마련이

---

23) "今使塗之人, 伏術爲學, 專心一志, 思索孰察, 加日縣久, 積善而不息, 則通於神明, 參於天地矣. 故聖人者, 人之所積而致也."(性惡: 10)

24) "凡禮義者, 是生於聖人之僞, 非故生於人之性也.⋯⋯告聖人化性而起僞, 僞起而生禮義, 禮義生而制法度. 然則禮義法度者, 是聖人之所生也."(性惡篇: 5)

다. 그래서 순자는 "기(氣)를 다스리고 심(心)을 수양하는 방법은 예(禮)에 의거하는 만큼 빠른 길이 없고, 훌륭한 스승을 얻어 교훈을 받는 것만큼 요긴한 일이 없고, 호학(好學)하는 것만큼 신통한 것이 없다"(修身篇: 4)고 말한다.[25]

　순자는 유교전통 속에 오경(五經)의 개념을 처음으로 확립한 사람이기도 하다. 그만큼 그는 교육과정으로서의 교과서를 중시했음을 알려주는 반증이다. 먼저 그는 배움의 순서로 『시경(詩經)』, 『서경(書經)』 등의 경전을 외우는 데서 비롯하고, 『예(禮)』를 정독하는 데서 끝나는 것이라 하고 있다. 그리고 각 경전의 교육과정 상의 의의로, 『서경』은 정치의 기강이 되는 것으로 과거의 역사가 오늘을 사는 정치가들의 거울이라는 개념을 강조한다. 『시경』은 인간의 감정을 적중하게 표현하고 알맞은 데서 그칠 줄 알았다는 데서 인간의 폭을 넓혀주는 것이라고 보았다. 『춘추(春秋)』는 인간 역사의 미묘함을 기록하여 천지(天地)의 이치를 알려준다고 하였다. 끝으로 『예』와 『악(樂)』은 사회규범을 밝혀주고 조화의 원리를 알려주기 때문에 배움의 극치를 이룬다고 평하였다(勸學篇: 4, 儒效篇: 6).

　그러나 아무리 훌륭한 교재가 있다한들 그것을 해석하고 깨우쳐줄 스승이 없으면 학생들은 진의(眞意)를 깨닫고 실천하기 어렵다. 왜냐하면 교과서의 내용이란 추상적이거나 원칙적이거나 현실 적합성이 떨어질 가능성을 안고 있기 때문이다.[26] 그래서 순자는 "학문을 하는 데는 훌륭한 스승을 즐겨 따르는 것보다 빠른 길이 없으니, 예(禮)를 숭상하는 것은 그다음의 일"[27]이라 말한다. 스승은 전통의 해석자이고 전통의 전달자이다. 나아가 스승은 단순히 지식과 가치를 전달하는데 그치는 것이 아니라 학습자의 학문과 도덕성의 발달이 보편적 가치에 부합하느냐 아니냐를 가늠해 주는 합리적인 교육적 권위를 갖는다.

---

25) 이러한 예는 또 있다. "禮者所以正身也, 師者所以正禮也. 無禮何以正身, 無師吾安知禮之爲是也."(修身篇: 11)

26) "禮樂法而不說, 詩書故而不切, 春秋約而不速." (勸學篇: 4)

27) "學莫便乎近其人, 學之徑, 莫速乎好其人, 隆禮次之." (勸學篇: 4)

그리고 구체적인 교수방법으로 순자는 인위적이고 반복적인 습득과 쌓음(積)을 통한 지속적 실천을 강조하고 있다.

> 인간의 본성이라고 하는 것은 나로서는 어쩔 수 없는 것이지만 후천적 교화가 가능하다. 또 습관을 쌓는다는 것은 선천적으로 가지고 있는 것은 아니지만 노력하면 될 수 있는 것이다. 사람의 행동과 풍속, 습관 등은 본성을 변화시키는 것이며, 오로지 집중하여 여러 번 반복하면 습관이 되고, 습속이 마음을 변화시켜 오래오래 쌓으면 본질도 변화시키며 전일하게 수양하고 또 수양하면 신명(神明)에 통해서 천지(天地)에 참여할 수 있다. 性也者, 吾所不能爲也, 然而可化也. 情也者, 非吾所有也, 然而可爲也, 注錯習俗, 所以化性也, 幷一而不二, 所以成積也, 習俗移志, 安久移質, 幷一而不二, 則通於神明, 參於天地矣. (儒效篇: 9)

습득은 일회적인 노력의 결과가 아니라 지속적인 노력의 축적이다. 아무런 노력이 깃들지 않는다는 의미의 자연적 본성이 정교하고 세련된 문화적 인간으로 질적 변화를 하기 위해서는 끊임없는 노력이 필요한 것이다. 그래서 순자에게 있어 <적(積)>은 자연에서 문화로 이행하는 가장 중요한 방법인 셈이다.[28] 이와 같이 교육은 지속적인 노력을 쌓는 방법에 의해 후천적으로 획득된 자질을 제2의 본성으로 내면화시킨다. 이것이 이른바 적선화성(積善化性)이고 화성기위(化性起爲)의 덕성함양론이다.

순자는 교육에서 지배층의 모범적인 행동과 교육적 환경의 중요성에 대해서도 강조하고 있다. "군주가 몸을 닦는다는 말은 들었어도 몸을 닦지 않고서 나라를 다스린다는 말은 들은 적이 없다. 군주는 백성의 표준이요, 백성은 그 그림자이므로 그 표준이 바르면 그림자도 따라서 바르게 된다"(君道篇: 4)고하여 군주의 모범을 강조한다. 또한 "옆으로 벌려 자라는 다북쑥도 빽빽한 삼밭 속에 끼어나면 막대를 세워주지 않아도 쪽 곧게 자란다. 또 아무리 하얀

---

20) 권미숙, 앞의 논문, 155쪽.

모래도 진흙 속에 섞여 두면 검게 물들기 마련"(勸學篇: 2)이라 하는 등 교육의 사회 문화적, 인적 환경의 중요성을 강조한다.

이렇게 볼 때, 순자의 교육은 외부(外部)의 힘으로 내부(內部)의 발전을 유도하는 자타교육(自他敎育)이라 할 수 있다. 맹자는 내재한 선(善)한 도덕성을 보존하고 배양할 것을 교육의 목적으로 삼았으므로, 학생의 의도와 개성을 존중하는 계발교육(啓發敎育)의 방법이었다. 그러므로 맹자의 교육은 내부로부터 밖으로 계발하는 교육(由內而外), 즉 학생의 자율적 능력에 근거하여 밖에서 교사가 조력하는 교육이다. 이와 달리, 순자는 깨달은 자인 교사가 학생을 밖에서 촉구하고 고무하는 것이다. 맹자에서의 '보존한다' '배양한다'와는 달리 '쌓는다' '훈련한다' '가르친다'라는 용어가 더 적합하다. 이러한 순자의 교육방법은 외부로부터 안으로의 계발을 유도하는(由外而內) 교육인 것이다.[29]

그렇다고 하여, 순자의 교육론을 '정물(正物)'의 인독트리네이션(indoctrination)으로 읽어서는 곤란하다. 맹자가 주장했던 '정기이물정(正己而物正)'[30]의 교육방식은 (교사)자신의 덕(德)을 닦고 나서 그 방법을 사물(事物; 학생)에 옮겨 행하는 것이다. (교사)자신의 덕은 닦지 않고 단지 사물(학생)에만 선(善)하라고 하는 것은 정기(正己)도 않으면서 사물에만 선(善)을 강요하는 '정물(正物)'의 개념이다. 여기서 '물정(物正)'과 '정물(正物)'은 개념상 엄청난 차이가 있다. '물정(物正)'은 '물자정(物自正)'으로써, 물(物)이 스스로 혹은 자연적으로 바르게 됨이다. 그러나 '정물(正物)'은 교사가 인위적으로 사물(학생)에 간섭하여 조작하는 개념이다. 자신의 덕을 닦지 않은 채 학생들에게만 일방적으로 정물(正物)하려는 교육이 '인독트리네이션'이다. 그러나 꽃이 꽃되게 하고 사물(事物)이 사물되게 자연적 율동에 맡겨두는 태도가 '물정(物正)'의 개념이다.

---

29) 林永喜, 『孔孟荀敎育哲學思想比較分析硏究』(文景書局, 民國 75), 127~130쪽, 159~162쪽. 신효숙, 앞의 논문, 63쪽에서 재인용.

30) "有大人者, 正己而物正者也." (『孟子』「盡心章 上; 19)

정물(正物)은 교사가 자신의 덕은 닦지 않은 채 학생들에게 일방적으로 선(善)을 행하라고 강요하는 인위적 간섭과 조작의 개념이다. 그러나 물정(物正)은 선생이 먼저 덕을 닦고(正己) 모범을 보임으로써 학생들이 자율적·자발적으로 학습에 나서는 '침묵의 가르침'(묵화黙化)과도 같은 것이다. 물론 물정이 묵화라고 해서 그것이 학생들을 자유방임의 상태로 방치해 두는 것으로 생각해서는 안 된다. 어디까지나 그것은 간섭과 조작의 인독트리네이션은 하지 않으면서, 간접적인 방법으로 학생들의 학습을 돕는 방식으로 읽어야 한다. 맹자는 이러한 물정의 교육방법을 주장했다. 그는 인간의 본성을 선하다고 보았기 때문에 그것이 가능했다. 그러나 순자는 인간을 이기적 존재로 여긴다. 그래서 그는 이기적 본성을 도덕적으로 사회화시켜야 한다고 보았다. 그러나 이러한 그의 관점을 정물의 인독트리네이션으로 읽어서는 곤란하다. 순자에게 있어 스승은 누구보다 먼저 '정기(正己)'한 모범자이다. 그리고 교육의 내용으로써 예(禮)란 긴 세월동안 성인들이 경험적으로 일구어낸 공동체의 위대한 문화적 전통이다. 공동체의 위대한 전통을 교육하는 것은 맹목적인 '주입'과는 다른 것이며, 그것은 전통에 기초한 합리성을 찾아서 교육하는 '도덕적 사회화'에 다름 아니다.

3) 맺음말

순자는 인간의 현실적 이기심을 인정하는 성악설의 기반위에 그 이기심을 자율적으로 규제할 수 있는 문화의 나라를 건설하고자 하였다. 예의(禮義)의 윤리와 예치(禮治)의 정치학이 그것이다. 순자에게 있어, 예란 선왕과 성인들이 기나긴 세월동안 일구어온 문화의 총체이고, 객관적으로 실재하는 도덕적 진리이다. 따라서 도덕적인 사람이 된다는 것은 이러한 도덕적 문화전통을 내면화하고 실전하는 사람이다. 이기심을 교성하고 예를 이해하고 습득하는 정도에 따라 인격완성의 정도가 정해진다. 성인조차도 선을 쌓아서(積善) 된 자이다. 그러나 성인은 예를 내면화하고 실천하는 정도를 넘어 새로운 예를 입법할 수 있는 인의(仁義)의 도를 터득한 사람이다. 이러한 성인됨이 배움과 교육의 궁극적 목표이지만, 그것이 달성은 현실적으로 쉬운 일이 아니다. 일단 도덕적 문화전통인 예를 내면화하고 실천하는 사람이 되는 것이 우선이다. 그가 군자이다.

공부와 교육은 문화유산인 예(禮)를 몸소 체득한 성인을 따라 배움에 다름 아니다. 순자의 관점에서 교육은 본질적으로 사회화 과정이다. 교육은 인간의 자연적 본성을 사회화시켜 사회에 적응할 수 있는 인간, 사회가 요구하는 인간을 길러내는 것이다. 학생들의 자율성의 침해는 교육이라는 이름으로 정당화될 수 있다. 따라서 이러한 교육은 간접적이기보다는 직접적인 방법에 의해 이루어질 수밖에 없다. 습관과 전통이 강조되고 설득하고 감화를 주고 모범을 보여주는 기법들이 동원된다. 교재와 교사의 역할도 직접적이다. 교재는 도덕실천의 전범(典範)이고, 교사는 먼저 그것을 습득하여 실천하고 있는 전형(典型)이다. 이상의 점에서, 순자의 교육론은 현대적 의미의 도덕적 사회화론과 다르지 않다고 본다.

제9장

한비자의 철학사상

- 예치에서 법치로 -

서론: 예치에서 법치로

    춘추전국시대는 주나라의 예제와 봉건제도의 잔재가 남아 있었지만, 제후국들의 정치체제는 중앙집권적 전제군주제로 전환되고 있었다. 특히 전국시대가 되면서 그러한 흐름은 급속화되었다. 이것은 당시 사회경제적 토대의 변화와 무관하지 않았다. 철제농기구의 등장, 토지사유화의 진전, 농업생산력의 확대, 상업의 발달, 토지자본과 결합된 대지주·대상업 자본의 형성 등이 그것이다. 이러한 변화는 서서히 전통적(세습적) 귀족(경대부 집안)의 붕괴를 초래했고, 평민들의 해방을 가져온 것이었다. 이에 따라, 정치추세도 귀족정치에서 군주전제정치로, 예치(禮治)에서 법치(法治)로 향하고 있었다.[1] 법가사상가들은 바로 이러한 시대적 요구에 철학적 응답을 제공한 자들이었다.

    대외적으로는 제후들이 부국강병을 기치로 천하의 패권을 다투는 시대였다. 그래서 이 시기에 제후들로부터 가장 신임을 받는 사상가들은 패도적 법술의 정치와 전쟁의 기술을 가진 자들이었다. 그러한 사상가와 전략가를 얻

---

1) 풍우란(박성규 옮김), 『중국철학사(상)』(서울: 까치, 2003), 497쪽.

은 제후들이 한 시대를 주름잡는 패제후가 되고 방백(方伯)이 되었고, 결국 천하까지 통일시켰다. 춘추시대에 제환공(齊桓公)의 관중(管仲), 제경공(齊景公)의 안영(晏嬰), 정간공(鄭簡公)의 자산(子産) 등이었고, 전국시대에는 위문후(魏文候)의 이리(李悝), 진효공(秦孝公)의 상앙(商鞅), 한소후(韓昭候)의 신불해(申不害), 초도왕(楚悼王)의 오기(吳起) 등이 대표적인 패도의 기술정치로 부국강병을 추구하고 실현했던 자들이었다. 물론 이외에도 많은 지략가들이 있었다. 진시황의 이사(李斯)와 한비자(韓非子)는 천하의 통일을 이끌고 통일국가체제 수립에 기여한 법가사상가였다.

　법가사상은 제가의 학파와는 달리 철학적 깊이를 추구하기보다는 실제로 현실 문제를 해결하는 과정에서 형성된 학파라고 볼 수 있다. 그래서 이들의 철학은 대체로 정치사회사상에 초점을 두고 있다. 윤리와 정치의 영역을 구분하였는데, 그것은 도덕이 정치를 규율하기보다는 도덕을 정치 안으로 흡수하는 접근이었다. 따라서 개인의 도덕적 자율성보다는 사회의 제도적 규범을 더 중시하였다. 오로지 군주와 국가의 관점에서 부국강병의 이념을 달성하는 정치적·제도적 수단을 제공하고자 했던 것이 법가사상이라 할 수 있다. 그래서 그들은 법술지사(法術之士) 혹은 경전지사(耕戰之士)로 불렸다. 법가라 명칭하게 된 것은 한(漢) 대에 제자백가의 사상이 정리되면서이다.

　그러나 법가가 한갓 가혹한 법으로 백성들을 압박하는 것을 목적으로 하는 것이 아니었다. 법가사상가들은 우주자연의 도(道)가 사회규범의 원리로 전화한 것이 바로 '법'이라고 생각했다. 따라서 법은 공평무사한 것이고 이를 통하여 대공지정(大公至正; 크게 공평하고 지극히 정의로움)한 세상을 건설할 수 있다고 여겼다. 그들은 인간본성의 선함에 기대는 덕치(德治)주의(공맹유학)나, 악한 본성을 변화시켜 도덕적 자율성에 토대하는 예치(禮治)주의(순자유학)로는 세상을 공정하게 다스릴 수 없다고 보았다. 개인적 덕이나 예제로 세상을 다스리는 것은 군주의 현명함과 어리석음에 따라 백성들의 행·불행이 결정되는 예측 불가능한 정치이기 때문이다. 군주의 현불초에 상관없이 세상이 다스려지기 위해서는 공정한 법에 의해 다스리는 법치(法治)여야 한다는 것이 그들의 관점이었다.

　법가사상가들은 대체로 인간을 이기적 존재로 보았다. 그러나 그것은 맹자나 순자처럼 본성적으로 성선(性善) 혹은 성악(性惡)의 개념이라기보다는 경험적 사실의 관찰결과에 가깝다. 그리고 인간 이기심의 실체인 이익의 개념은 시대에 따라 변하는 것으로 여긴다. 따라서 변화하는 '인정'(人情)에 따라 법을 제정해야 한다는 발전적 역사관을 견지하였다. 그것이 끊임없이 운동 변화하는 우주자연의 도의 법칙에 따르는 것이기도 하다.

1. 법가의 선구자들

『한서예문지漢書藝文志』는 법가사상가로 10가(十家)가 있다했지만, 주요 인물로는 춘추시대의 관중(管仲, BC ?~BC 645)과 자산(子産, BC 585?~BC 522?), 전국시대의 신불해(申不害, BC 385~BC 337), 신도(愼到, BC 395~BC 315), 상앙(商鞅, BC ?~BC 338), 이사(李斯, BC ?~BC 208), 한비자(韓非子, BC 280~BC 233) 등이 있다. 이 중 자산은 이름이 공손교(公孫僑)이고 정(鄭)나라 재상으로 최초의 성문법을 제정하는 등 관중과 함께 법가의 선구로 알려지지만, 남겨진 글이 없어 자세한 사상을 알 수 없다. 신도 역시 남겨진 글이 없어 자세한 사상을 알 수 없지만, 군주의 위세(威勢)를 강조했다고 전한다. 그리고 이사는 한비자와 함께 순자에게 배웠고, 진(秦)왕 징(政)의 재상이 되어 천하를 제패하고 통일제국의 기틀을 제공한 사람이다. 그러나 역시 남겨진 책이 없어 자세한 사상을 모르겠다. 여기서는 관중, 신불해, 상앙을 중심으로 법가 선구자들의 사상을 간략히 보기로 한다.

1) 관중의 세(勢)와 법(法)

관중(管仲, BC ?~BC 645)은 제나라 영상(潁上)에서 태어났고, 본명은 이오(夷吾), 자는 중(仲)이다. 죽마고우 포숙아(鮑叔牙)와의 우정에 관한 '관포지교(管鮑之交)'라는 고사성어로 우리에게 친숙한 인물이다. 제환공(齊桓公)을 도와 패자(覇者)로 만든 공신이었다.

관중은 도가사상을 정치에 활용했다. 노자의 도 개념을 군주의 역할로 치환한다. 도는 텅 빈 허함[虛]이고 고요함[靜]이다. 도(道)처럼, "군주[人君]도 고요함과 허함을 지킨다면, 신하는 임금이 무엇을 좋아하고 싫어하는지를 알 수가 없기 때문에 전전긍긍하면서 그의 직무를 열심히 하게 된다. 그러나 만약 임금이 고요함과 허함을 지키지 아니하여 좋아하고 싫어함이 알려지거나 혹은 허망(虛亡)함이 지나치게 되면, 반드시 신하들이 임금 위에 올라타려 할 것"2)이라고 말한다. 군주가 허함과 고요함으로 처신하는 이유는 군주의 위세(威勢)를 위한 것이다. 그래야 신하들이 전전긍긍하게 일을 하고, 백성들이 따를 것이기 때문이다. 인용을 보자.

> 명철한 군주가 윗자리에 앉아 필연코 통제할 세(勢)를 장악하면 뭇 신하들은 감히 부정을 행할 수 없다. 그러므로 뭇 신하들이 감히 군주를 속이지 못하는 것은 군주를 사랑하기 때문이 아니라 군주의 위세를 두려워하기 때문이다. 백성들이 다투어 복무하는 것은 군주를 사랑하기 때문이 아니라 군주의 법령을 두려워하기 때문이다. 明主在上位, 有必治之勢, 則群臣不敢爲非. 是故群臣之不敢欺主者, 非愛主也, 以畏主之威勢也. 百姓之爭用, 非以愛主也, 以畏主之法令也. (明法解篇)

훗날 신도(愼到, BC 395~BC 315)라는 법가사상가도 군주의 세(勢)를 중시하는 이론을 내세워 법과 세의 작용을 강조했다. 한편, 관중은 백성들이 지켜야 할 도덕률로 사유(四維)를 주장했는데, 예·의·염·치(禮義廉恥)가 그것이다. 그는 "나라에는 사유(四維)가 있다. 여기서 일유(一維)가 끊어지면 기울어지고, 이유(二維)가 끊어지면 위험하게 되고, 삼유(三維)가 끊어지면 무너지고, 사유(四維) 모두가 끊어지면 나라가 멸망한다."3)고 하였다. 또한 그는 예·의·염·치에 대해, "예는 절도를 넘지 않는 것이고, 의는 스스로 나아가지 않는 것이고, 염은 악을 숨기지 않는 것이며, 치는 옳지 못한 일을 하지 않는 것이다."4) 계속하여, "절도를 넘기지 않으면 윗자리가 안정되고, 스스로 나아가지 않으면 백성들이 속이지 않으며, 악을 숨기지 않으면 행동이 자연스

---

2) 人君自正位, 守靜虛, 則臣下不得知其好惡, 戰戰兢兢而盡其職. 人君若不靜虛而洩好惡, 或過於虛亡, 則必忽爲臣下所乘.『管子』「心術上篇; 大意」
3) 國有四維. 維絶則傾, 二維絶則危, 三維絶則覆, 四維絶則滅.
4) 禮不踰節, 義不自進, 廉不蔽惡, 恥不從枉.

럽게 이루어지고, 옳지 못한 것을 따르지 않으면 사악한 일이 일어나지 않는다."[5]고 하였다. 이처럼, 관중은 절도를 벗어나지 않음, 스스로 모험하여 나아가지 않음, 죄악을 숨기지 않음, 사악한 것을 따르지 않음 등을 도덕의 네 가지 강령으로 삼아야 한다고 했다. 이러한 도덕률이 제대로 지켜지기 위해서는 엄격한 법이 무엇보다 중요하다. 인용을 보자.

> 명철한 준주는 법규(度量)를 통일하고 준칙(表儀)을 건립하여 굳건히 견지해야 한다. 그래야 명령을 내리자마자 백성은 복종한다. 법이란 천하의 판별기준(程式)이고, 만사의 준칙(儀表)이다. (법을 집행하는) 관리에게 백성의 목숨이 달려있다. 따라서 명철한 군주의 통치방식은 법에 저촉되는 사람을 처단한다. 즉 법에 따라 죄인을 단죄하면 백성은 사형을 당해도 원망을 품지 않고, 법에 따라 공을 평가하면 상을 받아도 은혜에 감격하지 않는다. 이것이 바로 법에 따라 조치한 효과이다. 明主者, 一度量, 立表儀, 以堅守之. 故令下而民從, 法者, 天下之程式也, 萬事之儀表也. 吏者, 民之所懸命也. 故明主之治也, 當於法者誅之. 故以法誅罪, 則民就死而不怨. 以法量功, 則民受賞而無德也. 此以法擧錯之功也. (明法解篇)

관중은 군주의 위세와 법의 중요성을 바탕으로 부국강병을 이루는 세 가지 강령을 주장했는데, 첫째, 백성들을 부유하게 하는 것, 둘째, 예의염치로 백성들을 교화하는 것, 셋째, 신명(神明; 귀신, 산천, 종묘 등)을 받드는 것 등이다. 특히 그가 실행했던 정책 중에 사민(四民)제도, 속형(贖刑)제도는 주목된다. 사민제도는 백성들의 가업이 사·농·공·상(士農工商)으로 한 번 정해지면 그것을 바꾸지 못하게 하고, 자식으로까지 이어져야 한다는 것이다. 속형제도는 범죄를 저지른 자에게 일정한 재물을 내게 하고 죄를 사면해주는 제도이다. 이외에 국가사무행정 조직 속에 군 조직을 동시에 편성하는 제도도 실행했다. 관중은 이러한 세 강령과 정책들을 실제 정치에 적용하고 실행함으로써 제(齊)나라가 크게 다스려진 것이었다.

---

5) 不踰節則上位安, 不自進則民不詐, 不蔽惡則行自全, 不從枉則邪事不生.

2) 신불해의 인재등용술

신불해(申不害, BC 385~BC337)는 정(鄭)나라 출신으로, 형명(刑名)과 법술(法術)에 능하여 한소후(韓昭候) 밑에서 벼슬하였다. 한(韓)나라가 진(秦)·초(楚)의 강대국 사이에 끼어서도 나라를 유지할 수 있었던 것은 신불해의 공로가 컸다. 그는 황제(黃帝)와 요(堯)임금의 정치도 모두 법에서 나왔다고 보면서 법령(法令)이야말로 나라를 다스리는 치국의 수단이라 주장했다.

신불해가 말하는 법이란 무엇인가? 공로[功]와 서열[位]을 보고, 재주[才]에 따라서 관직을 주는 것, 즉 인재등용술(人才登用術)을 말한다.[6] 엄격한 기준에 따라 인재를 등용함으로써 임금은 보고 들음을 자의적으로 할 수 없고, 자신의 지식과 힘을 마음대로 할 수 없고, 사사로운 정으로 좌지우지할 수 없게 되어, 마땅히 고요하고 텅 빈 무위(無爲)의 마음으로 공법(公法)에 따라 나라를 다스릴 수 있다는 것이다. 그는 사람들의 보고 듣는 경험이란 매우 천박하며, 또 지식에는 한계가 있는 것이라고 생각했기 때문에, 그러한 주관적이고 특수한 지식보다는 객관적이고 보편적인 법이나 사람을 부리는 기술[術]이 더 확실성이 있다고 보았던 것이겠다. 또 임금이 사사로운 정에 얽매여 옳고 그름을 잘못 판단하게 되면, 신하들은 항상 군주의 뜻에 영합하게 되고 또 그 군주도 인재를 잘못 쓰게 마련이다. 따라서 그렇게 하지 않도록 하기 위해서도 객관적인 법에 따라 인재를 등용하여 부리는 기술이 필요하다.

신불해가 주장하는 인재등용의 비결은 군주가 노자의 무위자연(無爲自然)을 체득하는 것과 다르지 않아 보인다. 그래서 사마천은 "신자의 학설은 황노사상에 근본을 두면서 형명(刑名)을 주장했다."[7]고 논평했을 것이다.

---

[6] 미우라 도우사꾸(강봉수 외 2인 옮김), 『중국윤리사상사』(서울: 원미사, 2007), 197~198쪽.
[7] 申子之學, 本於黃老, 主刑名.

3) 상앙의 법(法)·신(信)·권(權)

상앙(商鞅, BC ?~BC 338)은 위(衛)나라 출신으로 이름은 공손앙(公孫鞅)이고, 위앙(衛鞅)이라 불리기도 한다. 진효공(秦孝公)을 도와 강대국으로 만들었다. 그러나 효공이 죽자 원한을 품은 자들로부터 참소되어 그가 만든 법에 따라 거열형(車裂刑)에 처하여졌다. 그의 성품은 매우 냉혹하였다. 그는 엄격한 법치주의자였다. 전날 관중은 정치설 속에서 그나마 도덕의 필요성을 논했는데, 상앙은 철저하게 도덕을 배척했다. 강력한 법령에 토대한 부국강병의 대책을 제안하고 실행했던 사상가이다.[8]

상앙은 치국의 세 강령으로 ①법(法), ②신(信), ③권(權)을 들었다. 법이란 법률(法律)을 말하고, 신이란 신의(信義)를 말하며, 권이란 권력(權力)을 뜻한다. 나라를 다스릴 때 무엇보다 법률이 중요하다고 보았다. 또한 법률이 일단 정해지면 어떤 경우에도 반드시 지켜져야 한다. 군주는 스스로 신의를 지키지 않으면 안 되며, 법을 범한 사람은 반드시 권력으로 그를 벌주어야 한다고 보았다. 권력은 군주가 백성을 제어할 수 있는 힘이다. 권력이 있어야 군주는 백성을 능히 위엄으로 복종하게 할 수 있고, 권력을 잃으면 군주는 신하와 백성들에게 업신여김을 받게 되고 그 지위마저 위협받게 된다. 이처럼, 법·신·권은 치국에 있어 필수 불가결한 수단이라 여겼다.

상앙은 법률의 시행은 신상필벌(信賞必罰)의 원칙에 따라 엄중하게 적용되어야 한다고 보았다. 특히 그는 상보다는 벌을 더 중시 여겼는데, 벌은 간사한 일을 못하게 하는 것이지만, 상은 금지된 일을 못하도록 보조하는 수단에 불과하다고 보았기 때문이다. 그래서 벌이 더 많고 상이 적은 나라가 더 잘 다스려 진다고 하였다. 벌이 아홉이고 상이 하나인 나라는 강한 나라가 되고, 벌과 상이 반반인 나라는 쇠약해진다는 것이다. 그리고 그는 십오연좌법

---

8) 이하 논의는 미우라 도우사꾸(강봉수 외 옮김), 앞의 책, 198~202쪽 참조.

(什伍連坐法)을 만들어 백성들끼리 서로 감시하게 하였다. 이 법은 다섯 사람을 오(伍)로 묶고, 열 사람을 십(什)으로 묶어, 십오(什伍)의 팀 안에서 죄를 범한 사람이 있으면 서로 고발하게 하여, 고발한 자에게는 상을 주고 숨겨준 자와 악한 사람은 함께 형벌을 주었다. 또 형벌은 악을 징벌하는 데 목적이 있기에 벌이 가벼우면 효험이 적고 백성들이 그것을 업신여겨 죄를 범하는 자가 많아지게 된다고 보았다. 이러한 중형론(重刑論)에 따라 그는 각종의 가혹한 형벌을 만들어냈다. 임기말년에 그도 자신이 만든 목과 사지를 소에 매달아 당기는 거열형(車裂刑)으로 죽었다.

상앙은 법이 중요하지 도덕은 의미도 없고 오히려 약함을 드러내는 것이라고 보았다. 그는 "말 잘하고 지혜로운 자는 난을 도울 뿐이고, 예악은 부실함을 증명하는 것일 뿐이고, 자비와 인(仁)은 과오의 어머니일 뿐이며, 명예는 간사함의 좀도둑일 뿐이다."[9]라고 하였다. 이것으로 보면, 그가 학문과 도덕에 대하여 어떤 견해를 갖고 있는지를 짐작할 수 있다. 나라에 시(詩)·서(書)·예(禮)·악(樂)·선(善)·수(修)·인(仁)·염(廉)·변(辯)·혜(慧)라는 열 가지가 있다면, 그 나라는 반드시 약상한 나라라고 상앙은 말한다.

상앙은 부국강병의 대책으로 ①농민을 존중하고 농업을 천시하는 악습을 제거함, ②모든 유휴 노동력을 끌어들여 강제적으로 농업을 하도록 함, ③학문을 배척하고 우직한 백성들을 기름, ④상인들에게 곡식을 팔지 못하도록 하여 상인의 이익을 막음, ⑤여관[旅宿]을 없애고 교통을 불편하게 함, ⑥고기와 술에 세금을 많게 하고 가격도 높게 함, ⑦관세와 영업세를 높게 하여 시장으로 유입되거나 매매되는 물품에 세금을 부여하고 가격을 높게 매김 등을 주장하였다. 또한 분가법(分家法)을 실시하여 부자형제(父子兄弟)가 동거하는 것을 금지시켰고, 전쟁을 장려하는 여러 가지 정책을 실행하였다. 이러한 정책의 실행을 통하여 그는 진나라를 크게 다스려지게 하였다.

---

9) 辯慧者, 亂之贊也; 禮樂者, 淫佚之徵也; 慈仁者, 過之母也; 任譽者, 奸之鼠也.

2. 한비자의 철학사상

한비자(韓非子, BC 280~BC 233)는 한(韓)나라의 공자였다. 그에 관한『사기』의 기록을 보자.

> 한비(韓非)는 한(韓)의 공자(公子)의 한 사람이다. 그는 형명법술의 학설에 심취했고, 그 근본은 황로사상에 두었다. 한비는 원래 말을 더듬어 자기의 학설을 말로 표현하지 못했으나 저술에는 뛰어났다. 한비는 이사(李斯, BC ?~BC 209)와 함께 순자 문하에서 배웠는데, 이사는 자신이 한비만 못하다고 여겼다. 한비는 한나라의 영토가 깎이고 쇠락하는 현실을 보고 한나라 왕에게 여러 차례 글을 올려 간했으나 왕은 채용하지 않았다. 그리하여 한비는, (임금이) 법제를 명확히 정비하고 세(勢)를 장악함으로써 신하를 제어하고 부국강병을 위한 인재를 구하여 현능한 자를 임용하는 데에 힘쓰지 않고, 도리어 경박하고 간사한 좀 벌레를 뽑아 재능과 실력을 갖춘 인재를 윗자리에 앉히는 세태를 통한하여, (중략) 과거 역사상 이해득실의 변화를 고찰한 다음,「고분」「오두」「내외저설」「세난」등, 10여만 자에 달하는 문장을 저술했다.

인용에서 보듯, 한비자는 이사(李斯)와 함께 순자(荀子)의 문하에서 함께 배웠다. 형명법술(刑名法術)의 학문에 아주 뛰어났다. 말은 더듬으면서도 문장에는 유별났다. 한나라가 사방의 적으로부터 둘러싸여 매우 위급한 상황이 되자, 한비자는 그냥 침묵으로 있을 수 없어 강력한 사상을 발표하고 왕에게 여러 차례 상서를 올리기도 하였다. 그러나 왕은 그것을 받아들이지 않았다. 물러나와 그는 기존 법가의 법·세·술을 종합하여 법가사상을 체계화하였다. 훗날 북송시대의 학자인 소철(蘇轍)이 "상앙은 오로지 법을 말했고, 신불해는 오로지 술을 말했는데, 한비자는 법과 술을 같이 말하였다."[10]고 논평한

---

10) 商鞅專說法, 申不害專說術, 韓非法術兼說.

것은 이를 두고 한 말이다.

　진왕정(秦王政, 천하통일 후 진시황제)이 그의 책을 읽고 탁견에 감복하고는 그를 만나기 위하여 한나라 정복을 꾀하였다. 이에 한나라를 침범하지 말아달라는 위세를 위해 한비자는 진나라로 갔다. 비로소 진왕정은 한비자를 만날 수 있게 되었다. 둘은 치국책에 대해 밤새워 논의했다. 그러나 진나라의 재상이자 한비자의 동학인 이사(李斯)가 그의 재주를 시기하여 왕에게 참소하고 그를 독살하였다. 왕은 나중에야 뉘우치고는 사람을 시켜 그를 구하고자 하였으나 이미 한비자는 죽고 없었다. 저서로『한서예문지』에 25권 55편이 있다. 제1권은「초견진」(初見秦)이고, 제2권은「존한」(存韓) 2편으로 되어 있다.

1) 인성론과 발전적 역사관

　법가사상가들의 인간본성을 바라보는 인성론의 관점은 악하고 이기적 존재라는 것이다. 순자의 성악설을 계승한 한비자도 예외가 아니었다. 즉, 인간의 본성은 이기적이며, 일체의 행동은 자기에게 이익이 되지 않는 것을 목적으로 삼지 않는다. 고용주는 상품을 만들기 위하여 부릴 사람을 씀에 그들에게 기대할만한 최대한의 노동을 요구하게 되며, 고용주를 위하여 노동하는 사람도 그들이 노력하여 만든 상품에 상당할 정도로 요구하게 된다. 세상에 자기에게 이익이 되지 않는 계책이란 없다. 심지어 부자·부부관계조차도 자기 이익의 동기에서 성립되는 것이기 때문에 결코 신뢰할만한 것이 아니다. 군신관계 역시 그러하다. 신하와 백성들이 결코 임금을 사랑하여 충성을 다 바치는 것이 아니라 자기 이익이라는 목적 때문에 군주를 섬기는 것이다. 이것이 한비자가 인성을 보는 기본 관점이다.

　그러나 한비자의 인성론은 순자의 성악설을 그대로 수용한 것인지는 의문이다.[11] 맹자의 성선설이나 순자의 성악설은 선험적(선천적)으로 인간본성이 선하거나 악하다고 보는 형이상학적 논변이지만, 한비자의 관점은 경험적 관찰의 결과로 보이기 때문이다. 그는 『한비자』 전권을 통틀어 단 한 번도 '성(性)이 악하다'고 주장하지 않았다. 대신 '정'(情)이라는 용어를 사용하여 인성론을 말한다. 그 사례를 보자.

> 무릇 백성의 본성은 고된 일을 싫어하고 편한 일을 좋아하는 데 있다. / 이익을 좋아하고 해악을 싫어하는 성향은 모든 사람이 가지고 있다. / 무릇 이득을 취하고 위험을 버리는 것은 인간의 정이다. / 인간의 본성에는 호오의 감정이 있기 때문에 상벌이 효력을 지닐 수 있다. 夫民之性, 惡勞而樂佚(心度篇) / 好利惡害, 夫人之所有也(難二篇) / 夫安利者就之, 危害者去之, 此人之情也(姦劫弑臣篇) / 人情者有好惡, 故賞罰可用(八經篇)

그렇다면, 한비자의 관점은, 인간이 선천적으로 악한 도덕적 본성을 가지고 태어났다는 것이 아니라, 자기생명 유지의 유·불리에 따라 좋아하고 싫어하는 호오의 감정을 자연적 본성으로 가지고 태어났다는 것이라 할 수 있다. 그리고 한비자가 주장하는 호리오해(好利惡害)의 인간본성은 사람마다도 다를 수 있다. 즉, 사람마다 생각하는 이익과 손실의 개념이 다를 수 있다는 것이다. 대다수의 사람은 명예, 권력, 부와 같은 것을 자기 이익으로 삼을 것이지만, 은자(隱者)라면 세속을 벗어나 자연에서 사는 초탈적 삶을 자기 이익으로 삼은 수도 있다. 예컨대, 한비자가 「오두편五蠹篇」에서 은둔하여 세속의 명예나 관직을 중시하지 않는 현자도 있고, 자신의 이익을 위해 죽음도 불사하는 협객도 있다고 예시한 것은 그러한 뜻에서이다. 이러한 점에서, 한비자의 인성론은 형이상학적 논변이 아니라 경험적 관찰과 추론의 결과라고 볼 수 있다. 이러한 해석이 맞다는 한비자의 언표가 있다.

---

11) 지정민, 『한비자의 도덕교육론』(서울: 교육과학사, 2003), 87~100쪽 참조.

옛날에는 남자들이 농사를 짓지 않아도 산천초목의 열매가 식량으로 충분했다. 여자들이 길쌈하지 않아도 금수의 털가죽이 옷으로 충분했다. 힘들여 일하지 않아도 생계가 풍족했으니, 사람 수는 적은데 재화는 넉넉했기 때문에 사람들은 다투지 않았다. 그러므로 후한 상을 주지 않고 엄한 형벌을 가하지 않아도 백성들은 저절로 다스려졌다. 그런데 지금은 (중략) 사람 수는 많아졌으나 재화는 적어져, 힘을 다해서 일해도 생계는 궁박해졌다. 따라서 백성들은 서로 투쟁하게 되었다. 비록 포상을 배가하고 징벌을 가중해도 분란을 피할 수 없게 되었다. 古者丈夫不耕, 草木之實足食也, 婦人不織, 禽獸之皮足衣也, 不事力而養足, 人民少而財有餘, 故民不爭, 是以厚賞不行, 重罰不用, 而民自治. (中略) 是以人民衆而貨財寡, 事力勞而供養薄, 故民爭, 雖倍賞累罰, 而不免於亂. (五蠹篇)

태고 시절에는 재화가 풍족하여 사람들의 다툼이 없었는데, 삶의 환경이 궁박해짐으로 인해 이기심이 생겨났고 분란이 나타났다. 삶의 환경에 따라 '인간의 마음'[人情]은 달라지는 것이다. 그러니까 한비자가 인간이 이기적이라 규정한 것은 전국시대라는 사회 환경을 전제로 한 것이라 볼 수 있다. 그가 "천하를 다스리려면 반드시 '인정'(人情)에 따라 행해야 한다."[12]고 언표한 것은 이러한 뜻에서이다. 전국시대에는 전국시대인의 인정에 맞게 다스려야 한다. 따라서 아무리 훌륭했던 옛날의 법도나 치도라도 변화한 사회현실에는 걸맞지 않을 수 있다. 한비자를 비롯한 법가의 사상가들이 유가의 법고(法古; 옛것을 본받음)에 대비되는 인시제의(因時制宜; 시대에 따라 올바른 기준을 제정함)를 강조하는 발전적 역사관을 견지했던 이유도 이러한 인성론적 전제에서 비롯된 것이라 하겠다.

한비자에 앞서 상앙도 옛것의 변혁을 주장하는 발전적 역사관을 피력한 바 있다. 그는 무왕과 문왕도 시대에 맞추어 입법했고 사례에 근거하여 예를 제정했듯이, "세상을 다스리는 방법은 한 가지일 수 없고, 국가의 안녕을 도모하는 일

---

12) 凡治天下, 必因人情. (八經篇)

은 반드시 옛것을 본받을 필요는 없다."[13]고 했다. 한비자는 이러한 상앙의 관점에 동의하면서 우리가 알고 있는 유명한 고사[수주대토(守株待兎)]를 남겼다.

> 송나라에 어떤 농부가 있었다. 어느 날 질주하던 토끼 한 마리가 밭 가운데에 있는 그루터기에 부딪쳐 목이 부러져 죽었다. 그러자 그는 쟁기를 버려두고 그루터기를 지키고 앉아 다시 또 토끼 얻기를 바랐다. 토끼는 다시 얻지 못하고 온 나라의 웃음거리만 되었다. 만일 전 시대 왕들의 정치방식으로 지금의 백성을 다스리고자 한다면 마치 그루터기를 지키고 앉아 있는 격이다. 宋人有耕者, 田中有株, 兎走觸株, 折頸而死, 因釋其耒而守株, 冀復得兎, 不可復得, 而身爲宋國笑. 今欲以先王之政, 治當世之民, 皆守株之類也. (五蠹篇)

시대적 삶의 환경은 늘 바뀐다. 그에 따라 사람들의 인정도 바뀐다. 바뀐 삶의 환경과 인정에 따라 세상을 다스리는 법도와 치도도 달라져야 한다. 이것이 한비자의 발전적 역사관이다.

2) 무위(군주)·유위(신하)의 정치론

한비자는 법가사상을 대표하는 철학자이다. 그런데 한비자가 자기 사상의 철학적 배경을 노자철학에 두는 점은 특이하다. 상식적인 수준에서 노자는 무위적 사유를 전개했고, 법가는 법이라는 인위적 문화(규범)로 세상을 다스리고자 하는 사상이기 때문이다.『한비자』에는 노자 관련 장으로 두 편이 나온다.「해로(解老)」편과「유로(喩老)」편이 그것이다.[14] 전자는『도덕경』의 구

---

13) 臣故曰, 治世不一道, 便國不必法古. (商君書』(更法篇)
14) 훗날 도덕경에 대한 해석과는 다르지만, 한비자의「해로(解老)」편과「유로(喩老)」편은 최초의 도덕경에 대한 주석이라 할 수 있다. 그러나 풍우란은 이 두 편이 한비자의 것이 아니라 모두 후세의 편집물로 여긴다. 풍우란(박성규 옮김),『중국철학사(상)』(서울: 까치, 2003), 531쪽.

절을 가져와서 한비자의 관점에서 해석한 것이고, 후자는 『도덕경』의 구절을 비유로 삼아 역사상의 사건을 풀이한 것이다. 특히, 전자에서 한비자는 노자의 허(虛), 정(靜), 무위(無爲)와 같은 개념을 가져와 정치론과 통치술을 설명하고 있다. 유가의 인의예지(仁義禮智)와 같은 도덕 개념에 상대하여 법(法)의 원칙을 강조하고 그 법을 운용하는 군주의 통치술을 주장하기 위함이다.

사실 앞서 관중과 신불해도 그러한 사상을 주장하였다. 관중은 노자의 도 개념을 군주의 역할로 치환하여 군주의 텅 비고[虛] 고요한[靜] 무위의 마음을 주장했고, 신불해도 인재등용술(人才登用術)에서 군주의 무위론을 말했다. 군주가 무위한 마음을 가지면 신하들은 임금이 무엇을 좋아하고 싫어하는지를 알 수가 없기 때문에 전전긍긍하면서 그의 직무를 열심히 하게 된다는 것이었다. 이러한 관점을 한비자도 이어받은 것이라 할 수 있다.

> 무릇 각종 사물은 모두 그에 적합한 일이 있으며, 각종 재료는 모두 그에 적합한 용도가 있다. 모든 것이 적합한 곳에 처하면 군신 상하는 작위 없이 무위로 다스릴 수 있다. 닭은 아침을 알리게 하고, 고양이는 쥐를 잡게 하는 식으로, 각 신하들의 능력을 사용하면 군주는 더 할 일이 없어진다. 만약 군주가 특별히 무엇을 훌륭하게 여기면 업무가 올바르게 진행되지 못한다. 군주가 특정 재능을 가상하게 여기면 신하는 바로 그것을 가지고 군주를 기만한다. 군주가 은혜를 분별하고 삶을 좋아하면 신하는 바로 그런 재능을 이용한다. 상하의 역할이 뒤바뀌면 국가가 다스려지지 않는다. 夫物者有所宜, 材者有所施. 各處其宜, 故上下無爲. 使雞司夜, 令狸執鼠, 皆用其能, 上乃無事. 上有所長, 事乃不方. 矜而好能, 下之所欺, 辯惠好生, 下因其材. 上下易用, 國故不治. (揚權篇)

한비자에 앞서 관중과 신불해가 군주의 무위론을 말했지만, 그것은 이론적 근거가 미약한 것이었다. 어쩌면 한비자는 장자로부터 그것을 찾았을지 모르겠다. 장자는 "무위하고 존귀한 것은 천도이고, 유위하고 얽매이는 것은 인도이다. 군주는 천도이고, 신하는 인도이다. 천도와 인도는 서로 멀다는 사실을 살피지 않을 수 없다."[15]고 주장한 바 있기 때문이다. 그러나 장자가 말한 이 주장의 뜻은 군주가 무위하더라도 신하들이 유위의 인도를 작위적으로 펼칠 수 있기 때문에, 군주와 신하가 무위의 도로 뜻을 같이하는 동덕(同德)을 강조하기 위한 것이었다. 그러나 한비자는 이러한 장자의 주장을 자기 관점으로 해석하였다. 군주는 천도를 따라 무위하고, 신하는 인도를 따라 유위해야 한다는 '무위·유위의 정치론'이 그것이다. 무위·유위의 정치는 어떻게 하는가?

> 일은 사방에 있지만 요점은 중앙에 있다. 성인이 요점을 잡으면 사방이 본받는다. 군주가 허심한 태도로 신하를 대하면 신하들은 각자의 능력을 발휘한다. 군주는 이미 온 천하를 품에 안았으면 은밀한 가운데서 신하들의 동태를 관찰한다. 좌우에 보필하는 신하가 세워졌으면 문을 열고 모든 것을 맞아들이기만 하면 그만이다. 군주가 변경하거나 바꾸지 않고 오직 두 가지(二; 刑과 名)를 바탕으로 행하여 중단 없이 행하는 것이 바로 '법도의 실천'[履理]이다. 事在四方, 要在中央. 聖人執要, 四方來效. 虛而待之, 彼自以之. 四海旣藏, 道陰見陽, 左右旣立, 開門而當. 勿變勿易, 與二俱行. 行之不已, 是謂履理也. (揚權篇)

군주는 요점을 잡아두고 허심한 태도로 신하를 대하면 신하들이 스스로 각자 자기 능력을 발휘한다. 여기서 군주가 잡아둘 요점이란 아래에서 볼 법(法)과 세(勢)와 술(術)에 다름 아니다. 이러한 요점을 잡고 허심한 태도로 신하들이 형명(刑名; 사무와 책무가 일치되도록 만든 법)에 걸맞게 일을 수행하는지 동태를 관찰한다. 군주가 한 번 제정된 형명을 함부로 바꿔서도 안 된다. 군주는 형명에 걸맞은 인재를 등용해야 하고, 또한 두 권병(二權柄; 상과 벌)의 위세를 가지고 있어야 한다. 이것이 군주의 역할이다. 특히, 군주가 이러한 요점을 잡고 고요하고 허심한 태도를 취하는 것이 중요하다. 그러면 신

---

15) 無爲而尊者, 天道也, 有爲而累者, 人道也. 主者, 天道也, 臣者, 人道也. 天道之與人道也, 相去遠矣, 不可不察也.「莊子」(在宥篇)

하와 백성들은 각자 자신의 사무에 따른 책무를 실행한다. 마치 군주의 직책은 큰 배의 키잡이와 다르지 않다. 높고 깊은 곳에 처하면서 키(요점)를 잡고 손발만 살짝 움직이면 배는 저절로 마음먹은 대로 움직일 수 있다. 이것이 이른바 만사를 통제하고, 고요함으로써 움직임을 다스리는(以靜制動)의 도(道)이고, 무위·유위의 정치론이다.

3) 법·세·술의 통치론

한비자는 법(法)과 세(勢)와 술(術)의 세 가지를 세상을 다스리는 요점이라 보았다. 앞서 신도가 세, 신불해가 술, 상앙이 법을 강조하는 사상을 주장했다면, 한비자는 이 중 어느 하나도 폐기할 수 없는 제왕의 도구라 여기며 법가사상을 종합하였다.

가. 법(法)

법이란 문서로 만들어져 관청에 비치되어 백성이면 누구나 알 수 있도록 선포된 행위 준칙이다.[16)] 명철한 군주라면 도(道)와 인정(人情)에 토대하여 공정하고 통일된 법을 제정하고 나라를 다스려야 한다. 도의 원리가 사회규범으로 전화한 것이 법이다. 앞서 한비자는 노자의 도 개념을 자기관점으로 해석했다고 하였다. 그는 법 제정의 근원을 도와 이치[理]에 두고 있다.

> 도란 만물의 마땅한 존재근거이고, 모든 이치[理]가 모이는 곳이다. 리란 사물이 이루어진 모습이고, 도란 만물이 이루어지는 까닭이다. 그래서

---

10) 法者, 編著之圖籍, 設之於官府, 而布之於百姓者也. (難二篇)

도는 리이다. 사물에 저마다의 리가 있으므로 서로 침범할 수 없고, 사물이 가진 서로 침범할 수 없는 리 때문에 리가 만물을 제어하는 것이다. 만물에는 각기 다른 리가 있고, 도는 만물의 각기 다른 리가 모이는 곳이므로 변화하지 않을 수 없다. 도가 변화하지 않을 수 없기 때문에 일정하게 고정되어 있지 않다. 道者, 萬物之所然也, 萬里之所稽也. 理者, 成物之文也, 道者, 萬物之所以成也. 故曰道, 理之者也. 物有理, 不可以相薄, 物有理不可以相薄故理之爲物之制. 萬物各異理而道盡稽萬物之理, 故不得不化, 不得不化故無常操. (解老篇)

노자는 세계탄생의 일점근원으로 도를 인정하지 않았다. 그에게 도는 무정형의 기이면서 자가수정의 원리였다. 세계는 무정형의 기가 자발적으로 자가수정되어 탄생하는 것으로 보았다. 만물들도 스스로의 운동법칙에 따라 운행한다. 그러나 한비자의 도는 우주만물 탄생의 일점근원이다. 도가 세상을 탄생시키고 만물들에 운동변화의 법칙[理]을 부여하였다. 그래서 도는 만물의 존재근거이다. 도에 근원을 두고 만물들에게 부여된 각각의 법칙은 서로 다르다. 서로 다른 이치는 도에 근원하기에, 도는 어떠한 이치도 모두 아우르는 바다와 같다. 바다는 무심(無心)하게 온갖 방향으로 파도의 이치를 산출한다. 온갖 파도가 곧 만물들의 다양한 이치이다. 이 서로 다른 이치가 각각 만물들의 운동변화를 제어한다.

인간에게 부여된 이치가 인정(人情; 이기심의 호오감정)이다. 호오의 감정이 인간행동을 제어한다. 도의 리가 끊임없이 변화하는 것처럼 인정도 시대에 따라 변한다. 인정은 사람마다도 다르다. 그러나 그것을 그대로 허락하면 욕망의 이전투구를 멈출 수 없다. 당시대의 보편적 인정에 따라 법을 제정해야 한다. 사적인 이익보다는 공적인 이익[공공성]과 공동선을 추구하는 방향에서 접근해야 한다. 그래야 공정하고 통일된 법을 제정할 수 있다. 이것이 한비자가 보는 도와 인정에 토대한 법 제정의 근거라 여긴다. 그리고 일단 법이 제정되면 온 나라의 군신과 백성까지 상하 모두가 준수해야 하고, 사사로이 변경해서는 안 된다는 것이 관중에서 한비자까지 법가들의 공통된 관점이었다. 예컨대, 관중과 한비자의 관점을 보자.

> 법이 통일되지 않으면 나라가 상서롭지 못한다. / 법은 고정 불변적이지 않으면 안 된다. / 만사는 법에 규정된 것이 아니면 행해서는 안 된다. / 군신, 상하, 귀천을 막론하고 모두가 법을 따르는 것, 이것이 태평성세이다. 法不一, 則有國者不祥 / 法者, 不可恒也 / 萬物百事, 非在法之中者, 不能動也 / 君臣上下貴賤皆從法, 此謂爲大治. (『管子』任法篇)

> 명철한 군주는 신하와 백성들로 하여금 법을 벗어날 궁리를 못하게 하고, 또 법 안에서는 은혜를 생각하지 못하게 하여, 모든 행동은 법에 따르지 않는 것이 없게 해야 한다. / 명철한 군주의 국가는 임금의 명령[令]이 말 가운데 최고의 권위이고, 법이 정사에서 최고의 준칙이다. 明主使其群臣, 不遊意於法之外, 不爲惠於法之內, 動無非法 (有度篇) / 明主之國, 令者, 言最貴者也. 法者, 事最適者也. (問辯篇)

군주의 덕(德)에 의존하는 덕치가 아니라 법(法)에 따라 다스려야 하는 중요한 이유는 모든 군주에게 덕을 기대하기가 어렵고 공정하게 다스릴 수 없기 때문이다. 그러나 평범하고 불초한 군주가 집권하더라도 통일된 법에 따르면 세상이 다스려질 수 있다. 인용을 보자.

> 법과 술을 버려두고 임의적인 마음으로 다스리면 요 임금조차도 한 나라를 바르게 할 수 없다. 컴퍼스와 곱자를 버려두고 눈대중으로 헤아리면 해중(奚仲; 우 임금 때 수레의 명공) 조차도 바퀴 하나를 완성하지 못할 것이다. (중략) 그러나 평범한 군주라도 법과 술을 따르고, 서툰 장인이라도 컴퍼스와 곱자와 자를 사용한다면 실수가 없을 것이다. 따라서 군주가 슬기롭고 공교로운 사람도 불가능한 방법을 물리치고, 평범하고 서툰 사람도 실수가 없는 방법을 견지한다면, 백성의 모든 능력을 이용할 수 있고 따라서 공을 세우고 이름을 남길 수 있을 것이다. 釋法術而任心治, 堯不能正一國. 去規矩而妄意度, 奚仲不能成一輪. (中略) 使中

> 主守法術, 拙匠守規矩尺寸, 則萬不失矣. 君人者, 能去賢巧之所不能,
> 守中拙之所萬不失, 則人力盡而功名立. (用人篇)

한비자의 법 개념에는 평균적 정의관에 입각한 획일적 사고를 담고 있다. 각자가 처한 다양한 환경이나 다양한 사고 등을 전혀 고려하지 않고 당시대의 보편적 인정에 토대하여 법 제정을 해야 한다는 것이기 때문이다. 한비자가 "법을 하나로 확고히 하여 백성들에게 이해시키고," "법을 하나로 통일하여 지혜에 의존하지 않는다."[17]고 한 것은 이러한 뜻에서이다. 특히, 법가의 법이 '일률적으로' 처리한다는 의미가 담긴 '율'(律)로 표현되고 있다는 점에서도 이러한 점을 확인할 수 있다. '율'은 국가권력에 의해 제정·공포되는 법이라는 성격이 강하기 때문이다. 일찍이 법가의 선구인 관중은 아래처럼 주장하였던 바 있다.

> 법을 만드는 이가 있고, 법을 수호하는 이가 있고, 법에 복종하는 이가 있다. 무릇 법을 만드는 이는 군주이고, 법을 수호하는 이는 신하이며, 법에 복종하는 이는 백성이다. 有生法, 有守法, 有法於法. 夫生法者, 君也. 守法者, 臣也. 法於法者, 民也. (『관자』任法篇)

한비자가 법 제정의 근원을 도(道)와 인정에 두고 있다는 점에서 법은 공정성과 통일성을 추구한다. 이러한 점에서, 한비자는 관중처럼 법을 제정하는 주체가 군주라고 지목하진 않지만 사실상 그의 관점도 관중에서 그리 멀지 않다고 여긴다. 민주시대가 아닌 전제군주시대에서, 백성들의 보편적 인정을 관찰하여 법 제정을 하는 주체는 결국 지배층이고 군주일 것이기 때문이다. 법의 집행과 관련하여 군주가 강력한 위세를 가져야 한다고 주장하는 점에서도 이러한 추론이 가능하다.

---

17) 法莫如一而固, 使民知之 / 一法而不求智. (五蠹篇)

나. 세(勢)

법가적 이상이 실현되려면 백성들이 법을 따라야 한다. 백성들이 법을 따르게 하기 위해서는 법의 최고 집행자인 군주의 강력한 힘이 필요하다. 그것이 바로 '세'(勢; 위세, 권세)이다. 앞서 관중과 신도가 세의 중요성을 주장했다. 한비자도 그들의 관점을 이어받아 "백성들은 원래 위세에 굴복하는 것이지 인의(仁義)에 감동하는 경우는 적다." "백성은 원래 사랑에는 교만하고 위엄에는 복종한다." "엄한 가문에 사나운 노예가 없으나 자애로운 부모 밑에 패륜아가 있으며, 위세는 난폭함을 막을 수 있으나 덕으로는 혼란을 막을 수 없다."고 말한다.[18] 직접 인용을 보자.

> 무릇 재능이 있어도 위세가 없으면 현자라도 불초한 자를 제압할 수 없다. 그러므로 한 자 크기의 재목도 높은 산 위에 자라나면 천 길 낭떠러지를 굽어볼 있는데, 그것은 재목이 커서가 아니라 위치가 높기 때문이다. 걸(桀)이 천자로서 천하를 제압할 수 있었던 것은 현명했기 때문이 아니라 위세가 높았기 때문이다. 요(堯)가 필부일 때 세 집안도 다스릴 수 없었던 것은 불초했기 때문이 아니라 지위가 낮았기 때문이다. 천균의 물건도 배에 실리면 뜨지만 치수만큼 가벼운 것도 배에서 버려지면 가라앉는다. 천균이 가볍고 치수가 무겁기 때문이 아니라 세의 유무 때문이다. 따라서 짧은 것이 높이 임하는 것이 위치 때문이듯이, 불초한 자가 현자를 제압하는 것 역시 위세 때문이다. 夫有材而無勢, 雖賢不能制不肖. 故立尺材於高山之上, 下臨千仞之谿, 材非長也, 位高也. 桀爲天子, 能制天下, 非賢也, 勢重也. 堯爲匹夫, 不能正三家, 非不肖也, 位卑也. 千鈞得船則浮, 錙銖失船則沈. 非千鈞輕而錙銖重也, 有勢之與無勢也. 故短之臨高也以位, 不肖之制賢也以勢. (功名篇)

한비자는 이러한 관점에서 "위세란 군주의 근력"이라고 말한다. 만승과 천

---

18) 윤무학, "제2질 법기사상," 장승구 외, 『동양사상의 이해』(서울: 경인문화사, 2002), 160쪽.

승의 군주가 천하를 제압하고 제후를 정벌할 수 있는 것도 위세 때문이고,[19] 신하와 백성을 부릴 수 있는 것도 위세가 있음으로 가능하다는 것이다. 이러한 군주의 위세를 실현하는 도구가 상벌(賞罰)이다. 한비자는 상과 벌을 군주의 두 권병(權柄)이라고 말한다.

> 명철한 군주가 신하를 선도하고 제어할 수 있는 것은 두 권병 때문이다. 두 권병이란 형과 덕이다. 형과 덕이란 무엇인가? 사형에 처하는 것이 형이고, 상을 내리는 것이 덕이다. 남의 신하된 사람이란 형벌을 두려워하고 상을 탐내는 존재이다. 따라서 군주가 몸소 이러한 형과 덕을 장악하기만 하면 신하들은 위엄을 두려워하고 상을 탐하는 방향으로 돌아간다. 明主之所導制其臣者, 二柄而已矣. 二柄者, 刑德也. 何謂刑德? 殺戮之謂刑, 慶賞之謂德. 爲人臣者, 畏誅罰而利慶賞. 故人主自用其刑德, 則群臣畏其威而歸其利矣. (二柄篇)

사람들은 대체로 형벌을 두려워하고 상을 탐낸다. 이러한 사람의 심리를 이용하여 군주는 자신의 위세를 행사할 수 있다. 앞서 한비자가 "인간의 본성에는 이기심의 호오감정이 있기 때문에 상벌이 효력을 지닐 수 있다."고 했던 것도 이러한 뜻에서이다. 이러한 맥락에서, 한비자도 상앙과 비슷하게 중형(重刑)의 필요성을 말한다.

천하의 백성들이 모두가 법을 잘 지키는 선량한 사람들이 아니다. 옳은 법을 잘 준수하지 않는 악인들이 때로는 있게 마련이다. 악인들에 대해서는 부득이 중형을 시행하여 법의 권위를 보호하지 않을 수 없다. 형벌은 법의 위력을 보여주어 암울한 사람들의 마음을 벌벌 떨게 만들어 사악한 마음을 갖지 못하도록 하며, 죄악에 빠지는 것을 미연에 방지하는 것이 목적이다. 그러므로 마땅히 엄중하게 하여야 한다. 그렇게 하면 누가 황금을 길에서 잃어버린다 해도 사람들은 그것을 줍지 않을 것이며, 도적이라 할지라도 손으로 그것

---

[19] 萬乘之主, 千乘之君, 所以制天下而征諸侯者, 以其威勢也. 威勢者, 人主之筋力也. (人主篇)

을 만지지 않을 것이다. 그러므로 형벌을 무겁게 하면 범법자가 없게 될 것이며, 범법을 하는 악인이 없게 되면 선량한 백성들이 더 행복하게 될 것이다.[20] 이것이 한비자가 주장하는 중형론이다.

다. 술(術)

술(術)이란 군주가 신하를 부리는 기술을 의미한다. 법이 제정되고, 법의 강력한 집행을 위한 군주의 위세가 갖추어지더라도 나라의 세부적인 다스림을 위해서는 능력 있는 현자들의 등용이 필요하다. 그리고 법제에 의해 구축된 중앙 집권화된 관료조직에서 직분을 안배하고 직능의 범위를 설정하여 상호 간의 견제와 균형을 유지함으로써 각자의 역할과 능력을 발휘할 수 있도록 하는 이른바 관리에 대한 조종원리가 필요한데, 그것이 또한 술(術)이다. 결국, 술이란 인재등용과 인재활용의 기술이라 할 수 있다. 이러한 인재등용술은 앞서 신불해도 주장한 바 있다.

먼저, 인재의 등용과 관련하여, 한비자는 국가에서 필요한 관직은 무수하지만, 그 가운데 어질고 착하며 믿을 만한 자는 열 사람도 되지 않으며, 가령 구한다고 해도 소수의 어질고 착한 사람만으로 모든 관직을 관장할 수 없다고 여긴다. 또한 군주가 인재를 등용함에 주의해야 할 8가지가 있다. 한비자는 이를 8간(奸)이라 하는데, 그것은 ①동상(同牀), ②재방(在旁), ③부형(父兄), ④양앙(養殃), ⑤민맹(民萌), ⑥유행(流行), ⑦위강(威强), ⑧사방(四方) 이다. 동상이란 부인(夫人)들을 지칭하고, 재방이란 배우(俳優)와 주유(侏儒)를 말하고, 부형이란 군주의 백부 혹은 종형제들을 말하고, 양앙이란 땅·나무·수레·말들을 모으는 자들을 말하고, 민맹이란 백성들의 환심을 사는 것을 말하고, 유행이란 세간의 불만을 말하며, 위강이란 장사(壯士)를 몰래 기르는

---

20) 미우라 도우사쿠(강봉수 외 옮김), 앞의 책, 205쪽.

자들을 말하며, 사방이란 외국의 제후들을 말한다. 신하와 백성들은 항상 이 8간을 이용하여 그들의 세력을 확장하고자 한다. 따라서 군주는 이들에 주의하지 않을 수 없다는 것이다.[21] 그러면 방법은 무엇인가? 한비자는 명실론(名實論)을 주장한다.

> 군주가 간사한 행위를 금하려면, 실제와 이름의 부합을 판단해야 한다. 주장과 직무가 그것이다. 신하되려는 자가 어떤 주장을 진언하면, 군주는 그의 주장에 근거하여 그에게 직무를 맡기고, 오로지 그 직무에 의거하여 그의 공적을 책임 지운다. 공적이 그 직무에 부합하고, 직무가 그가 주장했던 내용에 부합하면 포상한다. 공적이 그 직무에 부합하지 않고, 직무가 그가 주장했던 내용에 부합하지 않으면 징벌한다. 신하들 가운데 주장은 컸는데 공적이 적은 경우 징벌한다. 공적이 적음을 벌하는 것이 아니라 공적이 이름에 부합하지 못함을 벌하는 것이다. 신하들 가운데 주장은 적었는데 공적이 큰 경우 역시 징벌한다. 큰 공적을 꺼린 때문이 아니라, 이름에 부합하지 못한 것은 그 해악이 큰 공적보다 더욱 심하기 때문에 벌하는 것이다. 人主將欲禁姦, 則審合形名者, 言與事也. 爲人臣者陳而言, 君以其言授之事, 專以其事責其功. 功當其事, 事當其言, 則賞. 功不當其事, 事不當其言, 則罰. 故群臣其言大而功小者則罰, 非罰小功也, 罰功不當名也. 群臣其言小而功大者亦罰, 非不說於大功也, 以爲不當名也, 害甚於有大功, 故罰. (二柄篇)

한비자의 명실론은 신하들의 등용과 직무평가를 당사자의 주장[言]과 실제적 업적[功]을 두고 이 둘이 서로 부합하는 가를 근거로 하여 판단하는 것이다. 한비자는 이것을 참험(參驗) 혹은 형명참동(刑名參同)이라 불렀다. 그리고 한비자는 신하들의 직무수행을 조종하는 원리로 군주의 무심(無心)과 허

---

21) 한비자는 나라의 정치를 망가뜨리는 좀 벌레 같은 이들로 ①현실적으로 무용한 학설을 주장하는 사상가들(유가, 묵가 등), ②말재주로 사리사욕을 채우는 종횡가(縱橫家)들, ③법질서를 교란하는 사설 검객들, ④뇌물을 서슴지 않는 군주의 측근들, ⑤농민의 이익을 착취하는 상공인들을 들기도 한다. (五蠹篇)

심(虛心)을 주장한다. 그것은 앞서도 언급한 바처럼, 도의 고요함[靜]과 허함[虛]을 군주의 역할로 치환한 것이다.

> 성인은 하나를 장악하여 고요에 처함으로써 이름은 저절로 정의되고 직무는 저절로 결정되도록 한다. 그는 자신의 본색을 내보이지 않기 때문에 신하들은 저마다 본래의 정직을 바친다. 그들의 능력대로 임무를 맡기고 그들 스스로 직무를 처리하게 한다. 聖人執一以靜, 使名自命, 令事自定, 不見其采, 下故素正, 因而任之, 使自事之, 因而予之, 彼將自擧之. (揚權篇)

군주는 신하들에게 무심과 허심의 태도를 견지해야 한다. 군주는 호오의 감정을 드러내지 말고 신하들의 직무 동태를 관찰해야 한다. 만약 군주가 좋고 싫음의 감정을 밖으로 나타내게 되면 신하와 백성들은 거짓을 꾸미고 자기 본성을 감추어 버리기 때문이다. 오히려 군주가 허심으로 대해야 신하들은 자기 직무에 더 충실하게 되는 것이다. 이것이 한비자의 인재활용의 기술이다.

4) 맺음말

한비자를 포함한 법가의 의의는 형이상학적(심학적) 예 규범으로부터 경험과 관찰에 토대한 객관적(사회과학적) 사회규범의 확립을 시도한 데에 있다. 정치적으로 말하면, 예치에서 법치에로의 전환이다. 공공성, 공정성, 통일성에 기반한 객관적 사회규범으로써 법은, 군주에서 백성까지 이익의 이전투구를 벌이는 춘추전국시대에 가장 현실적인 치국의 대안이었다. 실제 법가적 기술정치의 능력을 가진 현자를 고용한 군주들이 당시에 부국강병을 이뤘고 패제후의 반열에도 올랐다. 분열의 시대를 끝내고 천하의 농일을 가서온 사상도 패도적 법술의 사상이었다.

그러나 법가들은 인간의 부정적 측면을 지나치게 과장하여 이론을 전개하였고, 법가적 이상 실현을 위한 책무를 군주 일인에게 집중시키는 한계가 있었다. 법가사상의 3요소인 법·세·술은 전적으로 군주의 통치를 위한 수단이었다. 군주는 권력의 유일성, 최고성, 강제성을 보유하면서 입법(立法), 용인(用人), 감찰 및 상벌권 등을 모두 가졌었다고 할 수 있다. 심지어 사상적 통제와 교육권까지도 국가에 주어졌다. 한비자는 말한다.

> 명철한 군주의 나라는 죽간에 새긴 글월을 없애고 법을 바탕으로 교화를 실시하며, 선왕의 유훈을 없애고 관리를 스승으로 삼는다. 明主之國, 無書簡之文, 以法爲敎, 無先王之語, 以吏爲師. (五蠹篇)

진왕정(秦王政)을 도와서 천하통일에 기여하고, 통일제국의 법가적 기반을 놓은 사상가가 한비자의 동학인 이사(李斯)였다. 그는 승상(丞相)에 자리에 올라 상앙과 한비자의 주장을 많이 채택하였다. 전국을 균현제에 따라 중앙집권적인 법치국가를 건설하였다. 사학(私學) 금지와 분서갱유(焚書坑儒)를 추진하였고, 도량형과 문자의 통일을 시도하기도 하였다. 그러나 이러한 시책은 일시적으로 효과를 거두는 듯했으나 오래가지 못했다. 한비자가 인정에 토대하여 법을 제정한다지만, 그것이 백성들의 자발적 동의가 아니라 국가와 지배자에 의한 비자발적이고 강제적 동의에 의한 것이라면 수용되기 어렵다. 백성(학생)들의 자율적 학습 능력을 무시하고 상벌에 토대한 일방적인 주입식의 교화는 도덕적 선을 행하려는 태도보다는 법을 피해가려는 꼼수의 능력을 길러낼 뿐이다. 가혹한 법령은 백성들을 두려움에 떨게 할 뿐이다. 두려움에서 벗어나는 길은 바로 그 가혹한 법령을 제거하는 것이다. 그래서 진나라도 무너졌다.

제10장

제자백가철학의 현대적 의의

    철학은 시대적 아픔의 산물이다. 중국의 역사에서 춘추전국시대는 세계사적으로 보아도 가장 아팠던 악의 시대였다. 그래서 이 시기에 제자백가의 철학이 등장할 수 있었다. 철학자들은 누구보다 시대적 아픔에 민감하게 반응하고, 나의 아픔과 병든 시대를 치유하는 철학적 사유를 전개하는 사람들이다. 아픔과 악은 어디로부터 왔는지 진단하고, 그것이 치유되고 척결된 건강한 삶과 정의로운 공동체의 이상은 무엇인지, 그리고 그 이상을 실현하는 방안과 대책은 무엇인지를 탐색한다.

    그래서 철학적 사유의 출발은 대체로 실천철학이라 여긴다. 특히 제자백가의 철학은 그랬다. 우리가 흔히 철학적 사유체계를 떠올리면 이 세계의 궁극적 진리와 그것의 발견방법을 다루는 이론철학(실재론과 인식론)이 전제되고, 이를 바탕으로 현실사회 문제의 해결을 도모하는 실천철학(도덕철학, 정치사회철학, 교육철학 등)을 탐구하는 것으로 여긴다. 실제 많은 동서철학자들이 이러한 철학의 탐구순서를 밟았다. 어떤 이는 철학이란 현실 문제를 떠나 진리 그 자체를 사유하는 학문이라 보기도 한다. 현실 문제에 집착하면 시공을 넘어선 보편적이고 궁극적인 진리를 탐색하는 것이 불가능하다고 여기기 때문이다. 그러나 이러한 철학은 관념의 유희로 빠질 가능성이 농후하다.

    나는 현실 문제와 거리두기를 고집하는 철학을 별로 좋아하지 않는다. 오히려 나는 이론철학조차도 실천철학에서 출발한 사유를 논리직으로 정당화하기 위해 사후적으로 전개한 사유로 여기는 편이다. 특히 제자백가의 철학자들은 관념의 유희를 즐길 여가조차 없었던 시대의 사상가들이었다. 그래서 그들의 사유는 실천철학이 주를 이루고 이론철학에는 약한 편이다. 그들은 당장의 현실로 닥친 아픔과 악을 치유하고 척결하는 대안을 철학적으로 사유하는데 모든 노력을 경주하였고, 그 자신들이 그것을 사회현실에 실현하기 위하여 동분서주하였다. 그러다보니 철학적 사유의 한계도 있었고, 현실적 실현가능성에도 한계가 있었다. 이 모든 것이 또한 시공간적 맥락과 제한에 기인하는 것이라 여긴다.

그러나 오늘날의 관점에서 그들은 많은 철학적 사유의 질료들을 남겼고, 우리에게 많은 생각거리와 의미를 던져주었다. 이하에서는 제자백가의 철학을 논점별로 요약하여 살펴보고, 현대적 의의와 한계를 돌아보기로 한다.

1. 제자철학의 논점비교

1) 세계관: 천(天) 개념을 중심으로

 세계는 어떻게 탄생한 것인가? 신(神)이나 우주의 지적 설계자가 있어 세계를 탄생시키고 질서를 부여한 것인가? 아니면 자발적으로 탄생하여 운동 변화하는가? 두 가지 관점이 모두 있었다. 제자백가의 철학자들은, 노자와 장자를 제외하면, 대체로 철학적이기보다는 종교적 사유의 연장선상에서 천(天) 개념을 가지고 세계탄생과 운동변화의 법칙을 설명하고자 하였다. 대체로 그들은 하늘이 이 세계를 낳았고 질서를 부여했는바, 처음부터 인간은 이 세계에서 특별한 지위를 부여받고 태어난 존재로 여긴다. 그러나 노자와 장자는 관점이 달랐다. 물론 노자와 장자의 도(道) 개념도 천(天) 개념으로 치환하여 해석가능하다. 그들의 도 개념은 자연천(自然天)이라 부를 수 있는데, 그것은 세계가 자발적으로 탄생하였고 우주만물은 자발적 운동변화의 법칙(자연법칙)에 따라 운행한다는 것이다. 이러한 관점에서, 그들은 인간의 존재론적 위상도 특별하지 않고 자연의 연장선상에 있다고 여긴다.

 그렇다면 하늘과 인간의 관계는 무엇인가? 제자백가철학에서 천인관계의 유형은 크게 천인합일론(天人合一論)과 천인분리론(天人分離論)으로 대별할 수 있다. 천인합일론은 천도(天道)와 인도(人道), 물리(物理)와 도리(道理)가 연속적이며, 천도는 인도의 존재론적 근거이다. 천인합일론에서의 천(天)은 그 성격에 있어서 단순한 물리적 자연현상 이상의 형이상학적 의미를 진하게 지닌다. 이에 비해서, 천인분리론(天人分離論)에서의 천은 무목적(無目的)·무의지적(無意志的)인 자연으로서 인간사회의 치란(治亂: 다스려짐과 어지러움)과는 관계없이 일정한 법칙에 의해서 운행되는 것이며 인간의 순응대상이거나 이용 대상으로 인식된다. 천인합일론의 관점에서 하늘은 상제천(上帝天), 운명천(運命天), 이법천(理法天), 의리천(義理天)이고, 천인분리론의 관점에서 하늘은 자연천(自然天)이거나 '창창유형의 천'(蒼蒼有形之天)이다.

공자의 천 개념은 미제적(未濟的)이다. 그에게는 천인합일론의 상제천, 운명천, 의리천에서 천인분리론의 자연천 개념까지 사유했던 흔적이 보인다. 상제천이란 의지를 가진 인격신의 개념으로 종교적 성격이 강하다. 고대 시가(詩歌)에 많이 나타나고, 공자와 맹자에서도 흔적이 남아있었다. 특히 이러한 상제천 개념을 강력하게 주장했던 철학자가 묵자였다. 그에게 있어 하늘은 세계를 탄생시키고 질서를 부여하였을 뿐만 아니라, 인간이 마땅히 따라야 할 도덕법칙까지 부여했다고 보았다. 그것이 다름 아닌 '두루 사랑과 이익을 똑같이 나누는' 겸애교리(兼愛交利)였다. 그는 상제천 뿐만 아니라 귀신의 존재까지도 인정했다. 하늘이 세계에 질서와 도덕법칙을 부여했다면, 귀신은 인간이 법칙을 따를 때 상을 내리고, 그렇지 않으면 벌을 내리는 존재였다. 그러나 그는 우연이나 운수처럼 불가항력적인 운명은 없다고 했다.

맹자는 천인합일론의 관점에서 다양한 천 개념을 체계화한 철학자였다. 그에게도 상제천 개념의 흔적이 남아있었고, 그에 따른 우연이나 운수 같이 인간의 능력으로는 '알 수 없고'(不可知)하고 예측 불가능한 법칙의 영역이 존재한다고 여겼다. 그것을 맹자는 불가항력적인 천명(天命)이라 생각했다. 물론 그는 인간이 알 수 있고 예측 가능한 과학법칙과 같은 필연성으로서의 법칙도 있다고 여겼고, 그것을 알아내기 위해 최선의 노력을 기울여야 한다고 보았다. 특히, 맹자에게서 두드러지는 천 개념은 도덕성으로서의 천 개념인 의리천(義理天)이다. 그것은 선한 도덕적 본성의 근원으로써, 인간은 선험적으로 인의예지(仁義禮智)의 사덕(四德)을 하늘로부터 부여받고 태어났다는 것이다. 따라서 인간은 마땅히 사단(四端)을 확장하여 사덕의 본성을 회복하는 수양공부에 임해야 하며, 알 수 없는 불가지한 일에 대해서도 최선의 노력을 다하는 가운데 결과를 하늘에 맡기는 진인사대천명(盡人事待天命)의 자세를 주장하였다.

천인분리론(天人分離論)에서 하늘은 무목적(無目的)·무의지적(無意志的)인 자연일 뿐이다. 자연은 인간사회의 치란과 관계없이 스스로 일정한 법칙에 의해서 운행되고 있다. 자연이 곧 하늘이다[自然天]. 그렇다면 인간도 자연의 일부인가, 아니면 특별한 존재인가? 이에 대한 노자나 장자의 관점은 전자이다. 인간도 원래 자연인데, 지능의 분별심과 욕망으로 인해 자연에서 벗어나 문화와 문명을 개척한 존재라는 것이 그들의 관점이다. 문화와 문명의 소유론적 욕망으로 인해 인간들은 서로 이전투구를 벌이고 있다. 그래서 그들은 무위자연으로 돌아가라는 처방을 내린다. 무위적 도의 세계에서 우주만물은 같음과 동시에 다름의 차연적 존재로 서로 더불어 병작하는 삶을 산다. 그래서 장자는 모든 차이를 넘어 절대자유의 경지에서 소요유하는 삶을 살라고 충고한다.

그러나 순자와 한비자는 이미 문화와 문명을 개척한 인간들은 자연으로 돌아갈 수 없는 존재라고 여긴다. 지능의 분별심과 욕망은 그 자체로 악은 아니지만 악의 근원지이다. 그러나 지능의 분별심으로 욕망을 합리적으로 조절하며 문화를 개척하는 삶을 살 수 있는 존재가 인간이다. 그것이 바로 예(禮)이고 법(法)이다. 그래서 인간은 세계에서 특별한 존재이다. 자연에는 자연의 길이고 있고, 인간에게는 인간의 길이 있다. 하늘이 세상을 낳고 질서를 부여했지만 더 이상 인간의 치란에 관여할 수 없다. 이 점에서, 인간에게 하늘은 무목적(無目的)·무의지적(無意志的)인 자연이고 저 하늘에 떠있는 창창유형의 존재[蒼蒼有形之天]일 뿐이다. 때로 하늘과 자연이 인간사회에 복을 주고 화를 내리기도 하지만, 그럴수록 인간은 자연에 내재하는 법칙을 찾아내어 인간적 삶의 유익한 방향으로 활용해야 할 이용의 대상이다.

2) 인성론

　인성론의 관점은 앞서 천 개념으로 살펴본 세계관의 철학적 가정과 무관하지 않다. 예컨대, 노자나 장자의 자연천 개념은 인간을 자연의 일부로 보기에, 인간본성에 대해서도 선하지도 악하지도 않은 존재로 본다. 맹자의 의리천 개념은 인간본성의 도덕적 선함을 주장하는 근거이고, 순자의 창창유형의 천 개념은 인간본성의 악함을 주장하려는 철학적 의도를 담고 있다. 제자백가들의 인성론을 요약해 보자.

　『맹자』에서 맹자의 제자인 공도자가 말했듯이, 이 시기까지 이미 제자백가의 다양한 인성론의 관점이 주장되고 있었다. 당시에 제기되었던 인성론은 ①성무선무불선설(性無善無不善說; 고자), ②성은 선할 수도 있고 불선할 수도 있다는 설(性可以爲善, 可以爲不善說; 세석世碩 ?), ③성은 선한 자도 있고 불선한 자도 있다는 설(有性善, 有性不善說), ④성선설(性善說; 맹자) 등이다. 이외에 순자와 법가류의 ⑤성악설(性惡說)을 더 추가할 수 있다.

　이 중 ②와 ③은 정확히 누가 주장한 것인지 모르겠다. ②는 사람마다 타고나는 본성이 다른 것이 아니라, 원래 선과 악을 동시에 가지고 있어 삶의 환경에 따라 어느 쪽으로도 발현할 수 있다고 보는 관점이다. 『맹자』에서 공도자는 '혹자'가 이런 관점을 주장했다고 하는데, 이 '혹자'를 주나라의 사상가인 세석(世碩)이라 보기도 한다. 훗날 한나라 학자인 동중서(董仲舒, BC 179~104)의 성유탐인설(性有貪仁說), 혹은 양웅(揚雄, BC 88~18)의 성선악혼설(性善惡混說)로 이어진 관점이다. ③은 사람마다 타고나는 본성이 달라 선한 본성의 소유자가 있고, 악한 본성의 소유자가 있다고 여기는 관점이다. 훗날 후한시대 학자인 왕충(王充, 27~96?)의 성유선유악설(性有善有惡說), 혹은 당나라 유학자인 한유(韓愈, 768~824)의 성삼품설(性三品說)로 이어진 관점이다. ②와 ③의 관점을 제외하면, 제자백가의 인성론은 성무선무악설, 성선설, 성악설로 축약된다. 이에 대해 좀 더 자세히 요약한다.

첫째, 성무선무불선설(性無善無不善說) 혹은 성무선무악설(性無善無惡說)이다. 이것은 인간본성이 선하지도 악하지도 않다는 관점이다. 이 관점의 출발은 공자였고, 맹자와 인성론을 다툰 고자(告子)가 이 관점을 명확히 하였다. 고자의 성무선무악설, 맹자의 성선설, 순자의 성악설이 정립되기 이전의 제자백가철학자들은 대체로 이 관점에서 인간본성에 관한 탐구를 시작했던 것 같다. 공자와 묵자가 그랬고, 맹자조차도 그랬다. 그러나 이들 세 사상가는 나중에 관점을 수정했다. 사실 공자는 천 개념이 그랬듯이, 인성론의 관점도 어느 하나를 진리로 고집하지 않은 미제적(未濟的)이었다. 그러나 실천적 차원에서 그는 인간은 선하게 살아야 한다는 당위적 관점에서 성선설을 요청하였다. 묵자는 삶의 환경에 따라 인간본성이 선에 물들여질 수도 있고 악에 물들여질 수도 있다는 소염론(所染論)을 주장했다. 그러나 이러한 그의 관점이 앞의 세석(?)의 관점과 일치하는 것은 아니다. 묵자는 요순시대 이후 인간은 사회를 구성하고 문화와 문명을 개척하였고, 이로부터 인간은 이기적인 존재로 되었다고 진단했기 때문이다. 더 이상 인류에게 요순시대는 있을 수 없기에 인간은 태어나면서 이기적일 수밖에 없다. 여기서 선으로 물들여질 수 있다는 것은 개인적 욕망을 합리적으로 조절할 수 있다는 의미이다. 그래서 묵자는 개인적 이기심을 확장하여 공동체의 이익으로 전환되도록 하는 교육적 노력이 필요하다고 여겼다. 맹자에 대해서는 뒤에서 언급한다.

처음부터 끝까지 성무선무악설을 고수했던 사상가는 노자와 장자, 그리고 고자였다. 먼저, 노자와 장자는 인성론에 대해 명확히 언급한 적이 없지만 사실상 이 관점을 주장한 것으로 볼 수 있다. 그들의 관점에서 도덕적으로 선이니 악이니 하는 것은 모두 후천적이고 인간중심적 관점이다. 원래 인간의 마음이나 본성은 도덕적으로 백지이지만, 그렇다고 본성이 이기심이고 욕망이라는 것도 아니다. 그것은 생명보전을 위해 필요를 넘어서지 않은 자리심(自利心)으로, 생의 욕구추구가 곧 타자에게도 선이 되는 것이다(自利卽利他). 자연생명의 세계가 그렇고, 인간 또한 그런 세계로 돌아가야 한다. 이것이 노자와 장자의 관점이다. 다음으로, 고자의 관점은 인간의 본성은 백지이고 도덕성은 후천적으로 터득된다는 것이다. 노자와 고자의 관점 차이는 노자가 인간들의 작위적 선악 개념에서 벗어나 무위적 자연으로 돌아갈 것을 종용했다면, 고자는 백지의 마음에 인위적으로 의로움의 규범을 내면화하여 도덕성을 길러주어야 한다는 것이다. 먼 훗날 명나라 유학자인 왕양명(王陽明, 1472~1528)의 심무선무악설(심무선무악설)의 관점도 성무선무악설에 가깝다.

둘째, 성선설(性善說)이다. 인간의 본성은 선하다는 맹자의 관점이다. 처음에 그는 공자를 따라 욕구와 선이 일치하는 성무선무악설을 고민했었다. 그러나 곧 어린아이의 적자지심을 유지하며 욕구와 선의 일치를 실현할 수 있는 사회는 요순시절에나 가능한 것으로 인식하였다. 요순시대 이후 양지양능의 적자지심은 말 그대로 어린 시절에 잠깐 동안 경험할 뿐이지 더 이상 욕구와 선의 일치를 겨냥할 수 없게 되었다. 이제 인간은 필요수준의 자연적 욕구 충족을 넘어 욕망하는 존재가 되었고, 대인(大人)처럼 반성적 능력으로 적자지심을 회복해야 하는 존재로 되었다. 그래서 맹자는 식색지성과 도의지성이 모두 하늘로부터 부여된 천성이지만, 두 욕구가 갈등할 경우에는 도의지성을 더 바람직한 선(善)으로, 더 나아가 식색지성을 악의 근원지로 도의지성만을 도덕적 본성으로 규정하였다. 여기에는, 인간은 욕망의 식색지성을 합리적으로 조절할 수 있을 뿐만 아니라, 식색지성의 욕망과 무관하게 순수한 도덕적 본성에 따라서도 삶을 영위할 수 있는 유일한 존재라는 뜻이 담겨 있다. 이러한 관점에서, 맹자는 도덕적 감정(측은지심惻隱之心, 사양지심辭讓之心, 수오지심羞惡之心, 시비지심是非之心)의 뿌리인 인의예지(仁義禮智)의 덕을 회복해야 한다는 수양론을 주장했다. 그러나 이러한 그의 관점도 공자처럼 인간은 마땅히 선해야 한다는 당위론적 관점에서 멀지 않다.

셋째, 성악설(性惡說)이다. 인간의 본성은 도덕적으로 악한 이기심이다. 이 관점을 대표하는 이가 순자(荀子)이다. 앞서 묵자는 요순시대 이후의 삶의 환경에서 인간은 이기적 존재일 수밖에 없다고 보았다. 순자도 사실 여기에 동의하는 편이다. 그는 인간본성이 선하다고 보는 관점은 요순시대와 같은 삶의 환경이거나 태어나기 이전을 염두에 두고 추론한 것이라 여긴다. 태어나기 이전에 실존적 내가 없듯이 역사현실에서 더 이상 요순시대는 없다. 그래서 순자는 인간이 태어나면서부터 이익을 좋아하는 방향으로 프로그래밍화 되게 되어있다고 말한다. 이로부터 쟁탈이 일어나고 사양함이 없어지게 된 것이다. 따라서 악한 본성이 선해지게 되는 것은 어디까지나 후천적인 인위(人爲)적 노력의 결과라고 주장한다. 상앙, 한비자 등 법가류의 사상가들도 여기에 속한다. 순자와 법가의 차이점은 순자의 관점이 형이상학적 논변이라면, 법가의 인성론은 사회과학적 관찰의 결과라는 점이다.

3) 윤리사상

도덕·윤리란 선악 혹은 옳고 그름의 기준에 관한 것이다. 도덕 개념에는 크게 두 가지가 있다. '특정질서로서의 도덕'과 '근본정신 혹은 궁극적 원리로써의 도덕'이 그것이다. 전자는 시공간을 더불어 살아가는 사람들이 명시적·묵시적으로 합의하는 덕이나 규범을 말한다. 후자는 시공간을 넘어 절대적이고 보편적으로 규정되는 선악 혹은 옳고 그름에 기준으로, 그것을 최고선, 도덕규준 혹은 도덕의 궁극적 원리라 부른다. 이중 도덕철학자들의 관심사는 후자이다. 그들은 최고선이나 도덕의 궁극적 원리가 무엇인지를 철학적으로 사유하고, 이를 바탕으로 특정질서로서의 도덕이 작동하는 현재의 도덕현실을 평가하고 나아가야할 방향을 제시하고자 한다. 그래서 도덕철학적 논쟁의 핵심은 최고선의 개념이나 도덕의 궁극적 원리가 무엇이어야 하는가에 있다. 제자백가철학자들의 도덕철학적 논쟁도 예외가 아니었다.

제자백가철학자들의 시대적 배경인 춘추전국시대는 특정질서로서의 도덕인 주나라의 예제문화가 무너지면서 왔다. 주나라의 종법제도에 바탕을 둔 봉건제도도 무너지면서 중앙집권적 전제군주제로 전환되고 있었다. 변화된 사회 및 정치현실에 맞게 특정질시로서의 도덕이 재입법되어야 할 필요가 있었다. 주나라의 예제문화와 봉건제도의 바탕에 놓여 있던 도덕규준은 혈연적 유대감을 사회적으로 확장해 가는 친친(親親)의 원리였다. '가까운 사람을 먼저 사랑하라'라는 것이 그것이다. 그러나 이러한 친친의 원리는 혈연적 유대감이 강한 가문 내에서 가족윤리로는 여전히 통용될 수 있지만, 종법적 봉건제가 무너지는 사회현실에서 보편적 도덕원리가 되기는 어려웠다. 그것은 수정되고 보완되거나 대체되어야 할 것이었다.

공자는 여러 통용되는 덕목 중의 하나였던 인(仁) 개념을 재해석하여 모든 덕과 규범의 바탕이 되는 전덕(全德)으로 삼고, 그것을 도덕의 궁극적 원리로 제시하였다. 그러나 그가 제시한 인 개념은 다층적인 뜻을 가졌다. 공리적 실용성을 인이라 규정하기도 했고(유위윤리로서의 인), 이익과 무관하게 보편적 인류애를 인이라 보기도 하였고(당위윤리로서의 인), 인류애를 넘어 생명사랑을 인(무위윤리로서의 인)으로 규정하기도 하였다. 물론 이중 그가 도덕과 정치현실에서 우선적으로 실현하고자 고군분투했던 인 개념은 보편적 인류애로서 당위윤리적 인 개념이었다. 이러한 그의 관점이 맹자로 이어졌다.

그러나 공자의 어느 인 개념이든 인의 사랑을 도덕현실에서 적용하는 실천원리는 여전히 친친의 원리였다. 묵자는 바로 이점이 못마땅했다. 그래서 그는 유가의 인이 차별적 사랑을 정당화하는 별애(別愛)일 뿐이라 비판하고, 그 대신 차별 없는 두루 사랑의 원리로 겸애(兼愛)를 제안했다. 가까운 사람부터 사랑하는 것이 아니라, 처음부터 남의 부모도 내 부모처럼 남의 자식도 내 자식처럼 사랑해야 한다는 것이다. 또한 묵자의 겸애가 공자의 당위윤리적 인 개념과 다른 것은 정신적 사랑이 아니라 이익을 똑같이 나누는 사랑이어야 한다는 것이다. 그는 이로움[利]이 의로움[義]이라 말했다. 그래서 묵자의 도덕규준을 겸애교리(兼愛交利)라 부른다. 이러한 묵자의 관점은 공자의 인 개념 중에 공리적 실용성, 즉 유위윤리로서의 인 개념을 자기 관점으로 수정한 것으로 볼 수도 있다.

공자적인 인(보편적 인류애)이든 묵자적인 겸애교리이든 이것들은 모두 인간중심의 소유론적 사유일 뿐이다. 양자, 노자, 장자가 모두 그렇게 본다. 공자의 인류애가 관념론적 소유론의 철학이라면, 묵자의 겸애교리는 경제과학적 소유론이라는 차이가 있을 뿐이다. 그 어느 것이든 인간중심의 소유론적 사유를 견지하는 한 이 세계에서 아픔과 악은 근본적으로 치유되고 척결될 수 없다. 그래서 양자는 귀기(貴己)와 귀생(貴生)을 주장한다. 각자가 남이 아니라 자기생명을 가장 귀하게 여기는 삶의 원리에 따라 살아갈 때 세상은 저절로 다스려진다는 것이 양자의 관점이다. 이러한 관점이 노자와 장자로 이어졌다.

생명들은 최적의 생명유지 그 자체를 삶의 목적으로 삼는다. 그것이 생명유지에 필요한 욕구이다. 이 욕구는 도덕적 선도 악도 아닌 자연성일 뿐이다. 모든 생명들이 자기생명유지에 필요한 욕구추구에 그친다면 그 자체로 타자에게도 선(善)이 된다. 그렇게 생명세계에서는 욕구(먹고)와 선(먹히는)의 일치되는 자연법칙이 작동하고 있다. 자연생명세계에는 차별이 없고 차연(差延)으로 서로 같음과 동시 다름이 있을 뿐이고, 그렇게 만물들은 서로 병작하는 삶을 산다. 인간들도 나 중심 혹은 인간중심의 세상보기를 내려놓은 겸허의 덕으로 무장하고 무위자연의 세계로 돌아가 소요유하는 삶을 되찾아야 한다. 이러한 관점을 굳이 윤리학적으로 표현하면 생명사랑의 무위윤리라 부를 수 있다. 공자가 사유했던 무위윤리로서의 인 개념도 여기에서 멀지 않다. 특히, 장자는 그로부터 자기관점의 아이디어를 얻은 것 같다.

맹자는 노자와 장자의 사유를 접하지 못했다. 그래서 그는 묵자와 양자를 철학적 논쟁대상으로 삼았다. 맹자가 보기에 묵자의 겸애주의는 공동체주의를 넘어 전체주의로 미끄러질 수 있는 사유라고 보았고, 양자의 귀생주의는 개인주의를 넘어 이기주의(혹은 종욕주의)로 미끄러질 수 있는 사유라 여겼다. 그가 묵자의 사유에는 아버지가 없고, 양자의 사유에는 임금이 없다고 한 것은 이러한 뜻에서이다. 그래서 맹자는 개체성과 공동체성의 중도(中道)를 겨냥해야 한다고 말한다. 인간은 인의예지의 도덕적 본성을 타고나기에 도덕적 상황에서 인의 사랑에 기초하여 사랑을 공정하게 배분하는 의로움의 기준을 정하고, 그 기준에 따라 세부적인 행위 규칙을 입법할 수 있는 지적·도덕적 능력을 발휘할 수 있는 존재이다. 인의 사랑의 원형은 부자관계에 있기에 의로움의 기준은 우선 친친의 원리를 따를 수밖에 없다. 그러나 그것이 편협한 혈연적 가족공동체의 울타리에 갇히지 않도록 하기 위해서는 늘 개체성과 공동체성의 중도를 겨냥하는 이성적인 노력이 요구된다. 이것이 맹자윤리학의 요점이다.

순자와 법가들은 인간의 자율적 도덕능력을 별로 신뢰하지 않는다. 그들이 보기에, 인간은 이기적인 존재이기 때문이다. 이기적인 욕망을 다스리려면 밖으로부터 규제 장치가 필요하다. 순자는 그것을 예(禮)라 하였고, 한비자를 비롯한 법가들은 법(法)이라 하였다. 예이든 법이든 그것들은 사회의 구성원들이 합의하여 제정된 규칙들의 체계이다. 순자와 법가의 문제는 그 구성원들의 합의가 타율적 동의라는 데 있다. 대체로 예와 법은 특정질서로서의 도덕 개념에 해당한다. 이러한 도덕 개념은 시공간으로 문화상대적인 것이지만, 순자는 그렇게 생각하지 않았다. 그가 보기에 예는 긴 세월동안 성왕들이 보편적 인정(仁情)에 토대하여 제정하였고 경험적으로 입증되어온 보편적 규범이다. 순자는 이 보편적 규범을 내면화함으로써 타율적으로 주입된 도덕적 자율성의 함양을 기대할 수 있다고 보았다.

법가들은 발전적 역사관을 가지고 있었고, 따라서 법규범의 제정은 시대마다 달라지는 도(道)와 인정(人情)에 토대하여 공정하게 법을 제정해야 한다고 보았다. 이로보아 법가의 법은 전형적인 특정질서로서의 도덕 개념이지만, 한 번 제정된 법은 특별한 이유가 없는 한 바꾸지 말아야 한다고 여겼다. 그리고 법은 구성원들에게 고지하고 내면화시켜 누구나 예외 없이 따르도록 해야 한다고 보았다. 법가에 도덕규준이 있다면 그것은 공정성이라 하겠지만, 인정(人情)을 해석하고 공정성의 기준을 정하는 권한이 지배자인 군주에게 있었다는 것이 한계이다. 순자는 타율적으로 주입된 도덕적 자율성을 인정하지만, 법가는 이마저도 회의적으로 여겼다. 구성원들에게 법을 내면화한다는 것은 도덕적 자율성의 함양이라기보다는 상을 좋아하고 벌을 싫어하는 (두려워하는) 심리상태를 습관화시키는 것이라 할 수 있다.

4) 정치사회사상

　사회 구성원들의 개별적 도덕성으로 인간 삶의 문제가 모두 해결되는 것이 아니다. 개인들이 도덕적이라고 사회가 정의로울 것이라는 보장이 없고, 개인들의 도덕적 자율성으로 해결할 수 없는 문제들이 생겨날 수밖에 없음으로 인하여 정치라는 문화적 장치가 고안되었다. 이러한 점을 가장 예리하게 파악했던 사상가들이 법가였다. 그들은 개인들의 도덕적 자율성에 대한 신뢰를 포기하고 처음부터 법이라는 국가 제도적 장치를 통하여 세상을 다스려야 한다고 여겼기 때문이다. 여기에는 예외 없이 적용되는 법(法)과 함께 군주의 강력한 위세[勢]와 백성(인재)을 부리는 기술[術]이 추가되었다. 춘추전국시대에는 이러한 법술의 패도정치를 통하여 부국강병을 추구했던 제후들이 패제후가 되고, 천하통일을 달성하기도 하였다. 그러나 맹자는 법술의 패도로 패제후가 되었던 춘추오패에 대하여 가짜로 인(仁)을 빌린 정치일 뿐이라고 비판하였다.

　법술의 패도가 가짜로 인을 빌린 정치라면, 진짜로 인에 토대한 정치는 무엇인가? 맹자에 의할 때, '차마하지 못하는 마음'에 토대한 왕도정치가 그것이다. 이 '차마하지 못하는 마음'은 인간들이 선험적으로 타고나는 인의예지의 도덕성에서 나온다. 제왕은 바로 그러한 도덕성에 근거하여 국가를 운영해야 한다. 그것이 인의의 정치이고 왕도정치이다. 사회적 약자들을 돌보는데서 시작하여 모든 구성원을 사랑하고, 제왕부터 부정의한 일을 하지 않는데서 출발하여 적극적 정의를 실현하는 정치가 인의(仁義)의 정치이고 왕도정치의 이념이다. 이를 위해 제왕은 백성들과 희로애락을 함께 하는 여민동락의 민본정치, 제왕마저 함부로 대할 수 없는 현자와 함께 세상을 경영하는 군신공치주의도 왕도의 이념이다. 이러한 왕도의 이념을 실현하기 위해 맹자는 정전법에 토대한 항산의 대책과 조세정의를 주장하였고, 부당한 전쟁을 거부하고 백성들의 교육에 힘써야 한다고 하였다. 또한 이러한 왕도정치의 이념과 정책을 실행하지 않은 나라와 제왕에 대해서는 역성혁명도 정당화된다고 보았다.

　법가의 패도정치가 주나라의 신분·계급제도가 무너지는 상황에서 구축된 정치철학이라면, 맹자의 왕도정치는 하·은·주 삼대(三代)의 성왕(요·순·우·탕·문·무)들의 정치에서 아이디어를 얻어온 정치철학이다. 그래서 왕도정치에는 전통적 신분·계급제도에 따른 차별을 정당화하는 논리가 전제되고 있다. 묵자는 이러한 유가정치사상의 한계에 주목했다. 물론 묵자도 신분·계급제도 자체를 부정하지는 않았다. 그러나 그는 전통적인 귀속적 신분·계급제도를 부정했고, 신분과 계급이동의 길을 열어놓았다. 이러한 맥락에서, 묵자는 상현의 정치를 주장한다. 귀속적 신분에 상관없이 현자라면 누구나 정치에 등용될 수 있어야 한다는 것이 그것이다. 묵자는 상동의 정치를 주장한다. 이것은 밑으로부터 백성들의 여론을 모아 일반의지의 공동선을 구축하고 이에 따라 국가를 경영하는 것을 말한다. 이처럼, 상동과 상현의 정치에는 겸애의 원리가 적용되고 있다. 또한 묵자는 부당한 공격정벌 전쟁에 반대하고 평화의 외교를 주장한다. 절용(節用)과 절장(節葬), 그리고 사치스럽고 음란한 음악을 부정했다.

    그러나 맹자와 순자는 이러한 묵자의 정치철학이 위험스럽다고 여겼다. 맹자는 묵자의 정치가 자칫 공동선의 이름으로 전체주의적 독단의 정치를 정당화할 수 있다고 여겼다. 순자는 전통적 사회체제의 근본적 해체를 가져올 수 있다고 보았다. 당시의 지배계층의 입장에서도 묵자의 정치철학은 도저히 용납될 수 없는 불온사상이었다. 그래서 그의 철학은 얼마 없어 세상에서 종적을 감췄다. 전국시대의 지배층에게는 순자의 정치철학이 그나마 가장 자신들의 입장을 대변하는 철학이었다. 순자도 귀속적 신분·계급제도를 부정했지만, 준엄한 신분·계급제도의 필요성은 인정하였기 때문이다. 법적 강제력으로 다스리는 법술의 패도정치는 너무 냉혹하고, 군주의 인정(仁政)에만 기대는 왕도정치는 너무 이상적이다. 성왕들이 제정하고 경험적으로 입증되어온 예에 의한 정치만이 패도와 왕도를 아우르면서 세상을 다스리는 대책이 될 수 있다. 신분과 계급에 따른 예의 규율과 제도를 정하고, 그것을 백성들에게 내면화시켜 도덕적 자율성과 국가의 제도적 규제력이 함께 작동하도록 하는 정치, 이것이 순자의 예치주의정치철학의 요점이다.

    패도도 왕도도 세상을 다스리는 길이 될 수 없다고 보는 관점이 있었다. 무위이치를 주장하는 양자, 노자, 장자 등의 정치철학이 그것이다. 정확히 양자는 정치적 불간섭주의를 주장한 것에 가깝다. 그는 모든 사회구성원들 각자가 자기생명을 소중히 여기는 삶을 산다면 마치 정치가 필요 없는 것처럼 말하기 때문이다. 그러나 이러한 양자의 정치적 불간섭주의를 근대적 의미의 자유방임주의이거나 무정부주의로 읽어서는 안 된다. 자유방임주의는 시장의 기능에 모든 것을 자율적으로 위임하는 정치이고, 무정부주의는 인간이 사회적 이해관계의 와중에서 만인에 대한 만인의 투쟁임을 망각한 공상적 정치체제일 뿐이다. 노자의 무위정치를 보면 정치적 불간섭주의가 자유방임이나 무정부주의가 아님을 알 수 있다.

노자는 생명을 소중히 여기는 무위적 거래와 자연의 연기적 거래를 소중히 여겼지, 인간들의 소유론적 욕망의 거래를 주장하지 않았다. 또한 그는 '욕구와 선의 일치'를 겨냥하는 자리심을 주장했지, 만인에 의한 만인의 투쟁을 말하지 않았다. 노자의 무위정치는 사회구조를 개혁하고 세상을 바꾸는 정치가 아니라, 세상을 보는 마음을 바꾸는 정치이다. 제왕부터 지능의 분별심과 욕망을 내려놓고 세상에 대해 작위적 관여를 하지 않음으로써 오히려 백성들이 풍부해지고 다스려지는 정치가 그것이다. 무위정치는 모든 구성원이 서로 자기 몸의 생명유지에 필요한 수준의 자리적 욕구를 추구하고, 그것이 곧 타인의 생명에도 기여하는 이타적 공동체를 지향한다. 그래서 무위정치에서 백성들은 제왕의 존재 자체도 알지 못한다. 장자도 이러한 노자의 관점에 동의했다. 한 발 더 나아가, 장자는 무위정치 조차도 잊어버리고 무대적 절대자유의 경지에서 소요유하라는 사상을 전개했다.

노자가 패도도 왕도도 버리고 직방으로 무위이치로 나아가는 길을 선택했다면, 공자는 패도도 왕도도 인정하면서 궁극적으로 무위이치로 나아가는 점진적 접근을 주장했다. 맹자는 법술의 패도를 가짜로 인을 빌린 정치라 폄하했지만, 공자는 무도한 정치보다는 패도라도 실현되는 것이 좋다고 여겼다. 물론 패도보다는 왕도의 도덕정치가 더 바람직하다. 그래서 그는 현실정치의 마당에서 왕도의 도덕정치를 구현하기 위해 동분서주하였다. 이것이 실현되어야 무위이치의 궁극적인 이상도 목표로 삼을 수 있다고 여겼다.

5) 수양과 교육론

인류 역사상 교육이라는 현상이 없었던 시대는 없다. 교육의 목적도 언제나 같았다. 학생의 입장에서 교육은 자아의 발견이고 인성의 함양이다. 교사의 입장에서 교육은 더불어 사는 공동체로 자라나는 세대를 입문시키며 사회적 충원을 위해 인재를 양성하는 일이다. 춘추전국시대를 비롯한 전통시대에는 직업군이 다양하지 않았다. 따라서 이 시대 사상가들의 교육철학은 대체로 자아의 발견과 사회적 충원의 측면보다는 공동체로의 입문과 인성의 함양을 위한 교육론에 더 많은 관심을 가졌었다고 할 수 있다. 제자백가의 철학자들도 예외가 아니었다.

교육현상은 배움[學]과 가르침[敎]의 상호작용이다. 배움은 학생의 일이고 가르침은 교사의 일이다. 인간의 학습능력, 교육의 내용과 방법에 따라 교육을 바라보는 철학적 관점이 달라진다. 그 전형을 보여주었던 제자백가철학자가 맹자와 순자였다. 맹자는 인간본성이 선하다고 여기면서, 자율적으로 선한 도덕적 본성을 회복할 수 있는 학생들의 학습능력을 인정하였다. 현실에서 경험하는 도덕적 감정인 사단을 확충하면 그것이 뿌리인 인의예지의 덕을 회복하고 함양할 수 있다고 여겼다. 따라서 교사는 직접적 개입의 조장(助長)도 자유방임의 불조장(不助長)도 아닌 간접적인 방법으로 학생들의 학습을 도와야 한다고 주장했다. 교사가 먼저 수양하는 자세를 보이면 학생은 자율적으로 학습에 나선다. 이것이 맹자의 정기물정(正己物正)의 교육학이다.

그러나 순자는 인간본성이 악하다고 여겼다. 그러나 인간에게는 경험을 통해 학습할 수 있는 능력이 있음을 인정하였다. 악한 본성을 순화하려면 밖으로부터의 규제 장치가 필요하다. 그것이 예의 규범이다. 예는 긴 세월 동안 성왕들이 제정해온 것이고 경험적으로 입증되어 온 도덕적 진리이다. 이것을 자나라는 세대들에게 전수하고 내면화시켜 주어야 한다. 그래야 학생들의 마음에 양심의 도덕성을 심어줄 수 있고, 사람들은 구축된 도덕적 자율성에 따라 살아갈 수 있다. 따라서 교사는 누구보다 먼저 예를 습득한 모범자가 되어야 하고 교육의 권위자가 되어야 한다. 교사는 직접적이고 구체적인 방법으로 학생들의 도덕적 사회화를 도와야 한다. 이것이 순자의 화성기위(化性起爲 혹은 적선화성積善化性)의 교육학이다.

묵자는 인간이 이기적 존재이지만 백지가 물감으로 물들여지듯 마음도 경험으로 물들여진다는 소염론(所染論)을 주장했다. 주변 환경과 교육적 경험에 따라 학생들은 단기적 쾌락을 추구하는 조야한 이기주의자가 될 수도 있고, 장기적이고 합리적인 이기주의자로 자라날 수도 있다는 뜻이다. 따라서 학생들에게 제공되는 교육 환경과 교육 내용이 중요하고, 교사의 모범적 역할도 중요하다. 묵자는 자기만의 이익이나 차별적 사랑이 아니라, 두루 사랑과 이익을 똑같이 나누는 겸애교리의 도덕성을 아이들에게 내면화시켜 주어야 한다고 주장했다. 이것이 겸사를 길러내는 묵자의 교육론이다. 교육 방법론적으로 그의 교육학은 순자의 도덕적 사회화론과 결을 같이 한다. 순자의 사상적 아들인 법가의 한비자도 법의 내면화를 주장하는 사회화론의 교육학을 주장한 것으로 볼 수 있다. 다만 법가는 마음속에 구축되는 도덕적 양심을 신뢰하지 않는다. 법의 내면화는 상을 좋아하고 벌을 두려워하는 심리를 길러주기 위한 것이다.

공자는 교육 방법론적으로 도덕적 사회화론과 자율적 발달론을 통합하는 인격교육론을 누구보다 앞서 정초했다. 그가 언표한 '하학이상달'(下學而上達)은 이를 두고 한 말이다. '하학'은 일상의 규범과 예절을 내면화하도록 하는 데에 초점을 두는 도덕적 사회화에 해당하고, '상달'은 모든 덕과 규범의 바탕에 놓여 있는 전덕(全德)으로서의 인(仁)을 터득도록 하는 자율적 발달의 교육론에 해당한다. '하학'공부를 거쳐야 '상달'공부로 나아갈 수 있다. 그러나 공자의 인 개념은 다층적인 것이었다. 유위적(실용적) 인, 당위적 인, 무위적 인 개념이 그것이다. 따라서 이러한 다층적 인 개념을 터득케 하는 데는 합리적 이성의 학습능력을 넘어 직관적 깨달음이 필요할 수도 있다고 보았다. 특히 무위적 인 개념은 노자와 상자가 말하듯 의식적 자아가 아니라 오히려 지능의 분별심을 내려놓은 자아의 해체와 깨달음을 통해서만 터득될 수 있음을 암시하였다.

대체로 교육이란 문화를 전수하고 관념을 축적하는 것을 목표로 삼는다. 내용과 방법은 다르지만 이상에서 요약한 제자백가의 교육론은 물론이고 오늘날의 교육도 그렇다. 그러나 노자와 장자는 이러한 교육론을 부정한다. 지식을 쌓고 관념을 축적하는 교육에 그들은 반대한다. 그것은 세상을 지배하고 장악하기 위한 인간욕망의 소유론적 교육학에 불과하기 때문이다. 지금껏 보아온 제자백가들의 철학적 진리가 무엇이든 그것을 자라나는 세대들에게 전수하는 교육이란 결국 나 중심 혹은 인간중심으로 세상을 보는 관점을 심어주려는 처사일 뿐이라는 것이 노자와 장자의 주장이다. 그래서 노자는 '말 없는 가르침'(不言之敎)을 주장하고, 장자는 '말을 통하여 말을 깨뜨리는 교육론'을 전개했다.

노자에게 '말'이란 세상을 보는 단가적 택일 논리이다. 장자가 깨뜨리고자 하는 대상으로서의 '말'도 같은 뜻이다. 그것은 세상을 보는 특정한 안경이고 도식(圖式; schema)일 뿐이다. 그러한 안경과 도식을 가지고 자기중심적으로 인간중심적으로 세상을 재단해서는 안 된다. 세상은 단가적 택일이 아니라 같음과 동시에 다름이라는 차연으로 이루어졌고, 모든 자연생명세계는 욕구와 선의 일치를 겨냥하는 생명사랑의 공동체를 형성하고 있다. 이러한 자연의 여여한 사실을 보는 관점을 얻기 위해서는 나 중심 혹은 인간중심의 지능의 분별심과 욕망을 내려놓아야 한다. 자아의식을 해체하여 허심과 무심으로 세상을 볼 줄 아는 안목을 키워야 한다. 이를 위한 교육은 경험적 지성이나 합리적 이성을 계발하는 것으로 불가능하다. 직관적 깨달음을 통해서만 가능한 경지이다. 그래서 교육이란 누구의 가르침이 아니라 스스로의 자각이고 각성일 뿐이다. 굳이 가르쳐야 한다면, 교사는 직접적으로 말하기가 아니라 우언(寓言), 중언(重言), 치언(巵言)으로 말하기를 수단으로 삼아 간접적인 접근을 해야 한다. 그럼에도 불구하고, 궁극적인 깨달음은 스스로의 심재와 좌망의 자기수양을 통해서이다. 이것이 장자의 교육학이다.

2. 현대적 의의와 한계

이상에서, 제자백가의 철학을 간략하게 요약해 보았다. 이제 마지막으로 현대적 의의와 한계를 돌아볼 차례이다. 그러나 여기서 제자백가의 철학을 다시 하나하나 가져와서 그 의미와 한계를 자세히 밝히기는 어렵다. 철학이 시대적 아픔의 산물인한, 그들 각자의 철학에는 사상내적으로 학문적 결함도 있고, 실천의 측면에서 시대적 한계도 있을 것이다. 예컨대, 공자철학의 특징은 특정진리만을 고집하지 않는 미제적인 세상보기의 도(道)였다. 이러한 특징은 결국 공자의 철학이 학문적으로 체계적이지 못하고 모순된 관점들이 사상내적으로 동거하고 있음을 알려준다. 그러나 이러한 그의 철학적 특징이 다음 사상가들에게 철학적 사유의 다양한 질료를 남겨주었다고 할 수 있다. 내가 이 책을 쓰면서 가졌던 철학적 가정은 제자백가의 철학이 공자의 미제적 세상보기를 철학적 질료로 삼아 분화되고 발전해 가는 과정으로 보려했다. 여기서는 오늘날 우리에게 생각거리를 던져 주는 몇 가지 논점을 추려서 고찰한다.

1) 인성론과 도덕의 정당화

인간 혹은 나는 왜 도덕적이어야 하는가? 이 물음은 도덕철학에서 도덕의 정당화를 요구하는 궁극적 물음이다. 제자백가의 철학자들은 다양한 인성론을 주장했다. 그러나 인간본성을 보는 다양한 이론이 있다고 하더라도 결국 세 가지 관점으로 압축될 수 있다고 여긴다. 성선설(性善說), 성악설(性惡說), 성무선무악설(性無善無惡說)이 그것이다. 인성론은 도덕의 정당화 물음에 답하려는 철학적 가징으로 보아도 무리가 아니다. 우리가 맹지를 다룰 때,

그의 성선설과 도덕의 정당화에 대해 검토한 바 있다. 나머지 인성론을 중심으로 도덕의 정당화론을 고찰해 보자.[1]

성악설은 순자에 의해 정식화되고 한비자 등으로 이어진 관점이지만, 여기서는 그들의 사상을 논하는 자리가 아니기에 구애 없이 도덕의 정당화 가능성을 사유해보고자 한다. 성악설의 철학적 가정은 인간은 선험적으로 이기적이라는 것이다. 인간이 이기적이라고 가정할 때 가장 쉽게 도덕을 정당화하는 설득적인 방법은 사회 공익적 측면에서 생각해 볼 수 있다. 사람들 간에 서로 이익을 다투는 이전투구의 경쟁을 방치하면 나라와 공동체의 질서가 무너진다. 구성원들 간의 이익을 조정하고 규율하는 기준이 필요하다. 순자가 예(禮)를 말하고 한비자가 법(法)을 주장한 이유도 여기에 있었다. 그러나 이러한 사회공익설의 한계는 인간 일반의 도덕적 의무는 정당화되겠지만, '나는 왜 도덕적이어야 하는가?'에 대한 답은 될 수 없을 것이다. 남들은 다 도덕적인 가운데 나는 예외가 될 수 있다면 자신에게 더 유리할 수 있기 때문이다. 실제 오늘날 우리사회에서도 도덕적 질서에서 예외적인 사람들이 득세하는 경우를 많이 접한다.

그렇다면 도덕을 지킬 경우에 오히려 내가 더 이익을 볼 수 있다는 관점을 생각해 볼 수는 없을까? 도덕을 지키는 것이 자신에게 더 많은 이익과 만족을 산출한다면 그것은 분명 도덕을 정당화하는 길이 될 것이다. 물론 이 경우에 먼저 검토해야 할 사항은 '자기이익' 혹은 '자기만족'이 무엇이냐 하는 점이다. 그것은 찰나적이고 단기적인 쾌락일 수도 있고, 명예·부·권력 등의 사회적 희소가치일 수도 있고, 행복이나 안빈낙도 혹은 관조적 삶일 수도 있다. 자기이익을 무엇으로 정의하든 그것을 부당한 방법으로 추구하면 다른 사람이나 사회로부터 징벌을 받게 된다. 따라서 정당한 도덕률을 따르면서 자기이익을 얻었을 때 더 많은 만족을 얻게 될 것이다.

---

[1] 도덕의 정당화론에 관한 다양한 관점에 대해서는 朴異汶, 『慈悲의 倫理學』(서울: 철학과현실사, 1990), 80~114쪽 참조. 이하의 논의는 일정부분 그의 글에 도움을 받았다.

그리고 이러한 개인이익설에 따르면, 가능하면 단기적이고 조야한 이기주의가 아니라 장기적이고 계몽된 이기주의자가 되라고 가르친다. 육체적 쾌락과 같은 단기적이고 조야한 이익은 오히려 쾌락의 역리를 낳고 권태나 불행을 가져오기 때문이다. 실제 사람들은 단기적 쾌락을 참고 고통을 인내하면서 장기적이고 합리적인 이익을 추구하는 삶을 사는 경우가 많다. 그런데 이경우에도 문제는 있다. 그렇게 얻은 이익이라 하더라도 거짓된 만족이거나 허위의식일 수 있기 때문이다. 예컨대, 많은 고통을 감내하며 정당한 방법으로 부와 명예와 권력을 얻어서 만족하고 행복해질 것이라 믿었지만 정작 불행에 빠진 사람들을 보게 된다. 또한 과정은 불행하고 결과만 행복한 것도 정당화될 수 있는지도 의문이다. 현실적인 이익을 추구하는 삶을 초탈하여 안빈낙도나 관조적인 삶을 사는 것이 진정한 만족을 가져오고 참된 의식이라는 가르침도 보편화되기 어렵다. 이러한 문제와 의문들이 존재하는 한 개인이익설에 바탕을 둔 도덕의 정당화도 한계를 가질 수밖에 없다고 하겠다.

개인이익설이든 사회공익설이든 성악설에 바탕을 둔 도덕의 정당화론은 도덕의 근원이 밖에 있다고 여기는 관점이다. 이 관점에서, 도덕이란 사회구성원들이 명시적 혹은 묵시적으로 합의한 덕목이나 규범에 다르지 않다. 순자의 예(禮)와 한비자의 법(法)이 바로 그런 것이다. 인간은 도덕법칙을 자율적으로 입법하지 못하고 밖으로부터 주어진 규범에 수동적으로 따르는 존재일 뿐이고, 도덕성이란 욕망의 합리적 조절 혹은 욕망의 합리적 추구를 뜻하는 것에 불과하다. 도덕에 대한 인식은 없지만 길들여진 동물도 식색지성의 본능을 억제할 수 있다. 맹자가 성유선유악설이나 성선악혼설 등을 반대한 이유도 여기에 있었다고 여긴다. 이러한 관점들은 세계에서 차지하는 인간의 위상을 떨어뜨리고 있다. 맹자의 관점에서, 인간은 욕망의 합리적 조절을 넘어 욕망과 무관하게 순수한 도덕적 동기에 따라 행동할 수 있는 유일한 존재이기 때문이다. 고자와의 논쟁을 통해 성무선무악설을 반대한 이유에도 비슷한 측면이 있었다.

성무선무악설은 인간의 본성은 도덕적으로 선하지도 악하지도 않고 백지

상태라는 것이었다. 인간은 자연적 존재이기도 하고 사회적 존재이기도 하다. 인간이 도덕적이어야 한다는 것은 이미 인간이 사회적 존재라는 것을 전제로 성립되는 규범적 명제이다. 자연에는 도덕이 없다. 성무선무악설은 인간에게 도덕이 없는 자연의 세계로 돌아가야 한다는 주장으로 읽을 수 있다. 이것이 아니라면, 사회적 존재로서 인간은 본래 없는 도덕성을 인위적으로 함양해야 한다는 주장으로 읽어야 한다.

자연생명들은 생명유지의 필요(necessity)나 요구(demand)수준에서 욕구를 추구한다. 예컨대, 자연생명 세계에서 먹고 먹히는 먹이사슬 혹은 약육강식의 법칙은 자연스러운 무위(無爲)의 법칙이다. 나는 나의 필요를 채우기 위해 남을 해치지만, 동시에 나도 남에게 필요를 제공한다. 나의 욕구추구가 결국 타자에게 선(善)을 베푸는 행위가 된다. 이처럼 자연생명 세계에서는 욕구와 선(善)의 일치를 지향하고 있다. 이때 선(goodness)이란 도덕성이 아니라 자연성이고 자연법칙이다. 그것을 도덕의 이름으로 부른다면 무위도덕(無爲道德)이라 부를 수 있다. 인간도 자연의 아들이기에 자연법칙이나 무위도덕에 따라 살아갈 수도 있다. 그러나 그것이 쉽지 않다. 그러한 삶이 가능하려면 지능의 분별심과 인간적 욕구(need)와 욕망(desire)을 모두 내려놓고 자아의식(ego)을 버린 무아(無我)의 존재가 되어야만 가능할 것이다. 이러한 관점은 노자나 장자가 우리에게 요구하는 삶의 길이다. 한 때 공자나 맹자도 심지어 묵자 조차도 이러한 삶의 길을 고민했다. 그들에게 요나 순임금은 그런 삶을 보여줬던 존재였다.

그러나 이제 요순시대와 같은 목가적(牧歌的) 사회는 어디에도 없다. 삼대(三代; 하·은·주)시대 이후 인간들은 나와 너, 우리와 적을 구분하는 사회로 접어들었고, 이익의 이전투구를 벌이는 현장이 되었다. 인간은 세계에서 유일하게 필요수준을 넘어 욕구하고 욕망하는 존재이다. 고자가 '식색지성이 곧 본성'(食色, 性也)이라 여기면서 성무선무악설을 주장한 이유도 여기에 있었다. 이러한 인간사회에서 지능의 분별심을 지우고 모든 욕망을 내려놓은 채 무아적 삶을 살라는 것은 현실성이 떨어진다. 오늘날에도 요와 순, 노자와 장자 같은 예외적인 성현들이 존재할 수는 있을 것이다. 그러나 중생과 민중의 무리들에게 그들은 이상일 뿐이다. 맹자적인 뜻에서, 식색지성은 그 자체로 악은 아닐지라도 악의 근원지이다. 그것은 통제되고 조절되어야 한다. 앞에서 보았듯이, 그것은 사회공익적 차원에서는 물론이고, 개인이익적 차원에서도 필요한 조치이다. 도덕의 정당화는 이러한 이유에서 주장될 수 있다. 방법은 두 가지가 있다. 하나는 본래 없는 도덕성을 마음의 내부에 자리 잡게 함으로써 자기규제가 가능하도록 하는 자율적 접근이고, 다른 하나는 외적인 강제규범으로 규율하는 타율적 접근이다. 인내의외설(仁內義外說)을 주장했던 고자는 전자의 처방에 동의했던 것으로 볼 수 있고, 순자가 그 뒤를 이었다. 후자는 한비자 등의 법가적 처방이다.

왜 도덕적이어야 하는가를 물을 때 사람들은 종종 양심(良心, conscience)의 가책 때문이라고 대답한다. 그러나 이때 양심의 근원지가 어디인지 돌아볼 필요가 있다. 혹시 그것이 고자와 순자의 처방처럼 문화와 교육으로부터 주입된 것이라면 도덕적이어야 할 보편적 이유가 정당화될 수 없다. 프로이드(Sigmund Freud, 1856~1939)나 라깡(Jacques-Marie-Émile Lacan, 1901~1981) 같은 오늘날의 정신분석학자들이 말하듯이, 양심(super-ego)이란 특정사회의 규범문화가 개인에게 내면화된 것에 불과하기 때문이다. 그렇다면 양심은 문화마다 시대마다 다른 것이 될 것이고, 따라서 규범적 상대주의 문제를 야기한다. 또 한편으로, 이러한 양심의 가책 때문에 도덕적이어야 한다면, 차라리 그러한 가책이나 고통덩어리로부터 해방되는 것이 더 낫지 않겠는가? 한비자나 법가 혹은 마키아벨리처럼 강제적 법률이나 지배자의 위세로부터 오는 두려움 때문에 도덕을 지켜야 한다면 더욱 불행한 일이 아닐 수 없다.

결국 우리는 다시 맹자의 성선설로 돌아갈 수밖에 없지 않을까? 다른 존재와 달리, 우리는 '인간'이기 때문에, 즉 이성과 자유, 선한 감성의 질서 그리고 내재적 가치를 지닌 인격적 존재이기 때문에 도덕적 의무를 따라야 하는 것이 아닐까? 물론 맹자의 성선설도 도덕의 정당화를 입증하는 데는 한계가 있었다. 그의 성선설은 경험적 사실이기보다는 형이상학적(조월석) 사실이었고, 인간은 그런 존재이어야 한다는 규범적 명제였다. 그럼에도 불구하고, 맹자의 성선설은 실존적이고 실천적 차원에서 정당화가 가능하다고 여긴다. 인간은 누구나 내 삶에 대한 책임을 스스로 결정해야 하는 실존적 선택을 요구받는 존재이다. 이것은 바로 인간다움을 자신의 실천적 행동을 통해서 만들어가고 있다는 것을 의미한다.

2) 인의와 겸애와 정의, 그리고 생명사랑

제자백가철학자들이 주장하는 도덕의 궁극적 원리로 대표적인 것은 인의, 겸애, 생명사랑으로 요약된다. 유가와 묵가와 도가의 도덕규준이다. 이중 우리시대에 가장 주목해야 할 도덕원리는 생명사랑이다. 그동안 인류는 너무나 인간중심으로 세상을 보는데 익숙해왔기 때문이다. 우리가 요순시대로 돌아갈 수는 없지만, 기후위기와 팬데믹 시대를 살아가는 인류에게 노장철학은 세상을 보는 마음이 무엇이어야 하는지를 고민하도록 가르친다.

이 세계는 일기(一氣)의 유기체적 생명공동체이다. 노자와 장자는 무위적 자연으로 돌아가 세상에 대한 일체의 불간섭을 주장하지만, 이미 우리는 그럴 수 없는 존재로 되었다. 따라서 우리는 노장을 따라 세상에 대해 훨씬 겸허해져야 할 것이지만, 무위적 결과로 우리가 인간으로 태어난 이상 이 세계에서 수행해야 할 사명이 무엇인지를 고민하는 현실적 노력이 필요하다. 노장보다 먼 훗날 왕양명(王陽明, 1472~1529)과 최한기(崔漢綺, 1803~1877)가 주장하듯이, 또한 현대 우주물리학자인 브라이언 스임(Brian Swimme)이 권고하듯이,[2] 인류가 더 이상 이 세계의 지배자가 아니라 일기의 유기체적

---

2) 강봉수, "왕양명의 무위윤리와 자발적 도덕직관론,"『동양도덕교육론』(제주대학교출판부, 2014); 강봉수, "최한기의 도덕지식론 연구,"『윤리교육연구』제59집 (한국윤리교육학회, 2021. 01); B. 스임(허찬락 역),『우주는 푸른 용』(서울: 분도출판사, 2019) 참조.

공동체에서 중추신경(뇌)의 역할을 담당하는 존재로 탈바꿈해야 할 것이다. 일기의 유기체적 공동체를 자기생명처럼 보살피고 도와주는 전우주적인 사명과 책임을 부여받은 존재가 바로 우리 인간이라는 각성이 필요하다는 말이다. 그것만이 우주만물과 더불어 인간된 삶도 보장받는 길이라고 여긴다.

　현실적 대안으로 우리는 인간중심주의와 탈인간중심주의의 중간지대 쯤으로 겨냥할 수 있다. 이른바 '개방적 인간중심주의'가 그것이다. 기존의 인간중심주의가 자연을 도구화시키고 인간만이 도덕적 지위를 갖는다는 폐쇄적 관점이라면, 개방적 인간중심주의는 인간도 자연의 일부라는 관점에서 자연존중과 겸손한 태도를 요구하는 한편, 인간 이외의 존재까지 도덕적 지위를 부여하자는 것이다. 그렇다면 우리는 어떤 존재까지 도덕적 지위를 부여할 수 있을까? 그 기준은 무엇인가? 어떤 존재가 도덕적 지위를 갖는지를 결정하는 기준인 포섭기준도 필요하지만, 도덕적 지위를 차등적으로 부여하게 해주는 비교기준도 있어야 할 것이다. 포섭기준은 우주만물의 모든 존재로 하되, 비교기준에 의해 우리는 인간, 고등동물, 하급동물, 식물, 무생물 순으로 차등적 위치를 매길 수 있을 것이다.

　한편, 인간세계 내에서 도덕규준을 생각한다면 인의와 겸애 중에 무엇을 더 우선시해야 할까? 당연히 모든 사람을 차별 없이 똑같이 사랑하라는 겸애를 택해야 한다. 그러나 이러한 겸애는 당위적 원칙이고 궁극적 목표로는 타당하지만 실현 가능성의 측면에서 현실성이 떨어진다. 특히, 겸애주의는 맹자가 우려했듯 자칫 공동체주의를 넘어 전체주의적 사고로 미끄러질 위험이 있다. 아무래도 여기서는 개인에 대한 고려보다는 공동체를 더 중시할 수밖에 없기 때문이다. 또 반대로 맹자가 양자를 비판하면서 말했던 공동체를 고려하지 않고 개인만을 중시하는 사고도 문제다. 이제 곧 보겠지만, 개인주의 또한 현실성이 없는 추상적 관념에 불과하기 때문이다. 그래서 나는 맹자에 동의하여 인의의 원리를 도덕현실에서 구현하는데서 시작해야 하지 않을까 한다.

　맹자적인 뜻에서, 인의의 윤리는 서양적 전통의 '정의'(正義)의 윤리와 대비된다.[3] 서양사상에서 모든 도덕의 아버지라 할 정의 개념은 그것이 어떤 식으로 정의(定義)되든 보상적·평등적(補償的·平等的) 정의(正義)에 가깝다. 그러나 맹자의 인의(仁義)는 경제적 이해관계의 보상과 평등을 조절하는 개념이라기보다 오히려 자연적 질서에 대응하는 인륜적(人倫的) 질서를 의미한다. 정의(正義)는 독립된 개인을 전제로 성립한다. 그래서 정의는 개인과 개인 간의 갈등을 해결하고 손실을 보상하며 평등을 이뤄나가는 도덕원리이다. 그러나 인의는 공동체적 인륜을 전제로 성립된다. 인륜을 떠난 추상화된 개인은 존재하지 않다고 여기기 때문이다. 따라서 인(仁)에 기초한 의(義), 즉 '인의'(仁義)는 바로 인륜적 질서 속에서 개인들이 가져야 할 도덕원리인 셈이다.

현대의 여성심리학자이자 교육학자인 길리건(C. Gilligan)과 나딩스(N. Noddings) 등에 의하면, 한마디로 서양 전통의 윤리학은 '정의의 윤리'(the Ethics of Justice)로 요약될 수 있다. 칸트와 공리주의에서 콜버그로 이어지는 정의의 윤리는 성적 편견(sex bias)을 담은 남성위주의 윤리학일 뿐만 아니라, 서양의 공동체적 전통을 허물며 사람들을 지나친 이기주의자로 이끌어왔다. 따라서 성적 편견을 없애면서 공동체적 자아를 회복할 수 있는 윤리학이 모색되어야 한다. 그 대안으로 제시되는 것이 바로 '배려의 윤리'(the Ethics of Care)이다.

'따뜻한 배려'와 '관계성'과 '책임'은, '정의'와 '의무'와 '권리'의 남성 편향적 도덕성과는 다른 목소리로 여성과 어머니의 도덕성이라는 것이다. 정의의 윤리는 우리를 다른 사람들로부터 분리시키는 보편화의 원리만을 강조한다. 그러나 진정한 윤리적 삶의 본질은 서로 알게 되고 상대방이 느끼는 것을 같이 느끼며 상대방에 의해 영향을 받게 되는 것이다. 이처럼 타인을 향한 수용성 혹은 개방성이 윤리적 삶의 본질이라면 인간적 만남, 따뜻한 배려의 원리

---

[3] 이하에서 '인의의 윤리', '정의의 윤리', '배려의 윤리'를 대비적 관점에서 논한 것은 강봉수, 『유교도덕교육론』(서울: 원미사. 2001), 22~24쪽에서 가져와 깁고 보탠 것이다.

가 정의보다 더 중요한 사회적, 도덕적 기초가 되어야 마땅할 것이다. 그래서 길리건은 이제 도덕성은 '정의'와 '배려'라는 두 가지 상호 의존적인 요소들로 이루어진 것으로 보아야 함을 강력히 주장하고 있다.

맹자의 인의윤리학은 '정의'의 윤리보다는 '배려'의 윤리에 가깝다. 인간적 만남과 따뜻한 배려를 전제로 하여 정의를 추구하고자 하는 것이 인의의 윤리학이다. 그 인간적 만남의 출발점이 어디인가? 가족과 친척이 아니겠는가? 그래서 인의의 윤리학은 가족 사랑으로부터 이웃과 나라사랑으로 확대되어 가는 친친의 원리를 주장했다. 이러한 인의의 윤리학은 오늘날 첨단학문이 유전학 혹은 진화심리학적 연구결과에도 부합되는 것이라 여긴다. 프랭크 미엘(Frank Miele)은 이렇게 말한다.

> 인간의 사회성은 '모든 인간은 자기 자신만을 생각한다.'(맹자적 관점에서 양자가 그렇다; 필자 주)거나 또는 '모두를 위한 하나, 하나를 위한 모두'(맹자적 관점에서 묵자가 그렇다; 필자 주)와 같이 단순한 문장으로 압축할 수 없다. (중략) 자기 자신이 가장 소중하고, 다음으로 부모와 자녀 그리고 형제자매가 소중하며, 그 밖의 사람들은 유전적 유사성이 감소하는 순차에 따라 그 중요도가 감소한다.[4]

인간은 누구나 부모로부터 50%씩의 유전자를 받고 태어난다. 그렇기 때문에 일단 유전자를 물려준 부모와 자식 사이의 사랑은 자연스러운 감정이다. 유전자를 공유하는 형제간의 사랑도 그렇다. 촌수가 멀어질수록 유전자의 공유 정도는 감소하기 마련이다. 따라서 우리는 간단한 계산을 통해 내가 언제, 또 누구를 도와야 하는지 흥미로운 결과를 도출할 수 있다. 그 결과는 아래의 <그림 1>처럼 요약할 수 있다.[5] 그러나 맹자가 우려했듯, 유전자의 공유 정도가 매우 낮은 사람들로 구성되는 비친면적 이익공동체에서 시민들이 서로 사

---

[4] 프랭크미엘, "진화심리학에 대한 빠르고 간편한 안내서", 『SKEPTIC, Korea』 VOL 4 (2015. 12), 91쪽.
[5] 같은 채, 90쪽.

랑하면서 모두가 차별받지 않는 정의로운 사회를 어떻게 만들어 갈 것인지는 앞으로도 꾸준히 노력해야 할 과제일 수밖에 없다.

<그림 1> 피는 물보다 진하다

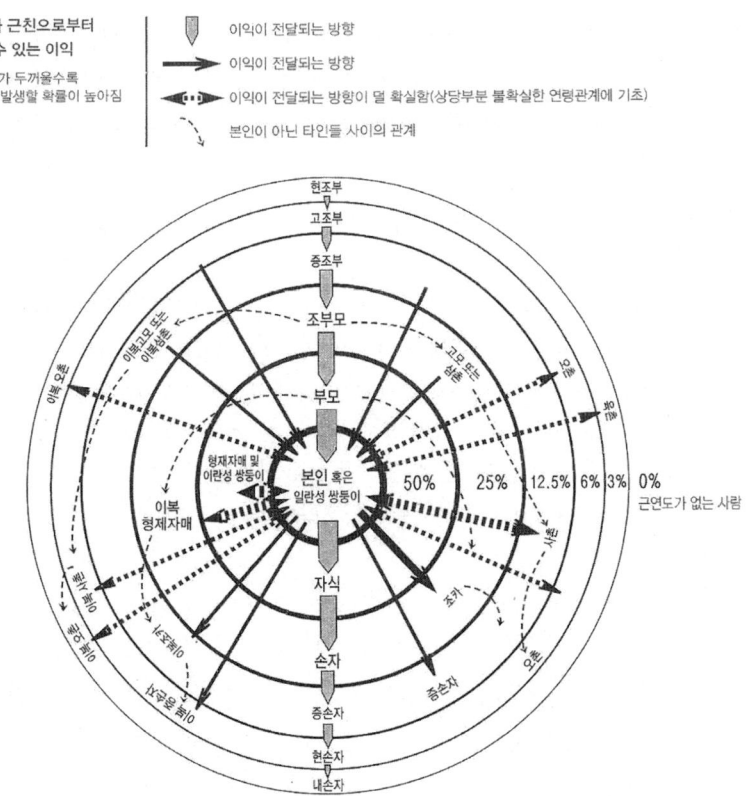

그림1 피는 물보다 진하다, 유전적 유사성에 비례하는 정도로.
진화심리학에 따르면 (평균적으로) 친족과 어느 정도로 유전자를 공유하는지에 따라 그 친족으로부터 얼마만큼의 도움을 기대할 수 있는지 예측할 수 있다. 도표의 오른쪽 면은 일부일처로부터 도출된 결과이고 왼쪽 면은 일부다처로부터 도출된 결과다.

3) 한국사회와 노심자의 도덕적 책무

오늘날의 시점에서 제자백가의 정치철학을 생각하면 그 사상적 한계가 너무나 뚜렷하다. 그 당시는 민주주의시대가 아니라 중앙집권적 전제군주제로 급속히 전환되고 있던 시기였기 때문이다. 그래서 제자백가의 철학자들은 하나 같이 정치적 지배층과 군주의 역할에만 주목하여 정치사상을 논구하였다. 물론 오늘날의 관점에서도 백성들을 위한 민본주의정치, 군주의 덕을 강조하는 주장은 충분히 의미가 있다. 그러나 그들은 훨씬 더 구조적 개혁을 요구하는 사유를 전개했어야 했다.

예컨대, 맹자는 전국시대적 악의 원인을 개인에게 돌렸다. 그가 왕도정치를 주장하며 정치의 개선을 말했지만, 이 역시 사회구조나 제도의 문제이기보다는 제왕의 덕이나 정치행위의 탓으로 돌린 것이었다. 물론 그도 풍년에는 사람의 성품이 착해지고, 흉년에는 사람의 성품이 악해진다고 보면서 환경의 영향을 주목한 바 있다. 그렇다면 맹자는 사회구조나 제도의 문제에 더욱 천착했어야 했다. 그러나 불행하게도 그는 환경의 문제가 아니라 궁극적으로 수양하지 않는 개인이나 제왕에게 더 큰 원인이 있다고 보았다. 그래서 맹자가 역성혁명을 외쳤지만 그것은 사회구조와 제도를 근본적으로 바꾸는 정치혁명으로 이어지지 못하고 왕조의 교체에 그쳤던 것이다. 나는 이것이 맹자철학의 가장 큰 학문적 결점이라고 여긴다.

맹자에 비하면, 묵자가 훨씬 나았다. 오늘날의 시점에서 보아도 그가 주장했던 것을 인류는 달성하지 못했다. 예컨대, 우리는 사람을 차별 없이 두루 평등하게 사랑하는가? 근대이후 인류문명사는 차별 없는 세상을 만들기 위해 노력해왔고 많은 결과물을 획득한 것도 사실이다. 보통선거로 지도자를 뽑는 민주혁명을 일궈냈고, 노예해방과 여성해방, 그리고 노동해방운동을 펼쳐서 엄청난 성과를 거뒀다. 묵자가 다시 살아온다거나 귀신으로 존재하고 있다면 깜짝 놀랄 세상이라는 데에 이의(異意)가 없을 것이다. 그러나 한편으로 실망도 클 것 같다. 제도와 절차의 측면에서 평등한 세상을 열었을지 몰라도 아직도 내용적으로는 달라진 게 없어보기기 때문이다. 제도적 노예는 없지만 내용적 노예는 있는 세상이다. 여성과 노동자는 여전히 사회적 약자이고 이곳저곳에서 차별받는다. 장애인 차별과 인종차별도 여전하다. 우리나라에서는 학벌과 직업으로도 차별받는다. 두루 사랑받지 못하는 인권의 사각지대는 아직도 많다.

묵자철학은 시대를 너무 앞서나가서 주장했다. 인류문명사의 대부분은 계급제 사회였다. 그는 너무 일찍 그것을 깨려했다. 그래서 그의 철학은 긴 세월 동안 너무 이상적인 유토피아였다. 이러한 계급사회에서 어떻게 차별 없는 두루 사랑이 가능하겠는가? 어떻게 지위와 상관없이 이익을 고루 나눌 수가 있겠는가? 어찌 귀천에 상관없이 인재를 등용하여 쓸 수가 있겠는가? 아랫사람들에게 언로(言路)를 열어주고 할 말을 다하라고 할 수 있겠는가? 이로 인해 그는 유가학파를 비롯한 제자백가들로부터 비웃음을 받았고, 제왕과 귀족들에게 불온사상으로 낙인찍혔다. 그래서 꽃피지도 못한 채 색출과 척결의 대상이 되었다. 그러나 그의 철학 역시 시대적 한계가 있었다. 그가 인민을 위한, 인민에 의한, 인민의 정치를 외쳤지만 그것을 제도적으로 보장할 것을 주장하지는 못했다. 어디까지나 덕 있고 현명한 위정자에게 그렇게 되도록 기대할 수밖에 없는 것이었다. 이점에서 그의 정치사상도 다른 제자백가철학과 다르지 않았다.

그러나 정치적 지배층과 군주의 덕을 강조한 제자백가의 정치사회사상이 현 시점에서 전혀 의미 없는 것은 아니다. 특히, 오늘날 한국사회의 지배층이 보여주는 삶의 행태를 떠올리면 더욱 그렇다. 어느 사회 어느 시대라도 사회지도층은 생겨날 수밖에 없다. 그러나 그들이 보여주는 삶의 행태는 공동체에 큰 영향을 미친다고 할 수 있다. 맹자가 주장하듯, 그들이 '노블레스 오블리주'로 무장된다면 분명 사회는 한층 더 맑아지고 정의로운 사회가 될 것이다. 그러나 불행하게도 우리는 그들에게 '노블레스 오블리주'를 갖추기를 촉구할 수 있을 뿐이고, 그들이 그렇게 살 것인지는 전적으로 그들의 결단에 맡길 수밖에 없다.

불행히도 한국현실을 돌아볼 때, 사회지도층의 인사들은 일반적인 민주시민에 비해서 도덕적 책무감이 크게 뛰어나지도 않으며, 어떤 측면에서는 오히려 부패와 타락이 더 심한 존재들인 것 같다. 몰염치하고 권력에 아첨하는 정치인들, 법조인을 포함한 고위공직자들의 전관예우나 관피아적 낙하산 인사, 기업가정신을 갖추지 못한 재벌총수 일가의 탐욕과 세습경영, 대기업의 중소기업 영역 침해와 문어발식 사업 확장 등은 대표적인 사례에 해당할 것이다. 이외에도 부패와 타락을 일삼는 특권층의 사례는 많다. 그렇다면 이러한 사회의 특권층은 건전한 시민사회와 평등사회를 건설하는 데 오히려 걸림돌이 될 뿐이다.[6]

사회지도층의 도덕적 타락은 일반시민들의 합리적이고 배려하는 민주시민의식의 형성에도 부정적 영향을 미친다. 한국사회는 왜 그렇게 되었는가? 그동안 우리 사회가 지나치게 경쟁 중심의 사회로 흘러왔기 때문일 것이다. 우리 아이들은 학교에서부터 '배려'보다는 '경쟁'을 배운다. 대학진학이나 취업 관문에서도 강자만이 살아남는 구조이다. 직장에서 승진도 제로섬 게임의 적용을 받는다. 이처럼 강자만이 살아남는 경쟁구조이고 제로섬 게임의 적용을 받는 승진구조에서 서로 상대방을 존중하고 배려하는 의식을 갖는 순간 누구라도 경쟁에서 낙오될 가능성을 갖고 있다. 따라서 경쟁이나 승진도 합리적이고 도덕적이기보다는 수단과 방법을 가리지 않고 불법과 탈법을 저지르려는 유혹에 휩쓸리기 쉬운 것이다. 이러한 상황에서 혹시라도 사회지도층으로 올라선 그들에게 '노블레스 오블리주'를 기대하는 것도 무리일 것이다.

오늘날은 '군자'보다 '시민'의 시대이다. 군자는 '최고의 도덕'을 지향하지만 시민은 '최소의 도덕'을 지향한다. 최소의 도덕은 자기의 행동으로 영향을 입게 될 각 개인의 이익에 동등한 가치를 부여하면서 합리적이고 이성적으로 판단하고 행동하는 것이다.[7] 최대의 도덕은 이러한 최소의 도덕을 넘어 타인에게 선을 베풀고 공동선의 실현을 위해 적극적 의무를 다하는 것이다. 오늘날도 최대의 도덕을 실현하는 군자가 분명 필요하긴 하지만, 모든 시민들에게 군자가 될 것을 요구할 수도 없고 현실적으로도 불가능하다. 민주사회는 건전한 민주시민을 필요로 한다. 부당한 권력과 부패한 특권층에 항거하고

---

[6] 추홍희, 『한국의 특권층 & 노블레스 오블리주: 영미국의 평등 사회와 대륙국가의 특권 사회 비교』(세계법제연구원, 2015.12.02) 참조.

[7] 제임스 레이첼즈(김기순 옮김), 『도덕철학』(서울: 서광사, 1989), 28쪽.

공정한 공적질서를 수립하는데 적극적으로 참여하는 민주시민들이 많아져 야 정의롭고 평등한 사회로 나아갈 수 있을 것이다.

그러나 어느 시대 어느 사회에도 사회적 특권층의 출현은 불가피하다. 문제는 모두에게 공정한 기회와 합리적 경쟁을 보장하는 제도가 마련되고 그것이 지켜지고 있느냐에 달렸다. 그래서 더욱 사회의 민주화가 필요한 것이다. 공정한 기회와 합리적 경쟁절차를 거쳐서 사회지도층에 오른 특권층이라면 그들에게 군자의 최대도덕과 '노블레스 오블리주'를 기대할 수 있을지 모르겠다. 그러나 여전히 한계는 있다. 그나마 그들에게 '노블레스 오블리주'를 강제할 수 있는 방법이 있다면 그것은 전문직의 윤리강령을 정하여 법률로 규정하는 것이다. 그러니까 이것은 '노블레스 오블리주' 개념을 개인윤리적으로 접근하는 것이 아니라 사회구조 혹은 사회윤리적으로 접근하는 방법이다.

전문직의 윤리강령은 일종의 '역할 도덕성'(morality of role)이라 볼 수 있다. 전문가의 '역할'은 그 역할을 맡은 개인과는 구별되며 상대적인 자율성을 가지고 있다. 따라서 그 역할은 개인과 독립되어 도덕적 책임의 주체가 될 수 있다. 역할 도덕성에는 3가지 측면이 있다.[8] 첫째는 역할 자체의 도덕성(the morality of role)이다. 이것은 역할이 규정하고 있는 의무나 규칙 자체가 정당한가의 문제와 관련된다. 따라서 역할은 개인의 책임영역을 벗어나 사회적·제도적 차원에서 공정하게 입법되어야 한다. 둘째는 역할 인수의 도덕성(the morality of role-acceptance)이다. 이것은 역할을 인수한 사람에게 응분의 도덕적 책임을 묻고자 하는 것으로, 그에게는 맡은 바의 역할을 완수해야 할 책임이 주어지는 것이다. 셋째는 역할 이행의 도덕성(the morality of role-enactment)이다. 이것은 역할이 규정하고 있는 임무를 어떤 방식으로 수행하느냐의 문제와 관련된다. 역할은 도덕과 법의 측면에서 합당한 방식으로 수행해야 한다. 전문직의 윤리강령은 이러한 역할 도덕성의 관점에서 법률로 규정하고, 법률을 어긴 자에 대해서 응분의 책임을 묻도록 해야 할 것이다.

---

8) 박병기 편저, 『포스트모던 시대의 사회윤리학』(서울: 인간사랑, 1993), 216~233쪽 참조.

4) 인성교육이 나아갈 길

제자백가의 철학자들은 다양한 인성교육의 방법을 제안했다. 예컨대, 순자와 묵자는 도덕적 사회화론, 맹자는 자율적 도덕발달론, 노자와 장자는 직관적 깨달음 등을 주장했다. 이러한 그들의 주장을 떠올리며 오늘날 우리의 인성교육을 생각해볼 필요가 있다.

대체 인성이란 무엇인가? 아직도 우리학계나 교육현장에서는 '인성' 혹은 '인성교육'의 개념에 대해 정확히 합의되지 못하고 혼란스러운 상황이다. 가장 비근한 예로 우리가 쓰고 있는 '인성'이 'Personality'를 뜻하는지 'Character'를 말하는지 오락가락이다. 이에 터하여, 우리는 '인성교육'이란 용어를 스스럼없이 사용하고 있는데, 동양철학적 전통에 따라 어떤 이는 '도덕적 인성'을 길러주는 교육으로 이해하고, 어떤 이는 심리학적 관점에서 도덕(성)을 포함하여 개인적 성품과 자질을 함양하는 교육으로 사용하기도 한다. 왜 이런 혼란이 생기는가?

제자백가의 철학에서 보았듯이, '인성(人性)'은 항상 인간의 본성(本性)을 논구할 때 사용하였다. 인간의 본성을 선(善)으로 보든, 악(惡)으로 보든, 혹은 또 다른 관점으로 보든 그것은 항상 '도덕성'의 개념과 결부되어 논의되어 왔다. 이러한 전통 때문에 오늘날 우리 학계와 교육현장에서는 대체로 '인성'은 곧 '도덕성'이고, '인성교육'은 곧 '도덕(성)교육'으로 이해되고 있다. 이러한 관점은 교육심리학적으로 보면 인격교육(Character Education)을 의미한다.

그러나 서양의 심리학적 전통에 익숙해 있는 학자들은 '인성'의 개념을 주로 '개인의 다양한 심리적 특성'을 의미하는 Personality로 이해한다. Personality의 어원은 라틴어인 persona에서 유래한다. 그것은 고대 그리스의 드라마에서 연극배우들이 자신의 배역에 따라 얼굴에 썼던 가면을 뜻하는데, 즉 '행위자의 역할'을 의미한다. 그러니까 여기서는 인간이 이중적 존재임을 함축하고 있다. <가면 뒤에 숨어 있는 본래적 자기>와 <가면적 자

기>[9]가 그것이다. 심리학적으로 Personality의 개념적 구성요소를 표로 제시해 보면 아래 <표 11>과 같다. 인성의 개념을 Personality로 이해한다면, <표 1>에서 보는 것처럼 인성교육은 도덕(성)교육만을 의미하지 않는다. 기질은 교육의 대상이 아니다. 따라서 인성교육은 개성(Individuality)과 인격(Character)을 길러주는 교육이어야 한다. 전자가 개성의 발견과 자아실현을 돕는 교육이라면, 후자는 반드시 도덕성에 국한되지 않지만 넓은 뜻에서 인간으로서 마땅히 갖추어야 할 품격을 기르는 교육이다.

<표 11> Personality의 개념적 구성요소

본래적 자기		가면으로서의 자기
temperament(기질)	individuality(개성)	character(인격)
• 유전적 경향성에 기초한 생리적 구조 혹은 체질 • 체질에 바탕을 둔 정서적 반응의 양식으로서 비교적 불변적인 특성을 지님 • 인성의 심층적이고 기초적인 부분	• 유전과 환경의 상호작용의 결과 • 다른 사람들과 구분할 수 있는 개인만이 지닌 고유한 특성(소질, 자질, 능력, 적성, 흥미, 지능, 성격특성 등) • 개성의 신장을 위해 노력해야 함 - "자아실현"의 개념	• 어원: karacter(희랍어) - 동전에 각인하는 마크 → "어떤 것이 다른 것들과 구별되는 독특한 특성" → 타인들에 의해 평가된 자기. • arte(아리스토텔레스): "탁월성" - 인간, 동물 등 모든 것에 적용, 인간에 한정할 때 "인간으로서 탁월성", 즉 덕(德)을 의미했음. 이후 arte는 윤리적 의미로 한정되어 "excellence of character"(도덕적 탁월성 혹은 성품)의 뜻으로 정착됨. • virtus(라틴어) - 용기, 충성, 절제, 정의와 같은 주로 남성다움, 남성다움의 기능을 잘 발휘하는 것 → moral virtue (도덕적 덕) 개념으로 발전
• 가치 판단의 대상이 될 수 없음. • 오늘날 주로 개인적 특질과 인성을 뜻하는 것으로 이해하고 있음		• 가치판단의 대상 • 오늘날 주로 도덕적 인성 혹은 인격의 개념으로 이해하고 있음.

---

9) 사회적 관계에서 얻은 자신의 역할에 따라 공적 이미지로서의 자기, 타인들에 의해 평가된 자기를 뜻한다.

학계와 교육계의 혼란상과 관계없이, 이상의 두 가지 인성(교육) 개념 중 우리나라가 법적으로 규정하는 개념은 어느 쪽인가?「인성교육진흥법」(법률 제13004호 신규제정 2015. 01. 20.)의 제2조 (정의)에서는 인성교육의 개념과 내용을 다음과 같이 규정한다.

> 1. "인성교육"이란 자신의 내면을 바르고 건전하게 가꾸고 타인·공동체·자연과 더불어 살아가는 데 필요한 인간다운 성품과 역량을 기르는 것을 목적으로 하는 교육을 말한다.
> 2. "핵심 가치·덕목"이란 인성교육의 목표가 되는 것으로 예(禮), 효(孝), 정직, 책임, 존중, 배려, 소통, 협동 등의 마음가짐이나 사람됨과 관련되는 핵심적인 가치 또는 덕목을 말한다.
> 3. "핵심 역량"이란 핵심 가치·덕목을 적극적이고 능동적으로 실천 또는 실행하는 데 필요한 지식과 공감·소통하는 의사소통능력이나 갈등해결능력 등이 통합된 능력을 말한다.

　그렇다면, 우리나라가 법적으로 규정하고 있는 인성교육의 개념은 도덕적 인성을 기르는 Character Education(인격교육)이다. 현대 인격교육에 접근하는 이론적 관점에도 크게 보면 세 가지가 있어왔다.
　첫째, 길러주어야 할 도덕적 인성의 구성요소로써 가치나 덕목은 사회적으로 합의가능하다는 전제하에, 명시적·묵시적으로 합의하는 특정의 가치나 덕목을 자라나는 세대들에게 사회화시켜 주어야 한다는 관점이다. 이러한 접근은 주로 사회적 이념이나 가치체계를 구성원들이 공유할 수 있었던 중세까지의 전통시대에서 유효했던 이론이다. 교육방법적으로 이러한 접근을 도덕적 사회화론이라 부른다. 학생들은 기성의 규범문화에 입문시켜 주어야 할 대상이고, 교사는 전통의 대변자이고 권위자이다. 제자백가 중 순자와 묵자 등이 이 관점을 주장했다.
　둘째, 가치 다원화된 민주사회에서 사회적으로 합의된 가치나 덕목은 있을 수 없다는 전제하에, 도덕적 인성은 비지시적이고 가치가 배제된 방식으로 가치나 덕목을 가르쳐야 한다는 관점이다. 교사는 가치나 덕목을 다루는 절차와 방법을 가르칠 수 있을 뿐, 가치를 직접 전수하려고 해서는 안 된다. 학생들은 나름의 도덕철학자들이다. 그들 스스로 도덕적으로 사고하고 판단하며, 그러한 판단에 따라 행동할 수 있도록 이끌어 주어야 한다. 교육방법적으로 이러한 접근을 자율적 도덕발달론이라 부른다. 세부적 맥락은 다르지만 제자백가 중 맹자가 이 관점을 주장했다.

셋째, 중도적 접근 혹은 통합적 접근론이 있다. 가치 다원화된 민주사회에서도 합의 가능한 핵심 가치나 덕목들은 있을 수 있다는 전제하에, '논란거리가 아닌 덕들'(non-controversial virtues) 혹은 '공통적인 덕들'(common virtues)은 직접 학생들에게 사회화시킬 필요가 있으며, 그 외의 가치나 덕목은 학생들이 스스로 탐색해 볼 수 있도록 해야 한다는 관점이다.

이상의 세 가지 접근론 중에서 우리나라 인성교육진흥법이 채택하고 있는 이론은 첫째의 도덕적 사회화론에 가깝다. 그러나 민주사회에서 이러한 접근법은 학생들의 자율성을 침해하고, 교화(indoctrination) 가능성이 농후한 것이라고 비판받는다. 미국에서도 1950년대 중반까지 미국적 전통과 가치를 가르치는 인격교육이 실천되었던 바 있다. 그러나 1950년대 중반이후에 미국사회는 급격하게 가치 다원화된 사회로 진입했고, 기존의 인격교육은 학생들의 자율성을 위협하는 교화라고 지탄받으면서 폐기되었다. 그 대신 학생들이 자율적으로 가치를 탐색하고 자신이 선호하는 가치를 명료할 수 있는 능력을 기르는 가치교육(Value Education), 가치갈등 상황에서 일반화 가능한 도덕원리에 근거하여 가치판단 능력을 기르는 도덕교육(Moral Education)이 설득력을 얻게 되었다.[10] 우리나라는 1990년대까지 이른바 '국민윤리교육' 혹은 '국민정신교육'이라는 명칭으로 사회화론적 인격교육 혹은 정치교육을 했다. 특히 그것은 권위주의정권들이 특정한 가치나 덕목을 시민과 학생들에게 주입하려는 측면이 강했다는 점에서 교화에 가까웠

---

10) 래스 등의 가치명료화 이론과 콜버그류의 인지발달심리학적 도덕교육론이 그것이다.

다. 현재의 인성교육진흥법에도 특정한 가치나 덕목을 나열하고 있다. 비판적 관점에 있는 학자들이 이 법의 폐기를 주장하는 근거가 되고 있는 것도 이러한 측면이다.[11]

나는 인성교육진흥법이 제정된 배경과 세월호 참사(2014. 4. 16)가 무관하지 않다고 여긴다. 세월호 참사의 책임을 학교 인성교육의 부재로 돌린 것이다. 정말 그렇다면 인성교육은 접근방법을 달리해야 한다. 이 법에서 나열된 가치들이 아무리 바람직한 덕들이라 하더라도 국가가 나서 특정한 가치를 주입하려는 시도는 잘못된 접근이다. 돌이켜보면, 세월호 참사의 책임은 세월호와 대한민국호의 선장에게만 있지 않다. 오로지 자본과 경쟁과 효율만을 중요한 가치로 여겨온 국가체제시스템과 그것을 만들고 용인해온 어른들 모두에게 그 책임이 있다고 여긴다. 국가체제시스템은 교육의 장에서 재생산되어 왔다. 가정교육도 학교교육도 모두 자본과 경쟁과 효율을 최우선 가치로 가르치고 있다. 창의와 비판적 안목을 키우기보다는 점수 따기에 유리한 문제풀이식 교육을 중시한다. 사랑과 나눔과 배려보다는 미움과 질시와 탐욕만을 배우는 경쟁교육을 당연히 여긴다. 개성의 신장과 자아의 실현을 돕기보다는 획일적 교육과정을 더 중시 여긴다. 지역과 빈부를 떠나 공정한 교육의 기회를 주기보다는 돈 많은 집안의 아이들이 학벌을 키우는데 유리할 수밖에 없는 교육현실을 체험으로 학습하도록 하고 있다. 그래서 우리 아이들이 교육의 장에서 형성되는 인성은 개인들 간의 삶의 경쟁에서 이기는 경쟁심이다.

삶의 경쟁에서 이기기 위하여 형성하는 또 하나의 인성이 있다. 이른바 '착한아이' 콤플렉스이다. 나로 하여금 세월호 참사 때 울분을 참지 못하게 한 것이 "가만히 있으라"는 어른들의 말에 순종한 착한 아이들이 최대의 희생자가 되었다는 점이다. 대한민국의 아이들은 어른들과 국가가 만들어온 규범과 제

---

[11] 김봉택, "국세사외에서 병신팅긴 인성교육진흥법 폐기해야", 「김용태의 참교육 이야기」(http://chamstory.tistory.com/2451) 참조

도에 순응하도록 하는 교육만을 받아왔다. 교육의 본질실현을 위한 근본적 개혁은 하지 않은 채 정권의 입맛에 따라 바뀌는 대입제도에 불평 한마디 못하고 따라야만 했고, 교육청과 학교가 일방적으로 정하는 규칙에 따라 학교생활을 하도록 강요받았다. 학교에서 이루어지는 모든 인성교육은 어른들과 국가가 정한 가치와 규범에 순응하는 아이를 길러내는 것이었다. 한마디로, 어른들이 보는 착한아이란 기성의 가치와 규범에 순응하는 아이인 셈이다. 생명의 화급을 다투는 절체절명의 순간에 아이들은 비판적 사고를 발휘하지 못하였고 어른들의 말에 순응할 줄만 알았다. 그것이 살아남는 길이라고 여겼다. 획일적 경쟁교육이 비판적 사고를 봉쇄했고 착한아이 콤플렉스가 아이들을 죽음으로 내몰았다. 아마도 침몰하는 배에서 겨우 탈출하여 구조되고 살아남은 아이들도 교육의 결과이기보다는 생명의 본능에 충실했기 때문일 것이다. 그것이 훨씬 나았고, 희생당한 아이들도 마땅히 그렇게 행동했어야 한다. 불행히도 길들여진 본성이 본능을 가로막아버렸다. 아이들을 잘못 가르친 어른들의 탓이다. 세월호 참사는 모든 어른들의 책임이고 교사들의 책임이다.

그렇다면 이제 도덕적 인성을 기르는 교육은 아이들이 스스로 가치를 탐색하고 비판적 사고와 가치판단 능력을 길러주는 자율적 발달론의 관점으로 전환해야 한다. 물론 민주사회에도 '논란거리가 아닌 덕들' 혹은 '공통된 덕들'이 있을 수 있고, 그것은 직접 전수해 주어야 할 것이다. 여전히 아이들을 공동체로 입문시켜 주는 것은 필요하기 때문이다. 그러나 이미 '논란거리가 아닌 덕'들은 정규 교육과정(도덕교과 등)에 충분히 반영되어 있다고 여긴다. 따라서 더 이상 국가가 나서 법으로 정하면서 특정한 가치나 덕목을 주입하려는 시도는 이제 그만두어야 한다.

그리고 인성교육의 개념을 도덕적 인성 즉 Character Education에 국한하지 말고, 개인들이 다양한 심리적 특성뿐만 아니라 저마다의 소질과 적성의 계발을 돕는 Personality Education으로 확장하여 규정했으면 한다. 이렇게 규정할 때, 인성교육은 특정 교과만의 전유물이 아니라 모든 교과는 물론 명시적·잠재적 교육과정 그 자체가 마땅히 책임져야 할 교육영역이 된다. 도덕교과는 도덕적 인성 즉 인격교육을 책임지는 교과이고, 사회교과는 민주시민의식을 함양하는 교과이다. 수학과 과학은 합리적 사고와 과학적 사고를 길러주는 교과이고, 국어 교과는 문학적 상상력과 시적 감수성, 논리적 사고를 길러주는 교과이다. 예체능교과는 예술적 감수성과 심미적 능력 등을 길러주는 교과이다. 이처럼 모든 교과가 자기만의 인성교육의 한 축을 담당할 수 있다.

그러한 가운데, 우리는 아이들로 하여금 저마다의 소질과 재능을 발견하고 함양할 수 있도록 도와야 한다. 이러한 인성교육을 하려면 기존처럼 교사중심의 사회화론적 접근으로는 안 된다. 학생들이 스스로 자신의 소질을 계발하고 인성을 함양할 수 있도록 학생중심의 자율적 발달론으로 접근해야 한다. 이에 걸맞게 가르침이 아니라 배움 중심의 교수-학습 전략도 모색해야 한다. 이러한 점에서 맹자의 교육학은 다시 주목된다.

참고문헌

1. 원전자료

『近思錄』. 漢文大系 二二卷(東京: 富山房, 昭和 59).
『老子翼·莊子翼』. 漢文大系 九卷(東京: 富山房, 昭和 59).
『大學說·中庸說·論語集說·孟子定本』. 漢文大系 一卷(東京: 富山房, 昭和 59).
『大學·論語·孟子·中庸』(成均館大學校 大東文化研究院, 1985).
『明儒學案』(上·下), 黃宗羲 著(北京: 中華書局, 1985).
『墨子閒詁』. 漢文大系 一四卷(東京: 富山房, 昭和 59).
『史記列傳』. 漢文大系 六·七卷(東京: 富山房, 昭和 59).
『性理大全』. 孔子文化大全(山東友誼書社, 1989).
『荀子集解』. 漢文大系 一五卷(東京: 富山房, 昭和 59).
『禮記鄭注』. 漢文大系 一七卷(東京: 富山房, 昭和 59).
『王陽明全集』(上海古籍出版社, 2006).
『二程全書』(臺灣中華書局, 民國, 75).
『傳習錄·周易』. 漢文大系 一六卷(東京: 富山房, 昭和 59).
『朱子語類』黎靖德(宋) 編(北京: 中華書局, 1983).
『朱熹集』(四川教育出版社, 1996).

『韓非子翼毳』. 漢文大系 八卷(東京: 富山房, 昭和 59).
『韓非子翼毳』. 漢文大系 八卷(東京: 富山房, 昭和 59).
『詩經』,『書經』,『春秋左傳』,『孝經』,『史記』(司馬遷),『孔子家語』,『性理大全』,『朱子大全』,『王陽明全集』.『列子』,『淮南子』,『呂氏春秋』,『中宗實錄』

2. 원전 국역 자료

기세춘,『장자』(서울: 바이북스, 2007).
기세춘,『노자강의』(서울: 바이북스, 2008).
기세춘,『묵자』(서울: 바이북스, 2009).
김용옥,『노자와 21세기』(서울: 통나무, 2000),
김충렬,『김충렬교수의 노자강의』(서울: 예문서원, 2004).
김학주,『열자』(경기: 연암서가, 2011).
김학주,『묵자』(서울: 명문당, 2014).
김형효,『사유하는 도덕경』(서울: 소나무, 2004).
김홍경,『노자』(서울: 들녘, 2003).
朴一峰 譯著,『莊子(內篇)』(서울: 育文社, 1990).
박희준 평석,『백서 도덕경 - 老子를 읽는다』(서울: 까치, 1991).
成百曉 譯註,『論語集註』(서울: 傳統文化硏究會, 1991).
成百曉 譯註,『大學·中庸集註』(서울: 傳統文化硏究會, 1991).
成百曉 譯註,『孟子集註』(서울: 傳統文化硏究會, 1991).
成百曉 譯註,『小學集註』(서울: 傳統文化硏究會, 1993).
신동준,『묵자』(서울: 인간사랑, 2014).
이민수 역해,『禮記』(서울: 혜원출판사, 1992).
이석명,『백서노자』(서울: 청계, 2003).

임채우,『왕필의 노자주』(서울: 한길사, 2005).
임헌규,『노자 도덕경 해설: 왕필본·백서본·죽간본의 비교분석』(서울: 철학과 현실사, 2005).
장기근,『孔子』(서울: 범조사, 1984).
정인재·한정길 역주(왕양명 지음),『傳習錄』(서울: 청계, 2001).
정장철 譯解,『荀子』(서울: 혜원출판사, 1992).
초횡약후편(이현주 역),『노자익』(서울: 두레, 2000).
최진석,『노자의 목소리로 듣는 도덕경』(서울: 소나무, 2001; 여기서는 2012).
허탁·이요성 역주,『朱子語類』(서울: 청계, 1998).

3. 일반 자료

강봉수, "전통적 덕성함양교육의 한 접근으로써 '교화' - 교화는 Indoctrination 인가?"『교육과학연구 백록논총』제4권 제1호(제주대학교 사범대학·교육과학연구소, 2002. 8).
강봉수, "『論語』속의 인간상 연구: 인격적 전형을 중심으로",『도덕윤리과교육』제35호(한국도덕윤리과교육학회, 2012. 4.).
강봉수, "공자의 교학사상 다시 읽기: 가르침과 배움의 패러다임", 제14권 제1호 (제주대학교 교육과학연구소, 2012. 5).
강봉수, "공자의 심성론 다시 읽기: 마음의 본체와 작용기제들",『윤리연구』제85호(한국윤리학회, 2012. 6).
강봉수, "공자의 윤리사상 다시 읽기: 仁 개념의 재조명을 중심으로",『윤리연구』제84호(한국윤리학회, 2012. 3).
강봉수, "공자정치론의 사회윤리학적 접근",『윤리교육연구』제27집(한국윤리교육학회, 2012. 4).

강봉수, "맹자윤리학에서 도덕적 가치갈등의 해결", 『윤리연구』제115호(한국윤리학회, 2017. 9)

강봉수, "맹자의 노심자(勞心者)의 도덕적 책무에 관한 연구", 『도덕윤리과교육』제56호(한국도덕윤리과교육학회, 2017. 8)

강봉수, "묵자의 도덕교육론 연구", 『윤리교육연구』제38집(한국윤리교육학회, 2015. 10).

강봉수, "왕양명의 '良知學'과 도덕직관 함양론", 『윤리연구』제76호(한국윤리학회, 2010. 3).

강봉수, "유교도덕교육의 이론적 패러다임과 우리 도덕과 교육", 『윤리교육연구』제17집(한국윤리교육학회, 2008. 12).

강봉수, "율곡의 <성학집요>에 함의된 도덕교육론", 『윤리교육연구』제12집(한국윤리교육학회, 2007. 4).

강봉수, "주리론과 주기론의 도덕교육론: 퇴계와 율곡의 관점에 주목하여", 『교육과학연구 백록논총』제9권 제1호(제주대학교 사범대학·교육과학연구소, 2007, 8).

강봉수, "퇴계의 <성학십도>에 함의된 도덕교육론", 『도덕윤리과교육』제19호(한국도덕윤리과교육학회, 2004. 12).

강봉수, 「맹자의 사상적 대결과 유학의 정통성 확립」『윤리교육연구』제42집(한국윤리교육학회, 2016. 10).

강봉수, 『노자에게 길을 묻다 - 무위적 세상보기의 도』(제주: 누리, 2014).

강봉수, 『논어와 세상보기의 도』(서울: 원미사, 2012) 참조.

강봉수, 『동양도덕교육론』(제주대학교출판부, 2014).

강봉수, 『묵자의 철학사상 - 밥을 나눈 사랑』(서울: 강현출판사, 2016).

강봉수, 『성학십도와 한국철학 경연』(서울: 강현출판사, 2016) 참조.

강봉수, 『유교도덕교육론』(서울: 원미사, 2001).

강봉수, 『제주의 윤리문화와 도덕교육』(제주: 도서출판 누리, 2009).

강봉수, 『주제별로 읽는 논어와 세상보기의 도』(서울: 원미사, 2012).

강봉수,『한국유교도덕교육론』(파주: 한국학술정보[주], 2006).
게르트 기거렌처(안의정 옮김),『생각이 직관에 묻다』(파주: 추수밭, 2008).
高亨,『老子正詁』(北京: 中華書局, 1959).
고범서,『사회윤리학』(서울: 나남, 1993).
금교영,『인격주의 윤리학』(울산대학교 출판부, 2001).
金彦鍾,『한자의 뿌리 1』(서울: 문학동네, 2001).
김길락 외,『왕양명 철학연구』(수원: 청계, 2001).
김낙진,『의리의 윤리와 한국의 유교문화』(서울: 집문당, 2004).
김대용,『조선초기 교육의 사회사적 연구』(서울: 한울 아카데미, 1994).
김동수, "양주의 정치윤리사상", 한국정신문화연구원,『중국 선진 정치윤리 사상의 현대적 조명』(서울: 고려원, 1992).
김백희, "노자의 사상", 장승구 외,『동양사상의 이해』(서울: 경인문화사, 2002).
김백희,「『노자』해석의 두 시각, 본체생성론과 상관대대론- 곽점초간본에서 왕필주까지-」(한국학중앙연구원 한국학대학원 박사학위 논문, 2002).
김백희,『노자의 사유방식』(경기: 한국학술정보, 2006).
김상래, "순자의 맹자비판, 그 윤리적 의의",『동양철학연구』제84집(동양철학연구회, 2015. 11)
김세정,『양명학, 인간과 자연의 한 몸 짜기』(대전: 문경출판사, 2001).
김승혜,『원시유교』(서울: 민음사, 1990)
김영건, "맹자의 성선설은 타당한 논변인가",『오늘의 동양사상』제4호(예문 동양사상연구원, 2001).
김영문 옮김,『동주 열국지』권5(서울: 글항아리, 2015).
김영민,『서양철학사의 구조와 과학』(서울: 도서출판 은익, 1993).
김용옥,『논어 한글역주 1·2·3』(서울: 통나무, 2010).
김용택, "국제사회에서 망신당한 인성교육진흥법 폐기해야",「김용택의 참 교육 이야기」(http://chamstory.tistory.com/2451).
김진석,『대산 주역강해』(서울: 대유학당, 1994).

김태훈, "『노자』의 덕(德그)에 관한 도덕교육적 고찰", 『도덕윤리과교육』제 24호(한국도덕윤리과교육학회, 2007. 7).
김학주, 『묵자, 그 생애·사상과 묵가墨家』(서울: 명문당, 2002).
김형효, 『老莊사상의 해체적 독법』(서울: 청계, 1999).
김형효, 『데리다의 해체철학』(서울: 민음사, 1993).
김형효, 『동서철학에 대한 주체적 기록』(서울: 고려원, 1985).
김형효, 『맹자와 순자의 철학사상; 철학적 사유의 두 원천』(서울: 삼지원, 1990).
김형효, 『철학적 사유와 진리에 대하여 1·2』(서울: 청계, 2004).
노사광(정인재 역), 『중국철학사』(서울: 탐구당, 1987).
도성달·유병렬, 『사회윤리이론과 도덕교육』(성남: 한국정신문화연구원, 1996).
로돌프 R. 이나스(김미선 역), 『꿈꾸는 기계의 진화』(서울: 북센스, 2008).
리처드 도킨스(이상임·홍영남 옮김), 『이기적 유전자(The Selfish Gene)』(서울: 을유문화사, 2010).
마이클 가자니가(박인균 옮김), 『왜 인간인가?』(서울: 추수밭, 2010).
마이클 가자니가(박인균 옮김), 『뇌로부터의 자유』(서울: 추수밭, 2012).
牟宗三, 『心體與性體(二)』(臺北: 學生書局, 1969).
蒙培元, 『中國 心性論』, 李尙鮮譯 (서울: 法仁文化社, 1996).
미우라 도우사꾸(강봉수 외 옮김), 『중국윤리사상사』(서울: 원미사, 2007).
박문현, 『「묵자」 읽기』(서울: 세창미디어, 2014).
박문호 지음, 『뇌, 생각의 출현』(서울: 휴머니스트, 2008).
박민영, 『논어는 진보다』(서울: 포럼, 2008).
박병기 편저, 『포스트모던 시대의 사회윤리학』(서울: 인간사랑, 1993).
朴異汶, 『慈悲의 倫理學』(서울: 철학과현실사, 1990)
박찬구, 『우리들의 윤리학』(서울: 서광사, 2006).
배종호, "농앙 인싱론의 의외," 『동양철학의 본체론과 인성론』(언세대학교

출판부, 1996).
백영빈, 「정약용의 주역 해석방법의 특징: 다산의 역리사법을 중심으로」(한국정신문화연구원 한국학대학원 석사학위논문, 1995).
비트겐슈타인(이영철 역), 『논리·철학 논고』(서울: 천지, 1994).
서명석, 『가르침과 배움 사이로』(경기: 책인숲, 2012).
서복관(유일환 역), 『중국인성론사-선진편』(서울: 을유문화사, 1995).
서울대학교 철학사상연구소, 『맹자』(2004).
성균관대유학과 교재편찬위, 『유학원론』(성균관대출판부, 1982).
송영배, 『중국사회사상사』(서울: 한길사, 1987년 7판).
송영진, 『직관과 사유; 베르그송의 인식론 연구』(서울: 서광사, 2005).
스티븐 호킹·레오나르드 므로디노프 공저(전대호 옮김), 『위대한 설계』(서울: 까치글방, 2010).
시마다 겐지(김석근·이근우 옮김), 『주자학과 양명학』(서울: 까치, 2008, 3쇄).
심우섭, 「묵자의 정치윤리사상」 『중국 선진 정치윤리사상의 현대적 조명』(성남: 한국정신문화연구원, 1992).
안건훈, 『자유의지와 결정론』(서울: 집문당, 2006).
안토니오 다마지오(임지원 옮김), 『스피노자의 뇌』(서울: 사이언스북스, 2010).
유명종, 『왕양명과 양명학』(화성: 청계, 2002).
柳柄烈, "道德敎育의 目標로서의 '道德的 人格'에 관한 硏究", 『도덕윤리과교육』제7호(한국도덕윤리과교육학회, 1996.7).
윤사순, "동양 본체론의 의의", 한국동양철학회 편, 『동양철학의 본체론과 인성론』(연세대학교 출판부, 1982년 초판, 여기서는 1996년 7판).
윤팔중 역, 『교화와 교육』(서울: 배영사, 1993 중판).
이경무, "맹자의 성선과 감성 지능", 『철학연구』제129집(2014, 11).
이계학, "양명학파의 인격교육론", 『인격의 형성과 교육』(평암 이계학박사 화갑기념논문선집 간행위원회, 1997).
이부영, 『노자와 융; <도덕경>의 분석심리학적 분석』(서울: 한길사, 2012).

이인재, "셀러의 가치윤리학과 도덕교육", 진교훈 외, 『윤리학과 윤리교육』 (서울: 경문사, 1997).

이정우, 『개념 - 뿌리들(1)』(서울: 철학아카데미, 2004).

이주행, 『무위 유학: 왕기의 양명학』(서울: 소나무, 2005).

장성모, 『주자와 왕양명의 교육이론』(서울: 교육과학사, 1998).

장승구, 「퇴계의 향내적 철학과 다산의 향외적 철학 비교」(한국학중앙연구원 한국학대학원 박사학위논문, 1995).

장승희, 『유교사상의 현재성과 윤리교육』(서울: 경인문화사, 2014).

정대현 외, 『감성의 철학』(서울: 민음사, 1996).

정재현, "맹자의 도덕 내재주의는 어떻게 정당화될 수 있나?", 『유교사상문화연구』제33집(한국유교학회, 2008).

제럴드 에델만(황희숙 옮김), 『신경과학과 마음의 세계』(서울: 범양사, 2010).

제럴드 에델만(황희숙 옮김), 『뇌는 하늘보다 넓다』(서울: 해나무, 2010).

제임스 레이첼즈(김기순 옮김), 『도덕철학』(서울: 서광사, 1989).

존 마틴 리치와 조셉 드비티스 지음(추병완 옮김), 『도덕발달이론』(서울: 백의, 1999).

陳來, 『有無之境, 王陽明哲學的精神』(北京: 北京大學出版社, 2005).

陣立夫(鄭仁在 옮김), 『中國哲學의 人間學的 理解』(서울: 民知社, 1980).

최병태, 『덕과 규범』(서울: 교육과학사, 1996).

최재목, 『내 마음이 등불이다: 왕양명의 삶과 사상』(서울: 이학사, 2003).

최재목, 『양명학과 공생·동심·교육의 이념』(영남대학교출판부, 1999).

최재목, 『퇴계 심학과 왕양명』(서울: 새문사, 2009).

추홍희, 『한국의 특권층 & 노블레스 오블리주: 영미국의 평등 사회와 대륙국가의 특권 사회 비교』(세계법제연구원, 2015. 12. 02).

폴 새가드(김미선 역), 『뇌와 삶의 의미』(서울: 필로소픽, 2011).

풍우란 저(성인재 역), 『중국철학사』(서울: 형설출판사, 1983).

풍우란(박성규 옮김), 『중국철학사(상)』(서울: 까치, 2003).

프랭크 미엘, "진화심리학에 대한 빠르고 간편한 안내서", 『SKEPTIC, Korea』 VOL 4 (2015. 12).

프리초프 카프라(김용정·이성범 옮김), 『현대 물리학과 동양사상』(서울: 범양사, 1979; 2012 개정 6쇄).

한국사상사연구회, 『조선유학의 개념들』(서울: 예문서원, 2002).

황광욱, "邵雍의 觀物을 통해 본 徐敬德 哲學의 一面", 『東洋古典研究』第13輯(東洋古典學會, 2000. 6).

A. Pieper(진교훈·유지한 역), 『현대윤리학 입문』(서울: 철학과 현실사, 1999).

Alfons Deeken, Process and Permanence in Ethics, *Max Scheler's Moral Philosophy,* (NewYork: Paulist Press, 1974).

Antony F. C. Wallace, *Culture and Personality* (NewYork: Random House, 1970).

B. I. 찻잔·J. F. 솔티스 편저(이병승 옮김), 『도덕교육의 철학』(서울: 서광사, 2005).

B. S. 라즈니쉬(변지현 옮김), 『죽음의 예술』(서울: 청하, 1985).

Daniel J. Levinson, et. al., The Seasons of a Man's Life. (NewYork: Knopf, 1978).

Daniel K. Lapsley(문용린 역), 『도덕심리학』(서울: 중앙적성출판사, 2000).

E. Durkheim(이종옥 역), 『교육과 사회학』(서울: 배양사, 1978).

George E. Vaillant(이덕남 옮김), 『행복의 조건』(서울: 프런티어, 2010).

Hellmut Wilhelm, *Heaven, Earth, and Man in the Book of Changes* (University of Washington Press, 1980).

I. A. Snook(1972). *Indoctrination and Education.* (London and Boston; Routledge and Kegan Paul, 1972); 윤팔중 역, 『교화와 교육』(서울: 배영사, 1993).

Jonathan Haidt(강인구 역), 『도덕적 판단에 관한 사회적 직관주의 모델』(경기; 서현사, 2003).

Lawrence Kohlberg, *The Philpsophy of Moeral Development* (New York: Harper and Row, 1981).

Leon P. Baradat(신복룡 외 옮김), 『현대 정치사상』(서울: 평민사, 1995).

M. Nussbaum, *Upbeavals of Thought* (Cambridge: Cambridge Universty Press, 2001).

R. C. Henricks, *Lao Tzu' Tao Te-Ching* (Rider, 1989).

R. J. 앤더슨 외(양성만 역), 『철학과 인문과학』(서울: 문예출판사, 1988).

R. Neibuhr, *Moral Man and Immoral Society* (NewYork: Charles Scribner's Sons, 1932).

R. S. Peters(이홍우 역), 『윤리학과 교육』(서울: 교육과학사, 1966).

R. S. Peters. *Moral Development and Moral Education.* (Gorge Allen & Unwin Ltd., 1981); 南宮達華 譯, (1998). 『道德發達과 道德敎育』(서울: 文音社, 1998).

Robert Havinghurst, *Human Development and Education.* (NewYorK: MacKay, 1953).

Robert L. Arrington(김성호 옮김), 『서양윤리학사』(서울: 서광사, 2003).

Roger Trigg 지음(최용철 옮김), 『인간 본성에 관한 10가지 철학적 성찰』(서울: 자작나무, 1997).

William K. Frankena, *Ethics* (second edition) (Englewood Cliffs, N. J.: Prentice Hall, 1973).

William M. Kurtiness & Jacob L. Gewwirtz 편저, 문용린 역, 『도덕성의 발달과 심리』(서울: 학지사, 2004).

발행일 2022년 12월 15일
지은이 강봉수
발행인 김일환
발행처 제주대학교 출판부

등 록 1984년 7월 9일 제주시 제9호
주 소 63243 제주특별자치도 제주시 제주대학로 102
전 화 064-754-2278
팩 스 064-756-2204
www.jejunu.ac.kr

제 작 디자인신우
　　　제주특별자치도 제주시 연미길82(오라삼동) • 064-746-5030

ISBN 978-89-5971-149-9
ⓒ 강봉수 2022
정가 20,000원

※ 이 책은 저작권법에 따라 보호를 받는 저작물이므로 무단 전재와 복제를 금합니다.
※ 파손된 책은 구입하신 곳에서 교환해 드립니다.